원효와
마르크스의
대
화

인류의 위기에 대한 **원효와 마르크스의 대화**

이도흠 지음

자음과모음

이 글묵을 읽어본 나의 생각

'원효와 마르크스의 대화'라는 이름으로 갓 꾸린(가본) 글묵(책)을 손에 든 때는 매우 무더운 한낮, 나는 단 한 장도 들추질 못하고 한참을 생각에 잠겨 있어야만 했다.

마르크스는 자본주의의 그릇됨을 논리적으로 깨우치고 그 끝장을 매듭질 알기(주체)를 그 누구보다도 또렷이 매기면서 자본주의 다음의 벗나래(세상)를 이론적으로 빚기까지 한 사람, 따라서 단 한 치도 남의 바람을 타지 않을 그런 사상가다.

여기에 원효는 누구던가. 사람이 무엇인가를 그 나름의 불성으로 깨우친 사람일 뿐만 아니라 그 불성을 종교적 벽장 속에서 끄집어내 사람의 끝없는 변혁·발전에서 얻으려고 한 사상가다.

더구나 이 두 사상가는 천 년이라는 때새(시차)를 두고 있는데 그 둘을 쉽사리 마주 앉게 할 수가 있는 것일까.

더듬는 시간이 한동안 흘렀다.

하지만 막상 글묵을 펴보자 내 눈이 이들 글귀 하나하나에 곧바로 붙박여 떨어지질 않았다. 그때 나는 어쩌다 다리가 부러져 그 무더운 한여름에도 춥고 떨려 이불을 뒤집어쓰고 병원에 누워 있었지만서도 글묵을 들추면서 한 서너 번 감탄의 혀를 찼다.

첫째, 이것은 '말뜸'이다 하고 혀를 찼다. '말뜸'이라니 무슨 말일까. 말을 하되 입으로만 하는 것이 아니라 온몸으로 하는 말, 다시 말해 문제의 제기요, 문제의 해결이라는 뜻이다.

이 글묵을 지은 이도흠 교수는 용감하게도 서로 엇갈리는 두 사상가를 오늘의 신자유주의의 범죄와 죄악, 부패와 타락의 가파른 바투(현장)로 끄집어내 서슴없이 마주 앉게 했다.

이것만으로도 이 글묵은 오늘의 그 어떤 기회주의, 그 어떤 왜곡과 날조를 갈라칠 '말뜸'이라고 혀를 차게 된 것이다.

두 번째로 이 글을 읽으면서 나는 이것은 '길내'(과학)라고 무릎을 쳤다. 둘이서 마주 앉은 것뿐인데 그것이 어째서 갈마(역사)의 된깔(본질)을 이르는 낱말 '길내'라는 것일까.

이 교수는 두 사상가를 마주 앉히되 둘이 걸치고 있는 모든 것, 사상과 이론뿐이랴, 권위와 명예, 품새까지를 홀랑 벗겨 오늘의 신자유주의의 폭학과 만행, 반인류, 반문명, 반누룸(자연)적 죄악과 소름에 정면으로 부대끼게 했다고 보였던 것이다. 바로 그것이 '길내'의 샘이라는 것이다.

끝으로 한마디만 더 하면 이 글묵은 참으로 무엇일까. 나는 '한내'다 하고 혀를 찼었음을 털어놓고자 한다. '한내'라니 무슨 말일까. 일꾼들의 몸에서 배어 나오는 땀 한 방울, 피 한 방울, 그리고 눈물 한 방울이 모여서 큰 홀떼(강)를 일구는 것을 일러 '한내'라고도 하지만 바로 그렇기 때문에 이 우주를 일러 '한내'라고 하는 것이다.

모진 일로 땀과 피와 눈물을 흘려보면 이 땅의 쓸 것들은 모두 땀의 열매 아닌 것이 없다. 따라서 이 우주도 땀으로 빚어지는 것이라고 깨우쳤던 것이다.

어째서 한 줌의 글묵이 어마어마하게도 우주를 이르는 '한내'란 말일까. 이 글묵의 중심, 두 사람의 사상 및 그 이론과 실천이 제아무리 위대한 것 같아도 무지땀을 흘리는 일꾼들로 보면 인류의 갈마 45억 년 동안 사람들이 숱하게 흘려온 땀과 피눈물 한 방울에 지나지 않는다는 것이 아닐까. 아…… 어즈버 소리가 절로 나온다.

한 번쯤 읽어보시고 스스로 가늠을 해야 할 까닭이 여기에 있다고 믿는다.

백기완(통일문제연구소 소장)

어두운 길에서 새 하늘을 여는 비나리를 부른다

길! 길은 늘 멀고 어둡고 거칠었지만, 하늘엔 언제나 맑게 빛나는 별이 있었다. 버거운 고독과 고통으로 가득한 발길이었지만, 길섶의 곱다란 꽃과 새뜻한 풀만이 아니라 밉살스런 돌부리조차 의미를 던져주었고, 지쳐 쓰러질 때면 어디에선가 길동무가 나타나 다시 걸을 힘을 주고는 사라졌다.

갈림길! 1979년 대학 새내기 때 다른 학교의 학생들과 공부 동아리를 만들어 사회과학을 공부했다. 당시엔 그리 공부하다 걸려도 잡혀갈 수 있었기에 늘 이곳저곳 장소를 옮겨가며 모임을 가졌다. 그러다 어느 토요일에 한 시민단체의 빈 사무실에서 모였는데, 거기서 일하던 한 선배가 "너는 왜 머리로만 민중을 말하느냐, 가슴으로, 온몸으로 함께 해보라"며 서울역 인근의 일세방 체험을 권했다. 일세방! 거기 대한민국에서 가장 가난하고 소외된 이들이 하루하루 고단한 삶을 이어가고 있었다. 모든 사람으로부터 버림받은 나환자, 장님, 앉은뱅이 등이 서울역 뒤편의 빌딩 숲 뒤의 허름한 건물의 한 두 평 쪽방에서 서너 명의 가족과 함께 등도 대보지 못한 채 '칼잠'을 자다가는 하루 일세를 내기 위해 겨우 몸을 이끌고 구걸을 하러 나갔다. 한 집엔 어미는 앉은뱅이고 아비는 장님이어서 아홉 살 아들과 열세 살 딸이 껌을 팔아 하루하루를 버텨내고 있었다. 아침은 죽, 점심은 없고, 구걸한 돈이 일세를 넘지 못하면 저녁도 굶어야 한다. 거기서 그들과 한 달여를 부대끼고서 이 체험을 대학신문에 「우리 주변의 소외 계층을 찾아서 1: 서울역 인근 일세방 주민들」이란 제목으로 르포 기사로 썼다. 1980년 봄, 당시 계엄령 때인지라 모든 신문과 출판물은 계엄사령부의 검열을 통과해야 출간이 가능했는데, 검열관이 이 기사를 통째로 삭제하려 했다. 이틀에 걸쳐 싸운 끝에 일부 문장만 지워진 채 전면에 걸쳐 실렸다. 신문이 나온 후 몹시 허탈했다. 그날 수첩에 "이 시대에 어떤 형태든 고통이 상존하고 있다면, 그것이 영광과 명예와 갈채의 반대 길일지라도 나는 그 고통을 덜고 보듬는 길을 걷겠다. 바로 이 선택이, 타락한 이 시대를 살아가는 한 인간으로서 최소한이라는 것이 나의 신앙이다"라고 적었고, 그 후 새해 첫날 가장 먼저 하는 일이 이 문장을 새 수첩에 적는 일이 되었다. 가장 소외받고 억압받는 이들의 고통을 줄이고 자유롭고 평등한 세상을 만드는 데 작은 밀알이 되고자 거리에 나가 싸우기도 하고, 밤새 토론을 하기도 하고 골방에서 사회과학 서적을 뒤적이기도 하는 생활이 이어졌다.

광주민중항쟁! 수많은 민중이 그리 피를 흘리며 죽어가는데 난 아무것도 하지 못했다. 미국문화원에서 관련 기사를 복사하고 번역하여 몰래 지인들에게 전한 것이 모두였다. 그 후 '살아남은 자'의 부채 의식을 가지고 무엇인가 하려 했지만, 소변을 보러 가는 시간만 제하고는 16시간을 연이어서 한국 사회 분석, 종속이론과 세계 체제 분석, 혁명론, 마르크스 이론 등을 후배들에게 강의하고 밤을 새워 지하신문을 만들 정도로 열정은 있었지만, 늘 주변이었다. 서울의 변두리에서 빈민으로 살았고, 2류 대학을 다녔고, 그곳에서도 중심은 아니었으며, 무엇보다도 용기가 없었고 능력도 부족했다. 결국 군사독재 정권에서 감옥도 한 번 가지 못한 채 어영부영하다가 대학을 '무사히' 마쳤다. 고통스러운 시절이었지만, 젊은 날에 가장 큰 행운은 당시엔 구하기 힘든 마르크스Karl Marx의 원전이 어찌하다가 내 손에 들어온 것이었다. 2차 서적이나 해설서, 일서를 보며 퍼즐 맞추듯 마르크스를 접했던 이가 새로운 세계를 온전히 바라보았을 때, 그 순간의 경이로움과 환희를 말로 표현하기 어렵다.

공장으로 가려던 나는 대학 4학년 때 새로 오신 박노준 선생님으로부터 향가를 배우고는 향가의 맛과 멋에 함씬 취하기도 하고, 후배 학습이 더 긴요하다는 주변의 권유도 있었지만, 변명일 뿐이고 무엇보다 용기가 부족하여 결국 대학원 진학으로 발길을 돌렸다. 향가의 깊은 세계에 다가가기 위하여 신라 불교, 특히 원효元曉 공부에 빠져들었다. 원효는 마르크스를 읽다가 떠오르던 몇몇 질문에 살며시 답을 하는 듯했다.

대학원에서도 조그만 공부 모임을 조직했다. 당시 풍미했던 헤겔G. W. F. Hegel과 마르크스, 프랑크푸르트학파 이론, 종속이론 등을 공부하고 토론하면서 늘 아쉬운 것은 여러 진보 이론이 난무했지만, 모두 서양의 맥락에 입각한 것이라 한국 상황에 적용할 때 괴리가 많다는 것이었다. 계급모순을 분석하면 민족모순이 걸리고, 두 모순을 제대로 분석했다고 생각하면 분단모순이 두 모순에 걸쳐 있었다. 광주민중항쟁도 서구의 모델로는 해석이 안 되는 지점, 곧 한국 민중의 집단무의식과 아비투스, 두레 공동체의 전통, 신명과 흥 등과 닿아 있었다. 1980년대를 보내면서 우리가 발을 디디고 있는 지금 여기 이 땅의 현실에서 출발하지 않는 이론은 한국 사회의 변혁에 별 보탬이 되지 않으리란 생각이 들었다.

그 후 필자의 거의 모든 일상에서 원효와 마르크스는 대화를 나누었다. 화쟁기호학도 그중 하나다. 골드만류類의 문학사회학으로 향가를 분석하려던 나는 서구 비평이론계의 숙제, 곧 사회주의와 자본주의처럼 팽팽히 대립했던 형식주의와 마르크시즘 비평을 종합할 수 있는 길이 원효와 마르크스의 대화를 통해 가능하리라는 생각을 했다. 마르크시즘은 텍스트를 그것이 생산되고 해석되는 사회 현실 및 경제적 토대와 연관시켜서 해석하여 구체성과 진정성을 추구하지만 문학성을 놓치고 해석의 지평을 경제나 역사에 종속시킨다. 반면에 형식주의 비평은 텍스트의 내재적 분석을 하여 문학성을 드러내기는 하지만 구체성과 진정성을 놓친다. 양자를 종합한다는 것은 텍스트 해석에서 구체성과 진정성을 추구하면서도 문학성을 포착하고 심층적이면서 열린 해석이 되게 하는 길이기도 하다. 그것이 절충으로 끝나지 않으려면, 미메시스와 판타지, 텍스트와 컨텍스트, 기호와 세계, 텍스트와 이데올로기 등 멀리로는 그리스 시대나 춘추전국시대부터 팽팽하게 대립된 문학과 예술의 쟁점을 먼저 하나로 아우르는 작업이 선행되어야 했다. 이분법과 실체론에서는 절충으로 끝날 수밖에 없었으므로 화쟁의 원리로 이를 해결하고자 했다. 이 작업은 1999년에 『화쟁기호학, 이론과 실제: 화쟁사상을 통한 형식주의와 마르크시즘의 종합』이란 책으로 결실을 맺었다.

책을 내자 몇몇 학회에서 서평회를 열고 호평을 하는 등 여러 곳에서 기대 이상의 반응을 보였다. 대한불교조계종 포교원도 그중 하나다. 전국 사찰에 보급되는 기관지 구실을 하는 『법회와 설법』에 원효의 사상을 연재해달라는 요청이 왔다. 처음엔 깜냥이 안 된다며 거절했다가 결국 수용하며, 오랫동안 번민하던 것들을 글로 전환하기로 했다. 편집부에 원효만 설명하는 것보다 우리가 발을 디디고 있는 20세기 현실에서 출발하겠으며, 마르크스를 중심으로 한 서양의 진보 사상과 비교하겠다는 조건을 내세웠다. 2001년 5월호에 「현대사회의 위기와 대안의 패러다임으로서 화쟁사상 1: 전 지구 차원의 환경 위기, 자연과 인간의 공존은 가능한가: 생태이론 對 不一不二」란 첫 글을 게재한 것을 시작으로 8차례에 걸쳐서 연재했다. 이어서 한겨레문화센터와 실상사 화엄승가대학원 등에서 강의했다. 바로 책을 내자는 유혹을 받았지만, 미진한 부분이 많아 그동안 꾸준히 다듬는 작업을 했다. 화쟁과 관련하여 국내외에서 발표한 논문이 어느덧 30편이 훌쩍 넘었다. 그 논문들만 잘 엮으면 책이 될 듯하였다. 하지만 아니었다. 나 또한 언저리를 맴돌고 있었다. 다시 근본적인 질문에 천착하였다. 어린 시절이나 청년기부터 궁금해 하던 질문과 꾸던 꿈을 따져보고 구체화하자는 생각이 들었다. "왜 그리 착취와 억압을 당하면서도 민중은 거리로 나오지 않는가, 지금의 조건에서 혁명이 가능한가, 인류에게 과연 미래란 있는가, 인간이란 무엇인가, 어디에서 와서 어디로 가는가, 신은 존재하는가, 우주는 왜 창조되었는가, 우리에게 어떤 미래가 가능할 것인가?" 진화생물학이나 양자물리학, 인지과학 등 문외한이던 영역까지 새로 공부하였다. 그래도 안 풀리면 이면지와 연필만 들고 집 앞, 바로 백 걸음도 채 되지 않는 거리에 있는 숲으로 갔다.

아무리 근본적이고 심층적인 질문이라도 발을 디디고 있는 지금 이 자리에서 냉철하게 현실을 직시하면서도 뜨겁게 가슴으로 느끼고 꿈꾸고자 했다. "머리나 가슴이 아니라 아픈 곳이 몸의 중심이다." "삶을 보다 강렬히 느끼려면, 당신 자신의 가장 본질적인 것을 행동 속에 끌어넣어야 한다." 4대강사업 반대, 밀양, 강정, 희망버스, 불교와 종단의 개혁, 쌍용자동차 해고노동자 복직 운동, 세월호 등에 참여하였다. 노동자나 활동가에 비하면 만분의 일도 안 되지만, 불교환경연대, 민주화를위한전국교수협의회(민교협), 정의평화불교연대의 구성원으로서 대략 보름은 교육과 공부에, 보름은 현장에서 고통받는 자들과 함께하였다. 기고, 토론회, 성명서, 기자회견, 국내 및 해외석학 연대 지지선언, 희망버스 Q&A 소책자 기획 및 집필 등 머리만이 아니라 몸으로도 참여하고자 길거리 강연, 1인시위, 릴레이 단식, 농성, 집회 참여 및 발언, 오체투지를 하고, 때로는 노조 사무실 책상 위에서 잠을 자며 전국순회 투쟁에 나서기도 하였다. 아무 변화도 없고 소통조차 전혀 없는 절망의 연속이었다. 국가와 자본만이 아니라 우리도 성찰할 것이 있었다. 진보 정당 및 여러 진보 단체에 진보연석회의를 제안하고 사회를 보거나 정책을 종합하는 등 진보를 하나로 뭉치는 일에도 뛰어들었지만, 소통합(국민모임, 정의당, 진보결집+, 노동정치연대의 통합)만 남고 모두 실패하였다. 그 절망의 현장에서 냉철하게 현실을 읽으면서도 희망의 시를 쓰고자 했다. 원효와 마르크스를 부지런히 오가며 지혜를 구하였다.

'지극히 투명한 텅 빔.' 4대강사업 반대운동을 하면서 환경 및 시민단체의 대표들이 회의하는 자리에서 "이제 보 공사가 시작되었으니 목숨을 걸고 싸우지 않으면 못 막는다. 저를 포함하여 여기 모이신 분부터 목숨을 걸고 무기한 단식농성을 하자. 이명박이가 한두 사람 죽는 것으로는 눈 깜짝도 하지 않을 것이다. 그를 압박하기 위해 오늘은 세 명, 내일은 여섯 명, 모레는 아홉 명, 이렇게 점점 늘려 나가자"라고 제안했다. 별다른 반대가 없어 통과된 줄 알고 기다리고 있었는데 여러 사유로 흐지부지되었다. 단 하루도 실행에 옮기지 않아 부끄럽지만, 4대강과 생명을 살릴 수만 있다면 기꺼이 내 목숨을 걸 수 있다며, 내가 지향하는 의미를 위하여 모든 것을 버리고 정리한 그 며칠 사이의 '지극히 투명한 텅 빔'은 새로운 경험이었다. 이 책을 쓰면서 게을러지거나 나약해질 때마다 '지극히 투명한 텅 빔'의 기억과 대화를 했다. 혹자는 글이 과격하게 변했다고 비난할지 모르지만, 이 경험이 아니었으면 10여 년 이상 묵혀두어 곰팡내 나던 글은 생기와 의미를 잃었을 것이다. 아니, 이 땅의 민중이 발을 디디고 있는 현실과 유리된 관념의 유희로 전락했을 것이다.

필자가 여러모로 모자람이 많은 만큼 진지하게 공부하고 묻고 답을 찾았다. 이 사색과 상상이 과연 의미 있고 창조적인 작업인지, 아니면 황당한 비약에 불과한 것인지는 독자들에게 맡긴다. 원효의 화쟁에 대해선 확신이 선다. 서양의 최근 사상을 공부하고 인류의 위기를 분석할수록 원효의 화쟁이 대안의 패러다임에 근접한 사유를 담고 있으며, 머지 않아 자본주의는 종말을 고하고 그 너머 세계는 화쟁의 체제일 것이라는 믿음이 강해진다. 그동안 한국철학의 독자성을 부정했던 일본학자들도 2010년 교토포럼의 필자 및 함께 간 학자의 발표를 계기로 화쟁과 동학을 고유한 한국철학으로 인정한다며 한국철학사전을 요청하는 바람에 『한국철학사전』도 펴냈었다. 하지만 필자의 화쟁으로 오면 그렇지 않다. 원효와 마르크스 모두 필자의 능력으로는 도전 자체가 무모한 거인들이었다. 아직 원효도, 마르크스도 잘 모르겠다. 상극인 두 사람의 대화를 시도한 이 책의 작업 전체가 혹시 망상은 아닐까 하는 생각도 든다. 30년 이상의 세월을 답을 찾아 몸부림을 쳤지만, 이 책에 답은 없다. 불자에게는 마르크스를 통해서 가는 길을, 좌파에게는 불교를 거쳐서 가는 길을 안내한 것뿐이다. 붓다와 마르크스가 대화는커녕 스치고 지나기나 했는지도 의문이다. 하지만 어차피 이 작업은 홀로 할 수 있는 것이 아니다. 독자들의 참여와 질정을 통해 '함께' 이루어야 할 과업이다. "한 사람의 열 걸음보다 열 사람이 한 걸음을!" 여러모로 부끄럽지만, 책으로 내놓은 이유다. 질문은 계속되고 아직 더 읽고 참고할 책이 너무도 많다. 그러다 보면 죽기 직전에 못 낼 듯하다. 부족함이 너무도 많지만, 적당한 선에서 초판을 마무리 짓고 질정을 받아 꾸준히 보완하기로 한다. 다만 좀 더 너그럽게 읽어주시기를 부탁드린다. 불자들이 마르크스를 중생 구제를 실천한 보살이 아니라 불온한 빨갱이로 간주하고 좌파들이 붓다를 나와 타자의 진정한 해방의 길을 연 혁명가가 아니라 비과학적 관념론자로 치부하면서 읽는다면, 이 책은 애꿎은 나무만 죽인 죄에서 벗어나지 못할 것이다.

책을 내며 빚을 많이 졌다. 지옥과 같은 세상에서도 삶의 지표가 되고 함께 험한 길을 걷는 도반이 주변에 있음은 커다란 행운이고 복이다. 생존해 있는 한국 사람 가운데 가장 존경하는 어르신인 백기완 선생님께 감히 추천사를 부탁드렸는데 흔쾌히 써주셔서 무슨 말로 감사의 표현을 할지 모르겠다. 통일이 되는 그날까지 장수하시기를 염원하며 그때까지 선생님의 그림자라도 좇겠다는 결의로 대신한다. 진보적 지식인의 사표로서 평생을 진보운동에 헌신하시며 필자에게도 그 길을 열어주신 김세균 교수님,『불교 사회경제 사상』이란 역저로 불교와 사회경제를 연결시킬 수 있는 지평을 펼쳐주신 박경준 교수님, 두 분께 뒤표지의 추천의 글까지 은혜입었다. 마음 깊이 감사드린다. 필자가 워낙 모자람이 많기에 주변 분들께 초고를 돌렸다. 전문이나 부분을 읽고 금쪽같은 말씀을 해주셨다. 민교협에서『자본』과『그룬트리쎄』를 강독하고 희망버스나 쌍용자동차 투쟁에도 함께한 동지이자 하이데거학회의 회장을 지낸 탁월한 철학자인 신승환 교수는 신의 문제에 대해 새롭게 깨닫게 했고, 꼼꼼히 읽고 근대성과 탈근대성 등 기술이나 논리에 문제가 있는 부분을 초고의 여백에 적어주셨다. 오랫동안 한결같이 마르크스주의적 관점에 입각하여 가치론을 연구해온 친구 이경천은 핵심적인 문제점, 곧 자본을 철저히 관계적으로 바라보는 점과 원효에서 초역사성을 탈각시키는 것을 날카롭게 짚어주었다. 학교 후배인 전국민주택시노동조합연맹의 기우석 정책국장은 택시 관련 부분을 감수하고 에세이와 논문식 글쓰기의 간격을 메우라는 조언을 주었다. 원효와 동아시아 불교학에 있어선 중국과 일본에도 알려진 석길암 교수는 법계연기론의 해석 문제 등에 대해 예리하게 들추어내주셨다. 김수행 교수의 제자로 최고의 진보 경제학자인 강남훈 교수는 9장을 읽고 검색엔진과 자동번역의 공유 문제 등 부족한 점을 지적해주셨다. 늘 현장에서 투쟁하며 큰 변혁을 상상하는 활동가인 이근원 전 민주노총 정치위원장은 앞부분을 읽고 노동자도 읽을 수 있도록 쉽게 쓰라는 조언을 해주셨다. 친애하는 이론물리학자 홍주유 교수는 5장을 읽고 끈 이론이 아직 이론으로 정립되지 않은 면에 대해 지적해주셨다. 한양대학교 도서관의 손지혜 선생은 요청한 최근의 외국 학술지 논문 50여 편을 모두 찾아 인쇄까지 해서 보내주셨다. 집사람과 가아家兒는 대중의 입장에서 읽고 몇 가지 도움말을 해주었다. 이 모든 분께 마음 깊이 감사를 드린다. 이들이 아니었으면 오류투성이로 내내 비판의 대상이 되었을 것이다.

좋은 중매를 서준 후배 이상권 작가, 여러모로 어려운 상황에서 부피만 큰 졸저를 출간하기로 결심해준 자음과모음의 정은영 대표, 열정으로 미천한 원고를 훌륭한 책으로 변신시켜준 임채혁 씨와 이수경 실장을 비롯한 편집진께도 감사드린다.

지금 상황은 매우 어둡다. 절망스러운 상황이기에 더욱 큰 꿈, 불가능할 수도 있는 꿈을 꾼다. 전혀 새로운 하늘을 여는 비나리를 부른다. 모든 이론은 회색이고, 오직 영원한 것은 하늘에 빛나는 별과 민중의 가슴, 그리고 그 가슴끼리의 연대다.

2015년 12월
관악의 발치에 있는 와실에서
이도흠 씀

차례

억압과 독재에 맞서서,

죽음에 이르는 고문과 고독을 견디며,

평생 무지렁이들의 자유와 해방을 위하여

담대하고 올곧게 저항해오셨고,

지금도 다 함께 일하고 너도 나도 잘사는

노나메기의 벗나래(세상)를 꿈꾸며

투쟁의 바투(현장)마다 팔순 노구를 이끌고

선두에 서서 길을 내시는

젊은 혁명가 백기완 선생님께

지극한 존경을 담아 이 글묵(책)을 바칩니다.

빈틈이 사라진 시대, 원효와 마르크스의 대화가 통절하다

지금 지구촌을 한마디로 규정하면 자체를 정화할 수 있는 '빈틈'이 사라진 세계다. 끊임없이 착취하여 확대재생산하여 축적해야만 존속하는 자본주의는 이제 자연에서든, 국가에서든, 사회에서든, 인간의 마음에서든 빈틈을 거의 없애버렸다. 그 바람에 지금 세계는 어둠에 가득 차 있으며, 인류 종말의 유령이 환경 재앙과 경제공황, 도덕 붕괴의 모습을 띠고 어둠 속을 배회하고 있다.

중세의 암흑을 열어젖힌 혁명의 빛은 거의 사위었다. 독점과 화폐와 탐욕으로 깃발은 짓밟히고 다른 구호와 이미지가 대중을 현혹하고 있다. 늘 그렇듯 민중이 피를 흘려서 쟁취한 혁명의 성과는 엘리트가 독점했다.[1] 산업화와 근대화, 이와 결합한 과학기술과 자본주의는 굶주림과 빈곤, 질병과 미신, 신분과 제도의 억압으로부터 인류를 구원한 대신, 자연과 인간성을 파괴하고 공동체를 해체했으며 소외를 심화하면서 인간을 자본의 노예로 만들고 새로운 억압을 형성했다. 이제 돈이 신이 되어 인간답고자 추구했던 아름다운 가치, 우애, 협력, 정의를 게걸스레 포식해버렸다. 대중은 신과 고향을 잃었고 자신의 존재 의미마저 상실하였다. 자본에 예속된 사람이나 국가는 더 많은 돈과 물질을 얻기 위해서라면 수단과 방법을 가리지 않고 사기, 폭력, 살해, 전쟁을 서슴지 않는다. 만인이 만인에 대해, 모든 인종이 다른 인종에 대해, 모든 나라가 다른 나라에 대해, 모든 종교가 다른 종교에 맞서서 행하는 싸움이 더욱 격렬해지고 있다. 주술의 정원으로부터 인간을 해방시켰던 이성은 계몽의 빛을 상실한 채 합리성의 이름 아래 도구화하여 이런 야만에 제동을 걸기보다 외려 정당성을 부여하면서 억압을 심화하고 있다. 이를 감시하고 견제하는 마지막 보루인 대학과 종교조차 자본과 제국의 식민지로 변했으며, 도덕과 윤리, 신의 말씀은 탐욕과 천박함을 고상함으로 감추는 위장술로 전락했다.

신자유주의 체제는 그 문제를 해결할 대안인 민주주의와 시민사회마저 해체하고 있다. 의사소통적 합리성을 추구하는 시민사회가 기존의 권력에 맞서서 형성했던 공공영역은 날이 갈수록 위축되고, 시민이 피를 흘려 쟁취한 민주주의는 모든 국가에서 퇴행을 거듭하고 있다. 국가는 자본의 야만을 견제하기는커녕 동맹을 맺고 자본의 앞잡이를 자처하고 있다. 국가는 정당성을 상실한 채 자본의 이익과 권력의 유지를 위해 시민과 노동자를 억압하고 통제하고 있다. 민중이 목숨을 걸고 싸운 대가로 사상과 표현의 자유는 인류의 보편적인 원칙이 되어 거의 모든 나라의 헌법에 명시되었지만, 제국과 국가, 자본의 연합체는 이를 무용지물로 만들고 있다. 정도 차이만 있을 뿐 모든 나라의 언론은 자본에 종속되었으며, 진리는 권력의 담론 내지 이데올로그의 선전물로 전락했다.

미국의 연방대법관인 벤자민 카도조Benjamin N. Cardozo가 1937년 팔코 대 코네티컷 재판에서 판결한 대로 "표현의 자유는 다른 모든 자유의 모체이자 절대 필요한 조건"[2]이다. 사상과 표현의 자유가 무너지자 다른 자유 또한 급속도로 훼손되고 있다. 자유는 권력과 자본을 가진 자들의 독점물로 변질되고, 약자들은 그들이 권력을 유지하거나 자본을 축적하는 데 조금도 지장을 받지 않는 범위 내에서만 자유를 누리고 있다. 아니, 거의 그들을 위해 생산하고 봉사하고 헌신하는 자유만 주어지고 있을 뿐이다. 자본과 권력이 선거를 좌지우지하고 그리 선출된 자들은 시민 대신에 자본과 권력의 명령에 따라 법을 만들고 정책을 편다. 자본과 국가가 아무런 규제 없이 노동자가 생산한 것을 빼앗고 수조 원에 달하는 국민의 혈세를 빼돌리고 금융 사기를 부려도 별다른 견제를 받지 않는다. 노동자와 시민이 항의하면 집회는 원천봉쇄당하고 말들은 검열로 사라진다. 도, 감청과 사찰로 세상은 커다란 원형감옥panopticon으로 변했다. 국가기관이 빅브라더가 되어 시민과 노동자를 감시하고, 초국적 자본에 조종되는 미국은 전 세계의 메일과 통화를 도청하고 있고 구글과 페이스북은 기꺼이 협조자로 나선다. 그 속에서 노동자와 시민은 무의식마저 지배당한 채 노예도 같고 죄수도 같은 삶을 겨우 이어가고 있다.

2008년을 기점으로 도시 인구가 절반을 넘어섰다. 세계 인구 가운데 절반 이상이 날마다 자연을 파괴하고 소비에 치중하면서 쓰레기를 양산하는 데 동참하고 있다. 절반에 가까운 생명체가 멸종 위기에 놓일 정도로 전 지구 차원의 환경 위기는 극심하며, 산업화의 동력이었던 화석연료는 80년 치가 채 남지 않았다.

우리는 인류 역사상 가장 풍요롭고 자유로운 시대에 살고 있다. 그럼에도 우리는 불행하다. 프란치스코 교황의 지적대로 노숙자가 죽는 것은 보도가 되지 않는데 주가지수가 2포인트 떨어졌다는 것이 뉴스가 되는 시대다. 거의 모든 사람이 인간성과 존재 의미를 잃고 물신과 탐욕의 노예가 되었다. 1퍼센트들이 권력을 이용하여 불평등한 제도를 강제하고 그 풍요와 자유를 특정한 사람들에게 몰아주는 바람에 총체적인 불평등이 인류 사회를 공멸로 몰아가고 있기 때문이다. 73억 8천만 명의 전 인류가 충분히 먹고도 남을 정도로 매년 22억 톤에서 25억 톤에 이르는 곡물이 생산되지만, 사료나 연료로 쓰고 이의 배분이 정의롭게 이루어지지 않고 메이저 곡물회사들이 바다에 버리면서까지 곡물가를 조작하는 바람에 10억 명 이상이 굶주리고 있다. 1퍼센트들은 별다른 규제 없이 마음대로 99퍼센트를 착취하고 수탈하고, 99퍼센트는 교육 등 삶을 개선할 기회마저 박탈당한 채 생존 위기에 직면하고 있다. 불평등은 나날이 심화하고 이로 말미암아 경제발전은 위축되고 곳곳에서 공동체가 파괴되고 전쟁과 테러와 폭동은 점증하고 있다. 세계경제는 극한 경쟁이나 공황으로 치닫고 있다. 이 상황에서 중심국과 주변국, 서양과 중동, 미국과 중국, 1퍼센트와 99퍼센트, 종교 및 종파 사이에 갈등은 점점 고조되고 전쟁과 테러로 이어지기도 한다. 이로 최소한 5천만 명 이상의 사람들이 고향과 조국을 떠나 난민으로 떠돌고 있다. 선진국의 상류층은 겉으로는 풍요 속에서 행복한 듯하지만 실은 소외, 불안, 고독, 스트레스, 우울증, 비만, 탐욕으로 몸과 마음이 병들고 있다.

한쪽에서는 수억 명의 어린이가 굶주림으로 죽어가는데 한쪽에서는 너무 먹어서 병이 드는 부조리가 지속되고 있다. "해마다 대략

1500억 달러를 10년 동안 투자한다면, 지구상의 모든 가난한 이가 적절한 영양과 식수는 물론 기초적인 교육과 의료와 위생 시스템을 보장받고 여성의 경우 적절한 산부인과 치료를 받을 수 있다."[3] 넉넉잡고 1500억 달러면 10억 명의 사람들이 영원히 굶주리지 않게 함은 물론 그들에게 기초적인 의료와 교육을 실시하는 체제를 만들 수 있는데, 해마다 기아에 허덕이는 8억여 명이 먹고도 남는 양, 4000억 달러(약 439조 원)어치의 음식물 쓰레기를 버리며,[4] 미국 한 나라에서만 너무 먹어서 비만 관련 의료비로만 매년 1470억 달러를 지출하고 있으며,[5] 군사비로 2014년 한 해에만 1조 7760억 달러를 썼다.[6]

중심에 의한 주변의 착취 체제는 더욱 공고해지고, 신자유주의 체제는 자본의 야만을 규제하던 모든 가치와 제도를 자유의 이름으로 풀어버리고 제국과 중심이 마음대로 지배하고 착취하고 조작하는 길을 열었다. 이런 상황에서 중심부의 국민은 풍요에 의한 병으로 죽어가는 반면에, 주변부의 국민은 밥과 빵은 물론, 맑은 물조차 제대로 먹지 못하면서 영양실조와 각종 질병으로 죽어가고 있다. 미국은 군사력과 달러화를 무기로 삼아 전 세계 경제를 자국에 유리하게 조정하거나 조작하고 있다. 때로는 신용평가 회사와 WTO, IMF 등 제국의 합법적 장치를 동원하여 제3세계의 정책을 조정하거나 국가 부도로 몰아, 헐값으로 민족 기업과 자원을 인수하고, 때로는 그라나다, 이라크, 아프가니스탄처럼 정복 전쟁과 침략도 마다하지 않는다. 신자유주의 체제 이후 1퍼센트들은 금융과 신용을 조작하여 부당한 이득을 챙기고, 시장을 독점하여 폭리를 취하고, 비정규직과 정리해고를 남발하고 노동을 철저히 배제하면서 더욱 야만적으로 99퍼센트를 수탈하고 있다. 상위 10퍼센트가 전체 소득의 절반가량을 가져가는 나라도 태반이고 경영층의 급여는 같은 회사 직원의 100배에서 300배에 이른다. 그럼에도 99퍼센트는 별다른 저항을 하지 못한 채 점점 더 가난해지고 굶주리고 있다.

폭력은 더욱 격화하고 있다. 공권력이 시민에게 과도하게 폭력을 행하고 있으며, 집단학살도 끊이지 않는다. 종교든 인종이든 민족이든, 그것만의 동일성의 틀에 갇힌 이들이 희망과 대안을 상실하고서 절망에 잠기면 다른 종교, 인종, 민족을 타자화한 집단폭력과 테러의 유혹에 빠지기 십상이다. 수많은 젊은이가 이 유혹에 이끌리고, 여기저기서 집단폭력과 테러가 속출하고 있다. 제국은 반테러를 명분으로 세계 곳곳에서 인권유린, 고문, 시민의 사찰과 도청, 민간인학살을 버젓이 자행하고 수십, 수백만 명을 죽음으로 몰아넣는 전쟁도 주저하지 않는다. 정치인들은 명분을 내세우지만 실은 권력이나 헤게모니를 강화하기 위해, 자원을 약탈하기 위해, 시장을 확대하기 위해 갈등을 조장하고 전쟁을 감행한다. 군산복합체는 이런 구조 속에서 이를 부추겨 무기를 팔아먹는 데 광분하고 있다.

현실과 가상의 경계는 무너지고, 원본과 실체는 사라진 채 그를 이미지와 기호가 대신하고 있으며, 말들은 타락하여 텅 빈 기표로만 부유한다. 대중은 자본과 권력이 만든 이데올로기와 이미지에 조작당하여 비판적이고 변증법적인 이성을 시나브로 상실하고 탐욕과 경쟁심을 점점 키우면서 과도한 일에 자신의 몸과 정신을 혹사시키고 있다. 지금 지구촌이 견고하고 질서정연한 것 같지만, 세계대전, 테러, 핵발전소의 사고, 신종 질병, 컴퓨터 바이러스, 메가 가뭄 등 급격한 기후변동으로 인한 슈퍼 재앙이 한순간에 이를 무너뜨릴 수 있다.

이런 상황 속에서 사람들은 자신이 누구인지조차 잊었다. 세계를 해석하는 준거는 너무 많아서 없다. 의미와 이야기가 사라지자 존재 또한 망각했다. 인간이 늘 행복할 순 없다. 대신 어두울수록 별은 맑게 반짝였고 고통이 클수록 의미는 깊어졌으며, 타인의 고통은 공감과 연대로, 고통의 기억은 진보로 이어졌다. 하지만 자본은 고통에서 경험과 물질성을 제거하여 이마저 관리할 수 있는 대상으로, 상품으로 만들었다. 희망도 마찬가지다. 결국, 지금 여기에서 원본을 찾을 수 없는 현실, 의미를 상실한 존재, 깨달음을 망각한 수행, 실존으로 이어지지 않는 불안, 거룩함이 사라진 신, 함께함이 없는 행복, 부정과 생명성이 없는 예술, 그리움이 말라버린 고향, 지표를 지워버린 유토피아, 성찰 없는 과거, 초월 없는 현재, 거듭남과 변혁 없는 미래가 갈마들며 거미처럼 영혼의 체액을 빨아먹고 있다.

한마디로 말해, 돈과 물신의 숭배, 자본의 과도한 착취와 소외의 심화, 국가의 통제와 억압, 타자에 대한 배제와 폭력, 환경 파괴, 공동체의 붕괴, 존재의 의미 상실, 제국의 착취 및 수탈과 폭력 등 20세기의 모순은 21세기로 이어졌을 뿐만 아니라 더 심화했다. 이에 더하여 이성과 과학의 이데올로기화, 신자유주의 체제로 인한 불평등의 심화 및 1퍼센트의 독점과 수탈, 슈퍼 재앙, 위험과 위기의 일상화, 재현의 위기, 상징과 무의식의 조작과 억압, 탐욕과 경쟁심과 스트레스의 증대, 천연자원의 고갈 등 21세기 사회의 모순이 더해지고 있다. 이 속에서 인간은 제국과 자본의 노예가 되고 자본주의와 신자유주의 체제가 만든 상품과 탐욕에 영혼을 저당 잡힌 채 과도한 일과 스트레스, 불안, 절망, 소외로 시달리고 있으며, 때로는 이를 타인, 특히 소수의 약자에 대한 증오와 폭력으로 표출하고 있다.

내가 발을 디디고 있는 이 나라도 지구촌의 위기를 공유하면서도 차이를 보인다. 대한민국은 아름다운 나라'였'다. 25억 년 동안 불과 물과 바람이 깎고 다듬은 자연은 어딜 가든 기묘한 형상을 한 채 산과 내와 들이 아리땁게 어우러진 명품이었고, 마을은 그 어울림 안에 늘 주변의 자연과 조화를 이루는 품새로 자리 잡았다. 예부터 사람들의 인심이 순후하고 아이나 무지렁이도 도덕과 윤리를 숭앙하여 공자도 예禮가 여기서 비롯되었다 말했고, 1970년대까지만 해도 굶주리면서도 더 가난한 새를 위하여 까치밥을 남기고 거지가 오면 개다리소반에 밥상을 차려주었다. 돈보다 꽃을 좋아했고, 경쟁하기보다 함께 어울리는 신명과 풍류를 사랑하였다. 전혀 모르는 사람에게도 쉽게 정을 주고 이것이 끊어져 한이 되면 신명으로 승화시키는 풀이와 놀이와 예술 행위를 했다. 강대국의 틈바구니에서 숱한 외침을 받으면서도 5천여 년 동안 독자적인 말과 글, 사상과 예술을 형성했다. 지금도 뜨거운 국을 먹으며 시원하다고 하듯, 세계를 둘로 나누지 않고 하나로 아우르고자 했다. 개인보다 늘 함께 잘사는 공동체를 꾸리고자 했고, 이기적이거나 물질을 밝히는 이들은 지탄을 받았다. 칼보다 붓, 무사보다 선비를 숭상했고, 선비들은 돈과 권력을 초개와 같이 여기며 대의와 지절을 목숨보다 소중히 여겼다. 모든 것을 다 아우르는 달을 좋아하여 달 밝은 밤이면 모두가 나와 함께 춤을 추고 노래했다.

하지만 지배층의 부패와 탐학, 봉건 체제 개혁의 실패 등 내부 요인도 작용했지만, 압축적 근대화와 서양화, 일제강점기와 개발독재, 자본주의와 신자유주의 체제를 거치면서 내 조국은 가장 추한 나라, 노동자와 청년에게는 지옥처럼 살기 어려운 '헬조선'으로 변했다.

압축적인 근대화 과정 속에서 전통의 가치와 문화를 빨리 버리고 근대화와 서양화를 수용하는 자들이 권력과 명예, 자본을 얻었고 그렇지 못한 자들은 낙오했다.[7] 일제는 한국의 모든 자원과 노동력, 몸과 성을 야만적으로 수탈하면서 한국적 정체성의 기반이 되는 말과 글, 사상, 가치, 문화를 억압하고 왜곡하고 일본화와 식민지적 굴종을 강요했으며, 고유의 문화와 사상, 예술 가운데 내선일체內鮮一體를 합리화할 수 있는 부분만 남겨 전통으로 포장했다.[8] 미 군정기와 한국전 이후 기독교, 미국적 가치와 생활 방식이 우리의 고유 종교, 문화와 가치, 생활 방식을 대체했으며, 대중문화는 몹시 빠른 속도로 미국화했다. 일본 무사로 육성된 박정희는 쿠데타로 집권하여 달의 나라를 칼의 나라로 바꾸었다. 박정희부터 전두환, 노태우에 이르기까지 군사독재 정권은 독점자본 및 미국과 동맹을 맺고 온갖 폭력을 동원하여 인권과 자유를 억압하고 노동자와 환경을 야만적으로 희생하고 착취하면서 제국과 자본에 편향된 산업화와 개발을 군사작전처럼 추진했다. 민주화 정권은 인권의 가치를 보편화하고 대의민주주의를 구현했지만 신자유주의 체제를 추진했고 반노동정책을 견지했다. 국가를 통째로 사유화한 이명박 정권과 지독하게 무능하고 독선적인 박근혜 정권은 민중이 피를 흘려 쟁취한 1987년 체제를 사실상 해체하고 민주주의를 부정하고 신자유주의를 극단으로 밀고 갔다.

이런 상황에서 아름다운 곳에는 개발의 삽질을 하고, 세계나 사람은 철저히 둘로 나뉜 채 치열하게 싸움질을 한다. 풀이와 놀이와 예술은 상품으로 전락하고, 사람들도 물신과 탐욕, 동일성에 사로잡혀 돈 몇 푼에 사람을 살해하거나 해를 끼치는 일이 다반사로 일어난다. 강대국 사람에게 굽실거리고 약소국 사람을 천대한다. 선비는 사라지고 졸부가 허세를 부린다. 나쁜 제도와 시스템, 지도자로 인하여 착한 사람이 더 고통을 받고 손해를 보기에, 사람들은 서로 악마성을 조장한다. 감시체계가 무너져 견제세력이 사라지자 관료와 정치인은 마음대로 비리를 일삼고 1퍼센트들은 불법과 사기까지 동원하여 민중을 수탈하고 있다. 부패와 비리가 사회를 유지할 수 있는 임계점을 넘은 데다가 구조적이어서 대형 사고가 연이어서 발생한다. 아이는 경쟁에 불타고 어른은 불륜과 외도로 눈이 뒤집혔다. 자기실현이 아니라 생존을 하거나 탐욕을 채우기 위하여 과도한 노동을 하느라 모두가 피로하여 아무도 주변을, 별과 달을 쳐다보지 않는다. 대다수 대중이 지배층에 투항하거나 포섭되었다. 극소수가 저항하지만 언제나 섬이 된다.

지금 공멸이나 혁명의 전야와 같은 상황이지만, 그렇다고 우리가 희망과 인간다움을 포기할 수는 없다. 인간은 모순적 존재다. 자기 이익을 위하여 타인을 살해하면서도 타인을 위하여 자신을 희생하고, 너무도 부족하고 한계가 많지만 완성을 지향하며, 의미로 가득한 텍스트를 통째로 던져주어도 단 한 낱말도 모르다가 전혀 의미가 없는 자리에서 새로운 해석을 하고, 불안과 두려움과 무력감에 빠지지만 실존을 하고, 상황에 얽매여 야만을 범하거나 어처구니없는 짓을 되풀이하면서도 이를 극복하고, 먼지처럼 작아 우물 안 개구리를 반복하지만 전 우주를 사유하고, 수많은 실수와 죄를 저지르지만 성찰하고, 끝없이 욕망하면서도 비워서 나누고, 너무도 쉽게 포기하고 좌절하지만 극단의 상황에서도 희망을 만들어 결단하고 도전하여 바꾸고, 현재에 빠져 허우적거리면서도 더 거룩한 것을 향하여 나아간다. 전자와 후자 모두 인간의 본성이겠지만, 인간다움은 전자에서 후자를 지향할 때 발현되는 것이다.

인간이 직업과 지위 고하, 인종과 신앙을 떠나 평등하고 존엄하다는 명제는 21세기 오늘에도 유효하다. 모두가 이고득락離苦得樂, 곧 슬픔과 고통을 멀리하고 즐겁고 행복하기를 바란다. 모든 인간이 존엄성을 유지하며 평등하고 행복하게 살 권리가 있다. 그럼 행복의 길은 무엇인가. 불행의 원인이 나의 탐욕과 무지와 성냄 때문이라면 더욱 깨우치고 수양할 일이다. 내가 아니라 제도와 시스템, 자본, 국가, 제국에 있다면, 그에 저항하여 새로운 시스템과 세계를 만들어야 하리라.

주체란 관계 속에서 생성되기에 인간은 나만 홀로 행복할 수 없다. 네가 있음으로 말미암아 내가 있다. 모든 인간은 서로가 깊은 연관을 맺고서 찰나의 순간에도 서로 조건이 되고 영향을 미치고 의지하며 서로를 만들어주는 상호생성자inter-becoming다. 주체란 관계 속에서 생성되는 허상이지만, 자기가 공空하다고 함으로써 타인을 생성시키고 타자의 아픔에 공감하며 자기 안의 부처, 곧 인간다운 본성을 형성하는 눈부처-주체다. 그의 꿈, 지혜, 말과 행동을 닮거나 가슴에 품으려 할 때 내가 생성되며, 나 또한 그에게 그리 작용한다. 그가 미소 지을 때 내 얼굴에서도 긴장이 풀리고 웃음으로 화답한다. 나보다 더 아픈 이들의 고통에 공감하고 연대하는 그 자리에 나의 진정한 자아를 마주하게 되며, 신 또한 거기에 자리한다. 내가 그를 자유롭고 행복하게 할 때 나는 진정으로 자유롭고 행복해진다. 하여 나는 오늘 저항한다. 그를 만들고 나를 만들기 위하여. 그를 행복하게 하여 내가 행복하기 위하여. 오늘의 나와 미래의 사람들을 위하여. 진정으로 건전하고 해방된 세상을 향하여.

늦었지만, 대한민국이든 세계든 지금이라도 진지하게 성찰하며 새로운 길을 모색하지 않으면 미래는 없다. 돈키호테보다 프로메테우스가 되려면, 좀 더 차가운 머리와 멀리 보는 눈이 필요하다. 저항이 수영장 안의 물장구질이 되지 않으려면, 화살은 부조리한 세계의 심장을 곧바로 향해야 한다. 낡은 틀과 구조 자체를 해체하지 않는 그 어떤 대안도 미봉책일 뿐이다. 현실에 발을 디디지 않는 비전은 허망한 꿈이거나 관념의 유희다. 새로운 패러다임으로 혁신하지 못한 비전은 낡은 구조를 찍어낸다. 알을 깨는 고통을 감내하는 새만이 바깥세상을 보며, 둥지의 안온한 행복과 결별하는 새만이 푸른 하늘을 비상한다. 깨달음은 안과 밖이 동시에 감응할 때 찾아오며, 줄탁동시啐啄同時가 이루어질 때 새 하늘은 열린다.

지금 비판과 부정을 본령으로 할 인문학마저 대중화를 명분으로 시장에 포섭되어 상품화하고 지식인은 자본과 국가의 마름 구실을 충실히 하고 있다. 하지만 타자의 고통에 대한 공감 없이 인간이란, 인간에 관한 학문이란 무슨 의미를 갖는가. 인문학은 가장 아픈 자리에서 그들이 겪고 있는 고통에 대한 질문과 공감에서 출발해야 한다. 본다는 것은 대상을 직시하는 것이며, 듣는다는 것은 그에서 의미를 찾는 것이며, 산다는 것은 이를 가슴으로 끌어안아 결단하여 더 나은 미래를 건설하는 것이다.

구름에서 땅으로 내려온 철학인 마르크시즘. 한계가 없는 것은 아니지만, 21세기 오늘, 자본과 인간, 세계 사이의 관계를 분석하는 데 이보다 유용한 이론은 없다. 소련이 해체되었지만, 화폐와 상품을 매개로 가치가 달라지고 노동과 인간관계가 변질되는 과정을 통찰하는 정치경제학으로서, 화폐와 상품이 인간의 모든 영역을 통제하고 자본과 노동이 대립하는 사회를 분석하는 사회과학으로서, 자본주의와 신자유주의 체제의 모순을 분석하는 가치 체계로서, 모든 대립물의 투쟁과 상호 의존의 통일을 추구하는 변증법의 원리로서, 강자나 가진 자가 아니라 약자와 가지지 못한 자의 관점에서 세계를 해석하는 민중철학으로서, 노동이 해방되고 서로를 자유롭게 하는 개인의 연합이라는 새로운 비전을 제시한 유토피아로서 마르크시즘은 아직 인류의 빛이다.

인류 역사상 최초로 가지지 못한 자가 주인이 되어 함께 잘사는 세상을 연 볼셰비키 혁명, 그 불은 찬연히 타올랐지만 한 세기도 되기 전에 사위고 있다. 교조는 언제나 지성의 무덤이자 폭력이다. 낡은 체제와 권력에 대한 저항은 진보를 향한 꿈과 열정, 인간에 대한 사랑과 연대와 더불어 성찰을 동력으로 한다. 아무리 숭고하고 정당한 진리라 하더라도 인간을 넘어설 수는 없다. 자유 없는 정의와 평등이 개인을 억압한다면, 정의와 평등이 없는 자유는 개인의 악마성을 키운다. 자본의 해체 없이 국가가 공동선을 추구할 수 없고, 국가로부터 권력을 빼앗지 않고서 자본을 해체할 수도 없다. 무엇보다도 나와 세계의 변혁은 함께 이루어져야 한다. 개인이 변해야 세계가 바뀌며 새 하늘이 열려야 개인의 거듭남도 유지된다. 진보의 한계와 오류를 성찰하고서 그를 보완할 지혜를 붓다에게서, 이를 화쟁의 원리로 하나로 아우른 동쪽 변방의 철학자 원효에게서 찾는다. 마르크시즘과 진보는 새로운 패러다임으로 거듭나야만 21세기에도 빛과 힘으로 남을 수 있다.

하버마스Jürgen Habermas는 불교와 유교, 기독교가 공존하는 한국에서 의사소통 이론의 한계를 극복할 지혜를 얻고 싶었는데, 정작 한국 지식인은 숙제 검사를 받는 학생의 태도를 취했다. 수많은 서양 이론이 한국에 수용되었지만, 모두 유행처럼 스치고 지나갔고 수입오퍼상이란 오명만 남았다. 민족적 특수성과 세계적 보편성을 종합하는 것은 현실과 이론의 종합과 함께 이루어져야 한다.

서구추종주의나 오리엔탈리즘에 대한 반성으로 서양 학문의 식민지에서 벗어나 동양이 대안이라는 주장이 일고 있지만, 고물상인지도 모른 채 당위와 선언으로 그치고 있다. 서양과 대화하지 않는다면, 보편성을 상실한, 우물 안 개구리의 합창이다. 동양으로 돌아가자는 것이 동양식 전제정권, 비합리적이고 야만적인 중세의 봉건사회로 퇴행하고자 하는 것이라면 차라리 현재의 고통을 감내하는 것이 더 낫다. 현실, 우리가 디디고 있는 이 땅의 모순에 대한 인식과 비판에서 출발하지 않는다면, 오늘날의 복잡해진 21세기의 사회 현실에 적용되는 것이 아니라면 그것은 성현들의 현학적이고 신비적인 은유 놀이에 지나지 않는다. 자신이 발을 디디고 있는 현실에서 출발하지 않는 모든 이론은 관념의 유희다.

마르크시즘을 비롯한 서양 이론은 실체론과 이분법, 동일성에서 벗어나지 못했기에 연기론과 퍼지fuzzy식 논리, 차이의 사유를 하는 불교를 통해 새로운 패러다임의 그릇에 담길 수 있다. 초역사적이고 관념론에 치우쳤으며 과학성과 합리성을 결여한 불교는 마르크스와 서양 이론을 통해 중생이 발을 디디고 있는 현실을 구체적으로 직시하면서 역사성과 사회성을 결합하고 과학적이고 합리적인 분석틀과 방법론을 빌리면서 유심론에 유물론적인 인식을 끌어안을 수 있다. 하여 불교가 개인의 깨달음에 머물 때, 마르크시즘은 세계

자체를 전복하고 모두가 해방되는 방안을 제시할 것이다. 마르크시즘이 자본과 노동의 대립과 모순에 대해 첨예하게 분석하면, 불교는 양자를 하나로 아우르는 길을 펼칠 것이다. 마르크시즘이 현대사회와 자본주의 체제의 모순을 분석하는 과학이 되면, 불교는 그 너머를 사유하는 지평을 열 것이다. 마르크시즘이 자유로운 개인들의 연합을 대안으로 제시한다면, 불교는 그 비전을 향하여 깨달음과 보살행의 사다리를 놓을 것이다. 사다리를 타고 올라 별이 될 것이며, 그 빛이 어두운 세상을 환하게 비추어 새로운 세상으로 개벽하는 순간, 깨달음이 곧 집착이라며 마르크스도 죽이고 부처도 죽일 것이다.

화쟁이란 무엇이며 사회문제에 적용이 가능한가

원효의 화쟁은 불교 이론의 쟁론에만 국한

왜 원효 사상인가. 근대성에서 비롯된 사상이나 방법론으로 21세기에 인류가 겪고 있는 사회문제를 분석하고 대안을 모색하면, 분석이되지 않는 부분이 있으며 분석이 어느 정도 되더라도 대안은 잘 그려지지 않는다. 근대성을 넘어서는 프레임으로 분석하고 대안을 찾는 것이 필요한데, 불교 사상과 원효의 철학은, 실체론이 아니라 연기론, A or-not A의 이분법적 모순율이 아니라 A and not-A의 퍼지, 동일성이 아니라 차이, 인간중심주의가 아니라 생태적 사고 등 근대성 너머의 사유나 논리를 지향하기에 여러 면에서 새로운 패러다임이나 논리 체계를 제공할 가능성이 많다.

  어떻게 원효의 사상이나 화쟁和諍을 적용할 것인가. 다시 말해, 불교 논리인 화쟁을 사회문제에 적용하는 것이 가능하고, 또 타당한

가. 화쟁을 전환 논리 없이 곧바로 사회에 적용하는 것이 오류를 범하는 것이라면, 사회 적용이 불가하다는 주장은 비화쟁적이다. 원효가 화쟁을 당시 삼국의 통일과 사회 통합 등 사회문제에 적용했다는 것은 추측이나 억지일 뿐이다. "현재 남아 있는 원효의 저술은 모두 불교에 관한 것뿐이다. 이 때문에 원효가 불교 이외의 여러 이론들에 대해서 화쟁한 구체적 자료를 찾기란 거의 불가능한 실정이다."[1] 그러기에 화쟁을 사회문제에 전환 논리나 매개 없이 곧바로 적용하는 것은 상당한 비약이나 오류가 따른다. 그럼에도 많은 이들이 이를 시도했다. 화쟁이 대립을 하나로 아우르는 방편이고 불교라는 너무도 큰 그릇을 바탕으로 하고 있기에 거의 모든 사회문제나 대립의 해소에 대입하여 해석하는 것이 가능하기는 하다. 하지만 대입과 적용 사이에는 커다란 간극이 있기에, 사회문제에 화쟁을 대입한 것 가운데 상당수가 범주의 오류, 성급한 일반화의 오류를 범하거나 당위적인 주장으로 그치고 말았다.

그럼에도 원효가 불교 교리에 한정하여 화쟁을 펼쳤으므로 사회문제 적용이 가당치 않다는 몇몇 학자의 주장에도 반대한다. 석길암 교수의 지적대로, 화쟁은 사상이 아니라 방편이고 방법론이다. "원효가 화쟁 내지 회통의 방식을 사용하고 있는 것은 분명하지만 화쟁 내지 회통이 그 자체로 목적이 된 경우는 적어도 현존 저술에서는 발견되지 않는다."[2] "화쟁은 원효가 스스로 추구하는 바에 이르는 데 사용하는 방법론이자 논리로서 이해되어야 마땅한 것이다."[3] 화쟁의 목적은 원효가 천명한 대로 일심一心의 근원으로 돌아가서 중생을 넉넉하게 이롭도록 하자는 것이다歸一心之源 饒益衆生.

방편이나 방법론은 늘 확장의 가능성을 담고 있으며, 확장은 다른 장이나 맥락에 적용함을 뜻한다. 단, 여섯 가지가 충족되어야 한다. 첫째, 이 담론과 장場, 맥락에서 저 담론과 장과 맥락으로 전이해도 보편성이 있음을 입증해야 한다. 둘째, 다른 담론과 장, 맥락으로 전이하면서 발생하는 차이를 인식하고 이 차이를 드러내면서도 하나로 아우를 수 있는, 개별성을 인정하면서도 보편성으로 논증되는 화이부동和而不同의 논증과 해석이 수반되어야 한다. 셋째, 적용하는 과정이 객관적으로, 논리적으로 타당하고 논리의 오류를 범하지 말아야 하며, 이는 진리로 판별된 논거를 바탕으로 합리적 논증을 해야 함을 전제한다. 넷째, 추상적인 개념을 구체적인 문제에 적용할 경우 추상과 구체 사이에 변증법적 종합이 이루어져야 한다. 추상과 구체는 일반과 개별, 보편과 특수로 대치되기에 추상과 구체, 일반과 개별, 보편과 특수 사이에 변증법적 종합이 이루어지지 않으면, 그 적용은 성급한 일반화의 오류, 결합의 오류, 분할의 오류를 범할 수 있다.⁴ 다섯째, 이런 과정을 통해 의미 있는 해석이나 결과를 추출해야 한다. 여섯째, 방법이 일심과 요익중생의 목적에 부합하는가 따져보아 부합하지 않으면 수정하거나 버려야 한다. 8세기의 신라 불교의 맥락에서 생성된 화쟁의 개념을 21세기 사회문제에 적용할 경우 이 여섯 가지 조건을 충족하면서도 반드시 선행되어야 하는 작업은 초역사적이고 탈사회적인 불교나 화쟁에 역사성과 사회성을 결합하는 것이다.

무엇보다 가장 먼저 수행해야 할 작업은 원효가 생각한 화쟁의 개념에 대해 정확하게 포착하는 것이다. 우선 화쟁의 개념에 대해 축자적인 의미부터 시작하여 좀 더 심오한 의미로 단계적으로 고찰해보자. 필자는 1999년에 출간한 『화쟁기호학, 이론과 실제』에서 원효의 화쟁에 대해 '화쟁은 모든 대립과 갈등의 아우름' '화쟁과 일심: 화쟁은 일심의 본원本源으로 돌아가는 것' '화쟁과 언어기호: 화쟁은 언어기호를 통해 언어 너머의 진여眞如 불법佛法 엿보기' '화쟁과 사리事理: 화쟁은 이理와 사事의 원융圓融' '화쟁과 불일불이不一不二: 화쟁은 차이를 통한 공존' '화쟁과 순불순順不順: 화쟁은 순불순 통한 절대와 상대의 회통會通' '화쟁과 중생: 화쟁은 진속불이眞俗不二 통한 요익중생饒益衆生'으로 풀이하고 이를 삼재와 풍류도 등 한국의 고대 철학과 비교했다. 이 가운데 방법론에 해당하는 부분만 선택하여 쉽고 간략하게 서술하되 새롭게 해석한 것을 추가한다.

화쟁은 소통과 회통

첫째, 화쟁은 "대립되는 쟁론을 소통을 통해 서로 같은 뜻에 맞추는 것"이다. '화쟁'에서 '쟁諍'은 '쟁爭'과 통하지만 다르다. 쟁爭이 일반적 다툼이라면, 쟁諍은 언어를 매개로 한 다툼에 한정된다. 원효가 사용한 용례를 보면, 쟁諍은 의견, 견해, 이론과 논리 사이의 대립이나 다툼을 뜻한다. '화和'는 회통, 화합和合, 화회和會, 화통和通이며, 회통이란 글이 서로 다른 것을 통通해서 뜻이 서로 같은 것에 맞추는 것이다. 그러니 화쟁의 축자적 의미는 대립되는 의견이나 주장, 견해, 논쟁에서 서로 통해 그 핵심과 대요를 파악하여 큰 뜻에서는 다르지 않다는 것을 깨닫고 하나로 어우러지게 하는 것이다. 이런 면에서 화쟁을 소통으로 해석한 견해도 일정 정도 타당하다.[5]

둘째, 화쟁은 "부처님의 지극히 공변된 뜻을 지향하여 열린 마음으로 여러 경전에서 본 가닥을 찾아 부분의 대립을 이에 통합하고 한맛의 바다로 돌아가는 것"이다. 원효는 "여러 경전의 부분적인 면을 통합하여 사상가들의 온갖 물줄기를 한맛의 바다로 돌아가게 하고 불법의 지극히 공변된 뜻을 열어 모든 서로 다른 쟁론들을 아우른다"⁶라고 말하고 있다. 이 문장에서 목적어를 이끄는 동사 '통統' '귀歸' '개開' '화和'의 의미가 중요하다.

통統은 큰 줄기를 따르는 것이다. 불교 경전은 너무도 방대하고 심오한 데 더하여 아난阿難과 성중聖衆 등 여러 사람에 의한 공동의 기억을 결집하여 텍스트가 이루어졌다. 고대의 텍스트 기억력은 현대와 비교를 할 수 없을 정도로 높았고 말씀에 대한 권위는 지극했지만, 기억은 늘 왜곡되고 파편으로 남기에 부처님의 말씀, 아난의 기억, 성중의 기억, 팔리어대장경, 범어대장경, 한역대장경, 티베트대장경으로 이동하는 사이에 점점 시간의 거리만큼이나 말씀의 거리도 상존할 것이다. (……) 팔리어대장경과 한역대장경에서 보이는 부처님의 말씀의 차이, 산스크리트어 원본과 한역 경전 사이의 번역 및 개념어의 차이, 위경 논란, 논論과 소疏 사이의 해석의 문제 등이 아직 논란거리다. 한 글자도 틀림이 없이 온전히 부처님 말씀이라 하더라도 붓다가 응병여약應病與藥, 곧 그때그때의 상황과 맥락, 상대방의 근기根機에 따라 다양한 방편을 적절히 사용하여 말씀을 하신 것을 적은 것이다. 그기에 맥락을 제거한 경전 텍스트만 놓고 보면 서로 모순을 일으키거나 대립되는 것이 많다. 이를 무시하고 경전의 글귀만 따로 분리하여 주장을 펼치거나 자신의 해석을 보태면 쟁론이 된다. 이에 맥락화와 탈맥락화를 종합해야 한다. 먼저 맥락과 상황, 발화자와 수신자와 연기적 관계 등을 결합하여 경전 텍스트를 해석하고, 이 해석들을 놓고 모든 조건과 맥락을 초월한 붓다의 참뜻이 무엇인지 메타텍스트를 구성한 후 양자를 종합하여 해석해야 한다. 그러니, 통統이란 말과 글의 큰 줄기를 파악하여 지엽적이고 말단적인 것을 이에 통합하는 것을 뜻한다.

귀歸란 본래 자리로 돌아감이다. 바다에서 물이 증발하여 한없는 구름을 만들고 그것이 비로 내려 헤아릴 수 없이 많은 강물이 되지만 흐르고 흘러서 결국 한 바다를 이룬다. 그렇듯 다양한 사고와 행동을 하는 무수한 사람들이 결국 본래의 면목을 찾아 불성과 일심으로 돌아감을 의미한다. 사람들이 여러 본성과 사고를 가지고 수다한 행동을 하지만 모든 중생이 불성을 품고 있고 그 불성이 다양한 조건과 맥락에서 무한한 양상으로 변질된 것이고, 변질시키는 요인은 무명과 삼독이다. 그러므로 무명과 삼독에서 벗어나 깨달으면 누구나 부처가 된다. 따라서 귀歸란 본래의 면목을 찾아 불성과 일심으로 돌아감을 뜻한다.

개開란 닫힌 것을 열고 막힌 곳을 푸는 것이다. 부처님의 뜻은 지극히 공변되어 바다처럼, 달빛처럼 무한하게 열려 있고 닫힌 곳이 없다. 하지만 사람들은 저마다 아집, 편견, 자신의 이익 및 이해관계의 합리화, 이데올로기 등 자신의 울타리를 두르고 문을 닫는다. 닫힌다는 것은 그 안에 집착한다는 것이다. 자기의 정체성, 자기의 생각, 자기의 소유, 자기의 욕망과 분노에 빠지는 것, 모든 것이 연기인데 아我가 있다고 보는 것, 우주 삼라만상이 찰나의 순간에도 변하는데 그렇지 않다고 생각하는 것, 그래서 모든 것이 공空한데 유有에 집착하는 것이 닫힘이다. 중관中觀과 유식唯識 등 자기 논리와 주장에만 귀를 기울이는 것이 닫힘이다. 자신의 울타리에 닫혀 소통을 하지 않는 것이 막힘이요, 이를 뚫고 서로 오고 가게 하는 것이 열림이다. 이에 개開란 자기주장과 논리, 자신의 조건과 맥락에서 벗어나 아만 과 집착을 깨는 것, 다른 이의 주장이나 논리와 소통하며 타당성을 받아들이는 것, 상대방의 조건과 맥락에서 서로 생각하는 것, 무엇 보다도 공과 연기의 원리에 맞게 깨닫는 것이다.

화和란 어울림이다. 화란 조調와 통한다. 어울리려면 다름을 차이 로 인정해야 하고, 나를 상대방에 맞추어야 한다. 수백, 수천의 다른 쟁론이 있지만 불성과 일심으로 돌아가서 다른 주장이나 논리, 주 장, 상대방의 조건과 맥락에서 생각하며 큰 줄기를 발견하여 지엽적 인 대립들을 이에 통합하고 한맛의 바다로 돌아가는 것이다. 그러니 화쟁이란 '여러 경전에서 큰 줄기를 찾아서 부분의 대립을 이에 통 합하고 불성을 되찾아 다양한 사상과 주장과 논리들, 상대방의 조건 과 맥락을 공과 연기의 원리, 한맛의 바다로 돌아가게 하고 부처님 의 무한하고 지극히 공변된 뜻을 지향하여 자신의 사고에서 벗어나 타인의 주장과 논리의 타당성에 대해서도 귀를 기울여 모든 쟁론들 을 하나로 아우르는 것'이다. 실제로도 원효는 수백 권의 저서를 통 해 자리自利와 이타利他, 반야般若와 유식 등 서로 대립적인 교의뿐만 아니라 사事와 리理, 염染과 정淨, 진眞과 속俗, 진여와 언어 등 이항대립 적인 개념을 하나로 아울렀다.

화쟁은 개시개비

셋째, 화쟁은 개시개비皆是皆非를 통해 대립과 갈등을 소멸시키고 서

로 어울리는 것이다. 여러 사람이 화쟁을 장님 코끼리 만지기 비유를
들며 개시개비의 어울림으로 해석한다. 『우다나경』의 「다양한 이교
도의 경」이나 『장아함경』의 「용조품」을 보면, 장님과 코끼리의 비유
가 나온다. "옛날에 경면왕이 여러 장님을 불러 모아 코끼리를 만지
고 어떻게 생겼는지 물었다. 등을 만진 자는 언덕과 같다고 했고, 장
딴지를 만진 자는 기둥과 같다고 했으며, 꼬리를 만진 자는 밧줄과
같다고 했다. 그들은 자신만이 옳다고 주장하며 서로 싸웠다."[7] 그들
은 코끼리의 전모를 보지 못한 채 자기만의 아집에 빠져 있는 것이
다. 부처님은 사성제를 잘 이해하지 못하는 자이나교의 니간타 나타
푸타_{Nigantha Nataputta}, 유물론자인 아지타 케사캄발린_{Ajita Kesakambalin} 등
육사외도六師外道의 주장들이 이들 장님과 같음을 말하기 위하여 이
비유를 활용했다.

　원효는 이 비유를 끌어들이되, 다른 논리로 화쟁에 대해 설명한다.

　마치 저 장님들이 각각 코끼리를 말하면, 비록 그 진실은 얻지 못하지
　만 코끼리를 말하지 않은 것은 아닌 것과 같다. 불법의 본성에 대해
　말하는 것 또한 이와 같다. 곧 6법이 바로 그것은 아니지만 6법을 떠
　난 것도 아니니, 이 중의 6가지 이야기 또한 이와 같음을 마땅히 알아
　야 할 것이다.[8]

　앞의 인용문에서 '저 장님'이라 한 것은 이를 뜻한다. 코끼리 전체
를 본 사람의 입장에서는 언덕이나 기둥, 밧줄 같다고 말하는 사람
의 주장에 동조할 수 없다. 모든 주장이 코끼리의 전모를 놓치고 부
분으로 전체를 일반화하고 있기 때문이다. 그렇다고 이들의 주장이

전적으로 틀렸다고 할 수도 없다. 이 주장들이 코끼리가 아닌 다른 짐승을 언급하는 것이 아니고 거짓말을 하고 있는 것도 아니라 자신이 직접 몸으로 체험한 것을 근거로 코끼리를 말하고 있는 점에서는 타당하다. 조성택 교수는 이를 인용하며, "이 비유에서 중요한 것은 '모두_皆'라고 하는 동시적 상황이다. '나의 옳음'이 '저들의 틀림'을 증명하는 것도 아니고 저들이 옳다고 해서 반드시 내가 틀린 것은 아니라는 것이다. 다만 나의 옳음과 저들의 옳음이 다를 뿐이다. 이제 코끼리의 전모를 그려내기 위해서는 어느 한 주장도 제한되거나 배제되어서는 안 된다. 다만 코끼리 아닌 것을 만지고 코끼리라 주장하거나, 거짓 증언을 하는 사람은 구별되어야 할 것이다. 그런 다음 각자는 자유롭게 자신의 주장을 펼치되 다른 사람의 주장에도 귀를 기울이는 '평화로운 다툼'의 과정을 통해 점차 코끼리의 전모를 완성해갈 수 있다"[9]라고 말한다. 이처럼 화쟁은 개시개비의 논리, 평화로운 다툼을 통해 진리에 이르는 방편이다.

하지만 개시개비의 화쟁을 4대강, 용산, 밀양, 강정 등 21세기 한국 사회의 주요 갈등을 푸는 데 적용하자는 주장에 대해선 반대한다. 먼저 몇 가지 짚고 넘어갈 사항이 있다. 여기서 분명하게 인식할 것은 개시개비는 화쟁의 출발점일 뿐이며 이는 관념상의 갈등 해결 방식이라는 점이다. 대립물에 대한 연기적 사고와 일심이 없으면, 다시 말해 양자의 조건과 맥락, 양자가 지향하는 궁극적 목적과 진리에 대한 인식이 없으면 개시개비는 양비론이나 절충에 그칠 수 있다. 동기와 목적이 선하더라도 결과는 진리를 은폐하는 이데올로기로 귀결되거나 갈등을 해결하지 않은 채 논의만 하려는 강자의 전략에 말려들 수 있다. 관념과 현실 사이에는 엄청난 괴리가 있기에 현실과 종합하는 작업이 함께 수행되어야 한다. 철학적 담론을 전환의 논리와 매개 없이 곧바로 사회적 담론으로 전이하면 해석이 그럴듯해 보일지라도 성급한 일반화의 오류를 비롯하여 여러 오류를 범한다. 7세기 불교 논쟁이란 맥락과 21세기 신자유주의 모순이라는 맥락 사이에도 커다란 괴리가 있다. 초역사적인 화쟁에 역사성과 사회성을 부여하지 않는다면, 추상과 구체의 종합이 이루어지 않는다면, 이는 관념의 유희일 뿐이다.

화쟁은 연기적 깨우침

넷째, 화쟁은 '대립물 사이의 조건과 인과, 작용에 대한 연기적 깨우침'이다. 화쟁은 서로 대립된다고 생각하여 철저하게 대립하던 양자가 실은 상호 인과관계를 맺으며 서로 작용하며 의지하고 조건을 맺고 있으며 같은 목적, 혹은 일심을 지향한다고 깨우쳐서 하나로 어울리는 것이다. 극렬히 싸우고 있는 두 남자에게 한 여자가 다가와서 두 사람 모두 실은 내 배 속에서 나온 배다른 자식이라고 하면, 서로 싸우거나 경쟁하던 두 집단이 서로 긴밀하게 의존하고 있어 상생하는 것이 둘 다 잘되는 길임을 깨우치면 싸움을 멈출 것이다. 만약 외계인의 침공을 받는다면, 인류는 전쟁을 하다가도 멈추고 서로 합심하여 공동의 적과 맞설 것이다.

인터넷에 떠도는 이야기가 있다. 몹시 추운 겨울날에 신병이 찬물을 앞에 놓고 벌벌 떨며 차마 세수를 하지 못하고 있었다. 지나가던 소대장이 이를 보고 측은한 마음이 들어 "식당에 가서 온수를 달라 해서 씻으라"라고 했다. 신병은 식당에 가서 소대장의 지시대로 했다가 고참에게 군기가 빠졌다고 얼차려를 받았다. 다음 날 아침 인사계가 똑같은 장면을 보고 신병에게 "너 식당 가서 김 병장에게 내가 세수할 온수를 달래서 가지고 와라" 하고 시켰다. 신병이 온수를 떠 오자 인사계는 신병보고 그 물로 세수하라고 이르고는 인사계실로 들어갔다. 소대장과 인사계 모두 신병에 대한 자비심도 있었고 개시개비의 화쟁적 사고를 했다. 하지만 소대장은 자비심은 있었지만 신병의 조건에서 생각하지 못했다. 사병 생활을 겪어본 인사계는 신병과 자신의 연기 관계를 파악하고 신병이 놓인 조건에서 생각하고 행동했기에 소대장과 다른 사고와 행동을 한 것이다.

원효는 초기 불교와 대승불교 또한 화쟁하고 있다. 초기 불교의 입장에서 보면 화쟁이란 무명과 고통에 대한 연기적 통찰과 극복의 가능성이다. 12연기론을 진화생물학의 입장에서 해석하면 모든 생명체는 우주와 생명의 창조에 대한 인식이 없이 우주가 형성되고 생명이 창조되고 유전자가 전해진 무명의 상태에 있다. 이들이 이기적 유전자의 명령대로 개체의 존속을 지향하는 것이 행行이다. 개체 존속을 지향하는 생명체가 어떤 상황에서 자신을 존속시키기 위하여 생각하고 판단하는 것이 식識이다. 이런 생각과 본능이 각인된 유전자를 담은 생존기계인 세포들의 결합체를 이룬 것이 명색名色이다. 명색을 갖춘 생명체가 눈으로 보고 귀로 듣고 코로 냄새를 맡고 혀로 소리를 내거나 먹고 몸으로 느끼는 것이 육입六入이며, 생명체가 몸으로 접촉하여 느낀 것을 판단하는 것이 촉觸이며, 감각기관과 몸으로 느낀 것과 머리에 있는 정보를 종합하여 인식을 하는 것이 수受다. 이 수를 통해 즐거움과 괴로움, 괴롭지도 않고 즐겁지도 않은 이치를 깨달으며 외부 세계와 조응을 하는 가운데 생명체들이 각자 자신의 수에 따라 괴로운 것을 피하고 즐거운 것을 좋아하면서 점점 갈망, 탐애, 탐욕을 하니 이것이 애愛다. 갈망과 탐욕이 커지면 생명체가 이에 집착하니 이것이 취取다. 이 집착의 추구로 말미암아 생명체가 업을 만들며 자신의 존속을 유지하려 들고 집착의 대상이 허상인데 이를 존재하는 것으로 여기니 이것이 유有다. 그렇게 하여 생명체가 생존하니 이는 생生이요, 늙고 어느 때인가 반드시 생명체는 사멸하니 생은 노사老死를 낳는다. 이것을 이름하여 과果를 일으키는 원인이니 인因, 서로 조건이 되기에 연緣을 붙여 12인연인 것이다.

12연기의 출발은 무명이다. 해탈하면 이 인연의 굴레에서 벗어난다. 이는 모든 생명이 해탈을 이룰 때까지는 무지하기에 고통을 겪을 수밖에 없음을, 모든 존재가 고통을 겪지만 연기되어 있으므로 그 조건과 원인을 파악하여 정진하면 극복할 수 있음을 뜻한다. 박경준 교수는 연기설을 상의적相依的으로 해석한 것을 비판하며, "12연기설은 우리의 현실고現實苦가 절대적인 것이 아니라, 근본적으로 무명에 의해 나타나 있는, 상대적이고 가변적인 것임을 말해주고 있는 것이다. (……) 모든 고통은 절대적 존재가 아니고 연기되어 있으므로 그 조건과 원인을 파악하여 그것을 극복하도록 노력하자"[10]라고 말한다. 그러니 고통과 이를 낳은 현실과 조건, 인과관계에 대한 자각과 깊은 통찰과 창조적 비판, 조건을 변화시켜 고苦를 근본적으로 없애려는 적극적 실천이 정당성을 갖는 것이다. 조건과 인과에 대한 자각은 개인적 차원과 사회적 차원 모두를 뜻한다. 화쟁은 연기론의 한 부분이기에 연기론에 종속된다. 개시개비의 화쟁은 대립자 사이의 연기를 따지는 것으로 나아가야 하며 양자 사이에서 고통을 낳는 조건과 원인을 분석하여 이 고통을 없애는 노력 또한 수행해야 한다.

화쟁의 목적은 일심으로 돌아가는 것이다. 중용에서 '중中'이 산술적 균형이 아니라 올바름이듯, 화쟁은 양자에게 상대방 입장에서 생각해보라는 것만을 뜻하지 않는다. 일심은 진여문에서는 진여실제이지만, 생멸문에서는 올바름이요 진리다. 정권이나 종단이 수많은 진실을 은폐하고 왜곡하는 상황에서, 아무리 동기가 선하더라도 시민 진영의 사람들에게 개시개비의 화쟁의 논리를 펴면서 진영의 감옥에서 벗어나 정부의 입장에서 보라는 것은 진실의 은폐와 왜곡을 수용하라는 결과로 귀결된다. 더구나 진여실제를 제외하면, 진리건 정의건 '옳음'이란 늘 조건과 맥락의 연기 속에 있다. 그러기에 개시개비에 앞서서 수행되어야 하는 것은 파사현정破邪顯正이다.

4대강사업에 국한하면, 일심이란 진실을 지향하고 국민의 행복이나 생명의 평화 등 공동의 가치를 추구하는 것이다. 이명박 정권 또한 국민의 행복을 위해서 4대강사업을 추진하는 것이고 반대하는 자 또한 그런 것인데 개발론과 환경론의 입장만 다를 뿐이라면, 개시개비의 화쟁이 적용될 여지가 있다. 하지만 이명박 정권은 자신과 토건카르텔의 이익 때문에 진실을 은폐하고 비리를 범하면서까지 4대강사업을 추진한 것이지 국민의 행복을 위하여 그런 것이 아니었다. 진보적이건 보수적이건 입장과 해석은 다를 수 있지만, 진실은 같다. 4대강사업에 대한 모든 정보와 진실이 공개되어야 하지만, 이명박 정부는 이를 거부했고 수다한 거짓과 조작으로 일관했다. 진보진영이 아니라 박근혜 정권의 감사원에서도 4대강사업에서 많은 진실을 은폐했고 비리가 있었으며 이 사업 자체가 '총체적 부실'이라고 2014년 1월 17일 발표했다. 그런 상황에서 서로 상대방의 입장에서 개시개비하자는 것은 이런 은폐와 조작을 정당화한다. 결국 화쟁위원회를 중심으로 한 개시개비식의 대응은 4대강사업 반대운동을 하던 사람들의 동력과 정당성을 약화시켰다.

원래 화쟁은 정적인 수평의 논리이고 불교의 쟁론을 아우르자는 것이었다. 하지만 이를 모든 장에서 권력이 작동하는 현대사회문제에 적용하려면 역동적인 수직의 논리로 전환하여야 하며, 이럴 때 대립물 사이의 연기적 관계에서 가장 중요하게 따져보아야 하는 것이 권력이다. 진리에는 권력이 작용한다. 거꾸로 권력이 곧 진리이기도 하다. 권력이 비대칭인 곳에서는 서로 상대방의 입장에서 생각한다 하더라도 개시개비의 화쟁은 불가능하다. 대립물 사이에서 권력이 작용하기에 이것을 평등하게 만들지 않는 한, 공정하거나 객관적인 화쟁은 거의 불가능하다. 특히 자본주의 체제에서는 권력이 자본과 결합하고 모든 제도와 시스템 자체가 권력자에게 지극히 유리하게 작동되고, 권력의 행위나 담론을 정당화하는 이데올로기나 논리가 월등하기에 권력에 대한 고려나 대책 없이 가해자와 피해자, 자본가와 노동자의 사이에서 개시개비식의 평화로운 대화는 불가능하다. 이는 관념에서나 가능할 뿐이다. 자본가가 노동자, 특히 비정규직 노동자에 대해 압도적으로 우월한 권력을 갖고 실정법까지 어겨가며 정리해고를 하고 노동자들은 하루하루를 견뎌내기 힘들어 자살하는 상황에서 개시개비의 화쟁을 하라는 것은 선한 의도와 관계없이 실제로는 자본가의 폭력을 연장시켜주는 것으로 귀결된다.

그러기에 대립과 갈등의 현장에 가서 무작정 양자가 서로 상대방의 입장에서 생각하고 평화로운 대화를 하라고 해서는 안 된다. 모든 삿된 것을 혁파하고 무엇이 진실인가 가려야 하고 권력을 대칭으로 만들어야 한다. 사건을 투명하고 명징하게 바라보아 조작과 거짓과 망상을 걷어내고, 개인적인 관계에서는 아랫사람끼리 연대하여 권력에 저항하는 것과 윗사람이 아랫사람과 연기적 관계임을 깨닫고 권력을 자발적으로 절제하는 것이 함께 이루어져야 한다. 조직 속에서는 제도의 개선, 규칙의 공정한 제정, 대의민주제와 참여민주제, 숙의민주제, 몫 없는 자를 위한 민주제가 모두 이루어져야 한다. 비화쟁적인 제도와 시스템을 해체하고 관계자 모두가 권력의 대칭을 유지한 채 철저히 민주적인 방식으로 토론을 하고 서로 눈부처를 바라보며 합의에 이를 수 있는 조건과 분위기를 조성해야 한다. 그런 후에 개시개비의 화쟁을 하라고 해야 한다.

이처럼 화쟁은 "서로 대립했을 때 대립물 사이의 조건과 인과, 특히 그 사이에서 작용하고 있는 힘과 고통에 대해 연기적 관계를 깨우치고 일심을 지향하여 파사현정을 한 후에 상대방의 조건과 맥락 속으로 들어가서 중도의 자세로 소통을 하여 고통을 없애고 서로 하나를 이루는 것"이다. 그러기에 화쟁으로 용산이든 세월호든 21세기 우리가 맞고 있는 문제를 해결하려면 계급, 권력의 문제를 연기적 관계 속으로 밀어 넣어야 하며, 7세기 동아시아 불교계의 맥락과 조건을 자본주의적 모순, 제국주의적 모순 등의 맥락과 조건으로 대치해야 한다.

그러기에 필자는 대립과 갈등 문제에서 진리와 허위를 판별하고, 양자의 인과관계에 따른 모순을 분석하고 모순을 동력으로 발생하는 힘에 대해서도 천착할 것이다. 이 분석 시 마르크스 사상을 주요 패러다임으로 삼을 것이다. 이 분석 후에 현실과 이상, 삶의 장과 깨달음의 장 사이의 화쟁을 모색할 것이다. 이는 붓다/원효의 경전과 논저 텍스트(T1)를 그 경전과 논저가 생성되고 해석된 조건과 맥락(C1)에 비추어 해석하여 새로운 경전 텍스트(T2)를 생성하고, C1을 21세기 한국인과 인류가 맞고 있는 조건과 맥락(C2)으로 대치한 후, C1과 T1, C1과 C2, T1과 T2, C2와 T1, C1과 T2 사이에서 무수한 대화를 하며 양자의 화쟁을 시도할 것이다. C1에서 T1의 참 의미를 파악한 후, 마르크스로 분석한 C2와 초역사적 텍스트인 T1에 역사성과 사회성을 부여하고, T1의 참의미로 C2의 모순을 극복하고 이에서 그치지 않고 그 너머의 지혜를 모색할 것이다. 이 과정에서 핵심은 대부분이 초역사적인 텍스트인 원효의 저술과 불교 경전에 역사성과 사회성, 정치성을 부여하여 해석하고, 대체로 실체론적 패러다임으로 기술된 텍스트인 마르크스의 정전들을 연기론적으로 해석하는 것이다.

화쟁은 중도적 깨우침

다섯째, 화쟁은 '대립물 사이의 중도적 깨우침'이다. 화쟁은 중도를 바탕으로 한다. 만물이 서로 의존하고 조건을 맺고 있고 작용하면서 인과관계를 만들고 있고 모든 것이 찰나의 순간에도 변하고 사라지는데, 어떤 것이 존재한다고 생각하는 것은 집착이거나 망상이다. 하지만 모든 것이 공하고 무상하지만 연기 관계 속에서 생성하여 머물고 작용하고 사라지는 무엇인가 있는데 그마저 공하다고 부정하면 허무주의나 극단적 회의론에 빠진다. "무명無明에 휩싸인 사람들은 미혹하여 세계를 주와 객, 본질과 현상 등 둘로 나누어 보나 세계의 실체는 이를 하나로 융합한 것이며 그렇다고 하나에 머물지도 않으므로 하나가 아니다. 세계의 실체는 고요하고 그득하여 무명을 떠나 이를 수 있는 청정의 세계이기에 어느 한 편에 기울어지거나 극단에 서는 것이 아니며 그렇다고 절충하여 그 중간을 취하는 것도 아니다. 세계의 실체는 추이différance이어서 우주의 시작이나 끝처럼 있으면서도 없는 것이고 없으면서도 있는 것이어서 모든 것을 부정하는 무無에 머물지도, 모든 것을 긍정하는 유有에 머물지도 않는다. 세계의 실체인 일심은 유와 무, 현전과 부재가 끊임없이 교차하는 곳이며, 차이를 통해 양자를 드러내고 모든 것을 포섭하면서도 정작 자기는 비어 있는 곳이다. (……) 하나가 아니면서 둘을 아울렀기에, 현상이면서 이를 통해 본질을 드러내고 본질이면서 현상으로 나타난다. 둘을 융합시켰으면서도 하나가 아니기 때문에 궁극적 진리와 허위, 깨달음의 세계와 미망의 세계, 부처의 삶과 중생의 삶을 모두 포괄하는 것이다. 한편에 기울지 않으면서도 절충한 것도 아니기에 모든 것을 긍정하여 세우지 않는 것이 없는 유식과 모든 것을 부정하여 부수지 않는 것이 없는 중관을 종합하여 모든 것을 부정하면서도 모든 것을 세운다. 그리하여 일심의 철학은 파함이 없되 파하지 않음이 없고 세움이 없되 세우지 않음이 없으니, 실로 이치 중에 지극한 이치요, 인간의 이성과 의식의 견지에서는 그것을 초월한 무엇이기에 그렇다고 할 수 없으면서도 (자연처럼) 모든 것을 포괄하고 융섭시키는 진리 중의 대진리이다. 때문에 일심의 본원으로 돌아가야 진리를 구하고 깨달음을 얻을 수 있는 것이다."[11]

이렇게 대립물이 실은 중도임을 깨우치려면 A or not-A의 이분법적 모순율을 넘어서서 A and not-A의 퍼지의 논리 체계로 세계를 바라보아야 한다. 서양은 아리스토텔레스 이후 A or not-A의 이분법적 모순율에 따라 사고했지만, 붓다는 이를 배격하고 퍼지의 사유를 한다. 서양은 이 세계를 이데아와 그림자, 주체와 객체, 현상과 본질, 있음과 없음, 육체와 정신 등 둘로 나누고 이데아인 동시에 그림자, 주체인 동시에 객체는 모순이라 보고 이를 배격한다. 우리도 이를 받아들여 이분법적 모순율에 따라 세상을 바라보는 것에 익숙하다. 우리는 어두우면 밤, 밝으면 낮이라 한다. 그러나 실제 세계는 'A and not-A'다. 낮 12시라 하더라도 12시에서 0.00001초도 모자라지도 남지도 않은 극점만이 낮인 것이며, 1분만 지났다 하더라도 그만큼 밤이 들어와 있는 것이니, 하루의 모든 시간은 낮인 동시에 밤이다. 이렇게 실제 세계는 A이거나 not-A인 것이 아니라 A인 동시에 not-A, 곧 퍼지다. 그러니 이분법적 모순율을 벗어나 대립물을 퍼지적으로 인식하는 것이 실상을 바라보는 길의 시작이다.

중도는 실체론이나 현상을 벗어나 대립물을 대대적對待的인 역동성의 관계로 인식한다. 화쟁은 화엄연기론을 바탕으로 삼아 대립하는 양자가 상즉상입相卽相入하는 것임을 깨달아 양자를 대대적, 상보적相補的, 차이적으로 인식한다. 화쟁은 변증법적이 아니라 대대적인 대화다. 상대방의 눈동자에 비친 내 모습인 눈부처를 서로 바라보며 어울리는 것이자 대립하는 양자를 동일성으로 환원될 수 없는 차이 그 자체로 끌어올리는 것이다. 화쟁은 원래 하나인 것이 둘로 나뉘어 쉼 없이 변화하고 움직이는 것이, 나고 머물고 사라지는 것이 세계의 현상임을 직시한다. 하지만 이는 허상이며, 양자가 상즉상입의 연기 관계에 있음이 실상이다. 하나와 전체, 공과 유, 사事와 리理, 부처와 중생은 하나도 아니고 둘도 아닌 연기 관계에서 둘은 대립하는 것 같지만, 실제로는 서로 의지하며 조건을 만들고 작용하면서 인과 관계를 만들며 하나를 지향한다.[12] 내가 팔을 펴는 것이 양, 팔을 구부리는 것이 음이라면, 양의 기운이 작용하여 팔을 펴는 순간에 구부리려는 기운이 작용한다. 이에 팔을 최대로 펴면 다시 구부리게 된다. 그 반대도 마찬가지다. 파란 태극 문양에 빨간 동그라미가 있고, 빨간 태극 문양에 파란 동그라미가 있는 것은 이 때문이다. 미세하지만 싸우고 있는 두 사람 사이에서도 서로 내뿜는 호흡에도 수많은 미생물이 들어 있어 그것이 상대방의 몸을 바꾸며 달라진 몸은 또 미생물과 공기의 성분이 달라진 숨을 토해낸다. 이렇듯 우주 삼라만상과 모든 인간은 찰나의 순간에도 서로 의존하고 침투하며 서로 만들어주는 상호생성자다.

예를 들어, 이분법에서 보면 죽음과 삶은 대립적이다. 많은 이들이 죽음을 거부하고 살아남기 위하여 몸부림을 치고 악다구니를 행한다. 하지만 죽음과 삶은 대대적이다. 삶이 있어서 죽음이 있고, 죽음이 있어서 삶이 있다. 삶이 없으면 죽음이 없고, 죽음이 없으면 삶도 없다. 병원에서 시한부 선고를 받는 순간 처음엔 거부하고 부정하지만 이를 받아들인 다음에는 인간들은 대부분 성자가 된다. 남은 시간을 얼마나 의미로 채울 수 있는지, 주변의 사람들에게 무언가 베풀 수 있는지 고민하며 1분 1초를 아끼며 치열하게 산다. 죽음에 접할수록 인간은 유한성을 인식하고 어떻게 살 것인가, 더 아름다운 의미는 무엇일까 고민하며 준열하게 산다. 죽음이 없었으면 실존적 성찰은 없었을 것이다. 그렇듯 삶이 있어 삶의 마무리인 죽음이 있고 죽음이 있기에 사람들은 유한성을 인식하고 하루하루를 의미로 채우려 한다. 죽음이 없다면 이승은 지옥으로 변했을 것이며, 삶이 없다면 저승은 아무 의미도 빛도 없이 싸늘한 어둠의 세계였을 것이다. 삶 안에 죽음이 있고 죽음 안에 삶이 있으며, 삶이 곧 죽음이고, 죽음이 곧 삶이다. 그러니 '죽이는 삶'이야말로 삶의 절정에 이르는 길이자 삶의 지혜를 깨닫는 방편이다. 우리 민족은 삶의 절정의 순간에 이르면 죽인다고 표현하고 뜨거운 국을 먹으면서 시원하다고 한다. '뜨거운 시원함'이 최고의 국 맛이고 '죽이는 삶'이 최고의 삶이기 때문이다. 이처럼 우리 민족은 원효가 있기 전부터 화쟁적 사유를 한 것이다.

화쟁은 '순이불순順而不順에 따른 진여와 부분적 진리, 긍정과 부정 사이의 중도'다. 궁극적 진리, 진여실제는 하나다. 그를 깨닫는 순간 누구나 부처가 된다. 진여실제에 이른다면 화쟁은 필요 없다. 모두가 진리라고 표방하지만 진여실제가 아닌 상황에서는 각각의 주장이 어느 것이 진여실제의 편린이라도 되는지 아니면 이를 왜곡하는지 구별하면서 그 편린을 모아 진여실제에 가까이 다가가야 한다. 그러기에 치열한 쟁諍의 과정 없이 모두 옳다는 식으로 화和를 지향하는 것이 화쟁이 아니다. 누구나 진여에 이르기까지는 장님 코끼리 만지기식으로 진리의 한 자락만 볼 수밖에 없다. 어떤 위대한 깨달음에 이른 성인이나 현인이라 하더라도 코끼리의 전모를 보지 못하는 장님에 지나지 않는다. 그가 깨달은 것 또한 진여실제가 아니니 궁극적 진리라 할 수 없다. 궁극적 진리나 진여실제는 아니지만, 그에 미치지 못했다 하더라도 그에 다가간 것은 옳으며, 그 진리의 전체에 부합하지는 못해도 그 편린은 맞으니 진리가 아닌 것 또한 아니다. 그러니 어느 주장을 그르다고 하여 배제하면 그 주장에 일말이라도 진리가 담겨 있음을 놓치게 되니, 공정하고 정밀하게 따져 진리인 부분은 취한다. 어느 주장을 옳다고 하여 수용하면 아무리 옳은 진리라도 그에 일말의 허위가 스며 있는데 이것까지 받아들이게 되니, 이 또한 지극히 공정하고 정밀하게 따져 허위인 부분은 골라내서 버린다. 그리하여 자신이 옳다고 생각하는 주장에서 허위를 분별해내고, 자신이 그르다고 생각하는 주장에서 진리를 발견하여 하나의 진리에 이르게 하는 방식이 순이불순의 화쟁이다. 화쟁은 형식이나 자세에서는 상대방의 입장에서 평화로운 다툼의 대화를 취하지만 그 안에서는 진리 여부에 대해 치열하게 다툼을 한다. 화쟁은 평화로운 대화이되 정적인 대화가 아니라 진리와 허위 사이에서 강렬하게 다툼을 하는 역동적인 대화다.

화쟁은 진여와 언어 사이의 중도다. 누구인가 진정으로 사랑하면 사랑한다는 표현을 하지 못한다. 진정한 사랑이 100퍼센트라면 세상에 존재하는 모든 미사여구를 동원하여 사랑한다 말하더라도 이는 90퍼센트 정도밖에 이르지 못하기 때문이다. 궁극적 진리, 진여, 부처님의 마음은 언어를 넘어선다. 그래서 선은 언어도단言語道斷을 선언한다. 모든 언어를 버리고 오로지 선정禪定을 통해서만 부처님의 마음에 이를 수 있다. 하지만 언어는 진리를 왜곡하지만 언어 없이 진리에 이를 수 없다. 그러니 언어를 방편으로 삼을 수밖에 없다. 붓다도 이를 깨닫고 염화시중拈華示衆의 미소만 지은 것이 아니라 언덕 너머(궁극적 진리)에 이르려면 배(언어)를 이용하라고 일렀던 것이다. 원효는 이에서 더 나아가 언어를 문어文語와 의어義語로 나누고 문어는 진리를 왜곡하지만 의어를 방편으로 삼아 진리에 이를 수 있다며 진리와 언어 사이에 중도를 취한다. 가을이 되어 무서리가 내려 다른 식물들은 다 시들어버리는데 외려 더 고상한 꽃을 피우는 국화를 보고 임금의 추상 같은 명령에도 '아니되옵니다'라고 말하는 선비를 떠올리며 '지절志節'로 노래하면 상투적이지만, 이를 '실존, 화엄' 등으로 노래하면 우리는 국화의 실상에 조금 더 다가가게 된다.

이처럼 화쟁은 대립물을 상즉상입하는 연기 관계로 인식하여 A and not-A의 논리를 바탕으로 세계의 대대적인 역동관계를 파악하여 진여와 부분적인 진리, 진리와 언어를 하나로 아우른다. 그러기에 이 책 또한 언어에 기반을 둔 사고를 통해 논리적으로 분석하고 기술하면서도 그 너머를 바라보고, 인간과 세계의 근본에 대해 부분적인 진리와 쟁론들을 순이불순의 원리로 화쟁을 시키면서 궁극적 진리에 다가갈 것이다.

화쟁은 일심과 이문의 하나됨

여섯째, 화쟁은 '이문二門과 일심, 중생과 부처, 일상과 깨달음의 불일불이不一不二에 의한 하나 되기'다.

진제와 속제는 둘이 아닌 동시에 하나를 지키지 않는다. 둘이 아니기 때문에 그것은 곧 일심이요, 하나를 지키는 것도 아니기에 체를 들어 둘로 삼는 것이니 이것을 일러 일심이문一心二門이라 한다. 이상이 그 대의이다.[13]

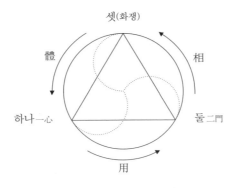

원효는 당위적으로 이항대립의 사유와 분별심을 해체하는 데 그치지 않는다. 일심과 이문의 회통을 통해 궁극적 진리에 이르는 길을 구체적으로 제시하는 동시에 깨달음에 이르면서도 일상을 영위하고, 일상을 영위하면서도 깨달음을 추구하는 삶, 부처와 중생, 깨달음의 세계와 일상의 세계가 둘이 아니라 하나일 수 있는 방편을 제시한다.

〈그림 1〉에서 삼각형은 깨닫지 못한 일상의 세계를, 삼태극은 화쟁을, 원은 깨달음의 세계, 혹은 진여실제를 뜻한다. 원래 진여실제는 하나이다. 하지만 깨달음에 이르러 부처가 되었더라도 둘로 분별하는 세상에 갇혀 있는 중생을 구제하려면 그들의 눈높이에 맞추어 유와 무, 진리와 거짓, 이데아와 그림자, 밤과 낮으로 나누어 말해야 이해와 소통이 가능하다. 하지만 둘로 나누어 보는 것은 분별심이자 망상이다. 이는 깨닫지 못한 자들에게 세상을 설명하기 위한 방편으로 그런 것뿐이기에 셋을 두어 화쟁을 하여서 다시 하나로 돌아간다. 하나가 둘로 나뉘어져 이문을 이루지만, 셋의 매개를 통해 다시

하나, 일심으로 돌아간다. 그러니 진여실제가 하나이지만 둘로 가르는 것은 용用이요, 둘이 허상임을 깨닫고 하나로 돌아가고자 하는 것은 체體다. 이처럼 원효는 일심이문의 회통을 통해 이문과 일심, 중생과 부처, 일상과 깨달음을 아우르려 한다.

필자 또한 이런 원효의 논증과 사유 방식을 이 책에 활용한다. 둘은 서양식 사고, 근대성의 사유와 통한다. 우리가 마주친 현실을 마르크스를 중심으로 한 서양식 사고, 근대성의 사유로 분석한다. 셋은 붓다와 원효의 사유이자 탈근대성의 사유와 통한다. 둘로 나눈 것을 붓다와 원효의 탈근대적 패러다임으로 분석하며 그 너머를 사유한다. 부처와 중생, 일상과 깨달음의 세계를 화쟁하여 붓다의 말씀으로 일상을 분석하고, 일상에서 붓다의 진리를 캐면서 양자를 종합한다.

1장

전 지구 차원의
환경 위기

: 사회생태론 대對 불일불이不一不二의 연기론

인류 공멸로 가는 완행열차에서
무엇을 할 것인가

정녕 제6차 대멸종으로 가려는가

바특하나 맑디맑은 햇살이 대지로 쏟아지면 모든 생명이 제 순리대로 부활하고 사람들도 온 생명들과 어울려 함께 약동했다. 이제 그런 봄은 사라졌다. 전 지구가 환경 위기로 몸살을 앓고 있다. 2015년 지금, 지구상에 존재하는 모든 생명은 멸종의 위기에 있다. "1초 동안 0.6헥타르의 열대우림이 파괴되고"[1] "하루에만 100여 종의 생물이 지구상에서 영원히 사라진다."[2] 국제자연보존연맹The International Union for Conservation of Nature은 전 세계 과학자 1,700명이 참가하여 조사한 끝에 "44,838종의 대상 동식물 가운데 1.94퍼센트인 869종이 멸종되었으며, 38퍼센트인 16,928종이 멸종 위기에 놓였다고 발표했다. 이 가운데 3,246종은 심각한 멸종 위기 상태에, 4,770종은 위험 상태, 8,912종은 멸종에 취약한 상태에 있다."[3] 숨을 쉬고 먹이를 찾고 짝짓기를 하고 움직이면서 우리에게 많은 생각과 상상과 더불어 사는 기쁨을 주던 생물 가운데 40퍼센트에 가까운 생물 종을 매머드나 공룡처럼 이제 영원히 보지 못할 수도 있다. 일군의 학자들은 오르도비스기-실루리아기 5차 대멸종에 이어서 6차 대멸종이 진행되고 있다고 경고한다. 몇몇 지역에서 원인 모를 벌의 떼죽음만으로도 수분을 하지 못하여 열매를 얻을 수 없는데, 대멸종이 온다면 인류 또한 다른 별에 새로운 식민지를 건설하지 못하는 한 문명의 지속이 어려울 것이다.

"기후변화의 영향으로 2000년 수준에서 밀 생산량은 50퍼센트, 쌀 생산량은 17퍼센트, 옥수수 생산량은 6퍼센트 줄어들 것으로 예상"[4]된다. 국제연합개발계획United Nations Development Programme의 연례보고서는 "현재 지구 대기 중 이산화탄소의 농도는 65만 년 동안 지구 역사상 최고인 380ppm에 이르며, 21세기 중에 지구의 평균 온도는 섭씨 5도 이상 오를 것"이라고 지적한다.[5] 또한 "지금 상태에서 획기적인 전환이 없을 경우 3~4℃만 기온이 상승해도 2080년까지 18억 명이 물 부족으로 고통을 당하고, 해수면 상승 등으로 3억 3천만 명이 홍수를 피해 이주해야 하고, 2억 2천만에서 4억에 이르는 이들이 말라리아에 걸릴 것이라고 추정한다".[6] 이산화탄소 한 가지만으로도 엄청난 재앙이 발생하는데, 현재 지구는 중금속과 화학약품, 매연 등 셀 수 없는 독성물질들로 대기와 산과 들과 바다가 오염되고 기온이 상승하여 지구 생태계가 혼돈 상태에 빠져들고 있다.

우리는 인류 공멸로 가는 완행열차를 타고 있다

지금 살아남은 생명이라 해서 얼마나 더 나을까? 오염된 공기와 물과 토양을 먹으며, 또 이를 먹고 자란 생물을 포식하며 지구상의 모든 살아 있는 것이 이미 오래전에 자연스러운 삶을 상실했다. 8천 미터 설산雪山을 나는 새나 북극의 백곰까지도 환경오염으로 신음하고 있다. 살충제에 죽은 벌레를 새가 먹고 한쪽 날개가 퇴화한 새를 낳고 그 새를 잡아먹은 독수리가 고공을 날다가 날개를 퍼덕일 힘을 잃고 죽는 것에서 보듯, 중금속은 지구상의 모든 살아 있는 것의 몸에 조금씩 축적되고 있다. 환경 위기는 인간에 한정된 문제가 아니라 지구 위의 모든 생명체가 이 모순 속에 던져진 '전 지구 차원의 환경 위기'이기에 사태의 심각성이 더하다. 지구상의 모든 생명은 환경이 훼손되면서 먹이 부족, 서식처 파괴로 인한 번식 장애와 스트레스를 겪고 있으며 상당수가 굶주림으로 죽는다. 여기에 화학물질의 오염이 더해지면서 신체 이상과 개체의 죽음은 다반사이고, 멸종위기나 멸종 또한 흔한 일이 되었다. 도시에까지 날아온 미세한 양의 농약이나 채소의 잔류 농약이 우리 몸속에서 지방과 결합하여 여성호르몬과 같은 작용을 하여 극히 미량으로도 도시 남자들의 정자 수를 감소시키고 여성화를 촉진시키고 여성들의 난소암과 유방암을 유발하듯, 그것은 소리도 없이, 서서히, 그러나 분명한 속도로 다가오고 있다.[7]

전 지구 차원의 환경 위기는 세계적, 구조적, 순환적, 복합적, 불가역적, 일상적 특징을 갖는다. 환경 위기는 더 이상 한 지역이나 나라에 국한되는 문제가 아니다. 후쿠시마 원전에서 누출된 방사능은 전 세계의 대기를 벌써 여러 바퀴째 순환하고 있고, 지금도 방사능에 오염된 물들이 태평양으로 흘러들어 해류를 따라 오대양으로 퍼지고 있다. 중국과 몽골 사막의 모래 폭풍은 편서풍을 타고 한국으로 날아와 황사현상을 일으켜, 태양을 가리고 호흡기 질환자에게 치명적인 해를 끼치고 입도열병 등 여러 병을 퍼트린다. 황사는 일본은 물론, "때로는 태평양을 건너 미국 본토에까지 이르러, 그랜드캐니언과 애리조나 사막의 시계를 부옇게 했다".[8]

무엇보다도 환경 위기의 문제가 심각한 것은 구조적인 동시에 순환적이라는 점에 있다. 대기오염이 산성비와 산성안개를 만들고 이것이 토양과 수질을 오염시키고 이로 흙과 물속의 미생물이 죽고 미생물을 통해 영양분을 공급받던 식물이 죽고 그를 먹이로 취하거나 서식처로 삼던 동물이 죽는다. 여기서 그치는 것이 아니라 산림 파괴로 홍수와 가뭄이 일고 이로 토양과 수질이 오염되며 이 속에서 살아남기 위하여 인간은 더 많은 문명의 이기들을 부려 대기를 더욱 오염시킨다. 이렇듯 환경 위기는 하나의 동인이 여러 문제를 낳는, 곧 복합적인 것이다. 그럼에도 환경 위기는 특수한 조건에 있는 것이 아니다. 우리가 매일 오염된 공기를 마시고 중금속과 농약에 오염된 채소와 어패류를 먹는 것처럼 모든 생명체가 매일매일 겪어야 하는 '일상'이다. 그럼에도 환경문제는 한번 파괴되면 원상을 회복하기 어려운 불가역적 성격을 갖는다.

지금 환경오염이 극심한 곳에서는 기형 동물이 속출하고 있다. 허리케인 카트리나Hurricane Katrina처럼 환경오염과 국가의 잘못이 어우러져 자연의 대재앙이 빈번히 일어나고 있다. 외계인처럼 기이한 형상을 한 아기가 지구 곳곳에서 태어나면, 인류의 절반을 몰살시키는 대재앙이 일어난다면 인류의 환경 파괴는 멈출까. 지구 자체가 서서히 인류 공멸로 가는 완행열차인데 이 열차 안에서 우리는 과연 무엇을 할 것인가.

왜, 어떻게 이 지경에 이르렀는가? 산업화와 도시화, 인구의 급증, 자본주의 체제, 제국주의와 세계화, 기계론적 세계관이나 인간중심주의를 비롯한 근대성의 사유, 국가와 자본의 유착, 소비와 욕망 조장의 문화, 토건카르텔의 탐욕 등 원인은 다양하다.

이에 대해 환경론자들은 청정기술을 통해 통제할 것을 주장한다. 그러나 유조선 침몰로 기름이 유출된 바다에 유분산 처리제를 뿌리면 당장 기름은 분해하지만 그 속의 화학물질이 바다를 오염시킨다. 이 예에서 보듯 환경주의적 대안들은 기계적 세계관과 인간중심주의를 바탕으로 했기에 근시안적이고 미봉책이며 국부적이다. 뉴턴의 기계론적 물질관과 데카르트의 심신이원론心身二元論은 세계를 이분법으로 나누고 분석적, 환원주의적으로 바라보기 때문에 오늘날의 과학기술이 빚은 병폐의 근본 동인이다. 인간이 전 지구의 중심에 서서 자연을 착취하고 개발하는 것을 문명으로 여긴 인간중심주의와 자연을 인간이 이용하는 대상으로 간주해버린 기계적 세계관에서 이 환경 위기가 비롯된 것이다. 과학의 객관성은 의심할 수 없는 사실이며 과학적 활동은 합리적이고 가치중립적이며 과학은 누적적으로 발전한다는 과학관 또한 수정을 요한다. 엔트로피 이론을 통해 우리는 자연 세계에서 인공적 변화란 사용 가능한 에너지를 불가능한 형태로 바꾸면서 주위의 엔트로피를 증가시키는 방향으로밖에 일어날 수가 없다는 사실을 절실하게 깨달았다. 전 지구가 경쟁적으로 벌이는 경제성장이란 사용 가능한 자원을 사용 불가능한

쓰레기로 바꾸는 것에 지나지 않는, 결국 모든 것을 쓰레기로 전환
시키는, 종말로 치닫는 질주일 따름이다.

서양의 생태론에 대한
마르크스적 비판과 한계

지구상의 모든 생명체는 평등하다

인간은 숲에서 나서 숲에서 자라면서 600만 년의 긴 시간 동안 진화를 해왔다. 숲에서 풀 향기를 맡고 실바람을 느끼며 숲의 기운과 맑은 기운과 대기에 담긴 수많은 미생물을 몸속으로 들이밀 때, 내 몸의 세포들은 물 만난 물고기처럼 춤을 추고, 온몸의 경락들이 열리며 내 몸은 지극히 평안한 황홀감에 이른다.

　이제 전 지구 차원의 환경 파괴를 낳은 근대성에 대해 성찰하고 우리의 인식부터 전환하는 것이 필요하다. 자연을 인간의 의도대로 개발하고 착취하던 인간중심주의에서 양자가 공존하는 생태론적 세계관으로, 모든 자연과 생명을 개별적인 실체로 보는 세계관에서 서로 의지하고 작용하고 생성하는 연기적 세계관으로, 타인이든 자연이든 생명이든 타자로 설정하여 배제하고 폭력을 행사하는 동일성의 패러다임에서 다른 생명의 고통에 공감하는 타자성과 차이의 패러다임으로, 객관적인 지식을 통해 자연현상을 지배하려는 기계론적 세계관에서 자연과 인간의 조화를 모색하는 유기체적이고 전일적인 세계관으로, 정신과 물질을 분리하여 바라보는 심신이원론에서 양자를 통합하는 몸의 사유로, 자연을 여성처럼 착취하고 개발한 가부장주의에서 모성으로 보살피고 보듬는 여성주의로 전환해야 한다.

여성주의를 제외하면, 전자가 서양의 근대사상이라면, 후자는 동양의 사상이며, 불교는 이 여섯 가지 사유를 모두 포괄하고 있다. 그럼에도 동양은 서구적 근대화와 발전을 추구하면서 서양의 사유로 옷을 갈아입고 이에 부합한 정책을 실시하여 심각한 환경 위기 상황에 놓였다. 반면에 유럽은 환경 파괴를 낳은 근대적 세계관을 성찰하면서 생태론을 펼쳤고, 이제는 정부와 지역의 법과 정책에 이를 폭넓게 반영하고 있다.

서양인들이 생태론을 말할 때 자주 떠올리는 일화가 있다. "1907년에 미국 애리조나 주의 카이바브Kaibab 고원에서 멸종해가는 사슴을 살리려고 사냥꾼을 불러 천적인 퓨마와 늑대, 코요테, 살쾡이 등을 사냥했다. 그랬더니 사슴이 불어나 4천 마리던 사슴이 1924년에는 10만 마리까지 불어났다. 하지만 너무 불어난 사슴들이 먹이인 풀과 나무를 모조리 먹어버리는 바람에 1924년과 1925년 사이에 6만 마리의 사슴이 굶어 죽었으며, 이후 사슴은 지속적으로 줄어들어 1939년에는 1만 마리만 남았다."[9] 이렇듯 지구상의 생명과 자연은 서로 작용하고 의지하면서 나고 자라고 사라진다. 그런데 이를 분리시켜 실체론으로 바라보면, 사슴을 살리려는 행위가 외려 사슴을 죽이는 카이바브 고원의 역설은 지구상 어디서든 일어날 수밖에 없다.

인간은 다른 생명과 마찬가지로 대략 6백만 년 동안 상호작용하며 순환하는 자연의 한 부분으로 생존하고 진화해왔지만, 근대화와 산업혁명 이후 자연을 대립자로 설정하고 이에 대해 인간이 우월한 지위에 서서 자신의 목적에 따라 마음껏 착취하고 개발했다. 아파트엔 바퀴벌레와 개미가 득실거리고 이를 해체하면 콘크리트 덩이를 비롯하여 암을 유발하는 온갖 건축폐기물이 남지만, 초가엔 굼벵이와 지렁이, 거미와 지네, 그리마, 벌, 참새, 제비, 후투티, 박쥐, 구렁이가 깃들며, 이를 해체하면 벽은 흙으로, 방구들은 돌로 돌아가며, 지붕의 짚은 미생물이 가득한 거름이 되었다가 쌀이 되고 밥이 된다. 자연과 생명, 인간 모두가 서로 깊은 연관을 맺고 있고 상호작용을 한다면, 세계관 또한 인간과 자연을 하나로 아우르고 둥그런 순환이 가능한 생태론적인 전환을 해야 함은 자명하다. 카프라Fritjof Capra가 비과학적 논증을 일삼고, 신과학 이론이 신비주의에 빠져 사이비학문으로 전락한 것은 비판받아 마땅하지만 "총체적, 유기체적, 생태적 사고는 우주를 역동적이고 나눌 수 없으며 언제나 본질적인 방식으로 관찰자를 포함하는 전체로서 체험하곤 한다"[10]라는 지적은 타당하다.

기계론적 세계관과 인간중심주의에 대한 성찰에서 출발한 생태론은 총체적·유기체적 사고를 공유하고 있으나 다양한 스펙트럼을 갖는다. 그 가운데 생태론의 좌표축에서 가장 급진적인 사고를 하는 것이 심층생태론deep ecology이다. 1973년에 노르웨이의 철학자 아르네 네스Arne Naess는 기존의 생태 이론을 '표층생태론shallow ecology'이라며 '심층생태론'을 주장했다. 표층생태론은 인간과 자연을 대립적으로 파악하여 자연 그 자체를 위하여 자연을 보존하고자 하는 것이 아니라 인간에게 유용한 이익이 있을 것이라는 면에서 보존하기에 인간 중심주의를 벗어나지 못한다. 반면 심층생태론은 인간중심주의에서 벗어나 생태계에 존재하는 모든 것들은 자기를 실현할, 즉 생존하고, 번성하고, 자기 나름의 형태에 도달할 평등한 권리를 갖는다는 생명 평등주의biospherical egalitarianism의 입장에서 생태계 전 구성원을 바라본다. 이들은 모든 생명체가 서로 관계를 맺고 있으므로 각각의 평등성과 다양성을 인정하고 생명체끼리의 공생의 원리를 추구한다.[11]

전 지구 규모의 환경문제는 바로 현재의 사회체제와 문명이 잉태한 것이므로 그것을 근본적으로 해결하기 위해서는 사회체제와 문명 그 자체를 변혁하는 것이 선행되어야 한다. 그것을 위해서는 먼저 현대사회에 살고 있는 우리 한 사람 한 사람이 자신의 세계관과 가치관을 바꿔 의식 개혁을 해야 하며 지금과 같은 생활 방식을 지양하여 새로운 생활 방식을 기초부터 만들어 나아가야 한다. 이들은 인간과 자연이란 처음부터 하나라는 명제 아래 다양성과 공생의 원칙 속에서 모든 생물권이 평등하게 살아갈 것을, 그러기 위하여 인간이 상실한 '자연의 소리' '지구의 소리'를 들을 수 있는 감수성을 다시 회복할 것을 천명한다.

네스는 조지 세션스George Sessins와 더불어 심층생태론을 8개의 강령으로 요약한다. "① 지구상의 인간과 인간 이외의 생명의 복리와 번영은 그 자체로 가치(소위 내재적 가치 또는 고유한 가치)를 지닌다. 이 가치들은 인간 이외의 생명의 세계가 인간의 목적을 위해 얼마나 유용한가 하는 문제와는 별개의 것들이다. ② 생명 형태의 풍부함과 다양성은 이 내재적 가치의 실현에 공헌하며 또한 그 자체로 가치를 지닌다. ③ 인간은 생명의 유지에 필요한 것을 제외하고는 생명의 풍부함과 다양성을 훼손할 권리가 없다. ④ 인간의 생명과 문화의 번영은 실질적으로 보다 작은 인간 개체군과 양립할 수 있다. 인간 이외의 생명이 번창하려면 인간은 작은 개체군이 되어야 한다. ⑤ 오늘날 인간은 인간 이외의 생명에 대해 지나치게 개입하고 있으며, 상황은 급속도로 악화하고 있다. ⑥ 따라서 정책들을 바꾸어야 한다. 기본적인 경제적, 기술적, 이데올로기적 구조들에 영향을 미칠 이러한 정책들은 현재의 상황을 매우 다르게 변화시킬 것이다. ⑦ 이데올로기의 변화라는 것은, 생활수준 향상의 표준을 지향하기보다는 더욱더 삶의 질에 대한 평가의 표준을 지지함을 뜻한다. 이렇게 하여 우리는 큰 것과 위대한 것 사이의 차이에 대해 깊은 자각을 할 것이다. ⑧ 이상의 논의에 동의하는 사람들은 필요한 변화들을 직간접적으로 시도할 의무를 갖는다."[12]

인간중심주의와 기계론적 세계관에 젖어 있던 현대인에게 모든 생명이 평등하다는 심층생태론의 주장은 혁신적이고 감동적이다. 심층생태론은 환경 파괴를 낳은 인간중심주의나 기계론적 세계관을 뒤집고 사고와 행동에서 근본적인 전환을 요구하고 있다는 점에서 긍정적이다.

하지만 심층생태론의 주장은 다분히 신비적이며 비과학적이다. 환경을 파괴하고 있는 인간세계는 이미 지배적이고 착취적이다. 인간이 인간을 지배하면서 인간이 자연을 개발하고 착취했는데 인간의 인간에 대한 지배를 개혁하지 않고서는 생태의 균형이란 공허한 목표다. "이 생물주의는 '인간성'을 '자연법'으로 영원히 축소시켜버림으로써 이 뒤에서 작업하고 있는 것이 추상적인 '인간'도 '사회'도 아닌 바로 자본주의란 사실을 얼버무리고 있다. 이러한 권위주의적인 사고방식은 때때로 다양한 동양적인 영성에 대한 경건한 호소와 더불어 공존하고 있는데 이것은 부르주아적인 탐욕에서 등장한 무분별한 이기주의에 성인의 가면을 씌워놓고 있는 형상이다."[13] 인간중심주의가 인간의 자연에 대한 파괴를 정당화했기에 이를 해체하고 지구의 모든 생명체를 우열이 아니라 다름과 차이의 눈으로 보아야 하고 인간이 아무리 뛰어나도 자연의 원리나 힘을 넘어설 수는 없지만, 그 안에서 사고를 전환하고 자연을 살리는 실천을 행할 수 있는 주체 또한 인간이다. 자연을 착취하고 파괴하는 자일 뿐만 아니라 전 지구 차원의 환경 위기를 인식하고 대안을 세울 수 있는 자 또한 인간이고 그가 가진 이성이다. 이성중심주의가 지금의 위기를 불러온 것은 타당하지만 그렇다고 해서 인간의 이성을 무시하고 직관과 영성을 중시한다면 비합리적 사고와 행위가 난무할 것이다. 중요한 것은 환경이 파괴된 현실이고 이에 대한 구체적인 분석과 대안이다. 심층생태론이 제기한 자연과의 일체화 체험이 여러 신흥종교가 범람하는 데 일익을 담당하고 환경 교육과 명상이 환경 위기 시대의 새로운 상품으로 변질된 예들은 이 이론의 한계가 어디에 있는지를 잘 보여주는 실례이다.

심층생태론만이 아니다. 동양 사상, 특히 불교를 바탕으로 한 환경과 생태 관련 논문을 보면 한결같이 관념적이다. 생태론 중 어떤 부분이 연기론이나 화엄사상과 유사한 식으로 해석하는 것이 고작이다. 그 가운데 상당수가 당위적이고 선언적이다. 환경 파괴를 야기하는 주범은 자본과 제국, 국가, 토건카르텔인데, 이들에 대한 분석과 비판에서 출발하지 않은 생태적 주장은 공허하다.

그 맑던 안양천의 그 많던 버들치는 모두 어디로 갔을까

비워둠이 있는 한 자연은 순환하며 제 모습을 유지한다. 30년 전만 해도 구로 공단 바로 위쪽 공군사관학교 앞(지금은 보라매공원 앞)까지는 안양천에 버들치가 살았는데, 왜 지금은 시커먼 시궁창으로 변했는가. 그 당시에도 공장은 있었고 환경에 대한 인식이 없어 오폐수를 그대로 강에다 버렸다. 그럼에도 어찌 그리 맑았는가.

물은 비워둠이 유지되고 흐르는 한, 아랫물이 윗물보다 맑다. 흐르며 이온 작용, 미생물의 분해, 식물의 흡수 등으로 자연정화가 일어나기 때문이다. 당시 오폐수가 하루에 99톤이 버려졌는데 안양천이 흐르면서 자연정화할 수 있는 양이 하루 100톤이라면, 거기 1톤의 '비워둠'이 존재한다. 이 1톤의 비워둠이 있는 한 그리 오폐수를 버리더라도, 안양천은 흐르며 자연정화를 하기에 늘 맑음을 유지한다. 반대로, 단 한 방울이라도 오염물질이 100톤을 넘어 배출되는 즉시 강물은 급속도로 오염된다. 동양의 자연은 서양의 'Nature'와 다르다. 비워둠이 있는 한, 자연自然이란 말 그대로 스스로 그 원리에 따라 그리 존재하는 것이다. 그래서 도道, 혹은 자연과 통하는 무위無爲란 아무것도 하지 않는 것이 아니라 '비워둠虛'을 만드는 것이다.

19세기에서 20세기 초반에 이르는 시기만 하더라도 그 '비워둠' 내지 '빈틈'이 있었기에 자본주의는 무한대로 확대재생산을 하는 것이 가능해 보였다. 자본의 끊임없는 욕망이 이윤 증식을 위하여 자연을 마음껏 착취하고 개발하더라도 대부분의 자연은 비워둠이 있어서 생태적 순환을 유지했으며, 이에 환경문제는 심각한 것은 아니었다. 하지만 자본주의 체제가 그 비워둔 곳마저 개발하자 환경 파괴가 극심한 문제로 드러나기 시작했다.

사회생태론자들이 볼 때 환경 위기의 근본 원인은 자본주의의 체제에 있다.[14] "이 사회는 진보를 협력보다는 경쟁과 동일시하고 사회를 정교화한 인간관계의 영역이라기보다는 사물들을 소유하는 영역으로 파악하며, 균형과 억제에 근거하는 것이 아니라 성장에 기반을 두는 윤리를 창조한다. 인간사에서 최초로, 사회와 공동체는 거대한 쇼핑센터로 축소되었다."[15]

확대재생산의 원리에 의하여 자본의 탐욕은 끝없이 증식되기 마련인데, 자본이 증식되면 될수록 생산수단으로서 토지 또한 자본의 착취 대상으로 전환한다. 자본은 더 많은 이윤을 확보하기 위해서는 물불을 가리지 않는다. 이윤을 더 늘리기 위하여 생산의 총량을 늘리거나 자본의 순환을 빨리하거나 자본의 유기적 구성을 고도화할수록(다시 말해 가변자본인 임금을 줄이고 기계 등 불변자본의 구입비를 늘리면), 불변자본으로서 생산수단의 양은 확대된다. 이는 생산수단으로서 토지, 원료, 기계에 대한 투자와 지출을 늘리는 것인데, 그럴수록 자연은 착취당한다. 자연을 기계로 전환하는 자체가 자연의 파괴이지만, 기계는 일단 만들어지면 수명이 다해서 버려질 때까지 자연을 파괴하여 생산을 하고 그 과정에서 오염물질을 배출하며 버려진 기계 자체도 스스로 오염물질이 된다. 자본주의적 생산과정에서 인간은 자연을 원료나 기계 등 '불변자본'으로 변환시키고 변환된 자연은 기계라는 모습을 띠고 다시금 인간 노동력을 대량으로 가변자본화하는 데 기여하며 인간은 다시 도구를 써서 더욱 급속도로 자연을 불변자본화한다.

자본가는 더 많은 자본을 축적하기 위하여 생산을 확대하고 과소비를 조장한다. 노동자들 스스로도 자본주의 체제 속에서 자본주의적 인간이 된다. 그들의 욕망은 직접 실현되지 않는다. 더 많은 돈을 벌고 더 강한 권력을 소유하고 더 높은 명예를 얻고 더 많은 재화를 소비하는 것이 그들의 소망이다. 그들 스스로, 자본가와 국가, 대중문화의 상징과 이미지 조작에 놀아났든 아니든, 이들을 얻는 데, 다시 말해 생태계 전체를 파괴하는 데 스스로 동참한다. 그러기에 자본주의 체제는 자연을 더욱더 황폐화하고 인간을 자연으로부터 소외시키는 동시에 쓰레기를 양산한다. 그래도 자연의 비워둠이 남아 있던 20세기 중반만 하더라도 환경오염은 국부적이었다. 하지만 최근에는 그 빈틈마저 개발해버리는 바람에 환경 위기는 전 지구 차원에서, 인류가 절멸할 지경에까지 치닫고 있는 것이다. 그러니 자본주의 체제를 해체하거나 혁신을 가하여 확대재생산의 원리를 자연과 문명 간의 균형의 원리로 바꾸지 않으면 그 어느 대안도 미봉책에 지나지 않는다.

사회생태론은 이를 수행하는 데 필요한 논리로 변증법적 이성을 제안한다. "변증법은 세계가 합리적인 한에서 자의식과 정교화가 커가는 진보의 철학이다."[16] "생태적인 변증법은 (……) 자연진화에 대한 의미의 원천일 수 있다. 생태사회는 일차 자연(실제 자연)과 이차 자연(성찰하고 사고하는 자연)을 초월하여 새로운 차원의 '자유로운 자연free nature'으로 향하는 것일 수 있다. (……) 새로운 종합에서는 일차, 이차 자연이 자유롭고 합리적이며 윤리적인 자연으로 용융되면서도 일차 자연과 이차 자연 그 어느 것도 자신의 특수성과 통합성을 잃어버리지는 않을 것이다."[17] 그러기에 참여적 진화가 일어나는 자연, 곧 제3의 자유로운 자연은 생명이 변증법적, 유기체적으로 진화를 거듭하여 다산성과 다양성, 생물종들 간의 상보성, 모든 구성원의 참여가 증대되고 생활 형태를 끊임없이 분화하는 사회다.

마르크시즘 또한 인간중심주의에서 벗어나지 못했다

사회생태론은 구체성에 바탕을 둔 것이기에 현실성을 갖는다. 신비주의와 반과학주의를 지양하여 변증법적 이성을 추구하는 것이기에 객관적 보편타당성 또한 획득한다. 사회운동을 대안으로 내세우기에 힘을 가지며 영적인 인간 자아의 변화에도 초점을 맞추므로 영속성을 갖는다.

하지만 사회생태론도 한계가 있으며, 서양의 다른 진보 이론처럼 제3세계적 시각이 부족하다. 사회생태론 또한 이분법과 실체론을 넘어서지 못한다. 자연과 공존은 당위일 뿐, 그 바닥에는 서양중심주의와 인간중심주의가 흐른다. 자연과 인간이 하나로 어울려 순환하는 생태론적 사고가 부족하다.

서구 문명이 들어오기 전까지 제3세계의 사회는 대부분 자연과 거의 완벽하게 공존하며 사람끼리도 서로 평화스럽게 살았다. 그들은 신이 보내준 짐승만을 사냥했고 화살촉에서 대변과 집에 이르기까지 그들이 쓰고 버린 모든 것은 자연으로 돌아간다. 그런 제3세계가 환경 위기를 겪은 것은 서구식 개발과 제국의 착취 때문이다. 서양 사회는 이 공존과 상생을 추구하는 '야생의 사고'를 '미개와 야만'으로 규정했으며 문명의 이름으로 서구화와 산업화, 자연의 정복과 개발을 단행했다. 이로 제3세계의 자연이 파괴되고 공동체가 해체되고 그중 여러 나라가 가난과 내전에 시달리고 있다. 이들 사회는 "서구적 산업모델 및 서구식 근대화와 농법의 수용 → 생산 및 인구의 증가 → 산림의 개발과 비료와 농약의 과다 사용 → 산림 파괴, 토양의 사막화 → 강수량 저하와 지하수 및 하천수 감소, 토양오염, 지하수 오염 → 가뭄과 식수 고갈 → 농촌공동체 파괴와 흉년, 기근 → 내전과 전염병 → 독재 및 서구 종속 심화"의 악순환을 겪고 있다. 가장 대표적인 예가 에티오피아이다. 이 나라는 서구적 산업화를 단행한 이후 국토의 40퍼센트에 달했던 삼림은 현재 3퍼센트로 축소되었다. 숲이 물을 품어주고 기후를 조절하지 못하자 가뭄이 40년이 넘게 지속되면서 농토는 거의 모두 사막으로 변했고 하천과 샘은 말라버렸다. 나라마다 배경이 워낙 달라 차이도 다양하고 환경만이 아니라 정치에서부터 국제 관계와 문화에 이르기까지 여러 요인이 작용한 결과이지만, 이는 대부분의 아프리카 국가에서 일어나고 있다. 이 비극에서 막대한 이익을 차지하는 것은 서양의 다국적 기업, 이들과 카르텔을 형성한 아프리카의 종속 자본과 독재자 및 추종 세력들뿐이다. 자연은 무참하게 파괴되고 국민은 굶주린다.

무엇보다도 자본주의적 모순에 의한 환경문제와 접했을 때 사회생태론의 바탕 이론인 마르크시즘은 이중적이다. 앞에서 살펴본 대로, 환경 위기를 낳은 근본적인 동인인 자본주의 모순을 비판할 때 마르크시즘은 매우 예리한 분석 도구다. 하지만 마르크시즘은 자연의 한계 문제를 그리 심각하게 인식하지 않았다. 마르크스는 자본의 탐욕과 생산의 무정부성에 의한 경제공황에 대해선 아주 탁월하게 통찰했지만, 당시 자연의 파괴가 심각하지 않고 빈틈이 많은 까닭이지만, 자본의 탐욕이 빈틈마저 착취하여 자연의 공황 상태라 할 '전

지구 차원의 환경 위기'를 부르는 것에 대해서는 미처 예측하지 못했다. "생산이 폐기물을 수반한다는 것을 보지 않았다."[18] 이에 빈틈이 사라져 자연이 한계에 다다른 시대의 자본론, 폐기물이 재처리되어 자연과 공존할 수 있는 노동과 생산의 문제 등에 대한 새로운 해석이 요청된다.

"마르크시즘은 자연의 본원적 가치보다는 그 도구적 가치에 초점을 두고 있기 때문에 인간중심주의다."[19] 도구를 써서 땅을 밭으로 전환한 후 이를 갈아 씨를 심고 추수를 하는 농부에서 보듯, 마르크시즘은 인간과 자연을 이분법적으로 분할하고 인간이 자연에 대해 우월한 위상에서 자신의 목적을 구현하기 위한 도구로 자연을 이용하여 새로운 가치를 생산하는 것으로 파악한다.

현 자본주의 체제에서 이런 마르크시즘을 기반으로 한 기존의 사회경제학을 자연에 적용할 때 세 가지 한계를 갖는다. "첫째, 자동차 배기가스가 대기를 오염시켜 호흡기 질환을 유발하고 이 속의 이산화탄소는 온실효과를 만들어 지구의 온난화를 심화하고 산화합물은 산성비를 만들어 토양과 수질을 오염시키는데, 여기서 배기가스의 손실비용으로 계산하는 것은 극히 일부분에 한정된다. 그렇듯 여러 생산 행위에 오염을 끼친 사회비용 가운데, 이 행위에 손해를 입힌 화폐비용에 대해서만 계량화할 수 있다. 둘째, 화석연료는 유기체들이 수백만 년에서 수억 년 동안 엄청난 압력과 온도를 받아 화학적으로 변화한 것인데 인간은 이를 2백여 년에 걸쳐 소모하고 있다. 석유를 쓰면서 그것이 만들어지기까지 걸린 수억 년의 시간은 가치에 반영되지 않는다. 원유를 시추하고 채굴하여 석유로 가공하고 운송한 시간만 가치로 반영된다. 이렇듯 현 사회경제학은 현실화율의 매개를 통해 수억 년에 걸쳐 발생한 생물학적 시간을 경제적 시간으로 환원한다. 셋째, 강은 흐르면서 자연정화를 하므로 어느 정도의 오염물질을 버리더라도 1급수를 유지하지만 이 정화할 수 있는 한계를 넘어서는 양의 오염물질을 버리면 급속히 오염된다. 현 사회경제학은 자연의 에코시스템이 자기 정화를 할 수 있는 경계를 넘어선 오염에 대해서만 화폐로 벌금을 물린다."[20]

"맑스주의는 특정 집단이나 지역을 초월하여 지구적으로 발생하는 환경문제의 보편성을 계급문제로 환원하며, 이에 따라 강조되는 계급운동은 다양한 집단과 지역들 간의 연대를 통한 운동의 중요성을 무시한다고 비판되고 있다."[21] 흔히 노동운동과 환경운동은 여러 장에서 대립 양상을 보인다. 노동자들에게는 당장 먹고사는 문제와 임금이 중요하기에, 자칫 환경문제는 생계의 위기에서 벗어난 부르주아지의 이해관계에 맞닿아 있는 사치처럼 보인다. 하지만 자본의 노동 착취와 자연 착취는 거의 동시에 이루어진다. 대다수 자본은 이익을 조금이라도 더 산출하기 위하여 작업장의 오염을 무시하며, 생산과정에서 산출되는 오염물질의 정화에도 비용을 투자하지 않는다. 다국적기업이 제3세계에 공장을 세운 곳에서는 대규모의 환경 파괴가 자주 일어나며, 삼성의 반도체 공장에서 백혈병 환자가 속출하는 것에서 보듯 대다수 자본은 생산과정에서 발생되는 오염으로 인한 노동자의 건강 문제에 무심하다. 이는 소비의 장에서도 마찬가지다. 중산층이 유기농 식물로 건강 식단을 차린다면, 노동자는 잔류 농약이 가득한 중국산 채소와 과일로 끼니를 잇는다. 이에 노동소외와 생태소외를 종합하는 인식이 필요하다.

사회생태론이 주장하는, 새로운 사회를 이루기 위한 변증법들은 이미 그 자체에 자와 타, 인간과 자연의 대립과 투쟁을 통한 종합을 내포하고 있다. 이는 사회생태론이 구체성과 힘을 갖지만 그 패러다임 자체는 아직 자연을 파괴한 자연과 인간의 이분법을 벗어나지 못했음을 의미한다. 그의 저서에 이를 극복한 의견이 산견되지만, 마르크스의 사상의 전반적 흐름은 인간과 자연을 이분법적으로 나누고 자연에 대한 인간의 우월성, 자연에 대한 인간의 지배를 정당화한 인간중심적 경향이 강한 것 또한 사실이다. 마르크시즘에서 보면, 자연은 인간이 목적에 따라 노동을 통해 가치를 창조하는 대상에 지나지 않는다. 인간을 육체와 영혼으로 나눈 심신이원론을 떠나지 못한 채 노동력을 인간의 육체와 자연의 관계에서 파악하며, 프로메테우스적 관점에 서서 자연에 대한 인간 주체의 행위를 이해하고 자연의 본원적 가치보다 도구적 가치에 더 초점을 맞춘다.

마르크시즘은 인간이 기술력을 바탕으로 자신의 목적대로 자연을 이용하여 생산을 향상하는 것을 조장한다. "마르크시즘은 노동과정을 통해 다룰 수 없는 자연조건을 과소평가했고 인간의 역할과 기술력에 대해서는 과대평가했다."[22] 한마디로 자연에 대한 기술중심주의를 유지하고 있고, 이는 자연의 착취를 정당화한다. 이에 이분법에서 퍼지적 사고로, 인간중심주의에서 생태적 사고로 전환한 패러다임에서 마르크시즘을 재해석할 필요가 있다. 그럼 기존의 패러다임을 넘어서서 전 지구 차원의 환경 위기를 극복할 패러다임이 원효의 화쟁사상에 있을까?

씨는 죽어 열매를 낳는다

홍수를 막는 두 방법의 차이는?

함양에 가면 상림이란 천연기념물(제154호)로 지정된 깊디깊은 숲
이 있다. 왜 고운孤雲 최치원은 이곳에 이리도 울울창창한 활엽수림
을 조성했을까? "이항대립binary opposition적 사유에는 하나가 다른 것보
다도 우위를 차지하고 지배하는 폭력적 계층 질서가 존재한다."²³ 데
리다Jacques Derrida는 이성중심주의logo-centrism에 바탕을 둔 서구의 형이
상학은 정신/육체, 이성/감성, 주관/객관, 내면/외면, 본질/현상, 현
존/표상, 진리/허위, 기의/기표, 확정/불확정, 말/글, 인간/자연, 남
성/여성 등 이분법에 바탕을 둔 야만적 사유이자 전자에 우월성을
부여한 폭력적인 서열 제도이며, 처음과 마지막에 '중심적 현존'을
가정하려고 하는 인간의 욕망에서 비롯한 것이라고 비판한다. 층위
는 다르지만, 이를 생태 문제에도 적용할 수 있다.

홍수를 막는 방법은 크게 보아 두 가지가 있다. 하나는 댐을 쌓는 것이고 다른 하나는 물이 흐르는 대로 물길을 터주는 것이다. 실체론과 이항대립의 사유를 한 서양은 인간과 자연을 둘로 나누고 인간에게 우월권을 주었기에 전자의 방식을 택했다. 댐을 쌓듯 인간 주체가 자연에 도전하여 자연을 개발하고 착취하는 것을 문명이라 했고, 이것으로 그들은 17세기 이후 전 세계를 지배했다. 그러나 댐은 당장의 홍수는 막지만, 물의 흐름 또한 가로막는다. 물이 흐름을 멈추면 이온 작용, 미생물의 활동, 식물의 중금속 흡수 등도 줄어들어 썩기 시작한다. 물이 썩으면, 결국 거기에 깃들어 사는 수많은 생물이 죽는다. 댐은 더 나아가 주변의 기후를 변화시키고 지진을 일으키기도 한다. 인간이 우위에 서서 자연을 착취하고 개발하는 것을 문명이라 여긴 인간중심주의와 이분법이 환경오염을 낳은 근본적인 원인인 것이다. 이처럼 이성이 마음의 자연스러운 흐름인 감성을 억제한 것, 정신이 육체를 통제하여 몸을 구속한 것, 자연과 여성을 착취와 개발의 대상으로 삼은 것, 그것이 바로 근대성의 위기를 낳았다.

댐을 쌓는 것이 서양의 근대성의 패러다임에서 비롯된 대안이라면, 물길을 터서 물을 흐르게 하고 나무를 심는 것은 동양의 관계론의 패러다임에서 비롯된 대안이다. 동양은 강 하나만 보지 않고 강과 생명과 흙과 숲을 서로 연관된 것으로 파악하여, 저 멀리 은나라 요임금과 순임금 시절부터 물의 흐름대로 물길을 열어주는 방식으로 황하의 홍수를 다스렸다. 이제는 서양이 이 방식을 따르고 있다. 우리가 댐을 놓느냐 마느냐로 시비할 때, "미국은 2014년에만 '미국의 강들'을 비롯한 시민단체의 운동을 수용하여 이미 지어진 댐을 72여 개나 제거했으며, 지난 백 년 동안 1,150개의 댐을 없앴다".[24]

그러자 물은 흐르면서 자신을 정화하여 1, 2급수를 회복했고 물고기와 새가 돌아왔다. 사람들은 때로는 물살을 가르고 때로는 낚시를 던지고, 또 때로는 아름다운 강가에서 산책하며 느리고 여백이 많은 삶을 다시 찾게 되었다.

화쟁의 패러다임을 가졌던 최치원은 홍수를 어떻게 막았을까? 1,100여 년 전 신라 진성왕때 최치원은 함양의 태수로 부임했다. 함양을 가로질러 흐르는 위천은 자주 홍수가 났다. 그는 홍수를 막기 위하여 둑을 쌓는 대신 숲을 조성하고 숲 사이로 실개천이 흐르게 했다. 일제강점기에 벌채를 하여 하림下林은 사라져버리고 상림上林만 남았으나, 지금도 "폭 200~300미터, 길이 2킬로미터, 6만여 평에 걸쳐 2백 년 된 갈참나무를 비롯하여 120종, 2만여 그루의 활엽수가 원시림과 같은 깊은 숲을 이루고 있다".[25]

댐은 물을 썩게 하고 생명들을 죽이지만, 숲은 빗물을 품었다가 정화한 다음 서서히 내보낸다. 최치원은 왜 활엽수만 심었을까? 임업연구원이 광릉수목원에서 실험했더니, "우량한 활엽수림은 불량한 잡목림보다 홍수기에 1일 헥타르당 28.4톤의 물을 머금고 반대로 갈수기에는 1일 헥타르당 2.5톤의 물을 더 흘려보내는 것으로 밝혀졌다".[26] 고인 물은 썩지만, 흐르는 물은 스스로 정화하며 온갖 생명을 품는다.

열매와 씨는 둘이 아니다

"1991년 미국은 애리조나 주 오라클에 유리로 밀폐시킨 가상지구

바이오스피어2Biosphere II를 13만 9,935평방피트에 달하는 어마어마하게 너른 땅에 지었다. 축소판 지구답게 90만 갤런의 바닷물을 담아 바다도 만들고 각 관마다 열대우림, 사바나, 사막 기후 지역을 갖추고서 3,800종의 동식물이 살게 했다. 빛만 빼놓고는, 산소도, 바람도, 꽃가루받이도 모두 자체적으로 이루어지게 했다. 8명의 과학자 부부가 이 작은 지구에 들어가 외부와 완전히 고립된 채 농사를 지으며 생활했다. 그러나 18개월 만에 바이오스피어2는 치명적인 불균형 상태를 보이기 시작했다. 산소 농도가 처음 21퍼센트에서 14퍼센트로 떨어져 사람들이 정상적으로 활동할 수가 없었다. 대신 가상지구에 충만하게 된 이산화탄소와 질소로 인해 잡초만이 통제할 수 없을 정도로 자랐다. 바퀴벌레와 개미 같은 몇몇 곤충들만 번창했고 25종의 작은 동물들 가운데 19종이 전멸했다. 식물의 꽃가루받이를 대신해주던 곤충들이 죽자 식물들도 번식할 수 없게 되었다. 원인은 무엇이었을까? 여러모로 조사가 이루어졌다. 사람과 동식물이 배출하는 탄소는 엄청난데, 농사용 토양에 함유된 미생물이 산소를 많이 소비했으며, 건물의 콘크리트 벽도 산소와 반응했다."[27] 여기서 가장 핵심적인 역할을 한 것은 미생물이다. 이들이 지구 대기의 균형에 깊은 영향을 미치고 있었던 것이다. 우리 앞에 떠다니는 먼지보다 작은 박테리아 한 마리도 다른 모든 생명의 균형에 관여하고 있다.

바이오스피어2의 사례는 이 지구의 자연과 생명이 서로 의지하고 상호작용을 하고 조건이 되면서 역동적인 인과관계를 맺고 있으니 실체론과 이분법을 벗어나서 연기적 사고를 해야만 이를 이해할 수 있다는 메시지를 전한다. 『잡아함경』에서 설說한 대로, "이것이 있어 저것이 있고 이것이 일어나니 저것이 일어난다".[28] 이것이 있으므로 이로 말미암아 저것이 있게 되며, 저것이 일어나므로 그로 말미암아 이것이 일어난다. 우주 삼라만상 가운데 모든 것이 나와 깊은 연관을 맺고 있으며 서로 조건으로 작용하며 의지한다. 원인이 결과를 낳을 뿐만 아니라 결과가 다시 원인이 된다. 지구상의 모든 생명체는 자연에 따라 36억 년의 기나긴 시간 동안 진화를 해왔고, 또 생명체는 자연에서 나고 자라 다시 자연으로 돌아가며 자연을 변화시켰다. 손가락 한 뼘도 안 되는 흙에 10억 마리 이상의 미생물이 살고 있으니, 지금 이 순간의 호흡으로도 대기의 미생물이 달라지고, 그에 따라 그 미생물들이 땅속의 미생물을 변화시키고, 그 미생물들이 생산하는 유기물질을 먹고 풀과 나무가 자라고, 그 숲에 따라 무수한 생명체가 나고 자라고 사라지며, 숲과 생명체들이 대지와 하늘을 변화시키고 이는 다시 나를 변화시킨다. 지구상의 온 생명은 서로 깊은 연관 관계를 맺고 서로 조건과 인과로 작용하고 의지한다.

모든 생명체는 서로 의존하고 작용하며 서로를 만들어주는 상호의존성과 상호생성성의 관계의 다발 속에 있다. 홀로 존재할 수도 작용할 수도 없으니 모든 것이 공하다. 이런 연기론을 원효는 불일불이의 논리로 다듬는다. 그는 『금강삼매경론』에서 다음과 같이 씨와 열매의 비유로 설명한다.

열매와 씨가 하나가 아니니 그 모양이 같지 않기 때문이요, 그러나 다르지도 않으니 씨를 떠나서는 열매가 없기 때문이다. 또 씨와 열매는 단절된 것도 아니니 열매가 이어져서 씨가 생기기 때문이요, 그러나 늘 같음도 아니니 열매가 생기면 씨는 없어지기 때문이다. 씨는 열매 속에 들어가는 것이 아니니 열매일 때는 씨가 없기 때문이요, 열매는 씨에서 나오는 것이 아니니 씨일 때는 열매가 없기 때문이다. 들어가지도 나오지도 않기 때문에 생生하는 것이 아니요, 늘 같지도 않고 끊어지지도 않기 때문에 멸滅하는 것이 아니다. 멸하지 않으므로 없다고 말할 수 없고, 생하지 않으므로 있다고 말할 수 없다. 두 변을 멀리 떠났으므로 있기도 하고 없기도 하다고 말할 수 없으며, 하나 가운데 해당하지 않으므로 있지도 않고 없지도 않다고 말할 수 없다.[29]

"컴퓨터 화면으로 물고기와 물속 장면을 담은 애니메이션을 보여주고 회상을 하라고 했더니, 물, 바위, 물거품, 수초 등의 배경 요소에 대해 일본 학생들이 미국 학생보다 60퍼센트 이상 더 많이 언급했다. 미국 학생들은 '송어 같은데 큰 물고기가 왼쪽으로 움직였어요'처럼 초점의 구실을 했던 물고기부터 언급하기 시작하고, 일본 학생들은 '음, 연못처럼 보였어요'라며 전체 맥락을 언급하는 것에서 말을 시작했다."[30] 서양 학생들은 물고기에 초점을 맞추어 응시했고, 일본 학생들은 물고기와 수초와 바위 등 관계에 주목하여 바라보았다. 이처럼 서양은 부분을 바라보고 실체론적 사고를 하고, 동양은 전체를 보려 하고 관계의 사유를 한다. 이에 서양은 그리스 시대부터 "너는 누구인가, 이데아란 무엇인가, 인간의 본성은 무엇인가, 우주의 실체는 무엇인가?"라는 질문을 하고 답했다. 반면에 동양은 "너의 부모와 친구는 누구인가, 실체란 허상이니 그 너머에 있는 무無와 도道란 무엇인가, 인간은 세계나 타인과 어떻게 관련을 맺는가, 우주는 어떻게 작용하며 인간과 어떤 연관을 갖는가?"에 대해 탐구했다.

서양의 실체론에서 보면, 딱정벌레 한 마리를 길을 가다 밟아서 생명이 정지했으면 '죽었다'라고 말한다. 하지만 그를 지켜보면 어느 사이에 개미가 새카맣게 모여 딱정벌레의 몸뚱이와 더듬이와 다리를 해체해선 가져간다. 이를 여왕개미에게 먹이면 여왕개미는 쑥쑥 개미 알을 낳고 딱정벌레의 남은 껍질에도 수억 마리의 미생물이 어디에선가 와서 생명 조화의 아름다운 세계를 펼친다. 그리고 그 미생물을 작은 벌레가 먹고 자라며, 그 벌레를 먹고 다시 딱정벌레가 자란다. 우주 전체에서 보면, 딱정벌레는 죽은 것이 아니라 개미와 미생물로 전이한 것이다. 이처럼 자연은 서로가 깊은 관계를 맺고 있는 하나의 커다란 체제, 곧 에코시스템eco-system이고, 여기서 나고 사라지는 것은 없다. 딱정벌레가 개미나 미생물로, 미생물이 작은 벌레와 딱정벌레로 형상만 바뀔 뿐이다.

지구상의 모든 생명체는 에코시스템의 하나이며, 한 생명은 에코시스템과 상호작용을 하고 서로 조건이 되며 역동적인 인과관계를 갖는다. 조그만 벌레 한 마리가 죽고 새로운 유충이 태어나는 것도 우주 전체의 어떤 목적과 섭리에 따라 일어나는 전체 속의 부분, 그러나 전체를 담고 있고 전체와 서로 깊은 연관을 맺고 있는 부분이다. 서로서로 깊은 연관을 맺고 있는 세계 속에서 하나하나의 주체는 소멸되는 것이 아니라 서로 영향을 주고받으면서 자기 초월체로서 창조적으로 진보한다. 하나하나 존재를 보면 소멸하지만 이것과 저것의 사이에서 보면 우리는 영원히 불멸한다. 영겁의 회귀가 있을 뿐, 사라지는 것은 아무것도 없다.

밥이 똥이 되고 똥은 식물의 자양분이 되고 이 식물을 먹고 다시 똥을 누듯 자연과 모든 생명과 인간은 원래 상호작용을 하며 둥글게 순환한다. 그렇듯 모든 생명과 자연은 하나도 아니고 둘도 아니다.

씨는 스스로는 무엇이라 말할 수 없으나 열매와의 '차이'를 통해 의미를 갖는다. 씨는 씨이고, 열매는 열매다. 씨는 씨로서 자질을 가지고 있고 씨로 작용하고, 열매 또한 열매로서 자질을 가지고 있고 열매로 작용하니 씨와 열매는 하나가 아니다不一. 씨로 말미암아 열매가 열리고, 열매가 맺히면 씨를 낸다. 씨가 씨로서 작용하면 싹이 나고 꽃이 펴서 열매를 맺고, 열매가 열매로 작용하면 씨를 만든다. 국광 씨에서는 국광사과를 맺고 홍옥 씨에서는 홍옥사과가 나오듯, 씨의 유전자가 열매의 거의 모든 성질을 결정하고 열매는 또 자신의 유전자를 씨에 남긴다. 그러니 양자가 둘도 아니다不二. 씨는 열매 없이 존재하지 못하므로 공空하고 열매 또한 씨 없이 존재하지 못하므로 이 또한 공하다. 그러나 씨가 죽어 싹이 돋고 줄기가 나고 가지가 자라 꽃이 피면 열매를 맺고, 열매는 스스로 존재하지 못하지만 땅에 떨어져 썩으면 씨를 낸다. 씨가 자신의 존재를 유지하고자 하면 씨는 썩어 없어지지만 씨가 자신을 공하다고 하여 자신을 흙에 던지면 그것은 싹과 잎과 열매로 변한다. 세계는 홀로는 존재한다고 할 수 없지만 자신을 공하다고 하여 타자를 존재하게 하는 것이다. 공空이 생멸변화生滅變化의 전제가 되는 것이다.

씨가 있어 열매를 맺고 열매가 있으니 씨가 나오는 것처럼 이것이 있으므로 저것이 있고 저것이 있으므로 이것이 있다. 열매일 때는 원래의 씨가 없으므로 씨는 열매 속에 들어가는 것이 아니다. 씨일 때는 열매가 없으니 열매는 씨에서 나오는 것이 아니다. 들어가지도 나오지도 않으므로 존재한다고 할 수 없고 늘 같지도 않고 끊어지지도 않으므로 없어지는 것도 아니다. 사라지지 않으므로 존재하지 않는다 할 수 없고 나지 않으므로 존재한다고 말할 수도 없다.

각각의 존재는 공하지만 서로 작용하고 있으니 없다고 할 수 없고, 어떤 것도 홀로 존재하지 못하고 찰나의 순간에도 변하니 있다고 할 수도 없다. 이처럼 공한 것이 공한 것이기에空空, 오히려 존재를 긍정할 수 있게 되는 것이다.[31]

연기는 단순히 이것과 저것의 관계성이나 인과성, 상호의존성만을 뜻하는 것이 아니라 역동적 생성성을 의미한다. 원인이 결과가되고 결과가 다시 원인이 되며, 홀로는 존재하지 않지만 서로 작용하여 동시에 서로 생성하게 하는 역동적인 생성성이다. 땅과 물과빛과 대기와 미생물, 작은 벌레에서 인간에 이르기까지 지구상의 모든 생명과 자연은 깊은 관계를 맺고 서로 의존하고 있을 뿐만 아니라 서로 동시에 서로를 생성하게 한다. 모든 생명체正報와 자연依報은 서로 상즉상입한다. 흙 속의 유기물과 수분을 취하여 미생물이 흙 1그램에 10억 마리나 번성하고 이 미생물이 유기물을 만들어주는바람에 풀과 작은 벌레가 자라고, 그 풀과 작은 벌레를 취하여 새와짐승이 자라고, 그 새와 짐승이 삶을 마치면 그 몸을 취하여 미생물이 번성하고 그 몸을 분해하여 자연으로 되돌린다.

"서로 말미암아 존재하고 서로를 말미암아 생명이 활동한다는 연기의 법칙이 '사실의 판단'이라면, 필연적으로 '사이좋게' 지내야 하는 것은 '가치의 판단이다.'"[32] 농부가 있어서 나는 오늘도 밥을 먹고일을 할 수가 있으며, 쌀 한 톨을 만드는 데 온 우주가 관여한다. 농부는 종자를 심고 가꾸고, 흙과 흙 속의 미생물과 지렁이는 양분을만들어주고, 바람은 적절하게 불어 온도와 습도를 조절하면서 꽃가루의 수분을 도와주면서 구름을 불러오고, 구름은 비를 내리고, 해는 바람과 구름과 비를 다루면서 광합성을 하도록 햇빛을 비추고, 대기는 적당한 온도로 꽃이 피고 알이 여물도록 돕고, 지렁이에서 물장군에 이르기까지 논 속의 수생동물들은 서로 균형을 유지하며 벼에 양분을 공급했다. 어느 한 가지만 넘치거나 부족했으면 쌀은 여물지 못했다. 태양으로 말미암아 광합성이 일어나고 증발과 바람을 비롯한 순환이 발생하고, 바람으로 말미암아 구름이 일고 수분이 이루어지고, 구름으로 말미암아 비가 내리고, 비로 말미암아 물이 흐르고, 물로 말미암아 흙에 물이 스며들고, 흙으로 말미암아 흙속의 미생물이 양분을 만들고, 미생물로 말미암아 벼가 양분을 취하고, 벼로 말미암아 농부는 벼를 가꾸고, 농부로 말미암아 벼는 자라 쌀을 맺고, 쌀로 말미암아 인간이 밥을 얻고, 밥으로 말미암아 인간은 일하고 사랑하고 생활한다. 그러니 이 연기론의 이치를 깨달으면, 온 세상의 자연과 생명이 서로 작용하고 의지하여 아我란 없으며 공空임을, 이제껏 타자로 간주하던 다른 생명과 자연이 나와 깊은 연관을 맺고 있는 또 다른 나라는 실상을 직시하고 동체대비同體大悲의 보살행이 생긴다. 그러니 "모든 흙과 물은 다 나의 옛 몸이고 모든 불과 바람은 다 나의 진실한 본체이니, 늘 방생을 하고 세세생생 생명을 받는 존재이므로 다른 사람들도 방생하도록 권해야 한다".[33]

무정물은 식識이 없고 자기복제도 하지 못하기에 생명이 될 수 없지만, 생명의 어머니이자 도반이자 주인이다. 모든 생명은 대지에서 나서 대지에 맞추어 진화를 하고 종의 분화를 했으니 대지는 생명의 어머니다. 미생물에서 인간에 이르기까지 모든 생명은 대지에 의존하고 상호작용을 하면서 나고 물질대사를 하며 자라고 자기복제를 하고 다른 생명으로 전이하니, 대지는 도반이다. 흙과 돌, 물과 바람, 공기와 허공은 각자 자신의 자리에서 생명이 깃들고 생성하고 자라도록 일을 하고 있으니 주인이다.

하나가 곧 전체이고 전체가 곧 하나다—卽多 多卽—. 내 몸은 자연에서 왔으며, 흙 알갱이 한 알에서 대기에 이르기까지 자연과 깊은 연관 관계를 맺고 있다. 작은 박테리아 한 마리도 다른 모든 생명의 조화에 관여하고 있다. 조그만 개미 한 마리가 죽고 새로운 유충이 태어나는 것도 우주 전체의 원리에 따라 발생하는 무진장의 사건 가운데 하나이며, 우주 전체와 깊은 관련을 맺고 있는 부분이다. 하나는 일체와 관련지을 때 하나다. 하나에 열이 있고 인다라망의 구슬처럼 하나에 일체가 담겨 있으니 하나가 전체다. 한 마리의 미생물도 지구 전체의 자연과 서로 작용하고 의지하고 있으니, 꽃 한 송이에서 무상無常을 읽고 화엄의 진리나 연기의 법을 깨닫는 데서 보듯 하나에서 전체를 보니, 내 몸의 2백조 개의 세포 가운데 체세포를 떼어내어 복제하면 온전한 내 몸이 만들어지니, 양자의 원리를 캐면 우주의 진리가 밝혀지니 하나가 곧 전체다. 우주 삼라만상의 무한한 조화가 연기 아닌 것이 없으니, 온 우주가 나와 깊은 연관을 맺고 있으니, 36억 년에 걸친 생명의 역사와 내 몸 전체의 유전자가 내 몸의 세포 안에 새겨져 있으니, 무한한 우주의 원리가 원자 하나에 응축되어 있으니, 전체가 곧 하나다.

내 앞의 꽃 한 송이는 나에게는 아름다운 감동을 주는 미적 대상이지만, 작은 벌레들에게는 잠자리요, 벌과 나비에게는 꿀과 꽃가루를 주는 먹이 곳간이요, 날아가는 새에게는 쉼터다. 꽃 한 송이가 미적 대상인 것과 잠자리인 것과 먹이 곳간, 쉼터인 것이 전후가 없이 동시에 일어난다. 이처럼 서로 다른 계界에서 서로 다른 실재들이 모두 서로를 방해하지 않고 동시에 일어난다. 자연과 생명은 동시돈기_{同時頓起}한다.

무수한 나뭇잎은 광합성과 탄소동화작용을 하여 이산화탄소와 산소를 토해내고 이에 숲의 대기가 달라지며, 주변의 이끼와 미생물과 작은 벌레와 큰 동물이 변한 대기를 호흡하며 동시에 이산화탄소와 산소를 토해내며 이에 따라 모든 동식물의 몸이 변한다. 서로 토해내고 들이쉰 들숨과 날숨이 서로에게 영향을 미치며 서로의 몸에 스며들고 있다. 자연과 생명은 동시호입_{同時互入}한다.

사면이 거울인 방에 촛불을 가져다 놓으면 무한대의 촛불이 만들어진다. 모든 거울이 거울 속의 촛불들을 무한히 반사하고 있다. 그것은 만물을 반사하기에 거울이고 동시에 다른 무엇에 의해 반사되기에 상_像이다. 미생물은 흙 속의 유기물을 이용하여 양분을 만들고 이에 따라 꽃은 줄기와 잎과 열매를 달리하고, 꽃잎과 이파리는 떨어져 흙 속의 유기물을 풍부하게 하고 이를 먹고 미생물은 번성한다. 이처럼 우주에 있는 일체는 서로 의존하고 서로 포섭하고 있기에 서로 반사경인 동시에 영상이다. "말하자면 하나의 사물은—적어도 어떤 방식으로는—다른 모든 사물과 관련되어 있기 때문에 그들 모두를 반영해내며 어떤 특정 사물에 의존하고 있기 때문에 그것은 그 자체라기보다는 대상의 상이나 영상이라고 할 수 있다."[34] 자연과 생명은 동시호섭_{同時互攝}한다.

서양의 이항대립의 철학이 댐을 쌓아 물과 생명을 죽이는 원리를 이룬다면, 화쟁의 불일불이는 그 반대다. 씨와 열매처럼, 물은 자신을 소멸시켜 나무의 양분이 되고, 나무는 흙 속에 구멍을 뚫어 물을 품는 원리다. 최치원은 이런 패러다임으로 상림을 만들어 1천여 년 동안 홍수를 막으면서도 물이 더욱 맑게 흐르게 했다. 인간과 자연이 씨와 열매처럼 자신을 소멸시켜 상대방을 이루려 한다면, 그 원리에 따라 사회를 재편하고 사회와 정치 시스템을 바꾸고 가치관을 혁신한다면, 인간은 함양의 상림처럼 자연의 원리를 거스르지 않으면서 자연과 인간이 공존하는 문명을 건설할 수 있을 것이 아니겠는가. 만약 이런 패러다임과 방식으로 산업화나 근대화가 이루어졌다면, 환경 파괴가 없는, '지속가능한 발전' '자연의 순환이 가능한 발전'이 가능했을 것이다. 실제로 서양, 특히 독일, 호주, 캐나다 등은 댐으로 홍수를 막던 방식이 물도 오염시키고 홍수도 잘 막지 못함을 깨닫고, 댐이나 둑을 해체하고 외려 강의 유역을 넓혀주고 숲을 조성하는 것으로, 그 사이에 실개천과 습지를 만들어 흐름을 분산시키는 것으로 전환하고 있다. 대표적인 예가 "독일의 이자르Isar 강이다. 21년 동안 458억 원을 들여 8킬로미터에 걸쳐 둑을 허물고 자연하천으로 복원하자 다시 모래톱과 습지가 생기고 물이 맑아졌고 사람과 동물들이 강을 다시 찾았다".[35]

이처럼 불교는 인간중심주의를 벗어나 자연과 인간이 서로 상생하고 조화를 이루는 생태론의 세계관을 제시한다. 모든 자연과 생명을 개별적인 실체로 보는 서양의 세계관과 달리 서로 의지하고 작용하고 생성하는 연기적 세계관을 연다. 객관적인 지식을 통해 자연현상을 지배하려는 기계론적 세계관에 맞서서 자연과 인간, 우주 삼라만상을 그물코로 연결된 하나로 바라보는 유기체적이고 전일적인 세계관을 제안한다. 무엇보다도 자연을 착취하고 개발한 동일성의 패러다임을 해체하고, 모든 것을 공하다고 하여 평등하게 바라보는 중도와 공의 세계관, 다른 생명의 고통에 공감하는 자비행을 펼친다.

깨달음과 세상의 변혁은 하나다

해체할 것은 목적 지향적 이성이요, 세울 것은 화쟁적 합리성이다

화쟁의 불일불이론은 새로운 패러다임을 제시한다. 그렇다고 동양, 혹은 동양만이 대안이라는 주장은 공허하다. "동양의 전통 사상이 덧없는 공허함이나 신비주의적인 외형을 가지는 경향이 있고",[36] "동양의 현인들이 심오하게 사유하고 느꼈다는 사실이 '그들 저서가 모호하다'는 비판으로부터 그들을 구원해주지는 못한다."[37] "동양 사상, 혹은 불교가 대안이다"라는 주장에서 공허감을 느끼는 것은 그것이 '보편성과 오늘의 현실 맥락을 배제한' 당위적이고 선언적인 공리공론에 그치고 있기 때문이다. '동양 사상에서 대안을 찾자'는 것은 동양 사상의 위대성이나 '동일성'을 주장하는 것이 아니라 서양 사상과 대화를 하여 '차이'를 드러내는 것이어야 한다. 차이의 관점에서 논할 때 양자는 우열의 위상과 권력을 떠나 동등하게 대화하고, 사랑하는 연인처럼 서로를 닮을 수 있다.

최치원은 상림을 조성하여 1천여 년 동안 홍수를 막으면서도 물이 맑게 흐르게 했지만, 부임한 그해의 홍수는 어찌 막을 것인가. 그는 숲을 조성하기 전에 둑을 쌓았다. 둑 안쪽으로 숲을 조성하고 실개천을 만들고, 그 숲과 실개천이 자연으로 자리 잡은 후에 둑을 없앴다. 숲이 동양/탈근대/자연의 은유라면, 둑은 서양/근대/과학의 비유다. 앞의 「방법」에서 말한 대로, 원효는 일심과 이문二門의 화쟁을 천명한다. 화쟁은 다른 종교나 패러다임마저 포용한다. 화쟁은 서양과 동양, 근대와 탈근대, 자연과 과학도 하나로 아우른다.

포스트모더니스트의 주장대로 이성중심주의가 지금의 위기를 불러온 한 원인이지만, 그렇다고 해서 인간의 이성을 무시한다면 '지금 여기에서' 생명을 무차별로 학살하고 있는 죽음의 문화를 비판할 근거는 어디에서 찾을 것인가? 세상이 무지몽매함과 야만, 고립에 빠져 있을 때 이성은 그 어두움 속을 밝히고 벗어나도록 이끄는 빛이다. 20세기 인류는 합리성을 통해 '주술의 정원'에서 해방되었다. 이성의 빛을 따라 인류는 중세의 야만과 무지에서 벗어나 합리적이고 과학적이며 인간중심적인 현대사회를 건설했다. 합리성이 없다면 유토피아는 현실성을 갖지 못한다. 어떠한 꿈과 믿음도 어떤 형태로든지 합리성의 개념 없이는 가능하지 않다. 따라서 해체할 것은 이성 그 자체가 아니라 자연을 파괴하고 인간마저 비인간화하고 소외시키고 있는 특정 개념의 이성, 곧 목적 지향적이고 도구적인 이성이다.

그렇다면 새로 세워야 할 것은 무엇인가. 바로 소통과 화쟁 자체가 목적인 화쟁적 합리성이다. 화쟁에서 보면, 지구의 자연과 생명은 서로가 서로를 형성하고 살게 하는 조건이자 서로 인드라망처럼 깊은 연관 관계를 맺고 있는 부분이자 전체를 담고 있고 전체와 관련을 맺고 있는 하나, 곧 에코시스템이다. 한 생명은 지구상의 온 생명체와 밀접한 관계를 맺고 있다. 각각의 생명은 홀로 존재하는 존재자가 아니다. 36억 년 동안 물려받은 유전자와 업, 각각의 생명과 자연이 서로 조건이 되고 원인이 되어 지금의 생명은 태어나고 생을 영위한다. 우주 삼라만상이 온 생명과 관계를 맺는다. 가까이로 바람과 햇살에서 한 점으로 빛나는 별들과 그 사이로 떠다니는 우주먼지에 이르기까지 전 우주가 오늘 나라는 존재를 나로 존재하게 하는 데 관여한다. 이 상호 관계는 역동적이다. 지금 이 순간에도 타인의 호흡이 내 몸에 영향을 미치고 바뀐 몸은 이전의 호흡과 차이를 갖는 숨을 우주로 뿜어내 이전의 것과 차이를 갖는 대기를 만든다. 차이를 만드는 영겁의 반복과 순환은 찰나의 순간에도 끊임없이 이어진다.

화쟁적 합리성은 연기론에 입각하여 자신과 모든 타자가 영겁의 차이와 반복의 과정에 있음을 깨달아 자기의 동일성을 해체하고 타자와 나 사이에 의미 있는 차이를 만드는 것이다. 이는 인간과 자연, 나와 타자가 서로 작용하고 역동적 인과관계를 형성하며 서로 의지처依支處로 삼고 있음을 깨달아 그를 살려 나를 살리기 위하여, 내 안에 자연과 타자가 있고 자연과 타자 안에 내가 있음을 느끼고서 서로를 닮기 위하여, 내 앞의 세계의 부조리와 모순을 합리적으로 인식하고 비판하면서 자연과 생명과 소통하고 어울리는 자체를 목적으로 추구한다.

붓다와 마르크스는 동몽이상

화쟁은 신비주의도 반과학주의도 아니다. 그럼에도 분명한 것은 지금의 환경 위기를 낳은 근본 원인과 모순에 대한 첨예한 인식과 실천이 없다면 그것은 당위적, 선언적 공리공론, 윤리적 언명에 그친다는 점이다. 지금 여기에서 자본주의 체제가 환경 위기를 확대재생산하고 있고 토건카르텔이 무참하게 자연을 파괴하고 있는데, 이 또한 불일불이로 언제인가는 포용될 것이라며 실천을 행하지 않는다면 이는 추상적 관념, 혹은 윤리적 당위로 전락한다. 그럼 붓다와 마르크스, 원효와 마르크스는 어떻게 화쟁을 이룰 것인가.

"불교와 마르크시즘은 인간 해방이 이루어진 '계급 차별 없는 이상 사회'라는 '같은 꿈', 즉 동몽同夢을 꾸었고 지금도 꾸고 있다. 불교와 마르크시즘의 결정적인 차이는 '꿈'이 아니라 그것을 달성하기 위한 수단, 방법, 실현 조건 등이다. 이렇게 볼 때, 불교와 마르크시즘은 마치 동상이몽同床異夢의 뒤바뀐 조합, 즉 동몽이상同夢異床의 관계에 놓여 있다."[38]

붓다와 마르크스는 다른 점도 많지만 같은 점도 많다. 신적 존재를 부정하고 이 세계를 쉼 없이 변화하는 것으로 무상無常의 관점에서 파악했으며, 기존 질서와 논리는 물론 기존의 텍스트에 대해 비판적이고 해체적인 입장을 취했다. 각자의 이기심과 탐욕을 버리고 이타적이고 대자적인 실천을 행할 것을 주장했다. 특히 이 세계와 인간 사회를 실체론이 아니라 관계의 사유로 바라보았다. 붓다는 인간은 물론 삼라만상이 서로 연기 관계임을 갈파했고, 마르크스는 자연과 인간, 인간과 사회, 인간과 다른 인간, 토대와 상부구조, 생산력과 생산관계가 상호작용하는 것으로 인식했다. 무엇보다도 붓다와 마르크스는 신분과 계급의 차별이 없이 만인이 평등한 이상 사회를 꿈꾸었다.[39]

그럼에도 차이는 분명하다. 붓다는 모든 것이 마음에 따라 일어나는 것이라며 유심론의 입장에서 세계를 해석하고 깨달음에 따라 새로 구성하고자 했고, 마르크스는 이제 철학은 하늘에서 땅으로 내려와야 한다며 유물론에 입각하여 세계를 바라보고 인간 주체의 실천에 의해 변화시키고자 했다. 붓다는 모든 것이 무상하여 연기에 따라 변하는 것으로 보았으며, 마르크스는 모든 존재가 모순을 갖고 있고 이 모순에 따라 운동하고 변화하는 것으로 보았다. "붓다에게는 물질 그 자체가 아니라 그에 대한 인간의 탐욕이 인간해방의 장애물이었고, 마르크스에게는 노동이나 경제 성장 그 자체가 아니라 노동을 물신화하는 자본주의적 생산관계가 인간해방의 장애물이었다. 그러기에 불교는 수행자에 의한 인정투쟁을 통해서 이상사회에 도달하려고 한 반면에, 마르크시즘은 노동자의 계급투쟁에 의해 이상사회를 건설하려고 한다."[40]

이런 틀 안에서 화쟁과 마르크시즘을 결합하자. 이때 가장 먼저 해야 하는 작업은 불교의 초역사적인 관념에 역사적 구체성을 종합하고, 마르크시즘을 실체론에서 탈각시켜서 연기론적으로 해석하는 것이다. 이를 환경문제에 국한하면, 마르크시즘 안에서 '자연의 인간화'와 '인간의 자연화'를 변증법적으로 종합한 후 양자를 화쟁시키는 것이다.

마르크스시즘의 생태적 해석

마르크스의 노동관에 따르면, 인간은 필요와 목적에 따라 노동 행위를 통해 자연을 생산으로 전환하며, 자신의 진정한 자기실현을 위하여 노동을 한다. 그러기에 일반적으로 마르크스는 인간중심주의적이고 실체론적인 입장에서 자연을 바라보고 있다고 생각한다.

노동자는 자연 없이는, 감성적인 외부세계 없이는 아무것도 창조할 수 없다. 자연은 노동자의 노동이 나타나고 활동이 이루어지고, 그것에서 그리고 그것을 매개로 생산하는 소재이다. 그러나 노동이 스스로 작동할 대상이 없다면 살아갈 수 없다는 의미에서 자연은 노동에 생활수단을 제공하며, 그에 따라 다른 한편으로 자연은 더 좁은 의미의 생활수단, 즉 노동자 자신의 육체적 생존의 수단도 제공한다.[41]

인간은 자신의 육체를 움직여 자연을 가치가 있는 생산물로 전환하며, 이를 통해 자신도 변화시킨다. 자연은 인간이 노동을 통해 욕구를 실현하고 목적을 구현하기 위한 대상이다. 인간은 생활수단을 얻기 위하여 자신의 의미와 목적대로 자연을 지배하고 통제해야 한다. 이럴 때 자연은 인간의 욕구에 따라 개발하는 대상에 지나지 않는다. 이 점에서 보면, 마르크시즘은 자연을 지배 대상으로 삼은 인간중심주의의 입장을 취하고 있으며, 생태론과 대립적이다. 하지만이와 달리 생태론적으로 자연을 보는 관점도 분명히 존재한다.

아직 유치하고 덜 발달된 모습으로 얽혀있던 농업과 매뉴팩추어 사이의 원시적인 가족적 유대는 자본주의적 생산양식으로 말미암아 완전히 파괴된다. 그러나 동시에 이 생산양식은 더욱 진전된 새로운 종합을 위한 물적 조건, 즉 일시적으로 분리된 시기에 각각 획득한 더욱 완벽한 형식을 토대로 한 농업과 공업 간의 결합을 위한 물적 조건도 함께 창출해낸다. 자본주의적 생산은 그 중심 대도시에 인구를 계속 집적시켜감에 따라, 한편으로는 사회의 역사적 동력을 쌓아나가고, 다른 한편으로는 토양과 인간 사이의 물질대사를 방해한다. 즉, 인간이 식품과 의류의 형태로 소비하는 토양성분이 토지로 되돌아가는 것을 막는다. 다시 말해 토양의 비옥도를 지속시키는 데 필요한 자연조건을 훼손한다. 그럼으로써 그것은 또한 도시 노동자의 육체적 건강과 농촌노동자의 정신생활을 파괴한다. 자본주의적 생산은 물질대사를 지속시킨 자연적 성장 조건을 어그러지게 만드는 반면에, 인류의 전반적인 발전에 적합한 형식 하에서 사회적 생산의 규제 법칙으로서, 하나의 시스템으로서 자연을 복원할 것을 거만하게 요청하기도 한다. (……) 자본주의적 농업의 모든 진보는 노동자와 토지를 약탈하기 위한 기술의 진보이고, 주어진 임대 기간 동안 토지의 수확을 높이는 모든 진보 또한 토지생산력의 지속적인 원천을 파괴하는 진보이기도 하다.[42]

앞의 인용문에서 마르크스는 자연을 유기체처럼 물질대사를 하는 순환적인 존재로 인식하고 있다. 자연을 생태론적으로 파악하고 있다. 자연 자체는 물질대사를 하며 순환하는 것인데, 이 순환이 파괴되어 본래 모습으로 되돌아가지 못하는 것은 자본주의적 생산이 이 순환을 방해하기 때문이다. 마르크스는 자본주의 체제가 노동을 착취하는 것과 마찬가지로 대지(자연)를 착취하여 대지(자연)가 순환하면서 영구적으로 비옥도를 지속시키지 못하도록 한다는 점을 지적하고 있다. 또 노동자와 농민의 육체와 정신생활을 파괴함 또한 들추고 있다.

> 인간은 직접적으로 '자연적 존재natural being'이다. 자연적 존재로서, 살아있는 자연존재로서, 인간은 한편으로는 '자연적 생명력'을 자연으로부터 공급받는 활력적인 자연 존재이다. 이 힘들은 인간 안에 기질과 능력, 충동으로 존재한다. (……) 인간이 자연의 활력으로 가득한, 육체적이고, 살아있고, 현실적이고, 감각적이며 객관적인 존재라는 것은 현실적이고, 감각적인 대상들을 자신의 존재나 삶의 대상으로 가진다는 것을 의미하며, 또는 그가 현실적이고 감각적 대상들 안에서 자신의 삶을 표현할 수 있을 뿐이란 것을 뜻한다. (……) 자기 바깥에 자신의 자연을 갖고 있지 않은 존재는 결코 자연적 존재가 아니며, 자연의 체계에 아무런 구실도 하지 않는다. 자신의 바깥에 대상을 가지고 있지 않은 존재는 결코 대상적 존재가 아니다. 자신이 제3의 존재에 대해 대상이 아닌 존재는 어떠한 존재도 자신의 대상으로 갖지 못한다. 다시 말해서 그 존재는 대상적으로 관계 맺지 못한다. 그 존재는 결코 대상적이지 않다.[43]

물과 흙에서 비롯된 농부는 흙을 보고 그 보드라운 감촉을 느끼며 자신과 가족도 먹고 살고 더 나아가 굶주린 이도 먹이자는 생각을 하고는 들판에 쟁기질을 하고 논두렁을 만들어 논을 일구고 물을 대고 벼를 심고는 가꾼다. 그러면 그는 들판을 논으로, 볍씨를 쌀로 전환하고 굶주린 이에게 밥을 준 따스한 인간이 된다. 그렇듯 인간은 자연과 공존하며 자연의 잠재된 가치를 변형시켜 새로운 가치로 전환하고 그로 자신의 본성을 변화시키고 타인을 (굶주림으로부터) 자유롭게 한 주체가 된다.

인간은 자연에서 나서 자연으로 돌아가는 자연의 한 부분이다. 인간은 직접적으로 자연적 존재다. 자연으로부터 생명이 기원했고 그 생명체들이 진화하여 인간이 되었다. 인간이 먹고 마시는 자연은 화학변화를 일으켜 에너지를 만들며 인간의 몸이 될 뿐만 아니라 사고의 바탕을 형성한다. 자연의 생명력과 활력은 풍경으로, 공기로, 먹을거리로 인간의 몸으로 들어와 인간의 기질과 능력을 만들고 무슨 일인가 하려는 충동과 자극을 준다. 태양이 광합성을 통해 식물에 생명을 불어넣으면서 생명이 식물의 본질이 되며, 태양은 식물의 본질적 대상이 된다. 그렇듯 인간 또한 자신의 바깥에 자연이 존재하고 그 자연이 생명력과 활기로 가득하다는 것을 인식한다. 이어서 인간은 아름다운 자연의 풍경을 눈으로 보고, 그들이 빚어내는 소리를 들으며, 내뿜는 냄새를 맡고, 입으로 가져가서 맛보고 살갗으로 감촉을 느낀다. 이에서 머물지 않고 도구를 매개로 자연에 인간이 가진 자연력인 팔과 손, 다리, 머리 등을 작동하여 자연을 인간이 원하는 생산물로 전환하며, 이런 노동 행위를 통해 자신의 본성을 변화시킨다. 이 순간에 자연의 생명력이 인간의 본질로 전환한다. 자연은 인간에게 본질적 대상이 된다.

자연은 인간의 '무기적無機的, inorganic' 신체이다. 다시 말하여, 자연 그 자체로 인간의 신체가 아닌 한, 자연은 그렇다. 인간이 자연에 의지하여 살아간다는 것은, 자연이란 인간이 죽지 않으려 끊임없이 상호 교환 관계를 유지해야만 하는 인간의 신체임을 뜻한다. 인간이 자연의 일부이기 때문에, 인간의 육체적·정신적 생활이 자연과 연관되어 있다는 것은 그야말로 자연이 자연 자체와 연관되어 있는 것을 의미한다.[44]

인간은 육체를 움직여 자연으로부터 생산을 하여 생존한다. 인간은 자연에서 먹을거리를 마련하여 자신의 몸을 만들고, 흙과 돌로 자신의 신체와 은유 관계인 집을 짓고, 피부의 연장인 옷을 지어 입는다. 인간은 돌과 나무를 이용하여 팔과 다리의 확장인 도구를 만든다. 그러니 자연은 인간의 노동과정을 통해 인간의 신체가 된다. 그뿐만이 아니다. 인간은 돌에서 단단한 의지를 사유하고, 바람에서 자유로운 삶을 그리고, 달을 보며 함께 어울리고자 한다. 육체적이든 정신적이든 인간의 생활이 자연과 밀접하게 연관되어 있으며, 이는 흙과 돌과 바람과 물, 무수한 생명 등이 자연의 일부인 인간과 연관되어 있기 때문이다. 결국 자연이 자연 자체와 서로 긴밀하게 연관되어 있기에 모두가 가능한 것이다.

한 인간이 자연 앞에 가만히 있으면 아무런 의미를 지니지 않지만, 팔과 다리를 움직여 쟁기질을 하면 그는 땅을 밭으로 변화시키는 주체가 된다. 땅을 기름진 밭으로 변화시킬 수 있는 근력과 근면함, 결단을 갖춘 인간 주체로 변한다. 바꾸어 말하면, 인간은 노동을 통해 자연을 변화시키며, 자연은 숨겨진 인간 본성을 구현하도록 매개한다. 앞의 인용문에서 보듯, 노동은 인간과 자연 사이의 소통이다. 인간은 팔과 다리 등을 운동시켜서 외부의 자연에 작용하고, 이

행위를 통해 잠재된 자신의 본성을 변화시킨다. 반면에 이렇지 못한 채 소외된 노동은 인간에게서 자연을 소외시킨다. 자연은 자기실현의 대상이 아니며 인간은 더 이상 자연과 밀접한 연관을 가진 하나가 아니라 자연으로부터 분리된 객체다. 자기실현을 하지 못하기에 자기 자신, 자신의 본성을 구현하지 못한다. 결국 타인, 이웃, 집단과 협력을 하지 못하고 이들로부터도 소외된다.

이처럼 마르크스는 인간이 자연과 유기적이고 밀접한 연관 관계를 갖고 있으며 자연에 속해 있는 내재적 존재임을 인식했다. 인간은 자연에서 나서 자연과 더불어 살며, 자연을 노동으로 변화시키고, 인간 또한 자연에 의해 변화한다. 자연이 수십억 년 동안 진화를 해왔듯이, 인간 또한 수렵 채취를 하고, 농사를 짓고, 추출한 물질로 기차와 배와 스마트폰과 화학약품 등을 만들며 자연과 서로 소통하면서 역사를 형성했다. "인간에게 역사는 의식된 역사이다. 그러기에, 생성 행위로서 역사는 의식적으로 자신을 지양하는 생성 행위이며, 역사는 인간의 진정한 자연사이다."[45] "이 영역에서의 자유는 오직 사회화된 인간, (자유롭게) 연합한 생산자들에게만 존재한다. 이 사회화한 인간들은, 자연의 맹목적인 힘에 의한 것처럼 자연에 지배당하는 대신에, 그들과 자연 사이의 물질대사를 합리적으로 조절하고 그들의 공동의 통제 하에 두는 것, 요컨대 최소한의 힘만 소비하여 인간의 본성에 가장 가치 있고 가장 적합한 조건 하에서 이 물질대사를 수행한다."[46]

이런 마르크스의 자연관은 인간과 자연의 이분법을 극복할 수 있는 지평을 열며, 자연을 대상이나 도구로 간주하는 것 또한 넘어서서 인간과 자연을 유기적인 연관 관계로 파악할 수 있는 실마리를 제공한다. 이런 자연관이 아니라 하더라도 마르크스가 자연과 인간을 실체론적으로 바라본 것이 아니라 관계론적으로 바라본 것으로 해석하면, 자연과 인간의 이분법적 대립 자체가 무화한다. 자연과 인간이 서로 소통하고 관계를 맺고 있어 인간이 자연을 변화시키고 그 변화를 통해 인간이 변화하고, 인간이 자연과 더불어 노동하고 삶을 영위하고 역사를 형성한 것이라면, 더 이상 인간중심주의는 성립하지 않는다. 한마디로 말해 마르크시즘을 생태론적으로 재해석하고 마르크시즘과 생태론을 종합할 수 있는 여지를 준다.

자연의 인간화와 인간의 자연화의 종합

자연이 인간의 목적을 구현하는 대상이자 인간과 유기적인 연관 관계를 갖는 전체라는 관점은 자연의 인간화와 인간의 자연화를 모두 가능하게 한다. 자연은 그 자체로서 물적 자연과 언어를 매개로 한 텍스트로서 자연으로 나눌 수 있다.[47] 우리 조상들이 흙과 돌, 나무와 짚을 이용하여 초가를 짓듯, 인간은 물적 그 자체로서 자연을 자신의 욕구와 목적에 따라 노동을 매개로 변형하여 생산한다. 자연 안에서 인간도 다른 생명처럼 물질대사를 하고 번식하며 생존하고 다른 생명과 밀접한 연관 관계 속에서 자연과 더불어 사는 것에서 보듯, 인간은 물적 그 자체로서 자연의 일부로서 자연 안에서 생물적이고 물리적인 형성을 하며 생존한다. 한 승려가 반달에서 공꺌의 의미를 떠올리고 이를 퍼뜨리듯, 인간은 자연을 하나의 텍스트로 간주하고 이에서 질서를 발견하고 언어를 매개로 이를 의미로 생성하여 소통한다. 강가에서 새소리와 물소리를 들으며 생태시時를 쓰는 시인에서 보듯, 인간은 자연과 만나 이를 구체적으로 교감하고 체험한 것을 바탕으로 자연의 질서와 아름다움을 내면화하고 이에 부합하는 사고를 하고 의미를 표출한다. 자연은 그 자체로서 물적 자연과 텍스트로서 자연의 두 측면을 동시에 함유한다. 인간은 그런 자연을 인간화하는 동시에 인간의 사고와 의미와 삶을 자연화한다. 자연의 인간화와 인간의 자연화는 대립적인 것이 아니라 동전의 양면과 같은 것이다. 이를 간단히 하면 〈표 1〉과 같다.[48]

여기서 자연의 인간화와 인간의 자연화를 종합하는 것은 '생태적 노동'을 하거나 '지속가능한 발전'을 하는 것이다. 이때 먼저 전제가 되어야 하는 것은 자연의 내재적 가치를 인정하는 것, 인간을 정신과 육체로 나눈 이분법에서 벗어나 몸으로 보는 것이다. 자연의 내재적 가치를 인정하면, 가치를 생산하기 위한 인간의 노동이 자연을 무조건 도구화하거나 목적을 달성하기 위한 대상으로 삼는 인식 자체의 전환이 불가피하다. 곧 노동을 통해 생산하여 화폐로 전환한 가치와 자연이 본래 지닌 내재적 가치 사이의 균형을 모색하게 되며, 전자의 가치가 후자의 가치보다 적을 경우 자연의 착취와 개발은 제한된다.

〈표 1〉 물적 자연 그 자체와 텍스트로서 자연의 함의

구분	자연의 인간화	인간의 자연화
그 자체로서 물적 자연	노동을 매개로 자연을 변형생성하여 생산함	자연의 일부로서 인간의 생·물리적 형성과 생존
텍스트로서 자연	자연의 질서에서 의미를 생성하고 소통함	자연의 질서와 아름다움의 내면화와 이에 부합하는 사고와 의미 표출

여기서 문제는 자연의 본원적인 가치와 이것이 시장 체제 속에서 화폐와 교환되는 양적 관계인 교환가치 사이의 괴리를 어떻게 해결하느냐는 점이다. 마르크스는 『자본』에서 자연이 사용가치는 있으나 교환가치는 가지지 못함을 변함없이 주장한다. 이를 구별하지 못한 것은 중농주의자들의 오류라고 지적한다. 마르크스의 주장대로, 햇빛이 쌀을 자라게 했지만, 햇빛의 가치가 쌀의 교환가치에 포함되지 않는다. 햇빛을 만드는 데 인간은 전혀 관여하지 못하므로 햇빛의 가치를 형성하는 사회적 필요노동시간은 없다. 하지만 인공태양을 써서 쌀을 자라게 한다면, 인공태양의 빛은 교환가치를 갖는다. 그렇다면 햇빛의 교환가치를 인공태양을 매개로 추산하는 것이 가능하다. 그 반대의 예로 방사능 쓰레기는 사용가치는 없지만, 그것을 다시 자연 상태로 되돌리기 위해서는 상당한 비용이 든다. 이런 방식으로 자연의 본원적인 가치를 교환가치로 대체하여 평가할 수 있다.[49] 이 경우 자연을 착취하고 개발하여 생산을 해내는 것이 가치를 발생하게 한다는 생각에서 자연의 본원적인 가치를 훼손하지 않는 것이 더 큰 가치를 생성한다는 생각으로 전환할 수 있다.

이렇게 할 경우, 앞에서 지적한, 기존의 사회경제학을 자연에 적용할 때 파생하는 세 가지 한계를 극복할 수 있다. 첫째, 생산 행위에 오염을 끼쳤을 경우 손해를 입힌 화폐비용만을 계량화했는데, 이제 사회비용 전반에 대해 계량화할 수 있다. 둘째, 자연이 형성되고 원료를 만든 수억 년에 달하는 생물학적 시간을 무시하고 이를 채굴, 운송, 가공 등 경제적 시간으로 환원했는데, 경제적 시간 이전의 생물학적 시간을 가치로 반영할 수 있다. 셋째, 자연이 자기 정화할 수 있는 경계를 넘어선 오염만을 화폐로 환산하여 벌금을 물렸는데, 이제 경계 이전에 자연의 자기 정화 시스템을 혼란시킨 전반에 대해 화폐로 계량화할 수 있다.

자연에 대한 인간의 목적을 새로운 합리성으로 전환하는 것도 필요하다. 새로운 합리성이란 바로 목적 지향적 합리성에서 벗어나 온 생명과 소통하고 상생하는 것 자체가 목적인 화쟁적 합리성이다. 상품 생산과 더 많은 이윤 추구가 아니라 인간과 인간, 인간과 다른 생명 사이의 소통 자체가 목적이 되어야 한다. 이 경우 인간은 화쟁적 합리성에 입각하여 자연과 균형과 조화를 이루는 범위 안에서 개발한다.

목적 지향적 합리성의 패러다임에서 보면, 특정 지역의 개펄을 간척하고 개발하여 그곳에 공장을 건설하여 생산하는 가치가 매년 100억 원이고, 그 개펄을 그대로 보존한 채 그곳에서 생산되는 어패류의 가치가 매년 50억 원이라면 개펄을 개발하는 것이 합리적이다. 하지만 이에 더해 개펄에서 물고기와 조개들이 알을 낳고 성장하는 가치가 10억 원, 개펄을 막은 후 오염된 바닷물을 정화하는 가치, 바꾸어 말하여 개펄의 미생물이 바닷물을 정화하는 가치가 30억 원, 순천만처럼 개펄을 보존한 채 얻는 관광 수익이 20억 원, 주민이 너른 개펄을 보고 만지고 그 개펄에서 수많은 생명과 어울리고 대화하며 정서적 만족을 얻고 마을 공동체를 유지하는 가치가 10억 원이라면 개펄의 개발을 중지하는 것이 합리적이다.

이런 화쟁적 합리성을 보편화하면, 나라나 지역의 경제도 GDP나 무역량 등 경제적인 가치만이 아니라 자연의 내재적 가치도 포함하여 평가하고 경제개발 계획이나 정책을 입안하게 된다. 이때 개펄의 모든 생태계가 유지하는 범위에서 하는 지속가능한 개발과 노동, 예를 들어 제한적인 어패류의 채취와 가공, 양식업, 개펄 관광 등은 양자의 균형을 유지하는 것이며, 이를 생태노동으로 규정할 수 있다.

4대강사업에서 보듯, 대규모 개발은 국가 발전이나 경제개발, 또는 시민사회의 필요가 아니라 토건카르텔의 이익을 위해서 행해진다. 이에 토건카르텔을 혁파하고 생태복지국가로 전환해야 한다. 무엇보다 먼저 국토부를 해체하여 복지부와 환경부에 편입시키고, 각 지역마다 시민주권에 입각한 풀뿌리 거버넌스governance 시스템을 확립하여 일정 정도 이상의 공공 건설은 이를 통해 결정하며, 화쟁적 합리성에 입각한 정책과 법을 제도화한다.

심신이원론에서 벗어나 풍류도風流道의 세계관에 따라 몸의 사유로 전환한다. 춤과 음악, 수행, 놀이 등을 통해 소우주인 인간과 대우주인 자연이 하나가 되어 지극한 쾌락의 상태에 이르는 것을 풍류라 하며, 개인적으로는 놀이와 노동이 일치하는 자유로운 삶을 지향하며, 타자에 대해서는 모든 살아 있는 것을 존귀하게 여기고 섬기는 신앙이자 삶의 원리다. 이에 따르면, 육체는 정신과 분리되어 자연을 개발하려는 욕망을 내포하지만 몸은 자연과 어울려 하나가 되려 한다. 인간의 몸이 자연에서 형성된 것이요, 인간 존재가 숲에서 났기 때문이다. 인간은 숲에서 나서 숲과 상호작용을 하며 진화를 했다.

몸의 사유로 전환하면, 인간 존재 자체가 경제적 인간 내지 목적지향적 인간에서 생태적 인간으로 전환한다. 경제적 인간은 목적을 달성하기 위하여 육체를 부려 노동을 하고 이로 자연을 개발하여 유용한 대상으로 전환한다. 이 경우 인간의 육체는 효율적으로 자연을 개발하는 노동에 맞춰진다. 심지어 기계의 한 부품처럼 취급되기도 한다. 하지만 생태적 인간은 자신의 육체를 부려 자연을 개발하는 것과 자신의 몸이 자연과 조화를 이루어 평안하고 쾌적한 상태에 이르려는 것 사이에 균형을 취하고자 한다. 장애를 극복하는 자아실현으로서 노동의 개념도 달라진다. 심신이원론에서는 인간이 노동을 통해 자연의 장애를 극복하는 순간 진정한 자기실현을 달성하며 도구와 기계들은 이를 돕는 조력자로 작용한다. 하지만 몸의 담론에서는 자연과 완벽한 조화를 이루는 순간 진정한 자기실현을 한다. 이를 한국인은 풍류風流라 한다.

몸은 자연의 일부이자 자연과 끊임없이 서로 소통하고 상호작용을 하면서 영향을 미치는 전체다. 눈은 우주와 자연과 타자를 향하여 열린 창이자 마음이 몸과 어우러져 압축적으로 형상을 빚어내는 기표이다. 일심에서 마음이 비롯하여 우주와 자연과 타자와 소통하며 느낀 마음들이 몸과 어울려 형상을 띠면서 우주와 자연과 타자를 향하여 열리는 길이 눈이다. 눈은 빛을 매개로 느낀 우주와 자연과 타자를 담아내어 몸과 마음으로 보내는 길이자 그리 느낀 것에 일어나는 몸의 반응을 다시 그들에게 되돌려 보내는 길이다.

시각은 우주, 자연, 타자에서 보이는 것만을 보고 늘 거리를 가늠하지만 청각과 촉각은 자연과 어울려 하나가 되려 한다. 전자가 수동적이라면 후자는 능동적이다. 멀리로부터 바람이 불어와 잎새가 흔들리고 새들이 날아오르는 소리를 들으면 우리의 몸은 그 소리에 젖어 더욱 고요함에 잠긴다. 보이는 것 너머를 보고자 할 때 우리는 눈을 감고 우주와 자연과 타자로부터 들려오는 소리에 귀를 기울인다. 이처럼 청각은 자연이 멀리로부터 다가와 몸과 하나로 어울림을 매개하며, 보이는 것 너머의 의미를 캐려 한다. 살진 흙 한 줌을 손 안에 담으면 그 보드라운 촉감에 살은 진동하고, 반드러운 나뭇잎을 만지면 그 느낌이 손을 타고 심장을 울린다. 촉감은 자연에 다가가 하나가 되려는 내 몸과 자연을 매개한다.

후각은 자연과 타자의 한 부분이 코를 매개로 내 몸 안에 들어와 온몸에 퍼져 나가며 그로부터 멀어지게 하기도 하고 더욱 가까이 다가가게도 한다. 미각은 자연 가운데 몸이 될 수 있는 것을 골라 몸으로 들어와 몸으로 전환하고 다시 자연으로 돌아가게 하는 매개체다.

호흡은 대우주와 소우주인 몸이 교감하는 통로다. 들숨은 우주와 자연의 기운과 공기, 미생물을 끌어들여 대우주를 소우주로 전환하는 길이며, 끌어들인 것을 온몸으로 퍼뜨려 몸의 온갖 용用을 이루는 바탕이다. 날숨은 내 몸 안에서 필요가 없게 된 기운과 공기와 미생물을 토해내어 우주로 되돌려주는 길이다. 호흡을 통해 안과 밖의 경계가 무너지며 안이 밖이 되고 밖이 안이 되는 것이 쉼 없이 일어나고 음이 양이 되고 양이 음이 된다.

이처럼 내 몸은 우주와 자연과 타자와 쉼 없이 소통하고 교감한다. 상대방을 갈구하든 증오하든, 내 눈빛과 표정을 내 눈은 보지 못한다. 내 뒤통수와 등 또한 마찬가지다. 타인이 없이, 타자와 자연과 우주와 소통과 교감이 없이 내 몸은 존재하지 못한다. 그러기에 몸의 노동은 착취가 아니다. 자연과 하나로 어울리는 풍류의 경지다.

텍스트로서 자연의 경우 자연의 인간화와 인간의 자연화 사이의 화쟁은 다음 시에 잘 나타나 있다.

처마가 짧다라니 보름달 먼저맞고
담벼락 야틈하니 산보기 더욱좋네
소낙비 긋고나자 시냇물 콸콸한데

바람도 멈추어서 산정엔 한가론 구름.[50]

원감국사 충지冲止의 선시, 「그윽한 머묾幽居」이다. 동산 위에 두리
둥실 떠오르는 달을, 집이 작고 조촐하니 집이 커서 처마가 긴 사람
보다 먼저 맞는다. 마음을 비우면 달이 가슴에 들어와 자신처럼 둥그
런 가득함으로 채운다. 담이 낮으니 늘 산이 보이고, 산이 보여주는
사시사철의 파노라마가 눈앞에 펼쳐진다. 파릇파릇 새싹 사이로 온
갖 꽃이 흐드러진 봄 산은 고통을 이긴 생명의 아름다움을 말해주고,
녹음 짙은 여름 산은 자신을 훼손하는 자마저 끌어안는 너그러움을
보여주고, 낙엽이 지는 가을 산은 버림이 곧 채움임을 넌지시 들려
주고, 흰 눈 덮인 겨울 산은 공空이 바로 생멸변화의 바탕임을 알려준
다. 그리 집이 자연의 한 부분이 되었으니, 소낙비 그치고 물이 불어
흐르는 냇물 소리는 더욱 크게 들린다. 그 소리에 빠져 저절로 정적
에 이르고, 적멸의 마음에서 먼 산을 바라보니 바람도 멈추었는지 산
마루에 구름도 걸리어 한가로이 여유를 즐긴다.
　자연 안에 집이 있고 인간이 있지만 그 집은 자연의 일부가 된 집
이요, 거기 머무는 인간 또한 자연과 인드라망을 이룬 하나다. 그렇
듯 인간과 자연, 도구와 자연은 서로 관계를 맺고 서로 조건이 되며
나와 깊게 얽히고설키며 무한히 생성하는 에코시스템이다.
　그럼 지금 여기에서 환경오염을 낳는 모든 기계문명을 파괴하
고 신석기시대처럼 자연과 인간이 완벽하게 공존하는 사회로 돌아
가야 하는가. 다른 모든 것을 차치하고서라도 인구문제의 요인만으
로도 이는 불가능하다. 73억 8천만 명의 인류를 대략 7백만 명에서
2억 명만 남고 죽이거나 외계로 보내기 전에는 에코시스템의 완벽

한 순환은 불가능하다고 주장하는 이도 있다. 7백만 명만 남겨서 자연 및 다른 생명체와 공존이 가능하다 하더라도 지금껏 인류가 에너지를 소모하여 만든 엔트로피를 되돌릴 수 없다. 환경 파괴를 낳았다고 21세기 문명을 송두리째 부정하고 신석기시대로 돌아가자는 것도 어불성설이다. 가능한 방법은 앞의 시처럼, 도구와 기계를 사용하되, 자연과 조화를 이룰 수 있는 범위 안에서 자연의 개발과 엔트로피 발생을 최소화하면서 자연과 공존을 모색하는 삶, 곧 불교가 추구하는 소욕지족少欲知足의 삶으로 전환하는 것이다.

노동소외와 생태소외를 종합하여 노동운동과 환경운동을 결합하는 것도 대안이다. 노동소외와 생태소외는 대립적인 것이 아니다. 노동자는 자본주의 체제에서 노동소외, 공동체로부터 소외, 자기 자신으로부터 소외, 물화에 의한 소외를 겪는다. 노동자는 동시에 생계를 위한 노동에 구속되고 자연을 개발하는 노동에 동원되어 생태소외를 겪는다. 노동소외와 생태소외는 자본, 혹은 자본과 국가가 서로 연합하여 이윤을 극대화하고 권력을 유지하기 위하여 노동자와 자연을 착취한 결과다. "자연의 착취 없이는 노동의 착취는 물적 지지를 받지 못하며, 노동의 착취 없이는 자연의 착취는 확대되지도 못하고 일반화하지도 못한다."[51] 자본은 노동을 통해 자연을 착취하여 물적인 생산을 하고, 이를 상품화하여 이윤을 얻는다. 자본은 노동과정에서 노동자의 잉여가치를 착취하고 이를 자본으로 축적하기에 자연의 착취를 일반화하며, 더욱 자연을 착취하는 행위를 추구한다.

노동자가 휴일에 가족이나 이웃, 동료 노동자들과 함께 산과 들로 가서 물소리 바람 소리를 들으며 풍류나 물아일체物我一體처럼 자연과 하나가 되는 체험을 통해 생태소외를 극복할 수 있다. 반대로 작업장의 친환경적 개선, 친환경적 제품 생산, 협업 체제 등을 노동 과정에 도입하고 노동시간 단축운동을 전개할 수 있다. 하지만 양자 모두 극복이 아니라 체제 안의 절충이다. 생태소외와 노동소외를 전 적으로 극복하는 길은 노동소외와 생태소외가 대립적인 것이 아니라 상호침투하고 있음을 인식하고 노동운동과 환경운동을 결합하여 자본주의 체제를 사회주의 체제로 전환하거나 노동 착취가 없는 협업 체제로 전환하는 실천과 운동을 행하는 것이다. 자연에 대한 개별적 착취, 사적 소유, 분업과 자본축적을 없애야만, 다시 말해 자 본주의를 해체해야만 이 소외를 완전히 극복할 수 있을 것이다.

깨달음은 우리 몸속에 현존한다

4대강사업을 한 것은 누구인가. 물론 탐욕과 독선의 화신인 이명박 과 토건카르텔이다. 하지만 그를 용인하고 만든 것 또한 수단과 방 법을 가리지 않고 경쟁에서 이겨 돈과 권력을 증대하려는 탐욕으로 물든 '우리 안의 이명박'이다. 단독자로서 나는 욕망을 증대하는 것 이 나를 확대하는 길이다. 인간은 욕망을 욕망하는 존재다. 조금 더 많은 소유를 하기 위하여, 자신의 결핍을 채워 만족의 상태에 이르 기 위하여, 자신의 존재의 확대를 위하여 타자를 침해하고 약탈하고 폭력을 가하는 것이 인간의 속성이다. 그럼에도 온 생명을 살리고 에코시스템을 제대로 복원할 가능성은 어디서 찾을 것인가.

　전 지구 차원의 환경 위기를 극복하려면, 인식의 전환을 통한 개인의 각성과 사회변화를 종합해야 한다. 세상이 바뀌려면 내가 먼저 바뀌어야 하며, 우리가 진정으로 바뀌고 그 변화를 유지하려면 세상 또한 바뀌어야 한다. 우선 인간중심주의와 이분법, 근대화를 낳은 '폭력적 서열 제도'에 대해 처절하게 성찰하고 불일불이와 같은 생태적 패러다임으로 전환하여야 하고, 이 패러다임에 맞게 사회체제, 국가 체제, 세계 체제를 혁명적으로 개편하여야 한다. 이제 실체론에서 연기론으로, 동일성에서 차이로, 기계론적 세계관에서 전일적인 세계관으로, 심신이원론에서 몸의 사유로, 가부장주의에서 여성주의로 인식을 전환하여야 한다. 이 인식 아래 욕망의 증식을 기본 원리로 하는 자본주의 체제를 근본에서부터 해체해야 하고,[52] 이를 자연 및 타자와 공존공영이 가능한 체제로 대체하여야 한다.

경제 또한 화쟁적 생태경제학으로 전환해야 한다. "경제 실적과 사회 진보의 계측을 위한 위원회는 GDP 이외에 삶의 질을 측정해야 한다고 생각했다. 이들은 주관적인 행복 개념, 적절하게 영양을 섭취할 수 있는 능력과 조기 사망을 피할 수 있는 능력 등 생활 여건에 개인이 선호하는 것을 선택할 수 있는 자유 역량, 공정한 배분 등의 세 가지의 개념적 접근이 필요하다고 결론을 내렸다."[53] 이는 앞에서 말한 화쟁적 합리성과 부합한다.

이런 생태적이고 소통적인 합리성을 보편화하면, 나라나 지역의 경제도 GDP나 무역량 등 양量 중심의 경제적인 가치만이 아니라 이런 자연의 내재적 가치, 지속가능한 개발의 가능성 등 삶의 질 중심의 생태적 가치, 인간의 행복지수도 경제적 가치에 포함하는 경제로 전환이 가능할 것이다. 이때 개펄의 모든 생태계가 순환하고 유지되는 범위에서 하는 지속가능한 개발과 노동, 예를 들어 제한적인 어패류의 채취와 가공, 양식업, 개펄 관광 등은 양자의 공존을 유지하는 것이다. 이처럼 생태경제학이란 자연과 인간의 공존을 유지하는 범위 안에서 화쟁적 합리성에 따라 노동력과 생산수단을 조절하고 생태노동을 하여 생산한 가치를 개인의 생존과 중생 구제, 자연의 순환과 재생에 활용하는 데 초점을 맞춘 경제학이다.

　여기 수억 원에 이르는 환경비용을 지출하지 않고 비 오는 날 폐수를 몰래 버리는 것이 자기 회사의 이익이라고 확신하는 자본가가 있다. 그가 폐수를 버리지 않는 방법은 무엇일까. 하나는 그가 환경운동가의 강의나 스님의 설법을 듣고 지금까지의 자신의 행위를 악으로 규정하고 잘못을 깊게 참회하는 것이다. 다른 방안은 지혜에 이르는 것이다. 선악의 문제나 판단과 관계없이, 그가 어느 날 자신이 버린 폐수를 먹고 자란 물고기를 자신이나 자신의 자식이 먹으면 병에 걸림은 물론 기형아도 낳을 수 있음을 깨닫고 폐수 방류를 중지하는 것이다. 이는 연기와 공空을 깨달은 데서 오는 지혜다.

　하지만 양자 모두 미봉책이자 지극히 비사회과학적인 대안이다. 이기적인 욕망을 추구하는 개인이 모여 이기적인 욕망을 더 충족할 수 있다는 보장을 믿고 개인의 욕망을 유보하고 이타적인 연대를 추구하는 것이 사회의 전제 조건이다. 이런 전제 조건에서 파생된 현대식 대안은 시스템과 제도의 개혁, 곧 폐수를 방류했을 경우 거의 회사가 망할 정도로 벌금을 부과하고 사업주를 장기간 구속하도록 법제화하고 대중이 그 회사의 상품을 사용하지 않는 것을 제도화하는 것이다. 개량적으로는 태양열, 풍력, 지열과 같은 무공해 에너지에 대한 세계와 국가 차원의 지원 시스템, 환경오염을 낳지 않는 대체 상품 생산과 유통 시스템의 혁신, 마을 단위의 생태 공동체의 조성 등을 서두르고, 개인적으로도 생태론적 패러다임과 생명사상을 내면화하여 욕망을 자발적으로 절제하고 모든 영역에서 자연과 조화를 이루는 생활을 일상화한다.

이것보다 더 근원적이고 능동적인, 곧 탈근대적인 대안은 불일불이의 패러다임 아래 엔트로피가 제로 상태인 순환 시스템으로 개혁하는 것이다. 구체적으로 말해, 너무도 강한 자본주의 체제 안에 거의 모든 것을 순환 체제로 하여 엔트로피가 거의 제로에 가까운 생태 공동체의 진지를 곳곳에 구축하여 그 체제를 안으로부터 파괴하는 것이다. 이를 당장 실현할 수 있는 길은 지역에 생태 공동체를 건설하는 것이다. 마을을 단위로 하여 두레와 같은 마을 공동체를 건설하며, 마을은 주민이 누구나 동등한 권력을 갖고 참여하는 주민자치제로 운영하며 지역의 특성에 맞게 풍력, 수력, 지열 등을 이용하여 상당량의 에너지를 자립하는 생태 공동체로 유지한다.

개인 또한 눈부처-주체가 되어 나의 삶이 다른 타자들, 나아가 모든 생명과 긴밀하게 연관되어 있음을 깨닫고 그를 위하여 나의 욕망을 자발적으로 절제하고 그들을 더 자유롭게 하는 실천 속에서 실존의 의미를 찾고 자신의 주체성을 확인하며, 이런 순간 환희심을 느끼는 존재로 거듭나야 한다.[54] 개인의 차원에서는 무엇보다 먼저 생명에 대한 세계관과 윤리를 확실하게 정립한다. 작든 크든, 유용하든 유용하지 않든, 인간에게 이롭든 이롭지 않든 지구상의 모든 생명은 서로 어울려 자연과 상호작용을 하며 살고 진화를 해왔기에 모두가 소중하고 모두가 서로 작용하고 영향을 주고 의지하는 상호생성자들이다. 지극히 작은 존재라도 해하면 고통을 느끼니 그 고통에 공감하고 자비심을 갖는다. 현미경으로나 보이는 미생물일지라도 지구 전체의 대기의 균형에 관여하고 그로 나와 모든 생명이 지금 살고 있으니, "모든 생명은 존엄한 동반자원칙, 정의와 민주주의의 원칙, 최소 이용의 원칙, 지역공동체 주체의 원칙 등 자연과 생명의 이용에 대한 원칙을 사회적 합의로 정하여 실천한다".[55] 평화적으로 모든 것을 아우르되, 더 큰 아우름을 향하여 이를 방해하고 억압하는 '탐욕적 소수'에 대해서는 끊임없이, 철저히 저항해야 한다. 한마디로 말해, 대중이 깨달음에 이르고 비판적이고 소통적이며 생태적인 합리성으로 각성을 하는 것과 사회의 개혁, 구조와 시스템의 개혁이 '함께 화쟁적으로' 이루어져야 한다. 이렇듯 새로운 패러다임 아래 체제와 시스템과 제도를 혁신하고 세상을 바꾸는 것과 개인의 각성과 실천을 하나로 아우를 때 '지속가능한 발전'은 구호가 아니라 가능성의 영역으로 들어올 것이다. 우리에게는 시간도, 틈도 거의 남아 있지 않다. 발을 디디고 있는 현실에서 인식하고 지금 여기에서 바로 실천하지 않으면, 제6차 대멸종은 빠른 시기에 현실이 될 것이다.

2장

타자에 대한 배제와
폭력, 학살

: 폭력론·평화론 대
변동어이辨同於異의 눈부처─차이론

요한 갈퉁의 평화론과 그 너머

폭력은 일상이 되었다

폭력에 관한 한 인간이 짐승보다 못하다. 모든 동물이 이기적 유전자의 명령대로 자신의 유전자를 보존하고 확대하기 위한 본능을 따라 행동한다. 동물들은 평화롭게 공존하다가도 생존하고 번식하기 위하여 먹이와 짝을 놓고는 싸움을 벌인다. 인간에게도 폭력은 본능이기도 하고 살아가기 위해서 범할 수밖에 없는 숙명이기도 하다. 하지만 인간과 동물의 폭력성은 차이가 많이 난다. 인간을 제외한 다른 동물들은 싸우더라도 대개 위협으로 그치거나 짧게 끝낸다. 인간과 가장 비슷한 영장류도 마찬가지다. "고릴라는 약하거나 작은 동족을 결코 괴롭히지 않는다. 다툼이 벌어지면 제3자가 끼어들어 먼저 공격한 쪽에 충고하고 공격당한 쪽을 감싸"[1]주며, "상대와 가만히 서로 얼굴을 마주 보며"[2] 화해한다. 왜 오로지 인간만이 동종에게 잔인한 폭력을 휘두르고 집단학살까지 하는가.

문명사회임에도 전 세계에 걸쳐 야만적인 폭력이 난무하고 있다. 권력, 인구, 종교, 인종, 젠더에서 우월한 세력이 열등한 세력에게 무자비한 폭력을 행하고 있다. 가까운 데서부터 보면, 북한에서는 반대자들을 가혹하게 탄압하고 죽이기까지 한다. 중국에서는 한족이 위구르인과 티베트인을 비롯한 소수민족에게 공권력을 남용한다. 인도네시아와 미얀마에서는 정부가 소수민족에 대한 고문과 학살을 수시로 자행하고 있다. 인도에서는 남자들이 대중이 보는 앞에서 버젓이 여성을 폭행하거나 살해한다. 중동에서는 IS대원이 무고한 사람들을 참수하고, 수니파와 시아파 사이의 폭력과 학살, 여성들에 대한 남성들의 폭력과 살해가 끊이지 않고 있다. 이스라엘 병사들은 선량한 팔레스타인 시민들을 구속하고 고문하고 때로는 전투를 가장하여 죽이고 있다. 미국에서는 경찰이 흑인 피의자를 살해하고 이에 맞서서 흑인이 저항하는 일이 연일 언론의 지면을 채우고 있다. 유럽에서도 인종과 종교의 차이로 테러와 학살이 일어나고, 때로는 훌리건들이 상대편에게 폭력을 휘두르기도 한다. 인종과 종교가 다른 이들에 대한 집단학살이 아프리카 곳곳에서 일어나고 있다. 중남미에서는 범죄조직 및 이들과 결탁한 세력에 의한 원주민에 대한 폭력과 살해가 일상처럼 벌어지고 있다.

국가와 제국의 폭력은 더욱 파괴적이다. 국가는 권위와 권력을 유지하기 위하여, 혹은 동맹을 맺은 자본과 제국, 부르주아의 요청에 응하여 시민과 노동자에게 다양한 양식의 폭력을 가하고 있다. 세계 곳곳에서 경찰이나 군인이 파업하는 노동자와 시위하는 시민에게 여러 형태의 폭력을 행하고 있다. 정부는 시민을 감시하고 통제하고 사찰하며, 수많은 국민이 고통을 당할 것을 알면서도 권력층이나 그들과 결탁한 세력에 유리한 정책을 채택한다. 때로는 군인이 시민들을 무참하게 학살하고서 권력을 잡고, 이에 저항하는 학생과 지식인, 언론인, 정치인을 고문하거나 살해하는 일이 비일비재하다. 전 세계에 걸쳐 군사기지를 갖고 있고 자신들만이 국제 질서를 통제할 권리를 갖고서 개입해야 한다는 신조로 뭉쳐진 제국인 미국은 세계 곳곳에서 제국의 유지에 장애가 되거나 테러 가능성이 있는 집단과 개인에 대해서는 모든 첨단 장비와 정보력, 종속 자본과 권력, 군사력을 이용하여 단호하게 응징한다. 부시 대통령은 있지도 않은 대량살상무기를 제거한다며 이라크를 침공하여 무려 100만 명을 총격, 폭격, 테러 등으로 죽게 만들었다.

자본은 인간을 사물화한다. 시장 메커니즘 속에서 인간은 따스한 피가 흐르고 숨을 쉬면서 사고하고 실천하는 존재가 아니다. 대중이 흔히 사람을 연봉으로 평가하듯, 사람을 교환가치로 대체한다. 인간과 생명에 대한 경외감과 존엄성은 사라지고, 감성과 이성, 영성을 가진 존재는 타자화하고 대상으로 전락한다. 샌드백을 때리듯 과녁을 맞추듯 인간에게 폭력이 가해지고 있다.

자본은 폭력을 구조화하면서 폭력의 이미지를 이용한다. 자본의 야만에 맞서서 노동자들이 파업을 하면 이들은 구사대를 부르고 경찰을 호출하고, 때로는 군대를 동원한다. 자본은 미국의 다국적기업이 제3세계에서 행한 것처럼 기업의 이윤을 확보하기 위하여 쿠데타도, 민간인 학살도, 전쟁도 서슴지 않는다. 석유 등 원자재를 싼값에 확보하기 위하여 합법적인 제3세계 정부를 전복시키기도 하고 중금속이 든 약이나 식료품을 판매하여 수만 명의 사람을 불치의 병에 걸려 죽게도 한다. 원유를 바다에 쏟아부어 수많은 동물을 죽이고 폐수를 방류하여 생태계를 파괴하는 것도 이들이다.

국가와 자본의 폭력을 매개하는 것은 대중문화이다. 자동차가 산산조각이 나고 걸쭉한 피가 흐르는 선정적인 폭력 장면은 우리 안에 내재한 폭력을 조장한다. 할리우드 영화에서 백인 남성이 유색인종, 제3세계 민중을 악당으로 삼아 폭력을 행하는 것을 보고 대중은 미국이 행하는 폭력을 정당화한다. 드라마에서 남편이 잘못한 아내를 때리는 장면을 보고 모르는 사이에 가부장주의적 폭력을 용인하게 된다. 더 나아가 이를 자신의 문화로 수용하기도 한다. 영화나 텔레비전이 보여준 폭력의 이미지는 대중의 뇌리에 깊이 각인되어 있다가 그들의 폭력을 부추긴다. 그럼에도 대중문화는 폭력을 정의의 집행이나 아름다움으로 포장하고 문화산업은 이를 상품화하여 팔아먹는다.

이런 상황 속에서 더 강한 권력, 더 많은 자본, 더 높은 명예, 더 황홀한 향락을 위해서 나 아닌 다른 인간을 죽이고 이용하는 것은 별스러운 일이 아닌 것이 되었다. 폭력은 비단 원시적 본능 내지 타나토스의 발현, 화와 분노의 물리적 표출, 이성의 상실이나 광기에 의한 일탈, 이기적 목적의 강제적 구현 방식, 죽음의 불안과 공포의 파괴적 재현, 재생의 집단 무의식에서 비롯된 의례, 성스러운 폭력으로서 희생제의를 통한 더 큰 폭력의 예방 등에서 빚어지는 일만이 아니다. 폭력은 이제 일상이 되었다. 집에서는 아빠가 손찌검을 하고, 지하철에서는 아저씨가 몸을 더듬고, 학교에서는 선생님이나 동료가 폭언과 손찌검을 일삼고 성추행을 한다. 군대에서는 상관이 부하를 때리거나 성추행하는 것이 예사스럽게 벌어진다. 직장에서는 부당한 폭언과 폭력이 행해져도 먹고살고자 제대로 맞서지도 못한다. 병원에 가면 의사가 환자의 몸을 망치는 것을 알고도 과잉 처방을 하거나 비용이 많이 드는 수술을 감행한다. 이 모든 굴레에서 떠나려 카페나 영화관, 술집, 공원, 휴양지를 찾지만 거기서도 사소한 일로 험한 욕을 하거나 주먹을 휘두르는 이를 만나게 된다. 심지어 인권과 평화를 주장하는 시민단체에서도, 비폭력을 교리로 삼는 성직자나 수행자 사이에서도 폭력이 행해진다.

구조적 폭력이 바로 고_苦다

1만 2천의 봉우리가 기기묘묘한 형상을 한 아름다운 금강산을 바라보며 한 사람이 말했다. "저리도 아름다운 금강산과 바꾸자고 하면 뭐든 응하겠네요." 그러자 그 옆에 있던 사람이 말했다. "금강산보다 더 아름다운 산이 있다 하더라도, 설사 금덩이로 이루어진 금강산이 있다 하더라도 딱 하나하고만 바꾸지 못하지요." 그러자 그 사람이 물었다. "그것이 무엇이지요?" "사람의 목숨!"

경전에 나오는 이야기를 살짝 바꾼 것이다. 그처럼 한 사람의 생명은 금강산보다, 그만 한 크기의 다이아몬드보다 더 중요하다. 모든 이가 자신을 그리 소중히 여기니 다른 이들을 절대 해하지 말라는 것이 아힘사_{ahimsā}의 정신이다. 겉으로 보면 소극적인 정신 같지만 간디의 비폭력주의가 해가 지지 않는 제국인 영국을 이겼듯 아힘사는 다른 이를 내 목숨처럼 사랑하여 보는 것이다. 모든 살아 있는 것을 나처럼 소중하게 여길 때 (타자들에 대한) 폭력은 자연스레 사라진다. 자신을 바꾸고 세상을 바꾸려면 우리는 폭력에 물든 우리의 심성을 아힘사의 정신으로 다스려야 하리라. 틱낫한 스님은 화를 소멸시키고 선의 씨앗에 물을 주는 마음챙김 수행을 하여 평화와 자비를 지향하는 사람으로 거듭나라고 말한다.

폭력이 개인의 문제에서 비롯되는 것이라면, 틱낫한 스님의 제안처럼 개인의 폭력성을 소멸시키는 수행을 하는 것이 폭력성을 누그러뜨리는 데 많은 도움이 될 것이다. 폭력을 행한 이들에 대한 징계와 벌을 공정하고도 엄격하게 하고, 폭력의 해악성과 평화의 중요성, 생명 평화의 지혜와 사상을 가르치고 이에 대한 체험을 늘리는 것이 방안일 것이다.

하지만 이런 대안들은 지극히 비사회적이다. 개인적이며 소극적인 평화만을 추구할 뿐이다. 나 홀로 암자에 앉아 새소리를 들으며 바람이 살결을 타고 흐르는 감촉을 느끼다가 텅 비어 있는 상태에 이르면 평안하다고 하는 것인가. 산사가 너무도 깊어 중생의 아비규환이 들리지 않는 탓이다. 오랫동안 홀로 수행만 하다 보니 나를 얽어매는 것이 진정 무엇인지 느끼지 못하는 탓이다. 폭력에 따른 고통苦은 '개인적 고'만이 아니다. 단지 피지배층으로 태어났다는 이유만으로 가난과 억압과 착취, 소외를 짊어져야 하는 이들의 뼈마디 시린 고통, 사회적 모순이 낳는 고통에 대해서는 왜 애써 눈을 감는가? 반야를 얻으려는 이들은 타자의 폭력과 그로 말미암은 중생의 고통을 근원적으로 탐구하는 이들이다.

K. 모이어K. Moyer, T. 나딘T. Nardin 등 초기의 연구자들의 폭력에 대한 정의는 "제도화한 행위유형에서 일탈하여 타인에게 물리적 피해를 가하는 공격적 행위"라는 데서 크게 벗어나지 않았다. 이런 정의

는 배제나 소외, 왕따와 같은 정신적이고 심리적인 폭력을 다루지 못하며, 국가나 지배 권력의 폭력을 정당한 것으로 간주하며, 폭력을 낳은 근본 원인인 사회제도나 불평등 문제에 대해서는 성찰하지 못한다. 21세기는 폭력의 구조화와 구조적 폭력이 문제인 시대이기에 이와 같은 이론으로는 설명할 수 없는 영역이 너무도 많다.

당신이 오늘 가까운 사람에게 별것이 아닌 일로 화를 냈다면, 그것은 무더운 날씨 때문인가, 아니면 강퍅한 성격 때문인가. 이러한 요인이 전혀 영향을 미치지 않은 것은 아닐 것이다. 하지만 상자 안에 쥐의 숫자를 두 배로 늘리면, 다시 말하여 쥐의 밀도를 높이면 쥐의 폭력성도 비례하여 증가한다. 아버지가 폭력을 휘두르는 가정에서 아들 또한 대를 이어 폭력 가장이 되기 십상이다. 권력층이 폭력에 의존하면 할수록, 폭력적인 제도를 유지하면 할수록 사회 전체의 폭력은 증가한다. 그렇듯 폭력은 구조화한다.

구조적 폭력 또한 문제다. 한 가장이 굶주려 죽어가는 자신의 아이를 두고 볼 수 없어 지나가는 우유 배달부 소년을 힘으로 제압하고 우유 서너 통을 빼앗았다면, 그 폭력만 폭력인가. 그를 생존하지 못하게 한 것, 가장으로서 자존심과 권위를 송두리째 앗아 간 것 또한 폭력이다. 졸지에 거리에 내몰린 아시아와 아프리카의 노동자가 성조기를 불태우는 것만이 폭력이 아니라 제3세계의 외채를 20여 년 만에 2조 달러로 32배나 늘어나게 한 미국의 금융자본의 만행 또한 폭력이다.

이에 요한 갈퉁Johan Galtung은 직접적이고 물리적인 폭력과 함께 구조적 폭력structural violence과 문화적 폭력cultural violence 개념을 설정한다. '구조적 폭력'이란 "(인간이) 지금 처해 있는 상태와 지금과 다른 상태로 될 수 있는 것, 잠재적인 것과 실제적인 것 사이의 차이를 형성하는 요인"3이다. 위암으로 병원에 가서 수술 실패로 죽는 것은 의료사이지만, 제때 수술하면 살릴 수 있는데 수술비가 없다는 이유로 치료를 받지 못해 죽는다면 이것은 구조적 폭력이다. 인간답게 존엄하게 살려 하고 모든 구속으로부터 자유롭고자 하는 인간에게 '피할 수 있는 모독'을 가하는 것이다. 자원을 불평등하게 분배하고 착취하는 것, 민중의 자율성이나 자치권 확보를 저지하는 것, 피지배 계층을 서로 분열시키고 갈등하게 하는 것, 노동자를 사회에서 일탈시키고 소외시키는 것, 더 넓게는 강대국이 약소국을 종속의 관계로 놓고 수탈하는 것, 가부장주의로 여성의 사회 진출과 활동을 막고 그들을 안방에 가두는 것이 모두 구조적 폭력의 양상이다.

문화적 폭력이란 "종교와 이데올로기, 언어와 예술, 경험과학과 형식과학 등 직접적 폭력이나 구조적 폭력을 정당화하거나 합법화하는 데 사용될 수 있는 우리 존재의 상징적 영역이자 문화적 양상"4이다. '가난한 자는 죽어도 싸다' '파업하는 노동자는 과격하다'라는 식의 담론, 십자가, 국기와 국가, 사열식, 지도자의 선동적인 연설과 포스터 등이 이에 속한다.

소극적 평화가 전쟁이 없는 상태를 말한다면 적극적 평화는 경제적 복지와 평등, 정의, 자연과 조화 등이 달성되어 인간의 기본적 욕구가 충족되는 상태를 의미한다. 이는 거꾸로 이들이 주어지지 않는다면 평화는 요원함을 뜻한다. 그러니 진정한 평화란 구조적 폭력이 제거된 상태다.

갈통은 제1세계 및 지배 권력의 폭력, 직접적이고 물리적인 폭력만이 아니라 간접적이고 제도적인 폭력, 지배 권력의 폭력을 정당화하는 문화적 맥락에 대해서도 분석하고 비판할 수 있는 길을 열었으며, 평화에 대해서도 폭력이 없는 상태란 소극적 평화가 아니라 구조적 폭력을 제거한 상태라는 적극적 평화의 개념을 제시했다.

하지만 갈퉁의 이론 또한 한계가 있다. 무엇보다도 그의 이론은 대다수 서양 이론처럼 실체론을 넘어서지 못하며, 이분법에 얽매여 있다. 폭력은 강자가 약자에게 일방적으로, 정적靜的으로 행하는 것이 아니다. 폭력은 사람과 사람, 집단과 집단, 국가와 국가 '사이에서' 발생한다. 처음 만난 사람끼리 나이나 학번을 물어본 후 연장자가 말을 놓고, 접촉 사고가 난 후에 상대방 운전자가 여성이면 남성 운전자의 목소리가 커진다. 이처럼 사람과 사람 사이에 나이, 지식, 사회적 지위, 자본 능력, 젠더 등이 권력을 형성하여 양자를 갑과 을의 관계에 놓이게 한다. 때로는 남성 운전자에게 면박을 받던 여성 운전자가 남성 운전자에 대해 나이도 어린 놈이 운운하며 삿대질을 하는 데서 보듯, 사람들은 자신의 불리한 권력 관계는 숨기고 유리한 권력 관계를 내세우며 갑의 입장에 서려 한다. 이렇듯 일상에 미시적 권력 관계가 스며 있다.

폭력은 또 일방적인 것이 아니라, 역동적이고 생성적이다. 나뭇젓가락도 약하게 힘을 주면 부러지지 않는다. 누르는 힘(압력)에 버티는 힘(저항력)이 맞서기 때문이다. 이처럼 힘은 누르는 힘과 버티는 힘, 억압과 저항의 역학관계에서 발생한다. 말 그대로 지렁이도 밟으면 꿈틀한다. 아무리 약자라도 강자에 맞서 저항하면 강자는 움찔하기 마련이다. 권력이 있는 곳에 저항이 있기 마련이지만, 임계점 이하의 저항은 외려 권력을 강화한다. 개인과 개인 사이든, 지배층과 피지배층의 사이든, 국가와 시민의 사이든, 국가와 국가의 사이든, 누르는 힘과 버티는 힘 사이의 균형이 유지되는 임계점 이상의 저항을 해야만 권력 관계가 해체된다.

이에 폭력을 불교의 연기론에 따라 역동적이고 생성적인 관점에서 재정립할 필요가 있다. 폭력이란 '사람이나 집단 사이에서 누르는 힘과 버티는 힘의 역학관계에서 생성되는 것으로 한 개인이나 집단이 다른 개인이나 집단을 자신과 구분하고서 그를 타자로 배제한 채 동일성을 강화하거나 정신적이든 물질적이든 특정의 이익을 취하기 위하여 강제적으로 행하는 일탈행위이자 인간이 지금과 다른 상태로 될 수 있는 잠재적인 것과 실제적인 것 사이의 차이를 형성하는 요인이자 이를 정당화하는 문화적 양상'이다. 평화란 이 모든 폭력 및 폭력 관계가 제거된 상태를 뜻한다.

갈퉁의 폭력과 평화 이론에서 아쉬운 점이 한 가지 더 있다. 이를 디지털사회에 적용할 경우 한계가 발견된다. 그의 이론이 현실과 재현 사이에 괴리가 없으며, 규범이 현실을 인식하는 준거가 된다는 근대적 발상에서 출발하기 때문이다. 21세기 오늘, 우리는 실제 현실보다 '매체의 매개를 통한 현실mediated realities'을 더 체험하며, 가상현실은 일상에 스며들어 있다. 인간은 오감을 통해 직접적이고 구체적으로 세계와 관계를 맺기보다 매체를 통해 변형된 세계와 관계를 맺고 있다. 그런데 이 매체들은 현실을 그대로 반영하고 전달하지 않는다. 10장에서 상세히 진술하겠지만, 현실은 기호, 세계관, 권력 및 이데올로기, 형식과 구조, 시간의 개입 내지 매개에 의해 굴절, 조작, 왜곡되어 재현된다. 해석의 과정에서도 세계관, 역사관, 권력 및 이데올로기, 형식과 구조, (미래의) 지향성이 개입하거나 매개하여 다양한 해석의 파노라마를 빚어내고 의미를 무한히 미끄러지게 한다. 이 때문에 실제 현실과 매체를 통해 매개된 현실 사이에 괴리와 왜곡이 있기 마련이다. 곧 재현의 위기the crisis of representation가 생긴다. 여기서 파생된 것인 재현의 폭력the violence of representation이란 예술이나 언론을 통해 왜곡되어 재현된 것이 실제 현실에서 특정 집단에 대한 편견을 확대하고 이들을 타자화하고 배제하고 폭력을 행하는 것을 정당화하는 것을 의미한다. 미국의 드라마와 영화에서 흑인이 주로 악당 역으로 나오고 이것이 시청자에게 흑인이 실제 폭력적이란 거짓 이미지를 만들고 이는 흑인에 대한 차별과 배제를 야기한다. 이에 폭력을 물리적 폭력, 구조적 폭력, 문화적 폭력, 재현의 폭력으로 범주화한다.[5]

사회문화란 동일성을 형성한 자나 집단이 타자로 설정한 이들을 배제하고 물리적, 구조적, 문화적, 재현의 폭력을 행하면서 동일성을 강화하는 가운데 동일자와 타자 사이에서 끊임없이 양자의 힘과 담론이 마주치면서 기억투쟁, 인정투쟁, 헤게모니투쟁이 벌어지며 누르는 힘과 버티는 힘 사이의 역학관계를 형성하는 역동적인 장이다.

21세기, 폭력의 과격함만이 아니라 은폐 또한 문제다. 중세에 사람의 사지를 말에 묶어 달리게 하여 찢어 죽이기도 했고 사람의 코나 귀를 잘라 젓을 담그기도 했다. 그러나 그는 특수한 몇몇에나 해당하는 것이었다. 폭력을 직접 목도할 수 있기에 폭력에 대해 혐오할 수 있었고 폭력을 휘두른 세력에 대해 증오심을 품을 수도, 그들에 저항할 수도 있었다. 겉에서 보면 오늘날 폭력은 정녕 온순해졌다. 하지만 누구나 쉽사리 행하는 일상이 되었으면서도 폭력은, 폭력을 행하는 자는 잘 보이지 않는다. 더 처참한 폭력을 당하면서도 아무도 분노하지 않고 아무도 저항하지 않는다. 푸코Michel Foucault의

지적대로, 현대사회 자체가 거대한 원형감옥이 되었다. 감시카메라에서부터 도청이나 사찰 시스템, 훈육 체계에 이르기까지 권력으로 작용하며 우리를 주눅이 들게 한다.

마르크스의 폭력론과 그 너머

국가와 자본의 폭력, 지금도 가슴 한편이 아린 쌍용자동차

현대사회에서 국가는 시민사회 내의 개인이나 집단의 이해관계를 초월한 존재이거나 다양한 집단의 갈등을 조정하는 관리자가 아니다. 마르크스의 주장대로, "본래 의미에서 정치권력이란 다른 계급을 억압하기 위한 한 계급의 조직된 힘이기에",⁶ 국가란 사회 안의 모든 폭력을 합법적으로 독점하면서 정통성을 유지하는 집단에 더 가깝다. 하지만 마르크스의 손을 일방적으로 들어줄 수 없다. 국가가 대중의 동의와 참여를 권력과 헤게모니의 바탕으로 하기에, 설혹 권력 유지에만 급급한 지배 권력으로 100퍼센트 구성되어 있다 하더라도 시민사회와 적당한 수준에서 타협을 할 수밖에 없다. 시민사회가 성장함에 따라 국가는 시민과 자본 사이에서 '타협적 평형'을 유지할 수밖에 없었는데, 자본주의가 더욱 조직화하면서 이 균형은 깨졌다. 자본주의가 조직화하면 할수록 국가의 개입과 유착 또한 증대했다. 그나마 국가가 시민사회의 편에서 자본을 규제하던 것이 신자유주의 체제에서 거의 해체되어버렸으며 정치 영역과 경제 영역은 분리되지 않는다. 이렇게 되자 국가는 시민의 동의와 협력보다 자본의 돈과 힘에 더 의존하게 되었으며, 결국 정당성의 위기를 맞았다. 국가와 시민사회가 정면으로 대립하게 된 것이다. 이에 세계 곳곳에서 시민사회의 저항이 일어나고 국가는 이를 폭력으로 탄압하고 있다.

한국의 쌍용자동차 사건이 대표적인 예다. 쌍용자동차 문제는 자본-국가 연합이 신자유주의를 폭력적인 방법으로 추진하면서 빚어진 참사다. 자본-국가 연합은 철저하게 유착관계를 맺고서 쌍용자동차 노동자에 대해 해고와 탄압을 단행했다. 자본에 유리하게 제정된 법으로도 '긴박한 경영상의 위기'에 이를 때에만 해고가 가능하기에 쌍용자동차 회사는 회계 조작까지 해가며 2,646명의 노동자를 구조조정하겠다는 방침을 노동조합에 통보했다. 구조조정 대상자 가운데 1,666명이 희망퇴직 등으로 퇴사하자 회사는 980명을 해고했다. 노동자들이 이에 저항하자 국가는 일방적으로 자본의 편에 서서 전시의 적에게나 행하는 폭력을 선량한 노동자들에게 휘둘렀다. 실제로 파업에 참여한 노동자 가운데 절반 이상인 "52.3퍼센트의 노동자들이 참전 병사들이나 겪는 외상후스트레스장애에 시달렸다".[7] 파업과 폭력의 후유증, 생계 위기, 아득한 절망감 속에서 노동자나 그 가족이 우울증을 겪거나 이혼당하거나 생이별을 한 이는 이루 헤아릴 수 없다. 결국 쌍용자동차 한 기업에서만 28명의 노동자와 가족이 자살하거나 병으로 죽었다. 해고 노동자들이 송전탑과 굴뚝 위에서 수십 일 동안 고공농성을 하고 40일 이상 단식투쟁을 하는 등 목숨을 걸고 치열하게 투쟁하고 시민사회가 연대했지만, 단 한 명도 복직하지 못하였고 진상 조사마저 제대로 이루어지지 않았다.

　다른 경우에도 대동소이하다. 국가와 자본, 이들과 결탁한 보수 언론과 대형 교회, 어용 지식인들은 이들에게 모든 종류의 폭력을 가했다. 기업은 용역깡패를 동원하여 무자비한 폭력을 휘두른 것으로도 모자라 수십억 원의 손배소·가압류를 청구하여 이들이 생계를 유지할 수 있는 가능성을 봉쇄하고 희망마저 꺾어버렸다. 신자유주의 제도와 비정규직법은 이들이 다른 존재로 거듭날 수 있는 길을 봉쇄하고 '피할 수 있는 모독'을 가했다(구조적 폭력). 사회는 정리해고를 당연한 것으로, 이의 철폐를 사회주의적 발상이라 매도했다(문화적 폭력). 더구나 보수 언론은 이들을 과격폭력분자, 경제혼란범으로 재현하는 데 주력했다. 평택의 어느 초등학교에서는 한 선생이 "우리 반에 아빠가 쌍용자동차 노동자인 어린이 손드세요"라고 물은 후 아무도 손을 들지 못하자 "우리 반에는 빨갱이 자식이 없어서 다행이네요"라고 하더란다. 어린아이가 얼마나 상처를 받았겠는가. 그리 이들은 빨갱이나 과격폭력분자, 경제혼란범으로 매도되어 철저히 소외되었고, 어렵게 재취업을 하더라도 쫓겨났다(재현의 폭력). 이런 문제를 어떻게 해결할 것인가. 이에 대해 마르크스와 엥겔스 Friedrich Engels는 말한다.

　비판의 무기는 물론 무기의 비판을 대신할 수 없다. 물질적인 힘은 물질적인 힘에 의해 전복되어야 한다. 그러나 어떤 이론도 그것이 대중을 사로잡는 순간 물질적인 힘으로 된다. 또한 이론은 대자적으로 증

명되자마자 대중을 사로잡을 수 있다. 그리고 이론은 그것이 근본적으로 될 때 대자적으로 증명된다.[8]

프롤레타리아트는 여러 발전 단계들을 경과한다. 부르주아지에 대항하는 그들의 투쟁은 그들의 존재와 더불어 시작된다. 처음에는 개별 노동자들이, 그 다음에는 한 공장의 노동자들이, 그 다음에는 한 지역에 있는 한 노동 부문의 노동자들이 그들을 직접 착취하는 개별 부르주아에 대항하여 투쟁한다. 노동자들은 자신들의 공격을 부르주아적 생산관계들에 가할 뿐만 아니라 생산도구 자체에도 가하며, 그들은 경쟁하는 외국 상품들을 절멸하고, 기계를 때려 부수고, 공장에 불을 지르고, 중세 노동자의 몰락한 지위를 다시 획득하려 애쓴다.[9]

무장투쟁 없이 국가와 부르주아지의 폭력을 종식시키고 피 없이 만인이 다 같이 평등하고 존엄한 새 하늘을 열 수 있다면 이상적이다. 하지만 마르크스와 엥겔스가 볼 때, 사회주의혁명은 역사적 발전 과정에서 필연적으로 발생하는 계급투쟁을 통해서만 성취될 수 있으며, 계급투쟁은 평화적인 방법으로 이루어지지 않는다. 부르주아지들이 폭력으로 억압하고 있기에 이에 대한 계급투쟁은 부르주아지들의 폭력에 맞서는 투쟁이어야 하며 이는 폭력 이외의 다른 방법이 없다. 그러기에 마르크스와 엥겔스는 혁명에서 잃을 것은 족쇄뿐이고 얻는 것은 세계라고 공언하고 있는 것이다. 역사적으로 보더라도 잘 조직된 무장투쟁을 수반하지 않은 민중의 운동은 거의 실패로 귀결되었으며, 성공하더라도 개량적 국면을 확대하는 정도에 그쳤다.

하지만 지금 노동자의 적은 정권이나 자본만이 아니다. 제국-국가-자본-언론-종교-학계의 연합은 너무도 공고해졌다. 일국에서 혁명에 성공한다 하더라도 제국이 이를 무위로 돌린다. 정권과 자본을 무너뜨린다 하더라도 이들과 깊은 유착관계를 맺고 있는 언론-종교-학계가 나서서 이를 비판하며 헤게모니를 다시 장악한 후에 기득권 중 사람만 바꾸어 정권과 자본을 다시 구성한다. 혁명을 통하여 정권과 자본을 타도할 가능성은 희박해졌다. 국가-자본 연합체와 제국은 법, 제도와 구조, 정보와 정보 체계를 독점하고 있으며, 비교 자체가 어불성설일 정도의 첨단무기를 가지고 있다. 노동자들이 파업을 하면 다양한 법으로 옭아매서 구속하고, 수백억 원에 이르는 손배소를 청구하여 다시는 파업할 엄두를 내지 못하게 한다. 그들은 노동자가 거리로 나서면 최루탄을 쏘고, 돌을 던지거나 죽창을 휘두르면 총을 쏘고, 총으로 무장하면 탱크를 동원하며, 그로도 안 되면 최첨단무기로 무장한 제국의 비행기와 인공위성과 무인기가 등장하여 집단학살을 자행해버린다. 프랑스의 2월혁명처럼 당시에는 패배로 끝났으나 역사 속에서 승리로 잉태되는 운동은 더욱 어렵다. 지배층이 언론과 담론을 독점하여 노동자들의 정당한 저항을 '빨갱이의 난동'이나 '다른 인종의 폭동'으로 조작하여 대중의 분노를 쉽사리 잠재우기 때문이다. 무엇보다도 지배층의 탄압과 포섭, 이데올로기 공작, 대중문화를 통한 저항의 거세 등으로 노동자들이 '자유로운 연합'은커녕 노동조합에서조차 대거 이탈했기에 이는 더욱 지난한 과제다. 지금 한국 노동자의 노조 가입률은 11퍼센트도 돌파하지 못하고 있다.

그래도 대안은 연대다. 노조 가입률을 높이고, 관련법을 개정하고, 담론투쟁을 하고, 구조적 폭력을 제거하고, 함께 불매운동, 태업, 파업, 농성 등 자본에 타격을 가하는 다양한 투쟁을 전개하고 거리로 나설 때, 국가와 제국의 폭력에 맞서서 해방의 영역을 확보할 수 있다.

집단학살의 원인과
동일성의 배제와 폭력

왜 선량한 사람이 집단학살을 저지르는가

인간이 행하는 폭력 가운데 가장 사악한 것이 집단학살이다. 이는
문명사회에서도 끊임없이 자행되고 있다. 나치와 일본 군국주의자
들의 야만적인 학살과 그에 대한 성찰 이후에도 집단학살이 끊이지
않고 있다. "2차 세계대전 이후로 집단학살은 거의 50여 차례 일어
났고 대략 1천2백만 명에서 2천2백만 명의 시민들이 죽었으며, 이는
1945년 이후로 발생한 국지전이나 국제전의 희생자들보다 더 많은
수다."[10] 21세기에도 코소보, 체첸, 아체, 미얀마, 아프가니스탄, 이라
크, 나이지리아, 수단, 시리아 등 세계 곳곳에서 집단학살이 자행되
고 있다. 종교학자나 철학자, 인류학자를 비롯하여 심리학자와 진화
생물학자에 이르기까지 지구상의 많은 지식인은 이 문제로 고민했
다. 왜 만물의 영장이라는 인간만이 같은 종의 생명체에 대해 집단

학살을 자행하는가? 왜 평소에는 선량하던 사람이 임산부를 강간한 후 배를 갈라 꿈틀거리는 아기를 불에 던지는 악행을 행하고 수천수만 명의 생명을 별 망설임이나 죄책감 없이 대량으로 학살하는 만행을 저지르는가? 왜 교양과 상식, 이성을 가장 잘 갖춘 20세기가 외려 집단학살을 자행하는 '극단의 세기'가 되었는가? 이성과 합리성은 폭력을 제어하지 못하는가? 인간은 모두 악마성을 갖고 있는가?

지구상의 생명체는 36억 년의 기나긴 시간 동안 자연환경에 적응하여 진화를 해왔고, 인류 또한 그 소산이다. 모든 생명체는 다른 생명을 먹이로 취하여 생존을 하고 번식을 하여 자기복제를 한다. 인간도 예외는 아니다.

유전자는 박테리아에서 코끼리에 이르기까지 기본적으로 모두 동일한 종류의 분자다. 우리 모두는 같은 종류의 자기 복제자, 즉 DNA라고 불리는 분자를 위한 생존기계다. 그러나 세상을 살아가는 데는 여러 종류의 생활방법이 있는데, 자기 복제자는 이 방법들을 이용하기 위해 다종다양한 기계를 만들었다. 원숭이는 나무 위에서 유전자를 유지하는 기계이고, 물고기는 물속에서 유전자를 유지하는 기계다.[11]

이기적 유전자의 목적은 유전자 풀 속에 그 수를 늘리는 것이다. 유전자는 기본적으로 그것이 생존하고 번식하는 장소인 몸에 프로그램짜 넣는 것을 도와줌으로써 이 목적을 달성한다.[12]

리처드 도킨스Richard Dawkins는 인간이 유전자 보존과 복제를 위해 프로그램된 생존기계이며 유전자는 철저히 자신의 유전자를 복제하는 목적을 수행하며, 우리가 이타적 행위라고 생각한 것도 실은 자신, 혹은 자신이 가지고 있는 유전자와 같은 유전자를 지닌 개체의 수를 늘려 유전자를 더 많이 남기려는 이기적 목적에 지나지 않는다고 주장한다. 예외도 있고 비판도 받고 있지만, 이는 지구상의 거의 모든 생명체가 보편적으로 가지고 있는 특성을 예리하게 통찰한 과학이다.

지구상의 생명체로서 인간 또한 자신의 유전자를 더 많이 복제하려는 본능을 향하여 작동한다. 이런 본능은 사회를 형성하면서 자신, 자신과 같은 유전자를 지닌 자손 및 개체를 더 많이 복제하려는 욕망으로 전환했다. 이를 위하여 인간은 다른 인간과 싸워서 더 많은 양식, 양식을 키울 수 있는 땅, 생존을 보장하는 자원과 자본, 이를 확보하는 힘으로서 권력을 얻고자 했다. 그 싸움은 전쟁으로 확대되고, 전쟁이란 특수한 상황에서 억제하고 있던 폭력성을 표출했다. 집단학살에서 강간이 빠짐없이 등장하는 것도 이와 같은 본능의 발로일 것이다.

전쟁에 대한 공포와 스트레스가 학살을 부추겼으며, 지도자들이 원한과 보복의 광기에 휩싸이거나 공포를 통해 적을 통치하려 할 경우 피의 살육이 진행된다. 빼앗은 영토에 깃발을 날리고 적들이 가졌던 소유물을 약탈하는 것으로도 만족하지 못하여, 가장 극단적인 방법으로 승리감을 만끽하려는 심리도 작용했을 것이다.

한나 아렌트Hannah Arendt는 더 심층적인 연구를 진행했다. 아렌트는 600만 명을 학살한 주범인 아이히만Otto Adolf Eichmann을 재판하는 예루살렘 법정으로 달려가 재판을 참관하고서 더욱 충격에 빠졌다. 악마와 같을 것이라고 예상한 것과 달리, 그는 평범하고 선량한 이웃집 아저씨로 보였다. 별다른 성격장애도 없고, 무엇보다도 성실하고 근면한 사람이었다. 재판에 참여한 여섯 명의 의사는 그가 지극히 정상적이고 바람직하기까지 하다고 판정했다. 그런 그가 어떻게 그리 많은 사람을 학살했는가. 아렌트는 다음과 같이 결론을 내린다.

피고는 전쟁기간 동안 유대인에게 저지른 범죄가 기록된 역사에 있어서 가장 큰 범죄라는 것을 인정했고, 또 피고가 거기서 한 역할을 인정했습니다. 그런데 피고는 자신이 결코 사악한 동기에서 행동한 것이 아니고, 누구를 죽일 어떠한 의도도 결코 갖지 않았으며, 결코 유대인을 증오하지 않았지만, 그러나 그와는 다르게 행동할 수는 없었으며, 또한 죄책감을 느끼지 않는다고 말했습니다. 우리는 이러한 것이 전적으로 불가능한 것은 아니지만 그러나 믿기가 어렵다고 보았습니다. 이러한 동기와 양심의 문제에서 합당한 의심을 넘어선 것으로 입증될 수 있는 당신에 대한 증거는 비록 많지는 않지만 일부 존재합니다. 피고는 또한 최종 해결책에서 자신이 맡은 역할은 우연적인 것이었으며, 대체로 어느 누구라도 자신의 역할을 떠맡았을 수 있으며, 따라서 잠재적으로는 거의 모든 독일인들이 똑같이 유죄라고 말했습니다. 피고가 말하려는 의도는 모든 사람, 또는 거의 모든 사람들이 유죄인 곳에서는 아무도 유죄가 아니라는 것입니다.

(……) 이 지구를 유대인 및 수많은 다른 민족 사람들과 함께 공유하기를 원하지 않는 정책을 피고가 지지하고 수행한 것과 마찬가지로, 어느 누구도, 즉 인류 구성원 가운데 어느 누구도 피고와 이 지구를 공유하기를 바란다고 기대할 수 없다는 것을 우리는 발견하게 됩니다. 이것이 바로 당신이 교수형에 처해져야 하는 이유, 유일한 이유

입니다.[13]

한마디로 아이히만은 그저 별다른 생각 없이 조직의 명령을 성실하게 수행했다. 아이히만은 관용적인 언어를 쓰고 있었다. 그는 몇몇 관용적인 언어에 담긴 사유만을 반복했다. 그는 시온주의자였는데, 이의 이상 실현이 명령에서 시작되고 복종하는 행위를 통해 구체화하며, 이를 벗어나는 것은 이상 실현의 장애라고 생각했다. 이를 통해 아렌트는 착한 사람들도 '순전한 생각 없음sheer thoughtlessness'의 상태에서 아무런 의식이 없이 모든 것을 안이하게 수용하면서 주체적으로 생각하고 판단하지 않으면 언제나 아이히만이 될 수 있다고 주장한다. 이름하여 '악의 평범성banality of evil'이다. 악을 범할 수 있는 상황에서 비판적으로 생각하고 판단하고 이에 대해 소신 있게 말하고 행동하지 못하면 인간은 누구든 아이히만이 될 수 있다.

아렌트의 연구로 의문의 실타래 가운데 하나는 풀렸다. 하지만 집단과 개인 사이, 특히 권력과 상황이 개인의 행동에 작동하는 방식에 대한 의문은 풀리지 않는다. 이를 설명하는 것이 스탠리 밀그램 실험Stanley Milgram experiment과 이를 계승한 스탠퍼드 감옥 실험Stanford prison experiment이다. 1961년 예일대학교 심리학과 교수인 스탠리 밀그램은 "징벌에 의한 학습 효과"를 측정하는 실험에 참여할 사람들을 4달러를 주고 모집하여, 피험자들을 교사와 학생으로 나누었다. 학생 역할을 맡은 피험자를 의자에 묶고 양쪽에 전기 충격 장치를 연결한 후, 교사 역할을 맡은 피험자가 학생에게 문제를 내서 틀리면 전기 충격을 가하게 했다. 밀그램은 교사에게 학생이 문제를 틀릴 때마다 15볼트에서 시작하여 450볼트까지 한 번에 15볼트씩의 전기 충격을 가하라고 지시했다. 참여자들은 450볼트까지 올리면 사람이 죽을 것이라고 생각하고 있었다. 전기 충격을 가할 때마다 실은 배우인 학생들은 고통스러운 표정을 지으며 절규했다. 교사 역의 피험자가 이 절규를 들으며 전압을 올리기를 주저하면, 밀그램은 "실험의 모든 책임은 내가 진다"며 전압을 올릴 것을 강요했다. 결과는 충격적이었다. "정신과 의사들은 대부분의 피험자들이 10단계(150볼트, 희생자들이 처음으로 풀어달라고 명백히 요구한 시점)를 넘지 않을 것이라고, (……) 약 4퍼센트의 피험자들만이 20단계까지 그리고 백 명 중 한 명 정도가 가장 높은 단계(30단계, 450볼트)까지 전기 충격을 가할 것이라고 예측했다."[14] 하지만 "피험자 40명 가운데 26명은 실험자의 명령에 끝까지 복종했다. 즉 그들은 전기 충격기가 낼 수 있는 최고 전압에 도달할 때까지 희생자들을 처벌했다".[15] "많은 피험자들이 스트레스를 느끼고 실험자에게 항의를 하지만"[16] 자그마치 65퍼센트의 피험자가 450볼트까지 전압을 가한 것이다. 그 이유는, "첫째, 피험자를 상황에 묶어두는 구속요인들이 있다. 그 요인은 피험자의 공손함이나 실험자를 돕겠다는 처음의 약속을 지키려는 소망, 그러한 약속의 철회가 갖는 어색함 등이다. 둘째, 피험자의 생각 속에서 일어나는 많은 순응적 변화가 권위자에게서 벗어나려는 결심을 방해한다. 그러한 순응은 실험자와 관계를 유지하는 데 기여하는 동시에, 실험상의 갈등으로 인한 긴장을 줄이는 데도 기여한다".[17] 피험자가 4달러를 받은 데 대한 의무감과 약속에 대한 부담을 포함하여 당시에 실험받는 상황의 지배를 받았고 밀그램 교수의 권위에 복종한 것이 주요 요인이었다.

1971년에 스탠퍼드대학교 심리학과의 필립 짐바르도Philip Zimbardo

교수 또한 유사한 실험을 했다. "하루에 15달러를 받고 수감자의 심리를 연구하는 2주간의 실험에 참가할 대학생을 찾는다는 신문광고를 내고, 70명의 지원자 중 24명을 선발하여 대학 심리학과 건물 지하에 있는, 가로, 세로 각각 3미터, 3.5미터 정도인 사무실을 개조한 가짜 감옥에서 죄수와 교도관 역을 맡도록 했다. 죄수를 맡은 사람들을 임의로 지정된 각자 감방에 들어가도록 했고 규칙을 알려주고 준수할 것을 요청했다. 이 감옥은 대부분의 포로 캠프의 시설보다 훨씬 더 인도적이었고 아부그라이브 수용소에 비해 훨씬 넓고 깨끗하고 질서정연했다. 첫 번째 점호 시간은 별 무리 없이 시작되었지만 점점 고통스러운 시간으로 바뀌어갔다. 교도관 역할을 맡은 학생들은 금세 진짜 교도관처럼 행동했다. 교도관들이 한 가지 원칙에서는 일사분란하게 단결하는 모습을 보여주었으니, 바로 수감자들의 반항을 허용하지 않는 것이다. 교도관 역할을 수행할 열두 명의 피험자를 만나서 신체적 처벌 없이 피험자들을 통제할 방법을 제안했지만, 교도관들은 점점 폭력적으로 변모했다. 이들로부터 주먹으로 폭행을 당하고 거칠게 끌려가서 '구멍(독방)'에 감금되는 등 굴욕적인 대우와 가학적인 대우를 받은 죄수 역의 사람들은 고통스러워했고 엄청난 스트레스를 받았으며 이틀 만에 반란을 일으켰고 탈출을 시도했다. 교도관들은 분할정복이라는 심리 전술과 응징으로 반란을 진압했다. 수감자 가운데 정신쇠약 증세를 일으키는 자도 생기고 단식투쟁하는 이도 발생했다. 짐바르도의 여자친구인 크리스티나 마슬락이 이를 보고 중지할 것을 요구했다. 이에 짐바르도는 2주 동안 추진하려던 스탠퍼드 감옥 실험을 불과 6일 만에 끝낸다. 수감자들에게 '실험은 끝났습니다. 여러분은 자유입니다. 오늘 이곳을 떠나셔도 좋습니다'라고 말했지만 이 또한 실험이라 생각하고 전혀 반응이 없어 재차 연구가 종료되었음을 말하자 그들은 활짝 웃으며 서로 껴안고 등을 두드렸다."[18]

이후 만들어진 용어가 루시퍼효과The Lucifer Effect다. 천사장이었다가 타락천사가 되어 악행을 일삼는 루시퍼처럼, 선량한 인간도 특정 상황 속에서 상황의 지배를 받아 권위에 저항하지 못하거나 권력의 압력을 물리치지 못하고 복종하면 언제든 악행을 저지를 수 있다. 이는 이라크의 아부그라이브 수용소에서, 차이는 있지만 유사하게 반복되었다. 전쟁 상황에서 강력한 명령 체계 속에 있는 군인들이 상관의 명령과 카리스마, 조국, 애국심, 군대 등이 어울려 형성한 권위에 눌려 민간인 학살을 자행하는 일은 흔히 있는 일이다.

한나 아렌트나 스탠리 밀그램, 짐바르도의 연구에 힘입어 인류가 집단학살을 자행하는 원인에 대해 많은 의문이 풀렸다. 하지만 이들의 책이나 보고서를 읽고도 풀리지 않는 의문이 있다. 아무런 생각이 없이 그저 조직에 충실한 아이히만에게 히틀러가 독일 (우파) 시민을 학살하라고 명령을 내렸어도 유태인에게 하듯이 별 거리낌 없이 이를 수행했을까. 일본 군인이 아무리 수직적 칼의 문화에 익숙하고 '오야붕'의 권위에 대한 복종심이 투철했다 하더라도 일본 (우파) 시민에 대해서도 별다른 죄책감 없이 이들을 처참하게 살육하는 야만을 저지를 수 있었을까.

이를 푸는 실마리는 증오언어hate speech다. 학살이 있기 전에 반드시, 특정 집단의 사람들을 자신들과 구분하고 그들을 배제하고 악마화하는 증오언어가 동원된다. 서양 제국의 남미 정복 시대에 백인들은 유색인을 "하느님을 믿지 않는 짐승이나 악마"로, 히틀러는 유태인을 '절멸시켜야 할 빨갱이 반기독교도'로, 르완다의 후투족은 투치족을 '바퀴벌레'로, 관동대지진 때 일본인은 조선인을 '우물에 독을 탄 폭도'로 매도하는 증오언어가 소문이나 미디어를 타고 번졌고, 학살은 그 후에 진행되었다.

월남전에 참전했던 한 한국인 병사는 필자에게 베트콩은 물론 아군인 월남군 시신은 별로 무섭지 않았는데, 한국 군인 시신을 본 날은 두려움에 떨며 보초를 섰다고 고백한 적이 있다. 왜 같은 인간인데 그런 차이가 발생하는 것인가. 관동대지진 때 일본 천민이 더 적극적으로 나서서 조선인을 학살했다. "그동안 주류로부터 천민으로 타자화하여 소외되던 그들은 그렇게 함으로써 일본 주류로부터 일본인이라는 인정을 받고 싶었기 때문이다."[19] "당시에 일본인들이 타자를 가르는 기준은 한국어에 없는 어두유성음인 긴 장음 발음이었다. 이를 제대로 발음하지 못하는 자는 조선인으로 간주하여 죽였다. 그중엔 중국인, 류큐인도 있었으며, 도호쿠 지방 등 사투리를 써서 도쿄 발음을 못 내는 일본인도 있었다."[20] 제주 4·3항쟁은 공권력이 선량한 양민을 학살한 야만적인 국가 범죄다. 국가는 이의 기억까지 철저히 통제하였다. 하지만 경찰이나 군인만이 아니라 일부 제주도민도 이웃을 학살하는 데 가담하였다. 그들은 자신의 가족과 친지가 아무 죄 없이 학살당했음에도 이에 분노하고 저항하기보다 학살자의 편에 섰다. "그들은 민보단, 향토자위단, 해병대에 입대하고 자진하여 반공대회의 동원에 응했으며, 자신의 딸을 경찰과 군인 등 우익 인사에게 시집을 보냈다. 심지어 빨갱이라는 낙인을 지우기 위해 다른 지역의 빨갱이까지 죽였다."[21] 당시 생살여탈권을 쥐고 있던 경찰, 군인, 민보단 단원으로부터 자신과 자신의 가족이 타자인 '빨갱이'가 아니라는 것을, 자신이 '선량한 우익 제주도 양민'임을 인정 받고 싶었기 때문이다. 이처럼 동일성이 강화할수록, 다시 말해 지도자나 조직이 다른 인종에 대한 편견이나 증오가 클수록, 이를 증오언어로 표출시키고 언론이 이를 부추길수록, 시민들이 동일성의 감옥으로 들어가는 것 외에 다른 대안을 찾을 수 없을수록 학살은 증대한다.

동일성의 원리로 타자를 배제할 때 폭력과 학살이 일어난다

가장 중요한 문제는 동일성이다. '생각 없음'보다, 권위에 대한 복종보다 더 근원적인 것은 동일성에서 비롯된 타자에 대한 배제와 폭력이다. "근대 계몽주의의 보편성과 동일성은 결국 일원성의 원리에 따라 다원적 세계를 부정하기에 이른다. 이때의 보편성은 차이를 무시하는 억압의 기제로 작용하게 된다."[22] 집단학살은 집단에 대해 행하는 폭력이기에 이는 자신을 특정 집단에 동일화시켜 다른 집단을 악으로 규정하지 않는 한 일어나지 않는다. 인간은 동일성에 포획되면 타자를 상정하고 이를 배제함으로써 동일성을 강화하고 그로부터 정신적이고 물질적인 안정을 얻으려 한다.

인류가 동일성을 형성한 요인은 유전자의 번식 본능, 농경생활, 문화, 전염병, 언어 및 이로 이루어진 종교와 이데올로기다. 많은 영장류와 사자의 수컷은 새끼를 살해한다. "수컷의 새끼 살해는 수컷이 자신의 자손을 많이 남기려고 경쟁한 결과이며, 다른 수컷의 새끼를 배제하고, 암컷의 발정을 앞당기며, 자신의 새끼를 확실히 남기려는 번식전략으로 이해할 수 있다."[23] "형태상 단독생활이나 짝생활을 하든지 복수 수컷-복수 암컷으로 완전한 난교의 짝짓기 양식을 취하는 종에서는 새끼 살해가 일어나지 않는다."[24] 인간 또한 여자를 교환하며 결혼을 매개로 가족과 친족을 구성했다. 자신의 유전자를 더욱 많이 남기기 위하여 자신의 유전자를 가진 집단과 그렇지 않은 집단, 가족과 친족이나 그렇지 않은 집단을 분별하면서 원초적인 유형의 동일성이 싹텄다.

수렵채취 시대에는 포획물을 공유하며 공존을 도모했기에 인류가 동일성을 본격적으로 형성하기 시작한 것은 농경시대다.[25] 유목인에게는 경계가 없다. "수렵채취민들은 점 지도로 공간을 인지하여 사냥터를 공유지로 삼지만, 농경민들은 면으로 공간을 인지하여 면에 대한 소유와 경계가 확고하며, 자연스레 경계 너머 세계를 타자화하게 된다."[26] 농경은 땅을 기반으로 하기에 울타리를 둘러 자신의 논과 밭을 확보한다. 농경은 협동을 필요로 한다. 씨뿌리기와 수확을 공동으로 행하는 것이 효율적이다. 특히 벼농사의 경우 무엇보다도 물을 안정적으로 확보하려면 저수지를 만들어야 했고, 이는 최소 수백 명 이상의 노동력을 조직적으로 활용해서만 가능하다. 이들의 적은 원래 타인이 아니라 가뭄과 홍수, 태풍을 일으키는 하늘이다. 하지만 잉여생산물이 축적되면서 계급이 나뉘고 다른 집단이 생산물을 약탈하면서부터 그들은 협력하여 농사를 짓는 이들과 그렇지 않은 이들을 구분했을 것이다. 중국이 유목민의 침략을 두려워하여 만리장성을 쌓고 그 너머를 '야만'으로 구분한 데서 잘 나타나듯, 자신들의 생존을 위협하는 유목민, 더 나아가 협력하여 농사를 짓는 자신들의 영역 바깥의 사람들을 타자화했을 것이다.

생산도구의 혁신이 일어나고 도시가 생기면서 인구가 많아지고 필요한 것보다 많은 식량을 생산하면서 노동의 분화와 조직화, 교역, 전쟁 등이 발생했고, 이는 직업 분화와 계급 형성으로 이어졌다. 기원전 5000년경 메소포타미아 시대부터 인류는 본격적으로 문명을 건설하고 발전시켰다. 수메르인들은 문자를 창조하여 소통하고 교역을 하고 이를 관리하고자 부기를 사용했으며, 왕을 정점으로 한 관료제를 실시하고 법을 제정하며 이에 의한 통치를 했고, 신전을 만들어 신을 숭배하는 의례를 행했으며, 길가메시 서사시와 조각과 부조를 비롯한 다양한 예술 행위를 했으며, 전차를 만들어 전쟁을 수행했다. 그들은 "학교, 역사학자, 약전, 시계, 아치, 법전, 도서관, 농사달력, 양원제 의회, 정원, 잠언, 우화, 서사시, 연가 등 세계 최초로 스물일곱 가지나 창조했다".[27] 그들은 "자유인, 중간층, 노예의 세 계급으로 나뉘었고"[28] "제빵공, 양조공, 양모공, 방적공과 방직공, 이발사, 보석상, 금속기술자, 의상업자, 피복상인, 세탁부, 벽돌 제조공, 정원사, 나룻배 사공, 노래를 파는 사람, 화가 등 수많은 기술자와 전문가들이 등장했다".[29] "음악, 의학, 수학이 발달했고, (……) 화학, 식물학, 동물학이 탄생했다."[30]

문화란 우열이 없고 상대적이다. 그러나 문화는 비문화를 전제로 한 기표가 된다. 한족이 자신을 중화中華라 생각하고 나머지 종족을 오랑캐로 간주했듯, 인간은 자신의 집단의 사고와 행위를 '문화'로, 그 울타리 밖의 사고와 행위를 '야만'으로 구분한다. 한국인에게는 밥상을 깨끗이 하는 것이 예의이지만, 중국인에게는 음식물 쓰레기를 많이 늘어놓는 것이 맛있게 잘 먹었다는 표시다. 한국인에게는 얼굴에 침을 뱉는 것이 경멸의 뜻이지만, 아프리카 마사이족이 인사로 얼굴에 침을 뱉는 것은 물이 귀한 곳에서 물과 같이 귀한 것을 상대방과 나누는 행위다. 한국인에게는 수저를 사용하지 않고 맨손으로 밥을 먹는 것이 야만이지만, 이슬람인에게는 맨손으로 밥을 먹는 것이 당연하며, 밑을 닦을 때나 쓰는 왼손으로 밥을 먹는 것이 야만이다. 그렇듯 인간은 자신들과 다른 자연 및 타자들과 대응하며 형성된 것을 비문화로 간주하면서 자신들과 다른 언어, 다른 생활 방식, 다른 사고나 세계관을 가진 이들을 타자화했을 것이다.

전염병은 동일성과 다른 집단에 대한 배타적 태도를 더욱 심화했다. "전염병은 인류의 진화 역사를 통틀어 언제나 심각한 위협이었다."[31] 이러한 위협에 맞서서 인류는 전염성 병원균으로부터 자신을 지키기 위한 심리적 방어 체계를 대거 진화시켰으리라고 추측된다. "최근의 진화심리학 연구들은 타인의 개인적 특성들에 대한 편견이나 태도가 자신에게 전염병을 옮길 위험이 큰 사람과의 대면 접촉을 피하기 위한 기능을 부분적으로 수행함을 입증했다."[32] "예를 들어 전염병에 걸릴까 봐 병적일 정도로 불안해하는 사람들은 외국에서 온 이민자에 대한 반감이 남들보다 더 높았다."[33] "진화심리학자 핀처와 그 동료는 말라리아, 주혈흡충병, 사상충병, 뎅기열, 나병, 발진티푸스, 결핵 등 인류의 생존을 위협했던 대표적인 병원균 9종이 전 세계 93개국에서 얼마나 분포하는지 조사했다. 예측대로, 과거에 병원균이 유행했던 수준은 각국의 집단주의 지수와 정비례했다."[34]

형이상의 차원에서 동일성을 강화한 것은 언어와 이로 이루어진 종교와 이데올로기다. 언어는 사물을 대체하고 체험과 현실을 넘어서서 상징과 환상을 만든다. 사물을 대체한 언어는 인간의 사고와 행동을 일정 정도 규정한다. 언어와 문자는 소통하는 사람끼리 유대를 높이고 기억의 공유를 바탕으로 우리 부족, 우리 종족, 우리 민족, 우리 국가의 환상과 정체성을 형성한다. 자연스레 소통하지 않는 이들이나 기억의 공유를 하지 않는 자들을 타자화한다. 이 언어가 종교와 이데올로기의 형식을 띠면 이는 인간에게 강한 동일성과 타자에 대한 강력한 배타심을 형성한다. 종교는 자신의 집단이 믿는 신을 최고라 생각하며, 다른 신들은 그보다 하위의 신이거나 악마인 것으로 간주한다. 신의 말씀을 적은 것이 경전이고, 경전은 신앙의 바탕이다. 사람들은 자신들이 믿는 경전에 나온 것만이 진리이고 다른 경전에 기술된 것은 진리가 아닌 것으로 생각한다. 이 때문에 종교는 다른 신을 믿는 집단이나 경전상의 진리에 배타적이다. 메소포타미아 문명 "당시 이미 앗시리아인은 종교적으로 그들만의 '우리'를 확장시키기 위해 다른 집단을 정복하고자 시도했다".[35] 이데올로기도 차이는 있지만 여러 면에서 종교와 유사한 동일성과 타자에 대한 배제를 형성한다.

이처럼 인류는 유전자의 번식 본능, 농경생활, 문명과 비문명의 구분, 전염병, 언어와 문자, 종교와 이데올로기 등의 영향으로 동일성과 타자에 대한 배타적 태도를 형성하게 되었다. 아이히만은 독일인으로서, 게르만족으로서, 독일군 장교로서 자부심을 가지고서 충직하게 명령을 수행했다. 아이히만에게 진정으로 부족했던 것은 '생각 없음'이 아니라 타자인 유태인의 입장에서 생각하고 그들과 대화를 하지 않은 것이다. 그가 무지한 자라 하더라도, 유태인의 입장에서 잠시만이라도 고통을 느껴보았다면 그리 서슴없이 학살을 주도하지는 못했을 것이다.

실험에서도 이를 뒷받침하는 결과가 나왔다. "마틴 루터 킹 목사

가 암살된 바로 다음 날 초등학교 교사였던 제인 엘리엇Jane Elliot은 반
학생들을 파란색 눈동자 집단과 갈색 눈동자 집단으로 나누어 실험
을 했다. 파란색 눈동자를 가진 학생들을 금방 알아볼 수 있도록 목
에 두르는 천 조각으로 표시하고 이들의 기본적인 권리를 제한했다.
반대로 갈색 눈동자 학생들에게는 특혜를 제공했다. 그 후 파란색
눈동자를 가진 학생 중 똑똑하고 쾌활하던 학생들이 겁에 질리고 소
심해지고 갈팡질팡하는 어린 바보가 되었으며, 파란색 눈동자 집단
은 시험에서도 낮은 점수를 기록했고 열정을 보이지도 않았으며 학
급 활동에도 많은 적개심을 보였다. 반대로 행해도 결과는 마찬가지
였다."[36]

이처럼 동일성이 형성되는 순간 세계는 동일성의 영토로 들어온
것과 그렇지 못한 것으로 나뉜다. 동일성은 '차이'를 포섭하여 이를
없애거나 없는 것처럼 꾸민다. 동일성은 인종, 종교, 이데올로기, 입
장이 다르다는 이유로 이를 동일성에서 분리하여 타자로 규정하고
자신과 구분시키면서 편견으로 바라보며, 이들을 '배제'하고 이에
'폭력'을 행사하면서 동일성을 유지하거나 강화한다. 반대로 주류의
동일성에 의해 타자화한 개인이나 집단은 삶의 활력을 잃고 자기실
현을 하지 못하며 주눅이 든다.

인간은 상대방이 더 힘이 세거나 교환을 통한 이득이 보장될 때
타자에 대한 폭력과 욕망을 유보했다. 유보된 폭력과 욕망은 의식에
서 밀려나 무의식의 세계를 만들어 자리를 잡았다. 개인적으로는 거
울의 단계mirror stage를 거쳐 어머니로부터 갈려져 나와 '아버지의 이
름the-name-of-the-father', 또 그 뒤에 있는 상징과 이데올로기, 도덕과 윤
리를 수용하면서 주체를 형성했다. 집단적으로는 언어, 신화, 종교,

이데올로기, 공동의 체험과 기억, 의례를 공유하면서 동일성을 강화했다.

실체론과 이분법은 동일성을 단단한 형이상학으로 응고시켰다. 이는 세계를 이데아와 그림자, 주와 객, 주체와 대상, 인간과 자연으로 구분하고 전자에 우월권을 주었다. 후자는 늘 전자에 의해 극복될 대상에 지나지 않았다. 인간 주체는 세계를 탐구하고 해석하고 실천하는 중심이었다.

근대의 주체 중심의 사고는 동일성에 타자를 배제하는 인식과 힘을 부여했다. 신에게 복속되었던 자아는 스스로 생각하고 판단하고 행동하는 주체로 호명되자 의식은 물론 환상과 이데올로기를 종합하여 정체성을 형성했는데, 이 정체성은 타자와 자신을 구분하는 데서 더욱 확실하게 구성될 수 있었다. 공동체에 소속된 일원으로서 자기 삶을 구성하던 중세인은 근대에 와서 자신을 공동체의 다른 구성원들, 타자와 구별된 개체로서 이해하기 시작했다.

나는 생각하지 않는 곳에서 존재한다

탈근대의 사상가들은 동일성의 사유를 해체한다. 라캉Jacques Lacan은 "나는 생각한다. 고로 나는 존재한다cogito ergo sum/I think, therefore I am"라는 데카르트의 명제, 이에 기반을 두고 발전시켜온 서구의 현대 철학을 전복한다. "나는 내가 존재하지 않는 곳에서 생각한다. 그러므로 나는 내가 생각하지 않는 곳에서 존재한다I am thinking where I am not, therefore I am where I am not thinking."[37] 아기는 자신이 엄마의 일부분인 줄 알다가 거울에 비춘 대상인 자기 모습을 보면서 조각난 몸의 고뇌에서 하나의 전체성으로 자신을 통일시키며, 자신의 몸과 거울 속의 자신, 그 모습을 보고 엄마가 웃는 것—타자의 인정—을 통해 내면세계와 주위 세계와의 관계를 정립하여 자기 동일화를 이룬다. 곧 아기는 '아버지의 이름', 그 언어로 이루어진 도덕과 윤리, 이데올로기를 받아들이면서 주체를 형성한다.

내가 꿈을 꾸면서 꿈인지 아는 자각몽lucid dream을 꿀 때, 꿈속에서 무엇인가 행위를 하는 나, 그것을 바라보며 생각하는 내가 공존한다. "나는 내가 배우 줄리아 로버츠를 좋아한다고 생각한다"라는 문장에서 가주어 '내'는 '좋아한다'라는 서술어와 호응하고, 진주어 '나'는 '생각한다'에 걸린다. 내 안에 로버츠를 좋아하고 때로는 그녀와 성행위를 하고 싶은 내가 있고, 그를 생각하며 그런 그를 유보하거나 억제하는 내가 있다. 전자를 욕망하는 주체, 후자를 생각하는 주체라 할 수 있는데, 어느 것이 더 '나'라는 주체에 가까운가. 생각하는 주체는 본연의 내 모습이 아니라 교육, 문화, 이데올로기, 도덕과 윤리가 만들어준, 실은 타자다. 욕망하는 주체는 본연의 내 모습에 가깝지만, 욕망에 휘둘리는 자아에게 주체는 없다.

데리다는 동일성에 바탕을 둔 서양철학 전반을 해체한다. 사물의 의미는 그 실체 속에 있는 것이 아니라 그것과 다른 사물의 차이 사이에 있다. "자의성arbitrariness은 기호의 체계의 충만함에서 비롯되는 것이 아니라 구성요소들 사이의 차이에 의하여 구성될 때만 일어나는 것이다."[38] 의미작용은 기호의 충만한 본질에서 일어나는 것이 아니라 다른 기호와의 차이, 구조 속의 차이에서 비롯되는 것이다. 우리가 동일하다고 믿은 것은 차이 속의 타자이며, 타자 속의 차이에 불과하다. "만일 타자성 자체가 동일자 '속'에 이미 들어 있지 않다면, '속'이라는 낱말의 의미가 확실히 드러내는 포섭의 의미와 더불어, 어떻게 동일자의 유희가 일어날 수 있을까? 작업하거나 작동하고 있는 기계나 유기체 속에서, 놀이 활동의 의미, 혹은 분해의 의미에서나, 동일자 속에 타자성이 없다면 어떻게 동일자의 유희가 발생하겠는가?"[39] "타자는 자아임으로써만, 즉 어떤 면에서 나와 동일자가 됨으로써만 절대적으로 타자인 것이다."[40] "각 구성요소들의 명백한 자기동일성은 다른 구성요소들과 차이와 연기deferral의 결과이며 어떤 구성요소도 차이적 관계가 '놀이'를 하는 바깥에 그 자신의 자기동일성을 갖고 있지 않다. 각 구성요소들은 동일체인 동시에 '타자'이기도 하다. 구성요소들의 동일성은 타인성otherness이나 타자성alterity에 의해 가능한 것인데, 이 타인성이나 타자성은 동시에 고유성을 불가능하게도 한다. 타자가 된다는 것은 자기동일성을 잃는 것이기 때문이다."[41]

들뢰즈Gilles Deleuze는 이를 더 심오하게 발전시킨다. 개념 안의 동일성, 술어 안의 대립, 판단 안의 유비類比, 지각 안의 유사성을 바탕으로 한 개념적 차이는 결국 동일성으로 환원한다. 이러한 "차이는 이웃하는 닮은 종種들로부터 그 종들을 포섭하는 유類의 동일성으로 이행하도록 해준다. 유적 차이와 종적 차이들은 재현 안에서 공모 관계를 맺는다. 이는 그것들이 어떤 면에서 똑같은 본성을 갖기 때문이 아니다. 유는 종적 차이를 통해서만 외부로부터 확정지을 수 있을 뿐이다."[42] "유비는 판단의 본질이지만, 판단의 유비는 개념의 동일성과 유비적이다."[43] 때문에 그는 어떤 방식으로도 동일성으로 귀환하지 않는 '차이 그 자체'에 주목한다. "차이 자체는 절대적이고 궁극적인 차이로 감성과 초월적 경험에 의해서만 도달할 수 있다. 사실 반성적 개념 안에서 매개하고 매개되는 차이는 지극히 당연하게 개념의 동일성, 술어들의 대립, 판단의 유비, 지각의 유사성에 복종한다. 차이는 파국을 언명하는 상태로까지 진전되어야만 반성적이기를 멈출 수 있으며 효과적으로 실제의 개념을 되찾는다."⁴⁴

　나치에 동조한 하이데거Martin Heidegger와 달리, 유태인 수용소에서 여러 차례 가스실 처형 직전의 상황에 놓여 존재, 전체, 무한에 대해 성찰했던 레비나스Emmanuel Levinas는 타자성alterity의 윤리에 주목한다. 타자란 동일성과 대립적인 개념도, 동일성의 주체가 사유하는 대상도 아니다. 내가 나의 관점에서 타자를 이해하고 사유한다는 자체가 폭력이다. 타자란 주체가 영원히 해석할 수도, 이해할 수도, 동일성에 포섭하여 담아낼 수도 없는 것이다. 유토피아처럼, 사랑하는 님처럼 끊임없이 그를 향하여 다가가 얼굴을 마주 대하고서 그 목소리에 귀를 기울이고, 그를 향해 모든 것을 던지고 달려가지만 그럴수록 갈증이 더 커지는 그런 것이다. "인간이란 만날 때마다 이 만남 자체를 상대방에게 늘 표현하는 유일한 존재다."⁴⁵ 만나서 얼굴을 대할 때 두 사람은 인간관계에 들어간다. 더욱 가까이 다가가서 얼굴을 바라고 그의 목소리에 귀를 기울일 때 "그 순간 타자 속에 진실로 신이 현존한다. 나와 타자의 관계 속에서 나는 신의 음성을 듣는다. 이는 은유가 아니다."⁴⁶ 나로서는 온전하게 사유하고 이해할 수 없는 타자와 얼굴을 마주하고서 끊임없이 그를 향한 사랑과 그리움을 반복할 때, 그의 나약한 얼굴을 보며 무한을 향한 초월을 할 때 우리는 신의 음성을 듣는다.

변동어이의 눈부처-차이론

연기론과 존재론의 만남

실체론에 바탕은 둔 서양이 존재론을 편다면, 불교는 실체를 부정하고 연기론을 편다. 둘이 만날 수 없을까.

　어머니와 아버지 없이 나는 태어나지 못했다. 아버지의 이름, 어머니의 젖과 말, 형제, 동무, 선생님, 그들의 말과 행동 없이 나는 이루어지지 않았다. 가까이로는 형제, 멀리로는 남과 다른 집단과 차이를 구분하면서 주체와 동일성을 형성한다. 타인 없이 나는 없다. 내가 오늘 아침에 먹은 김치, 그 배추와 고추와 무를 키운 농부, 그 채소에 알맞게 내린 비와 햇빛과 바람이 없었다면 나는 없다. 이렇게 나는 타인에서부터 내 앞에 보이지 않는 미생물에 이르기까지 수많은 존재와 서로 조건이 되고 상호작용을 하며 서로 인과관계를 맺고 있으니 나라고 할 만한 것이 없다.

모든 것은 찰나의 순간에도 변하므로 존재를 긍정할 수 없다. 사람들은 10년 이상의 세월이 흘러 머리가 하얗게 변하고 주름살이 가득한 친구 얼굴을 보면 달라졌다고 생각한다. 반면에 카페에 들어올 때 친구 얼굴과 나갈 때의 친구 얼굴은 같은 것으로 생각한다. 그러나 한두 시간 사이에도 상대방의 얼굴에서는 수천 개의 세포가 죽고 다시 태어난다. 우리의 눈으로 구별하지 못할 뿐, 한 시간 전과 후의 얼굴엔 많은 차이가 있다. 그렇듯 우주 삼라만상이 무상하여 찰나의 순간에도 끊임없이 변화하는데 그 차이를 보지 못하고 고정성에 집착하면, 존재는 동일성을 형성한다. 이처럼 모든 것이 서로 연기되고 무상하니 자성自性이란 없다. 지속적인 실체나 본성이라고 할 만한 것이 없으니 공空하다. 모든 것이 공한데, 주체와 동일성을 부여하는 것은 망상이요, 착각이다.

그렇다면 우리는 과연 우리 앞에 엄연히 존재하는 저 사물과 사람들의 존재성을 어디서 찾을 수 있는 것인가. 승조僧肇는 부진공론不眞空論을 펴며 존재성에 대해 논한다.

만물이 정말로 있다 해도 실제로 있지 않은 까닭이 있으며, 실제로 없지도 않은 이유가 있다. 실제로 있지 않은 까닭이 있기 때문에 비록 있다 해도 있는 것이 아니며, 실제로 없지 않은 이유가 있기 때문에 비록 없다 해도 없는 것이 아니다. 비록 없다 해도 정말로 없는 것이 아니므로 없음은 단절되어 텅 빈 것은 아니며, 비록 있다 해도 정말로 있지 않으므로 있음은 진실로 있는 것이 아니다.[47]

세상 만물은 존재하는 것도 존재하지 않는 것도 아니다. 사물은 자성이 있어 스스로 발생한 것이 아니다. 이것이 있어서 저것이 있고 저것이 있어서 이것이 있으니 스스로는 없다. 현상계의 모든 사물은 조건과 상호작용, 인과관계에 의해 나고 사라지는 존재이므로 진실로 있다고 할 수 없다. 그렇다고 없는 것도 아니다. 비록 없다 해도 모든 것과 단절되어 텅 빈 것이 아니다. 스스로는 공하지만 다른 것들과 서로 조건이 되고 상호작용을 하며 무수하게 연관을 맺고 있는 무엇으로서 존재하는 것은 있다. 승조는 이에 대해 다시 구체적으로 논한다.

> 중론에서 말하기를 "사물은 인연을 따르기에 있는 것이 아니며, 연기에 의해 있으므로 없는 것도 아니다. 이치를 깊이 생각해보면 그러하다".[48]

> 왜냐하면 있다고 말하려 하지만 있어도 진실로 생하는 것이 아니다. 없다고 말하려 하지만 사상事象이 이미 나타났다. 사상이 이미 나타났다면 사상은 없지 않으나 이는 진실로 나타난 것이 아니므로 정말로 있는 것은 아니다. 그렇다면 부진공의 의미가 여기서 드러난다.[49]

모든 것이 연기에 따를 뿐, 자성이 없으니 공하다. 존재는 공하지만 무엇인가 주변의 존재자들에게 작용을 하고 있으니 없다고 할 수도 없다. 가유假有로서나마 현상계의 사상이 존재하고 있는 것 또한 사실이다. 그러므로 완전히 없다고 할 수도 없다. 인연을 따라 발생한 현상계의 사물은 가유이므로 실유實有는 아니다. 있다고 단정할 수 없지만, 가유라도 현재 있는 것은 사실이므로 없다고도 할 수 없다. 모든 존재가 연기에 의해 존재한다는 것은 모든 존재가 서로 의존, 인과, 상호 조건의 관계에 있는 것을 의미한다. 존재 스스로 자성이 없는 것이니 존재는 공空이다. 하지만 이 공하다고 하는 것이 연기의 관계 속에서 상호작용을 하고 인과관계를 맺으며 다른 것에 영향을 미치고 있으니 전혀 없다고도 할 수 없다. 한 존재는 연기의 관계 속에서 가유이지만 사상事象을 형성하며 다른 사상에 영향을 미치고 있으니 존재성을 완전히 부정할 수는 없다. 공하다고 하지만 그는 그 자체가 존재하지 않는다고 전적으로 부정하는 것이 아니라 그것과 관련을 맺지 않는 어떤 것도 존재하지 않는다는 면에서, 그 존재가 그 관계망을 떠나 다른 것과 독립하여 지속적인 존재성을 갖지 못하기에 공한 것이다. 그러니 현상계의 사물은 진실로 있다고도 할 수 없으며 완전히 없다고도 할 수 없다. 부진공론으로 보면, 가유이지만 연기에 따른 사물의 존재를 파악하는 길이 열린다. 이로 가유를 긍정하고 이를 통해 깨달음에 이를 수 있다.

그러나 아직 무엇인가 논리가 부족하다. 1장에서 논한 원효의 불일불이론이 이를 보완할 수 있다. 부진공론과 화쟁의 불일불이론을 종합하여 응용하면, 존재를 긍정할 수 있는 길이 열린다. 내 앞의 미생물, 관찰자 앞에 놓인 원자는 내 호흡과 내 몸에서 발산하는 온도와 기氣와 중력만으로도 끊임없이 영향을 받으며 그 역도 가능하다. 그러니 하이젠베르크Werner Heisenberg가 통찰한 대로 객관적인 관찰이 불가능할 뿐만 아니라, 이렇게 쉼 없이 상호작용을 하고 인과관계를 맺고 있는 인드라망과 같은 우주와 물질계의 체계에서 어떤 한 존재를 독립시켜 자성을 가진 것으로 해석하는 자체가 망상이다. 하지만 인드라망과 같은 우주와 물질계 속에서 각각의 원자나 사상이 다른 원자나 사상에 영향을 미치고 상호작용을 한다는 것은 그것이 나름대로 존재성을 갖는 것을 의미한다. 지속적으로 자성을 유지하는 물질이나 인간도, 인드라망 체계에서 독립된 물질이나 인간도 존재하지 않기에 공하다. 하지만 원자에서 소립자에 이르기까지 거의 질량과 전하電荷가 없는 물질조차 상호작용을 하고 있으니 이 체계 안에서 존재성을 갖는다. 그러니 연기적 관계와 구조 속에서 가유假有로서 하나가 다른 하나를 드러내는 식으로 존재성을 사유할 수 있다.

연기를 깨닫지 못하고 자성을 긍정하고 가유를 실체로 착각하는 순간 망상이 되고 희론이 된다. 하지만 씨와 열매처럼 스스로는 자성이 없이 공하지만 씨가 자신을 죽여 싹을 틔우고 꽃을 피워 열매를 맺고 열매가 자신을 썩혀 씨를 만들듯 공空이 생멸변화의 조건이 된다.

우리는 모두 상호생성자다

같다는 것은 다름에서 같음을 분별한 것이요, 다르다는 것은 같음에서 다름을 밝힌 것이다. 같음에서 다름을 밝힌다 하지만 그것은 같음을 나누어 다름을 만드는 것이 아니요, 다름에서 같음을 분별한다 하지만 그것은 다름을 녹여 없애고 같음을 만드는 것이 아니다. 이로 말미암아 같음은 다름을 없애버린 것이 아니기 때문에 바로 같음이라고 말할 수도 없고, 다름은 같음을 나눈 것이 아니기에 이를 다른 것이라고 말할 수 없다. 단지 다르다고만 말할 수가 없기 때문에 이것들이 같다고 말할 수 있고 같다고만 말할 수가 없기 때문에 이것들이 다

르다고 말할 수 있을 뿐이다. 말하는 것과 말하지 않는 것에는 둘도 없고 별別도 없는 것이다.[50]

1장에서 보았듯, 눈에 보이지 않는 미생물도 지구 전체의 대기에 관여한다. 내 밥상의 김치 한 조각도 그것이 내 앞에 놓이게 되기까지, 거꾸로 추적하면 채소 가게와 농수산물 시장의 상인, 밭의 농부가 관련된 것이며, 그것이 배추일 때 해와 구름과 바람과 흙과 미생물 등 우주 삼라만상이 관여하여 이루어진 것이다. 햇빛이 맞춤하게 비추지 않았다면, 바람이 알맞게 불어주지 않았다면, 흙 속의 미생물이 적당한 영양을 공급하지 않았다면 내 앞의 김치는 없다.

우리는 별에서 와서 별로 돌아가는 존재다. 별이 폭발하면서 물질이 흩어지고 그것이 모여 지구를 만들고 지구의 몇몇 물질이 모여 생명체를 만들고, 그 생명체들이 36억 년 동안 진화를 거듭하다가 인간을 만들고 그 인간 가운데 내 조상이 대를 잇고 나를 낳았다. 나도 언제인가 죽어 묻혀 흙으로 돌아갈 것이고, 지구 또한 언제인가 폭발하면 우주의 먼지로 되었다가 또다시 어디에선가 별을 이룰 것이다.

연기론을 깨달으면 크게 세 가지가 가능하다. 하나는 존재와 타자를 설정하는 자체가 망상임을 깨닫고 실상을 직시하는 것이며, 다른 하나는 우주 삼라만상이 모두 원인과 결과로 맺어지고, 서로 조건이 되고 밀접하게 관련되어 있어 아我란 없으며 공空임을 깨닫는 것이다. 내가 오온五蘊의 가합태假合態에 불과한 것인데 나를 내세우고 동일성을 강화하면서 타자를 해치는 것은 나를 자성을 가진 존재로 착각했기 때문이다. 셋째, 이제껏 타자로 간주하던 다른 생명이 나와 깊은 연관을 맺으면서 서로 조건이 되는 또 다른 나라는 실상을 깨닫고서 동체대비同體大悲의 보살행이 생긴다. 내 영향을 받은 타자는 나에게 다시 영향을 미치기에 주체는 본질적으로 '상호존재inter-being'다.[51]

아주 미세하여 우리가 감지하지 못하지만 찰나의 순간에도 내 호흡에 영향을 받아 내 앞의 대기의 미생물이 달라진다. 내가 뿜어내는 이산화탄소로 인하여 호기성 박테리아는 줄어들 것이고 혐기성 박테리아는 늘어날 것이다. 그리 변한 대기가 나와 내 주변의 사람의 몸에 영향을 미치고 그리 달라진 몸은 다른 숨을 내뿜고 그 숨은 다시 대기의 미생물에 변화를 준다. 이처럼 모든 존재는 서로 원인이 되고 결과가 된다. 이는 정적인 것이 아니라 역동적인 상호 인과 관계를 형성한다. 다시 말해 원인이 결과가 될 뿐만 아니라 결과가 다시 원인이 된다. 타자의 의식, 말, 행동과 몸짓이 나에게 영향을 미쳐 나를 형성하고, 그 반대의 경우도 거의 동시에 이루어진다. 그렇듯 찰나의 순간에도 타자는 내 안에 늘 들어오며 나를 형성하고 있으며 그 역逆도 언제나 진행 중이다. 그러기에 우리는 모두 서로가 서로를 생성하게 하는 '상호생성자'다. 나와 타자는 불일불이의 관계 속에서 형성된다. 네가 있음으로 말미암아 내가 있기에, 자아란 관계 속에서 생성되는 허상이다. 하지만 씨와 열매처럼 내가 공空하다고 할 때 타인이 생성된다. 내가 그의 지혜를 수용할 때, 그의 고통을 자신의 것처럼 아파할 때, 그의 말과 행동을 닮고자 할 때 내가 만들어지며 나 또한 타인에게 그리 작용한다.

원효의 말대로 동일성이란 것은 타자성에서 동일성을 갖는 것을 분별한 것이요, 타자성이란 것은 동일성에서 다름을 밝힌 것이다.

동일성은 타자를 파괴하고 자신을 세우는 것이 아니기 때문에 바로 동일성이라고 말할 수도 없고, 타자성은 동일성을 해체하여 이룬 것이 아니기에 이를 타자라고 말할 수 없다. 주와 객, 현상과 본질은 세계의 다른 두 측면이 아니라 본래 하나이며 차이와 관계를 통해 드러난다. 주와 객, 주체와 타자가 서로 비춰주면서 상대방을 드러내므로, 스스로 본질이라 할 것은 없지만 상대방을 통하여 자신을 드러낸다.

이처럼 화쟁은 주와 객, 주체와 타자를 대립시키지도 분별시키지도 않는다. 양자를 융합하되 하나로 만들지도 않는다. 어느 한편에 치우치지 않으면서 중간도 아니다. 스스로 존재하지 않지만 상대방과 관계 속에서 자신의 존재성을 드러낸다. 진리는 진리가 아닌 것과 차이를 갖기에 진리다.

외국인들은 뜨거운 국을 먹으면서 시원하다고 말하는 한국인을 이해하지 못한다. 우리나라 학자들도 이에 대해 뭐라 하지 못하는 것은 마찬가지다. 변동어이辨同於異와 같은 화쟁의 사유가 우리 민족의 사유 구조이자 문화의 구조이기 때문에 우리 민족은 뜨거운 국을 먹으며 시원하다고 말한다.

뜨거움은 홀로 존재하는 것도 홀로 의미를 갖는 것도 아니다. 찬 것이 있기에 그와 차이를 통해 뜨거움을 분별한 것이다. 차다는 것 또한 홀로 의미를 갖는 것이 아니라 뜨거운 것이 있기에 '차다'라는 의미를 갖는다. 그리고 둘 사이가 대립적인 것이 아니다. 뜨거운 것은 찬 것을 없애고 이루어지는 것이 아니요, 찬 것은 뜨거운 것을 증발시켜버리고 얻어내는 것은 더욱 아니다. 뜨거운 것이 있어서 찬 것이 드러나고 찬 것이 있어서 뜨거운 것을 느끼기에 가장 시원한

맛은 '뜨거운 시원함'이다.

현전과 부재의 관계 또한 대립적이 아니라 차이적이다. 누구인가가 몹시 그리운 것을 두고 한국인은 "눈에 밟힌다"라고 표현한다. '눈에 밟힘'은 어떤 대상이 없어서 몹시도 그리워 환상으로 만들어진 대상이 구체성을 띠고 나타났다가 눈에 밟혀 사라지고 다시 나타났다가 사라지는 반복이 끊임없이 되풀이될 때 사용하는 말이다. '눈에 밟힘'은, 일심이 있는 것이면서 없는 것이고 없는 것이면서 있는 것처럼, 보이는 것이면서 보이지 않는 것이며 보이지 않는 것이면서 보이는 것이다. 없어서 그리우면 눈에 선한 법이다. 부재가 눈앞에 현전을 드러내고 눈에 선해지는 현전은 더욱 부재를 실감케 한다. 이렇게 양자가 불일불이의 관계로 만나면 눈에 밟히게 된다. 눈에 떠오르는 이미지는 형체가 없는 것인데 '밟힌다'라고 표현하고 있다. 밟힌다는 것은 구체적 사물에나 해당되는 것이다. 추상이 쌓이고 쌓여 눈에 밟힐 정도로 구체로 전화하고 있는 것이다. 그러나 밟히는 순간 구체는 사라지고 추상-이미지만 남는다. 이렇게 부재와 현전, 만남과 헤어짐, 추상과 구체가 하나로 아우러진다. 추상의 한 관념에 구체적 형상을 입혀 추상이 허상으로 전락하는 것을 막고 관념이 왜곡을 낳는 것을 막으면서 보이지 않는 것을 보이게 한다. 형이상학적인 것을 형이하학적인 것으로 드러내면서도 형이상학이 갖고 있는 보편성과 깊이를 해치지 않는다.

눈부처를 바라보는 순간 동일성은 무너진다

이를 재해석하여 필자는 '눈부처의 차이론'을 펼친다. 똑바로 상대방의 눈동자를 바라보면 상대방의 눈동자 안에 비친 내 모습을 발견할 것이다. 이를 한국어로 '눈부처'라 한다. 이는 물론 그 형상이 부처의 모습과 닮은 데서 연유한 것이다. 여기에 필자는 철학적 의미를 부여한다. 눈부처는 상대방을 만나 사랑의 마음을 가지고 가까이 가서 눈을 마주치며 하나가 되고자 할 때만 보인다. 이는 내 모습 속에 숨어 있는 부처, 곧 타자와 자연, 나보다 약한 자들을 사랑하고 포용하고 희생하면서 그들과 공존하려는 마음이 상대방의 눈동자를 거울로 삼아 비추어진 것이다. 그 눈부처를 바라보는 순간 상대방과 나의 구분이 사라진다. 눈부처는 타인 안의 부처이자 내 안의 부처.

눈부처의 차이, 곧 역동적인 차이는 개념적이고 당위적인 차이나 다양성, 복합성과 다르다. 예를 들어 자신의 대학 등록금을 마련하기 위하여 독일에 간호사로 갔다가 독일 의사에게 성폭행을 당하여 자살한 누이를 둔 중소기업의 사장이 있다고 치자. 그는 독일인 의사를 원수처럼 여기고 자신은 그처럼 되지 않기 위하여 직원 가운데 절반은 이주노동자를 고용하고 그들을 형제와 자식처럼 대했다. 밥과 술을 같이 먹고 주말엔 함께 어울려 공도 차고 등산도 갔다. 이주노동자들도 그를 형이나 아버지라 부르며 따랐다. 그러던 어느 날 그의 아들이 "아버지야말로 그토록 증오하는 독일인 의사입니다!"라고 외쳤다. 아들이 아프리카 탄자니아 출신의 흑인 여성 이주노동자와 결혼한다고 하자, "내가 이주노동자들을 관용으로 대하고 있지만, 내 손자가 검은 피부로 태어나는 것까지는 받아들이기 어렵다"

라고 말했기 때문이다. 아들로부터 충격적인 말을 듣고서 그는 밤을 새워 성찰하면서 자신에게서 독일인 의사의 모습을 발견하고는 눈물을 흘렸다. 아침이 되자 그는 탄자니아 노동자에게 전화를 했으며, 며칠 뒤 함께 소풍을 가서 그에게서 누이의 모습을 발견한다. 그는 그 흑인에게 진심으로 사과하고 며느리로 받아들였고, 아들과 탄자니아 노동자 또한 아버지의 아픈 기억을 추체험하며 눈물을 흘렸다. 이렇게 나와 내 안의 독일인 의사, 흑인 노동자와 그 안의 누이, 네 자아가 공감에 의하여 하나가 되어 포옹하는 순간이 바로 눈부처-차이다.

이처럼 눈부처의 차이는 내 안의 타자, 타자 안의 내가 대화를 하여 공감을 매개로 하나로 어우러지는 것이다. 이는 두 사람이 서로 감성에 의해 차이를 긍정하고 몸으로 상대방을 수용하고 섞이면서 생성되기에 동일성으로 환원되지 않는다. 차이를 전적으로 받아들이는 자는 다른 것을 만나서 그것을 통해 자신을 변화시킨다. 나와 타자 사이의 진정한 차이와 내 안의 타자를 찾아내고서 자신의 동일성을 버리고 타자 안에서 눈부처를 발견하고서 내가 타자가 되는 것이 눈부처의 차이다. 이 사유로 바라보면, 이것과 저것의 분별이 무너지며 그 사이에 내재하는 권력과 갈등, 타자에 대한 배제와 폭력은 서서히 힘을 상실한다. 그 타자가 자신의 원수든, 이민족이든, 이교도든 그를 부처로 만들어 내가 부처가 되는 사유다.

갈등과 대립, 폭력을 해소하고 서로 상생하는 개인적이면서 정치적인 방안을 간단히 요약하면 아래와 같다.

① 만남: 화해와 상생은 타인과 '만남'에서 시작한다. 거룩한 성직자든 살인자든, 인간은 누구나 이기적 유전자와 타자에 공감하고 이

타적 희생을 하는 유전자를 함께 보유하고 있는 이중적 존재다. 서로를 적으로 볼 것이 아니라 내 안의 선과 타인의 선이 함께 어울릴 수 있다는 생각을 가지고 만남을 행한다.

② 대화: 만남은 감성의 소통과 대화를 부른다. 우리는 타인을 만나 타인을 바라보고 타인의 시선을 느낀다. 타인이 웃고 있으면 내 얼굴의 근육도 긴장이 풀리고 미소가 번진다. 타인의 목소리에 귀를 기울이고 이에 대답한다. 타인의 향기에 매혹되어 그를 몸 깊숙이 끌어들여 내 몸의 일부를 만든다. 또 악수와 포옹을 하며 서로 따스한 온기를 주고받는다. 이어 입을 열어 말을 한다. 말은 두 가지다. 하나는 내 세계를 드러내는 것이고, 다른 하나는 타인의 세계에 대한 관심이다. 긍정과 부정, 질문과 답이 이어지면서 차츰 우리는 자기 세계 안에 타인의 세계를 설정하고, 자신의 몸 안에 타인을 담는다.

대화는 변증법적이며, 대대적인 동시에 화쟁적이다. 대화란 코드와 세계관이 같은 자가 아니라 다른 자 사이의 소통이다. 나와 전혀 다른 세계에서 다른 세계관과 문화양식을 가지고 생활하던 이들이 마주쳐 다른 세계와 사람을 느끼고 이해하고 서로 다른 코드를 맞추려 노력하며 그 세계와 타인을 자기 안에 담기 위하여 소통하는 것이다.

③ 공정한 중재와 변증법적 종합: 내가 전혀 다른 세계와 몸을 가진 타인과 만났을 때, 서로 대립되는 것들이 지양을 통해 종합을 이룬다. 공정한 중재와 변증법적 종합을 이루려면 먼저 진실이 낱낱이 투명하게 공개되어야 하며, 당사자들은 개시개비의 태도를 가지고 상대방의 입장과 눈높이에서 사태를 바라보아야 하며, 중재자는 합리적이면서도 공정하게 갈등에 관련된 모든 진실을 낱낱이 투명하

게 공개하고 당사자들이 서로 개시개비의 태도로 끊임없이 사태를 바라보고 대화를 할 수 있는 분위기를 조성한다. 아울러 당사자들이 같은 위상과 권력을 가지고 대화할 수 있도록 조정해야 한다. 대립하고 있는 자 사이에 대화의 장만이라도 권력이 대칭적으로 작동하게 하지 않으면, 지극히 공정하게 하더라도 결과는 강자에게 유리하게 귀결된다. 권력을 대칭으로 구성한 후에 다른 것이 있더라도 서로 인내심을 가지고 만나고 또 만나고, 대화를 하고 또 하면서 서로 같은 것에 맞추어 다른 것을 버려야 한다.

④ 일심이문의 화쟁: 당위적인 화쟁이 아니라 생멸문生滅門에서는 둘로 갈라진 현상을 조사하여 갈등을 일으키고 있는 구조적, 제도적 원인을 분석하고, 모든 결정은 갈등 당사자들의 합의를 통해서 하되 결정 과정 또한 투명해야 한다. 여기서 화쟁으로 가는 데 방해하는 것이 사람이라면 합의를 통해 내쳐야 하며, 제도라면 제도 개혁도 함께 해야 한다. 변증법적 종합으로 다룰 수 없는 사항은 종합될 수 없는 차이로 간주하고 서로 인정해야 한다. 이 과정에서 필요한 것이 다른 것을 인정하는 차이의 정신, 인내심, 같은 것에 맞추어 다름을 포용하는 회통의 태도다.

⑤ 양자의 대화가 더 높은 차원에 이르면, 자신의 세계를 말하려 하기보다 타인의 세계를 알려 하고, 또 닮으려 한다. 대대對待란 기다리면서 자기를 비우고 그 비운 곳에 타인을 채우는 것이다. 나를 주장하고 같음을 요구하는 것을 멈추고, 타인의 세계로 들어가서 그의 목소리에 귀를 기울이고 다름을 포용하면서 차츰 그와 닮아가는 과정이다. 진정으로 사랑하는 자를 보면, 고등어를 먹지 못하던 이가 사랑하는 이가 먹는다니 먹어보고 이주노동자를 혐오하던 이가 사

랑하던 이가 그런다니 포옹한다. 그러니 오랫동안 진정으로 사랑하는 부부를 보면, 먹는 것에서 시작하여 입는 것은 물론 얼굴마저 비슷해진다. 실제로 함께 울고 웃다 보니 얼굴의 근육이 맞추어 변했기 때문이다. 그러기에 진정한 대화란 서로 다른 둘이 만나 소통을 통해 완전한 하나를 이루면서도 너와 내가 각각의 주체로 존재하는 경지다.

그렇다면 본래 이기적인 욕망으로 들끓고 있는 인간이 당위적인 차원을 넘어 구체적으로 어떻게 타인을 만나 갈등을 말끔히 해소하고 상생을 이룰 수 있을까. 이에 대한 답을 업karma, 원효의 삼공三空을 통한 화쟁에서 찾는다.

⑤-① 업의 받아들임: 시간이 업과 얽히면서 업은 시간에 따른 존재의 변이가 정의롭게 일어나도록 통제하는 원리가 된다. 짧고 직선적인 시간관만으로 보면, 착한 자가 고통을 받고 선한 일을 하면 손해를 보는 부조리로 만연한 곳이 이 세상이다. 그러나 길고 둥그런 시간관으로 보면, 선한 자가 고통을 당하는 것은 전생의 죄업을 씻는 과정이다. 곧 선한 자가 고통을 받는 것은 전생에서 죄업을 지었기 때문에 그 원인으로 고통을 받는 것이며, 지금의 고통은 고통이라기보다 선업을 쌓는 과정이요, 다시 이 선업이 원인이 되어 나의 후생은 행복한 삶이 될 수 있다. 인도에 가면 거지가 당당하게 구걸을 한다. 구걸이 상대방의 죄업을 씻어주는 행위이기 때문이다. 업의 원리를 받아들이면, 윤회가 신화든 아니든 우리는 자신의 이기심과 욕망을 버리고 타자와 상생하여 선업을 쌓으려 한다.

⑤-② 아공我空: 아공은 '자기애' '자기의 버림' '자기의 거듭남'의 3단계를 거친다. 오온五蘊의 가합假合으로 허상이지만 연기적 관계 속

에서 가유假有로서 내가 생성하는 것은 사실이다. 자신을 철저히 사랑하는 자만이 타인을 진정으로 사랑할 수 있다. 불교의 불살생과 동체대비는 자기애와 연기적 깨달음에서 비롯된다. 내 목숨이 소중한 만큼 타인의 생명이 소중하다는 깨달음에 이르고, 타인의 고통과 절망을 나의 고통과 절망처럼 아프게 공감할 때 동체대비의 자비심이 일어난다.

다음은 자기를 버리는 것이다. 나는 오온의 가합으로 본래 허상이다. 나는 홀로 존재하지 못하며 무수한 인과와 조건 속에서 관계하고 생성하는 자일 뿐이다. 그러니 자기의 본성이 무엇이라는 생각, 자신의 정체성을 유지하려는 태도, 자신의 행복과 욕망을 추구하려는 마음과 행위를 버리지 못하는 한 나는 타인과 상생할 수 없다. 인간의 욕망이란 것 자체가 타인의 욕망을 빼앗음으로써 충족되는 것이기 때문이다. 자기의 버림은 연기에 대한 인식에서 비롯된다. 각 존재자는 우리의 범주에 들어온 타자를 위해 자신의 욕망을 자발적으로 절제하거나 포기한다. 타인과 나와의 관계를 깨달아 나를 온전히 버릴 때, 그 비움 속에서 상대방을 섬길 수 있는 틈이 생기는 것이다. 버려야 비워지고 비워줘야 채워지니, 버림과 비움과 섬김은 하나다.

⑤-③ 법공法空: 갈등이 이는 것은 갈등을 일으키는 생각이 있기 때문이다. 법공은 모든 이데올로기나 편견뿐만이 아니라 교리와 진리 자체에서도 벗어나는 것이다. 어떤 성스러운 교리나 진리도 인간을 넘어서지 못한다. 종교의 이름으로 빚어진 숱한 학살과 전쟁에서 보듯, 이를 해체하지 못하고 추종할 때 다른 종교나 진리를 배제하고 폭력을 가하게 되고, 스스로는 교조에 빠진다. 교조는 지성의 무

덤이다. 이데올로기나 교리, 진리 자체를 부숴버리고 사람 그 자체가 만나 사건을 그 자체로 놓고 여여如如하게 인식하고 대화할 때 갈등은 진정으로 해소된다.

⑥ 공공空空의 상생: 공공, 혹은 눈부처의 상생은 내 안의 타자, 타자 안의 내가 대화를 하여 하나로 어우러지는 것이다. 이는 두 사람이 서로 감성에 의해 차이를 긍정하고 몸으로 상대방을 수용하고 섞이면서 생성된다. 나와 타자 사이의 진정한 차이와 내 안의 타자를 찾아내고서 자신의 동일성을 버리고 타자 안에서 부처를 발견하고서 나 또한 부처가 되는 길이다.

눈부처-차이로 전환하되 권력을 해체해야 한다

마르크스적 대안은 사회정의의 이름으로 언제든 타자에 대한 폭력을 합리화할 수 있으며, 동일성에 포획되지 않은 제3세계, 이교도, 여성, 성적 소수자, 장애인, 이주민 등을 타자화하고 이들에 대한 폭력을 정당화할 수 있다. 눈부처의 차이는 폭력을 야기한 토대, 곧 자본주의 체제와 국가를 간과하고 관념의 유희에 빠질 수 있다.

눈부처의 차이는 들뢰즈의 차이의 철학과 통한다. 양자 모두 개념적 차이를 넘어서서 차이 그 자체, 정적인 것이 아니라 역동적이고 생성하는 차이를 추구한다는 점에서도 유사하다. 반면에, 들뢰즈의 차이와 달리, 눈부처의 차이는 일심을 지향한다. 양자의 차이를 인정하면서도 다름을 소멸시키고 하나 됨을 추구하며, 인간의 마음에 내재한 불성을 서로 드러내 붓다의 경지에 이르려 한다. 눈부처-차이는 차이가 실은 힘과 힘 사이의 관계임을 인식하지 못한다. 때문에 차이를 동일성으로 환원하려는 세력, 특히 오이디푸스화를 통해 인간의 욕망을 억압하고 통제하는 자본주의 체제를 비판하는 데 유용하지 못하다. 이에 눈부처-차이는 초역사성을 탈피하여 자본주의의 맥락에서 개인과 집단 사이에서 권력을 바탕으로 타자를 배제하고 폭력을 행하는 세력, 제도에 대해 저항할 수 있는 구체적 실천성을 담아야 한다.

개인과 개인 사이에서는 사람들이 눈부처-차이로 패러다임을 전환하고 행동한다면, 설혹 갈등이 남는다 하더라도 폭력은 저절로 사라질 것이다. 사제지간, 직장의 상하 관계, 남녀 관계처럼 미시적 권력이 작용하는 장에서는 이를 정당화하는 모든 논리를 이데올로기로 규정하고 비판하며, 이를 유지하는 제도 자체를 해체하려는 노력을 해야 한다. 이와 함께 비대칭적 권력 관계를 형성하는 구조를 깨는 실천, 곧 아랫사람은 권력에 저항하고 윗사람은 아랫사람을 배려하여 권력을 포기하는 아량을 자발적으로 베푸는 적극적인 자세가 필요하다.

인류학적으로 볼 때는 유전자 번식 본능과 먹이에 대한 갈등으로 빚어지는 타자화의 싹을 없애야 한다. 전자의 대안은 "공동 육아와 공개적인 식생활과 함께 먹기다".[52] 아울러 공감을 확대하고 인간 사이의 협력을 증진하는 공감·협력 교육과 지혜의 공유, 음악과 예술을 통한 감정의 공유 등도 필요하다.

하지만 자본주의 체제와 국가의 장에서는 이런 노력으로 폭력이 제거되지 않는다. 자본주의 체제는 인간을 사물화하고 욕망증식의 노예로 이끈다. 이 체제에서 물적인 것에서부터 욕망에 이르기까지 다양한 차이가 이데올로기와 권력을 구성하기에 개인과 타자, 노동과 자본, 개인과 국가 사이에 권력이 작동하며, 동일성의 패러다임에 입각한 타자나 제도, 국가, 자본제가 존속하는 한 폭력은 발생한다. 자본과 노동, 국가와 시민 사이에서 전자가 후자보다 압도적으로 강한 권력을 가지고 있다. 때문에 국가와 자본, 시민이 동등한 권력을 가질 수 있도록 시민이 시민적 주체성을 확보하고 헌법에서부터 사회제도에 이르기까지 국가와 사회 시스템을 변혁하는 것이 선행작업이다. 이것이 불가능할 경우 민중은 자각하여 자신에게 작용하는 모든 폭력을 인식하고 스스로를 조직하고 연대하여 이로부터 해방을 추구하는 정치와 저항에 나서야 한다.

이제 눈부처-차이의 패러다임으로 전환하여 동일성의 패러다임과 이를 바탕으로 유지되는 제도와 시스템을 해체한다. 어릴 때에는 공감의 뿌리 교육이나 약자들의 고통에 함께하는 체험을 통해 공감을 증대하면서 동일성을 서서히 해체한다. 성인으로 성장한 후에는 눈부처-차이의 틀 안에서 동일성을 완전히 해체하고 상대방의 눈부처를 만나 공감하고 하나가 되며, 눈부처-주체로서 세계의 모순과 부조리에 대해 철저하게 깨닫고, 이에 맞서고, 구조적 폭력을 제거하는 운동에 참여하고, 문화적 폭력과 재현의 폭력에 맞서서 담론투쟁을 전개하고, 공감하는 이들이 서로 연대하여 폭력을 낳는 자본과 국가, 제국에 저항한다.

엘리 위젤Elie Wiesel의 지적대로, 아픈 곳이 내 몸의 중심이자 세상의 중심이다. 우리 몸의 중심은 배꼽도, 머리도, 심장도 아니다. 가장 아픈 곳이다. 손가락을 조금만 다쳐도 온 정신이 그리 쏠리고, 백혈구와 산소와 영양분과 복원 세포가 그리로 모여 세균을 퇴치하고 새

살이 돋게 하고 결국 몸을 치유한다.[53]

타인의 고통이 내 마음의 중심이다. 그의 고통이 내 것처럼 아픔을 느낄 때 나는 비로소 인간이 되는 것이다. 그와 나는 상호작용하고 깊은 연관 관계에 있으므로 타인의 고통은 나와 무관하지 않다. 백혈구와 산소와 영양분이 모여 아픈 곳을 치유하고 몸을 새롭게 하듯 타인의 고통이 치유될 때, 그와 내가 발을 디디고 있는 세상이 건전한 사회가 될 수 있다. 이처럼 소극적 평화는 타인의 고통에 대한 연민과 공감에서 비롯된다.

적극적 평화는 구조적 폭력과 폭력을 낳은 구조를 극복할 때 이루어진다. 누구든 '순전한 생각 없음'에서 헤어나지 못하면 평범한 악을 범할 수 있으므로, 세계의 모순과 부조리, 권력의 역학관계에 대해서 철저히 인식하도록 각성하고 깨어 있어야 한다. 타자를 배제하고 폭력을 행하는 동일성을 해체하고 눈부처-차이의 패러다임으로 전환하되, 모든 장에서 비대칭적인 권력을 해체하는 실천을 하고 이 권력을 뒷받침하는 이데올로기와 권위에 저항해야 한다. 문화적 폭력과 재현의 폭력에 대해서는 담론투쟁과 헤게모니투쟁을 전개하고, 구조적 폭력을 구성하는 모든 제도와 시스템, 국가와 자본에 저항하여 이를 혁파하고 해방을 달성해야 한다.

세 명이 공감하고 연대하면 세상을 바꿀 수 있다

무엇보다도 인간이 잔인한 폭력과 학살을 일소하는 출발점은 타자의 고통에 대한 공감과 연대다. 하버드대학교의 인지심리학자 마크

하우저Marc D. Hauser는 스탠리 밀그램 실험과 다른 실험 결과를 소개한다. "손잡이를 당기면 먹이가 나온다는 것을 알도록 붉은털원숭이를 가르친 뒤, 그 옆에 다른 붉은털원숭이를 넣었다. 그리고 손잡이를 조작하여 한 원숭이가 손잡이를 당기면, 옆의 붉은털원숭이에게는 전기 충격이 가해지도록 했다. 그러자 놀랍게도 그 모습을 본 붉은털원숭이는 5~12일 동안 굶주리면서도 손잡이를 당기지 않았다. (……) 붉은털원숭이는 낯선 원숭이나 토끼 같은 다른 동물이 있을 때보다, 알고 지내던 붉은털원숭이일 경우에 손잡이를 덜 당겼다. 또 전기 충격을 경험한 붉은털원숭이는 그렇지 않은 붉은털원숭이보다 더 오랫동안 손잡이를 당기지 않았다."[54] 이 실험 결과와 스탠리 밀그램 실험을 비교하며 인간의 악마성에 대해 좌절할 필요는 없다. 이는 붉은털원숭이가 인간보다 덜 폭력적이기 때문이 아니다. 붉은털원숭이가 오랜 시간 동안 굶주리면서도 다른 원숭이에게 고통을 끼치는 일을 하지 않은 것은 권위와 상황에 대한 인식이 없었을 뿐만 아니라 동일성에 따른 자의식이 없기에 타자를 배제하고 폭력을 가하여 동일성을 강화하려는 마음도 일어나지 않았기 때문이다. 영장류에 더하여 인간은 이성과 협동의 역사적 경험을 가지고 있고 이를 기억하고 있다. 그렇다면 동일성만 제거해도 인간은 타자의 고통에 대해 공감하고, 이 공감을 바탕으로 상황의 압박을 극복하고 강한 권위에 맞서서 인간애와 정의를 지켜내는 일을 상당히 잘 수행할 수 있을 것이다.

스탠리 밀그램 실험에서 65퍼센트가 권위에 복종하여 타인의 죽음에 이르는 고통을 감내한 결과는 그들이 고립되어 있었기 때문이다. 20대 여인이 35분 동안 아파트 입구에서 칼에 찔리는 참변을 당하는데도 이 현장을 목격했던 38명 중 단 한 명도 경찰에 전화 등으로 신고하지 않은 채 침묵했던 것은 그들이 공감력이나 용기가 없어서가 아니라 책임이 분산되어 모두가 누구인가 신고하겠지 생각하며 서로 미뤘기 때문이다. "2008년 4월 서울 강남역 인근의 도로 횡단보도에서 한 명이나 두 명의 남자가 서서 하늘에 무언가가 있는 것처럼 손짓을 하며 바라보면 사람들은 그냥 지나치지만, 3명이 쳐다보자 상황이 급작스럽게 바뀌었다. 거리의 수많은 사람들이 일제히 발길을 멈추고 그들과 함께 하늘을 올려다보았다."[55] "솔로몬 애쉬의 선분 실험에서도 드러나듯, 3명이면 상황을 변화시킬 전환점이 생긴다. 3명이면 상황을 바꾸는 집단을 형성할 수 있는 것이다. 실제로 2003년 10월 13일 지하철 2호선 신당역에서 승강장에 낀 사람을 구하기 위해 승객들이 모여 전동차를 밀어냈다. 2005년 10월 17일 지하철 5호선 천호역에서 사람이 전동차에 낀 후 두세 사람이 나서자 주변 시민이 모여들어 33톤의 차량을 밀어내고 사람을 구했다."[56] "상황에 종속되어 있는 게 우리 인간이지만, 동시에 소수가 전체 상황을 바꿀 수도 있는 능동적인 행위자들이며",[57] 그 출발은 공감이다. 스탠리 밀그램 실험에서 피험자들이 같은 시간에 같은 방에 있었고 거기서 세 명이 타자의 고통에 공감하면서 거부할 의사를 표출하고 이를 다른 피험자들도 볼 수 있었다면 단 한 명도 권위에 복종하는 일은 없었을 것이라고 확신한다. "르완다 대학살 이후 가해자와 피해자, 지역주민들은 가차차(Gacaca, 키냐르완다어로 '초원 위의 재판'이라는 뜻)에 모여 대화하고 화해했다. 전쟁에서조차 적군의 아픔에 공감하여 발포하지 않았다. 남북전쟁 시 게티즈버그 전투가 끝난 뒤 수거된 소총 가운데 90퍼센트에 가까운 소총이 여전히 장전되어 있는 상태였으며, 제1차 세계대전의 솜Somme 전투에서는 독일군 기관총 사수들이 후퇴 중인 영국 보병을 향해 발포하길 거부했고, 제2차 세계대전 중에는 대략 85퍼센트나 되는 군인들이 적에게 발포하지 않은 것으로 추산된다."[58] 폭력배를 타자로 삼아 조사하고 구속하는 한 폭력이 끊이지 않았지만, 그들의 고통에도 공감하고 지역사회의 '우리'로 끌어들인 이후 마을에 진정한 평화가 온 사례는 너무도 많다.

타자의 고통에 공감하며 눈부처의 차이로서 동일성을 완전히 해체하고, 세상의 중심은 아픈 곳이라는 생각으로 그에 집중하며 공감하는 사람끼리 연대하고, 이성을 가지고 인간을 사물화하고 폭력을 행하는 사람, 제도, 구조의 모순에 대해 인식하고 이에 비판하고 저항하여 아픈 자를 구제하고 더 나아가 그런 제도와 구조를 개혁하는 일에 동참하자. 그것이 인간이 사람답게 사는 길이자 '사람들의 마을', 나아가 세계공화국을 구성하는 바탕이다.

3장

인간성의 상실과
소외의 심화

: 소외론 대 진속불이眞俗不二의 눈부처—주체론

노동의 의미

당신은 왜 사무치는 고독과 소외에 몸부림을 칩니까

우리는 왜 고독하고 불안한가? 만물의 영장이라지만 미물에게도 공포를 느끼는 나약한 존재, 영원과 지속을 열망하지만 언제인가 죽을 수밖에 없는 존재, 완성을 지향하지만 한계와 결핍으로 가득한 존재, 이상과 행복을 추구하지만 늘 그에 이르지 못하여 이상과 현실, 행복과 불행 사이의 괴리에 시달리는 존재, 무한히 욕망을 탐하지만 늘 그것이 신기루임을 깨달아야 하는 존재, 주변 사람들과 믿음와 우애를 유지하고 싶지만 너무도 쉽게 상처를 주고받는 존재, 사랑받고 인정받기를 열망하지만 늘 기대치에 못 미쳐서 실망하거나 배신과 모함, 비난에 몸부림을 치는 존재, 거룩함을 좇지만 돌아보면 한없이 천박한 존재, 과거를 반성하며 더 나은 미래를 바라지만 시간에 전혀 개입할 수 없는 존재가 바로 인간이다. 그러기에 인간은 고독하고 불안하다. 고독과 불안이 인간의 실존적 숙명이지만, 사회적 조건도 한몫을 한다. 무엇보다도 욕망을 부추기고 인간성을 타락시키고 공동체를 해체하며 효율성을 추구하며 과도한 목표를 요구하고 삶의 속도가 빨라지고 위험이 일상이 된 현대사회가 고독과 불안을 증대시킨다.

현대인은 왜 소외로 고통스러워하는가. 독거노인처럼 가난하고 헐벗고 아무도 돌보는 이 없는 사람만이 아니다. 권력의 정점에 있는 이, 수억 원을 쉽게 쓰는 이, 한번 나타나면 수십만 대중이 환호를 하는 스타조차 타인으로부터, 자기 자신으로부터 낯선 경험을 하고 몸부림을 친다.

카프카Franz kafka의 『변신』이란 작품이 있다. 성실하게 일만 한 샐러리맨 '그레고르 잠자'는 어느 날 갑자기 벌레로 변한다. 그러자 그가 가장 사랑했고 그를 사랑했던 가족은 그를 징그러워하고 혐오스러워한다. 그가 그토록 사랑했던 누이마저. 그는 끝없는 소외와 고독 속에서 죽어간다. 마침내 그가 죽자 가족들은 아무 일도 없었다는 듯 소풍을 떠난다.

사람이 벌레로 변하는 일은 불가능한 일이다. 그런 입장에서 보면 이는 현실성이 없는 소설이다. 그러나 이 소설만큼 현실적인 소설도 없다. 우리 사회가 인간을 소외시키고 있는 양상에 대해 소름이 돋도록 극명하게 보여준 작품이다. 우리 모두는 벌레가 아닌가? 타인들로부터 벌레 같은 존재로 간주되면서도 존엄한 인간이라고, 모두에게 사랑받고 인정받는 존재라고 착각하는 것은 아닌가? 잠자가 죽었을 때 오히려 가족들이 소풍을 떠난 것처럼 내가 죽었을 때 내 주변의 사람들은 그리 아무런 일도 없었다는 듯 자신들의 삶을 살지 않겠는가. 나 또한 다른 이들에게 아무 의미도 갖지 못하는 벌레 같은 존재인 것은 아닌가. 아니, 현실은 『변신』보다 더 비극적이다. 우리는 자신을 가장 잘 이해하고 사랑하는 사람을 돈 몇 푼 때문에 죽일 수 있는 시대에 살고 있다. 왜 현대인은 물질적 풍요를 누리면서도 소외를 겪어야 하는가.

널리 보면 따돌림, 왕따도 소외의 일종이다. 어느 시대, 어느 집단이든 따돌림은 있었다. 그러나 소외는 따돌림 이상의 것이다. 군중속에 있어도 고독한 것, 대중으로부터 박수와 갈채를 받는 그 순간에도 마음이 불안하고 쓸쓸한 것, 문득 자신이 낯설게 느껴지는 것, 지극히 사랑하는 가까운 이들이 너무도 먼 타인처럼 느껴지는 것, 따돌림 당하는 몇몇이 아니라 현대인 모두를 불안과 고독과 낯섦에 몸부림치게 하는 것, 일이 몹시도 싫은데 먹고살려고 억지로 출근하게 하는 것, 문득 사람이 아니라 기계로 느껴지게 하는 것, 불안과 고독을 이기지 못하고 타인에게 폭력을 휘두르게 하는 것, 돈, 스타, 독재자를 열광적으로 섬기게 하는 것, 인간의 본성을 상실하고 괴물이 되어 타인을 괴롭히고, 착취하고, 폭력과 살해를 행하게 하는 것, 죽음보다 더 고통스러워 자살로 이끄는 것, 바로 그것이 소외다.

노동은 진정한 자기실현 행위, 곧 자유다

소외는 모든 현대인이 겪고 있는 최고, 최대의 병이 되었다. 소외에 대한 탐구는 현대, 산업사회, 자본주의 체제라는 맥락과 분리시켜 생각할 수 없다. 이 맥락에서 바라보면 가장 핵심적인 문제는 노동이다. "사람들이 어떠한 존재인가는 그들이 수행하는 생산의 물질적 조건들에 따라 좌우된다."[1] 의식은 인간이 참여하는 생산 활동으로부터 분리할 수 없다. "노동이 생명이며",[2] 인간의 본질을 형성하고 자연의 본성을 드러내며 사회를 구성하는 근본 토대다. 영화 〈설국열차〉는 가진 자와 못 가진 사이의 대립과 갈등, 시스템에 의한 억압과 통제에 대해 잘 다룬 수작이다. 하지만 치명적인 결함이 있다. 노동이 빠졌다. 가장 하층계급인 꼬리 칸의 사람들은 노동을 하지 않는다. 그러면 누가 생산을 담당하며, 상층계급은 하층계급이 생산한 잉여가치를 빼앗지 않고서 어떻게 부와 향락을 누릴 수 있단 말인가.

노동은 우선 무엇보다도 인간과 자연이 참여하는 한 과정, 다시 말하면 인간이 자기 자신의 행위를 통해서 인간과 자연 사이의 물질대사를 시작하고 규제하며 통제하는 한 과정이다. 인간은 하나의 자연력으로서 자연과 대립한다. 그는 자연소재를 자신의 생활에 유용한 형태로 만들기 위하여 자신의 타고난 신체적 힘인 팔·다리·머리·손 등을 움직인다. 그는 이러한 움직임을 통해서 자기 외부의 자연에 작용하여 이를 변화시키며 또한 이를 통해서 자신의 본성까지도 변화시킨다. 그는 자신의 본성 안에 잠자고 있는 잠재력을 개발해내고, 그것이 자신의 통제 아래 발휘하게 한다. 여기서 우리는 동물적이고 본능적인 최초의 노동 형태는 다루지 않는다. 노동자가 자기 노동력의 판매자로서 상품시장에 나타나는 것은 인간노동이 아직 그 최초의 본능적인 형태를 탈피하지 못했던 시기부터 엄청난 시간이 경과되고 난 뒤였다. 여기에서 우리가 다루게 될 것은 바로 전자의 노동형태, 즉 오로지 인간에게만 특수하게 나타나는 노동형태이다. 거미는 직물업자가 하는 것과 비슷한 작업을 수행하고, 또 꿀벌은 자신의 집을 지음으로써 수많은 인간 건축가를 무색하게 만든다. 그렇지만 아무리 서툰 건축가라도 가장 우수한 꿀벌보다 애초부터 앞서 있는 점은, 건축가는 밀랍으로 집을 짓기 전에 미리 그것을 자신의 머릿속에서 짓는다는 데 있다. 노동과정이 끝나고 마지막에 나오는 결과물은 노동과정이 시작되는 시점에 벌써 노동자의 머릿속에[따라서 이미 관념적으로] 존재하고 있던 것이다. 그는 단지 자연물의 형태를 변화시키는 데 그치는 것이 아니라, 동시에 그 자연물을 통해 자신의 목적[즉, 그가 잘 알고 있는 것이면서 동시에 자신의 행동방식을 결정하는 기준이기도 하며 또한 자신의 의지를 예속시켜야만 하는 그런 자신의 목적]도 실현한다. 그리고 목적을 위한 이런 의지의 예속은 노동과정과 별개로 이루어지는 행위가 아니다. (……) 노동과정의 기본 요소는 ① 인간의 개인 행위, 즉 노동 그 자체, ② 노동대상, 그리고 ③ 노동수단이다.[3]

개미나 꿀벌도 집을 짓는다. 인간의 노동이 개미나 꿀벌의 행위와 다른 점은 자신의 목적에 따라 자연물을 변화시킬 뿐만 아니라 자연물 안에서 노동을 통해 자기실현을 한다는 데 있다. 마르크스가 볼 때, 인간과 동물의 노동의 차이는 여러 가지다.

동물은 자기 새끼에게 필요한 것만 생산하지만 인간은 유적 존재로서 생산한다. 동물은 일방적으로 생산하지만 인간은 보편적으로 생산한다. 동물은 직접적인 육체적 욕구에 따라 생산하지만 인간은 육체적 욕구에서 벗어난 자유 속에서만 진정으로 생산한다. 동물은 자기 자신만을 생산하지만 인간은 자연 전체를 재생산한다. 동물의 생산물은 직접적으로 물질적 신체에 속하지만 인간은 자신의 생산물에 자유롭게 대항한다. 동물은 자신이 속해 있는 종의 규준과 욕구에 따라서만 형태를 만들지만, 인간은 모든 종의 규준에 따라 생산하고 미의 법칙에 따라 형태를 만든다.[4]

어렸을 때 흙집을 짓는 일을 도운 적이 있다. 서울 변두리인 신길동에 살던 어느 늦은 가을날이었다. 마을 사람들로부터 법 없이도 살 사람이라는 말을 들으며 오랫동안 통장을 맡던, 무능하지만 유별나게 선하던 선친은 우리 집 텃밭에 급히 집을 지으셨다. 급히 겨울을 나야 할 사람이 있는데 마을에 빈집도 없고 집 지을 공터라고는 우리 집 텃밭뿐이라며, 그곳을 대충 정리하고는 일을 시작하셨다. 선친은 집 짓는 기술자인 친구분과 함께 터를 잡고 주춧돌을 놓고 기둥을 놓으셨다. 나는 황토를 퍼 왔다. 선친은 황토를 잘게 부숴 채로 거른 후, 짚을 썰어 넣은 다음, 이를 분화구처럼 만든 후 물을 붓고 반죽을 하셨다. 난 반죽에 올라가서 맨발로 눌러 다졌다. 다진 흙 반죽을 퍼서 벽돌 틀에 넣으면, 선친은 다시 주먹으로 꾹꾹 누르고서 사각 틀을 들어올렸다. 그러면 메주 모양의 흙벽돌이 빠져나왔다. 그늘에 시멘트 포대 포장지를 깔고 그곳으로 옮겨 말렸다. 잘 마른 흙벽돌을 날라주면, 아저씨 솜씨 좋게 올려 쌓으셨다. 구들을 놓고 지붕을 올리고 미장을 하고 전깃줄을 이어놓고 보니, 창문도 없는 집이지만 그런대로 겨울을 날 만한 집 한 칸이 들어섰다.

벌은 본능에 따라 집을 짓지만, 인간은 목적에 따라 이를 수행한다. 노동이란 인간이 목적에 따라 대상인 자연을 자신의 육체와 도구를 이용하여 변형시켜서 새로운 가치를 창출하는 것이다. 집을 짓는 노동은 나라는 존재가 가족과 함께 편안한 주거를 하려는 목적을 가지고 머릿속으로 지을 집과 과정을 상상하고 그에 따라 힘과 잠재력을 투여하여 흙을 흙벽돌과 집으로 변화시키는 행위다. 그날 아버진 흙벽돌을 만드는 나를 보고 대견스럽게 여기셨지만, 나 또한 그런 나 자신에 대해 성취감과 만족감으로 가슴이 채워지는 기분을 느꼈다. 이처럼 노동하는 순간 인간은 진정한 자기실현을 하는 주체로 거듭난다. 나는 노동을 통해 흙이란 대상을 집으로 변화시키는, 곧 자연을 변형시켜 새로운 가치를 창조하는 주인이 된다. 별다른 의미가 없던 나는 노동을 통해 흙을 집으로 창조할 뿐만 아니라 집을 짓는 나로 거듭난다. 자연(흙)은 인간화한 자연(흙벽돌과 집)으로 변하고, 나 또한 생산과 창조를 하는 주체로 변한다. 노동은 대상만이 아니라 자신도 창조하는 것이다.

아무런 쓸모가 없던 흙은 나와 몇몇 사람으로 말미암아 사람이 비바람을 피하고 따스하게 살아갈 수 있는 가치를 갖는 집으로 변했다. 집을 짓는 순간 나는 노동을 통해 자연의 대상을 새로운 사용가치를 갖는 생산물로 변화시키는 주체가 되었다. 물리적 차원에서 보면 흙도 그 안의 원자들이 운동을 하고 있지만, 생활의 차원에서 보면 흙은 내 앞에 아무런 움직임이 없이 존재한다. 흙은 원래 부드럽고 점도가 있어서, 물을 주어 반죽을 하면 변형이 가능하면서도 고체성을 유지하는 성질이 있다. 이를 흙벽돌로 만들면 단단해져서 벽을 형성하고 어느 정도 물과 공기를 틀어막던 흙의 가치가 더욱 증대되어 비와 바람, 찬 기운을 차단함은 물론, 습기를 조절하고 공기를 소통시키는 등 그 안에서 사람들이 편안함을 느끼며 주거할 수 있도록 돕는다. 이처럼 나는 아무런 움직임 없이 존재하던 흙을 퍼서 반죽을 하고 틀에 찍고 말리는 노동을 하여 흙이 가지고 있는 기존의 가치를 증대시키면서 비와 바람을 막고 온기를 품는 흙벽돌의 가치를 창출한다. 이처럼 "사용가치에서 보면, 노동은 기존의 사용가치를 증가시키면서 이를 보존하고, 궁극적인 목적에 한정된 대로 새로운 노동 대상을 만들면서 가치를 증진시키며, 이어서 아무 모순 없이 작동하지 않는 형식을 객관적 물질의 형식, 노동의 본체로 변화시키는 특성을 갖는다."[5]

노동은 인간에게 유적類的 존재로서 협력과 연대를 하는 환희를 안긴다. 선친의 친구분은 미장과 구들과 같은 기술적인 일을 맡고, 선친은 흙벽돌을 만들고 기둥을 세우는 일을 하고, 나는 흙과 흙벽돌을 나르는 일을 하고 선비先妣는 도배를 하셨다. 일이 끝나고 그 자리엔 막걸리 판이 벌어지고, 선친은 내 생애 처음으로 술 한 잔을 권하셨다. 술보다 인정받았다는 기쁨에 먼저 취했다. 집이 다 지어졌을 때, 나도 한몫을 했다는 뿌듯함으로 오랫동안 집을 바라보았고 가끔씩 가서는 벽을 쓰다듬었다.

노동은 세계 속으로 시간을 끌어들인다. "노동은 살아 있는 것, 형식을 부여하는 불이다. 그것은 살아 있는 시간에 의해 형성되는 구성물로서 사물과 그들의 시간성의 변이다."[6] 객관적인 조건 속에서 인간은 노동을 함으로써 시간을 인식하며 물질에 시간을 부여하고, 이를 세계와 자신의 삶 속으로 끌어들여 시간을 창조한다. 자연의 대상 그 자체로 낡은 가치를 지닌 흙이 과거라면, 이것에 반죽하고 찍어내는 노동을 가하여 새로운 대상인 흙벽돌로 만드는 것이 현재이며, 이 흙벽돌이 비바람을 막는 새로운 가치를 창출하는 것이 미래다. 흙이 흙 반죽으로, 흙벽돌로, 집의 벽으로 연달아 변하고 새로운 가치도 이어지지만, 살아 있는 노동을 통해 현재가 형성되며 이 현재에 과거와 미래가 종합적으로 통일되어 있다.

한 개인은 노동을 통해 진정한 자기실현을 할 뿐만 아니라 타자를 자유롭게 하는 대자적 자유 또한 구현한다. 흙집을 짓자마자 젊은 부부가 들어와 겨울을 났다. 허름하고 구접스러운 집이었지만, 거리를 떠도는 것보다 훨씬 안온한 삶이었으리라. 행상을 한다며 봄이 되자 바로 떠나고 난 후에는 그 집을 허물고 다시 상추나 고추를 심었기에 별로 기억에 남지 않았지만, 그들 부부가 고맙다며 내 머리를 쓰다듬거나 별식으로 부침개를 부쳐 줄 때면 마음은 흐뭇하였다. 그처럼 노동은 다른 이를 자유롭게 하여 내가 자유롭게 되는 대자적 실천 행위다.

이처럼 노동은 도구를 이용하여 자연을 변화시켜 생산물로 만들며, 낡은 가치를 보존하면서 새로운 가치를 창조하고, 살아 있는 시간을 만들면서 개인이 진정한 자기실현을 하고 타인과 더불어 유적 존재로서 실존하게 하고, 나아가 대자적 실천 행위를 구현하게 하는 것이다. 인간 주체가 자연을 변화시키고 이 행위를 통해 자신을 거듭나게 하는 실천이다. 그러나 자본주의 체제에서는 노동 자체가 소외의 한 양식이 되고 노동할수록 외려 소외가 심화한다.

현대인의 소외의 양상

오로지 교환가치뿐인 자본주의사회

외국인이 한국문화 가운데 가장 내세울 것이 무엇이냐고 물으면, 필자는 한글도, 석굴암도, 팔만대장경도 중요하지만 그 제일은 공동체 문화라고 답한다. 시골은 말할 것도 없고 산업화와 근대화가 세계에서 가장 압축적으로 30년 만에 진행된 서울임에도 1970년대까지만 해도 느슨한 형태의 공동체와 골목 문화가 남아 있었다는 이야기를 하면 그들도 고개를 끄덕이며 감탄한다. 그러나 자본주의 체제에서 노동은 소외의 양식으로 변하고 소외된 노동은 인간과 사회를 변화시킨다. 마르크스는 소외된 노동이 무엇을 소외시키는지에 대해 좀 더 구체적으로 기술하고 있다.

소외된 노동은 인간에게서 ① 자연을 소외시키고, ② 자기 자신, 인간 고유의 활동적 기능, 인간의 생명활동을 소외시킴으로써, 그것은 인간에게서 유類를 소외시킨다. 소외된 노동은 인간에게 유적 생활을 개인생활의 수단으로 만든다. (……) ③ 소외된 노동은 인간의 유적 존재, 자연과 인간의 정신적인 유적 자질을 그에게 낯선 존재로, 그의 개인적 생존의 수단으로 만든다. 소외된 노동은 인간으로부터 인간 고유의 신체를 소외시키며, 바깥의 자연과 인간의 정신적 본질을 소외시키는 것과 마찬가지로 인간의 인간적인 존재를 소외시킨다. ④ 인간이 자신의 노동의 생산물, 자신의 생명활동, 자신의 유적 존재로부터 소외되어 있다는 사실이 직접 귀결하는 바는 바로 인간에 의한 인간의 소외이다.[7]

우리의 마을 공동체는 근대화와 산업화에 밀려 해체되고 자본주의의 시장 체제에 포섭되었으며, 아름다운 자연은 개발로 사라지고 선하던 마을 사람들은 돈의 노예로 속속 전락했다.

자본주의 체제는 사용가치를 교환가치로 대체하고 뒤집어버린 사회다. 필자가 중학교 다닐 때만 해도 문방구에서 펜촉만 사서는 나무를 깎거나 다 사용한 볼펜 자루를 이용하여 펜을 만들어 사용했다. 그리 자신이 만든 펜을 오십 대가 된 이제까지 간직하고 있는 중년이 있다고 가정하자. 그는 그 펜으로 입시에 연신 실패하여 좌절해 있는 후배에게 편지를 써서 다시 희망을 갖고 공부를 하도록 이끌고, 독재정권을 비판하는 글을 써서 전단으로 만들어 뿌리고, 밤을 새워 사랑하는 여인에게 편지를 써서 아내로 만들었다. 그런 기억들의 주름이 접힌 펜을 그는 수백만 원짜리 만년필과도 바꾸지 않는다.

하지만 이 펜의 가치는 그의 영역 내에서만 그럴 뿐이다. 그가 어느 날 이를 들고 백화점에 가서 이것과 다른 만년필은커녕, 몇천 원짜리 볼펜 서너 자루와 바꾸자고 하더라도 점원은 그를 미친놈으로 간주할 것이다. 그 점원은 그 펜에 담긴 역사와 가치를 모른다. 그 펜이 잉크만 묻히면 아직 아름다운 글을 쓸 수 있고 이로 얼마나 많은 사람을 감동시킬 수 있는지 알지 못한다. 점원에게 그 펜의 진정한 가치는 보이지 않는다. 그 펜이 시장에서 화폐와 교환되는 몇백 원의 가치만 따져질 뿐이다. 펜만이 아니라 자본주의 시장 체제에서 거래되는 모든 상품이 같은 운명에 놓인다. 노동력 또한 상품으로 바뀌고 노동자는 경쟁의 굴레에서 벗어나지 못한다. 취업 과정에서는 동료들과 경쟁하고, 생산과정에서는 동료 및 기계와 경쟁하고, 소비 과정에서는 생산물과 경쟁한다. 이처럼 자본주의 체제는 모든 대상을 교환가치로 대체하여 바라보고 그를 기준으로 경쟁하도록 삶을 조정하고 인간을 압박하는 사회다.

이런 사회에 나타나는 보편적 현상이 물화物化, reification이다. 자본주의사회는 모든 것을 교환가치로 대체하여 물질로, 돈으로 대체하여 바라보기에 사람들의 관계 또한 사물의 성격을 지닌다. 물화한 개인은 자기 주변의 모든 것을 물질의 눈으로, 상품 관계로 바라본다. 그래서 우리 집에 대해 묻는 이들에게 우리 집 창으로 관악산의 숲과 능선이 아름답게 펼쳐졌고 새와 개구리 우는 소리가 들린다고 하면 잘 알아듣지 못한다. 평당 얼마짜리 아파트의 몇 평 아파트라 해야 금세 이해한다. 온갖 삶이 이렇듯 물화되어 있으니 우리는 서로를 소외시킨다. 애인, 친구, 선후배, 가족처럼 인간적인 배려와 유대가 최고의 가치인 관계에서조차 교환가치를 따진다.

이 사회에서 노동은 소외의 한 양식이 된다. 노동 활동, 노동 그 자체로부터 소외, 노동 생산물로부터 소외, 유적 존재로부터의 소외, 시간으로부터의 소외, 기계 기술에 대한 예속, 인간 자신으로부터의 소외가 일어난다. 무엇보다 노동의 외화와 물화가 일어나며, 노동자는 자기실현으로서 노동을 하지 못한다.

노동의 외화는 노동이 대상화하는 과정이므로 당연한 것이다. 하지만 이 대상화 과정에서 새로운 가치를 창조하는 살아 있는 노동이 분리될 때, 노동자가 주체가 되지 못하고 외려 노동자가 통제되고 예속될 때, 노동이 그의 것이 아니라 남의 것이 될 때, 노동이 노동자의 본질에 속하지 못하고 별로 관련이 없는 대상으로 머물 때 노동의 외화는 소외로 변한다. "노동자가 자신의 노동 속에서 스스로를 긍정하지 않고 부정하며, 만족감 대신 불행을 느끼며, 육체적이고 정신적인 에너지를 자유롭게 발전시키는 것이 아니라 육체에 고통을 주고 정신을 망치게 하는 것이다. 그런 까닭에 노동자는 노동의 바깥에서야 그 자신을 느낄 뿐이며, 노동 안에서는 자기 바깥에 있다고 느낀다. 노동하지 않을 때에는 편안하고, 노동할 때에는 편안하지 못하다. 그런 까닭에 그의 노동은 자발적인 것이 아니라, 강요된 강제노동이다. 그런 까닭에 노동은 욕구의 만족이 아니라 노동 바깥에 있는 욕구를 만족시키기 위한 수단일 뿐이다. (……) 외적인 노동, 인간이 자신을 소외시킨 노동은 자기를 희생하고 고통스럽게 하는 노동이다."[8]

자본주의 체제에서 노동자는 그저 돈을 벌기 위해 노동한다. 그는 자신의 노동력을 자본가에게 연봉 몇천만 원의 형식으로 판매한다. 노동자 자신이 상품이 되는 것이다. 자본가는 이윤을 남겨 이를 자본으로 축적하는데, 이윤은 자본가가 경영을 잘해서 얻어진 것이 아니라 노동자가 생산한 것을 자본가의 몫으로 전환한 것이다. 마치 전체 자본이 이윤을 창조한 것처럼 착각을 일으키게 하지만 이는 자본이 노동자가 생산한 잉여가치를 착취한 것이다. 한마디로 말해, 이윤이란 실은 노동자로부터 착취한 잉여가치다.

예를 들어, 자본가가 10000원을 가지고 생산수단(밀가루, 이스트, 달걀, 우유, 빵 기계 대여비, 감가상각비)을 구입하는 데 7000원, 노동자의 노동력을 구매하는 데 3000원을 주고 빵 10개를 생산하여 하나에 1200원씩 팔아서 12000원을 벌었다면, 이윤은 2000원이다. 이는 노동자가 빵 기계를 이용하여 원료에 배합, 반죽, 발효, 굽기 등의 노동을 하여 빵을 만들어서 생산해낸 것이다. 5000원이 노동자가 노동으로 생산한 가치인데, 자본가는 이 가운데 3000원만을 노동자의 몫으로 지불했다. 3000원이 사회적 필요노동으로 생산한 것이라면, 증가된 2000원 또한 노동자의 노동에 의해 창출된 것이다. 이 2000원이 잉여가치다. 자본가는 노동자가 생산한 것이 5000원인데 임금은 3000원밖에 주지 않았으므로 2000원의 잉여가치는 자본가의 수중으로 들어간 것이며, 자본가는 이를 이윤으로 전환한 것이다.

이처럼 노동자는 자신이 생산한 잉여가치를 착취당하고, 노동은 착취의 대상으로 전락하며, 이 살아 있는 노동에 명령하고 지배권을 행사하는 것은 노동자가 아니라 자본이다. 이런 상황에서 노동은 노동자에게 본질에 속하지 못하며, 노동자는 노동을 통해 진정한 자기실현, 행복, 만족감이나 성취감을 느끼지 못한다. 노동은 강요된 것이며, 할수록 불행을 느끼며 불만스럽고 아무런 욕구의 충족도 느끼지 못하는 일일 뿐이다. 노동은 육체적이고 정신적인 에너지를 발휘하는 것이 아니라 고행과 스트레스만 겪으며 육체를 쇠약하게 하고 정신을 파멸시킨다. 이처럼 자본이 노동을 전유하고 노동자는 자기실현으로서 노동을 할 수 없기에, 노동자는 자신의 노동 활동으로부터 소외된다.

노동자는 자본주의 체제 속에서 자신이 생산한 대상으로부터 소외된다. 노동자는 분업 체계 속에서 생산의 한 부분만을 만들며, 자신 또한 기계의 한 부품처럼 작업한다. 흙벽돌은 내가 직접 노동을 하여 새로운 가치를 만들어냈다는, 내가 그것의 주인이며, 그로 다른 이를 편안하게 거주하게 한다는 뿌듯함이 있었다. 하지만 노동자가 자동차를 생산하여 창출한 가치는 자본가의 손으로 가며, 자동차의 주인은 자본가이지 노동자가 아니다. 수십만 개의 부품 가운데 하나를 조립했을 뿐인 노동자는 자동차가 사람을 태우고 이동시키는 가치와 관계가 없다. 자동차는 노동자와 별로 관련이 없으며, 노동자의 살아 있는 노동 행위로부터 분리되어 있다. 공장에서 생산한 자동차는 노동자에게 매우 낯선 대상이다.

기계의 도입은 여러모로 노동의 소외를 심화한다. 무엇보다도 기계를 도입하면 기계가 노동자의 노동을 대신하여 적은 수의 노동자를 고용하고도 더 많은 상품을 생산할 수 있으므로, 해고와 실업이 늘어난다. 기계는 원래 노동시간을 단축시키는 데 기여하는데, 자본주의 체제에서는 자본가가 기계를 많이 움직일수록 기계의 가치를 회수할 수 있기에 노동시간을 연장한다. 기계는 원래 노동을 경감시키는데, 자본가는 기계를 빨리 움직일수록 기계의 가치를 보전하고 다른 자본가에 맞서서 새로운 기계 기술이 나오기 전에 초과 잉여가치를 늘리기 위하여 운전 속도를 빠르게 하므로 노동강도를 높인다.

기계는 원래 인간이 자연을 인간의 의도대로 변형하여 노동을 좀 더 쉽고 빠르게 수행하는 도구로 제작된 것이지만, 노동자는 기계의 한 부품처럼 일하게 되므로 기계에 예속된다. 기계는 생산자의 잠재력과 노동력을 도와서 생산의 효율을 높여서 생산자의 부富를 늘리도록 하는 것인데, 자본주의 체제에서는 이 부가 자본가에게만 흘러가고 노동자는 기계를 부릴수록 실업이 늘고 잉여가치를 더 많이 착취당하여 더욱 가난해진다.

이런 상황에서 인간은 인간성으로부터 소외된다. 거기엔 내가 노동을 통해 무엇인가 의미 있는 일을 했다는, 흙벽돌을 만들었을 때 느끼던 만족감, 충족감, 성취 욕구, 대견스러움이 없다. 노동은 자기실현이나 대자적 자유의 실현을 구현하는 것이 아니다. 개인은 생존과 욕구 충족을 위한 한 수단으로서 노동할 뿐이다. 불행이고 고통임에도 먹고살기 위해 억지로 일하는 것이다. 자유를 상실한 강제된 노동, 기계와 자본가에 예속된 노동을 하면서 노동자는 생산물, 노동과정, 노동시간 그 어느 것에도 주인으로 군림하지 못한다. 단지 돈을 보고 일하는 것이기에 노동할수록 인간성에서 멀어진다. 돈을 목적으로 하는 노동인데, 그 돈조차 자본가에게 착취당하고 남은 것이다. 결국 이 체제에서 인간은 노동을 통해 자신의 본질을 구현하는 것이 아니라 이를 전도시켜서 자신을 돈을 벌기 위해 강제로 불행한 노동을 하는 인간으로 맞추어버린다.

노동력과 생산수단이 분리됨에 따라 노동자는 생산수단을 소유한 자본가로부터 잉여가치를 착취당한다. 그뿐만 아니라 "생산자들은 자신들의 노동 생산물을 교환함으로써 비로소 사회적으로 접촉하게 되기 때문에, 그들의 사적 노동이 지닌 특수한 사회적 성격도 역시 이 교환 속에서 비로소 나타나게 된다. 달리 말해서 개인의 노동은 교환행위가 직접적으로는 생산물 사이에서, 간접적으로는 생산자 사이에서, 생산자를 통하여 설정되는 관계수단에 의해서만 사회노동의 한 부분으로서 그 자신을 확고히 한다. 그러므로 생산자들에게는 한 개인의 노동이 나머지 생산자들과 연관된 관계가 노동하는 개인들 간의 직접적인 사회적 관계로서가 아니라 실제로는 사람들 사이의 물적 관계, 또는 사물 사이의 사회적 관계로서 나타난다".[9]

자본주의 체제의 노동은 유적 존재로부터도 소외된다. 흙벽돌을 만들면서 아버지를 비롯한 주변 사람과 협력을 하고 이를 통해 더욱 친밀한 인간관계를 형성했지만, 이 체제의 노동은 이를 뒤집는다. 시장에서 경쟁에서 뒤지는 것, 곧 일정 시간에 판매되지 않는 상품은 가치와 의미를 상실한다. 자본주의 체제에서 노동자 자신이 노동력을 판매하는 상품이다. 이에 자신의 본질을 돈을 버는 수단으로 전락시킨 개인은 타인을 협력이 아니라 경쟁의 상대로 생각한다. 타인도 이는 마찬가지이기에 자본주의 체제에서 개인들은 서로 대립하고 경쟁하며 상대방을 인간의 본질에서 벗어나게 만든다.

자본주의 체제에서 노동은 시간에서도 소외된다. 흙을 흙 반죽으로, 흙벽돌로 만들면서 살아 있는 노동에 의해 새로운 가치가 만들어지고 이 노동하는 현재에 과거(흙의 사용가치)와 미래(흙벽돌로 만들어져 새롭게 창출된 사용가치)가 종합적으로 통일되어 있었다. 하지만 자본주의 체제에서 시간을 지배하는 자는 자본가다. 자본은 살아 있는 노동을 전유하여 노동에 대해 명령하고 지배권을 행사한다. 그는 노동자의 노동력을 노동시간으로 환원하여 평가하며, 잉여노동시간을 착취하여 자신의 이윤으로 삼는다. 더 이상 살아 있는 노동에 의하여 가치가 만들어지지도 않으며, 노동자는 퇴근하는 그 시간까지 자본가가 요구하는 상품생산 목표에 이르는 강제된 노동을 유지할 뿐이다. 필요노동시간은 노동자 자신을 재생산하는 데 소비되는 시간이지만, 나머지 시간은 잉여노동시간으로 그 가치에 대해 지불이 이루어지지 않는다.

우리는 반역을 향한 꿈을 거세당한 일차원적 인간이다

이처럼 자본주의 체제에서 인간은 자본과 기계에 예속되어 인간성을 상실한 채 노동 활동, 노동 생산물, 시간으로부터 소외되어 타인과 대립하고 경쟁하면서 강제된 노동을 하며 스스로도 소외되고 타인들도 서로 소외시키고 있다. 마르크스에 의하여 자본주의 체제에서 노동과 소외의 문제에 대해 구체적이면서도 명쾌하게 분석하는 것이 가능해졌다. 하지만 의문은 남는다. 소외라는 것이 인간의 정신에 문제가 있는 것이라면 이는 인간의 무의식과 어떤 관련이 있는가. 자본주의 체제가 아닌 소련과 같은 사회에서도 소외 문제가 파생되는 이유는 무엇인가. 이에 대한 의문을 심도 깊게 캐고 들어간 이들이 프랑크푸르트학파 학자들이다.

(……) 노동을 위해 태어나서 첫 5년 동안에는 몸의 여러 부분에 퍼져 있던 성감대는 성기라는 몸의 일부분에 집중되며, 이 과정은 성충동을 억압하고 오로지 관리된 노동의 형태 안에서, 그리고 일부일처주의적 한정된 가정생활 안에서만 충동을 표현케 함으로써, 강하게

된 쾌락을 가능케 하기 위해서의 기본적인 단계의 억압이다. (……)
이리하여 노동은 인간으로서도 지배할 수 없는 기구를 위한 노동이
된다.[10]

소외란 스스로 따돌림 당한 사람이라고 느끼게 되는 경험형식을 뜻한
다. 인간이 자기 자신으로부터 멀어져 나가게 되었다고 말할 수 있다.
인간은 스스로를 자기 세계의 중심체나 자기 행위의 창조자로 느끼지
못하고 자신의 행위와 그 행위의 결과가 주인공이 되어 복종과 심지
어 숭배까지 강요하게 된다. 소외된 인간은 다른 사람으로부터 떨어
져 있듯이 자기 자신으로부터도 떨어져 있다. 그는 다른 사람들과 지
각과 마찬가지로 양식을 갖고 사물이 경험되는 바로 그대로 경험하지
만 자기 자신과 외부세계를 생산적으로 연결시키지 못하고 있다.[11]

아기는 아버지가 자신의 페니스를 거세할 것이라는 거세 위협을
느끼고는 아버지를 받아들이고 아버지 뒤에 있는 윤리와 도덕, 이데
올로기를 받아들이며 사회화한다. 소위 오이디푸스 콤플렉스다. 남
근기 이후 아이는 아버지를 자아 이상으로 삼아 자신과 동일시하거
나 아버지의 권위에 복종하며, 이를 선생, 목사나 승려, 직장 상사,
자본가, 통치자의 권위에 대한 복종으로 이어간다. 자본주의 체제의
하위 구조인 가족 안에서 아버지는 금지와 억압의 대행자가 된다.
아버지와 통치자에 대한 복종이 동시에 가능하지만 실업과 불황으
로 아버지의 권위가 상실되고 불안할 경우 아버지에서 통치자로 이
행은 더욱 빨라지고 통치자에 대한 복종 또한 더욱 심화한다.
마르쿠제Herbert Marcuse는 문화와 문명이 원시적 인간 본능, 잠재의

식, 욕구의 억압에 뿌리박고 있다는 프로이트Sigmund Freud의 명제에서 출발한다. "문명이란 욕구의 전면적인 만족이라고 하는 원초적인 목표를 금지하는 데서 시작한다."[12] 문명사회의 인간은 본능적 충동을 자유롭게 만족시킬 수 없다는 것과 (억압 없이 욕망을 자유롭게 달성하려는) 쾌락원칙pleasure principle대로 살 수 없다는 것을 받아들여야 한다. 이에 인간은 결핍을 느끼며, 이 결핍을 극복하기 위해 욕망을 추구하거나 노동을 하는데, 자본주의 체제에서 자기실현 행위로부터 분리된 노동은 (인간의 본능과 욕망을 억압하고 사회질서와 윤리를 따르게 하려는) 현실원칙reality principle이 강요함에 따라 쾌락원칙을 단념하고서 행해진다.

20세기 중반에 들어 관료제와 과학기술이 아주 빠른 속도로 발달하고 자본주의 또한 독점자본주의로 이행하면서 초기와 전혀 다른 양상을 띠기 시작했다. 포드시스템이 활성화하면서 노동과정은 급속도로 분업화하고 기계화했다. 전에는 노동할 때 이동과 대화의 여유가 있었으며, 노동자가 노동의 전체 과정을 어느 정노 가늠할 수 있었다. 하지만 이제 노동자는 컨베이어 벨트로 돌아가는 과정 속에서 한 부품만을 생산하거나 조립하는 기계의 일부분이 되었다. 노동자는 전체 노동과정에서 극히 부분적인, 단순한 노동에만 참여한다. 인간의 기계화와 노동과정의 분절화가 촉진되고, 노동은 관리되고 통제되는 시스템의 한 과정이 되었다. 노동과정의 분절화는 지식과 의식의 분절화를 초래한다. 이런 시스템 속에서 노동자는 전체 노동과정에 대해 인식하지 못하며, 단순히 반복되고 분절화한 노동 속에서는 계급적 체험을 하기도 어렵다. 자연스레 노동자는 계급의식을 형성하기 어려워진다.

자본주의는 국가와 더불어 조직화한다. 국가는 시민사회와 타협을 통해 자본의 야만을 제한적이나마 통제하고 시장을 규제하고 자본의 무정부성을 축소시키고 노동자의 인권과 노동3권(단결권, 단체교섭권, 단체행동권)을 보장해주고 복지 혜택을 부여했다. 그러나 다른 한편에서는 관료화한 국가는 독점자본주의 체제와 서로 상호 침투하면서 유착관계를 강화했다. 국가는 권력을 이용하여 경제에 개입하고 자본은 자본의 힘을 빌려 권력을 통제한다. 국가는 거대한 관료 체제를 통해 자본의 협의나 간섭하에 경제정책을 수립하고 집행하며, 자본을 더 빠르게 많이 축적할 수 있도록 세금, 자원, 인력, 과학기술, 시장을 자본에 제공하거나 지원하며 법과 제도를 그들의 이해관계에 맞추어 개정한다. 때로 국가가 권력을 유지하기 위하여 시민의 편에 서서 자본을 제한하기도 하지만 이는 늘 자본과 큰 갈등을 빚지 않는 범위 내에서 이루어지며 외려 자본의 경쟁력이나 정당성을 강화한다. 국가는 노동자들의 불만과 갈등을 관료 체제를 통해 통제하거나 조정하면서 계급 화해를 도모한다. 자본은 돈, 인적 관계, 제도를 총동원하여 경제계획 및 국가정책 수립, 외교와 국방, 자본에 유리한 법과 제도화에 관여하면서 국가를 통제가 가능한 영역으로 조정한다. 이에 정치와 경제 영역의 분리는 모호해지며, 토대와 상부구조의 구분 또한 무의미해진다. 이런 상황에서 경제적 모순은 더욱 심화하고 국가는 정당성의 위기에 놓인다.

이성은 도구화하고 과학기술은 이데올로기로 전락한다. 중세에는 주술과 미신, 성직자들의 거짓말로 이루어진 이데올로기를 비판한 것이 과학이었다. 하지만 아우슈비츠 수용소에서 유태인을 조금이라도 빨리 독살시키면서도 그 몸에서 비누 한 장이라도 더 생산할 수 있는 방안을 강구할 때, 포드 자동차 회사에서 노동자의 동선과 심리를 고려하여 노동자의 노동을 가장 효과적으로 착취할 수 있는 시스템을 만들 때, 과학이란 잉여가치를 더욱 증대하면서 기존 체제를 옹호하고 합리화하는 이데올로기일 뿐이며, 이성이란 특정 조건에서 가장 효과적이고 효율적으로 목적을 달성하는 수단일 뿐이다. 이렇게 목적적 합리성을 추구하는 도구화한 이성과 이데올로기로 전락한 과학기술은 노동자의 의식을 지배한다. 과학과 기술의 논리가 보편적 기준으로 자리를 잡아 사회생활의 모든 영역에 깊이 침투하여 생활 세계를 식민화하며 이런 논리가 정치적 문제 해결에 광범위하게 이용된다.

현대 자본주의 지배 아래서 현실원칙은 문명 자체를 지속하는 데 필요한 만큼보다 더 큰 본능의 억압을 요구하는 특수 형태, 즉 과잉 억압surplus repression이 된다. 자본주의 체제는 관리된 노동을 강요하여 에로스의 욕망을 과도하게 억압하며, 성충동은 일부일처주의의 가정의 테두리 안에서만 배출되도록 통제한다. 이처럼 동물적인 충동만 남은 채 억압되고 관리되며 조직화한 자아는 무제한의 쾌락이 불가능함을 깨닫고 이를 단념한 채 '안전이 보장된' 쾌락을 선택한다. 따라서 "현실원리는 쾌락원리의 지위를 빼앗는다고 하기보다는 오히려 그것을 방위하며 부정한다기보다는 변용시킨다".[13] "고도로 발달한 산업사회에서 현실원칙은 (자본주의 체제에서 교환원리와 도구적 이성에 의해 조직된 현실원칙의 특정한 역사적 형태인) 실행원칙performance principle으로 보충되면서 더 많은 경제적 생산성 유지를 위한 노동의 합리적인 조직화를 요청한다."[14]

자본주의 체제에서 결핍을 느끼는 개인은 욕망을 추구하는데, 관료사회와 자본주의 체제는 이를 가족 안에 가두거나, 관리가 가능한 테두리 안에서 허용한다. 근친상간과 불륜에 대해서는 윤리, 법, 금기, 이데올로기, 타인의 시선으로 통제한다. 그 욕망을 소비 행위로 분출하게 유도하고, 그렇지 않을 경우 억압적 탈승화repressive desublimation를 꾀한다. 욕망과 현실의 괴리 속에서 인간은 정신분열 증세를 나타내고 이를 피하기 위하여 욕망을 승화하려는 행위를 하는데, 관료화한 자본주의 체제는 이를 승화하는 척하면서 외려 더 억압한다. 상업적 목적이나 이해관계로부터 자유로운 예술의 창작, 사랑하는 자에 대한 자유로운 성, 게바라식의 저항이 억압의 승화라면, 부정성이 제거된 대중 예술, 매매되는 성, 게바라를 이용한 상품이 억압적 탈승화다.

문화와 예술 또한 부정의 정신을 상실한 채 상품으로 전락한다. '당신이 없는 세상은 오아시스 없는 사막이요, 팥소가 없는 붕어빵이요'라고 적힌 연애편지를 받고 손을 부들부들 떨면서 감동할 사람은 없다. 상투적이기 때문이다. 예술은 근본적으로 '상투성에 대한 반역'이다. 예술은 기존의 세계에서 낯익은 것, 자연스러운 것, 당연하게 여기는 것에 의문을 제기하고 저항하여 낯선 것, 자연스럽지 않은 것, 엉뚱한 것을 창조하는 것이다. 그것은 모든 낯익은 언어, 은유와 환유, 상징, 이미지, 코드, 양식, 형식만이 아니라 이를 감싸거나 합리화하고 있는 이론과 집단, 해석 방식을 부정하는 것이다. 이렇게 하여 사람들이 새로운 언어, 은유와 환유, 상징, 이미지, 코드, 양식, 형식, 이론, 해석 속에서 자유롭게 하는 것이다. 그러나 자본주의 체제 속에서 예술 또한 시장에서 교환되는 상품으로 전락했으며, 문화산업cultural industry은 이를 구조화하고 있다. 대다수 작가는 많이 팔려야 돈을 더 벌고 유명해지기에 예술성보다 대중성을 추구한다. 그들은 대중이 좋아하는 관능적인 성행위, 선정적인 폭력, 몽상적인 환상, 재미나고 웃기는 해학, 눈물을 쏙 빼는 감상을 적당히 버무려서 작품을 창조한다. 문화산업은 기업처럼 더 많은 작품이 시장에서 더 많이 판매되어 더 많은 이윤을 내는 데 초점을 맞추어, 작가에게는 상품성과 대중성을 갖춘 작품을 주문하며, 독자의 소비 욕구와 환상을 조장하고 비평가 집단에게 이를 옹호하는 이론과 담론을 요구하며, 매스미디어와 유착관계를 맺고 그런 작품들을 선전한다. 이제 예술은 부정의 정신을 함유하기보다 기존 체제의 이미지와 상징, 코드, 이데올로기를 답습하고 확대재생산하는 상품이 되었다. 그 상품을 소비하는 대중은 상품 속의 이미지와 의미와 이데올로기를 수용하면서 기존 질서와 상상에 순응하는 규범화하고 획일화한 개인으로 전락했다.

이런 상황과 조건 속에서 자기동일성으로부터 소외가 심화한다. 행정고시에 합격하자마자 뇌물을 무지막지하게 받아 1년 만에 부자가 되고 이를 상납하여 초고속으로 승진하겠다고 결심한 공무원은 없다. 그 반대로 대다수가 충직하고 청렴한 국민의 공복이 되겠노라고 다짐에 다짐을 더했을 것이다. 하지만 몇 년이 지나면 상당수의 공무원이 뇌물을 받는다. 이 괴리가 어디서 생기는 것인가.

타락은 개인의 문제가 아니다. 그들이 특별하게 양심이 없거나 남보다 더 돈을 좋아하여 뇌물을 받는 것이 아니다. 한마디로 착한 사람을 타락하게 하는 구조 때문이다. 관료화한 국가가 독점자본주의와 유착관계를 맺고 있는 시스템에서, 더구나 이를 견제할 수 있는 자유로운 언론, 강력한 시민단체, 공정한 감시 및 정화 시스템이

미약한 나라에서 공무원의 타락은 필연이다. 인간을 악의 유혹으로부터 견디게 하는 것은 법, 공동체의 규약, 집단의 시선, 양심이고 그 중에서도 가장 강력한 힘을 갖는 것은 집단의 시선인데, 법과 규약이 공정하게 적용되지 않아 대다수 공무원이 타락하고 이것을 서로 공유하게 되면 집단의 시선이 전도된다. 공무원들이 뇌물을 받는 동료 공무원을 문제로 삼는 것이 아니라 이를 거부하는 공무원에게 혼자 깨끗한 척하지 말라는 시선을 보낸다. 이 경우 청렴한 공무원은 공범이 되느냐, 아니면 사표를 내고 그 시선에서 벗어나느냐의 양자택일에 놓이게 되며, 대다수가 전자를 택한다. 그런 사회에서 자신이 청렴하고 정의로운 공무원이라는 자부심을 가졌던 청년이 몇 년후 뇌물을 받고 있는 자신을 바라본다면 자신이 얼마나 낯설까. 이 낯선 경험과 의식이 자기동일성으로부터의 소외다. 정도의 차이만 있을 뿐, 우리 모두는 이 독점자본주의와 관료제가 결합한 구조 속에서 누구든 자기동일성으로부터 소외를 겪을 수밖에 없다. 우리는 엄마 몸의 한 부분인 것으로 생각하다가 거울에 비친 자신의 모습을 보고서 처음으로 자신을 인식하고, 아버지와 아버지의 이름 뒤에 있는 상징들, 그 상징으로 이루어진 이데올로기와 윤리와 도덕을 수용하면서 사회화했고, 타인과 관계와 교육과 학습을 통해 자신이 어떤이라고 주체를 형성했다. 그러나 관료화 사회와 자본주의 체제 속에서 개인은 구조의 통제와 조정에 너무도 취약하다. 대다수가 구조적 모순에 의하여 자신이 형성하던 자신의 주체에서 멀어져 낯선 사람으로 변하며, 세계를 인식하고 그 모순과 부조리에 대해 저항하는 주체를 상실한다.

매스미디어는 이를 더 심화한다. 매스미디어는 대중을 상품의 소비자로 전락시키며 대중문화의 영웅들에게 동일화하도록 이끌며 비판적 이성을 앗아 간다. 텔레비전 드라마는 중산층의 일상생활 속의 갈등, 사랑, 불륜, 행복을 소재로 하며, 대중은 드라마의 인물과 자신을 동일시하여 이를 보면서 서민이 가졌던 불만과 갈등을 해소한다.

미국의 노동자는 실제 자신의 삶대로 행위를 하는 것이 아니라 미국 텔레비전 드라마에 자주 나오는 중산층의 인물에 자신을 동일화하여 그를 모방한다. 드라마의 주인공처럼 그는 일요일에 흔들의자에 앉아 캔 맥주를 마시며 메이저리그 야구를 시청한다. 그는 그 순간 일상의 안락함에 젖어 행복감을 느낀다. 그런 그가 파업하러 나오라는 동료 노동자의 전화를 받으면 그 현장으로 달려갈 것인가. 그가 자신을 행복하다고 생각하니 불만과 갈등은 없다. 불만과 갈등이 없으니 노동자로서의 의식, 즉 계급의식 또한 사라진다. '사이비 행복 의식'이 그의 계급의식과 '반역을 향한 동경'을 앗아 간다. 텔레비전이 만들어주는 환상과 동일시에 마취되어 그에 따라 울고 웃는 우중愚衆만 남는다. 결국 대중문화는 체제를 존속시키는 기제로 작용하는 것이다.

대중문화는 소비와 향락을 조장하여 자본의 축적을 돕는다. 엄청나게 먹어대고 그에서 비롯한 비만을 줄이기 위하여 우리나라에서 1년에 2조 원의 천문학적 비용을 다이어트로 낭비하는 것에서 잘 드러나듯, 대중은 광고 이미지에 속아 변혁을 향한 욕망은 억압당하고 헛된 욕망만 부풀려 과잉소비를 행한다.

이런 양상들이 일차원적 인간의 참모습이다. 과도하게 착취당하고 억압당하면서도 행복하다고 착각하기에, 계급의식을 잃어버리고 그 자리를 허위의식으로 채웠기에, 주체는 사라지고 맹목적인 자아만 남았기에, 이성 대신 국가와 자본과 대중문화가 조장하는 감성과 욕망에 따라 행동하기에, 일차원적 인간은 사회를 비판적으로 바라보지도 못하며 사회의 변혁을 바라지 않는다. 오늘의 행복과 향락만 유지되면 그뿐, 참여는 실속 없는 일이며 변혁은 현재의 행복을 깨는 위험하고 불온한 꿈이다.

소련과 중국의 경우 생산수단을 국유화하고 프롤레타리아독재를 행하고 의료, 교육, 주택의 공유화를 추구한 점에서는 공산주의 체제였지만, 국가가 주도하여 인민을 총동원하여 산업화와 근대화를 추구하고 잉여가치를 당과 국가가 착취한 점에서는 자본주의 체제였으며, 무엇보다도 인민의 자유를 철저히 통제한 억압적인 관료제 사회였다. 서방 세계의 노동자가 기계의 부품이었다면, 소련과 중국의 노동자는 당과 국가의 부속품이었다. 온전한 자본주의 체제였던 서방 세계와 차이를 갖지만, 소련과 중국의 인민 또한 당과 국가로부터 소외만이 아니라 관료제의 소외, 노동의 소외를 겪었으며, 무엇보다도 서방 세계의 시민이 누린 대의민주제와 언론의 자유 등 소극적 자유를 누리지 못한 채 철저히 통제된 삶을 살았으며, 이데올로기와 국가의 선전, 선동이 일상을 지배했다. 68혁명 주체의 구호 중 일부는 소련과 중국의 기존 체제에 대해서도 유용하고 위험한 것이었다.

68혁명의 빛과 그림자

금지하는 것을 금지하라: 68혁명의 물결

그럼 대안은 없을까? 마르쿠제는 이런 억압적 체제에 대해 부정의 정신을 가지고 저항하면서 오르페우스와 나르시스처럼 노동과 놀이, 기술과 예술이 일치하는 삶을 행하여 과잉억압과 실행원칙을 배제한 사회를 이루고자 했다. 물화와 소외를 확대재생산하고 있는 자본주의 체제를 뒤엎지 않는 한, 이미 계몽의 힘을 상실하고 이데올로기가 되어버린 과학기술에 덜 조작당하고 산업사회와 대중문화의 도구적 합리화에 아직 덜 길들어져 일차원적 인간으로 전락하지 않은 국외자들과 학생들이 '위대한 거부'를 행하지 않는 한, 그 어떤 것도 미봉책이다.

실제로 1968년에 세계 곳곳에서 조직화한 자본주의와 베트남전의 야만에 분노한 학생들과 이에 동조하는 일부 노동자가 봉기의 횃

불을 들었다. 학내 문제와 베트남전이 원인이었지만, 봉기 주체의 상당수는 프랑크푸르트학파 등의 영향을 받아 체제의 변혁을 꿈꾸었다. 프랑스에서 시작된 불길은 유럽으로, 미국으로, 다시 일본, 멕시코, 칠레, 우루과이, 아르헨티나로 타올라 세계혁명의 성격을 띠었다.

68혁명이 각 나라마다 사회문화적 맥락에 따라 정치혁명에서 문화혁명에 이르기까지 다양한 양상을 띠었지만, 이들은 자본주의 체제, 관료제, 미국의 헤게모니와 제국주의, 베트남전과 같은 제국주의 전쟁, 이를 뒷받침하는 대의민주제와 미디어에 반대했다. 이들은 자본주의 체제만이 아니라 스탈린 체제에 대해서도 반대했으며, 독점자본주의와 관료화한 국가의 연합을 해체하고 인간다운 공동체를 건설하고자 했다. 학교와 교회, 정당, 노동조합에 이르기까지 모든 집단에 내재한 관료주의와 가부장적 권위주의, 동성애자를 비롯한 소수자에 대한 차별을 배격하고 평등, 자유, 평화, 성해방, 생태, 연대의 가치를 지향했다. 이들은 구좌파와 마찬가지로 정치적·경제적 억압과 착취를 반대했지만, 그들과 달리 관료사회의 통제, 성적 억압, 소수자에 대한 억압과 착취에 대해서도 저항했다.

프랑스와 이탈리아에서는 학생과 노동자가 연합하여 노학 연대를 구성했다. 노동자들은 총파업을 하고, 노동자들의 자주관리와 공장평의회운동을 전개했다. 그들은 "상상력에 권력을" "행동하라!" "불가능한 것을 요구하자" "금지하는 것을 금지하라" "열정을 해방하라" "파괴의 열정은 창조의 희열이다" "더 많이 소비하시오. 더 빨리 죽을 것이다" "더 많이 사랑할수록 더 많이 혁명한다" "지루함은 반혁명이다"와 같은 구호를 외치며 거리로 나섰다.

사진 ⓒ 버니 보스턴, 〈Flower Power〉, 1967.

　위의 사진을 보자. 필자에게는 세상에서 가장 아름다운 사진 가운데 한 장이다. 학생과 시민은 미국 국방성 앞에서 베트남전을 반대하는 시위를 했다. 이 시위가 격화하자 1967년 10월 21일 주 방위군이 출동하여 시위대에 총구를 겨누었다. 군인들은 여차하면 발포라도 할 양으로 시위대를 압박했다. 그때였다. 한 청년이 군인들 앞으로 걸어 나와 분홍빛 카네이션을 총구에 꽂았다. 버니 보스턴Bernie Boston은 이 장면을 사진으로 찍었고 그해 퓰리처상 후보에 올랐다. 이후 〈꽃의 힘Flower Power〉은 68혁명의 구호와 지향점이 되었다. 이는 '폭력을 통한 지배와 억압, 강제로서 권력'을 지양하고 '평화와 아름다움의 공존을 이루는 힘'으로 '변증법적 종합'을 이루었다. 그렇게 그들은 총을 녹여버리고 평화와 예술, 저항과 연대로 어우러진 새로운 힘을 만들었고, 이는 세상을 바꾸었다.

68혁명은 문화혁명의 차원에서는 의미 있는 변혁을 이루었다. 기존의 문화와 전혀 다른 대항문화를 창조했으며, 국가에서 대학에 이르기까지 기존의 가치와 권위를 부정하고 새로운 눈으로 바라보게 했으며, 여성, 소수자, 생태의 관점에서 세계를 새롭게 해석하고 대안을 모색하는 지평을 열었다. 학교와 언론, 교회 등 사회 모든 부문에서 억압적이고 관료적인 양식에 대해 의문을 던지고 수평적이고 평등적이며 민주적인 소통 양식을 지향하도록 이끌었다. 68혁명은 대항문화, 대안사회, 환경운동, 여성운동, 소수자운동에 새로운 가치와 상상, 힘을 부여했다. 특히 독일과 프랑스에서 환경운동은 일정한 헤게모니를 획득하여 녹색당이 대중의 지지를 받아 좌파 연립정부 구성에 참여했다.

68혁명이 남긴 의미

하지만 68혁명은 혁명 주체가 집권을 하여 권력을 행사하지 못했다는 점에서는 실패했다. 혁명의 주도세력은 무정부주의적이고 나르시시즘적인 양상을 띠면서 정치적 집권에 힘을 집중하지 않았기에 기존 권력의 위기를 초래하기는 했지만 대체하지는 못했다. 그들 사이에서 폭력, 무장투쟁 등의 문제로 분열했다. 구좌파는 자본주의 체제의 해체와 노동해방에만 관심이 있었으므로, 생태, 여성 및 소수자의 인권과 평등을 주장하는 신좌파와는 거리를 두었다. 더구나 이들이 당의 지도와 조직적 행동을 거부하고 일상 속에서 다양한 방식의 참여와 정치적 행위를 추구하고 스탈린식 전체주의, 대학의 교수나 당 간부에 이르기까지 모든 권위를 부정하자 이들과 대립했다.

마르쿠제는 이들을 지지했으나, 호르크하이머Max Horkheimer와 아도르노Theodor Wiesengrund Adorno는 마르쿠제와 논쟁을 벌이면서까지 이들의 노선과 실천에 반대했다. 학생들이 제국주의 전쟁이자 민간인 학살과 화학무기 사용 등의 야만을 행하고 있다고 베트남전을 비판한 데 대해 호르크하이머는 "근본적으로 헌법을 수호하고 인권을 수호하는 전쟁"이라고 주장하며 미국의 전쟁 수행을 명시적으로 옹호하고 미국을 자유 진영의 수호자로 규정했다.[15] 아도르노는 SDS의 한스 위르겐 크랄Hans Jürgen Krahl을 비롯한 학생들이 프랑크푸르트 사회연구소를 점거하자 경찰을 불러 해산했으며, 학생운동이 파시즘으로 전화할 수 있는 위험성이 있다고 비판했다.

결론적으로 "신좌파는 문화적 진보와 경제적 진보를 일치시키는 총체적인 진보를 갈구했지만, 구좌파는 경제적 이득을 원했을 뿐 문화적으로는 신좌파의 행위를 개인주의적이자 퇴폐적인 것으로 간주했다".[16] 게다가 "기존의 좌우구도가 자본주의사회의 모순인 노자모순에 기초함으로써 경제적인 분배와 성장을 두고 다투는 갈등이라면, 68혁명운동 이후의 새로운 갈등은 인간의 일상에 주목하는 탈물질주의와 물질주의 간의 갈등이라고 할 수 있다. 1968년 당시 젊은이들이 주목한 것은 가부장적 권위주의, 인간과 문명의 권위주의, 관료적 권위주의, 강대국의 권위주의 및 진화론적 권위주의라는 제반 권위주의적 현상이었다. 이 권위주의는 각각 가부장적 모순, 환경모순, 관료적 모순, 제국주의적 모순, 진화론적 모순이라는 인간적 모순으로 규정지을 수 있다. 노자모순이 자본주의적 계급사회에 고유한 사회적 모순이라면, 탈물질주의적 세대가 주목하는 모순은 인간이라는 영장류의 사회에 항상적으로 존재하는 유類적 모순인 것이다".[17] 좌파와 우파의 대결만이 아니라 좌파 사이에서 계급모순과 문화적 모순이 맞서는 가운데 가부장적 모순, 환경모순, 관료적 모순, 제국주의적 모순, 진화론적 모순을 극복하려는 탈물질주의자와 물질주의적 모순의 극복에 주력하려는 자 사이에 새로운 대립전선이 형성되었다. 우파와 구좌파는 학생들의 마약, 프리섹스 등을 비판했고, 이 틈을 이용하여 대중이 학생 세력과 거리를 두게 했다. 68혁명의 지도 세력 가운데 상당수가 제도권에 편입하여 의원, 장관, 언론사 간부가 됨으로써 저항성과 비판성을 스스로 소멸시켰다. 무엇보다도 68혁명은 자본주의 체제의 극히 야만적인 양식인 신자유주의 체제가 도래하여 더욱 억압과 소외를 심화하는 것을 막지 못했다.[18] 그럼 원효의 사상에 소외를 극복하는 대안이 있을까?

진속불이 통한
눈부처 주체의 공감과 연대

유전문의 노동에서 환멸문의 노동으로

먼저 불교에서 노동을 어떻게 바라보는지 보자.

> 믿음은 내가 뿌리는 씨
> 지혜는 내가 밭가는 보습.
> 나는 몸에서 입에서 마음에서
> 나날이 악한 업을 제어하나니
> 그는 내가 밭에서 김매는 것.
> 내가 모는 소는 정진이니
> 가고 돌아섬 없고
> 행하여 슬퍼함 없이
> 나를 편안한 경지로 나르도다.

나는 이리 밭 갈고 이리 씨 뿌려

감로의 과일을 거두노라.[19]

이는 붓다가 농부에게 탁발을 갔을 때 농부가 "사문이여, 나는 밭
갈고 씨를 뿌려서 내가 먹을 양식을 마련하고 있소. 당신도 또한 스
스로 밭 갈고 씨를 뿌려서 당신이 먹을 양식을 마련하는 것이 좋지
않겠소이까?"라고 묻자 "바라문이여, 나도 밭 간다. 나도 밭 갈고 씨
뿌려서 먹을 것을 얻고 있느니라"라고 답하며 읊은 게송이다.

원래 수행자는 세속적인 노동과 경제활동을 하지 않는다. 정확히
말하여 정신노동을 통한 깨달음과 열반에 이르도록 정진을 하는 것
이지 육체노동을 하지 않는다. 이에 사문은 속인으로부터 탁발하여
육체노동의 생산물을 얻으며 대신 정신노동을 통한 깨달음의 길을
속인에게 전한다. 이렇게 구분했지만, 앞의 게송을 보면 정신노동과
육체노동이 하나임을 은유의 비유를 통해 잘 설명하고 있다.

농사란 대지에 씨를 뿌리고 보습으로 밭을 갈고 김을 매서 소를
몰아 과일이란 생산물을 얻는 것이다. 수행이란 사람이 대지에 믿음
의 씨를 뿌리고 보습으로 밭을 갈듯 지혜를 갈고 닦아 소를 몰듯 정
진을 거듭하고 밭에서 잡초를 뽑듯이 신身, 구口, 의意의 삼업三業으로
지은 악업을 제거하고 열반에 이르는 것이다. 육체노동과 정신노동
이 둘이면서 하나임을, 그 과정과 결과가 서로 동일한 구조를 이루
고 있음을 설파한 것이다.

박경준 교수와 종명 스님의 연구를 종합하면,[20] 『잡아함경』에서
는 "종종種種의 공교업처工巧業處로 스스로 생활을 영위하라"라고 말
한다. 『숫타니파아타』에서는 "이 밭갈이는 이렇게 해서 이루어지고

감로의 과보를 가져온다. 이런 농사를 지으면 온갖 고뇌에서 풀려나게 된다"라고 말했고, 『유마경』「방편품」에서는 "법을 굳게 지키어 어른들과 어린이를 가르치며, 모든 생업의 경영이 순조로워 세속적인 이익을 얻지만 그것에 기뻐하지 않았다"라고 했으며, 또 『법화경』「법사공덕품」에서도 "그가 설하는 모든 법이 그 뜻을 따르되 다 실상과 같아 서로 위배되지 아니하며, 혹은 세간의 경서나 세상을 다스리는 말씀이나 생업을 돕는 방법을 설할지라도 모두 정법에 따르게 되리라"라고 했다. 이 『법화경』 구절을 놓고 천태지의天台智顗는 "생산업이 모두 실상에 위배되지 않는다"라며 적극적으로 해석하고 있다. 『우바새계경』은 복전福田을 부모와 스승에 봉양하는 보은전, 불법승 삼보를 공경하는 공덕전, 가난한 자에게 시여施與하는 빈궁전으로 분류하고 있다. 더 나아가 백장百丈懷海은 "하루를 일하지 않으면 하루를 먹지 말라—日不作 —日不食"[21]라며 상하가 균등하게 노동할 것을 성문화했다.

이렇게 경전과 청규를 살펴보면, 불교의 노동관은 마르크스의 노동 개념과 같으면서도 다르다. 불교의 노동관도 생활 유지, 가치 창조, 자아의 실현, 사회정의 구현 행위 등에 대해 언급하고 있다. 『잡아함경』은 생활 유지의 노동을, 『숫타니파아타』는 가치 창조와 자아실현으로서 노동을, 『법화경』은 정의 구현으로서 노동관을 보여주고 있다. 다만 노동에 의한 자연의 변형 부문은 빠져 있다. 이는 『보살본행경』에서 "재가자로서 정진하면 의식이 풍족하고 생업도 잘되어 멀고 가까운 사람들로부터 칭찬을 들으며, 출가자로서 정진하면 온갖 수행이 성취된다"[22]라고 한 것을 적극적으로 해석하여 정진을 노동에 포함시키면 뜻에 있어서는 통한다. 한 그릇의 평범한 물이 지극한 정성이 가미되어 감로수로 변화하듯, 정진으로서의 노동은 무명의 세계를 개조시켜 깨달음의 세계로 변화시키는 것이다. 하지만 관념적일 뿐, 실제 자연을 변화시켜 새로운 가치를 갖는 물질적 생산을 하는 마르크스의 노동과는 엄연히 구분된다.

관념적인 것만이 아니다. 우선 불교의 노동은 악업을 제거하고 선업을 쌓는 것이어야 한다. 불교의 노동은 스스로 번뇌를 소멸시키는 수행을 실천해야 하면서도 공업共業을 관리하기 위해 악업을 줄이고 선업을 증장하는 노력을 해야 당위를 갖는다.[23] 여기서 중요한 것은 노동이 공업을 쌓는 것이란 점이다. 개인의 선업을 증장하는 것만이 아니라 자신이 소속된 집단 공동의 선업을 쌓아야 하기에 노동은 자기실현만이 아니라 집단의 정의에도 부합해야 하는 것이며, 이로 노동은 윤리성을 확보한다. 아울러 불교의 노동은 해탈을 지향한다. 노동은 자기실현일 뿐만 아니라 모든 욕망을 소멸하고 진정으로 자유로운 경지에 이르는 것이다.

이를 종합하면, 불교에서 노동이란 '생업을 영위하는 행위이자 자연을 변화시켜 감로의 과보를 생산하거나 무명과 미혹의 세계를 깨달음의 세계로 개조하고 악업을 제거하고 선업을 쌓아 개인으로서는 온갖 고뇌에서 풀려나 해탈을 이루고 집단으로서는 이를 통해 중생을 구제하고 삼보에 시여하여 공업을 쌓는 행위'다.

이는 이상형으로서 노동관이고 다음의 문제는 자본주의 체제에서 노동이 소외되는 양상을 어떻게 불교 교리 안에서 해결하느냐 하는 것이다. 이의 해결책은, 박경준 교수가 제시한 대로, 연기법과 사성제를 적용하여 유전문流轉門의 노동과 환멸문還滅門의 노동을 구분하는 것이다. "유전문의 노동이란 고통을 끝없이 재생산하는 성질의 노동이고, 환멸문의 노동이란 모든 괴로움이 없이 열반을 지향하는 성질의 노동이다."24 곧 자본주의 체제는 무명과 욕망에 바탕을 둔 유전문의 노동을 강요하지만 불자는 올바로 보고 올바로 생각하고 올바로 행동하면서 팔정도八正道에 바탕을 둔 환멸문의 노동을 지향하는 것이다.

소외는 잉여가치를 착취하고 모든 가치를 교환가치로 대체하고 시장 체제의 교환을 통해서만 인간이 타인을 접촉하고 경쟁하게 하는 자본주의 체제에서 비롯한다. 마땅히 팔정도를 지켜 정념을 이룰 일이다. 정념에 도달하여 여실지견如實知見으로 사물과 인간을 바라보면 교환가치에 얽매여 일어나는 탐욕과 어리석음과 화냄도 사라진다. 하지만 문제는 시장에 있다. 홀로 수행할 때는 이것이 가능하지만 시장 체제에 얽혀 있을 때 자신도 모르게 교환가치에 이끌리고, 이는 이기심과 탐욕을 낳고, 결국 소외를 야기한다. 소극적이지만 당장 가능한 대안은 내 앞에 교환가치가 침투하지 못하는 세계, 나의 코뮌을 구성하는 것이다. 내 마음자리부터 교환가치가 다른 가치를 전도하지 못하는 영역으로 만든다. 1천만 원과 2천만 원을 일대 일로 바꿀 사람은 없을 것이다. 그러나 누가 1천만 원의 뇌물을 주려할 때, 그것을 거부하고 얻는 마음의 평안이 2천만 원의 가치를 갖는다고 생각하면, 도덕성이나 윤리적 가치 이전에 마음 저 깊은 곳으로부터 자발적으로 이를 물리칠 것이다. 타인과 관계도 마찬가지다. 교환가치에 덜 물든 사람을 골라 만나며, 설혹 그런 사람을 만나더라도 자발적으로 욕망을 절제하고 도반으로 삼고 섬긴다. 경제행위를 한다 할지라도 타인에 대한 영향을 따져보고, 경제적 의사결정을 할 때 이기심과 탐욕을 버리고 다른 사람이나 자연 등 모든 연관 관계를 고려하여 판단하는 것이다.

부처와 중생이 둘이 아니다

한 노동자가 아무리 자성적 사고와 집착을 깼다 하더라도 홀로 전적으로 환멸문의 노동을 하기 어렵다. 이 체제 안에서 모든 것이 복잡하게 얽혀 있기 때문이다. 물론 민중이 각성을 하고 연대하여 국가와 자본의 연합체를 전복시켜서 국가 자체를 환멸문의 노동이 가능한 사회로 변혁시키는 것이 근본적 대안이다. 하지만 이는 힘의 역학관계상 쉽지 않다. 지금 권력은 과도하게 비대칭적이다. 모든 무기와 정보와 자본은 국가와 자본의 연합체에 집중되어 있다.

현재 상황에서 가능하면서도 근본적인 대안은 무엇인가. 민중의 연대를 통해 세계혁명을 모색하는 것과 지역 단위의 공동체를 만들어 자본주의 체제를 안으로부터 해체하는 것이 함께 이루어져야 한다. 그런 공동체는 새로운 패러다임과 의식으로 무장한 새로운 주체를 필요로 한다. 이런 것을 가능하게 하는 논리의 싹을 화쟁에서 찾아보자. 연기적 존재로서 깨달음을 한 차원 더 높게 승화한 것이 원효의 진속불이眞俗不二론이다.

"평등한 상相이 또한 공空하다"란 곧 진제眞諦를 융합하여 속제俗諦로 삼은 "공공空空"의 의미이니, 순금을 녹여 장엄구를 만드는 것과 같다. (……) "차별상差別相 또한 공하다"라 한 것은 이 속제를 다시 융합하여 진제로 삼은 것이니, 이것은 장엄구를 녹여 다시 순금으로 환원시키는 것과 같다. (……) 또 처음의 문門에서 "속제를 버려서 나타낸 진제"와 제2의 공空 가운데 '속제를 융합하여 나타낸 진제'인 이 2문의 진제는 오직 하나요 둘이 아니며, 진제의 오직 한 가지로 원성실성圓成實性이다. 그러므로 버리고 융합하여 나타낸 진제는 오직 하나이다.[25]

금덩이를 녹여 금반지로 만들고 금반지를 녹이면 다시 금덩이로 돌아간다. 금반지에도 이미 금의 본성이 담겨 있다. 진제와 속제, 부처와 중생도 마찬가지다. 중생의 마음은 본래 하늘처럼 청정하고 도리에 더러움이 없기에 중생은 경계를 지어 세계를 바라보지 않는다. "다만 본래 청정한 하늘에 티끌이 끼어 더러운 것처럼 무명無明에 휩싸여 경계를 지어 세계를 바라보니, 이 경계는 허망한 것이다. 이 모두 마음의 변화로 인하여 생긴 것이니 만일 마음에 허망함이 없으면 곧 다른 경계가 없어지고 중생 또한 본래의 청정함으로 돌아간다."[26] 경험을 통해서든, 정신적 자각을 하든, 아니면 양자가 종합적으로 작용하든, 무명을 소멸시키는 계기만 마련되면 깨달음은 저절로, 안으로부터 생긴다. 유리창의 먼지만 닦아내면 맑고 푸른 하늘이 드러나듯, 모든 사람의 미혹하고 망령된 마음만 닦아내면 그들 마음속에 있는 부처가 저절로 드러난다. 깨달음과 해탈은 밖에 있는 것이 아니라 우리 안에 있는 것이다. 깨달음이란 원래 깨달을 수 있는 바탕을 지니고 있는 인간이 어떤 계기로 세계를 새롭게 인식하고 자신을 전혀 다른 존재로 거듭나게 하는 것이다.

모든 중생은 불성을 가지고 있다. 하지만 "무명에 가리고 이에 따라 생각하고 행위하면서 나고 사라지기에 이를 자각하지 못한다. 자각하지 못하는 바람에 여래의 본성이 숨어 있어 나타나지 않는 것을 여래장如來藏이라 이른다".²⁷ 여래장은 깨달음과 깨닫지 못함을 모두 지니고 있는데, 깨달음을 방해하는 어리석음과 망상을 없애버리면 바로 자신이 부처임을 자각하게 된다. 그러니 깨닫지 못함과 깨달음은 둘이 아니다. 이와 같이 중생과 깨달은 자가 별개의 존재가 아니고 깨달음과 깨닫지 못함이 둘이 아니니, 먼저 깨달은 자는 항상 큰 자비로써 중생의 고통을 없애주며 생사의 바다에 빠져 있는 중생의 의혹을 제거하고 삿된 집착을 버리게 하여 중생이 열반의 언덕으로 나아가도록 하여야 한다. 그럴 때 그 또한 진정한 깨달음의 세계에 이를 수 있는 것이다. 게다가 1장에서 설명한 불일불이의 논리를 적용하면, 나 스스로는 공하지만 나와 너의 관계성에 대한 통찰을 하고 나의 욕망을 소멸시키면 타인을 존재하게 한다.

우리 미천한 중생이 연기와 무아를 깨달아 무명과 망심에서 벗어나 탐욕을 그치고 진리와 세계에 대해 성찰하면서 끊임없이 수행 정진하면 누구나 진정한 깨달음에 도달한다. 그러니 깨달음의 눈으로 보면圓成實性, 부처와 중생, 깨달은 자와 깨닫지 못한 자가 둘이 아니요 하나요, 중생이 곧 부처다.

인간의 본성: 인간은 유전적 키메라다

이 시점에서 인간에 대해 묻지 않을 수 없다. 우리는 어디에서 와서 어디로 가는가. 인간의 본성은 선한가, 악한가. 인간의 시작이 전쟁과 약탈로 점철되었다면 그 미래 또한 그럴 것이다. 인간의 본성 자체가 악하다면 자본주의나 신자유주의 체제의 극복은 근원적으로 불가능한 것이 아닌가. 정의란 다수지만 권력이 없어 강자들로부터 늘 수탈과 착취를 당하면서도 이를 개선하지 못하는 빈자와 약자, 그리고 이들에 연민을 가진 이들의 절규나 주장으로 그칠 것이다. 하지만 21세기 오늘의 시점에서 성선설이든 성악설이든 당위적 주장이나 은유의 유희에서 벗어나야만 타당성도, 설득력도 얻을 수 있을 것이다. 인간의 본성에 대해 윤리적이나 철학적 차원에 앞서서 과학적 차원의 탐구를 한 후 종합하는 것이 필요하다. 특히 붓다나 예수, 공자 이후의 인간 역사란 2천여 년에 지나지 않기에 그 이전 6백만 년의 추적 없이 인간의 본성을 규명한다는 것은 비약이나 성급한 일반화의 오류를 범하는 일이다. 진화생물학이나 인류학과 고고학에서 보여준 최근의 연구들은 인간의 본성에 대하여 근본적인 성찰과 전환을 요구한다.

리처드 도킨스의 지적대로 유전자를 담은 생존기계로서 인간은 유전자 보존과 복제를 위해 프로그램된 생존기계에 지나지 않으며, 유전자는 철저히 자신의 유전자를 복제하는 목적을 수행한다. 인간은 이에 더하여 사회와 문명을 형성하고 본능과 욕구를 유보하면서, 욕망을 형성했다. 인간은 욕망을 욕망하는 존재다. 단독자로서 나의 욕망을 증대하는 것이 나를 확대하는 길이다. 자신의 존재의 확대를 위하여, 자신의 결핍을 채워 만족의 상태에 이르기 위하여, 조금 더 많은 권력과 명예와 부를 소유하기 위하여, 타자를 침해하고 약탈하고 폭력을 가하는 것이 인간의 속성이다. 그럼에도 세상이 지옥으로 전락하지 않은 이유는 무엇인가.

인간도 짐승처럼 대상을 자신의 유전자를 더 많이 복제하는 방향으로 이용했다. 간단히 말해, 약육강식의 원리대로 대상이 자신보다 약하다고 판단하면 취하여 먹이로 삼고, 반대로 강하면 도망갔다. 그러나 도킨스는 『이기적 유전자』의 말미에서 "이 지구에서는 우리 인간만이 유일하게 이기적인 복제자의 폭정에 반역할 수 있다"[28]라 며 여운을 남겼다. 그럼 36억 년 동안 모든 생명체를 철저하게 지배한 이기적인 유전자의 폭정에 저항할 수 있는 인간의 특성이란 무엇인가.

5천5백만 년 전에 최초의 원시적인 영장류가 출현했고, 1천5백만 년 전에는 선행인류Hominidae가 긴팔원숭이의 조상에서 분리되어 진화했으며, 6백만 년에서 7백만 년 전에는 사헬란트로푸스 차덴시스Sahelanthropus tchadensis, 일명 Toumai가 유인원에서 분리된 최초의 인류로서 첫걸음을 내디뎠다. 2002년에 프랑스 푸아티에대학교Universite de Poitiers 고생물학자인 브뤼네Michel Brunet 박사 연구팀은 루시가 발견된 리프트 계곡에서 2천5백킬로미터 떨어진 중앙아프리카 차드에서 차덴시스의 두개골과 아래턱, 치아 화석을 발견했다. "사헬란트로푸스는 두개골의 용적이 작고(320~380cm³) 삼각형의 작은 후두골기저後頭骨基底, basioccipital 뼈, 쌍경동맥에 60° 기울어진 측두골의 위치로 보면 원숭이에 가깝지만, 작고 뭉툭한 송곳니, (짐승처럼) 긴 송곳니와 앞니 사이의 틈을 덮어씌울 필요가 없어서 덜 튀어나온 턱, 대후두공大後頭孔이 앞쪽에 위치하는 두개저부頭蓋底部의 위치, 눈구멍 위의 눈두덩 부분이 연이어서 크게 융기된 점 등은 케냔트로푸스나 사람 속의 고생인류와 유사하다."[29] 특히 대후두공이 앞쪽에 위치하는 두개저부의 위치는 중요하다. 인간이 원숭이와 달리 직립을 하며 두뇌의 기저를 앞쪽에 위치시켜서 혈관과 신경이 잘 지나가고 골반과 척추를 직립에 용이하도록 한 것으로 해석될 수 있는 특성이기 때문이다. 2014년에 브뤼네 등은 "투마이의 치아의 유형을 정밀하게 분석한 결과, 투마이의 치아는 초기 인류인 아르디피테쿠스 카다바Ardipithecus kadaba 및 아르디피테쿠스 라미두스Ardipithecus ramidus와 상동성이 있었다. 투마이의 치아는 원숭이와 인간의 특성이 혼합된 혼성물이었다. 투마이의 치아가 강한 송곳니, 두 개의 뿌리를 가진 소구치, 세 개의 뿌리를 가진 어금니란 점에서는 원숭이와 같다. 하지만 소구치의 크기와 숫자가 감소하고 어금니의 뿌리가 곡선화한 점에서는 아르디피테쿠스와 닮았다"[30]라고 밝혔다. 투마이의 발견으로 인류가 동아프리카만이 아니라 훨씬 폭넓은 지역에서 기원했으리라고 추정할 수 있다.

약 6백만 년 내지 580만 년 사이에는 오로린 투게넨시스Orrorin tugenensis가 활동했다. 프랑스 국립자연사 박물관팀은 2001년에 케냐의 투겐 언덕에서 대퇴골과 상박골, 치아 등의 뼈를 발굴하였다. 대퇴골의 모양이나 크기를 보면 엉덩이 관절에 몸의 중량을 대부분 실은 것으로 보이는데 이는 오로린이 두 발로 걸었음을 유추할 수 있는 증거다. 팔뼈를 보면 나무도 잘 탄 것으로 보인다.[31]

투마이건 투게넨시스건 신체 전체 부위의 유골이 발견되지 않아 이를 일반화하기에는 아직 증거가 많이 부족하다. 하지만 고고학적 성과만이 아니라 유전자 분석이나 지구기후 분석도 6백만 년 전에 인류가 기원했다는 주장을 뒷받침한다. 유전자 분석을 한 결과, "오랑우탄은 아프리카 진화선에서 대략 1,200만 년에서 1,600만 년 전에 분리되어 나온 걸로 추정된다. (……) 고릴라는 600만 년에서 800만 년 전에 분리되었고, 침팬지-보노보 진화선과 인간의 진화선은 500만 년에서 600만 년 전에 분리되었다".[32] "지구 기후의 역사 또한 8~5백 만 년 전에 침팬지와 인류가 분화되었다는 것을 잘 알려준다. 갑자기 메마르고 추워지자 나무 간격이 넓어져 유인원들은 식육류에 노출되어 절멸하고, 새로운 환경에 적응하여 유전자의 변이를 가진 영장류가 다음 세대로 유전자를 전해주었을 것으로 보인다."[33] 앞으로 인류의 유골이 더 발견된다 하더라도 6백만 년 이전으로 소급되지는 않을 것이다.

450만 년에서 420만 년 전의 아르디피테쿠스 라미두스(일명 Ardi)는 "숲속생활과 땅 위 생활 모두에 적응했고 다양한 식물을 먹이로 취했을 것으로 보인다".[34] "이들은 뇌가 아주 작고(300~350cm³) 두 발로 직립보행을 했다."[35] 390만 년 전에서 3백만 년 사이에 인류의 직접 조상인 오스트랄로피테쿠스 아파렌시스Australopithecus afarensis가 출현했다. 셀람Selam은 330만 년 전, 루시Lucy는 320만 년 전에 살았다. "아파렌시스의 두뇌의 용적은 380~550cc에 이른다. 넓은 골반뼈, 곡선형의 척추, 무릎뼈의 해부학적 구조, 메어리 리키 팀이 에티오피아의 라에톨리Laetoli 지역에서 발견한 아파렌시스의 발자국 등의 증거들은 이들이 직립보행을 한 것으로 보인다."[36]

나무를 타면서 두 발로 걸었던 증거나 퇴적층의 성분 분석 결과로 볼 때, 고인류가 사바나가 아니라 숲에서 나무를 타면서 두 발로 걸었던 것으로 추정할 수 있다. 기후변화로 숲이 사바나로 변하는 바람에 포식자나 사냥감을 잘 관찰하기 위하여, 혹은 에너지를 줄이기 위하여 직립을 한 것이라는 기존의 학설이 뒤바뀔 수밖에 없다. 왓슨Peter Watson은 "직립의 원인으로 에너지 효율성이 제기되었으나 직립으로 에너지가 덜 소모되지 않으므로 오류이고, 사바나에서 포획자를 먼저 관찰하기 위한 것이란 주장도 초기 인류가 사바나가 아닌 삼림에서 생활했기에 타당하지 않다. 다른 동물을 대할 때 몸집을 더 크고 위협적으로 보임으로써 싸움을 피하고 먹이의 확보를 용이하게 하려는 것이었다는 주장이 더 설득력이 있다"[37]라고 말한다. 야마기와 주이치山極壽一는 과시 행동을 위해 일어선 것과 함께 "사바나에서 일사량의 영향을 막는 효과가 있"[38]음을 추가한다. 오언 러브조이Owen Lovejoy는 "먹이를 운반하여 가족을 부양하기 위해 발달했다"[39]고 본다. 당시에 먹이를 구할 수 있는 숲이 듬성듬성 있었기에 먼 숲에 가서 열매를 따서 두 손에 안고 초원을 지나려면 두 발 걷기가 유리했을 것이다.

어느 학설이 맞든, "이들은 두 발로 걸으면서 자유롭게 된 손을 놀려 식량을 옮기고 도구를 만들어 사용할 수 있게 되었다. 이들은 식성을 칼로리가 풍부한 육식으로 변화시켜 두뇌의 성장을 더욱 촉진했다. 무엇보다도 직립 자세로 후두가 내려와 자음과 모음을 발음하기 좋게 되었고, 숨 쉬는 방식도 변하여 발성의 질을 향상시켰다. 단단한 열매 대신에 고기를 먹으면서 턱의 구조가 변하고 섬세한 근육이 발달하여 혀의 정교한 놀림이 가능해졌다. 여성이 육아를 담당하고 남성은 여성과 자신을 위하여 먹을 것을 마련하게 되면서 남성과 여성의 분업이 생겨났고 핵가족이 발달했고, 타인의 행동을 예측하면서 자아 개념이 생기고 의식이 진화했다".[40] 직립으로 석기 제작과 노동, 정교한 언어를 활용한 소통의 길이 열리고 남성과 여성의 성역할, 핵가족, 타자에 대한 공감과 자아의식이 시작된 것이다.

도구의 사용이 인간의 유일한 특성이 아니다. 제인 구달Jane Goodall 이 잘 밝힌 대로, "침팬지들은 나뭇가지에서 나뭇잎을 뜯어낸 다음 흰개미 굴에 넣었다 빼서 나뭇가지에 묻어 나오는 흰개미를 핥아먹었다. 또한 돌멩이를 '망치처럼 이용해 견과를 으깨는 모습도 관찰되었다. 우간다에서는 나뭇잎이 달린 나뭇가지를 부채처럼 흔들며 벌레를 쫓는 광경도 볼 수 있었다".[41] 오랑우탄은 여기에 더하여 너른 풀잎을 우산으로 활용하며 나무막대를 창처럼 이용하여 메기를 잡고 약초를 다져서 통증이 있는 부위에 얹기도 한다. 비단 영장류만이 아니다. 악어도 나뭇가지를 이용하여 백로를 잡고, 갈라파고스 핀치는 선인장 가시를 이용해 구멍 속 벌레를 잡으며, 해달도 배 위에 잡은 조개를 얹어놓고 돌로 두들겨 깨고, 이집트독수리는 타조 알에 돌을 계속 떨어뜨려 깨서 먹는다.[42] 이런 사례들은 도구의 사용이 짐승과 인류를 나누는 척도가 아니며, 인류가 동물에서 분리되기 전부터 도구를 사용했을 가능성이 농후함을 나타낸다. 어쨌든 최소한 250만 년 전에는 인간이 석기를 만들어 사용한 것으로 알려졌다가 2015년 최근의 발견에 의하면, 330만 년 전에 소위 '로메퀴안Lomekwian'으로 명명된 인류가 최초로 다양한 석기를 만들었다. 케냔트로푸스나 루시의 친척, 혹은 다른 인종이 케냐 북부 투라카나 호수 인근에서 모루, 석핵, 망치 등 다양한 석기를 만들어 사용했다.[43] 그러나 이들의 기술혁신이 다른 종족으로 잘 전달되지 않은 듯하다.

인간은 생존을 더 잘하기 위하여 공포에 대한 기억을 한다. 대뇌변연계에 존재하는 아몬드 모양의 편도체amygdaloid complex는 감정과 공포에 대한 감각과 기억을 담당한다. "원숭이의 편도체를 제거하면 원숭이가 가장 무서워하는 뱀을 먹으려고 달려든다."[44] 인간은 공포를 기억하여 생존의 확률을 높였다. 그러면서 편도체는 얼핏 역설적인 기능을 수행하게 된다. 인간은 편도체를 통해 공포와 분노의 감정에 휘둘리기도 하지만 이를 통제하기도 한다. 사냥을 나갔다가 호랑이에게 동료 사냥꾼이 물어뜯겨서 죽었던 일에서 느낀 공포를 기억한다면, 사나흘 이상을 굶은 원시인 눈앞에 사슴이 나타났다 하더라도 사슴이 호랑이가 사는 숲 쪽으로 도망가는 경우에는 추격을 포기한다. 이처럼 인간은 공포의 기억을 통해 본능과 욕구를 유보시키기 시작했다. 이는 엄연히 이성이 아니다. 하지만 본능을 유보시키고 통제하면서 이성이 깃들 수 있는 여지를 준 것은 분명하다. 이후 인간이 점차 이성적인 사고를 행하면서 작은 편도체로는 부족하여 이 바깥에 신피질이 형성되어 이곳에서 이성적인 사고를 담당하게 되었을 것이다.

루시든, 셀람이든, 오스트랄로피테쿠스 아파렌시스의 두뇌 용량이 침팬지에 비하여 그다지 크지 않았으며 현생 인류의 1/3에서 1/4에 지나지 않았다. 그러다가 260만 년 전에서 160만 년 전에 이르는 기간 동안 가뭄, 화산 폭발, 홍수가 반복되는 급격한 기후변화가 있었다. 이에 적응하여 살아남기 위하여, 고도의 사고를 하고 협력을 강화하면서 전두엽을 발달시켰을 것으로 보인다. 이 기간에 발견되는 화석은 두뇌 용량이 500cc 이하에서 610cc 이상으로 대폭 커졌으며, 이전의 것과 비교할 때 전두엽이 있는 자리인 뇌의 앞 부위가 발달했다. 이들 호모하빌리스Homo Habillis는 260만 년 전부터 본격적으로 다양한 도구를 사용하여 자연을 자신의 의도대로 변화시키는 노동을 했다.

도구를 사용할 줄 알고 두뇌가 발달한 호모하빌리스는 급격한 자연변화에서 살아남아 호모에렉투스Homo erectus로 진화했으며 이들은 아프리카를 떠나 아시아와 유럽으로 이동했다. "이들은 180~160만 년 전에서 25만 년 전에 걸쳐 생존했다. 이들의 두뇌는 750~1250cc

에 달하며, 호모 에렉투스는 약 140만 년 전에 인류 최초의 기술혁신인 대칭 구조를 갖는 손도끼, 곧 아슐리안 도끼를 만들면서 본격적으로 도구를 사용했고 요리법을 발명했으며, 정교한 언어로 소통했다."[45]

"142만 년 전에는 불을 사용하고 화로를 만들었다. 케냐의 체소완자Chesowanja에서는 짐승의 뼈가 올도완 석기, 불에 탄 진흙과 함께 나왔다. 중국에서는 100만 년 전으로 추정되는 유적에서 불탄 짐승의 잔해와 석기가 발견되었다. 이는 공동생활과 기술문명 발전의 길이 활짝 열린 것을 보여주는 증거다. 불을 사용하면서 인류는 불로 대형 포식자를 몰아내고 불가에 모여 불을 쬐거나 불을 피운 동굴에 모여 공동생활을 하게 되었다. 불을 꺼뜨리지 않고 계속 관리할 줄 알게 되면서부터 사회조직이 생겨났다."[46] 음식물을 익혀 먹어 영양분을 효율적으로 소화시켜 사냥과 채취에 드는 에너지를 획기적으로 줄이고 남는 시간을 수렵채취가 아닌 일로 소일할 수 있었다. 기생충과 병균에 감염될 확률을 줄여 건강한 삶을 영위할 수 있게 되었으며, 무엇보다도 불을 이용하여 요리와 가공법을 습득하게 되었다. 이는 훗날에 토기 제작과 야금 등 본격적인 문명의 시대를 여는 출발점이 되었다.

본능과 이기적 욕망에 충실하던 인간은 이를 유보하고 사회생활을 하기 시작했다. 그동안 인간은 짐승처럼 본능과 욕구에 충실한 생활을 했다. 배가 고프면 사냥이나 채취를 하여 식욕을 채우고, 성에 대한 갈증이 있으면 짝을 찾아 성욕을 해소했다. 그러다가 인간은 무리 생활을 하면서 이타적 협력이 이기적 목적에도 부합함을 깨닫고 본격적으로 사회를 형성했다. (홀로 사냥을 나가서 한 달에 사슴

3마리를 잡던 원시인 10명이 짝을 이루어 사냥한 후 평균 40마리를 잡아 자신의 몫이 4마리로 늘어났고 맹수의 공격도 협력으로 더 쉽게 막아낸 경우를 상정하자.) 사회를 형성한 대신 대가도 따랐다. 함께 사냥을 하는 자의 몫을 빼앗거나 그의 여인을 겁탈한다면, 그는 다시는 나와 함께 사냥을 하지 않을 것이다. 이처럼 인간은 사회와 문명을 수용하는 대가로 본능과 욕구를 유보하고 이타적 협력을 했다.

아시아와 유럽으로 퍼져 나간 호모에렉투스는 하이델베르크인을 거쳐 호모 네안데르탈렌시스와 호모사피엔스사피엔스로 진화했다. 40만 년 전에서 2만8천 년 전까지 유럽에서 활동한 네안데르탈인은 호모사피엔스사피엔스와 경쟁에서 밀려 사라져버렸다. "던지는 창을 만들지 못하고 몸집이 커서 에너지 소비가 많았고 육식에 의존했기에, 던지는 창을 만들어 사냥하고 상대적으로 몸집이 작아 에너지 소비가 적고 채식도 한 현생인류에 밀렸을 수 있다. 이보다 언어로 소통하지 못하여 조직적이지 못하고 문명의 지혜들을 공유할 수 없거나, 현생인류에게는 해가 없지만 네안데르탈인에게는 치명적인 병균이나 숙주를 현생인류가 전파한 때문일 수도 있다."[47]

호모사피엔스사피엔스, 곧 현생인류는 자연에 잘 적응하여 유일하게 살아남았다. 지금 전 세계의 다양한 인류는 모두 이들의 후손이다. 이들은 다양한 도구를 개발하여 자연을 자신에게 유리하게 변형했다. 그들은 모루떼기, 직접떼기, 간접떼기, 눌러떼기의 순으로 뗀 석기의 기술을 발전시켰으며, 이 기술로 주먹도끼, 밀개, 새기개, 찍개, 뚜르개, 새기개, 긁개, 슴베찌르개 등을 만들어, 사냥을 하거나, 짐승의 가죽을 벗기거나, 나무를 다듬고, 옷을 만들어 입었다.

40~50만 년 사이에 호모에렉투스는 "의도적인 모방, 표정, 소리,

몸짓의 흉내 등 여러 가지 모방에 기초한 문화를 서서히 발전시켰다. 이것은 의도성, 창조성, 준거, 협동, 무엇보다도 젊은 세대의 교육과 문화변용을 가능하게 했다".[48]

무엇보다도 이들은 먹고사는 것보다 더 중요한 의미가 있음을 깨달았고 아름다움을 표현하기 시작했다. 호모사피엔스사피엔스는 최소한 23만 년 전부터는 예술 행위를 하기 시작하여 미인을 돌에 새겼다. 이스라엘 북부 골란 고원의 베레카트 람Berekhat Ram에서 발견된 비너스로 '베레카트 람의 비너스The Venus of Berekhat Ram'로 불리는 조각상은 23만 년에서 70만 년 사이의 지층에서 발견되었다.[49] 이에 대해 반론도 있지만, "현미경으로 분석한 결과 인위적 노력이 가미되어 여성의 형태가 뚜렷해졌다. 이는 쇠닝겐에서 발견된 창(BP 40만 년), 이스라엘 카프제에서 발견된 구멍이 뚫리고 오커가 칠해진 밤색무늬조개(BP 10만 년) 등과 다를 바가 없다. 스티븐 오펜하이머Stephen Oppenheimer에 따르면, 30만 년 전 아프리카의 고 호모사피엔스는 자루를 단 양식3 도끼를 만들었고, 28만 년 전에는 안료를 캤고, 13만~10만 5천 년 전에는 남아프리카에서 구멍 뚫린 조개껍데기를 장신구로 사용했고, 10만 년 전에는 적철광 연필을 제작했다".[50]

이들은 최초로 사물을 기호로 대체하기 시작했다. 남아프리카의 피너클 포인트 유적으로 유추할 때, 이들은 대략 7만 년 전에는 간단한 부호와 상징을 표식하여 사물을 기호로 대체하는 동시에 뇌가 아닌 곳에 정보를 저장했다. "프랑스 레제지에 있는 3만 년 전의 유적에는 인물의 토르소에 지그재그 선이 새겨져 있다. 1970년 불가리아의 바초 키로에서 발견된 뼛조각에는 네안데르탈인의 시대까지 거슬러가는 기호가 남아 있다."[51]

3만 년에서 6만 년 사이 후기 구석기시대에 문화적 대폭발이 일어났다. 표상예술이 창조되기 시작하고, 복잡한 도구 기술이 발전하고, 장기 교역이 이루어졌으며, 종교가 발생했다. 네안데르탈인도 매장을 했지만, 현생인류는 매장을 하고 약초, 꽃 등의 부장품을 함께 묻었다. 이들이 내세에 대한 상상을 하고 죽음에 대한 성찰을 하고, 장례를 예를 갖춘 의식으로 치렀다는 것은 이때 인류 최초로 죽음과 사후 세계에 대해 생각했음을 뜻한다. 죽음을 생각했다면, 이는 모든 것으로부터 단절로 인한 절대적 무, 유한성에 대한 인식으로 이어졌고, 이는 다시 죽음을 초월한 삶, 의미를 해석하고 실천하는 삶에 대하여 생각하게 했을 것이다. 죽음의 불안과 공포를 극복하는 방안과 죽음 너머의 세계에 대해서도 여러 가지 추론을 했을 것이다. 원시적 형태였겠지만, 종교와 철학이 비로소 시작되었다고 추정할 수 있다.

인류가 메타포를 통해 구체적인 사물로 무엇인가 표현할 때부터 예술이 시작되었겠지만, 적어도 약 4만 년 전에는 표상예술을 창조하기 시작했다. 공작이나 꿩이 아름다운 깃털로 짝을 유혹하는 것처럼 성선택이나 진화에서 기원하겠지만, 아름다웠던 체험을 기억하여 재현하기 위하여, 지극히 아름다운 것을 만들어 미적 체험과 의미를 공유하기 위하여, 의미와 이야기를 더 다듬기 위하여, 아름다운 것을 만드는 것을 통해 자신의 존재를 드러내기 위하여, 자연과 하나가 되는 평안함에 이르거나 생명성을 표출하기 위하여, 초월하기 위하여 예술 행위를 하기 시작하였을 것이다. 아름다움은 훗날 우리의 기준이고, 아름다움과 전혀 상관이 없이 더 많은 사냥물과 수확을 위하여, 신을 경배하기 위하여, 의미와 이야기를 집약하기 위하여 무엇인가 새기거나 그랬을 수도 있다. 스페인 북부 엘 카스티요 동굴, 인도네시아 동남부 술라웨시 섬 마로스 동굴, 프랑스 쇼베 동굴 유적을 보면, 대략 4만 년 전부터는 동물의 생명력을 얻기 위하여, 혹은 더 많은 사냥을 기원하기 위하여, 혹은 사냥에 관해 기억하고 이를 전승하기 위하여, 무엇보다도 아름다웠던 동물의 형상과 동작을 재현하기 위하여 동굴에 동물과 사냥하는 모습을 벽화로 그리거나 암벽에 새겼다.

대략 1만 년 전, 혹은 그 이전인 후기 구석기에서 신석기에 이르러 인류는 혁명을 단행한다. 후기 구석기시대부터 도구의 혁신을 이룩하고 농경을 하고 사회를 형성한 것으로 보이지만, 신석기시대는 일방적으로 자연의 지배를 받던 인류가 본격적으로 정착을 하여 사회생활을 하며 자연의 지배자로 나서기 시작한 전환점이었다. 돌을 갈아 낚싯바늘, 그물코, 장신구 등 다양한 도구를 만들고, 농경과 목축을 시작한다. 간빙기 이후 온난해진 기후 덕에 인구가 늘고 사회가 조직되고 기술혁신이 일어나면서 인도 아샘이나 중국 윈난성에서 벼농사, 중국 양사오 지역에서는 조 등의 밭농사, 이란과 터키에서는 밀농사, 서아프리카에서는 수수 농사, 남미에서는 감자와 옥수수 농사가 본격적으로 시작되었다.[52] 흙을 빚어 토기를 만들어 잉여농산물을 저장하고, 정교한 언어를 구사하여 소통했으며, 무엇보다도 문자를 만들어 뇌 이외의 곳에 기억을 정박하고 지혜를 전승했다.

인간이 광합성과 번식을 조절하여 생산을 하는 농경과 목축을 하면서 혁명적인 변화가 일어난다. 물질적이고 생산적인 노동이 본격적으로 시작되고 노동에 의해 잉여 생산이 이루어졌다. 인구는 폭발적으로 증가하고, 정착생활이 시작되면서 마을이 형성되고, 직업의 분화가 일어나고, 법을 비롯한 여러 제도가 만들어지고 사회가 체계화했다. 개인 차원에서는 소유에 대한 욕망과 협력 사이의 갈등과 타협이 본격적으로 시작되고, 사회 차원에서는 권력에 따라 계급이 형성되고 지배와 통치가 일반화했다. 집단 사이에 여자와 물질의 교환이 이루어졌다. 여자의 교환은 족외혼제를 만들고, 물질의 교환은 집단 사이의 교역 체제를 구성했다. 교환과 교역이 이루어지는 집단끼리는 평화적 공존을 했지만, 때로는 무력에 의해 다른 집단의 생산물을 강탈하면서 전쟁이 일어나기도 했다. 정교한 언어를 통해 소통을 하고, 문자를 만들어 기억을 정박시키고, 지혜와 문화를 전승했다. 이후 인류는 엄청난 속도로 문명의 발전을 이루게 된다.

인간의 본성을 형성하는 것은 유전자와 성선택과 자연선택에 따른 진화, 자연과 상호작용, 노동과 협력을 매개로 한 타인과의 관계 및 사회의 형성, 의미와 은유의 창조, 시간과 죽음, 신에 대한 인식일 것이다. 인간은 자연과 상호작용하면서 침팬지와 다른 진화의 길을 걸으며 인간적 특성을 갖게 되었고, 노동과 생산, 협력을 매개로 타인과 관계를 맺으며 사회관계 속에 들어가면서 사회성을 지니게 되었고, 의미를 만들고 해석하며 존재를 인식하였고, 은유를 통해 추상적 개념들을 인지하기 시작했다. 시간을 인식하며 과거를 성찰하여 오늘을 분석하고 더 나은 미래를 만들고자 하였다. 죽음을 성찰하여 유한한 삶의 의미를 깨닫고 무한을 지향하였고 죽음 너머의 세계를 상상하였다. 신을 통해 신의 말씀에 구속되기도 했지만 더 거룩함을 향하여 초월할 수 있었다. 특히 "인간은 사회를 형성하고 농경을 시작하면서 혈연 이타성kin altruism만이 아니라 호혜적 이타성 reciprocal altruism, 집단 이타성group altruism을 추구하기 시작했고",[53] "고도의 이성을 바탕으로 맹목적 진화에 도전하여 공평무사한 관점을 증진시키며"[54] 윤리적 이타성 또한 추구했다.

인간은 정교한 언어를 발달시키고 이로 소통하며 의미를 만들고 축적하고 집단학습을 통해 발전시키고 계승했다. 일단 새로운, 혹은 창조적인 의미들이 만들어지면, 인간은 이를 모방하고 학습을 한다. 기억의 정박, 공유, 모방, 학습을 통해 인간은 시행착오를 줄이고 이전의 시대와는 판연히 구분되는 경이적인 속도로 진화와 발전을 한다. 기억의 정박, 공유, 모방, 학습 모두 집단적 협력을 전제로 한다. 보상 기대도 있지만, 인간은 사회를 형성하고 문화를 창조하면서 타인과 협력을 잘하는 자가 자신의 유전자를 많이 남기는 데 유리함을 인식하게 되었다. "진화는 인간뿐만 아니라 집단을 구하는데, 집단을 구하는 것은 또한 사람을 구하는 것이기도 하다. 이런 것들을 위해 우리는 타인의 마음을 읽게 되었다."[55] "도덕성은 진화 과정을 통해 선택된 결과다."[56]

더 많은 실험과 논증을 거쳐야 하지만 사회를 형성한 이후 인간은 타자의 마음을 잘 이해하고 공감하는 것이 협력을 높여 유전자의 이기적 목적, 곧 더 많은 유전자를 남기는 데 유리함을 또한 인지했을 것이다. 이런 진화적 선택과 문화, 공감을 통해 발달한 것이 바로 거울신경체계mirror neuron system일 것으로 보인다. "2013년에 페라리 등은 거울신경체계가 타인에게 자신의 표현을 더 쉽고 안정적으로 전달하려는 것을 선호하는 데서 기인한 자연선택의 결과라고 밝혔다."[57]

리촐라티Giacomo Rizzolatti 박사가 거울신경세포mirror neuron를 발견하기 전까지만 해도, 뇌의 용량과 기능에서는 천양지차이지만, 신경세포

체제의 범주로 보면 인간이든 다른 동물이든, 감각신경세포, 운동신경세포, 연합신경세포로 구성된 것으로 보았다. 모든 동물이 자신보다 강한 생명체를 만날 때 도망가는 반응을 보인다. 눈이나 코를 통해 파악한 정보를 감각신경세포가 전달하면, 연합신경세포가 종합해서 판단하여 자신보다 강한 동물이라 해석을 끝내면 운동신경세포는 팔과 다리에 도망가라는 명령을 내린다. 하지만 이는 1996년에 뒤집어진다. "파르마대학교의 신경심리학연구소의 리촐라티 소장을 비롯한 연구원들은 머카그원숭이 실험을 통해 영장류와 인간은 거울신경세포가 있어서 이를 통해 타인의 언어나 행위를 모방하고 타인의 감정에 공감한다고 밝혔다."[58] 이후 거울신경세포가 인간이나 원숭이만이 아니라 노래하는 새에게서도 발견되며, 거울신경세포가 독립적으로 존재하는 것이 아니라 일종의 네트워크라고 판단된 이후 거울신경세포가 아닌 거울신경체계로 용어를 대체했다.

최근에는 거울신경세포가 기본적으로 운동신경세포motor neuron에 속하거나 이와 통합한 시스템인 것으로 의견이 모아지고 있다. 그동안 운동신경세포는 근육의 조절과 통제 등에만 관여했지 인지 기능에는 전혀 관여하지 않는 것으로 알려졌는데 이런 생각에 근본적인 전환을 하게 되었다. 운동신경세포 또한 타인의 행위와 의도를 이해하고 반응하는 데 관여한다. "거울신경세포는 원래 시각 동작의 조절을 위해 진화한 감각신경세포의 연합을 강화한 결과로 발달이 행해질 때 나타난다."[59] "손동작을 수행하거나 이 행위를 시각적으로 인지할 때 거울신경세포가 활성화한다. 이런 증거는 이런 현상이 뇌의 한 영역만이 아니라 전운동피질과 아래두정피질에도 나타남에 따라 특정행위 개념틀에 동작과 감각을 통합하는 특정행위 연계가 존재함을 강력히 증명한다."[60] "거울신경세포체제의 핵심적인 구성 요소는 목적 지향적 행위를 할 때 활성화한다는 점이다."[61] 리촐라티의 말대로, "타자의 행위를 관찰할 때 그걸 바라보는 관찰자의 운동신경세포 또한 충분히 방아쇠를 당길 준비가 되어 있는 것이다".[62]

간단히 말하여 거울신경체계는 타인의 행위를 관찰하는 나의 영향과 반응 시스템이다. 인간은 거울신경체계를 통해 타인의 행위를 보면서 무엇인가 느끼고, 모방하고, 타인을 이해하고, 더 나아가 타인과 협력하면서 이를 발달시키게 된다. 거울신경체계는 기존의 감각신경세포, 연합신경세포 등이 수행하지 못하던 일을 수행한다. 인간이 대상과 만날 때 눈과 귀와 같은 감각기관이 먼저 파악하고 이를 뇌로 전달하면, 뇌 안에 있는 백억 개에 이르는 신경세포 가운데 일부가 작동하면서 사고한다. 어떤 것이든 이는 오온五蘊에 얽매인 인식이다. 눈, 귀, 코, 혀, 몸의 오근五根으로 색色, 성聲, 향香, 미味, 촉觸의 오경五境을 느끼며 물질계로 이루어진 대상을 인식하는 것이다. 하지만 거울신경체계는 오근과 오경에 얽매인 인식을 벗어나 "우리가 본 것과 우리가 직접 느끼는 것 사이를 연결해주는 신경생리학적 연결체다".[63] 타인이 고통 속에 있을 때 그를 바라보는 내 마음이 아픈 것도 거울신경체계가 일으키는 반응 가운데 하나다. "개인이 사회로부터 관심과 애정을 받으면, 몸속에서 중요한 전달 물질이 나오는데, 가령 고통을 완화시켜주는 물질인 내인성 오피오이드opioide, 도파민dopamine, 옥시토신oxytocin 등이 나"[64]오며, 반면에 "소외당한 사람의 신체는 극단적인 응급반응의 상태가 되는데, 특히 교감신경과 부교감신경이 지나치게 활성화"[65]한다. 어려운 상황에 놓인 이를 도와주면 기분이 좋아지는 것 또한 이런 작용의 일환이다. 이는 타자의 고통에 공감하고 연대하는 행위에 대한 보상체계가 이미 진화를 통해 두 뇌의 시스템으로 구조화했음을 의미한다.

거울신경체계는 전두엽frontal lobe의 전운동피질premotor cortex, 두정엽 parietal lobe, 측두엽 뇌섬엽 앞쪽anterior insula에서 주로 활성화한다. 전두 엽은 인간이 원숭이로부터 진화하면서 생긴 것으로, "인간은 전두엽 에 존재한다"라는 말이 나올 정도로 인간을 인간이게 하는 뇌의 부위 다. 전두엽은 추상적인 사고, 창의적 사고, 통찰력 등을 관장하며, 충 동을 억제하고, 타자를 이해하고 사회적 행동을 하는 기능을 한다. 두 정엽은 신체적 영상을 개념화하고 외부 환경을 인식하는 기능을 한 다. 뇌섬엽에서 전측 뇌섬엽은 냄새, 맛, 정서를, 후측 뇌섬엽은 청각, 신체 기능에 관여한다. 감각기를 통해 들어온 자극이 이곳에서 감정 으로 바뀐다. 한마디로 말하여, 거울신경체계는 사회관계 속에서 일 어나는 외부의 자극을 종합하여 이를 추상적으로 해석하고 종합하는 뇌의 부위와 관련이 있는 것이다. 이 체계가 실재하는 F5 영역은 언 어를 담당하는 브로카Broca 영역과 상동기관이다.[66] 거울신경체계는 언어 학습과 소통에 관여하고 도움을 주면서 인간이 다른 동물과 현 격하게 다르게 사회적 상호작용을 하는 데 관여한다.[67] 거울시스템은 언어의 진화론적 선구자일 수도 있다. "언어 이해를 위해서는 타인의 동작을 이해하는 것으로부터 시작해야 하기 때문이다."[68]

우리는 타인에 의해서만 등을 볼 수 있으며, "타인의 얼굴에서 자신 의 존재를 만난다".[69] "타자의 행위 이면에 있는 의도는 거울신경체계 의 작동 기제에 의해 인지된다. 이 거울신경 작동 기제야말로 타자의 의도를 이해하는 가장 기본적인 기제라는 데 의심할 여지가 없다."[70] "여러 연구의 결과, 자폐증에 걸려 사회적 인지 능력에 문제가 있는 사람은 거울신경체계의 기능에 장애가 생기기 때문에 본질적인 목표와 관련된 동작 행위를 직접 이해하거나 수행하는 능력이 없다."[71]

사람의 몸, 특히 뇌에는 36억 년 동안 진행된 진화의 시간이 응축되어 있다. 우리 인간은 짐승 때부터 가지고 있는 생존과 번식의 본능도 있고 이를 간뇌 등 원시적 뇌를 통해 행하며, 소뇌를 통해 몸의 균형을 잡고 근육을 움직이고 후두엽을 통해 대상을 바라보며, 편도체를 통해 공포를 기억하고 조절한다. 고등생물로서 변연계의 뇌를 통해 대상을 파악하고 이에 반응하며, 자연에 적응하여 도구와 문화를 만든 인간으로서 전두엽을 통해 지적인 사고를 하고 정서를 느끼며, 타인과 더불어 사회를 형성한 인간으로서 전두엽과 거울신경체계를 통해 타인과 교감하고 소통하며, 더 나아가 타인의 고통에 공감하고 연대한다. "타인의 행위를 잘 관찰하기 위한 자연선택의 결과로서, 타인의 동작을 더 빠르고 정확하게 인지하고 이를 잘 표현하려는 후성유전적 메커니즘으로서 거울신경체계를 발달시켰다."[72] 타인의 얼굴 표정이나 동작을 보고 타인의 의도를 남보다 더 잘 더 빨리 읽는 이들은 이성을 잘 선택할 수 있으며 타인과 협력을 하여 사냥과 수렵, 농경을 하는 데서도 유리하다. 이타적 협력이 자신의 생존과 번식이라는 이기적 목적과 부합하는 것이다. 이 체계는 오랜 기간 동안 자연선택을 하여 진화한 결과이며, 지금 이 순간에도 후성유전에 의하여 발현되고 있다. 이렇게 자연선택과 후성유전에 의하여 거울신경체계가 작동하기에 인간은 이기적 목적과 부합하지 않을 때에도 이타성을 구현한다. 생존과 번식의 욕망에 들끓던 인간이 이를 중지하고 선을 지향하는 것은 전두엽을 통해 윤리적 사고를 하고 거울신경체계가 타인의 고통을 알아채고 이를 나의 고통으로 삼을 때다.

"뇌가 인간의 정신과 의지, 행동을 모두 관장하고 결정한다 하더라도 인간은 이를 넘어서는 존재다. 뇌가 작동하는 생물학적 토대는 결정되어 있지만, 그것이 작용하는 창발과정은 그 이상의 차원에서 이루어지는 복잡하며 자유로운 생성이며 발현이다. 생명체로서 생물학적 조건에 놓여 있는 인간, 이 조건을 바탕으로 구체적이며 현실적인 삶을 사는 인간, 이해하고 해석하면서 무언가를 지향하며서 결단하며 자신을 성찰하고 형성하는 인간, 이 세 조건과 현상이 상호작용 가운데 형성되는 것이 인간이다."[73]

성선설이든 성악설이든 실체론에 머물러 있고 윤리적 당위에서 그리 벗어나지 못했다. 인간은 선과 악, 이기와 이타가 공존하는 유전적 키메라genetic chimera이며, 본성은 인간 안에 있는 것이 아니라 세계와 나의 해석, 나와 너의 '사이에' 있다. 선과 악은 세계의 해석과 타자와의 관계 속에서 나타나며, 제도와 타인의 관계에 따라 서로 악을 조장하기도 하고, 반대로 서로 선을 더욱 증장시키기도 한다. 지극히 선한 자에게도 타인을 해하여 자신의 이익을 확대하려는 악이 있고, 악마와 같은 이에게도 자신을 희생하여 타자를 구원하려는 선이 있다. 인도네시아 대지진 때 그 참극 속에서 지구촌 사회는 공감의 연대가 인류의 희망임을 실천으로 보여주었다. 자비심과 측은지심의 원천 또한 타자의 고통에 대한 공감이며, 이는 거울신경체계가 뇌 속에서 활성화하면서 발생한다. 그를 바탕으로 전두엽과 대뇌피질이 이성적으로 사고하고, 이를 모아 한 인간이 자기 앞의 세계를 올바로 해석하고 더 인간적이고 거룩한 의미를 지향하며 결단할 때 실천으로 나타난다. 죽고 사라져가는 생명들의 아픔에 공감할 때 내 몸 안에 자리하던 불성이 드러나기 시작한다. 한 사람, 한 사람의 공감을 바탕으로 연대를 맺고 실천하는 그 자리에 바로 예수님과 부처님이 계신다.

이처럼 인간은 영장류와 달리 타자에 대한 공감, 이성과 감성의 조화, 정교한 소통, 의미의 창조, 기억의 공유와 집단학습, 심한 폭력성, 시간과 죽음과 신에 대한 인식과 성찰, 무한한 욕망, 도구의 활발한 사용과 노동과 협력을 매개로 한 사회형성 등의 특성을 보이며, 타인과 관계, 제도, 구조에 따라 인간 내면의 여러 특성과 자질이 상호작용하면서 선을 더 드러내기도 하고 그 반대로 행하기도 한다.

눈부처-주체들의 코뮌 건설

연기와 무아, 공성空性을 완전히 이해하고 이 원리대로 행하면 대승적 깨달음에 이른다. 보살행은 윤리적 당위일 뿐 아니라 연기의 지혜에서 비롯된다. 연기를 소승적으로 깨달으면 욕망을 철저히 버려야 깨달음에 이르지만, 대승적으로 깨달으면 보살행을 낳는다. 연기는 각 존재자를 나와 깊은 관련을 맺고 있는 상호생성자로 깨닫게 한다. 이 순간 우리는 서로 소통하고 상호작용을 하면서 하나를 이룬다.

원효는 저 높은 깨달음의 세계에 이르렀으면서도 가장 낮은 곳으로 내려와 평생을 중생 구제에 힘썼다. "그는 속인의 옷을 갈아입고 스스로 소성거사小姓居士라 칭하며 박을 치면서 무애가無碍歌를 부르고 춤을 추며 수많은 촌락의 중생을 구제했으니 초동과 목수까지도 부처의 이름을 알며 나무南無의 칭호를 부르게 되었다."[74] 그는 나의 깨달음과 중생 구제의 종합自利利他兼全, 홀로 열반에 머무르지 않음不住涅槃을 추구했고 이를 몸소 실천하고자 중생 속으로 내려갔다. 그는 위로는 깨달음을 얻고 아래로는 중생을 구제한다는 상구보리 하화중생上求菩提下化衆生을 온몸과 마음으로, 총체적으로 실천한 진정 깨달은 자다.

　마르크스는『공산주의 선언』에서 적극적 자유는 사회적 개인들의 자기발전이므로 각 개인이 타자를 더 많이 향상시켜줄수록 그들 각자의 발전의 여지는 더욱 커진다며 "각자의 자유로운 발전이 모두의 자유로운 발전의 조건이 되는 연합체가 들어선다"[75]라고 선언한다. 마르크스가 볼 때 개인은 사회관계 속에 있는 개인individuals in social relation이다. 개인이 자신과 타자의 관계, 자아와 세계와 관계를 인식하고 이에 맞서거나 적응하여 진정한 자기를 실현하고자 할 때 주체가 된다. 주체는 소극적 자유from freedom뿐만 아니라 적극적 자유to freedom를 쟁취하고 대자적 자유for freedom를 구현한다. 소극적 자유는 모든 구속과 억압, 무명, 탐욕에서 벗어나 외부의 장애나 제약을 받지 않은 채 생명으로서 생의 환희를 몸과 마음이 가는 대로 누리면서 자신의 목적을 구현하고 인간으로서 실존하는 것을 의미한다. 적극적 자유는 자기 앞의 세계를 올바로 인식하고 판단하고 해석하면서 모든 장애와 소외를 극복하고 세계를 자신의 의지와 목적대로 개조하면서 진정한 자기를 실현하는 것을 뜻한다. 노동과 실천을 통해 세계를 변화시키거나 수행을 통해 자기완성을 이룰 때 도달하는 희열감의 상태가 이 경지다. 대자적 자유는 자신이 타자와 사회관계 속에서 밀접하게 관련이 있음을 깨닫고 타자의 아픔에 공감하고 연대하여 타자를 더 자유롭게 하여 나 자신이 자유로워지는 것을 의미한다. 노동과 실천을 통한 세계의 변화와 자기 변화가 구체적으로 종합한 경지이자 타인을 더 자유롭게 하여 나 자신이 자유로워질 때 환희심에 이르는 경지다.

마르크스가 추구한 이상 사회는 개인이 사회관계성과 주체성을 함께 인식하고서 정의, 곧 타자의 자유를 확대하기 위하여 서로 노력하는 공동체다. 그는 모든 사람이 나 아닌 다른 이를 좀 더 행복하고 자유롭게 하려고 서로 갖은 실천을 다하는 사회를 꿈꾸었다. 가진 자, 못 가진 자 없이 모두가 모여 함께 할 일을 정하고 일하는 자들이 생산수단을 공유한다. 이곳에서 노동은 더 이상 소외된 노동이 아니다. 가치를 생산하고 자기 앞의 장애와 소외를 극복하여 자신의 본성을 구현하고 진정한 자기를 실현하는 방편이자, 세계를 자신의 목적대로 변형하는 실천이다. 더 나아가 나의 노동을 통해 타인을 자유롭게 하는 이타적인 동시에 대자적이고 적극적인 자유를 실현하는 수단이다. "각자의 능력을 따름에서 각자의 필요에 따름으로"라는 그가 제시한 원칙에 나타난 대로 사람들은 우열이 아니라 차이에 따라 존재 의의를 가지며 능력이 아니라 필요한 만큼 생산하고 분배한다. 타인을 자유롭게 하여 나는 더 자유롭게 되고 자유로워진 나로 말미암아 타인은 더욱 자유롭게 된다. 이 순간 자유는 나 아닌 타자를 더욱 자유롭게 하는 실천으로서 정의와 부합한다. 정의 또한 자유를 전적으로 발전시키는 조건이 된다. "자신의 자유로서 진정한 자기실현을 한 개인은 상호관계성으로서 정의가 실현되고 적극적인 자유를 구현하는 조건에 각 개인이 평등한 권리를 갖는 것이 인정되는 공동체를 요청한다."[76]

이런 맥락에서 깨달음도 달리 정의된다. 참된 깨달음이란 이 세계의 연기와 공성에 대해 전적으로 이해한 바탕에서 소극적 자유,

적극적 자유, 대자적 자유를 모두 쟁취하고 종합하는 것이자 타자를 깨닫게 하여 내가 깨닫는 것이다. 타자를 구원하거나 계몽하는 것이 아니라 타자 속에 숨어 있는 불성을 드러내며, 이 순간 나 또한 부처에 이르는 것이다. 그러기에 참된 깨달음이란 내가 그리로 가 그를 완성시키고 그를 통해 다시 나를 완성하는 행위다. 무엇이 이를 매개하는가.

필자는 연기와 공성에 대한 전적인 이해와 함께 '거울신경체계를 통한 공감의 연대the solidarity of empathy'가 이를 매개할 수 있다고 생각한다. 캐나다의 교육자 메리 고든Mary Gordon은 1996년부터 '공감의 뿌리 roots of empathy' 교육 프로그램을 진행했다. 유치원에 갓난아기를 데려와서 유치원 원아들이 9개월 동안 교감하면서 자신의 공감 능력을 향상시켰다. 예를 들어 갓난아기가 우유를 먹으러 가다가 넘어지면 아이들의 마음이 같이 아파지는 체험을 한다. 원아는 아기가 장난감을 보고 웃을 때 아기 기분이 어떨까라는 선생님의 질문을 받고 생각하였고, 아기가 불안한 표정을 지으면 원아들도 불안한 마음이 들었다. 이렇게 한 결과 원아들의 공감 능력이 향상되었고 교실은 돌봄의 공동체가 되었다. 메리 고든이 공감의 뿌리 교육을 통해 내린 결론은 "감정을 표현하는 능력, 다른 사람의 입장을 이해하는 능력, 다른 사람의 감정 표현에 공감하는 능력은 인간관계를 맺는 데 기본적인 요소"[77]이며, "이런 능력은 학습할 수 있고 개발할 수 있다"[78]는 것이었다. "2000~2001년에 밴쿠버에서 1학년에서 3학년까지 초등학교 저학년 10개 교실에서 학생 132명을 평가한 결과, 공감의 뿌리 교육 프로그램을 실시한 집단에서는 적극적 공격 성향을 보이던 아동의 88퍼센트가 사후 검사에서 적극적 공격 성향이 줄어든 반면,

비교집단에서는 9퍼센트만 줄어들었다. 게다가 비교집단의 50퍼센트는 사전 검사와 사후 검사에서 적극적 공격 성향이 증가했다."[79] "더 나아가 연약한 여자아이가 다른 아이의 모자를 빼앗은 남자아이에 맞서서 당당하게 모자를 돌려주라고 말했다."[80] 모자를 빼앗긴 아이의 아픔이 자신의 아픔으로 느껴졌기 때문이다.[81] 백기완 선생이나 수경 스님처럼 목숨을 걸고 약자를 위하여 투쟁하는 분들을 보면 다른 것은 보통 사람들과 유사한데 공감력만큼은 월등히 뛰어나다. 정의를 향한 위인들의 강한 용기도 실은 약자의 고통을 자신의 것처럼 아파하는 공감에서 비롯된다.

이 '공감의 뿌리' 교육에서 확인한 것처럼, 인간은 이기적이기도 하지만 사회를 형성하고 1만 년 동안 비약적인 문명의 진화를 하면서 거울신경체계를 발달시키고 타인의 고통에 공감하는 능력을 몸 안에 담게 되었으며, 이는 모방, 학습, 체험과 참여를 통해 얼마든 신장시킬 수 있다. "인간은 공감을 통해 다른 사람을 자신 안에서 비추어보고, 그의 의도와 느낌을 감지할 수 있다."[82] 앞에서 말한 대로 사회적으로 공명을 할 때 고통을 이기는 물질이 분비된다는 것은 공감의 대가로 고통을 해소하는 보상 체계가 이미 오래전에 인간의 몸이 되었을 뜻한다. 그러니 "삶의 비밀이란 생존이 아니라 거울 공명하는 타인을 만나는 것이다".[83]

공감한다는 것은 타인의 삶을 내 것처럼 이해하고 인정하고 수용하는 것이다. 공감이란 타인의 아픔과 고통, 더 나아가 그의 기억의 주름들과 그 주름에 새겨진 흔적과 상처를 이해하고 끌어안는 것이다. 공감이란 타인이 나만큼이나 미숙하고 불완전하며 부조리한 세계의 횡포로 비극을 겪고 있음을 이해하고 함께 아파하는 것이다.

그 아픔 속에서 유한하고 무상한 인간의 본질, 세계의 부조리, 세계와 자아의 관계를 성찰하기에 지극히 실존적인 행위다. 너와 내가 모두 무상하다는 자각에서 오는 슬픔으로 그의 상처를 치유하여 나를 완성하는 자유 행위다. 3장에서 말한 대로 우리는 타자의 얼굴에서 신을 본다. 그러기에 우리는 타자로 말미암아 나를 깨닫고, 타자를 책임지며 윤리를 실천하고, 타자를 통하여 무한으로 초월한다.

눈부처처럼, 우리가 타자로 설정한 자에게 내가 담겨 있으며, 내 안에 타자가 담겨 있다. 찰나의 순간에도 나와 타자는 서로 조건이 되고 상호작용을 하면서 동시에 일어나고 동시에 서로에 스며들고 동시에 서로를 포섭하고 차별이 없이 서로 하나가 된다. 이 구조 속에서 중생이 아프면 내가 아프고, 타자가 고통 속에 있으면 나 또한 괴롭다. 이 고통을 멸하고 내가 자유롭게 되는 방법은 하나다. 눈부처-주체로서 자성을 내세우고 타자를 설정하는 모든 논리를 혁파하며, 연기를 깨달아 타자로 간주한 모든 이가 바로 나와 깊은 연관을 갖는 또 다른 나임을 인식하고 욕망을 자발적으로 절제하고 상생을 도모하고 동체대비의 자비행을 실천하는 일이다.

공포에 맞서고 유혹에도 흔들리지 않으며 진정으로 소외를 극복하려면, 대중은 눈부처-주체로 거듭나야 한다. 눈부처-주체는 타자와 무한한 연관 속에서 차이와 가유假有로서 주체를 형성하는 자다. 그는 주체로서 모든 구속과 억압으로부터 벗어나려는 소극적 자유를 추구함은 물론, 자연과 세계를 이해하고 자기 나름대로 해석하면서 노동과 실천을 통해 이에 적응하거나 맞서면서 자기를 실현하고 수행과 성찰을 통해 새로운 나로 거듭나는 적극적 자유 또한 구현한다. 하지만 눈부처-주체는 이에 머물지 않고 동일성의 사유를 뛰어

넘어 타자 속에서 불성을 발견하여 그를 부처로 만들고, 그를 자유롭게 하여 자신의 자유를 완성하는 자다.

그러나 절반 이상의 대중이 눈부처-주체로 거듭난다 하더라도 생산수단과 국가를 기득권층이 지배하고 있는 한 소외는 사라지지 않을 것이다. "자유는 사회 위에 군림하는 국가를 사회에 완전히 종속되는 국가로 전환시키는 데 있다."[84] "대중들은 단결하고 스스로를 대자적 계급으로 구성시킨다. 계급에 대한 계급의 투쟁은 정치적 투쟁이다."[85] 노동자가 주체로 나설 때 노동자계급의 해방이 성취될 수 있다. 노동자들이 각성하고 연대하여 경제투쟁에서 정치투쟁으로 전화하여 정치권력을 장악하고 생산수단을 공유할 때, 잉여가치의 착취가 사라지고 자본의 자기증식은 멈출 것이다. 그럴 때 노동은 진정한 자기실현이 될 것이며, 우리는 모든 생산물과 사람을 더 이상 교환가치의 잣대로 바라보지 않을 것이다. 혁명은 의지나 당위로 이루어지지 않는다. 현실에 대한 냉철하고 예리한 분석과 비전, 노동계급을 주체로 한 연대, 이를 바탕으로 한 담대한 실천투쟁의 산물이다.

현 조건과 상황에서 이를 어떻게 달성할 것인가. 노동자 민중의 연대와 세계혁명, "아래로부터 대중정치의 활성화를 통해서 국가권력을 장악하고, 자본주의적 경제 형태를 노동자-통제적 경제 형태로 변환함과 아울러 권위주의적 국가 형태를 다원적 민주주의 국가 형태로 변환하는" 실천이 동시에 필요하다.[86] 이제 자본주의나 국가 외부가 아니라 그 안에 자본주의를 해체할 수 있는 진지이자 그를 대체할 대안의 코뮌을 건설해야 한다. "코뮌은 대안적 가족 구성을 포함하는 대안적 생활공동체 차원과 함께 정치적-경제적-문화적 차원 모두에서 대안사회의 작동 메커니즘을 선취하는 복합적 실험체일 때 유의미할 수 있다."[87] 이 코뮌은 개인의 자유와 행복이 타인의 자유와 행복을 위한 조건이 되고, 개인의 권리와 존엄이 동등하게 인정되고 작용하면서, 모든 이들의 합의에 의하여 개인의 자유를 침해하지 않는 범위에서 상호성의 정의와 평등을 구현하는 공동체다. 이 코뮌에서 대중을 눈부처-주체로 거듭나게 하고, 연대 투쟁의 동력과 지혜를 얻고, 이를 바탕으로 정치투쟁을 전개하고, 나아가 새로운 세계혁명을 준비해야 한다.

타자의 목소리에 귀를 기울여 이기적 욕망을 자발적으로 절제하고, 타자의 고통을 자신의 아픔처럼 공감하고 연대하며 타자를 더 자유롭고 행복하게 하는 실천을 하면서 진정한 자기를 완성한다. 자기소외와 노동의 소외를 극복하고 자기의 혁명과 사회혁명을 종합한다. 타자와 연대하면서 그를 통해 자신도 거듭나는 눈부처-주체들이 사적 소유를 거부하며 기동전과 진지전을 종합하고, 세계혁명과 태업, 파업, 불복종, 대항문화의 실천 등 다양한 전선에서 다양한 투쟁을 전개한다. 이런 순간에 느끼는 희열이 바로 대자적 자유이자 아우름의 '신명'이다.

4장

제국의 수탈 및 신자유주의 세계화의 모순

: 세계혁명론 대
화쟁의 사회경제학과 눈부처─공동체론

신자유주의 세계화와 축적 방식

세계화는 빛인가 어둠인가

여러 분야에 걸친 세계화로 지금 세계는 지구마을global village이 되었다. 이미 수천 년 전부터, 더 웅숭깊은 지혜를 구하기 위하여, 더 앞선 기술과 문명을 배우기 위하여, 더 좋은 물건과 이윤을 얻기 위하여, 아득한 그리움을 메우기 위하여, 미지를 향한 가없는 호기심을 채우기 위하여, 지극히 아름다운 예술을 가슴에 담기 위하여, 더 거룩한 세계에 다다르기 위하여 인류는 설산을 넘고 사막을 걷고 바다를 건넜다. 고대에서 중세에 이르기까지 동서 교역로를 따라 세계화가 행해졌지만, 이는 거의 빛의 속도로 세계화가 진행되고 있는 현대와 비교 대상조차 되지 못한다. 비행기, 인공위성, 인터넷과 SNS를 통해 교역과 문화 교류가 활발해지고, 문명의 지혜를 주고받으면서 세계인의 가슴과 머리는 하나로 이어지고 마을과 국가, 세계는 형식과 내용 면에서 모두 급격한 변동을 겪었다.

세계 시장은 하나로 통일되고 있다. 이른바 '국경 없는 세계border-less world'가 도래한 것이다. 안방에 앉아 미국의 나스닥에 투자하고 캘리포니아의 요트를 구입할 수도 있다. 헤지펀드는 아시아는 물론 굶주림으로 수백만 명이 죽어가는 아프리카 시장까지 헤집고 다닌다. 직접 투자, 포트폴리오 투자 등 세계 차원에서 오고가는 신용과 통화의 총량을 글로벌 유동성global liquidity이라 하는데,[1] "2001년 말 76조 달러에서 2008년 3월 말 138조 달러로 가파르게 증가했다. 글로벌 금융위기 여파로 2009년 3월 말 124조 달러로 축소되었다가 미국과 유럽, 일본이 본원 통화 공급을 확대하면서 2011년 말 137조 달러로 증가하면서 위기 이전 수준을 회복했다".[2] 이 가운데 한국은 "2008년 이후 2012년까지 1조 8000억 달러를 흡수해 10위를 기록했다".[3] "글로벌 유동성이 1퍼센트 증가하면, 동아시아 국가의 채권 시장에서 외국인 자본 유입은 7.7억 달러가 증가할 정도로",[4] 이제 세계경제는 하나로 엮여 있다. 햄버거는 전 지구촌의 주식으로 자리를 잡아가고 있으며 윈도우 시스템과 인터넷은 전 세계 네티즌의 뇌를 하나로 묶고 있다. 프랑스의 문화비평가 기 소르망Guy Sorman의 말대로 배는 맥도널드 햄버거로, 머리는 매킨토시 컴퓨터로 채우는 맥의 세상, '맥몽드mac-monde'가 도래한 것이다.

거의 빛의 속도로 전 세계가 교류하고 있는데 '우리 것만이 좋은 것이여' 하는 것은 우물 안 개구리를 자초하는 것이다. 세계화는 제3세계가 낡은 생산양식이나 문화양식에서 벗어나 모든 분야에서 아주 빠른 속도로 선진화하는 것으로 보인다. 서로 다른 나라의 사람이나 문화를 이해하고 교류를 넓혀 상호 공존의 토대를 구축하고 상대방 문화의 장점과 지혜를 수용하여 상호 발전을 도모할 수 있다. 세계화가 아니라면 어떻게 안방에 앉아 루브르박물관을 관람할 것이며 한류가 중국과 동남아 대중에게 환호를 받을 것인가. 세계화는 이데올로기나 전략이라기보다 테크놀로지 발전에 따른 문화적 추세다. 이런 면의 세계화는 바람직하다.

신자유주의자들은 주장한다. 관세 장벽을 없애고 규제를 철폐하는 것을 비롯하여 국가가 만든 여러 보호 장치와 장애를 폐지해야 자본과 상품, 정보가 자유로이 흐르고 이것은 결국 모든 세계인에게 이익이 될 것이라고. 1993년 GATT를 대체한 WTO 협정의 핵심은 상품, 서비스, 자본에 대해 모든 나라에서 내국민 대우와 최혜국 대우를 받게 하자는 것이다. 그것은 바로 경제의 영역에서는 국경이 소멸되었음을 뜻한다. 이렇게 하여 세계의 다양한 상품과 금융, 문화와 정보가 하나의 통일된 시장에서 유통되고 거래되어 세계인은 더욱 빨리, 더욱 정확하게, 더욱 싼값으로 상품을 교역하고 정보를 공유할 수 있으리라 말한다. 자유경쟁의 원리에 입각한 전면적인 자유무역을 실시해야 이윤과 효율성을 극대화할 수 있다는 것이 이들의 논리다. 한국으로 국한하면, 봉건적이고 비합리적인 경영 방식을 외국과 자유경쟁을 통해 획기적으로 개선하고 생산성을 높일 수 있다고도 한다.

신자유주의자들의 주장은 얼핏 일리가 있는 것처럼 들린다. 하지만, 제국이 주변부를 착취하는 세계 체제world system와 자본주의 생산양식 속에서 '빈곤의 세계화' '테러의 세계화' '밥상과 전염병의 세계화'가 실질적인 흐름으로 나타나고 있다. 표도르와 초등학교 학생이 같은 링에서 아무런 규제 없이 격투기를 벌인다면 결과는 어떻게 될까. 낙후했지만 자연과 공존하고 돈보다 우애를 중시하고 협력하여 생산하고 나누던 마을 공동체에 길이 뚫리고 인터넷이 열리고 공장과 자본이 들어오고 세계 시장에 포섭되면서 소득이 늘고 발전이 되는 대신에 그 공동체가 해체된다면 인간 존재에게 과연 어떤 삶이 더 의미를 갖는가. 신자유주의자들의 세계화는 지구촌 전체의 파멸을 불러오고 있다. 세계화를 추진한 이후 제3세계는 더 가난하게 되었으며 실업자가 거리를 메우고 중산층은 몰락하고 수백만 명의 어린이가 질병과 굶주림으로 죽어가고 있다. 신자유주의식 세계화가 정점을 찍던 2001년 9월 11일, 세계화의 상징인 미국 무역센터 건물이 가미카제식 테러로 폭삭 주저앉았다. 사스와 에볼라, 메르스와 같은 전염병은 여행객을 통해 하루나 이틀 만에 발병지에서 다른 대륙으로 전파된다. 문화에 따라 다양하던 세계인의 식단은 점점 미국식으로 통일되고 있다. "맥도널드 햄버거는 전 세계 100여 개 나라의 3만 5천여 곳의 매장에서 매일 6,900만 명의 고객들에게 서비스를 제공하고 있다."[5] 전 세계인들이 맥도널드의 황금빛 아치 아래로 들어가 단 몇 분 만에 이것으로 끼니를 때우거나 외식을 즐긴다. 결국 노르베리-호지Helena Norberg-Hodge가 잘 요약한 대로, "세계화는 인간의 행복의 척도로 부적절한 GDP에 의존하여 세계경제를 재단하고 있으며, (……) 천연자원을 낭비하고 기후변화를 가속시키며, 고용안정성을 악화시키고 실업을 늘린다. 빈부 격차, 자원에 따른 국제 분쟁, 테러리즘 등 갈등을 고조시킨다. 이에 세계화는 우리를 불안케 하고 불행하게 만든다."[6]

신자유주의는 어떻게 수탈하고 축적하는가

$$M-C-M'$$
$$(M-C(LP+MP)-P-C'-M' \rightarrow M'-C'-P'-C''-M''$$
$$\rightarrow M''-C''-P''-C'''-M''' \rightarrow \cdots\cdots)$$

자본주의는 이윤의 극대화를 위해 착취에 기대어 끝없이 경쟁하면서 확대재생산을 거듭하는 거대한 괴물이다. 인간의 사물화와 계급갈등, 소외, 대부분의 범죄의 근본 동인이면서도 이 체제가 유지되는 비결은 무엇인가. 이윤에 대한 열망이 개인의 차원에서는 열심히 일하게 하고 자본과 국가 차원에서는 기술개발, 성장과 발전에 투자하고 인력과 능력을 집중하게 하기 때문이다. 자본들이 권력과 이윤을 독점하고 더 많은 이득을 얻는 방향으로 정치, 경제, 사회문화의 모든 영역을 조종하기 때문이다. 대중 또한 돈을 신처럼 숭배하면서 자신의 화폐와 부를 늘릴 수 있다는 환상에 취하여, 더 좋은 상품을 더 많이 소비하기 위하여 타인과 다투듯 경쟁하여 더 많은 돈을 버는 데 자신의 육체와 정신을 온통 투여하게 만들기 때문이다. 이 체제에서 생산을 담당하는 노동자는 생산수단을 소유하지 못한 자이자 노동력을 판매하는 자이며 노동과정을 통제당하는 자다. 그러기에 그는 노동 행위와 과정에 권력을 행사하지 못한다. 노동자는 생존하려면 자신의 노동력을 자본에 판매할 수밖에 없는데, 노동자와 자본 사이의 권력이 비대칭이므로 이는 착취를 전제로 한 불공정하고 불평등한 계약 관계 속으로 들어가는 것이다. 자본가는 노동자가 생산한 잉여가치를 착취하여 자본축적을 행하므로 자본주의는 노동자 민중의 착취에 기반을 둔 체제다.

자본가는 맨 처음에 화폐(M, 10000원)를 밑천으로 삼아, 6000원으로 생산수단(MP, 밀가루+우유+달걀+이스트=3000원, 건물 임대비+빵 기계의 대여비+감가상각비=3000원)을 구입한다. 노동자가 자신의 하루 생활에 필요한 생활 자료를 생산하는 데 5시간이 필요하고 1시간 동안에 800원의 가치를 창조한다면 하루 노동력의 가치는 4000원이다. 자본가가 노동자의 노동력을 4000원의 임금 형식으로 구매하여 빵 10개를 생산했다면, 이 빵에는 구입된 생산수단의 가치와 노동자가 새로 생산한 가치가 포함된다. 노동자가 1시간에 800원씩 5시간의 노동을 하여 빵 10개를 생산했기에 노동자가 생산한 가치는 4000원이다. 그러면 빵 10개의 가치는 10000원이다. 이 가치대로 시장에서 빵을 팔면 자본가에는 아무런 이득이 돌아오지 않는다. 자본가가 이윤을 얻는 방법은 크게 두 가지다. 하나는 가격을 본래 가치 10000원보다 높게 책정하는 것과 노동자를 더 많은 시간 동안 부려 더 많은 빵을 생산하는 것이다. 가격은 시장에서 수요와 공급의 차이에 따라 결정되기에 전자의 경우 시장에서 팔리지 않으면 오히려 가격이 내려가서 손해를 볼 수 있다. 이에 자본가는 같은 임금을 주고 더 많은 시간을 노동하도록 강요한다. 자본가가 생산수단을 두 배 구입하고(6000원×2=12000), 노동자를 같은 임금에 10시간 노동을 하게 하여(800×10시간=8000) 빵 20개를 생산하면, 빵 20개의 가치는 20000원이다. 빵 20개를 생산하는 데 자본가가 들인 가치는 16000원(생산수단 12000원+임금 4000원)이므로, 4000원의 이윤이 발생한다.

노동력(LP, 4000원)을 임금 형식으로 구입하여 생산과정(P)을 통해 상품(C, 1000원짜리 빵 20개)을 만들어 시장에 팔아 돈(M', 20000원)을 벌어들인다. 이때 M'(20000원)은 M(16000원)보다 일반적으로 크다. 자본의 자기증식이 일어나는 것이다. 이는 생산과정에서 노동자가 가치(8000원)를 만들었고 이 가운데 4000원은 임금의 형식으로 돌려주었지만, 나머지 4000원을 자본가가 가져갔기 때문이다. 자본은 이를 이윤이라 부른다. 전체 자본이 투자하여 이윤을 생산한 것처럼 보이지만, 이는 노동자가 생산한 것이며, 실은 자본이 노동자의 잉여가치를 착취한 것이다. 잉여가치는 자본 전체에서 생기는 것이 아니라 오직 노동력을 사는 데 지출되는 가변자본에 의해서만 창조되며, 4000원의 잉여가치를 생산한 것은 노동자다. 이때 노동자가 처음에 행한 5시간이 필요노동시간이라면, 나중에 행한 5시간은 잉여노동시간이다. 전자가 필요노동이고, 후자가 잉여노동이다. 이렇게 노동자는 자신의 노동력을 자본가에게 판매하고 자신이 생산한 잉여가치를 착취당한다. 노동자는 임금을 받는 대가로 고용이 되고, 고용이 되면 자본가의 명령과 통제에 따라 노동을 하며, 노동자의 노동뿐만 아니라 생산물도 자본가의 소유가 된다.

자본은 이윤 확대를 위해서라면 물불을 가리지 않기에 이 확대재생산의 속도는 폭발적이다. 이윤을 극대화하려면 자본은 M'를 다시 재투자하여 M", M'''로 지속적으로 불리면 된다. 구멍가게와 다름이 없었던 기업도 잘 팔리는 상품을 만들어 노동 통제, 상품의 홍보와 판매, 재투자를 잘하면 몇 년 만에 수천억 원의 매출을 하는 대기업으로 성장할 수 있다. 이것이 M-C-M', 자본의 자기증식으로 인한 확대재생산의 마술이다.

모든 기업과 상점, 은행은 더 많은 돈을 벌기 위해 존립한다. 자본의 항구적 목적은 최소의 자본으로 최대의 이윤을 확보하는 데 있다. 자본가가 이윤을 확대하여 자본을 빨리, 많이 축적하는 방법은 간단하다. 자본을 잘 집적하고 집중하여 자본의 총량을 늘리는 것, 생산을 확대하고 많이 팔아 이윤의 총량을 늘리는 것, 노동을 잘 통제하면서 잉여가치를 될 수 있는 한 최대한으로 착취하는 것, 자본 자신의 소비를 줄이고 불변자변을 절약하여 자본을 최대한으로 축적하여 M"를 늘리는 것, 자본의 회전속도를 빠르게 하는 것이다.

자본가가 이윤을 늘리는 손쉬운 방법은 절대적 잉여가치와 상대적 잉여가치를 더 많이 늘려 빼앗는 것이다. 앞에서 말한 대로 이윤의 실체는 노동자가 생산한 잉여가치다. 절대적 잉여가치를 늘리는 방법은 잔업이나 야근 등으로 노동시간을 연장하거나 단위시간에 노동강도를 높이는 것이다. 상대적 잉여가치란 필요노동시간을 단축하고 상대적으로 잉여노동시간을 연장시키는 것을 말한다. 기술이 개선되고 생산성이 향상되어 노동자의 생활 자료의 가치가 하락하면, 노동자는 전보다 더 적은 시간을 노동하여 자신의 생활 자료를 획득할 수 있으므로 사회적 필요노동시간이 감소한다. 앞에서 사회적 필요노동시간이 5시간에서 4시간으로 줄면, 잉여가치는 800원이 늘어나 자본은 4800원을 이윤으로 획득할 수 있다.

자본의 유기적 구성을 고도화하면 이윤을 대폭 확대할 수 있다. 유기적 구성이란 자본이 더 많은 이익을 얻고자 생산수단을 구입하는 데 지출하는 불변자본과 노동력을 구입하는 데 지출하는 가변자본을 기술적으로 구성하여 가치의 구성에 반영하는 것을 뜻한다. 예를 들어 새로운 기계와 기술을 도입하여 이의 구입비를 늘리고 대신 노동력을 구입하는 데 드는 가변자본을 줄이면, 다시 말해 자본의 유기적 구성을 고도화하면, 전체 자본 중에서 불변자본의 비율이 낮아지므로 이윤율은 저하하지만[7] 자본가는 전체 이윤의 양을 크게 확대할 수 있다. 자본가는 고용을 줄이고 임금을 낮추면서 반대로 노동강도를 높여 잉여가치를 더욱 착취할 수 있기 때문이다. 이에 자본가는 자본의 유기적 구성을 고도화하며, 그럴수록 산업은 노동집약적 산업에서 기술집약적 산업으로 구조가 바뀐다. 이로 고용이 줄고 실업은 늘어 노동자가 산업예비군으로 전락하며, 자본가는 노동자를 싼값에 고용할 수 있으므로 노동자의 실질임금은 감소하고 노동환경 또한 열악해진다.[8]

자본주의는 경쟁을 전제로 유지된다. "마르크스가 자본가들을 '서로 싸우는 형제'들이라 표현한 것처럼, 자본가들은 자신을 위협하는 노동자계급에 맞서서는 서로 형제처럼 단결하여 노동자를 착취하고 국가를 압박하여 노동자를 통제하지만 시장에서는 자본끼리 서로 많은 이윤을 차지하기 위해 전쟁도 불사하며 싸운다."[9]

초과잉여가치란 새로운 기술을 남보다 먼저 생산에 도입한 소수의 자본가가 다른 자본가들이 얻는 평균 수준의 잉여가치를 초과하여 얻는 잉여가치를 뜻한다. 어느 기업이 신기술을 먼저 들여와 이로 노동자의 임금을 다른 기업보다 절약하여 많은 이윤을 냈다면, 이는 초과잉여가치를 착취한 결과다. 자본가마다 초과잉여가치를 늘리기 위하여 좋은 기계를 사용하고 기술을 개선하면서 자본의 유기적 구성의 고도화가 일반화하고, 이에 따라 이윤율 저하 또한 보편화한다. 이윤율 저하에 위기를 느낀 자본은 이윤율 저하를 억제하는 다양한 방안을 도입한다.

이것으로 그치는 것이 아니다. 앞에서 빵 공장의 공장주가 10000원을 투자하고 은행에서 6000원을 빌렸고 이 이자율이 10퍼센트라면, 공장주는 4000원의 이윤 가운데 600원(6000원×0.1)을 은행에 갚아야 한다. 산업자본가는 16000원을 가지고 4000원의 이윤을 확보한 것인데, 이 가운데 자신의 자본 10000원으로 2500원, 빌린 돈으로 1500원의 이윤을 벌어들인 것이다. 산업자본가는 1500원 가운데 600원을 이자로 지불하고 나머지 900원은 자신이 차지한다. 대부자본가는 돈을 빌려주는 행위만으로 600원을 벌었으며, 산업자본가는 총 3400원을 벌었다. 3400원이 산업자본가의 이득이며, 600원이 대부자본가의 이자소득이다. 하지만 산업자본가든, 대부자본가든 그들이 차지한 소득의 원천은 잉여가치 4000원에서 비롯된 것이며, 형태는 이자와 이득으로 다르지만 노동자가 생산한 잉여가치를 착취하여 나누어 가진 것에 불과하다. 이 구조 속에서 대부자본은 더 많은 이자 수익을 올리려 하고, 산업자본가는 이자를 낮추거나 이자만큼 지불된 손실을 보전 받으려는 경향을 가진다.

자본주의가 발전함에 따라 평균이윤율 저하 경향의 법칙이 작용하고 대부하려는 화폐 총액이 수요보다 더 급속히 증대하기에, 이자율은 점점 낮아지기 마련이다. 하지만 국가가 개입하여 중앙은행이 이를 조절한다. 이론상으로는 중앙은행이 이자율을 낮추어 산업자본의 이윤을 높이면 산업자본이 투자를 늘리고 고용을 확대하여 실업을 줄일 수 있다. 실제로는 이자율을 낮추면 대부자본이 투기에 몰려 은행의 돈줄이 말라버려 산업투자가 제대로 행해지지 못하고, 반대로 이자율을 높이면 산업자본의 이득이 작아져 기업의 활동이 위축되고 고용을 줄여 실업이 늘어나는 역기능이 발생한다. 산업자본과 대부자본이 서로 경쟁을 하는 상황에서는 어느 정도 상호 견제가 가능하지만 산업자본이 독점화하고 대부자본이 독점화하면서 산업독점자본과 은행독점자본이 유착관계를 맺어 금융자본을 형성할 경우 이 유착체는 기업은 물론 시장과 국가를 지배하게 된다.

칼 폴라니Karl Polanyi가 잘 지적한 대로, "시장경제란 오로지 시장만이 통제하고 조정하며 방향을 지도하는 경제체제이며, 재화의 생산과 분배의 질서는 이 자기조정self-regulation 메커니즘의 손에 맡겨지는데, 이 자기조정이라는 것 자체가 환상이다. 시장경제는 노동, 토지, 화폐를 시장 질서에 포섭하는데, 이는 자연적 환경인 노동과 토지조차 보호받지 못하고 시장경제라는 '사탄의 맷돌'에 노출됨을 의미한다".[10]

착취와 경쟁을 두 축으로 하던 서구 자본은 점점 더 거세게 노동자와 제3세계의 견제를 받고 대공황 등 스스로의 모순을 겪으면서 대여섯 차례의 부침을 거듭하다가 1970년대에 다시 위기를 맞는다. 우선 국가의 규제, 노동자의 계급의식과 조직화, 제3세계의 연대로 잉여가치의 '자유로운' 착취가 어려워진 것도 작용했지만, 무엇보다도 기업 사이의 치열한 경쟁과 첨단기술의 발달로 이윤율이 장기적으로 저하하면서, 세계경제는 구조적 불황에 빠지고 브레튼우즈 체제는 위기를 맞았다. 특히 1970년대에 들어 미국의 국제수지가 수년간 만성적 역조에서 벗어나지 못하자 달러화는 국제통화를 주도할 만한 힘을 상실했다. 경제활동이 위축되고 기업이윤이 급격히 줄어들어 제조업이 공동화 현상을 빚기까지 했으며 재정의 누적된 적자로 공공투자가 위협을 받아 경제위기가 장기간 지속되었다. 그러자 초국적 기업과 초국적 투기자본을 이끌고 있는 파워 엘리트들과 이들의 이데올로그인 경제학자들은 자유로운 시장원리에 입각한 자유주의를 부활시키는 것이, 이에 따라 세계경제의 판을 다시 짜는 것이 돌파구라는 판단에 이른다. 이들은 구조적 불황의 원인을 국가의 간섭, 특히 관료주의와 규제에 의한 이윤축적의 제한, 사회복지의 남용, 자유로운 시장 질서의 훼손 탓으로 돌리며 시장에서 모든 규제와 간섭을 철폐할 것을 주장했다. "이들이 감행한 신자유주의란 전통적인 경제 영역에서 시장을 즉각적, 무조건적, 무제한적으로 확대·강화하고 비경제적인 영역까지 포함하여 인간 생활 전반을 시장 원리로 작동시키고자 하는 정책 이념이며, 따라서 시장에 전인격을 포획시키고자 하는 기획이다."[11] 이 체제는 자유로운 착취와 경쟁을 방해하는 모든 규제의 완화 내지 해제, 노동시장의 유연화, 자본과 금융의 자유화, 정부 역할 및 개입의 최소화, 대외적 개방 확대, 공공영역의 민영화, 감세, 사회복지 예산의 축소를 특징으로 한다. 신자유주의 체제는 불황의 부담을 노동자에게 전가하면서 초국적 자본과 금융자본이 손을 잡고 국가와 노동조합을 무력화하고 국경을 초월하여 이윤을 최대한으로 긁어모았다.

　신자유주의자들은 노동의 유연성이란 이름으로 비정규직을 늘렸다. 정규직의 절반만 임금으로 주고도 비정규직으로 고용할 수 있기에 똑같은 노동에 투입하고도 두 배의 잉여가치를 착취할 수 있다. 한국의 기업은 법에 명시된 '긴박한 경영상의 필요'만이 아니라 회계 조작을 하면서까지 극단의 이윤을 축적하기 위하여 정리해고를 단행하고 이를 비정규직으로 채웠으며, "3년을 같은 자리에서 일했어도 그 가운데 22.4퍼센트만 정규직으로 전환했다. 50.9퍼센트는 여전히 비정규직이었고 26.7퍼센트는 실직 등으로 일을 하지 않고 있었다".[12] 1000만 명이 비정규직이고 그들의 임금이 정규직의 절반인 49.4퍼센트에 불과하다는 것은 자본이 그동안 '1000만 명×정규직

의 임금×1/2'에 해당하는 막대한 돈을 과잉 착취했음을 의미한다.[13]

신자유주의 체제 이후 금융자본은 다양한 방법으로 막대한 이득을 얻었다. 회사를 창설하여 창업자 이득을 얻고, 국가의 대내외 정책을 이윤을 극대화하는 방향으로 조절하고, 유리한 조건으로 채권을 인수한다. 이에서 더 나아가 이들은 다양한 금융상품을 만들고 수치를 조작하여 사기술이나 이에 가까운 방식으로 천문학적인 소득을 올렸다.

앞에서 산업자본가든, 대부자본가든 그들이 차지한 소득의 원천은 잉여가치에서 비롯된 것, 곧 기업과 대부자본의 이윤은 실은 노동자가 생산한 것을 빼앗은 것임을 밝혔다. 하지만 신자유주의 체제에서 착취는 생산 부문에 그치지 않는다. 자본가의 소비대출은 자본가 소득, 다시 말해 잉여가치 중 재생산에 투여되고 남은 소득이므로 잉여가치에서 보전되지만, 노동자의 소비대출은 노동자 임금에서 이자가 보전된다. 대출금으로 일반적인 상품 구매가 아닌 주식이나 펀드 같은 자산 시장에 참여하는 경우에도 투자 수익이나 손실과 무관하게 대출이자의 원천은 임금이다. 이처럼 이자의 원천이 잉여가치의 일부일 뿐만 아니라 노동자 임금의 일부이기도 하다는 것은 이자를 통한 '수탈'이 가능하다는 것을 의미한다.[14] 이 때문에 "이자는 자본의 확대재생산 과정에서 발생한 이윤(잉여가치)의 일부를 분배받는 기능을 넘어 미래 노동 소득(임금)에 대한 수탈 구조로 확장될 수 있다".[15]

앞에서 잉여가치는 4000원, 가변자본은 4000원이므로, 잉여가치율은 $(S/V)=4000/4000=100$퍼센트다. 이윤율은 $S/C+V=4000/12000+4000=25$퍼센트다. 여기서 노동자의 임금인 가변자본은 $V=Vd$(가

처분소득)+Vi(이자지급)로 분할된다. 이자를 1000원 지급한다고 가정하면, V(4000원)=Vd(3000원)+Vi(1000원)으로 표시할 수 있다. 이는 노동자가 4000원을 임금으로 받아 그 가운데 3000원을 가처분소득으로 확보하여 자신이 필요한 상품을 소비하는 데 사용하고, 1000원은 자신이 주택 대출 등 다양한 방식으로 대부받은 돈의 이자로 지불했음을 뜻한다. 이 이자는 자본이 가져가며, 결국 자본은 잉여가치를 착취하는 것에 더하여 이자 수입으로 이윤을 올리게 된다. 이에 이윤율을 수정할 수 있다. $S/C+V$를 $S+Vi/C+V$로, 이를 다시 $S+V/C+Vd+Vi$로 표시할 수 있다. 이에 대입하면, 이윤율은 4000+1000/12000+3000+1000=31.25퍼센트다. 곧 자본은 생산부문에서 20퍼센트의 이윤율을 올렸지만, 이자소득을 통해 11.25퍼센트의 이윤을 더 올린 것이며, 이는 노동자의 잉여가치가 아니라 임금에서 빼앗은 것이다. $S+Vi/C+V$에서 분모와 분자를 V로 나누면, $S/V+Vi/V$ // $C/V+1$로 표시된다. 여기서 S/V가 착취율이라면, Vi/V는 수탈률이다. 4000/4000+1000/4000 // 12000/4000+1=31.25퍼센트다. 착취율은 100퍼센트이고, 수탈률은 25퍼센트다.[16]

예를 들어, "현대자동차의 경우 정규직의 평균임금은 2013년 3월 현재 5,835,515원이고 총액임금은 7,705,315원이다".[17] 계산하기 쉽게 현대자동차 노동자의 평균연봉이 6000만 원이고 평균으로 소요된 가변자본도 6000만 원이고 잉여가치 착취율이 50퍼센트라고 가정하면, 노동자는 자동차를 만들며 9000만 원의 가치를 생산했는데, 이 가운데 3000만 원의 잉여가치를 자본에게 착취당하고 이는 현대자동차 자본의 이윤으로 축적되었다. 이 경우 착취율은 50퍼센트이고, 이윤율은 25퍼센트다. 정규직 노동자를 해고하고 그 자리를 비정규직으로 채워 동일 노동을 강제하고 임금을 절반만 주면, 비정규직 노동자는 9000만 원의 가치를 생산했는데, 절반인 3000만 원만 임금으로 받았으므로, 착취율은 100퍼센트이고, 이윤율은 3000/9000 = 33.3퍼센트로 상승한다. 비정규직 노동자가 임금 3000만 원 가운데 주택 융자 등 이자로 매달 50만 원씩 600만 원을 이자로 지불한다면, 가처분소득은 2400만 원이고 이자는 600만 원이다. 이는 현대자동차 비정규직 노동자가 3000만 원을 임금으로 받아 그 가운데 2600만 원을 가처분소득으로 확보하여 가전제품, 식품, 교육비 등 자신이 필요한 상품을 소비하는 데 사용하고, 600만 원은 주택 대출 등 대부받은 돈의 이자로 지불했음을 뜻한다. 이 경우 착취율은 100퍼센트, 수탈률은 20퍼센트이며, 이윤율은 40퍼센트가 된다. 즉, 현대자동차든, 그로부터 하청을 받은 자든 자본은 정규직 노동자를 비정규직으로 대체하는 것만으로 두 배의 잉여가치를 착취하면서 이윤율을 올리고, 이자의 형식으로 다시 수탈하여 자본소득을 획기적으로 증대한다.

신자유주의는 노동과정을 생략한 채 금융파생상품 등 금융상품을 매개로 한 금융화로 M-M′ 순환에 의한 수탈을 강화하고 있다. 세계은행, 초국적기업, 투자은행과 헤지펀드들이 그 주체다. 일부 헤지펀드와 매니저는 투자은행과 짜고 가치가 붕괴할 수밖에 없는 금융상품을 만들고 거의 사기에 가까운 방식으로 외부 투자자들을 끌어모아 거품을 키울 수 있는 대로 키운 후 자신의 이익을 최대한으로 챙긴 후에 터뜨려 금융위기를 초래했다. "헤지펀드는 주식과 채권, 파생상품 투자를 교묘하게 혼합해 부자 투자자들의 구미에

딱 맞는 적절한 수준의 위험과 수익률과 투자 기간을 제공한다."[18] "여기에는 약간의 눈가림 장치가 존재한다. (……) 헤지펀드들은 자본을 투자한 기업의 건전성 여부에는 아무 관심이 없다. 그들의 관심사는 그저 이용할 만한 작은 장점이라도 있는지 알아본 다음, 최대한 많은 이익을 챙겨서 재빨리 발을 빼는 것이다."[19] 자신은 거액을 챙기고 투자자를 망하게 한 후에 그들은 이 책임을 월가가 아닌 정부에 돌리며 정부에 '구제금융' 혹은 '공적자금'을 요청했다. 결국 국민의 혈세가 이들의 수중으로 들어간다. 금융자본 및 헤지펀드와 카르텔을 형성하고 있는 정부는 국민의 혈세를 혁신금융상품의 매개를 통해 헤지펀드나 금융자본가에게 바치는 전달자 구실을 하는 것이다. 이런 방식을 통해 "애팔루사 헤지펀드의 대표 데이비드 테퍼David Tepper는 2009년에 40억 달러를 벌었고",[20] "헤지펀드 매니저인 존 폴슨John Paulson이 투자 서비스를 제공하는 대가로 시간당 버는 돈은 230만 달러가 넘는다".[21] "2008년 유럽 금융위기 이후 그리스가 국제채권단의 구제금융을 요청한 2010년 당시의 국가부채는 약 3100억 유로였다. 그런데 5년간 구제금융을 받고 난 2014년 말 그리스 국가부채는 3170억 유로로 오히려 늘었다. 그리스 국내총생산 GDP 대비 부채비율도 2010년 133퍼센트에서 2014년 말 현재 174퍼센트로 높아졌다. 유럽 채권단의 주장과 기대와는 달리, 재정 구조가 건전화하기는커녕 더 악화된 것이다. 그리스 정부에 제공된 구제금융의 92퍼센트는 다시 채권단의 주머니로 들어갔다."[22]

국가가 이 사기극에 조연이 아니라 주연으로 나선다. "2013년 기준 국가 총부채가 4835조 3000억 원으로 GDP의 338.3퍼센트"[23]에 이른다. 이명박 정권은 경제성 등을 따져보지도 않은 채 나랏돈을 투입한 사회간접자본soc 등 대규모 토건사업에 49조 원을 쏟아부었으며,[24] 그렇지 않아도 낮은 법인세를 3퍼센트씩 낮추어, "집권 5년간 감면된 법인세는 모두 25조 2641억 원에 달한다".[25] 법인세만 하더라도, 법인세율은 미국 35퍼센트, 일본 25.5퍼센트, OECD 평균 23.4퍼센트에 비하여 낮은 수준인데 현재 법인세 과세 체제는 3단계 과표 구간에 최저 10~최고 22퍼센트의 세율을 적용하고 있다. 3퍼센트씩 낮추면서 소득세가 법인세를 넘어섰다. 결국 국민의 세금이 대기업으로 흘러들어갔고 그 결과가 대기업의 사내유보금이다. "10대 그룹 상장계열사들이 사내유보금의 형식으로 곳간에 쌓아둔 돈은 1년 새 40조 원 가까이 늘어나 500조 원을 돌파했다."[26]

"MB 정부 3년간 고환율 정책으로 무려 174조 원의 돈이 서민의 주머니에서 빠져나갔다. 그 결과 국민의 97퍼센트인 임금노동자와 자영업자의 실질소득은 무려 15.3퍼센트 이상 감소했다."[27] "이명박 정권은 출범 당시 947원이었던 환율을 1년여 만에 1276원으로 35퍼센트를 끌어올렸으며, 이는 대부분 수출 대기업의 이익으로 들어갔으며, 대기업들이 투자를 늘리지도 고용을 증가시키지도 않았으므로 서민에게 이익이 된 것은 하나도 없다."[28] 단순화해서 설명하면, 하루 100달러어치의 석유를 사용하는 국민은 9만 4천여 원만 지불하면 될 것을 12만 7천 원이나 지불한 것이고, 대신 100달러짜리 스마트폰을 파는 삼성은 그 반대로 9만 4천여 원만 벌 것인데 12만 7천여 원을 벌어들인 셈이 된다. 그렇게 하여 벌어들인 돈으로 수출 대기업은 해외에 공장을 세우고 주가를 올렸지만 서민과는 상관이 없는 일이었다. 그러니 결과론적으로 국가가 환율을 조작하여 서민에게서 빼앗아 재벌에게 준 돈이 174조 원이라 말해도 그리 과언이 아니다. 결국 불평등을 줄여야 할 정부가 일방적으로 대기업의 편에 서서 불평등 격차를 키운 것이다.

신자유주의 체제에서는 국가가 규제를 완화하여 산업자본과 금융자본이 법망을 피하거나 자유롭게 사기를 치고 수탈을 할 수 있는 길을 열어주고, 부자 감세와 국방비 증액, 금리 및 환율 정책, 토건사업 활성화 등으로 1퍼센트들에게 엄청난 특혜를 안기고, 국가의 재정 적자를 키우고 이를 다시 99퍼센트의 세금으로 메우는 악순환이 계속된다. 이 악순환을 시정하기는커녕 정부는 더욱 악랄한 집행자를 자처한다. 공공영역을 민영화 내지 사영화하여 99퍼센트들의 의료, 주택, 교육을 더욱 악화시키고, 투자를 활성화한다며 금리를 인하하여 1퍼센트들이 싼 이자로 부동산과 금융에 투자하여 엄청난 이익을 챙기도록 도와주고, 1퍼센트들의 사기로 위기에 놓인 것인데 금융을 살린다면서 은행에 막대한 지원을 하여 임원들의 상여금을 높여준다.

신자유주의 모순의 양상

빈곤과 실업의 세계화

서방의 자본과 정치 세력은 제3세계를 윽박질러 GATT체제를 해체하고 WTO체제를 받아들일 것을, 노동력과 자원을 싸게 사들이고 상품을 마음대로 파는 데 장애가 되는 온갖 규제를 해제하라고 압력을 넣었다. 그리고 그것을 받아들이지 않는 나라에 대해서는 IMF체제로 몰고 가서 단번에 신자유주의식 체제 개편과 세계화를 달성하게 했다.

　이런 상황에서 세계의 거의 모든 힘은 초국적 기업과 초국적 자본으로 옮겨 갔다. 온갖 장애와 규제가 약화되자, 주로 미국의 초국적 기업은 금융비용이 가장 저렴한 나라에서 돈을 빌려 원료가 가장 싼 나라에서 원료를 사서 생산성이 가장 높은 지역, 즉 기술력이 있으면서도 노동력이 가장 저렴한 지역에서 생산을 하고 판매와 수출을 최대화할 수 있는 나라에 생산기지를 두고 제품을 팔아 세금이 가장 낮은 나라로 기업소득을 이전시키고, 자본수익과 환차익이 가장 높은 나라로 자금을 이동시켰다.

그 결과, "1970년대 7000개사에 지나지 않던 초국적 기업은 1990년대 초반에만 35000개사로 늘어났으며 이들은 세계무역량 가운데 75퍼센트를 차지하고 있다. 그러나 세계 최대 초국적 기업 200개사의 총 매출고는 세계 총생산의 약 2/3에 해당되지만 고용자 수는 1억 8800만 명에 지나지 않는다. 초국적 기업은 그 정도로 교묘하게 노동력을 착취한다. 현재 세계에는 약 4만 개 정도의 다국적 기업이 활동 중인데 이들이 60억 명에 이르는 지구촌 사람의 사회경제적 생활상을 좌우하고 있다고 해도 과언이 아니다. 이들 기업 중 500개 정도가 전 세계 무역의 2/3를 차지하며 그중 약 절반은 자기들끼리의 내부 네트워크를 통한 것이다. 특히 지엠이나 엑슨, 아이비엠 등 15대 초대형 기업들의 수입은 120개 나라의 수입 합계보다 많다".[29]

초국적기업이 공룡화하면서 세계의 실업률은 높아지고 생활수준은 하락했다. 임시고용, 파트타임제 등을 확대하고 독자계약제로 전환하여 노조는 거의 무용지물이 되었다. 게다가 연봉제 등으로 노동자 간 경쟁을 부추겨 노동자의 연대는 급속히 붕괴되었다. 노조가 힘을 잃자 초국적기업은 해고를 무기로 임금을 무자비하게 삭감하고 노동자 복지를 속속 폐지했다. 다운사이징Downsizing을 하고 기업의 흡수 및 합병을 자유자재로 하고 국가에 대해서는 모든 규제의 철폐와 복지의 축소를 요구했다. 이들의 힘은 한 국가의 정책에 영향을 미치는 정도를 넘어서서 전 세계의 정치와 경제를 주무른다. WTO

라는 새로운 판을 짜고 IMF를 통해 거의 전 세계의 경제정책을 좌지우지한다. 신자유주의의 강제 집행자, IMF는 시장의 자유란 이름으로 전 세계를 외채 위기로 몰아넣고 가난한 나라의 부를 빼앗아 그렇지 않아도 배가 터질 지경인 국제금융자본을 더욱 살찌게 하고 있다.

"1960년에 세계 극빈층 20퍼센트의 총소득은 그나마 세계 전체 총소득의 2.3퍼센트에 달했으나 신자유주의식 세계화가 진행된 1996년에는 1.1퍼센트로 떨어졌다. 인류 가운데 13억 명이 하루에 1달러도 채 안 되는 돈으로 살아가고 있는 반면에 세계 10대 갑부가 소유하고 있는 재산은 1330억 달러로 최빈국 총수입의 1.5배에 달한다. 아태 지역에 9억 5천만 명, 아프리카에 2억 2천만 명, 중남미에 1억 1천만 명, 시장경제로의 전환이 실패한 옛 사회주의권의 인구의 1/3인 1억 2천만 명 등 14억에 달하는 인류가 하루 4달러 이하의 돈으로 연명하고 있다".[30] 이제 제3세계 민중은 죽음을 통해서 굶주림에서 벗어나고 있다. 미셸 초스도프스키Michel Chossudovsky의 지적대로 신자유주의 세계화는 실제로는 '빈곤의 세계화'를 강화하는 쪽으로 진행되고 있다.

'빈곤의 세계화'는 '실업의 세계화'로 이어진다. IMF는 거의 모든 나라에서 노동비용을 통제하고자 하는데, 노동비용의 감소와 실업으로 소득이 하락하고 그에 따라 구매력이 심각하게 축소되며 이는 더 많은 공장 폐쇄와 기업의 도산을 유발한다. 파산을 피하기 위해서 기업은 더욱 낮은 임금을 강요하고 이는 다시 시장의 축소로 이어진다.

외환, 곧 달러가 없으면 원유와 기계 등을 사 올 수 없게 되고 이를 이용하여 제품을 만들 수 없어 생산은 침체되고 수출이 어려워진다. 경쟁적 우위를 점하던 기업이 차츰 도산하고 실업이 만연한다. 수출을 못하니 달러를 벌어들이지 못해 외환이 고갈되는 악순환이 일어난다. 그러니 환율은 폭등하고 국내통화의 대외가치는 폭락한다. 경제성장은 곤두박질치고 경제는 파국으로 치닫게 된다. 당장 국가 부도 상태를 면하고자 비싼 이자를 물고 IMF 구제금융을 비롯한 외채를 들여오고 그 대가로 자원, 금융, 기업, 노동력을 헐값으로 내놓는 것인 줄 알면서도 세계화와 개방을 받아들여야 한다. 노동자는 좀 더 나은 조건을 찾아 국경을 넘고, 다른 나라에서 노동자가 들어오면 그 나라의 노동자는 그에 비례하여 직업을 잃거나 더욱 열악한 노동조건에 놓이게 된다.

IMF체제를 거친 나라의 경우 거의 대부분 실질소득이 급격히 하락했고 노동비용은 감소했으며 생필품은 폭등하고 사치성 소비재의 수입이 증대하여 인플레이션이 촉발되었고 중산층과 제조업, 중소기업은 몰락하고 많은 이가 실업자로 전락했다. 어느 나라에서건 자유롭고 행복한 삶, 민주주의와 복지에 대한 국민의 열망은 '경제를 살려야 한다'는 천편일률적인 경제 구호에 짓눌려버렸다. 기아와 폭동, 전염병의 창궐과 더욱 억압적인 체제의 등장, 개발 논리를 구실로 한 환경의 처참한 파괴 또한 IMF체제를 맞은 상당수 제3세계의 풍속도다. 자유는 자본의 자유일 뿐이고, 무한한 착취 속에 제3세계 노동자는 직업을 잃고 병들고 굶주릴 위기에 처하는 것이다.

불평등의 심화와 구조화

신자유주의가 야기한 가장 큰 역기능은 불평등의 심화와 구조화다. 미국 캘리포니아대학교 버클리캠퍼스 교수 등 미국과 영국, 프랑스의 경제학자들은 1913년부터 2012년까지의 미 국세청 자료를 분석했다. 그 결과 "2012년의 상위 1퍼센트의 가계소득은 평균 39만 4000달러(약 4억 2800만 원) 이상이었다. 상위 1퍼센트의 소득은 미국 전체 가구소득의 19.3퍼센트를 차지했다. 이 비율은 24퍼센트로 정점을 찍었던 1920년대 후반 대공황 무렵 이래 최고 수준이다. 상위 1퍼센트의 가계소득이 차지하는 비율은 1973년 7.7퍼센트로 바닥을 쳤고, 1980년대부터 서서히 높아지기 시작했다. 미국 경제가 금융위기로부터 회복세를 보이기 시작한 이래 소득 증가분도 대부분 상위 1퍼센트의 몫으로 돌아갔다. 2012년 상위 1퍼센트 가구의 세전소득은 전년 대비 19.6퍼센트 증가했다. 반면 하위 99퍼센트 가구의 세전소득은 1퍼센트 증가하는 데 그쳤다. 2009~2012년 수치와 비교해 보아도 상황은 비슷하다. 이 기간 동안 상위 1퍼센트의 가계소득은 31.4퍼센트 증가했고, 전체 소득 증가분의 95퍼센트를 상위 1퍼센트가 가져갔다. 하위 99퍼센트의 소득 증가는 0.4퍼센트에 그쳤다".[31] 미국의 경제정책연구소EPI는 2013년에 미국 내 350여개 기업 CEO의 상여금과 스톡옵션을 포함한 연봉을 조사하고서 CEO들이 받은 총 급여 평균은 1517만 5000달러라고 2014년의 보고서를 통해 발표했다. "이는 2010년 대비 21.7퍼센트 증가한 수치이자 1978년과 비교했을 때 937퍼센트 증가한 수치다. CEO와 직원의 급여 격차는 1965년 20배, 1978년 29.9배에서 2013년에 295.9배로 벌어졌다."[32]

우리나라도 마찬가지다. "국세청 자료를 보면, 2012년 기준으로 종합소득은 상위 1퍼센트가 전체 소득의 22.9퍼센트(28조 8548억 2200만 원), 상위 10퍼센트는 55.5퍼센트를 차지하고 있다. 근로소득은 상위 1퍼센트가 전체 소득의 6.41퍼센트(27조 786억 5200만 원), 상위 10퍼센트가 27.8퍼센트를 가져갔다."[33] "2010년의 경우 전체 개인소득(638조 원)을 20세 이상 인구(3895만 명)로 나눈 전체 평균소득은 1638만 원이며, 상위 1퍼센트(약 39만 명)의 소득 비중은 11.9퍼센트를 차지하는 것으로 나타났다. 이것은 상위 1퍼센트의 평균소득이 전체 평균의 11.9배인 1억 9553만 원이 된다는 것을 말한다. 상위 0.01퍼센트(3895만 명)의 소득 비중은 1.67퍼센트이며, 이들의 평균소득이 전체 평균의 167배인 27억 3084만 원이 된다. 상위 1퍼센트와 0.01퍼센트에 들기 위한 경계소득은 각각 1억 495만 원과 11억 438만 원으로 나타났다."[34]

일종의 불로소득이라 할 수 있는 자본소득의 격차는 더욱 크다. "2014년 10월 7일 국회 기획재정위원회 소속 최재성 의원(새정치민주연합)이 국세청으로부터 받은 '2012년 배당소득·이자소득 100분위 자료'를 보면, 상위 1퍼센트가 배당소득의 72퍼센트, 이자소득의 45퍼센트를 차지하고 있는 것으로 드러났다. 기업 주식을 보유한 사람이 기업 이익의 일부를 배분받아 발생하는 소득인 배당소득 상위 1퍼센트가 전체 배당소득의 72.1퍼센트를 차지했다. 배당소득을 받은 사람은 모두 882만 5,442명인데, 상위 1퍼센트(8만 8,254명)가 전체 배당소득 11조 3287억 6100만 원 중 8조 1720억 3900만 원(72.1퍼센트)을 가져갔다. 상위 10퍼센트로 확대하면 배당소득의 93.5퍼센트를 가져가는 것으로 집계되었다. 나머지 6.5퍼센트를 90퍼센트가 나눠 가지고 있는 셈이다. 예금, 적금, 채권 등에서 발생하는 이자소득도 마찬가지다. 이자소득 상위 1퍼센트(47만 8,584명)가 전체 이자소득 24조 8970억 8500만 원의 44.8퍼센트인 11조 1418억 5900만 원을 가져갔고, 상위 10퍼센트가 90.6퍼센트를 차지했다. 이자소득자 중 24~100퍼센트에 속하는 사람들은 1인당 평균 10만 원 미만의 이자소득을 받고 있었다.”35 이는 자본이 부를 창출하지 않은 채 지대地代처럼 아무런 대가와 노력이 없이 권력과 제도에 의해 중하위층으로부터 강탈한 것이다.

“이는 전 세계에서 소득 불균형이 가장 심한 미국(소득 상위 10퍼센트가 48.16퍼센트를 점유)을 넘어섬은 물론, 일본(40.50퍼센트), 프랑스(32.69퍼센트)보다 현격히 높다. 상위 10퍼센트의 소득 비중은 1979~1995년만 해도 30퍼센트대에 머물렀지만 2000년 35퍼센트를 넘어섰고 2006년 42퍼센트로 치솟았으며, 2012년에는 55퍼센트조차 돌파한 것이다. 상위 10퍼센트의 소득점유율이 2000년 이후 지속적으로 상승한 국가는 미국과 한국 정도다.”36

“통계청과 금융감독원, 한국은행이 공동 발표한 ‘2013년 가계금융·복지조사’에 따르면 2013년 3월 말 현재 전국 2만 가구 가운데 (중위 소득의 50퍼센트 미만을 버는 가구 비중을 나타내는 지수인) 빈곤율은 16.5퍼센트를 기록했다. 빈곤층의 평균소득은 687만 원으로 중위 소득의 50퍼센트인 연간 1068만 원과 35.7퍼센트의 차이를 보였다. 소득 구간별 자산 규모를 살펴보면 고소득층인 소득 5분위의 평균 자산이 7억 5438만 원으로 전체의 46.3를 차지하고 있었다. 저소득층인 소득 1분위(1억 75만 원)의 7.5배 수준이다. 순자산(자산-부채)

기준으로도 소득 5분위의 평균 자산이 9억 8235억 원으로 전체의 60.4퍼센트를 점유하고 있었다."[37] 신광영 교수가 2001년과 2011년 노동소득 자료를 활용해 중산층 유지 비율을 분석한 결과를 보면, "정규직 중산층의 경우, 2001년 30대인 경우 동일한 계층을 유지하는 비율이 65.1퍼센트였고, 40대의 경우도 67.19퍼센트로 유지되었다가, 50대의 경우에는 26.81퍼센트로 크게 하락했다. (……) 정년퇴직으로 인하여 중산층의 절반 이상이 비경제활동인구로 이동한 것이다".[38]

피케티Thomas Piketty가 잘 통찰한 대로, "부의 분배의 역사는 언제나 매우 정치적인 것이었으며, 순전히 경제적인 메커니즘으로 환원될 수는 없다".[39] "근본적으로 자본의 수익률이 경제성장률보다 늘 크기 때문에(r)g), 소득 수준별로 누진적인 글로벌 자본세를 획기적으로 증대하여 부과하는 등 이를 상쇄할 공공정책이나 제도를 집행하지 않는 한 불평등은 심화한다."[40] 쉽게 말하여, 노동을 해서 돈을 버는 속도(경제성장률)보다 돈이 돈을 버는 속도(자본수익률)가 더 빠르기에, 노동자가 버는 것보다 자본이 착취하는 것이 늘 더 많기에 자본이 많은 사람이 더 많은 돈을 벌 수밖에 없는 것이다. 김낙년 교수의 연구에 따르면, 우리나라의 경우도 고소득층일수록 지난 몇 년간 자본소득이 느는 경향을 나타낸다. "2012년 기준으로 상위 0.1퍼센트의 경우 2007년 57.5퍼센트를 차지하던 자본소득은 2012년 60.5퍼센트로 증가했고 임금소득은 같은 기간 42.5퍼센트에서 39.5퍼센트로 줄었다. 상위 1퍼센트층도 자본소득은 같은 기간 37.3퍼센트에서 40.1퍼센트로 늘어난 반면, 임금소득은 62.7퍼센트에서 59.9퍼센트로 줄었다. 상위 10퍼센트의 경우 같은 기간 임금소득이 83.1퍼센트에서 82.6퍼센트로 줄긴 했지만 그 폭이 미미했다. 상위 0.1퍼센트의 자본소득 가운데 임대소득이 36.8퍼센트, 이자소득이 4.8퍼센트, 배당소득이 18.8퍼센트였다."[41]

지독하고 야만적인 노동 배제

신자유주의 체제로 인하여 바야흐로 자본이 꿈꾸던 세상—노동에 대한 아무런 규제 없이 '자유로운' 착취와 억압, 노동자 조직의 무장해제, 국가와 제도, 법의 제한 없이 무한히 '자유롭게' 열린 시장—이 도래하였다.

신자유주의 정책 20여 년의 결과 99퍼센트, 특히 노동자는 생존 위기에 놓였다. 1000만 명의 비정규직 노동자가 같은 일을 하고도 절반의 임금밖에 받지 못하면서 그나마 언제 잘릴지 모른다는 불안과 공포 속에서 생을 연명하고 있다.[42] 720만 명의 자영업자 가운데 절반이 100만 원도 벌지 못한 채 빚만 키우고 있고 매년 80만 명이 폐업하고 있으며,[43] 이도 여의치 않아 다단계 판매로 나선 572만 명 가운데 78퍼센트가 단돈 1원도 벌지 못했으며,[44] 주당 17시간 미만의 초단시간 노동자 120만 명을 포함하여 200만 명에 이르는 시간제 노동자의 평균임금은 월 66만 2000원에 불과하다.[45] 미국, 유럽, 호주 등 총 50여개 국가와 연이어서 FTA를 체결하는 바람에 상당수 농민은 농사를 지을수록 빚이 늘어나는 악순환을 겪고 있다. 2013년 기준 "정부·가계·기업 부채를 포함한 국가총부채가 약 4835조 3000억 원(으로) (……) 이는 국내총생산 대비 338.3퍼센트로, (……)

정부 관련(공공부문+군인·공무원연금 충당+금융공기업) 부채가 최대 1958조 9000억 원, 가계부채 962조 9000억 원, 기업 부채 1913조 5000억 원 등이다".[46] 이 상황에서 미국이 기준금리를 인상하거나 중국의 증시 하락이 계속되면 한국 경제는 제2의 IMF 위기를 맞을 수 있다. 총가계부채는 실질적으로 2000조 원에 달하는데,[47] 집값은 하락하고 전세가는 오르고 장기불황에서 벗어날 기미가 보이지 않고, 교육비 부담은 가중되었다.

노동은 자본의 배제와 포섭 전략에 의하여 급속도로 자본에 복속하고 있다. 해고 등으로 배제된 자들은 생존 위기 속에서 낮은 임금이라도 감수하며 고용되기를 열망하고 이는 전체 임금을 떨어뜨린다. 부재한 것이 현전한 것의 가치에 영향을 미치는 것이다. 이는 배제된 자와 배제되지 않은 자 사이의 갈등을 야기한다. 배제되지 않은 노동자들은 해고 노동자를 고용하는 것보다 배제를 유지한 채 자신의 노동조건이 현상 유지되거나 더 나아지기를 바란다. 배제된 자들의 고용으로 자신의 임금이 삭감되는 것을 원하지 않는다. 반면에 배제된 자들은 낮은 임금을 받더라도 고용이 되기를 바란다. 이 구도 속에서 자본은 정규직 노동자를 해고하고 그 자리를 비정규직으로 채우고, 임금이 많은 비정규직을 해고하고 그 자리를 임금이 낮은 비정규직으로 메운다. 이런 구조 속에서 배제되지 않은 자 사이에서도 갈등이 발생한다. 자본은 이런 구도를 통해 노동에서 저항성을 거세하고 잉여가치를 톡톡 털어서 착취할 수 있게 된다. 거세된 자와 거세되지 않은 자, 배제된 노동자와 포섭된 자, 정규직과 비정규직으로 분열된 노동자들은 연대 정신을 상실한 채 자본에 투항하고 있다.

1997년 이후 신자유주의 체제 10여 년 만에 노동자는 저임금, 장시간 노동으로 가혹하게 착취당하면서도 노조 파괴, 진보진영의 괴멸, 언론의 통제 등으로 저항할 채널을 상실했고 과도한 억압과 착취에 견디다 못해 파업을 하거나 거리로 나서면 물리적 폭력에서 재현의 폭력에 이르기까지 다양한 폭력이 기다리고 있다. 국민은 분노하지만 이를 제대로 표출하지 못한 채 침묵하고 있고, 대다수는 권위에 복종하여 그 공포에서 벗어나고자 한다. 박근혜 정권은 이를 간파하고 복지와 경제민주화를 공약으로 내걸었으나 당선되자마자 이를 폐기했고, 반대자에 대해서는 무자비한 탄압을 행하고 있다.

　대선 개표 직후 노동자가 연이어 네 명이나 자살했다. 이들의 공통점은 현장에서 활발하게 투쟁하던 활동가였다는 점이다. 쌍용자동차 문제에서 잘 드러나듯, 자본은 '긴박한 경영상의 필요'가 아니라 '극단의 이익'을 위하여 회계 조작까지 하여 정리해고를 단행하고 그 자리를 비정규직으로 채운다. 이에 맞서서 파업을 하면, 용역 깡패가 폭력을 휘두르고 이것도 여의치 않으면 경찰이 동원된다. 사법부는 상당수의 파업을 불법으로 판결하여 수백억 원의 손배소를 청구한다. "2014년 6월 기준 민주노총 추산 전국 17개 사업장에 걸린 손해배상 청구액이 1691억 원, 가압류 금액은 182억 원이다."[48] 보수언론과 종편은 기다렸다는 듯이 파업하는 노동자를 과격분자 내지 경제혼란범, 혹은 종북으로 매도한다.

　의도한 것은 아니지만 결과적으로 자본과 국가만이 아니라 시민사회도 노동 배제에 가담하였다. 당사자인 노동자들은 목숨을 걸고 처절하게 투쟁하는데, 이들은 늘 고립되고 배제되었다. 극히 일부 시민이 연대하지만 사안에 비하면 늘 중과부적이다. 가수 싸이가 시청 앞 광장에서 공연할 때 8만 명의 시민이 운집했지만, 그 바로 옆 대한문 앞 광장에서 쌍용자동차 해고노동자들의 천막을 공권력이 강제로 철거하였을 때나 이를 규탄하는 집회를 가졌을 때 모인 시민은 300여 명 남짓이었다.

대우조선해양의 사례는 지금도 가슴이 아리다. 대우조선해양은 전체 생산 공정의 70퍼센트, 해양플랜트의 90퍼센트가 사내 하청노동자다. 안전시설도 변변하게 마련하지 않은 채 노동을 강요하는 바람에 넉 달 사이에 세 명이 대형 산재사고로 사망하고 아홉 명이 중상을 입었다. 이렇게 큰 산재 사고가 빈발함에도 기업은 재발방지를 위한 별다른 대책을 세우지 않고 검찰은 요지부동이어서, 검찰청 앞에서 기자회견을 했다. 주최측의 요청으로 필자는 학계 대표로 발언을 하러 갔는데, 단 한 곳의 언론사도 오지 않았다. 『한겨레신문』과 『경향신문』이 나름대로 많은 노력을 기울이지만, 노동문제에는 상대적으로 덜 관심을 기울인다. 그날따라 인터넷 언론조차 오지 않았다. 단 한 명의 기자도 없는 기자회견. 노동자들의 피맺힌 절규, 필자의 발언은 허공을 가를 뿐이었다. 그래도 언론을 기댈 언덕으로 생각해서 거제도에서 서울까지 올라온 노동자들의 좌절감을 어찌 필설로 표현할 수 있을까. 문제는 이런 일이 비일비재하다는 점이다.

한국은 갈수록 파업 빈도가 낮아지지만 파업을 시작하면 장기 파업이 된다. 2013년 2월 11일 현재 코오롱은 2912일, 영남대 의료원은 2438일, 콜트콜택은 2202일, 재능교육은 1878일, 쓰리엠은 1358일, 대우자동차판매는 749일, 유성기업은 632일, PSMC(구 풍산마이크로텍)은 462일, 골든브릿지증권은 292일, JW생명과학은 239일째 농성 중이었다. 이는 노동자들이 비타협적이고 전투적이기 때문이 아니다. 자본이 조금도 양보하지 않고 국가가 일방적으로 자본의 편에 서고, 보수 정당과 자유주의 야당이 노동 배제적 정치를 독점하고 시민사회도 이에 동참하고 있기 때문이다. 국가-자본-대형교회-보수언론-어용학자로 이루어진 기득권의 카르텔은 선거 부정이나 세월호 참사처럼 정권이 무너질 잘못을 저지르더라도 이를 무마하고 갈 정도로 공고해졌다. 노동-시민 진영이 발버둥을 쳐도 이 카르텔에 틈을 내는 것이 쉽지 않다. 국가-자본은 자본의 이익을 배가하고 노동 배제를 강화하는 방향으로 제도와 정책, 법의 개정을 추진하고, 자유주의 야당은 노동에 대해서는 여당과 의견 차이가 거의 없다. 진보 정당은 분열되어 아무런 힘이 없다. 보수언론은 노동자의 투쟁을 과격, 종북, 경제혼란으로 매도하고, 진보언론은 영향력이 별로 없다. 시민단체 또한 노동문제에 관하여는 잘 연대하지 않으며, 연대하더라도 그리 큰 힘을 발휘하지는 못한다.

분열된 진보와 희망이 보이지 않는 노동운동 또한 노동자들의 좌절과 자살에 기여하고 있다. 노동자의 계급의식은 나날이 상실되고 노동운동은 계급적 성격조차 모호하다. 노동 주체들은 계급의식을 기반으로 노동자 대중의 이해를 잘 수렴하거나 대변하지 못하며, 노동 현안을 사회의 핵심 쟁점으로 삼아 정치와 시민사회의 흐름을 바꾸지도 못한다. 전체 노동자 가운데 11퍼센트도 되지 않는 사람만이 노동조합에 가입했는데, 이 또한 민주노조와 어용노조로, NL과 PD로, 정규직과 비정규직으로 갈라져 있다. 진보 정당이 노동중심성에서 탈피하는 양상을 보이고, 민주노총조차 여러 정파로 갈라져 있어 단일 대오를 이루지 못한다.

이렇게 지독한 노동 배제, 생존 위기, 모든 희망의 상실과 좌절 속에서 노동자들은 부당하게 착취당하고 노예처럼 부림을 당하면서도 인간으로서 누릴 최소한의 삶조차 요구할 엄두조차 내지 못한 채 침묵하거나 병에 걸리거나 안전사고로 죽거나 자살하고 있다. 쌍용자동차 한 곳에서만 28명의 노동자와 가족이 죽음을 당하였다. 하루 평균 5명, 매년 세월호에서 사망한 승객의 6배가 넘는 노동자들이 안전사고로 산업현장에서 목숨을 잃고 있다. "고용노동부가 매년 발표하는 산재 발생 현황 통계를 보면 지난해 12월 기준, 연간 산업 재해자 수는 9만 909명이고, 이중 사망자는 1850명이었다."[49] 정부의 이 통계는 근로복지공단과 고용부로 접수돼 보험 처리가 인정된 산재만 집계된 것이다. 기업이 공상처리하거나 개인비용으로 부담할 경우 이 집계에 포함되지 않는다. 무엇보다도 산재사망자의 90퍼센트 이상이 협력사 직원이고 산재가 대부분 하청현장에서 발생하는데 불이익을 당할까 보아 신고조차 하지 않는 형편을 감안하면, 이 수치도 OECD 1위인데, 이 통계에 잡히지 않은 재해자와 사망자가 어느 정도일지 가늠조차 하기 어렵다.

신자유주의의 내면화: 경쟁제일주의, 니치주의, 과잉탐욕

신자유주의는 인간을 파편화하여 좀비나 괴물로 만든다. 이 체제는 개인이 존재 의미를 통째로 상실하고 경쟁제일주의와 니치주의에 빠지고 무한히 이기적 탐욕을 좇도록 이끈다. 의미생산이나 해석과정 없이 경제만의 재생산은 이루어지기 어렵다. 경쟁제일주의, 니치주의, 과잉탐욕은 신자유주의적 확대재생산을 활성화하기 위하여 대중을 조종하고 나아가 실천을 규정하는 이데올로기로 기능을 한다.

양극화가 심화하자 사회구성은 가운데가 볼록한 열기구형 사회에서 가운데가 거의 사라진 모래시계형 사회로 이전했다. 여기에 복지정책은 거의 사라지고 사회적 안전망은 해체되었다. 상위의 기득권만 제하고는 모두가 생존의 위기에 직면한 것이다. 이에 사회윤리와 도덕, 공동체의 미덕은 차츰 사라지고 약육강식과 적자생존의 논리가 지배하게 된다. "그들은 주변에서 기업이 도산하고 동료들이 퇴출당하는 것을 겪으면서 노동자의 조직보다 기업 경쟁력을 더 중시하게 되었고, 고용 안정성과 기업 경쟁력을 동일시하게 된다. 노조는 노동운동에 의해 자기 권리를 주장하는 것이 아니라 경제성장과 기업 발전을 통해 자기들의 생활을 개선하려는 경향으로 기울어진다. 이런 상황에서 대중은 능력주의와 경쟁제일주의를 시나브로 수용하게 된다. 특히 이는 구조조정을 겪은 사업장이나 개인에게서 더욱 강하게 나타난다.

고용 불안정의 구조적 항존성이라는 여건에서 '잘리기 전에 실컷 벌어놓자'라는 도구주의적 태도가 강화되었고, 그 결과 임금과 고용 이외의 다른 문제에 대한 노동자의 관심과 문제의식은 크게 하락했다."[50] 특히 구조조정을 겪은 사업장의 노동자는 기업의 시장경쟁력의 중요성을 절감하게 되고 기업의 생존과 자신의 고용 안정성을 동일시해 구조조정을 겪지 않은 사업장에 비해 생산성과 능력주의를 더 쉽게 내면화한다. "구조조정을 경험한 사업장의 노동자는 노동조합에 의해 고용을 보장받을 수 없다는 현실을 확인하고 개인 단위의 생존전략을 추구하게 되어 강한 도구주의적 태도를 보이게 된다는 것이다. 때문에 구조조정 사업장의 노동자는 비구조조정 사업장에 비해 신자유주의와 지배이데올로기에 대한 저항감이 약화되어 반신자유주의 의식도 낮다."[51]

박재규는 신자유주의 경제정책 내용 가운데 노동의 수량적 유연성 도입과 노동강도의 강화를 경험한 노동자가 작업장에서 고용불안과 동료 관계, 가족경제생활, 여가생활, 이웃 관계, 그리고 사회적 형평성 인식으로 구성된 삶의 질에 어떤 변화를 초래했는지 검토했다. 그 결과 "대다수의 노동자는 신자유주의 구조조정 과정에서 자본에 의해 도입된 노동의 수량적 유연성과 노동강도의 강화를 경험했다. 그리고 노동자의 삶의 질과 관련된 회귀분석에 의하면, 구조조정 과정에서 기업에 의해 도입된 노동의 수량적 유연성이나 혹은 노동강도의 강화를 많이 경험한 노동자들은 작업장에서 고용불안과 동료 관계의 악화를 경험했을 뿐만 아니라 가족의 경제생활, 여가생활, 이웃 관계, 그리고 사회적 형평성 인식에서도 부정적인 변화를 경험했다. 특히 노동의 수량적 유연성 경험은 노동자의 삶의 질 내용 가운데 고용불안과 사회적 형평성 인식을 보다 크게 악화시킨 것으로 나타났고, 노동강도의 강화는 노동자 가족의 경제생활과 이웃 관계를 보다 크게 악화한 것으로 나타났다."[52]

이런 맥락이 종합적으로 작용하여 신자유주의가 대중 속에 내면화하면서 나타난 한 양상이 니치주의다.[53] 전에는 가난했어도 서로를 보듬고 기쁨을 함께하고 슬픔을 나누었다. 어느 집이든 배불리 먹지 못하면서도 손님을 환대했고, 마을의 굶주리는 사람을 돌보았다. 국가의 복지가 세계 100위권 수준이었을 때도 사회적 약자들의 폭동을 맞지 않은 것은 이들을 주변 사람들이 국가 대신 상부상조했기 때문이다. 노도처럼 밀려들던 산업화와 도시화에도 골목문화가 남아 있을 정도로 한국의 공동체적 유산은 강했다. 그러나 신자유주의는 이를 앗아 가고 자유로운, 그러나 사적 이익에 충실한 개인을 남겨두었다. 회사에서 의리와 동료애, 공동체 정신은 거의 사라지고 정글의 법칙이 지배한다. 사적 이익에 충실하지만 자유로운 개인은 니치에 머물러 안주하기를 바란다. 니치주의에 물든 대중은 용산참사나 희망버스와 같은 거시적 일에 자신을 던지기를 꺼린다. 가장 급진적인 세력이었던 대학생들도 더 이상 조국의 통일이나 민주화 같은 주제로 고민하지 않는다. 혹 관심이 있더라도 잠시뿐이다. 빨리 도서관이나 학원으로 가서 내일을 위한 '스펙'을 쌓거나, 카페에서 수다를 떨거나 PC방에서 게임을 하며 일상의 행복을 추구하는 것이 당연하고 자연스러운 삶으로 인식한다. 이런 니치주의의 경향은 광고와 드라마, 영화, 소설로 확대재생산된다.

신자유주의로 말미암아 자본의 욕망은 더욱 자유로워졌고 세계화했으며 전 세계 차원에서 더욱 강한 강도로 타자를 착취하고 폭력을 행하고 있다. 이럼에도 이 체제가 별로 저항과 도전을 받지 않는 것은 이 체제의 최대의 피해자인 노동자마저 화폐 증식과 과잉소비의 욕망, 곧 더 많은 돈을 벌어 더 좋은 상품을 소비하려는 욕망을 추구하기 때문이다. 그 결과 자본주의와 신자유주의는 지구촌을 거대한 마트로 만들었다. 누구든 인터넷을 매개로 전 세계로 열린 시장에서 상품에 대한 욕망을 소비한다. 노동자들도 앉으면 부동산과 증권, 불륜 등 물질적 욕구와 욕망에 관련된 것을 주된 화제로 삼는다. 된장녀를 욕하면서도 끊임없이 더 좋은 상품 소비를 향해 부나방처럼 달려든다. 알뜰하고 건전한 주부조차 자식을 좋은 상품으로 만드는 데는 돈을 아끼지 않는다.

이 상황에서 빈자들이 중산층으로 계층 상승을 할 수 있는 기회를 제공하고 그들을 반反신자유주의의 주체로 거듭나게 할 수 있는 방안으로 제시될 수 있는 것이 교육인데, 외려 교육 또한 불평등을 구조화하고 이를 내면화하는 기제로 작용한다. 교육은 영혼마저 신자유주의화한다. 신자유주의 교육이 내세우는 개인의 자율성 함양, 능력 개발, 수월성이라는 것은 학생을 인격과 덕성과 교양을 갖춘 전인적인 인간으로 기르려는 것이 아니라 개인 사이의 무한경쟁을 촉진하고 이를 합리화하려는 이데올로기 장치일 뿐이다. 특목고, 자사고, 0교시 수업, 방과후 수업은 모두 경제적 인간, 기업 맞춤형 인간을 양산하려는 방편에 지나지 않는다. 교육과학기술부의 "4·15조치는 국가가 중등교육과 고등교육에서 완전히 손을 떼고 그렇게 해서 생긴 교육의 빈 공간을 학원이라는 사적 자본과 대자본이 장악하게 하려는 것이다. 교육 전체가 신자유주의적인 자본의 관리, 운영 시스템에 장악되고 노동력의 재생산이 자본의 공리계에 의해 보장되는 것이다. 이때 이데올로기적 국가장치로서의 병원, 학교, 가족 등은 자본 공리계의 구성요소일 뿐이다."[54]

신자유주의 사회에서는 상위 1퍼센트만이 진정한 자유와 행복을 누릴 수 있다. 이에 오르지 못하는 모든 이들이 '루저'다. 신자유주의 체제는 교육으로 불평등을 완화할 기회마저 박탈하고 불평등 구조를 공고히 한다. 예전에는 가난한 학생이 상층으로 이동할 수 있는 통로가 교육이었다. 그러나 신자유주의 체제에서 이는 거의 불가능해졌다. 상위 1퍼센트란 목표는 그들 수준의 양질의 사교육을 감당할 수 있는 자본력과 정보력이 있어야만 도달할 수 있다. 교육은 빈민으로 전락하지 않기 위해 필사적으로 벌이는 생존경쟁의 도구이지만, 그 생존경쟁은 이미 승자와 패자가 정해진 게임이다. 99퍼센트들에게는 근원적으로 모두가 패자이고, 패자로서 상처를 받고 소외와 박탈감을 겪을 수밖에 없다. 그럼에도 상위 1퍼센트에 오를 수 있다고 사이비 희망을 심어주고, 그에 오르지 못하면 개인의 능력과 재주가 모자라서 그런 것이라며 부조리한 체제 자체를 합리화한다. 이런 과정에서 개인은 경쟁제일주의와 능력주의를 내면화한다. 이를 통해 국가는 교육을 사기업에 떠넘기는 것을 정당화하고, 신자유주의 체제의 모순을 개인의 책임으로 돌리며, 사회 전체로서는 계급적대 의식을 무화하고 사회 통합을 이룬다.

국가의 정당성 상실과 전체주의화

신자유주의가 가져온 또 하나의 역기능은 국가의 순기능을 해체해 버린 것이다. 앞에서 논했듯, 초국적기업은 세계무역량 가운데 75퍼센트를 차지하며 15대 초대형 기업들의 수입은 120개 나라의 수입 합계보다 많다. 이들 기업은 전 세계적인 네트워크를 구축하여 생산과 유통, 소비를 장악하고 통제한다. "IMF, 스탠더드앤드푸어스나 무디스 같은 신용평가기관들이 세계 금융의 흐름을 사실상 막후 조종하는 역할을 하여 한 나라의 의사결정 체계가 심각히 왜곡되고 '국민주권'은 무력화한다. 이들은 자유무역과 '지적재산권'의 미명하에 각 나라에서 준수해온 환경보호 규정을 사문화하고 토착 민중의 권익을 야금야금 빼앗는다. 이들은 미국의 문화적 배경과 가치를 담은 광고와 상품을 인터넷과 텔레비전, 위성, 영화를 통해 반복해서 전파하여 세계 문화의 획일화, 곧 미국 문화의 동시화를 촉진한다. 이들은 막대한 이윤을 벌어들이면서도 조세 회피 지역을 이용하여 세금을 내지 않고 빼돌려 각 나라가 가졌던 조세권마저 유명무실하게 만든다."[55] 한미 FTA 협상만으로도 앞으로 헌법을 포함해 총 169개의 법률을 개정하거나 폐기해야 하고, 이는 국내법의 15퍼센트에 이르는 수치라는데,[56] 국가의 법체계란 신자유주의 세계화 앞에서 너무도 허약하다.

이런 상황에서 권력은 이미 국가에서 시장으로 이전했다. 한국에서 삼성제국은 정계, 관계, 사법부, 언론계, 학계를 거의 장악했다. 금산법은 껍데기만 남기고, 삼성의 이윤 추구에 반하는 정책과 제도와 여론을 원천봉쇄하는 데 성공했다. 삼성이 추천하거나 뒷배를 봐주는 이들이 장, 차관이나 국회의원이 되고, 삼성경제연구소가 작성한 경제보고서의 제안이 정부의 정책으로 전환된다. 삼성 고위층이나 비서실의 전화 한 통화면 법이 바뀌고 형량이 달라지며, 외교문서의 문장이 수정되며, 신문에 실리려던 기사가 삭제되고, 학자들이 작성하던 보고서의 논조와 결과가 달라진다. 삼성은 정, 관, 법, 언, 학과의 유착관계를 바탕으로 국가와 자본에 정립鼎立하는 한 축인 시민사회의 의식과 무의식마저 지배하고 있다. 상당수 시민이 삼성의 이익을 국익과 동일시하는 환상에 마취되었다. 삼성이 노조 설립조차 불허하며 거듭 비리를 저지르고 실정법을 어긴 범죄를 범하여도, 삼성이 무너지면 대한민국이 망한다는 신화에 구속되어 삼성에 대한 견제와 비판에 부정적이다. 비판적인 대중조차 삼성의 제품에 환호하고 이 기업에 취업하기를 열망한다.

이미 후기자본주의 체제에 와서 국가는 자본과 연합하면서 정당성을 상실했으며, 신자유주의 체제에 와서 국가는 권력의 상당 부분을 '흐름의 공간'에서 활동하는 초국가적 자본과 기술, 조직 등 국가 정치기구들 소관 바깥에 있는 것들에 빼앗겼고, 정치는 지역 차원의 판에 박힌 행정 업무나 처리하는 것으로 전락했다. 국가가 자본의 야만을 제한하고 시장의 폭력을 규제하는 일은 초국적 자본에 의해 무장해제를 당한다. 이제 국가가 할 일은 초국적기업의 편에 서서 민중을 통제하고 이들이 저항할 경우 폭력으로 억압하는 것이다. 국가는 경제발전을 기획하고 정책을 결정하고 국민에게 복지와 서비스를 제공할 능력을 상실했다. "그 결과는 긴축재정, 탈규제, 제도적 권한들의 이양 등이다. 이것들은 모두 국가 장치와 갈수록 줄어드는 그 권한들을 존속, 유지시키기 위한 조치들일 뿐이다. 이 단계에 이르면, 위기의 국가는 공공복지를 제공하고 보장하는 기구가 아니라 시민에 빌붙어서 오로지 스스로의 생존에만 신경을 쓰는 '기생충'이 된다."[57] 더구나 한국은 미국에 종속적인 관계이기에 미국에 근거지를 두고 있는 초국적 자본에 취약하다. IMF 위기 때 한국 정부는 초국적 자본의 사주를 받은 미국의 요청에 의하여 경제 수장을 교체하고 그들의 요구대로 경제정책을 폈으며, 이 결과 우량 기업이나 고유 식물자원을 미국 자본에 헐값에 팔았다. 세월호 참사에서 배가 침몰한 이후에도 304명을 모두 살릴 수 있는데도 아무 조치를 취하지 않은 데서 보듯, 국가는 문제 해결의 영역을 사영업체에 떠맡긴 채 방관자를 자임했다. 국가는 폭력에 의존하여 권력을 유지하려는 자들의 행정기관으로 전락한 것이다.

신자유주의는 민주주의마저 해체한다. 대의민주제는 1인 1표의 동등한 권력을 가져야 하는데 모든 권력은 1퍼센트들이 갖고 있다.

대중이 공공영역에서 활발하게 의사를 표현하고 이것이 정책으로 전환되어야 하는데, 1퍼센트가 모든 것을 독점하고 있으며, 이들이 규제를 받지 않고 더 자유롭게 수탈할 수 있는 쪽으로 정책이 조정된다. 미국의 금융업자들은 미국의 정책만 관여하는 것이 아니라 한 국가의 신용등급을 하루 만에 여러 단계 떨어뜨려 금융위기에 몰아넣고 자신들의 강탈이 용이하게끔 그 나라의 정책을 바꾼다.

이 상황에서 무기력하고 공포에 휩싸인 대중과 폭력적이면서도 언론과 시민의 견제를 받지 않는 국가-자본의 연합체가 만나면 무엇이 될까. 바로 신자유주의식 전체주의다. 셸던 월린Sheldon S. Wolin은 이것이 나치즘과 반대로 국민을 탈동원화하고 기업이 국가를 지배한다는 점에서 '전도된 전체주의inverted totalitarianism'라 칭한다.

"나치즘 등 고전적 전체주의가 히틀러나 스탈린처럼 카리스마를 갖는 권위적이고 초인적인 지도자가 체제를 설계한다면, 전도된 전체주의는 체제 자체가 조지 부시 대통령처럼 카리스마를 필요로 하지 않는 CEO형의 지도자를 생산한다. 고전적 전체주의에서는 사회제도, 실천, 신념에서 교육과 가정에 이르기까지 모두가 상부의 지시를 따르고 그에 따라 강제로 조정된다면, 전도된 전체주의에서는 경제발전에서 신념에 이르기까지 효율성의 가치에 종속시키거나 합리적인 시스템과 관리된 민주주의에 따라 통제한다. 고전적 전체주의가 반대파를 억압하고 이데올로기적 단일성을 요구한다면, 전도된 전체주의는 강력한 정치적, 법적 제약으로 보이는 것들을 활용하여 이를 본래의 목적에 반하는 방식으로 활용한다. 고전적 전체주의가 인종주의에 기반을 두고 권력과 부를 자신의 신민에게 주면서 그들을 자신의 광적인 추종자로 동원한다면, 전도된 전체주의는 세계화를 바탕으로 외국의 노동자를 끌어들이고 대중을 정치적으로 무기력하고 둔감하게 하여 무비판적인 공모자가 되도록 한다. 고전적 전체주의가 경제와 기업을 정치에 종속시켰다면, 전도된 전체주의는 정치가 기업과 경제에 종속된다. 고전적 전체주의가 자본주의에 냉담했다면, 전도된 전체주의는 철저히 자본주의를 따르며 구조조정과 정리해고 등을 통해 공포를 노동자의 벗이게 한다. 고전적 전체주의가 대학과 연구기관, 학자를 정권의 시녀로 강제했다면, 전도된 전체주의는 지식인을 계약, 기금, 프로젝트 등을 통해 체제 내로 통합한다."[58]

　이렇듯 신자유주의 체제에서 모든 사람이 충족할 수 없는 욕망을 향하여 치닫고, 만인과 투쟁을 하면서 그를 향하여 달려가느라 몸과 마음은 늘 피곤하다. 어렵고 고통이 클수록 '기댈 언덕'이나 '길게 쉴 느티나무'만 있어도 살 만한 것인데 그 구실을 하던 신, 자연, 공동체, 고향, 어머니, 가족, 친구마저 상실하였기에, 모두가 고독하고 불안한 가운데 서로를 대상화하면서 소외를 심화하고 있다.

개량적 대안에서 마르크스적 대안으로

개량적 대안

그럼 대안은 무엇인가. 스티글리츠Joseph Stigliz는 이에 대하여 잘 요약
했다. "금융 부분의 규제를 강화하고 독점금지법, 파산법 등 1퍼센트
에 유리한 법과 제도를 개혁하고 집행 효율성을 강화하며, 기업지배
구조를 개선하고 기업 지원금을 폐지하고, 조세 회피 통로를 차단하
고 조세개혁을 단행하며, 교육, 의료, 금융, 주택 분야에서 공공성을
확대하고 중하위층에 대한 지원을 늘리며, 노동자와 시민의 집단행
동을 지원하고 선거자금을 개혁하고 투표율을 높일 수 있는 획기적
인 정책을 추진하면서 중하위층의 기회를 확대한다면, 중하위층이
자신만의 이익만이 아니라 다른 모든 사람의 이익과 공공복지에 관
심을 기울이는 '개인적 이익에 대한 올바른 이해'를 한다면, 1퍼센트
들도 99퍼센트들과 운명을 함께한다는 인식을 한다면, 모두가 운명

공동체라는 인식을 하여 기회와 공평성에 대한 사회적 약속이 유지되는 사회, '만인을 위한 자유와 정의'란 말이 진정한 의미를 발휘하는 사회, 공민권뿐 아니라 경제적 권리도 중요하고, 재산권뿐 아니라 서민의 경제적 권리도 중요하다고 강조하는 세계인권선언문이 진지하게 받아들여지는 사회는 가능한 미래로 다가올 것이다."[59]

스티글리츠가 제안한 대안들은 선거자금 개혁 등 미국 상황에 특수한 것을 제외하면 유럽을 제외한 전 세계 국가들에 보편적인 대안일 것이다. 지금 당장에라도 정권의 의지만 있으면 가능한 현실적인 대안이기도 하다. 그러나 근본적인 대안은 아니다. 미국이라는 제국에 착취당하는 제3세계에는 부합하지 않는 것도 많다.

앞에서 피케티가 말한 대로, 소득 수준별로 누진적인 글로벌 자본세를 획기적으로 증대하고 조세개혁을 하여 소득의 불평등을 해소하고 보편적 복지를 강화하여야 한다. 부자감세 20조 원을 환원하고, 사회복지목적특별세로 20조 원을 책정하며, 상속세를 정상화하여 현재 4조 원에서 30조 원으로 증대한다. 모든 불로소득(자산/토지/주식)을 세수를 통해 사회적으로 환수한다. 소득세의 최고세율을 군사독재정권 때처럼 70~90퍼센트로 환원한다. 사회복지목적특별세는 누진적 직접세인 소득세·법인세·상속증여세·종합부동산세 4개 세목에 20퍼센트를 추가하는 부가세 형태로 연간 20조 원의 재원을 확보한다. 예를 들어, 월 200만 원 이하 소득자는 월 700원, 300만 원의 경우 6000원을, 500만 원의 경우 5만 2천원, 1000만 원 소득자는 24만 원을 낸다.[60] 법인세는 단계적으로 30퍼센트대로 올려야 하지만(미국 39퍼센트, 일본 37퍼센트), 법인세 증가에 따른 국내 투자 기피, 세수 가운데 법인세가 차지하는 비율의 증대 등 역기능을 보완해야 한다.

반反신자유주의를 추구하는 담론투쟁을 전개한다. 비정규직과 정리해고의 철폐 주장이 좌파적 발상이거나 비현실적인 것이 아니다. "삼성전자는 2000년 7조 4351억 원의 영업이익이 2012년 18조 5104억 원으로, 현대자동차는 1조 3132억 원에서 8조 4369억 원으로 커졌다. 30대 대기업의 경우 매년 기업이 벌어들이는 당기순이익의 단지 1.5퍼센트만 투자하면 모든 비정규직 노동자를 정규직으로 전환할 수 있다."[61] 중소기업은 상황이 차이가 나겠지만, 대기업은 1년 동안 순수하게 번 돈의 단지 1.5퍼센트만 투자하면 모든 비정규직 노동자들이 정규직으로 전환되어 고용안전과 생산성 증대를 이룰 수 있다.

낙수효과trickle down effect는 허구에 불과하며 분수효과fountain effect가 타당하다. 성장과 복지는 대립적인 것이 아니라 보완적이다. 이는 미국의 부시 정권의 사례로 증명이 되었다. 이명박 정권에서도 매년 20조 원의 부자감세를 하고 30조 원을 투자하여 4대강사업을 했음에도 불평등이 심화하고 전체 경제지표 또한 거의 모든 부문에서 감소했다. 신자유주의의 첨병인 IMF조차 낙수효과를 부정하는 보고서인 「소득 불평등의 원인과 결과: 세계적 전망」을 2015년 6월 15일에 발표했다. "국제통화기금의 전략 정책 및 분석국은 에라 다블라 노리스Era Dabla-Norris 등 경제학자 5명이 소득 불평등과 경제발전 사이의 연관성에 대해 1980년부터 2012년까지 세계 159개국의 자료를 조사하고 분석하여 이 보고서에 담았다. 이에 따르면, 상위 20퍼센트의 소득이 1퍼센트 증가하면 5년 동안 GDP는 0.08퍼센트포인트 감소했지만, 하위 20퍼센트의 소득이 1퍼센트 증가하면 GDP는 같은 기간에 0.38퍼센트포인트 증가했다."[62] 이어서 보고서는 "기술적 진보로 새로운 기술에 대한 숙련노동자와 미숙련노동자 사이의 괴리가 심화하고, 세계화로 빈자를 보호하는 규제와 장벽이 무너지고 금융의 심화financial deepening가 부자에게 혜택을 주고 빈자에게 차별적으로 적용되고, 노동의 유연성으로 노동조합이 허약해지고, 조세 등 분배 정책이 부자들에게 유리하게 구현되고, 소득의 불평등이 교육의 불평등으로 이어지면서 빈자들이 교육을 받지 못하여 생산성이 떨어지고, 결국 총수요가 감소하면서 경제성장이 저하된 데 원인이 있다"[63]고 진단하고 있다. 낙수효과보다는 "부유층의 세금 증대 및 저소득층에 복지 및 지원 증가 → 저소득층의 교육에 의한 생산성 증가 → 소득 증대에 따른 소비 증가 → 총수요 증가에 따른 생산 증가 → 경기부양"을 야기하는 분수효과가 더 현실적이다.

교육개혁도 신자유주의 모순을 극복하는 중요한 대안이다. 몇 년 전만 해도 교육이 상층으로 이동하는 사다리였지만 지금은 그 반대로 불평등을 심화하고 계급을 고착하고 정당화하고 있다. 교육은 비전문가를 전문가로, 미숙련노동자를 고소득의 숙련노동자로 전환하고 노동자의 생산성을 향상시키기에 소득 증대에 직접적인 영향을 미친다. "남성의 고용률이 고교 졸업장만 있으면 84퍼센트 정도지만 전문대와 대학을 마치면 각각 91퍼센트와 90퍼센트로 상승하며, 모든 교육단계에서 OECD 평균치를 뛰어넘었다. 교육수준별 임금격차는 고졸자 초임을 100으로 봤을 때 중학교 이하가 71, 전문대 졸업이 116, 대학교 졸업 이상이 161로 집계되었다."[64] 우리나라는 세계에서 대학진학률이 가장 높지만 공교육에 대한 지원은 후진국 수준이다. "지난 2012년 기준 25세에서 34세까지 우리나라 청년층의 대학 교육 이수율은 66퍼센트, 고교 이수율은 98퍼센트에 달했다. OECD 국가 평균치는 각각 39퍼센트와 82퍼센트였다."[65] 반면에 "우리나라 GDP 대비 정부 부담 공교육비 비율은 4.9퍼센트로 OECD 평균 5.3퍼센트보다 낮았으며, 민간 부담은 2.8퍼센트로 OECD 평균 0.9퍼센트보다 3배 이상 높았다. 민간 부담 공교육비 비율은 14년째 1위를 보였으며, 정부부담률의 경우 비교 가능국 31개국 중 20위를 차지해 낮은 수준을 보였다."[66] 민간부담률은 개인의 사교육 부담으로 전가되기에, 빈자는 고등교육을 포기하고 비전문가나 미숙련노동자에 머물러 낮은 소득을 유지하는 악순환이 반복되고 있다. 당연히 교육단체가 주장하는 대로, 정부 부담 공교육비 비율은 OECD 평균 5.3퍼센트보다 높이고, 민간 부담은 OECD 평균인 0.9퍼센트보다 낮추어야 한다. 아울러 사회적 약자에 대해서는 특혜를 부여할 때 실질적인 평등이 이루어지므로 빈민, 이주민과 이주노동자, 장애인, 학습지진아 등에 대해 정부와 지역사회가 유기적인 연관을 맺고 다양한 특혜를 제공하는 교육이 실시되어야 하고, 이에 대한 지원법 마련 등 제도 개선이 따라야 한다.

대학평준화와 대학입시 철폐를 달성하지 못한다면 어떤 교육개혁도 미봉책에 그치고 만다. 수조 원을 들여서 외려 창의력과 인성을 마비시키고, 교실을 경쟁과 폭력과 자살 충동의 장으로 바꾸고 학교를 신자유주의 시장에 포섭된 식민지로 전락시킨 한국 교육은 이제 종언을 고해야 한다. 이런 취지로 민교협과 교수노조를 비롯한 교육단체가 합의한 대안은 대학네트워크 체제와 국립교양대학의 설립이다. 그럼 현실의 토대 위에서 구체적으로 어떻게 이를 달성할 것인가. 필자는 '특성화'와 '재정 지원', 지역산업 및 문화와 연계를 매개로 점진적으로 대학 서열을 해체하면 이것이 '불가능한 꿈'이 아니라 확신한다. 1970년대만 해도 부산대나 경북대의 입학 점수가 연·고대보다 높았다. 한양대 공대, 홍익대 미대, 건국대 축산학과 학생들은 일류임을 자부했다. 세계 100대 대학의 서열은 재정과 정확히 비례한다.

서울대를 제외한 9개 거점 국립대학을 교수진과 시설, 전통과 역사를 고려하되, 지방산업 및 문화와 연계하여 특성화하고 그 분야에 한하여 매년 1000억 원에서 3000억 원 정도의 재정 지원을 한다. 지역의 기업이 이들을 우선적으로 채용하도록 권장하고 대신 세제 혜택과 같은 인센티브를 준다. 이렇게 3년 동안 지원하면 대학의 특정 분야는 일정 정도 수준에 이를 것이다. 4년차에 9개 거점 국립대학과 주변의 국립대학을 네트워크하며, 사립대학에도 이를 개방한다. 단, 대학네트워크에 들어오는 사립대학은 반의 반값 등록금이 가능하도록 지원한다. 사립대학은 대학네트워크에 들어오는 지원 사립대학과 독립 사립대학으로 이원화한다. 한국의 사립대학은 실질적으로 공립대학이다. 현재 명문 사립대학에 대한 정부 지원금은 2000억 원에서 3000여억 원에 달하므로, 대학네트워크 실시 첫해에 60~80퍼센트, 2년차에 90퍼센트 이상의 사립대학이 네트워크에 들어올 것이다.

대학네트워크는 2년 과정의 국립교양대학을 운영한다. 네트워크에서는 자격 고사만 본 후 공동 선발을 한다. 이에 들어오는 학생에 대해서는 입시가 폐지되는 것이다. 학생의 배정은 서울을 공동 학군으로 하고 나머지는 거점대학을 중심으로 지역으로 묶어 추첨한다. 대학네트워크 초기에는 서울대와 명문 사립대가 비네트워크 대학으로 남을 것이다. 고교 평준화 초기에 추첨으로 학교를 배정하고 이를 거부하는 학생은 제물포고 등 비평준화 고교에 시험을 치고 진학한 것처럼, 명문대를 선호하는 학생들은 입시를 치르고 이들 대학에 지원하면 된다. 하지만 재정 지원과 특성화에 따라 대학네트워크와 명문대 사이의 수준 차이와 취업률이 급격히 좁혀질 것이기에 이는 과도기의 현상으로 그칠 것이고, 종국에는 서울대와 명문 사립대도 대학네트워크로 들어올 것이다. 이 경우 입시는 완전히 폐지된다. 중고등 학생들은 입시에서 해방되어 친구와 어울리며 재미있는 공부를 하면 된다.

교양대학에서는 창의력, 인성, 문제 해결 능력, 감성 및 공감 능력, 비판력, 여러 학문의 회통 능력을 기르는 교양을 중심으로 하되 이것만 가르치지 않는다. 개인의 잠재능력을 발견하고 계발하는 데 초점을 맞춘다. 모든 학생은 한 가지 능력은 타고났다는 점에서 평등하다. 학생들이 교양과정을 통해 세계를 이해하고 타자와 공감하며 인격을 도야하는 가운데 자신의 잠재능력을 발견하고 이를 계발할 수 있도록 이끈다.

교양과정을 마치면 3년 과정의 전공대학으로 진학한다. 이 경우 교양대학의 성적과 논술, 적성검사, 인성 등을 평가하여 전공대학을 배정한다. 물론 초기에는 대학 서열화가 잔존하여 평가를 놓고 마찰과 갈등이 있겠지만, 특성화를 통한 대학 평준화 작업과 개인의 취향과 능력에 따른 자기계발 및 삶의 가치관 변화로 이는 빠르게 사라질 것이고, 종국에는 평가 또한 무의미해질 것이다. 대략 10조 원에서 20조 원이 필요한데, 별도로 거둘 필요가 없다. 부자감세 20조를 이명박 정권 이전으로 되돌리면 충분히 쓰고도 남는다.

투기자본을 법적으로 제한하고 금융과 자본을 분리하고 단계적으로 금융을 공공화하며, 기술 진보가 노동자의 차별을 심화하지 않도록 국가와 자본이 공동으로 가칭 '첨단기술연수원'을 설립하고 교육을 원하는 모든 노동자에게 무료로 개방한다. 지역에 근거를 두면서도 세계화를 지향하는, 협치를 통한 주민자치를 실현한 지역공동체를 동아시아 곳곳에 건설하고 이의 지혜와 실천을 공유하는 동아시아 지역공동체의 연대체를 만든다. 미국에 맞서서 동아시아의 금융과 신용의 자립을 꾀한다. IMF에 맞서서 동아시아개발은행,[67] 스탠더드앤드푸어스나 무디스에 대응하는 동아시아 신용평가기관을 설립한다. 동아시아 각국이 공동으로 투자 지분을 할당하면 된다. 아울러, 대중 안에 내재한 신자유주의적 탐욕을 사라지게 해야 한다. 그들과 함께하는 인문교양교육, 신자유주의를 비판하는 대안문화의 창달과 향유, 대안적 삶의 구체적 제시 등이 따라야 한다.

마지막으로 신자유주의자를 저항과 실천으로 압박하여 무엇보다 먼저 자신의 실패를 인정하고 다양한 권력의 장에서 물러나게 하고 새로운 체제와 개혁을 수용하게 해야 한다. 예를 들어, 토빈세Tobin's tax를 받는다면 투기자본이 마음대로 제3세계 경제를 주무르지 못할 것이다. 나아가 브레튼우즈 기관들의 활동을 감시하고 각국이 중앙은행을 스스로 감독해야 하며, 개도국의 외채를 조건 없이 탕감해야 한다. 각국 정부에 대한 국제채권자들의 압박에 이의를 제기하고 금융시장에 개입해야 한다.

21세기에도 마르크스는 필요하다

21세기의 특수한 상황은 마르크시즘을 더 이상 필요로 하지 않는가. 소련이 해체된 이후, 특히 포스트모더니스트들은 어떤 사안에 대해 마르크스적 전망을 말하면 아직도 마르크스냐며 시대에 뒤떨어진 사람 취급을 했다. 물론 21세기의 달라진 사회문화 현상을 설명하는 데 마르크시즘이 부족한 면이 있는 것은 사실이다. 그러나 21세기에 가진 자의 못 가진 자에 대한 착취는 중단되었는가, 오히려 강화되었는가? 국가는 공동선을 추구하고 있는가, 가진 자와 동맹 관계를 맺고 못 가진 자들을 억압하고 통제하고 있는가? 지금 노동은 진정한 자기실현, 즉 자유의 행위인가, 소외의 행위인가? 인간은 끈끈하게 연대해 서로를 자유롭게 하는 공동체의 구성원인가, 아니면 각 개인이 파편화하고 물화한 개인인가? 선진국과 약소국은 공존공영을 모색하고 있는가, 제국 내지 중심국가가 제3세계를 과도하게 억압하고 착취하고 있는 시스템 속에 있는가? 우리의 삶은 자신의 성찰과 타인에 대한 배려와 유대를 향하고 있는가, 성찰 없이 물화하여 서로를 소외시키면서 타자의 욕망을 점유하는 일에 몰두하고 있는가? 21세기라 하지만 어느 것 하나 달라진 것은 없다. 오히려 심화된 부분이 많다. 혹여 한계가 있고 시대에 뒤떨어졌다 하더라도 자본주의의 모순이 존재하는 한 이 체제를 가장 잘 분석할 수 있는 과학으로서, 후자의 삶을 전자의 삶으로 바꾸는 비전으로서 마르크시즘은 유용하다.

토대가 상부구조를 결정하지 상부구조가 토대를 결정하는 것은 아니다. 이는 소련이 해체된 이후에도, 포스트모더니즘 사회나 정보화사회에서도 마찬가지다. 노동 없이는 생산도, 그 생산물을 바탕으로 한 사상이나 문화도 없다. 생산력이 발전하고 생산양식이 달라지면 인간관계가 변하고 인간이 사회와 관계를 맺으며 존재하는 방식이 달라진다. 신화와 이데올로기, 이미지와 상징이 안개처럼 모호한 텍스트를 구성할수록, 그 안개를 걷어내고 구체적이고 명징한 실상으로서 현실을 드러내는 과학으로서 마르크시즘은 빛을 발한다.

중국의 좌파 자유주의자나 한국의 자본주의 4.0이나 윤리적 자본주의의 지지자들은 시장의 균형과 공정성 확보를 통해 건전한 자본주의를 추구할 수 있다고 주장한다. 하지만 이는 시장에 대한 환상의 소산이다. 월러스틴Immanuel Wallerstein이 잘 통찰한 대로, "거대 이윤의 원천은 시장이 아니라 시장의 작동을 억제하는 독점이다".[68] "자본주의 체제에서 공정한 시장이란 불가능한 유토피아이며, 권력의 시장화와 시장의 권력화는 전형적인 자본주의 현상이다."[69] 신자유주의가 도래한 핵심 원인은 자본의 유기적 구성을 고도화하면서 이윤율이 저하한 데 있다. 세계의 헤게모니가 이탈리아 → 스페인 → 네덜란드 → 영국 → 미국으로 이동한 핵심 요인 또한 이자율이다. "이자율이 최저를 기록하게 되면 반등이 있더라도 대체로 헤게모니가 종식되고 새로운 헤게모니가 등장한다."[70] 일본 민주당이 실패한 것에서 잘 알 수 있듯, 제3의 길은 성장과 복지 모두를 손에 쥔 것이 아니라 양자를 모두 놓쳐버렸으며, GDP 대비 무려 200퍼센트에 달하는 정부부채(882조 엔)만 남긴 채 신자유주의의 아류로 전락해버렸다. 이런 사례와 논증은 신자유주의의 대안이 토대를 중심으로 하되, 그 개혁은 급진적이어야 함을 시사한다.

한국과 동아시아의 특수성을 거론하며 동아시아에서 동양의 가치에서 신자유주의의 대안을 모색하자는 사람이 많다. 유교가 가진 인본주의, 대동大同의 공동체 사상, 공적 영역에 대한 중시, 천인합일 天人合一이 물질적 탐욕에 물든 대중에게 인간 중시의 가치를 심어주고 사유화에 맞서서 공적 영역을 확보하고, 개인화한 사회에 공동체의 지평을 열 수 있는 지혜를 줄 수 있기는 하다. 그러나 신자유주의 체제에서 물적 토대의 변화에 따라 인간성과 도덕성이 파괴된 것이기에, 토대의 변화가 없는 상부구조의 변화는 미봉책일 뿐이다.

마르크스의 폭력혁명론과 대중의 문제

신자유주의를 질병으로 생각하면서도 그 원인이 서방 정부와 국제 금융기구의 카르텔에 의한 독점과 횡포, 이에서 비롯된 야만적인 정책이라고 추정하고 이를 개혁하려 한 스티글리츠식의 진단과 처방은 표피만 본 것이다. 피케티의 『21세기 자본』 또한 통찰력은 뛰어나지만, 'r〉g'가 소득불평등을 야기하는 핵심 원인이기는 하지만 비정규직과 생산 부문의 착취, 테크놀로지 문제 등은 누진자본세를 부여한다고 해서 해결되는 것이 아니다. 그럼 이제 마르크스의 목소리를 직접 들어보자.

노동계급을 해방시키기 위한 조건은 모든 계급의 폐지이다. 노동계급은 그 발전 과정에서 낡은 부르조아적 사회를, 계급 및 계급대립을 배제한 연합체로 바꾸어 놓을 것이고 이제 고유한 의미에서의 정치권력은 존재하지 않게 될 것이다. 왜냐하면 정치권력이란 정확하게는 부르조아적 사회 내에 있는 계급 대립의 공식적 표현이기 때문이다. 반면에, 프롤레타리아트와 부르조아지 간의 대립은 계급에 대한 계급의 투쟁이며 그것의 최고의 표현은 총체적 혁명이다. 실제로 계급 대립에 토대를 둔 사회가 무자비한 모순으로까지 치닫고 그 마지막 해결책인 인간에 대한 인간의 충돌로 치닫는 것이 놀라운 일이겠는가? 사회운동이 정치운동을 배제한다고 이야기하지 말라. 모든 정치운동은 동시에 사회운동이기도 하다. 계급과 계급 대립이 더 이상 존재하지 않는 사물의 질서 속에서만, 사회적 진화는 정치적 혁명이 되기를 중단할 것이다. 그때까지 사회의 모든 전반적인 전환의 전야에 사회과학의 마지막 말은 다음과 같을 것이다. '투쟁이냐 죽음이냐: 피로 얼룩진 투쟁이냐, 사멸이냐, 이것이야말로 냉혹하게 던져진 문제로다.'[71]

마르크스는 "때때로 관료제와 상비군이 국가를 지배하지 못하는 나라에서 노동자들이 평화적인 수단으로 그들의 목적을 달성할 수 있다"[72]라며 평화적 대안의 길을 열어놓기는 했다. 하지만 이는 관료제와 상비군이 국가를 지배하지 못하는 나라라는 전제 조건이 충족할 때만 가능한 방법이며, 신자유주의 체제 이후 이 조건을 충족하는 국가는 거의 없다.

마르크스의 관점에서만 본다면, 노동자와 자본가의 대립은 평화적으로 해결될 수 있는 문제가 아니다. 자본가들은 국가와 연합하여 노동자들의 평화적 저항을 물리적인 폭력으로 탄압하고 제어하기 때문이다. 그러므로 노동자들이 연대하여 이에 대항하는 조직을 결성하고 부르주아들의 물리적 폭력에 맞서서 죽느냐, 혁명이냐의 결단을 하고 무장투쟁을 전개하여 낡은 사회체제를 무너뜨리고 새로운 사회구성체를 수립하는 혁명만이 이 대립을 해소하는 길이다.

혁명이 성공할 때까지, 혁명의 과정에서 노동자는 여러 가지 투쟁을 전개해야 한다. 경제투쟁으로 비정규직과 정리해고 철폐, 임금 인상, 노동시간 단축, 노동조건의 개선을 주장하며 파업과 태업을 한다. 정치투쟁으로 현장 투쟁과 정당운동을 결합하여 선거 투쟁에 참여하며, 비정규직과 정리해고 관련법의 개정 투쟁을 하고, 진보 정당원으로 의회에 진출하기도 한다. 이데올로기 투쟁으로 신자유주의 논리를 비판하고 부정하는 이데올로기 및 담론투쟁을 전개한다.

무장폭력투쟁이 옳든 그르든, 가능하든 가능하지 않든, 문제는 노동자 대중의 연대와 조직이다. 현 상황에서 노동자는 과연 부르주아의 물리적 힘에 맞설 수 있는 연대와 조직을 결성할 수 있는가.

M - C - M'
①   ②

①과 ②의 과정, 곧 화폐자본의 생산자본으로의 전환 → 생산자본의 상품자본으로의 전환 → 상품자본의 화폐자본으로의 전환 가운데 하나만 제대로 작동하지 않으면 자본주의 체제는 붕괴한다. 그러나 양자 모두 제대로 작동하여 자본주의 체제는 엄청난 호황을 누리고 있다. "대중은 화폐-상품에서는 노동 거부로, 상품-화폐 단계에서는 소비 거부로 맞설 수 있지만, 공포는 노동 거부를 회피하게 하고, 유혹은 소비를 조장하는 기제다."[73] ①에서 모든 노동자가 조

직화된 주체가 되어 자본과 맞서서 노동 거부를 대대적으로 실천하거나, ②에서 대중이 욕망의 자발적 절제를 통한 소욕지족少欲知足의 삶으로 전환한다면 자본주의와 신자유주의 체제는 붕괴한다. ①과 ②는 분리된 것이 아니라 상호침투한다. ①에 가장 유용한 사상이 마르크스라면, ②에 가장 유용한 사상이 불교다.

①에서 노동을 거부해야 노동자가 잉여가치를 착취당하면서 상품을 생산하는 것을 막을 수 있다. 잉여가치의 축적을 통한 자본의 가치 증식은 노동자의 잉여가치 생산 없이는 불가능하다. 노동자는 노동 거부를 통해 자본의 축적과 상품 생산 전체를 정지시킬 수 있다. 그런데 이를 잘 이행하지 못하는 것은 노동자 대중이 국가와 자본의 폭력과 공포에 주눅이 들거나 조작당하여 노동 거부를 위한 연대와 실천을 제대로 해내지 못하기 때문이다. 자본과 국가 연합체의 폭력은 부당한 것이고 불법이지만, 늘 그것은 노동자의 연대와 실천을 넘어선다. 온갖 회유와 압력을 통해 노조를 무력화하고, 파업을 하면 국가가 나서서 폭력으로 진압한다. 노동자가 전단을 뿌리면, 그들은 모든 방송과 신문을 동원하여 노동자의 파업을 매도한다. 노동자의 무장투쟁이 국가와 제국의 군대에 맞서서 이기기는 거의 불가능하다.

이는 현 상황에서, 국가와 자본 모두 정당성의 위기를 겪고 있음에도, 국가와 자본의 연합체를 전복할 만한 노동자 세력의 폭력혁명이 쉽지 않음을 의미한다. 노동자가 수백, 수천만 명이 조직적으로 연대한다면 부르주아의 물리력을 넘어설 수 있기는 하다. 그럼 그런 정도의 연대는 가능한가. 거꾸로 왜 지금 노동자들은 그토록 착취당하고 억압당하면서도 연대하지 못하는가. 왜 노동조합의 조직률은

10.3퍼센트에 불과하고 노동자 정당의 지지율은 10퍼센트대도 넘지 못하며, 대중이 신자유주의의 피해자이면서도 이를 반대하는 집회에 10만 명이 모이기 어려운가.[74] 왜 200만 원 이하의 월급자가 수구정당 대표인 박근혜에게 56.1퍼센트, 보수야당 대표인 문재인에게 27.6퍼센트의 지지를 보냈는가.

마르크스는 생산수단의 소유 유무와 노동력을 착취하느냐 착취당하느냐의 여부로 계급의 범주를 나누었다. 이럴 경우, 회장에게 고용된 대기업의 전문 경영인은 생산수단을 소유하지 않았고 노동력을 착취당하므로 노동자에 속하지만 1년 소득이 수억 원에서 수백억 원에 이른다. 이런 문제를 해결하기 위하여 에릭 올린 라이트 Erick Olin Wright와 루카 페론Luca Perrone은 노동력의 통제 여부를 계급을 나누는 또 다른 준거로 내세우고 경영인manager을 새로운 계급으로 설정했다. 이에 따르면, 경영인은 생산수단을 소유하지 않고 노동력을 판매하고 다른 노동자의 노동력을 자신이 직접 구매하지 않는다는 점에서는 노동자와 같지만, 노동자를 징계하고 해고하는 권한을 갖는 등 타인의 노동력을 통제할 수 있다. 프티부르주아는 생산수단을 소유하고 자신의 노동력을 판매하지 않는 점에서는 자본가와 유사하지만 타인의 노동력을 구매하거나 통제하는 면에서는 다양하다. 우리나라에서 주로 자영업자가 이에 해당되는데, 노동자를 고용할 경우 노동력을 구매하고 통제하지만 1인이나 가족 경영을 하는 경우도 있다. 1인이나 가족 경영을 하더라도, 프랜차이즈점일 경우 독점적 영업권을 갖지만 가맹 본부나 본사로부터 여러 통제를 받는다.

이 모형에 따르면, 노동자는 생산수단을 소유하지 않고 자신의

〈표 2〉 한국 사회의 계급구조[75]

신분＼객관적준거	생산수단의 소유 여부	타인의 노동력의 구매 여부	타인의 노동력의 통제 여부	자신의 노동력의 판매 여부
자본가	소유	구매	통제	비판매
경영인	무소유	비구매	통제	판매
노동자	무소유	비구매	피통제	판매
프티-부르주아	소유	비/구매	피/통제	비판매

노동력을 판매하는 자이자 노동력을 통제당하는 자다. 노동자는 노동을 하여 새로운 가치를 산출하고, 그 대가로 임금을 받지만, 잉여가치를 자본가에게 착취당하며, 자본가는 이를 이윤으로 전환하고 다시 투자하여 가치를 증식시켜서 자본으로 축적한다. 자본가는 경영인을 통해 노동자의 노동력을 통제한다. 그 전에는 잉여가치의 착취와 노동력의 통제가 노조와 국가의 견제로 어느 정도 타협적 평형을 이루었지만, 신자유주의 체제 이후 국가와 자본이 연합하여 극도로 '탈취에 의한 축적accumulation by dispossession'[76]을 하고 '긴박한 경영상의 필요'가 아니라 극단의 이익을 위하여 노동자를 정리해고하기에 대다수 노동자가 생존 위기에 놓였다.

이명박 정권은 상위 1퍼센트만을 위한 정책을 추진하면서 이에 저항하는 자는 억압하고 폭력으로 탄압했으며, 박근혜 정권은 이를 계승하여 민영화 내지 사영화를 강압하고 있다. 설득과 동의에 의한 지배인 헤게모니 획득에 실패하면, 공포와 폭력에 의존하기 마련이다. 게다가 200만 명의 실업자와 1000만 명의 비정규직 노동자 대부분이 주체를 상실한 채 신자유주의를 내면화하여 '자기 안의 이명박'을 키우고 있다. 공포와 폭력에 의존하려는 정책과 민중의 탈의식화 내지 자유로부터 도피하려는 무의식이 만나면 무엇이 될까? 그건 바로 파시즘이다. 지금 한국 대중의 대략 1/3은 자본가적 노동자로 전락하여 성장 정책을 선호하고, 과잉욕망을 분출하고 있으며, 대략 1/3은 신자유주의의 공포를 권위에 의존하는 것으로 해소하고 있으며, 대략 1/3은 신자유주의에 비판적이지만 이에 대한 저항에 참여하는 일은 유보하고 있다.

노동조건이 더 열악해졌음에도 노동자의 계급의식과 반反신자유주의 의식은 퇴보하고 보수화했다. 남미처럼 "노동자들이 한편으로는 불만이 증대되어 계급의식이 강화될 수 있는 여건이 형성되었지만, 다른 한편으로는 도구주의와 능력주의 태도가 강화되었다. 이로 신자유주의 구조조정의 부정적 효과가 계급의식 강화로 이어지는 데 제약 요인으로 작동하게 되었으며, 자본 측의 신자유주의 이데올로기를 수용할 수 있는 여건 또한 조성되고 있었다는 것이다".[77] 다만 "비정규직은 정규직에 비해 계급 적대 의식에서뿐 아니라 반신자유주의의식에서도 더 높은 의식 수준을 보이고 있으며, 비정규직과 정규직의 의식 수준 차이는 계급 적대 의식에서는 유의미하지 않으나 반신자유주의 의식에서는 유의미하게 나타나고 있다".[78]

이는 조돈문 교수의 지적대로 "노동계급 내 계급의식이 높은 부분이 위축되며 전체 노동계급의 계급의식이 보수화되는 점, 노동자의 물적 조건이 향상되며 계급관계의 적대적 성격에 둔감하게 되는 점, 노동자들이 자본계급의 이데올로기에 포섭되어 계급의식이 발달하지 못하는 점 등이 작용했겠지만",[79] 다른 요인도 무시할 수 없다.

조사를 거치지 않은 필자의 추정이지만, 우리나라 노동자도 1990년대 증권붐과 부동산 투기붐을 타고 상당수가 '자본가형 노동자capitalist worker' 혹은 '부르주아적 프롤레타리아bourgeois proletariat'로 전환했다. 단 한 장이라도 증권을 갖게 되면 설혹 정부를 비판하고 파업에 나선다 하더라도 자신도 모르게 증권 시황에 관심을 갖게 되고 주가를 올려줄 성장 정책을 선호하게 된다. 작은 규모라도 집이나 땅이 있는 자들은 자기 집의 가치를 대번에 올리는 토건정책과 부양책을 선호한다. 특히 소형이라도 아파트를 가진 이들은 한국에서 아파트에 거주한다는 자체가 중산층의 공간에 편입된 것을 의미하고 아파트 주민과 자신을 동일시하며 그에서 '왕따'당하지 않기 위하여 중산층 지향적인 정치 성향을 보인다. '하얀 탈을 쓴 흑인'처럼 구체적 현실은 노동자이지만, 정치경제적 성향은 자본가나 중산층이 되는 것이다.[80]

철저하게 친기업, 반노동적이며 노동자를 악랄하게 탄압한 이명박 정권을 맞아 왜 민주노총은 총파업 한 번 할 수 없었을까. 우선 객관적 상황이 너무 좋지 않았다. 정권과 자본-사법부-보수 언론-대형교회-어용학자로 이어진 보수의 카르텔은 너무도 공고해져서 자본은 대량 해고 등 보복으로 응수하고 정권은 폭력을 휘두르고, 보수 언론과 종편은 이들을 과격 폭력집단이나 경제를 혼란시키는 주범으로 매도했으며, 어용학자들은 이런 논의를 뒷받침하는 담론을 생산했다. 무엇보다도 정권과 자본은 지속적으로 노조 파괴 공작을 감행했으며, 사법부는 대다수 쟁의를 불법으로 판결하여, 주도자를 형사 입건시키고 파업에 참여한 노동자들에게 수억 원의 손배소나 가압류를 때렸다. 구속까지 각오한 투쟁 의지가 강한 노동자라 하더라도 수십, 수백억 원의 손배소 앞에서는 행동을 머뭇거리게 된다. 구속과 손배소까지 감수한 노동자라 할지라도 노동자의 투쟁은 늘

섬처럼 고립된다. 이렇게 객관적 조건은 노동3권을 보장한 헌법을 위배하고 노동조합의 존립 자체를 부정하는 상황인데, 이에 맞설 진보진영은 분열되어 있고 조직적이지 못하여 연대투쟁이 어려웠다.

하지만 정파 및 정규직과 비정규직의 갈등 등 내부 요인도 무시할 수 없다. 정리해고와 비정규직 전환이 일상화하는 상황에서 정규직 노동조합들은 비정규직을 자신들의 고용 안전판으로 받아들였고, 노동자들의 단결이란 그저 수사로만 남게 되었다. 현대차 노조는 '정규직 장기 근속자 자녀 우선 채용'을 관철시켜 노동자의 연대를 완전히 포기하는 모습을 보여주었다. 어느 면에서는 그렇게 하지 않으면 살아남을 수 없다는 절박성의 표현이기도 하지만 이는 한국 노동운동이 그 바탕인 연대 정신을 얼마나 상실했는가 잘 보여주는 사례다. 기존부터 상존한 정파 차이, 노동 현장에서 정규직과 비정규직의 이원화와 복수노조 허용으로 노노 갈등이 증대하고 연대의식은 소멸되었다. 여기에 타임오프제와 손배소로 노조 활동은 더욱 위축되었다. 결국 한국 노동자들과 노동조합은 함께 잘 살아가는 인간다운 삶, 단결과 연대라는 노동운동의 대의를 상실했다. 대다수 노동자와 노동조합은 세상을 바꾸고자 하는 노동해방, 사회해방의 뜨거운 가슴과 열정을, 노동운동의 영혼을 자본에 팔아버리고 조합원의 이익단체로 전락했다.

"진보의 성찰 부족과 후진성도 주요 요인이다. 노동운동 진영의 대다수가 70~80년대 산업사회 패러다임과 의식에 머물고 있는 꼴통들이다. 세상은 디지털사회이고 새로운 패러다임을 요청하는데, 당시의 상황분석과 운동권의 학습에서 벗어나지 못하였다. 인간적 유대와 동지애가 투쟁의 바탕인데, 이념과 대의만 앞세웠지 이타적 협력과 동지에 대한 헌신과 희생, 인간적 품성을 갖춘 활동가가 부족했다. 지역운동에서부터 시작해야 하는데 뿌리 없이 열매만 따려 했다. 현장 운동이 부문 운동과 연대하여 한 사업장의 싸움이 다른 곳의 연대와 성과로 연결되지 못하였다. 현장의 노동자는 목숨을 걸고 수백 일, 수천 일 투쟁하지만 늘 섬이었다. 진보싱크탱크, 혹은 지식공유허브 중심으로 한 담론투쟁이 미약했다. 명망가 중심이고 노동조합은 관료화하였고 젠더와 나이, 직책 등이 권력이나 권위로 작용하면서 아래로부터 민주적으로 숙의하여 합의하는 문화가 취약했다."[81]

복합적 무지pluralistic ignorance도 작용했다. 이는 주변에 태도와 신념을 공유하는 사람이 얼마나 많은지 잘 모르거나 과소평가할 때 일어난다. "인종차별을 지지하는 백인들은 18퍼센트에 지나지 않았지만 미국에 인종차별이 만연하는 것은 주변의 수많은 백인들이 인종차별주의자일 것이라고 생각하여 인종차별에 적극적으로 반대하지 않았기 때문이다."[82] 보수언론이 정권의 지지율을 늘 과대 포장하여 발표하고 노동자의 투쟁을 거의 보도하지 않기 때문에 노동자와 대중은 복합적 무지 상태에서 정부와 자본에 반대하는 노동자와 대중이 많지 않을 것이라 생각하고 저항할 생각을 포기하는 경향이 있다.

노동자 중 상당수가 중산층의 문화를 향유하고 있는 점도 간과할 수 없다. 노동자의 물적 조건이 노동운동에 의하여 1980년대와 1990년대 초반에 급진전된 것을 바탕으로 노동자들이 부르주아 생활문화를 향유하게 되었다. 노동자들의 여가문화는 비용과 질에서는 차이가 있지만, 내용에서는 중산층과 별로 차이를 보이지 않는다. 노동자들은 주말에 쉬거나 텔레비전 시청을 하고, 일부는 스포츠를 관람하며, 그중 극히 일부는 음악 공연장이나 미술 전람회에도 간다. 특히 노동자의 부인들은 중산층의 학부모와 다름없이 자녀의 교육에 과잉투자하고, 문화센터에서 부르주아 문화를 교양이란 이름으로 습득한다. 그렇지 않다 하더라도 그들과 한국의 중산층이 즐겨 보는 텔레비전 프로그램과 영화가 상당히 일치한다. 조중동과 공중파 방송의 이데올로기 공세도 주효했지만, 텔레비전 드라마와 게임, 대중가요 등 노동자가 향유하는 대중문화가 탈계급적이고 탈정치적인 것 일색이어서 민주노총 소속 노동자처럼 계급의식과 주체가 확고한 노동자를 제외하고는 다수의 노동자가 '일차원적 인간'으로 전락했다는 점도 간과할 수 없을 것이다.

이 시점에서 대중의 문제를 짚고 가야 한다. 대중은 신자유주의에 포획되었다. 그러나 대중은 양면성을 지녔다. 대중은 무지하고 야만적이고 대중매체에 쉽게 조작당하는 우중이자 자기 나름의 주체성을 가지고 세계의 부조리에 대응하고 문화와 예술 텍스트를 주체적으로 읽는 수용자이기도 하다. 인간 존재 자체가 선과 악, 이기적 유전자와 이타적 유전자를 공유한 유전적 키메라이며, 주체는 주체성subjectivity을 획득하는 동시에 종속성subjection을 수용한다. 신부로부터 신자로 불릴 때 신자로서 기독교 이데올로기에 따라 사고하고 실천하며 삶을 살듯, 개인은 아버지의 이름, 법, 이데올로기, 학교, 회사, 국가로부터 호명되고 이를 수용하는 순간에 주체가 된다. 주체들의 집합체로서 대중은 산업화와 대중화, 자본주의의 물신화, 자본-국가의 이데올로기 공세, 대중문화의 조작 속에서 원자화하고 부품화하고 이질화하여 물신과 탐욕, 환상을 좇는 고립적, 비조직적 개체이자 세계의 모순과 부조리를 인식하고 노동하면서 자유와 해방을 추구하면서 타자와 연대를 맺고 조직을 형성하며 공동체와 세계를 구성하는 주체다. 지식인이 대중에게 영향을 줄 수 있지만, 대중은 스스로 조직하고 역사와 문화를 창조한다. 전반적으로 보수화했지만, "노동계급은 1991년과 같이 2003년에도 계급 적대 의식에서뿐 아니라 반신자유주의 의식에서도 가장 진보적인 것으로 나타났다."[83] 광주민중항쟁이나 부안사태를 보면, 대중은 지식인도 사라진 그 자리에서 그들 자신을 스스로 조직했고 그들 스스로 학습하고 거듭났으며, 그들 스스로 즐거운 저항을 하며 절대 공동체를 구현했다. 신자유주의에 완전히 포획되었다고 생각한 그 지점에서 대중은 희망버스를 탔고 촛불을 들었다. 대중은 지배이데올로기에 휘둘리는 대상이자 지배층에 맞서서 저항을 실천하는 주체다. 문제는 이들이 어떻게 저항하는 주체로 정립하고 연대하느냐에 있다.

이제 진보는 디지털사회에 맞게 패러다임을 혁신하고, 계급의식, 연대 정신과 동지애, 이타적 협력을 바탕으로 투쟁심과 따뜻하고 인간적 품성을 겸비한 진보로 거듭나야 하며, 종파주의를 극복하고 차이를 존중하는 담대한 진보가 되어야 한다. 대다수는 지역으로 내려가서 노동조합, 농민조직, 민중의 집, 협동조합, 인문교실, 대안학교를 하나로 아우르는 지역의 코뮌을 건설하고 진보지역네트워크를 구성하여야 한다. 현장 및 부문 운동과 정당의 당원 및 활동가가 연대하고 결합하는 시스템을 구성하고 비정규직 운동을 포함한 노동운동, 시민운동, 환경운동을 망라하는 상설 사회연대체를 중앙, 광역, 지역 단위로 만든다. 진보씽크탱크나 지식공유허브를 세우고 이를 중심으로 담론투쟁을 조직하고 당원과 활동가 또한 의무적으로 학습과 연수를 하여, 유령진보에서 대중의 가슴과 머리를 지배하는 진보로 혁신한다. 조직 내 권위적인 풍토, 가부장적 위계 및 서열을 척결하여, 나이, 학벌, 젠더, 직책 등 미시권력을 일소하고 모든 구성원이 동등하게 민주적으로 의견을 모으고 정책과 실천으로 결정하는 거버넌스 시스템을 구축한다.

노동자를 주체로 한 연대와 국가의 개조

자본주의 모순 극복의 주체는 노동자다. 노동자만이 처절하게 착취와 억압을 인식할 수 있으며, 가치의 증식이 노동자의 노동에 의존하므로 이를 거부하여 자본의 축적 자체를 원천봉쇄할 수 있다. 노동자만이 집단적으로 연대하여 생산수단을 장악할 수 있다. 오큐파이occupy운동을 세계적으로 조직하여 이를 세계혁명으로 승화할 때 자본주의의 해체는 가능할 것이다.

이를 위해 우선 노동조합을 강화하고 신자유주의 모순의 최전선에 있는 비정규직과 정규직이 종파와 이해관계를 떠나 반신자유주의 전선을 확고히 하고 연대하여 여기에 희망버스와 같은 방식으로 시민이 결합한다. 이를 동아시아 차원으로 조직하는 것도 필요하다. 국제 연대 차원에서 서발턴subaltern들이 조직을 결성하여 신자유주의 지배 체제 자체를 해체하고 비정규직과 정리해고를 철폐하는 운동을 전개하는 것이다. 왕후이汪暉가 지적한 대로, "아시아의 협력은 패권과 독점, 일국 지배에 반대하는 폭넓은 사회운동의 일부분이어야 하고, 그 전제는 아시아 사회의 비판적 국제주의여야 한다".[84] 한진중공업과 쌍용자동차 사태 때 민교협이 동아시아 지식인에게 동참을 호소하는 운동을 했는데, 촘스키Noam Chomsky 교수를 비롯하여 수백 명의 동아시아 지식인이 연대 서명했으며, 2012년 2월 3일에 희망버스 기획단과 민교협 등의 단체가 연대하여 정리해고와 비정규직 없는 세상 만들기를 추구하는 '희망뚜벅이' 걷기 행사를 할 때, 일본의 이데쿠보 게이치井手窪 啓— 나카마 유니온 위원장과 구쓰자와 다이조 민주주의적사회주의운동 서기장이 동참했다. 한국과 일본의 노동자들은 2012년 7월 26일부터 29일까지 일본 도쿄, 오사카에서 '비정규직 노동 철폐를 위한 한일 노동자 심포지엄'을 개최했다. 이런 운동을 바탕으로 세계사회포럼World Social Forum, WSF과 같은 조직인 동아시아사회포럼East Asia Social Forum을 구성한다. 반세계화와 반신자유주의 체제를 추구하는 동아시아의 서발턴, 시민단체와 지식인이 매년 대회를 열어 동아시아에서 신자유주의를 해체하는 실천 활동과 대안에 대해 의논하고 실천의 방향을 결정하며 국제 연대를 모색한다.

다음으로 국가를 새롭게 개조한다. "국가는 공동선을 지키고 공동규범을 설정하며, 인간다운 삶을 보증하기 위한 최고의 통치체제다."[85] 이런 국가를 만들 수 있는 필요조건은 참여민주제를 바탕으로한 급진적 민주주의와 공화국이다. 민중이 국가의 입법, 사법, 행정을 통제할 수 있는 민주주의를 제도화하고 공공영역을 확보한다. 국가가 공공선을 추구하고 공공성을 확립하는 것을 시민의 합의에 의하여 제도화하고, 국가를 형성하는 토대인 군대 및 권력기관, 관료기구, 조세제도를 민중의 지배 아래 둔다. 비정규직 노동자를 비롯한 서발턴이 주체가 되는 급진적 민주주의를 추구하되, 정치적 민주화와 경제적 민주화, 정당제와 계급, 대의민주제와 참여민주제, 숙의민주제를 종합한다. 서민과 노동자의 절규와 시위, 자살이 끊이지 않는 근본 이유는 그들의 목소리를 정치적으로 수렴하는 통로가 없기 때문이다. 지금 대의민주제는 '구조적 불의'의 시스템일 뿐이다. 경제자본이 우선이고, 여기에 상징자본, 사회자본, 문화자본이 많은 사람이 대표로 선출되어 자신을 비롯한 권력층과 자본의 이해관계에 충실한 정책이나 법을 제도화하고 있다.

국가가 국민의 기생충이 아니라 어버이가 될 수 있도록 하려면, 우선 국민을 진정으로 대표할 수 있도록 헌법을 개정하고 자본과 유착을 맺을 수 있는 소지를 헌법으로 제한하고 저항권을 삽입한다. 이보다 더 근본적인 대안은 거리와 마당의 정치, 곧 참여민주제다. 극단적인 서민과 노동 배제를 극복하는 방법은 노동자와 서민 스스로 삶의 개선과 잘못된 구조의 개혁에 민주적인 방식으로 참여해야 한다. 민주제는 정치, 경제, 사회문화 등 모든 영역에서 독점을 깨는 것이어야 한다. 이를 위하여 먼저 이루어져야 하는 것은 지역과 마을, 학교, 기업과 공장의 모든 곳에서 공공영역을 확보하고 이를 증대하는 것이다. 이는 하버마스식의 공공영역에 동양적 공공성을 종합한 것이다. 서양에서 교회 권력에 맞서서 시민사회가 등장하고 이후 이를 기반으로 18세기에 '계몽의 기획'이 진행되면서 국가와 시민사회 사이에 공공영역이 형성되었다. 비교적 자유로운 개인 가운데 의사소통적 이성을 갖춘 공중public이 집단을 이루고, 이들이 사적인 영역에 속하는 문제들을 공동의 장으로 끌고 와서 공공의 쟁점으로 바꾸어 토론을 하고 합리적인 대안을 모색하며 공공성을 확보했다. 반면에 동아시아는 전통의 공동체가 국가로 통합되고 유교에 바탕을 둔 관료 체제가 작동되면서 사익을 억제하고 공익을 추구하자는 대의가 정치 영역만이 아니라 생활 세계까지 지배하면서 일찍부터 서양과 다른 공공성을 추구했으나 자유로운 개인의 합리적인 성찰과 민주적 토론은 부족했다. 공권력의 공公에 대한 한국인의 태도는 이중적이다. 감투를 중시하고 관료를 존중하기에 국가의 일을 사적인 일에 앞세워 먼저 수행한다. 하지만 이것이 공정하지 않다고 생각하면 끊임없이 이에 균열을 내며 저항했다. 왜냐하면, 무엇보다도 한국인에게 공公은 공익만이 아니라 공정과 공평을 의미하는 것이기 때문이다. 자유롭고 합리적인 개인을 주체로 하여 지역 공동체를 결성하고 여기서 공정, 공평, 공공으로서 공공영역을 확보하는 것이 필요하다. 이 공공영역을 바탕으로 지역마다 주민자치를 중심으로 거버넌스 시스템을 만들고 국민주권을 바탕으로 협치를 행하는 주민위원회를 구성한다. 다양한 장에서 신자유주의 모순으로 주변화한 서발턴들이 적녹보 동맹(노동·환경 여성 및 소수자의 동맹)을 맺어 자본-국가-관료-지식인-종교-보수 언론의 카르텔에 맞서는 시스템을 정치의 장, 경제의 장, 사회문화의 장에 건설한다. 마을, 기업, 학교, 기업과 공장의 중요한 정책과 사업은 이 위원회에서 합리적이고 공정한 토론을 통해 결정한다. 이것을 리, 군, 시와 도로 확대하고 이들을 바탕으로 국회를 구성하여 국회가 진정으로 국민의 민의를 대표하고 아래로부터 의견과 정책을 수렴하도록 한다. 몫 없는 자의 민주제를 실시하여, 각 위원회의 위원들이나 의원의 일부는 선출하지 않고 추첨으로 한다.

노동자가 2000만 명에 달하고, 국민 가운데 보수 : 중도 : 진보의 비율이 대략 4 : 3 : 3의 비율인데, 실제 정당 지지율과 국회의원 가운데 진보 정당이 차지하는 비율은 3퍼센트에서 10퍼센트 사이를 오르락내리락한다. 현실과 정치적 재현 사이에 심한 괴리가 존재하기에, 노동자와 서민의 의사는 정치로 수렴되지 않는다. 대안은 정당정치와 계급을 종합하는 것이다. 선거제를 독일식 정당명부 비례대표제로 개선하고 국회를 양원제로 바꾸어 상원은 지금처럼 정당에 기반을 둔 지역대표제로 하되, 하원은 직능대표제로 한다. 예를 들어, 하원의 의원 정원이 1000명이고 선거인 중 노동자가 60퍼센트라면 노동자 대표가 600명이 되도록 구성하는 것이다.

사법부는 권력으로부터 완전히 독립성을 갖도록 한다. 검찰, 국정원과 감사원, 국세청 등 국가권력기관 또한 시민위원회의 통제를 받도록 제도화한다. 검찰을 정권에서 완전히 독립시킴은 물론 시민위원회의 통제 아래 둔다. 중앙 및 지역의 검찰 수장을 국민이 직접 선출하여 국민주권을 절차적으로 확립하는 한편, 검찰이 국민의 권리를 의식하여 정의를 집행하도록 견제한다. 검찰의 기소독점을 제한하여 시민이 기소할 수 있도록 미국의 대배심제나 일본의 검사심사회의 장점을 잘 살린 '시민검찰제(가칭)'를 시행한다. 시민검찰위원회에 소속된 시민검찰 중 과반수가 특정 사건에 대해 기소를 결의하거나 불기소를 결정하면 검찰이 이에 승복하는 것을 법으로 제도화한다. 범죄행위로 손해를 입은 피해자가 손해배상청구권을 이유로 형사법원에서 사소私訴를 제기할 수 있도록 한 프랑스식 사인소추제, 피해자나 변호사가 검사와 함께 공동 원고로서 소송에 참가할 수 있도록 하는 독일식 부대공소제 또한 도입한다.[86] 검찰의 수사권은 경찰에 이양한다. 무엇보다도 시민이 주체가 되는 공직비리 수사처를 하원의 직속으로 두되, 시민이 이를 통제하는 것을 제도화한다.

대법원의 판사와 헌법재판소의 재판관은 판사만이 아니라 교수와 시민활동가 등 다양한 분야의 법조인으로 구성하며, 모두 하원에서 추천하고 선출한다. 모든 법원에 선거명부에서 무작위로 선정된 시민이 재판의 유무죄를 결정하는 배심제 등 국민참여재판제를 둔다.

거의 모든 생산수단은 공공화하며, 의료와 주택, 교육은 단계적으로 무상화하고 이를 위해 조세혁명을 단행한다. 각 지역을 기반으로 사회적 경제를 활성화하고 모든 약탈적이고 불평등한 경제협정은 폐기하고 모든 당사자들의 합의에 의하여 상호호혜적인 새로운 협정을 만든다. 군대는 최소화하여 UN과 시민의 통제 아래 둔다. 핵무기를 포함하여 모든 대량살상무기의 생산을 중단하고 폐기한다.

이를 위해서는 빈곤 퇴치와 세계 평화를 추구하는, 전 세계 사회운동과 시민사회가 광범하게 결집해 연대와 국제주의를 이루어내야 한다. '투쟁의 세계화'가 없이는 '빈곤의 세계화'를 막을 수가 없다.

눈부처-주체들에 의한 진보운동의 길 찾기와 희망버스

극단적으로 신자유주의와 가진 자 위주의 정책을 추구한 이명박 정권에서 가장 의미 있는 사건은 2011년의 한진중공업 사태와 희망버스다. 한진중공업은 3년 동안 3000여 명의 노동자를 별다른 사유 없이 구조조정과 정리해고로 거리로 내몰았다. 한진중공업이 10년 동안 흑자를 내며 벌어들인 돈은 무려 4277억 원이며, 2008년 조남호 회장이 가져간 주식배당금은 120억 원에 달하며, 2009년 9월까지 지급된 사내 이사들 평균 급여는 1억 6900만 원이다. 이에 노동자들이 파업 등 여러 가지로 맞섰으나 용역들에게 폭력을 당하고 별다른 성과를 거두지 못했다. 지친 파업 주체들조차 저항의 끈을 거의 놓으려는 시점이던 2011년 1월 6일에 김진숙 전국민주노동조합총연맹(민주노총) 부산본부 지도위원이 홀로 85호 크레인에 올라가 고공농성을 시작했다. 그녀는 혹독하게 추워 살을 저미는 듯한 겨울의 바닷바람과 발판을 달구며 거침없이 내리쬐는 폭양을 발을 제대로 디딜 틈조차 없는 지상 50미터 상공의 크레인의 운전실에서 견디며, 절망감과 공포와 고립감, 자살 충동 등과 싸워가며 열흘, 또 100일, 그리고 300일을 견뎌냈다.

김 지도위원의 성격으로 볼 때 자살할지도 모른다는 우려와 다같이 연대하여 김 지도위원을 살려야 한다는 절박감이 진보진영을 압박했고, 송경동이 시인의 상상력으로 희망버스를 제안했다. 6월 3일 천주교인권위 3층에서 이를 조직하는 회의가 열렸고, 6월 11일 첫 희망버스가 영도조선소 85호 크레인을 향하여 출발했다. 그 후 5차까지 다섯 차례에 걸쳐 희망버스는 부산과 서울로 갔다. 갈수록 시민들은 굳게 연대하여 정권과 회사 측을 압박했고, 마침내 회사 측이 복직 등 요구 사항을 수락하면서 309일 만인 11월 10일에 김진숙은 살아서 땅을 밟았다. 김진숙 지도위원의 목숨을 건 투쟁심과 연대 정신, 고귀한 희생정신이 중심에서 빛을 발하고, 그 빛을 따라 송경동 시인 등 희망버스 기획단, 시민, 지식인, 종교인이 함께하여 이룬 성과였다.

이는 신자유주의의 가장 큰 모순인 정리해고에 99퍼센트의 노동자와 시민이 저항하여 일정 정도 승리를 거두어 '신자유주의 해체의 굳건한 진지'를 구축한 것이자, 한국 노동운동이 거의 조합원 이익단체로 전락한 상황에서 '공감의 연대'를 바탕으로 민주화 세력과 촛불시위 세대가 하나로 어울려 21세기형 새로운 노동운동의 지평

을 연 것이자, 정리해고 문제를 '너의 문제'에서 '나의 문제'로 전환
시킨 성공한 대중운동이었다. 무엇보다 희망버스는 새로운 주체, 곧
약자의 고통을 자신의 것처럼 아파하는 공감을 바탕으로 서로 연대
하면서 불의에 저항하는 '눈부처-주체'들에 의한 새로운 세상을 예
고한다. 희망버스는 모든 약자의 생존과 노동권과 인권을 보장하지
않으면 저항할 수밖에 없다는 이들의 소망과 실천이 어우러진 아이
콘이자 신자유주의를 해체하는 굳건한 교두보였다.

　희망버스에서 보여준 것처럼, 종파주의, 관료화, 조합원 이기주
의, 구태의연한 투쟁을 말끔히 씻어내지 않으면 미래는 없다. 머리
는 가슴을 이기지 못하고, 가슴은 발을 이기지 못한다. 희망은 노동
현장에서 목숨을 걸고 싸우는 노동자, 집회와 희망버스에 참여하는
시민, 신자유주의에 저항하는 99퍼센트로부터 꽃필 것이다.

　노동과 시민이 연대하되 '노동중심성'을 확보한다. 노동중심성이
란 현 한국 사회의 주요모순이 자본과 노동 사이의 계급모순이며 이
로 노동이 철저히 배제된 가운데 노동자들이 과도하게 착취·수탈
당하고 억압당하고 있음을 명확히 하고 노동자 모두가 주체가 되어
반자본·반신자유주의의 기치 아래 현장-지역-부문의 연대를 노동
중심으로 기획하고 노동계급의 이상을 실현하는 다양한 실천과 정
책을 노동의 입장에서 최우선적으로 구현하는 것을 뜻한다. 노동자
와 시민은 비정규직과 정리해고가 너의 문제가 아니라 나의 문제임
을 직시하고, 타자의 고통에 대한 공감을 바탕으로 굳건히 연대한
다. 1000만 비정규직 노동자들은 자신들이 처한 현실을 직시하고
비정규직 노동자로서 계급의식을 명확히 하고, 조합을 결성하여 연
대한다. "악화일로의 비정규직 문제를 해결하기 위한 핵심적 과제

세 가지는 비정규직 규모 감축, 정규직-비정규직 노동조건 격차 해소, 비정규직 주체 형성 및 투쟁 승리를 위한 조건 조성이다. 비정규직 관련법 재개정을 추진함에 있어 지켜야 할 원칙은 첫째, 노사 간 맞바꾸기가 아니라 비정규직 권리입법이며 둘째, 각론적 시각이 아니라 전체 비정규직의 시각에서 접근해야 하고 셋째, 외적 조건과 주체적 역량을 고려하며 전략적으로 사고하고 실천하는 것이다."[87] 가까이로는 고용보험제를 확충하고 비정규직 전반에 대한 사용 사유를 엄격하게 제한하는 입법운동을 추진하고 공공기관, 대기업, 중소기업의 순으로 단계적으로 비정규직을 정규직으로 전환한다. "상시적 업무에 대해서는 직접 고용 원칙으로 하고 비상시적 업무에 한해 특별한 사유가 발생한 경우에만 비정규직을 예외적으로 허용하며, 특수고용 노동자의 노동기본권을 보장하고, 동일가치 동일임금을 실현하여 노동조건의 격차를 해소한다. 정규직 이기주의와 계급 내적 적대성을 강화하는 고용보험제도를 혁신한다."[88]

멀리로는 비정규직운동이 섬이 되지 않도록 산업별로 연대하고 전체 비정규직과 연대한 다음 정규직과 연대하여 노동해방을 지향하는 공동 투쟁을 조직한다. "노동 해방을 위해서는 노동수단을 사회의 공유재산으로 바꾸고, 노동 전체를 공익적으로 이용하면서 그것을 협동조합적으로 규제하며 노동수익을 공정히 분배하는 것이 필요하다."[89] 이제 노조는 임원들의 관료화를 극복하고 아래로부터 활발한 소통을 하며, 정당이든 조합이든 절차적 민주주의와 내용의 민주주의를 확보한다. 모든 노동자는 조합원 이기주의를 일소하고 끈끈한 동지애와 굳건한 투쟁 의지를 갖고서 민주 노조 깃발 아래 연대한다. 김혜진 정책위원장의 제안대로, 한 사업장의 투쟁이 그곳만으로 고립되지 않고 전체 노동자의 문제를 해결하고 노동자의 권리를 증진하는 방향으로 싸워야 한다. 단순히 노동악법을 개선하는 방어적 자세에서 노동 배제를 심화하고 노동자의 죽음과 장기사업 투쟁을 야기하는 노동법과 제도를 전면적으로 해체하고 다시 만드는 싸움을 하여야 한다.

새로운 진보운동은 반신자유주의와 반자본주의로 지표와 전선을 명확히 하고 노동을 중심에 놓고 계급적 성격을 명확히 하되, 탈핵 등 생태와 복지와 사회정의, 사회적 소수자에 대한 배려를 결합하여야 한다. 노동이 진정한 자기실현인 사회, 노동이 자본을 통제하는 세상을 향한 굳건한 목표 아래 모든 정파와 갈등을 녹여내야 한다.

"새로운 진보 정당이 '제도정치와 비제도정치의 변증법'을 실천하는 것도 중요하다. 이는 새로운 진보 정당이 사회운동적 정당, 비제도적 투쟁 정당의 성격을 기본적으로 지니되 대중정치와 지역정치에서 축적한 역량에 기반을 두고 제도정치, 의회정치로의 진출도 적극 추구하는 정당이 되어야 함을 뜻한다. 노동자계급 정당은 이념적으로 변혁적 노동자계급 정당이되 방법에서는 대중적 진보 정당이어야 한다. 제도정치 참여와 집권을 목표로 하면서도 집권 플랜은 변혁으로 나갈 수 있는 구체적 징검다리가 되어야 하며, 의회를 활용하면서도 의회에 매몰되어 변혁운동을 약화시켜서는 안 되며, 운동의 이상과 의제를 의회를 통해 제도화하고 의회에서 해결되지 못하는 진보적 이상과 의제를 의회 밖에서 운동으로 구현해야 한다."[90] 이와 더불어 새로운 진보 정당은 자본주의 극복과 사회주의 실현을 당의 최종 목표로 삼되 신자유주의 반대를 자본주의의 극복과 결합시킬 구체적인 사회주의를 지향하는 정강, 정책을 마련한다. 계급 문제와 민족문제, 생태 문제, 소수자 문제의 중층결정을 하여 적녹보 동맹을 맺는다. 환경은 자본주의 체제의 극복 없이 환경문제의 근본적인 해결이 불가능함을 수용하고, 여성과 소수자 또한 가부장적 폭력과 배제가 자본주의 체제와 밀접하게 연관되어 있음을 받아들여야 한다. 현장에서 투쟁하는 노동자가 주체가 되되, 용산참사, 강정마을, 4대강에서 싸우던 이들과 함께하여야 한다. 이 조직을 전국적 연계망으로 하여 지역에서부터 풀뿌리 조직을 활성화하고 이를 당이 수렴하는 구조를 형성한다.

신자유주의 체제의 해체와 동아시아 평화공동체 수립이라는 커다란 틀 안에서, 사민주의, NL과 PD, 북한의 3대 세습에 대해 충분히 비판적으로 논의하고, 이 과정을 거쳐 아래로부터 차이를 줄여나가야 한다. 이제 멀리 보고, 지역에서부터 풀뿌리 운동을 하고 또 이를 통해 조직을 확대하여야 한다. 한국인의 강한 공동체 지향성을 코뮌에 결합하고, 신명이 나는 싸움을 하여야 한다. 노동자의 계급적 이해를 대변하는 정치투쟁과 함께 노동 현안을 사회적 쟁점으로 삼는 담론투쟁 또한 이루어져야 한다. 그리하여 노동 배제의 사회를 끝장내고 진정으로 노동자가 주인이 되는 세상을 열어야 한다.

소비 거부의 조직화

그림 ②에서 소비의 거부를 조직해낼 수 없을까. 이를 행하지 못하는 이유는 무엇인가. 삼성의 부패와 부조리, 3대 세습 체제, 야만적인 노동자 탄압을 접한 외국의 시민운동가들은 왜 한국 대중이 삼성

불매 운동을 전개하지 않느냐고 반문한다. 과연 한국 대중이 모두 과잉소비에 매몰된 이유는 무엇인가.

자본주의가 들어오고 1960년대 이후 고속성장을 거듭하면서 한국 대중의 물적 욕망은 고조되었다. 1960년대의 발전을 주도한 기업가들은 절대 다수가 프로테스탄티즘이나 유교의 대동大同의 정신 등의 기업 윤리는 거의 없는 천민자본가들이었다. 천민자본은 국가 및 언론과 유착관계를 맺고 국가의 보호 아래 노동자를 최대한으로 착취하고 언론과 더불어 국민의 소비를 최대한으로 조장했다. 1960년대부터 초고속으로 진행된 물질 위주의 산업화는 국민을 물신의 노예로 만들었고, 1980년대의 증권붐과 부동산 투기붐은 대다수 국민을 투기꾼으로 변질시켰다. 여기에 결정적인 역할을 한 것은 IMF와 신자유주의다. IMF 위기를 계기로 한국 대중은 물적 욕망을 극대화하게 된다. 자본제 사회에서 욕망은 타자의 욕망을 추구하는 것이기에 필연적으로 폭력적이다. 때문에 이를 억제하는 것은 타자에 대한 공감과 윤리다. IMF 이전에는 동네에 골목문화가 남아 있었고 회사에서도 직원 사이에 공동체적인 관계가 강하게 작동하고 있었다. 하지만 국가가 미국식 해고를 주도하면서 공동체적 관계는 일시에 무너져버렸다. 이후 타자와 공동체의 시선을 의식하여 억제하던 욕망이 분출하게 된다. IMF 위기의 극복이 공정하게 이루어지지 않았다. 정부와 기업은 선량하고 성실한 수많은 국민을 실업자와 낙오자로 만들었다. 이로 많은 국민이 수단과 방법을 가리지 말고 물적 축적을 하고 경쟁에서 이겨야 한다는 극단의 위기의식과 강박관념을 갖게 되었다. 더불어 1000여만 명이 비정규직으로 전락하면서 사색과 성찰이 없이 매일 생계를 걱정하며 그날 벌어서 그날 소비하는 일차원적 인간으로 전락했다. 디지털 문화 또한 이를 조장했다. 문자 시대에서 영상 시대로 이전하면서 대중은 현실이 아니라 대중문화가 만든 이미지에 현혹되어 과잉소비를 한다.

가까이로는 시민단체를 중심으로 노동자를 탄압하는 기업의 제품을 소비하지 않는 불매운동을 잘 조직하는 것이 필요하지만, 이제 근본적으로 욕망을 자발적으로 절제하는 것이 필요하다. 욕망을 충족하는 것에서 행복을 느끼는 데서 자연과 지구촌의 미래와 후손, 내 주변의 타인을 고려하여 욕망을 스스로 절제하는 데서 행복을 느끼는 삶으로 전환해야 한다. 이런 삶 속에서 공유하고 나누면서 소비를 줄이면, 자본이 상품 판매를 통해 자본을 축적하는 자체가 위협을 받게 된다.

세계 체제의 혁신과
눈부처-공동체의 사회경제학

정과 한의 아우름

한국인은 공동체 지향성이 특별히 강하다. 지금도 '내 아내' '내 집' '내 아들' 대신 '우리 아내' '우리 집' '우리 아들'이라 하며, 오프라인만이 아니라 온라인상에서도 각종 모임을 조직하여 동아리나 패거리를 만들고, '네이버'에서 전혀 모르는 사람을 위하여 밤을 새워 지식과 정보를 나누고, 종교단체 또한 소공동체를 만들어 소모임을 자주 하고 그들끼리 장례에서 혼사에 이르기까지 상부상조해야 성공할 수 있다.

왜 한국인은 공동체 지향성이 강한 것일까. 지리적, 사회문화적, 세계관적 요인으로 나누어 추론해본다. 한반도는 거의 대부분이 노년기의 암반이다. 25억여 년 동안 물과 바람에 침식된 땅이라 조금더 침식된 곳은 분지를 이르고, 그 분지 가운데에는 냇물이나 강이 흐르면서 퇴적토를 쌓아 숲과 들을 만든다. 여름에 자주 홍수가 나므로 강 가까운 언덕이나 산기슭에 집을 짓고 주변의 밭을 갈고 논을 일구면서 마을을 이룬다. 산으로 둘러싸인 들과 논밭 사이로 냇물이 흐르면서 마을을 안고 있는 모양새가 전형적인 한국의 마을 풍경이다. 산과 물로 막힌 채 거의 수천 년 동안 함께 동고동락을 해오면서 유전자와 피와 마음이 섞였다.

사회문화적 요인과 경제적 이해관계도 공동체적 유대를 강화했다. 쌀농사는 물을 필요로 하기에, 여름에만 집중호우가 내리는 우리나라에서는 공동노동으로 보와 둑을 쌓아 물을 확보하지 않으면 쌀의 생산이 불가능하다. 가을은 짧고 겨울은 춥고 길며 열매와 채소는 금방 썩기에, 추수와 김장, 땔감 마련 또한 공동노동을 필요로 한다.

여기에 독특한 한국인의 세계관이 결정적인 구실을 했다. 한국인은 지금도 침을 뱉어도 세 번을 뱉고, 상주나 영구차, 장님을 한 번 보면 재수가 없지만 세 번 보면 재수가 좋다고 한다. 고대 한국인들은 세계를 천지인天地人을 중심으로 셋으로 나누어 보되 이를 하나에 통합되는 셋으로 보았다. 그러기에 하나가 셋으로 갈리는 것은 용用이요, 셋에서 하나로 돌아가는 것은 체體다. 삼재론에 따르면 한울은 처음도 끝도 없고 텅 비어서 모두를 다 싸안고 어디에나 존재하는 실체다. 이것이 둘로 나뉘어 땅이 된다. 그래서 "대저 비롯하여 나는 것은 하늘의 도요, 이를 힘입어 기르는 것은 땅의 도이다".[91] 이렇게 하여 선과 악, 길흉화복과 주와 객이 존재하게 되는데 하늘과 땅 가운데 사람이 나서 천과 지, 선과 악, 길흉화복을 조화시키려 한다. 그러니 사람이 본심을 잃지 않으면 "하늘과 땅과 사람이 하나이다".[92]

사람이 본래 청정한 것인데 티끌처럼 미혹함에 사로잡혀 그러니 온 갖 미혹함을 버리고 다시 하늘로 돌아가 하나가 된다. 하나는 다시 둘로 나뉘고 셋이 되며 셋은 또 돌아가 하나가 되니 여기에서도 영원회귀의 반복이 일어난다. 삼재三才는 풍류도風流道의 바탕이 되었으며 이는 원효의 화쟁사상 및 동학사상과도 통한다.

필자는 우리 민족의 철학과 예술을 구성하는 근본원리 내지 심층 구조가 있으며, 이것이 화쟁, 더 정확히 말하여 '정情과 한恨의 아우름'이라고 본다(〈그림 2〉 참조).

동양은 서양과 달리 A or not-A 이분법의 사유가 아니라 이것인 동시에 저것이라는 A and not-A의 퍼지적 사유로 세계를 바라본다. 앞에서 말한 대로, 한국인에게 최고의 맛은 '뜨거운 시원함'이다. 삶과 죽음 또한 마찬가지다. 한국인은 삶의 최고 순간에 이르렀을 때 '죽인다'라고 표현한다. 오르가슴처럼, '죽인다'라는 것은 삶이 가장 최고조에 이르렀을 때, 삶의 환희가 무엇으로도 표현할 수 없는 경지에 도달했을 때의 감정 상태를 표현하는 말이다. 우리 조상은 묏

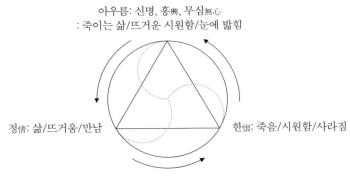

아우름: 신명, 흥興, 무심無心
: 죽이는 삶/뜨거운 시원함/눈에 밟힘

정情: 삶/뜨거움/만남   한恨: 죽음/시원함/사라짐

〈그림 2〉 정-한-아우름의 구조 모형

자리와 수의를 마련하면 잔치를 하고 "저승이 얼마나 좋으면 가서 돌아온 사람이 하나도 없더냐?"라고 죽음마저 해학의 대상으로 삼을 정도로 삶과 죽음은 대립적인 것이 아니라 화쟁의 관계였다. 지금 여기에서 모든 욕망을 구현하며 지극의 삶을 누리려 하기에 죽음에 이를 정도로 삶을 치닫고, 죽음을 삶에 끌어와 죽음과 어우러지는 삶을 살기에 시한부 환자가 그러듯 하루하루의 삶을 의미로 채우려 한다. 그러니 한국인에게 최고의 삶은 '죽이는 삶'이다.

정-한-아우름은 한민족의 철학과 예술을 구성하는 근본원리이자 한국인의 사유와 실천을 규정하는 심층구조다. 정이란 '한 주체가 자아와 타자, 인간 주체와 세계, 개인과 집단, 문명과 자연 사이에서 일정한 타자와 특별한 관계를 맺고서 그를 자신과 불일불이의 눈부처 관계로 전환하여 자기를 확장하는 실존 양식이자 다른 타자와 자기의 타자를 다르게 느끼고 생각하며 사랑하는 마음'이다.

주지하듯, 우리 민족은 정이 유달리 강하다. 외국의 거리에서 동아시아 삼국 사람을 만나면 더욱 비슷해 보인다. 이때 간단하게 식별하는 방법이 있다고 한다. 서로 저 사람 한국 사람인가, 중국 사람인가, 아니면 일본 사람인가 하며 지나치지만 지나친 다음 곧 국적이 드러난다. 지나친 후 나만 뒤돌아보고 있으면 저 사람은 일본인이나 중국인이요, 상대방도 뒤를 돌아보고 있으면 바로 반색을 하며 한국말로 '한국인이지요' 하면 틀림없다는 것이다.

정이 깨지면 한이 된다. 한이란 '정을 두고 있는 대상이 '자기의 범주'를 떠나 타자의 범주로 귀속되었다고 생각하거나 판단할 때 나와 그 사이의 불일불이 관계가 무너지고 이분법적 대립쌍이 되어서 정을 두었던 대상의 사라짐에서 오는 슬픔, 그 대상에 대해서 품는 대립과 적대감과 불만, 또 그로 야기된 새로운 세계와 삶에 대한 불안과 두려움을 정情의 틀 속에서 내재화한 총체'이다. 역사·사회적으로 보면, 서민, 여성, 장애인 등 소수자들이 양반, 남성, 정상인 등 다수의 권력을 가진 자로부터 배제되고 부당하게 차별, 억압, 착취, 폭력을 당하면서 부조리한 사회관계를 바꾸지 못하고 유지한 채 분노와 저항심을 분출하지 못하고 내면화한, 부조리한 세계에 대한 소극적 대응 양식이다.

여기서 중요한 것은 정과 한이 이분법적 대립 관계가 아니라 불일불이의 화쟁 관계라는 점이다. 정이 없으면 한도 없다. 서양인처럼 상대방이 적이 되었거나 타자에 귀속되었다고 느끼는 순간 정을 끊으면 한도 생기지 않는다. 그러나 상대방에 대한 정을 끊지 못하고 지속할 때 상대방과 관계를 맺는 삶을 살지 못하는 불만과 안타까움, 불안감 등이 방출되지 못하고 내재화하면서 이것이 더욱 안으로 맺혀 한으로 변한다. 그러기에 님, 자식, 부부처럼 정을 많이 주었던 대상일수록 한이 크며, 때로는 '화병'이라는 한국인에게만 있는 한의 병病으로 발전하기도 하는 것이다. 정이 너무도 많기에 상대방이 적대자로 변하여도 그 정을 끊지 못하며, 대신 상대방에 대한 서운함과 불만, 상대방과의 관계가 끊어지고서 새로이 정립해야 하는 세계에 대한 두려움과 불안감을 자기 혼자 삭여 한으로 쌓는다. 그러기에 한국인에게는 '미운 정'과 '고운 정'이 함께 공존한다. 자연히 이런 심성은 언어기호를 통해 표출되고 해소되면서 예술 텍스트를 형성했다.

그러나 한국 문화는 한의 문화가 아니다. 이를 승화하고 조화시켜 아우름을 이루는 문화이다. '아우름和諍'은 불일불이의 화쟁 원리에 따라 정이 한으로 변한 세계의 부조리에 대응하여 정을 두었던 대상에 대한 더 큰 사랑으로 한_恨을 승화시켜 맺힌 것을 풀고 정과 한, 주체와 객체, 자연이나 신과 인간, 성스러운 것과 비속한 것, 삶과 죽음, 만남과 이별, 자아와 타자 등 대립되고 갈등했던 것을 하나로 아울러 신명에 이른 경지다. 대립적이었던 대상과 자아가 하나가 되는 경지나 우월한 것과 열등한 것의 위상의 전도를 통해 생의 어두운 곳에서 밝은 측면으로 마음이 향했을 경우, 혹은 놀이와 춤, 공동체의 의례나 집단적 행위를 통해 신명에 이른 경우 흥_興이 되고 이를 (풍류, 도교, 불교, 성리학 등의 영향을 받아) 개인의 성찰로 내면화하여 긍정과 부정, 선과 악, 희와 비의 이분법적 분별 작용을 넘어서는 초월과 해탈의 미감으로 나타나는 것이 무심_{無心}이다. 음악과 춤에 의한 쾌락 중추의 자극, 개인의 몰입, 내 몸과 우주의 조응, 집단적 공감을 통해 너와 나, 정과 한 등 모든 대립과 갈등을 해소하고 양자가 하나가 되는 순간, 맺힌 액과 살과 한을 풀면서 지극한 흥의 상태에 이르러 무엇이라도 할 수 있는 내 몸의 생명성이 솟아나고 미적으로도 지극히 아름답고 멋지게 되는 것이 바로 '신명의 아우름'에 이르는 것이다.

서정성이 높은 향가와 속요, 시조, 민요 등 한국의 전통적인 시가는 내용과 형식 양면에서 '정과 한의 아우름'을 이루고 있으며 탈춤과 판소리에서부터 민화와 건축에 이르기까지 가장 한국적인 예술 양식은 모두 정과 한의 아우름을 바탕으로 대상을 형상화하고 있다.

이처럼 정-한-아우름의 구조 속에서 신명을 표출한 기원은 고대부터 집단으로 행해진 굿이다. 『삼국지_{三國志}』 「위서_{魏書}」 「동이전_{東夷傳}」을 보면 부여, 고구려, 동예에서 영고, 동맹, 무천 등의 제천행사를 하며 밤새 술을 먹고 춤을 추었다는 기록이 있는데, 영고, 동맹, 무천 등은 나라굿이다. 각 마을에는 마을굿이 있었고, 지금도 상당수 마을에는 이것이 남아 있다. 이 굿에서 비롯된 신명이 탈춤으로, 동학농민전쟁으로, 다시 광주민중항쟁, 월드컵 응원과 촛불시위로 이어진 것이다. 1980년 5월 광주에서는 군부독재 정권에서 차별받고 억압받고 소외받던 광주 시민이 하나가 되어 계엄군에 맞서서 절대 공동체를 이루었으며, 월드컵에서 전혀 모르던 사람들, 특히 그동안 을의 입장에 있던 노동자, 여성, 수험생이 "대한민국!"을 외치며 모든 한을 풀어버리고 신명이 나서 서로 하나가 되었다.

두레 공동체와 여전제

앞에서 제시한 맥락과 한국 전통의 민중 사상을 바탕으로 한국 농촌에 형성된 공동체가 두레다. 조선조에 군왕은 보통 신하들에게 의견을 물었고 특별한 경우에 서민의 의견을 직접 들었다. 군왕은 지방 통치, 특히 군역과 조세 수취를 원활히 하고자 수령을 파견하고, 수령은 재지사족在地士族과 향민鄕民의 의견을 수렴하여 통치했다. 향약을 실시하자 향민은 관官에 직접 여론을 형성하기도 했으며, 재지사족은 향약을 통해 향촌민의 의견을 수렴할 수 있었다. 하지만 사족의 향촌자치라는 면에서는 향약이 향론鄕論을 형성하는 데 지대하게 공헌했으나, 그 향론 형성에 향민은 별다른 영향을 미치지 못했다. 향약은 오히려 유교 이데올로기와 규율 체계를 촌락 공동체의 향민의 생활 세계에까지 작동시켜 그들의 공동체 문화와 자율을 억제하는 데 기여했다.

향약을 벗어난 영역에 있는 공동체가 두레다. 사족을 중심으로 조직된 동계洞契와 달리 두레는 민중이 주도하여 각각의 촌을 중심으로 만들었다. 두레는 자연마을을 조직 기반으로 했으며, 모든 마을 사람이 강한 공동체 정신을 갖고서 최대한으로 노력 동원을 했다. "두레는 민주적 방식으로 좌상座上, 영좌嶺座, 공권公員, 유사有司, 총각대방總角大方 등의 소임을 맡은 역원役員을 선출했으며, 역원들에게 나름의 역할을 부여했다."93

"두레로 상징되는 농촌의 공동체 문화는 '모둠살이의 지혜'이자 '공생의 지혜'였다. 그것은 눈빛과 숨소리만으로도 무슨 생각을 하는지 알 수 있을 만큼 다정하고 끈끈한 인간관계情가 밑바탕에 있었기 때문에 가능했던 문화였다. 또 그것은 법제적 배경이나 관념, 추상적인 것이 아니고 실제적이었다. 구성원들의 사적인, 그리고 자율적인 필요와 목적을 기반으로 만들어졌고 지켜졌다."94 그들은 농청農廳에 모여 민주적으로 회의를 하여 상부상조했다. "과부, 노인, 환자가 있는 집안, 어린아이가 있는 집의 농사는 두레에서 거들어주었다. 마을 조직에서 보이는 큰 특징은 우선 평등의 원칙이다. 마을 구성원은 누구나 동등한 책임과 권한을 가지면서 참여하고, 권익을 분배받는다. 상부상조의 부담이나 지원, 호역의 균등한 분배, 공동 노역 등 등에서 마을민은 동등하다. 이는 물리적 단순 평등이 아니다. 두레는 더 상위의 공평公平을 추구했다. 경제적 능력과 신분, 기타 공지되는 능력에 따라 공평의 지혜와 자율적 참여를 보장했다. 예컨대, 소지, 성금(모연), 걸굿, 두레 등에서 분등分等과 수분守分의 관념적 룰이 존재했다. 그리고 그에 걸맞게 참여와 분담을 했다."95

다산 정약용은 두레를 바탕으로 여전제周田制를 구상했다. 그는 촌락의 공동경작과 노력보수제를 조화시킨다. 산과 냇물의 형세에 따라 경계를 정하여 여閭라 하고, 여 셋을 리里로 만들고, 리 다섯을 방坊으로 만들고, 방 다섯을 읍으로 만든다. 여마다 여장閭長을 두며, 한 여 안의 토지는 그 여 안에 사는 사람들이 공동으로 경작한다. 그 여 안에서는 따로 경계를 긋지 말고, 여장의 지시만을 따른다. 다산은 『전론田論』에서 "각 사람의 하루 노동량을 여장의 장부에 기록한다. 가을이 되면 무릇 오곡五穀의 수확물을 모두 여장의 집[여 안의 都堂 (도당)]으로 보내어 그 양곡糧穀을 분배하되, 먼저 국가에 바치는 공세公稅를 제하고, 다음으로 여장의 녹봉祿俸을 제하며, 그 나머지를 하루 노동량을 기록한 장부에 따라 분배한다. (……) 사람들이 노력을 다하면 땅 또한 이득을 내는 데 진력한다. 땅이 이득을 내면 백성의 자산이 부유해지고, 백성의 자산이 부유해지면 풍속이 도타워지고 백성이 효제孝悌를 행하게 된다. 그러므로 이것(여전제)은 토지를 다스리는 가장 좋은 방책이다"[96]라고 했다.

노동하는 자가 토지를 소유하고 공동생산하고 공동분배하되, 노동량에 따라 차등을 인정하였다. 인간이 성실하게 노동을 하면 하늘도 이에 응하여 토지의 이용도를 높여주고, 백성의 자산이 풍족해야 인심이 순후해지고 윤리와 도덕이 확립된다. 경제가 인간의 본성은 물론 윤리와 도덕에도 영향을 미치는 결정적 요인임을 간과하고 있다.

"여전제는 농민만의 공동 소유 원칙을 내세워 밭가는 자가 밭을 갖는다는 경자유전耕者有田의 원칙과도 차별이 되는, 비생산자의 토지 소유를 원천적으로 부정하고 철저히 생산자 소유의 원칙을 견지하고 있다. 공동생산과 공동분배를 하면서도 노동량에 따른 분배 원칙을 제시하여 비생산자의 분배를 막는 한편, 농민의 노동 의욕을 유발하여 생산력 발전을 꾀하고 있다. 반면에 연구와 기술 지도에 종사하는 상층 노동자에게는 특별 보수 체계를 적용하여 농업생산력을 높일 수 있는 길을 열어놓고 있다."[97]

이처럼 한국 전통사회는 지리적, 사회문화적, 세계관적 요인으로 인하여 구성원 사이에 유대가 강한 신명의 공동체를 형성하고 있었다. 개인의 사적 이해관계와 차이를 인정하는 가운데 공적 영역을 확보하고 있었다. 각 가정과 개인의 사생활과 사적 이익을 인정하면서 마당을 중심으로 공론을 형성하고 필요할 경우 노동력과 생산도구, 생활도구 등을 호혜의 원리에 입각하여 서로 빌려주어, 실질적으로 공동으로 활용했다.

무엇보다도 한국인은 대의를 중시하며 하늘을 두려워한다. 삼재에서 하늘은 '하나一, 가장 큼大, 모든 세계全, 으뜸, 밝음, 지극함, 바름, 넓음, 오램, 많음, 임금, 무궁'을 뜻한다. 천지인에서 하늘은 도道와 하나와 통하며, 땅과 어울려 우주 삼라만상을 만든다. 하늘과 땅 사이에서 난 인간은 이들과 더불어 조화롭게 삶을 살며 둘로 나누는 세계의 미혹함과 삿됨에서 떠나 다시 하나로 돌아간다.『삼일신고』에 따르면, 하늘은 중력처럼 본체가 없고 보이지 않지만 어디서나 없지 않음이 없고 어디서나 삼라만상 모든 것에 작용한다. 하늘은 우주가 생성되고 별이 나고 자라고 사라지고 그 별에 생명이 나고 자라고 사라지는 일을 되풀이하는 모든 과정에 관여하며 무궁무진하게 불멸하는 원리다. 조선조에 하늘은 천도天道, 궁극적 진리의 세계로서 성性이나 리理와 같은 의미였다. 형이상학적 천天이 성이나 리와 동일한 관념이었다면, 인격적 천은 천도를 수행하는 왕과 동일시했다. 동학은 "사람이 곧 하늘人乃天"이라고 외쳤다. 이는 모든 사람이 신분이나 사회적 위상에 관계없이 하늘처럼 존엄하고 거룩하고 절대적인 존재라는 뜻만은 아니다. 인간은 누구나 그 안에 하늘과 같은 본성을 가지고 있으니, 그 한울님을 알고 믿고 섬기며 천명을 공경하고 천리에 순응하여 지성으로 천덕天德을 널리 펴면 천도天道를 이룸을 뜻한다. 이에 한국인은 지금도 사적 이익이나 탐욕을 취하는 이들에 대해, 혹은 공정하지 못한 공권력을 휘두르는 지배층에 대해 '하늘이 보고 있다' '하늘이 무서운 줄 알라'라는 말을 흔히 쓴다.

'공公'은 동아시아에서 오랫동안 "평분平分, 공평"의 의미로 사용되었다. 공자는 『논어』에서 "국가를 다스리는 사람은 경제가 풍요롭지 못한 것을 걱정하지 말고 고르게 분배되지 않음을 걱정하고 가난한 것을 걱정하지 말고 평안하지 않은 것을 걱정하라"[98]고 했다. 맹자는 정전제를 주장했다. 신라의 성덕왕은 왕21년에 정전제丁田制를 실시했다.[99] 이것이 정전제井田制와 같은지 다른지는 알 수 없지만, 15세 이상의 남자인 정丁에게 전토田土를 나누어 준 것은 분명하다.

공평에 가장 부합하는 것은 앞 절에서 말한 여전제와 대동법일 것이다. 대동법에서 공공성은 균均이나 평平의 관념으로 표현되고 이것이 조세제도로 관철되었다. "대동법의 설계자인 조익은 네 가지의 커다란 불균불평에 대해서 말했다. 당시 많은 사람이 방납인과 농민 사이의 불균불평에만 주목할 때, 그는 세력 있는 사람과 서민 사이의 불균불평, 큰 고을과 작은 고을 사이의 불균불평도 언급했다. 공정한 전결 평가에 기초한 공물 변통이 세력 있는 사람과 서민 사이의 불균불평을 해소하는 필수적인 조건이라면, 각 도의 결당 수취액을 단일화한 것은 전국적인 범위에서 지역별 불균불평을 해소한 최후의 조치였다."[100]

눈부처-공동체의 사회경제학

21세기 오늘 우리가 맞고 있는 현실은 대중이 눈부처-주체로 거듭나지 못한 채 욕망의 노예와 지배층에 휘둘리는 어리석은 대중인 우중愚衆으로 머문다는 점이다. 모두가 눈부처-주체가 된다 하더라도 부단한 자기해체와 이를 제도화하는 시스템이 없다면 언제든 눈부처-주체성을 상실할 수 있다. 때문에 사회 자체를 새로운 체제로 변혁해야 한다. 절충적인 제3의 길을 넘어선 대안은 화쟁의 패러다임 속에서 마르크스의 자유로운 개인의 연합으로서 코뮌, 두레 공동체, 다산의 여전제, 렉토르스키Valdimir Lektorsky의 페레스트로이카Perestroika를 결합한 눈부처-공동체다.

눈부처-공동체는 구성원 각자가 눈부처-주체로서 실존하고 실천한다. 개인은 자기 앞의 세계를 올바로 인식하고 자율적으로 해석하며 타자와 자연과 연기 관계를 파악하며 이기적 욕망을 자발적으로 절제하며 온생명과 타자의 고통에 공감하고 연대하면서 더 나은 미래 세계를 만드는 눈부처-주체로 거듭난다. 눈부처-주체들이 자유로운 개인들의 연합으로서 공동으로 생산하고 공동으로 분배하며, 필요한 것은 호혜적으로 보답하는 방식으로 교환한다. 개인의 자유와 행복이 타인의 자유와 행복을 위한 조건이 되고, 개인의 권리와 존엄이 동등하게 인정되고 작용하면서, 모든 이의 합의에 의하여 개인의 자유를 침해하지 않는 범위에서 상호성의 정의와 평등을 구현한다.

눈부처-공동체는 공동으로 생산하고 분배하되, 나와 타인, 공동체의 필요에 따라 생산한다. 모든 생산수단과 도구는 공동의 소유다. 이 공동체 생산의 50퍼센트 정도는 필요에 따른 공동생산과 공동분배를 한다. 나머지 가운데 30퍼센트는 재투자를 하며, 10퍼센트는 개인의 능력별로 인센티브를 주어 개인의 창의력을 발현할 동기를 부여하며, 10퍼센트는 장애인, 이주노동자 등 더 가난한 자에게 베풀어 대자적 자유를 구체화한다.

능력이 아니라 필요에 따른 노동, 소외와 장애를 극복하는 자기실현으로서 노동, 철저히 자연과 공존하는 생태노동을 한다. 그것이 불가능한 도시의 공동체는 유기농 농사를 짓는 농촌공동체와 연합관계를 형성한다. 단기적으로는 친환경 무상 급식을 로컬푸드와 연결시키고 민중을 자각시키고 조직하여 신자유주의를 내파하는 진지로 만들고, 장기적으로는 자본주의 체제 곳곳에 코뮌을 만들어 이를 대체하는 사회구성체로 구성한다.

몬드라곤처럼 노동이 자본을 통제하며, 노사관계는 진속불이의 관계가 되도록 한다. 경영자와 노동자는 하나가 아닌 동시에 둘도 아니다. 노동자들이 총회에서 자신들 가운데 이사를 선출하고 이들이 노동자들과 유기적으로 소통하고 협력하는 가운데 일정 기간 동안 경영과 중요한 결정을 한다. 일정 기간이 지나가면 노동자로 돌아간다. 이사들이 전문 경영자를 외부에서 초빙할 수도 있는데, 경영진은 총회 및 이사들의 통제를 받는다.[101]

'민중의 집'과 협동조합을 결합한 형식의 연합체 및 의사결정기관을 두되, 구성원 간 노동의 목적과 방법에서부터 분할 비율에 이르기까지 전체 과정을 모든 구성원이 동등한 권력을 갖고 참여하는 거버넌스 시스템으로 운영한다. 모든 사람의 가치와 권력은 사회적 지위, 젠더, 나이, 재력에 관계없이 일대일로 동등하다. 중요한 안건은 모든 구성원이 참여하는 민회에서 결정하며, 모든 구성원이 1인 1표의 동등한 가치를 갖는다. 가족 단위의 사생활은 보장하고 간섭도 하지 않되, 이를 벗어난 공동체의 정책과 실현, 규약의 제정과 집행, 재정의 운영 등의 문제는 모든 이가 동등한 권력을 갖고 참여하여 회의를 통해 민주적으로 결정한다. 자연, 자원, 의식주, 재화, 도구 등에 대해 공유물과 사유물을 정한다. 공유물에 대해서는 자원의 양과 사용 시간, 사용 도구, 사용 방법을 규칙으로 정한다. 재물, 지혜, 평화는 서로 나눈다.

시장과 자본제의 외부에서 물화를 극복할 수 있는 방편으로 따로 마을 화폐를 만들어 사용한다. 단 마을 화폐는 7일마다 10퍼센트의 가치가 감소되고 7주 후에는 0원의 가치를 갖게 하여, 가치척도, 유통수단, 축적수단, 지불수단, 세계화폐 등 화폐의 다섯 가지 기능 가운데 가치척도와 유통의 기능만을 수행한다. 외적으로는 불일불이의 패러다임을 따라 공동체와 다른 집단을 네트워킹하고, 내적으로는 진속불이眞俗不二의 원리에 따라 구성원 간 상호주체성과 상보성을 높이는 것이다. 다른 마을이나 집단과 교류를 위하여 소규모 마을 은행을 둔다. 이 은행에서는 마을 화폐와 국가 화폐의 교환, 마을의 각 가정의 범위를 넘어선 투자 및 재정을 담당한다. 이 은행은 협동조합 형식으로 운영한다.

학교는 따로 대안의 학교를 만들며 지성, 야성, 공감, 연대를 함양하는 교육에 초점을 맞추되, 가르치는 것은 최소화한다. 비판적이고 창조적이면서도 타자의 고통에 공감하는 눈부처-주체로 양육하는 데 목적을 둔다. 이 세계를 올바로 이해하고 부조리와 모순에 비판하고 저항할 뿐만 아니라 타자를 배려하여 욕망을 자발적으로 절제하고 타자의 고통에 공감하고 타자를 자유롭게 하여 자신의 자유를 완성하는 주체가 되도록 한다. 우열이 아니라 차이에 의해, 각자가 동등한 능력과 재능의 소유자란 관점에서 학생들의 눈높이에 맞추어 학습한다. 책 읽고, 사색하고, 타인의 슬픔에 공감하고 서로 토론하고 함께 공동의 과제를 수행하고 아름다운 것을 가슴에 담고 의롭지 못한 것에 저항하고 연대하는 감성을 기른다. 우리 전통의 놀이와 예술 가운데 공동체적이고 생태적이고 민중적인 것을 부활하여 활성화하며 다른 나라의 문화 예술도 똑같이 존중하여 수용한다. 어려운 상황에 놓인 약자와 함께하게 하면서 자연스럽게 공감의 연대와 정의로운 실천을 몸에 스미게 한다. 필요에 따른 노동을 최소화하고 많은 시간을 함께 어울려 노는 데 할애한다.

구성원은 욕망의 자발적 절제를 통한 소욕지족少欲知足의 삶으로 전환하며, 이를 수행하기 위한 청규를 둔다. 이렇게 운영하되, 확고하게 정의관을 확립하고 깨달음에 이른 자라도 언제든 무지와 탐욕, 성냄에 물들고, 이기심과 욕망에 기울어질 수 있기에 깨달음이 곧 집착이라는 명제 아래 매일 일정한 시간에 수행하고 참회한다.

그럼에도 갈등과 범죄가 생길 것이다. 갈등이 생길 경우 화쟁의 원리에 따라 서로 눈부처의 자세로 대화하고 성찰한다. 그러고도 범죄가 생기면, 응보적 정의가 아니라 회복적 정의restorative justice에 입각하여 문제를 해결한다.

기존의 응보적 정의 체계에서는 "가해자는 자기 행위의 결과를 직접 대면하여 잘못을 바로잡을 방법이 없다".[102] "가해자들은 법적 책임을 지지만 도의적 책임을 지지 않으며, 자기 행위가 타인에게 어떤 의미를 가지며 타인에게 영향을 미치는 데 어떤 역할을 했는가에 관한 인식인 자기 행위의 의미를 잘 알지 못한다."[103] "가해자는 자기 합리화를 통해 문제를 회피하거나, 자신의 분노를 자기에게 돌려 자살을 기도하거나, 타인을 원망할 수 있을 뿐이다."[104] 이처럼 응보적 정의 체계에서 가해자에게 형벌을 주는 사법 방식은 피해자의 상처를 어루만져주고 이에 관련된 모든 사람, 전체 공동체의 인간관계를 회복하고 가해자가 진정으로 참회하며 잘못을 바로잡는 데 별로 도움이 되지 않는다.

범죄는 한 개인의 일이 아니라 전체 공동체의 아픔이고 문제다. 북미의 원주민 전통에서 나온 양형 서클Sentencing Circle, 한국의 두레 공동체에서 정의를 구현하는 방법은 구성원 가운데 죄를 범한 사람에게 벌을 주거나 격리하는 데 초점을 맞춘 것이 아니라 그 행위에서 빚어진 모든 사람의 상처를 치유하고 공동체 전체의 인간관계를 회복하는 데 초점을 맞추어 문제를 해결했다. 회복적 정의는 죄를 지은 자에 대해 공정하고 타당한 벌에 치중하는 것이 아니라, 가해자와 피해자, 그 범죄행위로 피해를 입거나 인간관계가 훼손된 모든 사람의 상처를 아물고 인간관계를 회복하는 데 목적을 둔다. 이를 위해서는 가해자와 피해자, 주변 사람들만이 아니라 공동체에서 그 범죄행위에서 조금이라도 영향을 받는 사람 모두가 주체로 참여하여 함께 고민하고 대화하며 해결책을 모색하고 상처를 어루만져준다.

회복적 정의에서는 "범죄를 높은 추상의 평면에서 끌어내려 사람과 관계에 대한 침해와 피해, 인간관계의 훼손행위로 이해하고, 피해자, 가해자, 공동체가 잘못을 시정하고 화해와 안전을 촉진하는 해결책을 찾는다".[105] 범죄는 국가가 제정하여 준수할 것을 강제한 법을 위반한 것이 아니다. 범죄는 피해자를 정점으로 하여 인간관계를 침해하고 훼손한 것이므로, 어떻게 다시 피해를 복원하고 상처를 치유하여 원래의 인간관계를 회복할 것인가에 초점을 맞추어 완전한 회개와 용서가 이루어지도록 서로 대화하고 협력을 해야 한다. "회복적 정의는 ① 피해자뿐만 아니라 공동체와 사회의 피해와 그에 따른 요구에 관심을 기울인다. ② 피해로 인해 생기는 가해자뿐만 아니라 공동체와 사회의 의무를 직시한다. ③ 포용적이고 협력적인 절차를 사용한다. ④ 발생한 상황에 이해관계가 있는 피해자, 가해자, 공동체 구성원, 사회를 관여시킨다. ⑤ 잘못을 바로잡을 것을 추구한다."[106]

범죄와 피해자가 발생했을 경우 가해자와 피해자만이 아니라 그 사건에 관련된 모든 이가 참여하는 조정위원회를 만들어 ① 피해자의 신고, ② 모든 피해자의 모임과 피해 행위에 대한 고백, ③ 피해자 및 공동체 구성원의 피해와 인간관계 손상에 대한 복구 요구, 서로 상처 입은 것에 대해 터놓고 이야기하기와 고통의 공감과 나눔, ④ 가해자의 피해자의 아픔에 대한 공감과 인정, 뉘우침과 사과, ⑤ 조정자mediator, 혹은 조정위원회 등에서 조정 및 중재, 가해자에 대한 징벌이나 책임 명시, ⑥ 가해자의 수용 및 책임, ⑦ 피해자의 용서와 화해, ⑧ 가해자와 피해자 모두가 참여하여 하나가 되는 프로그램의 실시, ⑨ 재발 방지를 위한 성찰과 대안 모색, 개인적인 사유의 성찰과 제도적인 개혁 등 아홉 단계의 조정과 화해 노력을 통해 모두의 정의, 공동체의 화해와 평화를 회복한다.

이런 것들을 바탕으로 자연환경과 공존하는 도농都農 공동체를 형성하는 것이 대안인데, 이것 또한 일정한 이윤을 내야 한다. 자비행을 실천하면서도 이윤을 확보하는 대안은 코피티션co-opetition의 원리를 경영에 응용하는 것이다. 원효는 일심과 이문二門, 진여문과 생멸문의 화쟁을 모색한다. 눈부처공동체 내부적으로는 공동생산, 공동분배하고 잉여가치를 착취하지 않으므로 계급 갈등이나 대립이 없다. 하지만 아직 눈부처공동체로 전환하지 않은 채 자본주의 원리로 움직이는 바깥 사회와 어떤 관계를 가질 것인가. 이들과 협력을 유지하면서도 이윤을 내는 방법이 있는가.

깨닫지 못한 자는 세계를 둘로 나누어 인식한다. 그러나 세계는 하나다. 깨달음의 세계에서는 하나지만, 중생의 일상에서 보면 이데아와 그림자, '주와 객'식으로 모든 것이 둘로 나누어 있으니 하나에 머무르면 일상의 삶을 영위할 수 없다. 그러니 하나를 고집하지도 않는다.

분별심을 떠나 깨달으면 부처가 된다. 일상에서 깨달음의 세계, 더러운 세계에서 청정한 세계, 허위에서 참을 지향하고자 하면 진여실제는 하나이다. 그러나 깨달음에 이르렀다 하더라도 중생을 구제하고자 중생을 향하여 나아가 중생과 더불어 실천하고 생각하며 그들을 깨우치고자 하면 세계를 둘로 말해야 소통이 가능하다. 그러니 진여실제가 하나지만 둘로 가르는 것은 용用이요, 둘이 허상임을 깨닫고 하나로 돌아가고자 하는 것은 체體다. 이처럼 원효는 일심이문의 회통을 통해 부처와 중생, 깨달음과 깨닫지 못함을 아우르려 한다.

여기서 협력cooperation이 일심이고 진여문이며, 경쟁competition이 이문이고 생멸문이다. 코피티션 이론은 게임이론을 이용하여 경쟁이 현실인 비즈니스에서 협력을 해서 서로 상생할 수 있는 경영의 길을 모색한다. 엡슨과 HP사를 예로 들어보자면, 이들은 경영이 연기적 관계임을 간파한 점, 당위적, 도덕적으로 선의의 경영을 주장하는 것이 아니라 경쟁의 현실을 인정하면서도 그 현실에서 서로 상생할 수 있는 대안을 모색한다는 점, 풍부한 사례를 통해 상생 경영의 성공담을 제시한다는 점에서 긍정적이다.

또 하나의 예를 들어보자. "밀워키에 본사를 둔, 크레인을 이용하여 원목 운반 작업을 하는 하니슈페거 인더스트리Harnischfeger Industries 는 1970년대 중반부터 대형 지게차 대신 하역 크레인을 사용하여 이론상으로 크레인 한 대에 500만 달러를 벌 수 있었다. 문제는 경쟁사였다. 1987년에 소규모 크레인 제조사인 크랑코Kranco가 시장에 진출하면서 경쟁이 시작되었다. 여기서 하니슈페거가 선택할 수 있는 길은 두 가지였다. 하나는 가격경쟁을 하는 것이다. 크랑코는 부채를 매입한 회사로 자금이 부족했기에, 이 방법을 쓰면 하니슈페거가 절대 유리한 시점에서 크랑코를 몰락시킬 수 있었다. 또 하나는 구매자를 늘려 서로가 상생하는 길이다. 하니슈페거가 원목장 회사에 새로운 기술의 이점을 보여주면 시장을 크게 확대할 수 있었다. 크랑코의 크레인 제작 능력에는 한계가 있었기에 새로운 고객의 대부분은 하니슈페거의 차지였을 것이다. 하니슈페거는 가격경쟁을 선택했다. 크랑코는 예상대로 파산을 선언했으나 핀란드 굴지의 토목기술회사인 콘Kone이 크랑코를 매입했다. 이 바람에 하니슈페거는 가격인하로 손해만 본 채 더욱 강력한 경쟁자를 만났다."[107] 하니슈페거가 새로운 기술을 이용하여 고객을 늘리는 방법이 바로 코피티션적 경영이다. 닌텐도와 TWA사는 코피티션의 경영을 하여 대성공을 거두었다. 이처럼 참가자, 경쟁자, 보완자, 부가가치, 규칙, 전술 등이 서로 연기적으로 영향을 끼침을 고려하여 코피티션의 경영을 하면 상생을 하면서도 이윤을 획득할 수 있을 것이다.

현재 상황에서 화쟁의 사회경제학을 국가 단위에서 전면적으로 실시하는 일은 힘의 역학관계상 쉽지 않다. 화쟁의 사회경제학은 지역사회를 '눈부처-공동체'로 전환하면 가능하다. 눈부처-공동체는 모든 구성원이 개인적 자유와 깨달음을 추구하면서도 타자를 자유롭게 하여 자신의 자유를 완성하는 주체가 되어 서로 상생하고 자연과 공존하는 경제를 추구하는 공동체다.

눈부처의 세계 체제로

문명사를 보면 중심과 주변이 부단히 교체되었다. 중심은 주변을 지배하고 통제하고 착취하며 주변은 중심에 종속되어 중심의 가치와 양식과 제도를 수용한다. 주변에 대한 착취를 통해 중심은 풍요를 구가하고 활발한 문화 창조를 한다. 그러나 모든 것이 정점에 이르면 오르막과 내리막이 바뀐다. 현재의 풍요 속에서 고통을 통한 성찰과 미래에 대한 비전을 상실하면서 중심은 안으로부터 부패하고 제도와 구성원 사이에 균열이 생긴다. 반면에 주변은 현재의 고통 속에서 모순을 인식하고 성찰하고 비전을 품으며 중심이 가지지 못한 가치와 형식을 바탕으로 새로운 문화 창조에 나선다. 어느덧 중심과 주변 사이에 싸움이 벌어지고, 결국 새로운 것이 낡은 것을 밀어낼 것이다.

헌팅턴Samuel Huntington식의 문명의 충돌론은 미국 중심의 패권을 옹호하는 이데올로기에 지나지 않는다. 이라크전도 문명의 충돌은 명분일 뿐, 실은 패권과 석유 자원을 확보하고, 군산복합체의 무기를 소모하려는 제국의 탐욕이 근저에 깔려 있다. 샤를리 엡도Charlie Hebdo도 문명의 충돌이 빚은 비극 같지만, 실은 타인의 문명과 종교를 이해하고 존중하지 못한 데서 비롯된 것이다. 자기 종교나 이념만이 타당하다고 성전을 부추기는 세력을 비판하고 타인의 종교와 이념에서도 진리를 발견하려는 한, 문명충돌의 근저에 자리한 탐욕과 이해관계를 분석하고 비판하는 한, 미국의 패권과 이슬람의 테러에 저항하는 한, 문명의 충돌은 없다. 아힘사를 본령으로 하는 불교야 당연한 것이지만, 이슬람교에 폭력을 옹호하고 반미 항전을 부추기는 교리는 없다. 오히려 이를 비판한다. 기독교도 마찬가지다.

한 종교나 이념에 대한 맹신은 폭력을 낳는다. 한 종교나 이념에 대한 배타심은 증오를 낳는다. 그러니 동조도 말고 반대도 말아야 우리는 그 종교와 그를 믿는 이들을 이해하고 사랑할 수 있다. 기독교도는 마호메트를 이해하고 사랑하고 섬기고, 이슬람도 예수님을 그리한다면 무슨 갈등과 테러가 있고 전쟁이 있겠는가. 테러를 뿌리 뽑는 길은 응징이 아니다. 아랍의 대지에 하나에 2백만 달러에 달하는 미사일을 투하하는 대신 단돈 2달러짜리 빵이나 의약품을 투하하고 서양의 정규방송에 이슬람 문화 관련 프로그램을 편성하고, 이슬람과 서양인이 어릴 때부터 서로 교류하고, 스포츠, 문화 행사는 물론 시민운동을 함께한다. 서양이 그들에게 전비의 1만분의 1이라도 투여하여 의료지원과 치유프로그램 제공, 교육지원, 일자리 창출과 직업교육 및 취업지원을 한다면, 테러는 근본적으로 사라질 것이다.

이슬람 테러리스트의 폭력에 대해서는 조금도 비판의 붓을 누그러뜨리고 싶지 않다. 하지만 미국과 유럽이 자기네 이해관계에 따라 국경선을 마음대로 책정하여 이슬람인을 인위적으로 분할하지 않았다면, 수천 년 동안 살아오던 팔레스타인인을 내쫓고 이스라엘을 건국한 후에 팔레스타인인들을 고문하고 학살하지 않았다면, 미국과 영국의 석유회사들이 중동의 왕족과 결탁하여 석유를 차지하지 않았다면, 미국 정부가 대량살상무기가 있다며 사기를 치며 그 땅을 침공하지 않았다면, 미군이 이라크와 아프가니스탄에서 민간인을 학살하지 않았다면, 이슬람인은 반미나 반이스라엘 테러를 하지 않았을 것이다.

폭력은 폭력을 부른다. 이라크와 아프가니스탄을 비롯한 중동 지역에 미군의 폭탄이 떨어지고 무인기의 민간인 살해가 일어날수록 테러 세력은 겁을 먹는 것이 아니라 증오심을 키운다. 무고한 민간인이 폭격에 죽어갈 때 선량한 이슬람인조차 반미주의자로, 테러리스트로 돌변한다. 제2, 제3의 라덴을 만들고 IS에 정당성을 부여하는 것은 실은 미국이다. 폭격이 거세면 거셀수록 이슬람인들은 IS에 동조할 것이며, 갖가지 테러가 꼬리를 물고 이어질 것이다. 미국도 왜 이것을 모르겠는가? 21세기에도 미국의 패권을 유지하기 위하여, 석유를 확보하기 위하여, 무기를 팔아 군수산업을 활성화하기 위하여, 전쟁을 통해 국내의 비판을 무마하고 통합하기 위하여, 결국 세계화를 완성시키기 위하여 자유와 정의의 이름을 빌려 이라크와 아프가니스탄에 폭탄을 떨어뜨리고 있는 것이다. "이라크전에서 직접적인 전쟁 피해로 숨진 이라크인은 18만여 명에 달하며 그 가운데 70퍼센트가 넘는 13만 4000명이 민간인이었다. 미군도 4488명이 목숨을 잃었다. 브라운대의 왓슨국제문제연구소WIIS는 미국의 이라크전 비용은 최소 2조 2000억 달러에 이른다고 밝혔다."[108] 그러나 전쟁의 이유였던 대량살상무기WMD는 없었다.

결국 미국 주도의 세계화는 실패했다. 피해자인 제3세계는 물론 가해자인 미국조차 장기적인 경제 침체기에 들어섰으며 미국민의 삶의 질은 이미 최강대국의 그것이 아니다. 제3세계의 연대와 각성으로 세계화는 곳곳에서 도전을 받고 있다. 미국 투자은행 모건 스탠리의 수석 분석가인 조 퀸런Joe Quinlan을 비롯하여 최대 수혜자인 미국의 엘리트조차 세계화의 실패를 인정하고 있다.

걸프전이 발전하는 세계화에 발맞추어 미국에 성장과 번영을 주었다면, 아프가니스탄과 이라크 침공은 쇠멸하는 세계화에 편승하여 미국의 쇠락을 이끌 것이다. 세계화의 종말과 함께 세계인들은 WTO와 다른, 정녕 21세기에 맞는 새로운 세계 체제를 모색할 것이고 그것이 화쟁이 아니라 해도 이와 유사한 체제가 되리라 본다. 인류는 이제 약육강식의 세계 체제를 청산하고 큰 나라와 작은 나라가 서로 공존하고 더불어 번영하는, 한 나라와 다른 나라가 서로 인다라망의 구슬처럼 비추는 새로운 체제를 건설하고, UN을 혁신하거나 대체할 새로운 국제연합체를 건설하고, IMF를 해체하고 WTO 체제를 화쟁의 체제로 바꾸어야 한다. 아니, 머지않아 바뀔 것이다. 인류에 대해 낙관적인 전망을 해서가 아니다. 다른 대안이 없기 때문이다. 20세기를 통해 병원균조차 숙주인 사람이나 동물을 죽이면 자신도 죽는다는 것을 알고 숙주를 죽이지 않는 것으로 진화했다.

하물며 고등생물인 인간이 그리하지 못하겠는가. 인류는 이제 공멸이냐, 공존공영이냐를 선택해야 하는 기로에 있다.

제3세계가 완전히 붕괴되기 전에, 제3세계의 가난으로 전 세계가 대공황에 놓이기 전에 새로운 판을 짜야 한다. 전 국민이 하루 20시간씩 노동을 해도 원금은커녕 이자를 갚기 어려운 상황에서 선진국은 무엇을 해야 하는가. "2006년에 북반구의 선진 산업국가들이 제3세계 122개국의 개발을 위해 지원한 돈은 580억 달러였지만, 같은 해 부채에 대한 이자와 원금 상환 명목으로 빼앗아 간 돈은 그 열 배에 이르는 5010억 달러였다."[109] 이렇게 갚아나가는데도 부채와 상환액 규모는 증가 일변도다. "1970년대 라틴아메리카 국가들의 외채 총액은 600억 달러 정도였으나 2001년엔 7500억 달러로 늘었다."[110] "제3세계 122개국 외채 총액은 20조 달러에 이른다."[111] "이런 상황에서 18억 명이 넘는 인구가 하루 1달러도 안 되는 수입에 의존하여 살아가고 있고, 치료 가능한 질병으로 1200만 명이 목숨을 잃고 있으며 8억 5400만 명이 만성적인 영양실조로 고생하고 있다."[112]

제3세계의 외채 20조 달러는 선진국이 싸게 원료를 구입하여 비싼 가공품을 파는 협상가격 차로 발생한 것이고 이미 선진국은 원금의 수십 배를 챙겼다. 이 빚은 또 제3세계의 독재자들이 선진국의 지배층과 유착관계를 맺고서 그들의 보호와 지원하에 부패로 더욱 부풀린 것이다. 그러기에 선진국의 시민과 제3세계의 민중이 연대하여 이를 탕감하고 철저히 조사하여 독재자들로부터 환수하여 빈자의 복지 등의 기금으로 쓰는 것이 도리에 맞다. 토빈세를 물고, '악마의 발톱'처럼 아시아와 아프리카가 원산인 개발품에 대해서는 지적소유권을 인정하여 해당 국가에 특허사용료를 지불해야 한다.

눈부처처럼, 다양한 문화와 언어가 각기 개성을 갖고 표현되고 똑같이 존중되며 서로가 다른 문화와 차이를 통해 드러나며, 서로가 서로를 비추어주고 서로를 키워주는 지구촌 문화, 얼마나 아름다우랴? 하나이면서 여럿이고 여럿이면서 하나인 지구촌 문화, 얼마나 다채롭고 얼마나 건강하랴. 나의 방식을 고집하는 것이 아니라 그를 닮으려 하는 것이, 내가 그리로 가 그를 이루는 것이 진정한 세계화다. 참 사랑하는 연인들처럼.

이제 나라와 민족이 동등한 가치를 갖고 서로 소통과 교류를 통해 상호 발전을 도모하는 세계 체제를 건설해야 한다. 먼저 아시아, 아프리카, 남미의 민중이 연대하여 제헌의회를 구성하여 북미와 유럽을 압박하여 세계헌법을 만들고, 이에 따라 시민이 주체가 되는 세계시민의회를 구성한다. 의원은 나라와 민족을 초월하여 계급별로 인구비례에 따라 할당하며, 선출하는 것이 아니라 추첨으로 결정한다. 이를 바탕으로 세계공화국을 수립한다. 이 산하에 모든 국제기구를 분야별로 통합하되, IMF 등 제3세계를 수탈하는 기구는 해체한다. 세계공화국은 삼권분립을 철저히 한다. 각 나라의 군대는 단계적으로 해체하고 세계공화국 산하에 지구연방군을 둔다. 세계공화국은 각 분야별로 선출된 전문가와 추첨으로 선발된 시민이 5대 5로 참여하는 위원회가 통치한다. 각 위원회의 위원장은 위원회에서 합의를 거쳐 선출하며, 일정 정도 이상의 큰 정책은 전 위원이 참여하는 총회에서 정하며, 각 위원장이 돌아가면서 총회의 의장 및 행정부의 수반을 맡는다. 세계공화국의 사법부는 분야별로 검사와 판사를 선출하며, 시민참여재판제로 운영한다. 모든 국가가 일정 비율의 할당금을 세계공화국에 내고, 세계공화국은 이로 전 지구 차원의 환경 위기

극복, 전염병의 대응, 빈곤 퇴치 및 불평등 해소, 지식 및 정보의 자유롭고 평등한 교류, 지구연방정부군의 운용 등을 수행한다.

5장

과학기술의 도구화와 상품화

: 과학기술주의 비판 대 일심의 체용體用론

과학기술의 도구화와 디스토피아

과학기술은 구세주인가, 디스토피아의 초대자인가

과학기술은 인류의 구세주였다. 예전에는 겨울에 이불을 빠는 일만 하더라도 많은 노력과 에너지, 시간이 소모되었다. 이불을 통에 넣고 오랜 시간을 밟은 후에 두 사람 이상이 물을 짜내고 여러 날을 말려야 했다. 세탁기나 청소기 등의 도움을 받아 주부는 일손을 덜게 되었을 뿐 아니라 가사노동과 가부장적 굴레에서 벗어나 여가를 즐기고 자기실현을 할 기회를 갖게 되었다. 그렇듯 인류를 중세의 무지몽매함에서 해방시키고 수십억 명이 먹고살 만한 물질적 풍요를 안겨준 것도, 산업혁명을 가능하게 한 원동력도, 인류가 '한 마을'이 되고 지구 밖 외계로 나아가게 한 것도, 안방에 앉아 지구 반대편에서 벌어지는 월드컵 축구 경기를 관전하고 뉴욕의 증시에 투자할 수 있게 된 것도, 노동의 구속에서 벗어나 여가를 즐기게 된 것도, 죽음에 이르는 대다수 질병을 제압하게 된 것도, 여성을 가사에서 해방시켜 남녀평등을 촉진한 것도 모두 과학기술의 힘이다.

특히 과학은 종교나 지배층의 무지와 야만, 이데올로기에서 벗어나게 했다. 물리학과 천문학은 우주창조에 설계자가 없음을, 신이 아니라 양자요동quantum fluctuation과 빅뱅에 의하여 우주가 만들어졌고 또 변화하고 있음을 밝혔다. 진화론은 신이 인간을 창조하거나 천인이 이 땅에 내려온 것도 아니며, 더구나 600백만 년 전에는 인간이나 인간의 형상을 한 신이 존재하지 않았음을, 모든 생명이 처음부터 지금의 형상을 한 것이 아니라 원핵세포에서 시작하여 36억 년 동안 자연 및 다른 생명들과 상호 영향을 미치는 자연선택에 의하여 유전자의 변이가 일어나며 진화해왔음을 증명해냈다. 우주의 창조와 마찬가지로 생명의 창조에 설계자는 없었다. 의료 및 과학기술은 유럽 인구의 1/3을 죽인 흑사병을 비롯한 모든 병이 신의 벌이나 업에 의한 것이 아니라 세균에 의한 것이며 기도를 하는 것이 아니라 그 세균을 죽이는 약을 먹거나 그 세균에 오염된 부위를 잘라내는 수술을 하면 살 수 있다며 수많은 사람을 병으로부터 구원했다.

하지만 세탁기는 소음을 낸다. 중성세제는 강물을 오염시킨다. 여가시간이 엄청 늘었는데도 세탁기 탈수조처럼 모든 것이 빨리 돌아가니 자신을 성찰할 시간이 없다. 양심과 도덕과 정의는 달리기 선수의 발목에 매달린 모래주머니에 지나지 않는다. 기계로 대체된 노동은 사내의 힘이 필요했던 겨울 솜이불 빨래를 하며 오순도순 나누었던 모자간의 대화를, 꽁꽁 언 손을 녹여주던 그 살의 따스함을 허기진 그리움으로 바꾸어버렸다. 주술의 정원으로부터 인류를 구원했던 과학은 이제 계몽의 빛을 잃고 있다.

과학기술의 순기능과 역기능을 잘 알 수 있는 것이 최근에 많은 관심을 끌고 있는 게놈프로젝트다. 제임스 왓슨James Watson과 프랜시스 크릭Fransis Crick이 DNA의 이중 나선구조를 발견한 지 47년 만에 인류는 30억 쌍의 유전자 지도를 손에 넣게 되었다. 인류는 이제 생명의 비밀에 거의 근접했으니, DNA칩을 이용해 질병을 진단하고 예방하며, 유전자에 담긴 정보를 풀어 암과 알츠하이머병 같은 난치병을 치료할 수 있으며, 인간의 간이나 폐를 돼지나 원숭이의 몸에서 키워 다시 인간에게 이식할 수 있다. 인류를 고통과 불안으로 몰아넣은 질병을 거의 정복할 단계에 이른 것이다. 더 나아가 복제인간을 합성할 수도 있고, 앞으로 얼굴은 디카프리오, 몸은 마이클 조던, 머리는 아인슈타인식으로 맞춤아기를 생산할 수도 있다. 기독교식으로 보면 인간이 인간을 창조하는 신의 경지에 올랐다고, 불교로 보면 업業, karma의 주재자가 되었다고 착각할 만한 일이다.

유전공학자들의 말대로라면 인간이 업의 질서에 간섭하겠다고 덤비는 꼴인데 그것이 가능한 일이고 그럴 경우 우주 삼라만상의 질서는 어찌 되겠는가? 필시 부처님 손바닥에 놓인 손오공 꼴이 되리라. 유전자공학은 장밋빛 미래만 제시하는 것은 아니다. 유전자공학은 우주 삼라만상의 질서를 깨는 일이며, 인간의 개념과 정체성, 질서에도 근본적인 위협이 될 수 있다. 우선 인간의 개념이 모호해지고 인간과 동물의 구분이 희미해진다. 유전자로 마구 인간을 복제하고 반수반인半獸半人을 만들고도 사람들은 인간 존재를 존중하고 생명을 존엄한 것으로 여기겠는가? 배아 간세포를 이용해서 실험하다가 필요한 부분만 절단해서 쓰고 나머지를 버린다면 생명체를 죽인 것인가, 아닌가? 실수로 인간의 내장을 달고 있는 돼지를 잡아 순대를 만들어 먹었다면 이는 짐승의 고기를 먹은 것인가, 인육을 먹은 것인가? 이렇게 경계와 구분이 모호해지는데 과연 생명 존엄이나 인간 존중의 정신이 깃들겠는가?

유전자공학은 사적인 영역을 완전히 소거시켜버릴 수 있다. 지금 기술로도 한 사람의 머리카락을 가져가서 그 사람의 생체에 담긴 유전적 정보를 상당 부분 해독하는 것이 가능하다. 비용 대비 효과 때문에 별로 실행하지 않고 있을 뿐이다. 개인의 사생활을 엿보는 것도 엄청난 인권의 침해인데, 한 사람의 성격에서 능력, 질병 유무에 이르기까지 유전자에 기록된 모든 정보를 국가나 기업, 필요한 집단이 파악하고 있다면, 이는 개인에 대한 완벽한 이해와 통제를 의미한다. 유전자 정보를 이용하여 개인을 마음대로 조작하고 통제할 수 있으며, 심지어 특정 유전자를 가진 사람들을 그 유전자에 취약한 화학물질이나 미생물을 이용하여 죽이거나 병들게 할 수 있다.

유전자공학은 더욱 갈등과 불평등을 첨예화하고 사회적 차별을 강화하고 전체주의로 가는 지평을 열 수 있다. 남보다 뛰어나고자 하는 욕구와 이를 바탕으로 열등한 자를 경멸하고 지배하고자 하는 욕망이 유전자공학과 결합할 경우 나치즘의 우생학과 같은 결과를 야기할 수 있다. 열등한 유전자, 질병의 유전자를 가진 사람은 산업 시대의 인종, 종교, 사상이 다른 이처럼 타자화하고, 시험, 면허, 보험, 복지 혜택을 비롯한 여러 분야에서 차별을 받을 것이며, 국가나 부모가 아예 태어나지 못하도록 선택하거나 강요할 수 있다. 우월한 유전자를 가진 자가 엘리트 그룹을 형성하여 혼인이든 아니든 그들끼리 유전자를 교환하면서 열등한 유전자를 가진 자들을 영구히 지배하는 사회가 도래할 수도 있다.

생명을 상품화하며, 선진국과 약소국의 격차와 갈등도 더욱 심화할 것이다. 유전자 지도 자체가 인류의 공동 유산임을 들어 이의 공유를 표명했지만, 이를 응용한 기술에는 특허를 부여하고 있다. 이미 2000년에 "미 생명공학기업인 인사이트 게노믹스는 게놈 관련 특허 신청에 가장 앞장서 513개의 특허를 따냈으며 출원중인 것만 5만 여건이며, 휴먼 게놈 사이언시즈는 112개의 특허권을 얻었으며 출원건수는 7500건, 셀레라 게노믹스는 6500건을 출원한 상태다".[1] 유전자공학은 신약개발이나 장기 공급에 이르기까지 수천조 원의 이상의 가치를 지녔고, 이미 미국과 특정 선진국이 이를 독점하고 있기에 선진국과 후진국의 격차는 더욱 심화할 것이다.

인간의 획일화 또한 심화한다. 어머니의 유전자와 아버지의 유전자가 업의 원리에 따라 섞이면서 다양한 개성과 능력을 가진 사람이 태어나 이들이 다채로운 문화를 창조한다. 쌍둥이마저도 다름을 가지고 태어나며 지문과 홍채도 제각각 달라 이것으로 사람을 식별할 정도다. 20세기에 다른 육체와 정신을 가진 인간도 쉽게 획일화했는데 같은 몸과 정신을 가진 인간은 얼마나 더 그럴까?

유전자공학은 한 예일 뿐이다. 과학기술은 여러 역기능을 산출하기도 한다. 로봇공학은 생산성을 증대하고 위험하거나 불필요한 노동으로부터 인간을 구원하지만 인간의 노동을 박탈하고 더 나아가 인간을 통제할 수 있다. 공상과학영화처럼 인지능력만이 아니라 감정을 갖게 되고 스스로 학습까지 하게 된 로봇은 개인적으로든 집단적으로든 인간에게 저항할 것이다. 핵무기는 지금도 언제나 지구 전체를 날려버리고 인류 문명의 종언을 고할 수 있다. 레이저 빔과 같은 첨단무기는 물론, 두뇌조작 무기 등을 선점하게 된 자들의 탐욕과 망상에 의해 아마겟돈이 벌어질 수도 있다. 유전자조작식품은 36억 년 동안 유지되어온 지구 사회의 생태계를 송두리째 파괴할 수 있다. 실험실에서 잘못 합성된 신종 바이러스가 전 인류를 사망시킬 수 있다. 컴퓨터공학은 개인을 더욱 소외시키고 있으며 인간을 감시하고 관리·통제하는 시스템을 강화하며 아주 사소한 실수로도 수억 명의 목숨을 앗아 갈 위기를 언제나 내포하고 있다. 마이클 베이 감독의 영화 〈아일랜드〉처럼 복제인간을 만들어 장기를 적출하고 폐자동차처럼 인간을 버리는 것이 상업화한다면, 세계 정복의 야망을 가진 과학자가 히틀러와 같은 인간을 무한 복제한다면, 그 끝은 인류 사회의 종말일 것이다.

사회를 진화론적으로 해석한 마르크스는 과학기술이 이 진화의 동력임을 간파했다. 그러나 흔히 인용되는 것처럼 '물방앗간이 봉건체제를 만들고 증기기관이 산업사회를 만들었다'는 식으로 기술결정론적 입장에 있었던 것은 아니다. 상부구조에 어느 정도 자율성이 있고, '결정'의 개념에 차이가 있지만, 토대가 상부구조를 결정함은 엄연한 진리다. 토대에서도 토대는 생산력이다. 생산력은 인간의 육체적 노동력, 인간의 정신, 생산도구, 인간에 이용된 자연력, 과학기술, 노동의 조직 형태와 방법 등으로 구성된다. 인간의 육체적 노동력과 정신, 인간에 이용된 자연력 등은 큰 변화가 없으므로 사회발전에 영향을 미치는 것은 과학기술과 생산도구, 노동의 조직 형태와 방법이다. 생산도구를 결정하는 것도 과학기술이다. 그렇다면 토대에서도 핵심인 과학기술이 상부구조의 정치, 법, 이데올로기, 문화와 사회발전에 직접적인 영향을 미친다.

하지만 마르크스는 실체론에서 벗어나 생산력과 생산관계, 사회와 인간이 상호작용하는 것으로 인식했다. 때문에 기술결정론에서 벗어나 과학기술과 인간, 사회 사이의 상호작용에 대해 사색했다. 과학기술을 독립적으로 분리하여 사고하기보다 자본주의란 생산양식 속에서 상호작용하는 관계 안에서 통찰하면서 과학기술의 이중성에 대해 정확히 지적하고 있다. 『자본』의 제13장 「기계와 대공업」 전체가 이에 대한 진술이지만, 그중에서도 핵심인 부분을 제시한다.

기계의 자본주의적 사용과 불가분한 모순이나 적대관계 따위는 존재하지 않는다. 왜냐하면 그런 것은 기계 그 자체에서 생기는 것이 아니라 그것을 자본주의적으로 사용함으로써 생겨나는 것이기 때문이다. 즉 기계는 그 자체로서는 노동시간을 단축하지만 자본주의적으로 사용되면서 노동일을 연장하게 되고, 그 자체로서는 노동을 경감시키지만 자본주의적으로 사용되면서 노동강도를 높이게 되고, 그 자체로서는 자연력에 대한 인간의 승리이지만 자본의 손 안에 있게 되면서 인간을 자연력에 예속시키며, 그 자체로서는 생산자의 부를 증대시키지만 자본의 손 안에 있게 되면서 생산자를 빈민으로 만들기 때문에……[2]

마르크스는 기계(과학기술)가 이중적이며, 그 자체가 문제가 아니라 이의 자본주의적 사용이 문제임을 갈파했다. 앞의 인용문에서 '기계'를 '과학기술'로 대체해도 그리 큰 문제는 되지 않는다. 손으로 옷을 짜는 것보다 방직기계를 이용하면 수십 배의 시간과 에너지를 단축한다. 하지만 자본은 이윤을 더 높이고자 방직기계 작동시간을 연장하기에 노동자의 노동시간은 외려 늘어난다. 기계를 사용하면

힘이 덜 든다. 하지만 자본은 생산성을 향상시키기 위하여 기계를 조종하는 노동자의 힘을 더 요구한다. 경운기를 이용하여 황무지를 밭으로 바꾸는 것은 자연력에 대한 인간의 승리를 의미한다. 그러나 자연에서 원료를 추출하여 기계를 만들고, 컨베이어벨트로 움직이는 분업 체계에서 인간이 기계의 부속품으로 전락하는 예에서 잘 알 수 있듯, 인간은 기계, 더 나아가 자연에 종속된다. 결국 기계 혹은 과학기술을 사용하여 얻은 이익은 자본가가 차지하고, 노동시간이 늘어나고 노동강도는 높아지고 임금이 줄어든 노동자는 점점 더 가난해진다.

중세 말기에서 근대 초기에 과학기술은 이데올로기와 대립되는 개념이었다. 페스트를 신의 벌로 간주하여 마녀재판을 하고 자학으로 자신의 죄를 씻으려는 조직이 횡행한 중세 말기에 과학은 그런 주술적 이데올로기로부터 인류를 구제하는 계몽의 빛이었고 합리성과 통하는 것이었다. 하지만 고도 산업사회에 접어들면서 과학기술은 '도구화'하여 인간을 관리하고 통제하는 이데올로기이자 메커니즘으로 전락했다. 프랑크푸르트학파는 마르크시즘을 바탕으로 헤겔과 정신분석학, 현상학을 종합하여 이 문제에 대해 심층적으로 분석하고 예리하게 비판한다.

선진산업사회는 이 위험을 영속시킴으로써 그 성원을 조직하는 방식에 관련시키려 들 경우, 다음과 같은 사실에 직면하게 된다. 즉, 선진산업사회는 이 위험을 영속시킴으로써 더욱 부유해지고 거대해지며, 살기 좋게 된다는 사실이다. 방위체제는 대다수의 사람들의 생활을 한층 더 안락하게 만들며, 인간의 자연 지배를 확대한다. 이런 상황 아래서는 우리의 매스미디어는 조금도 어렵지 않게 개별적 이익이 모든 지각 있는 사람들의 이익이라고 선전한다. 사회의 정치적 욕구는 개인의 욕구와 원망이 되며, 이에 대한 만족은 기업과 복지를 증진시키고, 그리하여 모든 것은 바로 '이성'의 구현체로 나타난다.

그럼에도 이 사회는 전반적으로 비합리적이다. 사회의 생산성은 인간의 욕구와 재능의 자연스런 개발에 대해서 파괴적이며, 그 평화는 끊임없는 전쟁의 위협으로 유지되고, 그 성장은 개인적 국가적 또는 국제적인 존재를 위한 투쟁을 진정시킬 수 있는 실제적인 가능성을 억압하는 데서 이루어진다. 이 억압은 이전에 우리 사회가 덜 발달된 단계에서 나타났던 것처럼 자연 및 기술적으로 미숙한 입장에서 작용하는 것이 아니라, 오늘날에는 오히려 강대한 입장에서 작용한다. 현대사회의 능력(정신적 및 물질적)은 과거 어느 때보다 무한히 거대하며, 그것은 곧 개인에 대한 사회의 지배가 과거 어느 때보다 무한히 큰 폭을 지녔음을 의미한다. 우리 사회는 압도적인 능률성과 생활수준의 향상이란 두 개의 근거 위에서 폭력보다 오히려 기술로 원심적인 사회적 여러 세력을 정복하는 특성을 지니고 있다. (……) 이런 사회에서는 생산기구가 사회적으로 요구되는 직업, 기술 및 태도뿐만 아니라 개인적 욕구와 바람까지 결정할 정도로 전체주의화할 성향을 띠게 된다.[3]

나치주의자들이 유태인 수용소에서 인간을 가장 빠른 시간 내에 대량으로 죽일 수 있는 방편을 모색할 때, 자본가들이 포드시스템에 몰래카메라를 장치하고 전자감응센서를 달아가면서 노동자들을 감시하고 철저히 통제하여 생산성을 최고로 높이는 방안으로 활용할 때, 국가가 대중을 조작하고 억압하는 기제로 이용할 때, 미국이 MD를 강행하여 다른 나라의 도전을 무력화하고 안으로는 군산복합체를 살찌우고 밖으로는 유일한 초강대국으로서 약소국을 마음대로 수탈하고 유린할 수 있는 교두보로 삼을 때 과학기술은 더 이상 구세주가 아니다. 이제 정치기구와 밀접하게 결합된 과학기술은 인간의 무의식마저 지배하고 관리하고 통제하면서 새로운 형태의 전체주의 사회를 만들어가고 있는 것이다.

신과학운동과 비판

아무리 좋은 것도 많다고 좋은 것이 아니다

신과학운동론자들은 기계론적 세계관을 비판하고 그것이 파기해버렸던 서구와 비서구의 전통 사상을 결합해 대안을 모색한다. 이들은 절대적 공간과 시간, 물리현상의 결정론적 인과율, 기본적인 고체의 물질 입자를 파기하고, 새로운 세계관, 곧 역동적이며 유기적이고 전일적인 세계관으로 자연현상과 물리적인 현상을 보려 한다. 하이젠베르크의 불확정성의 원리에 따르면, 입자의 위치와 속도를 동시에 측정하거나 확정할 수 없다. 즉, 입자의 위치를 정확히 측정하려고 하면 속도가 확정되지 않고 속도를 정하려면 위치가 확정되지 않는다. 어떤 물질의 객관적인 모형은 그를 관찰하는 자의 주관에 영향을 받는다. 상대성이론에 따르면 뉴턴이 가정한 절대적 시간 개념이 무너지며, 물체의 운동 상태에 따라 시간이 다르게 흐르게 된다.

중력 아래서는 빛이 휘어지고 시간이 다른 빠르기로 흐르게 되며 공간도 비틀어지는 현상이 일어난다. 물질과 우주에 관한 과학 연구는 급속도로 이루어져, 우주의 기원에 관한 수수께끼들을 상당 부분 풀어내고 신의 입자라고 불리는 힉스 입자Higgs boson까지 규명하고 증명하는 경지에 다가가고 있지만, 그럼에도 힉스 입자와 물질의 세계는 여전히 비밀에 싸여 있으며 암흑물질과 블랙홀을 비롯하여 미궁인 영역이 너무도 많다. 물질이나 우주 현상의 궁극적 진리는 영원히 알 수 없는 영역일 것이다.

신과학자들이 볼 때, 인간과 자연과 우주는 이분법적인 것이 아니라 서로 역동적이고 유기적인 관계에 있다. 달과 지구의 인력에는 가까이 있는 화성을 비롯하여 우주에 있는 수조 개의 별과 암흑물질까지 영향을 미친다. 그러나 근대의 과학자들은 다른 것은 무시하고 달과 지구만을 대상으로 삼아 달과 지구 사이의 인력을 계산했다. 이처럼 분석적으로 부분만을 보는 것이 근대의 기계론적 세계관이라면 모든 것을 서로 영향을 주고받는 시스템으로 보고 전일적이고 유기체적으로 사고하는 것이 신과학운동이요, 생태적 세계관이다. 기계론적 세계관이 발전이란 이름으로 실은 자연과 문명의 쇠망을 이끈다면, 생태적 세계관은 균형 속에서의 공존을 모색한다. 생태적 세계관은 우주를 부분과 부분이 서로 밀접하게 연관된 총체로, 찰나의 순간에도 서로 영향을 주고받으며 동시에 변해가는 역동적인 과정으로 체험하게 한다.

원자 수준에서의 자연은 기본적인 토막들로 구성된 역학적 세계로서가 아니라 관계들의 그물로 나타난다. "모든 사물은 상호 분리될 수 없는 것으로 보며 동일한 궁극적 실재들의 일시적 양태들이다."[4] 한 원자에서 양성자와 중성자, 전자 등의 소립자들은 강력, 약력, 전자기력을 매개로 서로 상호작용하고 있다. 원자는 존재하는 것이 아니라 다른 물질과 상호작용하며 존재하려는 경향성을 갖는다. 각 원자는 다른 원자들과 서로 조건이 되고 인과관계를 형성하고 있는 인드라망 안에서 서로 작용하고 있다. "전 우주는 따로 떼어질 수 없는 에너지 모형들의 역동적인 그물로서 나타난다."[5]

화이트헤드Alfred North Whitehead의 과정철학으로 보면 생성이 존재를 빚어내기에 자연은 끊임없이 자신을 새로이 창조해가는 과정이다. 한 마리의 벌레가 기어가는 데도 중력이 작용하듯이 우주의 섭리는 자연의 모든 생명체에 두루 깃들어 있다. "세계는 그 자신의 활동성과 다양성을 상실해가는, 꾸준히 하향하는 유한한 체계의 장관을 우리에게 제시할 것이다. 그러나 분명 자연에는 물리적 해체의 측면에 역행하는 어떤 상향의 기운이 있다."[6]

물고기 한 마리가 숨을 멈추었다고 죽은 것이 아니다. 그 물고기 사체를 먹으며 미생물이 번성하고 그 미생물을 수서곤충이 먹으며 자라고, 이를 다시 물고기가 먹이로 취한다. 물고기 사체 위의 미생물이 나고 죽는 데도 물고기의 성분만이 아니라 물속의 양분과 산소의 양, 흐름, 주위의 모든 생명체와 주변의 돌과 모래만이 아니라 멀리 떨어진 구름과 나무까지도 영향을 미친다. 조그만 미생물 한 마리가 죽고 새로운 미생물이 태어나는 것도 우주 전체의 목적과 섭리에 따라 일어나는 전체 속의 부분, 그러나 전체를 담고 있고 전체와 깊은 연관을 맺고 있는 부분이다. 자연은 자기 스스로를 조직하는 거대한 생태계ecosystem이며 지금도 새롭게 갱신되고 있다. 퓨마와 사슴에서 바이러스에 이르기까지 온 생명이 고정되고 고립된 것이 아니라 우주의 목적에 따라 서로 소통하고 의지하고 서로를 보완하는 가운데 자신을 창조하고 초월하면서 보다 나은 수준으로 진화해가는 하나의 시스템이다. 서로 깊은 연관을 맺고 있는 세계 속에서 하나하나의 주체는 소멸되는 것이 아니라 자기 초월체로서 창조적으로 전진한다. "유기체 철학에서 영속하는 것은 '실체'가 아니라 '형상'이다. 형상은 변화하는 관계를 감수한다. 현실적 존재는 주체적으로 끊임없이 소멸하지만 객체적으로 불멸한다. 현실태는 소멸될 때 주체적 직접성을 상실하는 반면에 객체성을 획득한다."[7]

엔트로피 이론은 발전지상주의나 과학기술만능주의에 경종을 울린다. 열에너지는 높은 곳에서 낮은 곳으로만 흐르며, 운동에너지는 열에너지로 쉽게 바뀌지만 열에너지는 운동에너지로 잘 바뀌지 않는다. 열역학 제2법칙대로, 자연은 엔트로피가 낮은 상태에서 높은 상태로 변화하며, 변화의 과정에서 항상 엔트로피는 증가하며, 시간은 엔트로피가 최대가 될 때까지 한 방향으로 흘러간다.

사막에 빌딩이 들어서고 길이 바둑판처럼 들어차면 우리를 이를 발전이나 질서라 불렀다. 그러나 이 빌딩에 난방을 하고 자동차를 달리게 하려면 다른 곳에서 나무를 베고 석탄과 석유를 가져와 태워야 한다. 한곳에서 엔트로피를 감소시키려면 외부에 그보다 더 큰 정도로 엔트로피를 증가해야 한다. 엔트로피 이론을 통해 우리는 자연세계에서 인공적 변화란 사용 가능한 에너지를 불가능한 형태로 바꾸면서 주위의 엔트로피를 증가시키는 방향으로 일어날 뿐이라는 사실을 깨달았다. 그러므로 전 지구가 경쟁적으로 추구하는 경제성장이란 사용 가능한 자원을 사용 불가능한 쓰레기로 바꾸는 것에 지나지 않는, 결국 모든 것이 쓰레기가 되는 종말로 치닫는 질주일 따름이다. 이처럼 엔트로피 법칙은 우주의 어느 곳에 질서와 발전이 이루어진다는 것은 다른 곳에 그보다 더 큰 무질서와 쓰레기가 생긴다는 것을 진리로 천명한다.

우리는 신과학운동과 엔트로피 이론으로부터 두 가지 진실을 발견한다. "아무리 좋은 것이라 할지라도 많을수록 무조건 더 좋은 것은 아니다"와 "전체 시스템이 원활하게 순환될 수 있도록 하는 것이 그 안의 모든 생명체를 살리는 길이요 진정한 발전이다", 이 두 가지다. 사슴을 보호하려고 천적인 퓨마를 죽였더니 사슴이 너무 늘어나 외려 굶어 죽어버린 1장의 사례에서 보듯, 어느 한 부분의 효율만을 극대화하면 이것은 다른 부분의 파괴로 나타난다.

우리는 지금부터라도 경제구조와 사회구조를 전체 시스템의 차원에서 적정한 규모의 수준으로 조절하여 재편성해야 한다. 대형 댐을 건설하여 주변의 산과 숲, 공동체를 파괴하고 강물과 거기에 깃들어 사는 생물들을 죽이고 이를 관리하기 위하여 관료 체제를 만들어 유지하기 위하여 엄청난 비용을 소모하면서 생산한 전력의 평균 30퍼센트를 낭비하고 근처의 기후에도 영향을 미치는 것이 전자의 방식일 것이다. 지역공동체에서 지역 특성에 맞게 풍력이나 태양열을 이용하여 자급자족식으로 전력을 사용하는 것이 후자의 대안일 것이다. 대량생산, 대량소비로 엄청난 쓰레기를 낳았던 것이 전자의 문명이라면, 소규모 공동체를 바탕으로 빗물은 냇물로 보내고 생활하수는 자연정화하여 밭으로 돌리듯 모든 것을 순환 체제의 흐름에 맡기는 것이 후자의 문명일 터다.

신과학운동은 사이비 과학이다

신과학운동은 세계를 유기적이고 전일적으로 바라보고 이분법을 넘어서서 주관과 객관, 심心과 물物을 하나로 통합하고 자연과 조화를 추구하고 보이지 않고 알 수 없는 것을 중요시한다는 점에서 의의를 갖는다. 하지만 이는 당위적이고 선언적일 뿐 아니라 과학적으로 명료하게 분석할 수 있는 부분까지 모호하게 신비화하고 은유화하여 사이비 과학이라는 비난을 받는다.

"과학이 성공한 이유 중 하나는 오류 수정의 기제가 과학 자체에 마련되어 있기 때문이다."[8] 과학도 숱하게 오류를 범한다. "과학과 사이비 과학 사이의 가장 예리한 구분은, 인간의 불완전성과 오류 가능성을 과학이 사이비 과학보다 훨씬 더 철저하게 인정한다는 점이다."[9] 과학과 사이비 과학을 구분하는 것은 오류의 유무가 아니라 오류를 과학적인 방법과 분석, 논증으로 수정할 수 있는가의 여부에 있다.

카프라가 불교의 연기론으로 기계론적 세계관을 극복한 것이나 불교의 연기론과 불확정성의 원리를 결합한 것, 화엄사상과 물리학을 종합하여 전 우주를 따로 분리할 수 없는 에너지 모형들의 역동적인 그물로[10] 보면서 부분과 전체의 관련성과 과정에 주목한 것은 탁월한 해석이다. 하지만 힌두의 신비주의를 양자물리학과 결합하면서 춤추는 신과 물리학의 이론을 마음의 소산으로 본 것, 진화론을 물리학, 빅뱅 우주론과 결합한 것은 유사성이나 개연성이 있기는 하지만 논증과 반증을 통해 증명되는 과학이 아니다. 신과학은 과학이 야기한 역기능, 과학이 도구화한 현실 사회 자체의 모순을 분석하거나 비판하지도 않기에 이에 합당한 대안도 제시하지 않는다. 환원주의적 사고가 벽에 부딪혔을 때 전일적 사고를 해보는 것도 좋지만, 이는 두루뭉술한 해석을 낳을 뿐이다. 정확한 계산을 통해 예측하고 실험 관찰로 검증하는 것이 과학적 방법론이다.

카프라가 동양의 신비주의와 결합하는 경향이 강했지만, 그래도 과학적 추론에서 벗어나지는 않으려 했는데, 그에게서 자극과 시사를 받은 뉴에이지 이론가들은 미신적이고 주술적인 영역에까지 손을 뻗쳤다. 그들은 마음과 명상의 힘을 과대평가했으며, 대체의학, 점성술에 관심을 기울이고 UFO와 외계인에 대해서도 존재를 인정했다.

그들이 '마음' 이외의 그 어떤 것도 존재하지 않는다고 말하는데, 마음은 두뇌가 하는 일을 지각하는 방식일 뿐이다. 즉, "마음이란 두뇌 속의 100조 개 신경결합이 만들어내는 성질인 것이다".[11] UFO와 외계인의 존재도 과학적으로 입증된 것은 단 하나도 없다. "제임스 랜디James Randi는 마술, 초능력, 신앙 치료, 채널링 등에 대해 '과학적으로 실증할 수 있는 초능력을 가진 자에게 100만 달러를 증정한다'는 '100만 달러 초능력 챌린지One million Paranormal Challenge'를 주최하여 자칭 초능력자들의 도전을 받아 이들이 모두 속임수를 쓰고 있다는 것을 여실하게 드러냈다. 1000여 명이 도전을 했고 이 중엔 상당수 과학자로부터 진실일 것 같다는 이야기를 들은 이도 있었지만, 100만 달러를 받아 간 사람은 아직까지 단 한 명도 없다."[12]

세이건Carl Sagan은 수많은 사람이 영국의 여왕, 마오쩌둥, 고대 이집트의 파라오의 장수나 영생을 기도했지만 실패했다며, "종교는 더 이상 세상에 관해 결코 도전을 허용치 않는 주장들을 선포할 수 없다고 선언한다".[13] 자연재해나 전염병을 신이 내린 벌로 생각하고 기도를 하고, 종교 의례를 행하는 이유는 단 한 가지다. 그 원인을 과학적으로 이해하지 못했기 때문이다. 화산이 판의 경계 부분에서 마그마가 지각을 뚫고 분출하는 것이며, 전염병이 세균이나 바이러스 등의 병원체에 의해 감염되어 발병하는 질환이라고 생각하는 자리에 신이 깃들 여지가 없다. 이런 사이비 과학의 신비주의적이고 은유적인 사기술에 비과학적인 대중이 기만당하면 비합리, 미신과 주술의 악령들이 지배하는 사회가 될 것이다.

과학과 정신의 종합

신은 존재하는가, 인간이 만든 허상인가

이 상황에서 우리의 의문은 기원 중의 기원인 우주의 창조로 향한다. 우주는 누가 어떻게 왜 창조했는가. 이 창조를 주재한 존재가 있는가? 우리 집 주소를 서양식으로 적으면, 동편마을 관양동 동안구 안양시 경기도 대한민국이다. 만약 우주까지 넓히면 주소는 어떻게 될까. 지구, 태양계, 우리 은하, 처녀자리은하단, 라니아케아 초은하단, 관측 가능한 우주, 우주다. 우리 은하에만 태양과 같은 별들이 2000억 개가 있다. 그리 수천억 개의 별을 품은 은하가 1700억 개나 존재한다. 하지만 이것으로 끝이 아니다. 이는 관측 가능한 우주일 뿐이다. 관측 가능한 우주는 관측지인 지구를 중심으로 볼 때 반지름이 465억 광년에 달한다. 태양과 지구 사이의 거리는 약 1억 5000만 킬로미터이다. 자동차로 170년이 걸리지만, 태양을 떠난 빛이 내 얼굴을 비추는 데 8분 18초가 걸린다. 지구에서 1초에 약 30만 킬로미터를 달리는 광속 우주선으로 465억 년을 달려야 관측 가능한 우주의 끝에 이를 수 있다. 그 너머에는 무엇이 있는지, 열역학법칙이나 상대성원리가 작용하는지 아닌지 전혀 알 수 없다.

137억 2천만 년 전이다. 플랑크 스케일Planck scale이라는, 10^{-35}미터의 공간에서 플랑크 시간Planck time이라는 10^{-43}초 동안의 짧은 시간에 빅뱅이 일어났다. 이는 '양자요동'이라는 양자중력적 현상에 의해 촉발되었으며 10^{32}K에 달하는 뜨거운 온도에서 빛보다 빠른 속도로 팽창inflation했다. 양자요동이란 아주 짧은 시간에 수많은 가상입자들과 이들이 만든 장이 플랑크 길이 이하에서 시공간을 비틀며 격렬하게 움직이며 양자가 열역학 제1법칙인 에너지보존법칙을 어기는 것을 뜻한다. 양자요동 이론에 따르면, 우주는 아무것도 없는 데서 질량과 에너지를 만들어낼 수 있는데, 이 질량과 에너지는 매우 빠르게 다시 사라진다. 지금의 관측 수단으로는 포착할 수 없는 아주 작은 공간과 짧은 시간, 즉 양자적 세계에서는 총합 에너지 0인 입자와 반입자(물질과 반물질)가 수없이 출현했다가 사라진다. 이는 커다란 차원에서는 감지되지 않지만 중력이 작용하면 엄청난 에너지를 방출한다. "원자핵의 지름은 10펜토미터로, 이것이 시청 앞에 있는 축구공이라면 전자는 수원쯤에 있는 먼지에 지나지 않는다."[14] 원자핵이 100조분의 1미터에 지나지 않는데, 플랑크 공간은 이를 다시 1000경으로 나눈 것이다. 그러니 플랑크 공간은 0, 무無다. 로렌스 크라우스Lawrence Krauss의 말대로, 우주는 무에서 시작된 것이다.

우주가 급격히 팽창하면서 온도가 식으며 에너지가 형성되고, 하나로 존재하던 힘이 네 가지 기본 힘으로 분리되었다. 처음에 중력이 나타나고, 다음에 양전하와 음전하를 가진 전자기력, 그다음에 강력과 약력이 나타났다. 찰나의 짧은 시간에 일부 에너지가 응결되면서 최초로 물질이 창출되었다. 상반되는 전하를 지닌 같은 성질의 '가상입자'(물질-반물질)들이 출현했다. 쿼크 형태의 물질이 처음으로 출현하고 이것이 짝을 지어 구성되면서 양성자, 중성자, 핵 등이 만들어졌다.

"빅뱅 이후 3분 동안에는 모든 물질이 플라스마 형태로 우주에는 전하를 띤 입자, 양성자와 전자로 가득 차 있었으며 이들이 빛의 광자에 엉겨 붙어 있어 빛은 우주를 가로질러 움직일 수 없었다."[15] "빅뱅 이후 38만 년이 지나면서 우주 팽창으로 우주의 온도가 3000K 이하로 떨어지면서 플라스마 우주가 끝나게 된다. 이 온도에서는 양성자와 전자의 전하들은 서로 결합할 만큼 강력한 힘을 발휘할 수 있게 되었다. 이로 전자는 원자핵에 붙잡혀 원자를 구성하게 되었으며, 전자에서 풀려난 빛은 우주 공간으로 뻗어 나갔다. 이때 방출된 빛이 바로 우주배경복사다. 이제 우주는 플라스마 대신에 전기적으로 중성인 원자로 가득하게 된다."[16]

우주 생성의 순간에 물질과 반물질이 대칭이라면 양자가 합쳐져 모두 사라졌을 터인데, 물질이 반물질보다 아주 조금 더 많은 비대칭 때문에 합쳐지지 않고 살아남은 물질이 급팽창하며 시간과 공간으로 이루어진 우주를 창출했다. 이 비대칭은 10^9분의 1인데, 이보다 훨씬 더 작았다면 은하들이 만들어질 만큼 충분히 물질이 존재하지 못했을 것이며, 이보다 더 컸더라면 엄청난 양의 물질들이 별과 은하를 만들지 못하고 응결되어 있었을 것이다. 이 비대칭으로 인하여 이때 쿼크 6개·렙톤 6개의 12개의 기본입자와 이 입자 사이에서 힘을 전달하며 상호작용을 하는 4개의 매개입자, 힉스 입자 등 총 17개의 소립자가 생성되었다. 이 소립자 중에서 유일한 스칼라입자인 힉스 입자가 살아남은 다른 16개 입자에 힉스장 안에서 질량을 부여했다. 곧 우주는 태양처럼, 이용할 수 있는 양성자와 중성자를 중성수소, 삼중수소, 헬륨으로 융합했다. 별들의 핵융합 활동으로 더 질량이 큰 원자들이 만들어지고, 그 별이 초신성이 되어 폭발하면서 원자들은 우주로 흩어졌다. 이 흩어진 원자들이 먼지구름을 만들고 먼지구름이 모여서 응축되면서 여러 원자가 풍부한 별이 만들어졌다.

우주의 모든 원소는 수소로부터 핵융합을 통해 만들어진다. 강력은 원자핵의 구성 요소들을 묶는 힘, 곧 원자핵을 깰 때 극복해야 하는 핵력을 의미한다. 강력은 수소가 타서 헬륨을 형성할 때 에너지로 전환되는 수소핵의 질량비인 E로 측정된다. 우리 우주에서 이 값은 0.007이다. 강력이 0.007이 아니라 0.006이면 우주엔 수소밖에 없었을 것이고, 0.008처럼 너무 크면 수소는 모두 융합되어 더 무거운 원소로 변했을 것이고, 그러면 우주에 물은 존재할 수 없게 된다. 수소 원자의 핵인 양성자 질량의 0.007배가 강력에 의해 주어졌기에 수소가 적절하게 핵융합을 하여 다른 원소로 변했다.

빅뱅 후 약 3억 년 후에 처음으로 별이 탄생했다. 우주배경복사를 관찰하면, 우주의 밀도와 온도가 균일하지만 초기 우주 때 온도에 아주 작은 차이가 있었다. 초기 우주에서 어떤 부분이 다른 부분보다 조금 더 뜨거워 밀도가 높아지면, 중력은 물질이 많고 가까울수록 증가하므로, 중력도 따라서 강력해진다. 중력이 증가하면 원자들이 몰리고 원자들은 점점 더 빨리 그 중심으로 몰려들며 열을 낸다. 그러면 그 원자들의 구름의 온도는 1000만 도에 이르고 양성자들은 서로 격렬하게 부딪히면서 양전하끼리 반발하는 척력을 압도하고 서로 융합되며 강력에 의해 결합된다. 별이 만들어지는 것이다. 이 결합을 하면서 구름의 중심에 일종의 용광로가 만들어지고 이것이 반발하는 힘으로 중력을 밀어내고 에너지를 대량으로 방출하면서 빛을 발한다.

무수한 별들이 만들어지고 모여서 은하를 형성했다. 우주엔 수백조 개에 달하는 별이 있지만, 가장 가까운 별인 센타우루스 알파라 하더라도 광속으로 4.2년, 보이저호로 4만 년을 항해해야 닿을 수 있고, 가장 가까운 안드로메다은하까지 빛으로 230만 년이 걸릴 정도로 별과 별 사이의 텅 빈 공간은 지극히 넓다. 지구에서 태양까지 거리가 광속으로 8분인데, 우리 은하를 횡단하려면 10만 광년이 걸린다. 관측 가능한 우주의 한쪽 끝에서 반대편에 도달하려면 930억 광년이 소요된다. 이리 광대한 우주에서 별들은 서로 연기하며 나고 자라고 사라짐을 반복한다. 지구의 모든 생명체에게 빛을 주는 태양도 50억 년에서 70억 년 뒤면 적색거성이 되었다가 자그마한 백색왜성으로 변할 것이다. 언제인가 모든 별이 핵융합을 끝내고 에너지를 소진하면 하나둘 사라질 것이다. 우주는 무無에서 탄생하여 무로 돌아가는 것이다.[17]

물질이란 것도 마찬가지다. 아무것도 없는 우주에서 양자요동이 일어나 양성자와 중성자가 생기고 이것이 결합하면서 원소와 물질을 만들었다. "6개의 양성자를 결합하려면 2억 도의 온도, 26개를 결합하려면 30억 도가 필요하다. 별이 붕괴를 시작하며 융합하면서 중심의 용광로의 온도가 2억 도에 이르면 양성자 6개가 결합된 탄소가 만들어지고, 30억 도에 이르면 양성자 26개가 결합된 철이 만들어진다. 별이 마침내 융합을 끝내고 붕괴되면 탄소와 철은 우주로 흩어졌다가 어디에선가 다시 별을 만든다."[18]

이처럼 우주의 형성에는 어떤 목적이 없다. 우주의 기원, 은하와 태양의 탄생에서 미세한 원자의 운동에 이르기까지 설계자가 관여한 흔적도 없다. 우주는 과학적 원리에 따라 만들어지고 사라질 뿐이다. 신이 있다면, 그 신의 아들은 이런 우주의 기원에 대한 통찰을 은유를 써서라도 그 실마리라도 언급했어야 하는데, 『성경』에는 그런 언급도 없다.

은하계에 태양계가 형성되고, 태양에서 적당히 떨어져 너무 뜨겁지도 너무 차갑지도 않아 물이 끓어 사라지거나 얼어버리지 않는 골디락스 존Goldilocks zone인 지구에 생명이 탄생한다. 최초의 생명이 언제 어떻게 생성되었는가에 대해서는 아직 이견이 분분하다. 혜성의 충돌로 거기에 있던 생명체가 지구로 옮겨져 왔을 수도 있고, 화성의 생명체를 담은 운석이 지구로 옮겨진 것일 수도 있고, 지구 자체에서 만들어졌을 수도 있다.

"46억 년 전에 지구가 생긴 후, 10억 년 동안 대지는 생명을 맞을 준비를 했다. 원시 지구의 대기 속에는 생명이 탄생하기에 필요한 탄소, 수소, 질소, 산소, 인, 황이 많이 포함되어 있었다. 화산 폭발로 생긴 기체들이 모여 만들어진 원시 대기는 주로 암모니아, 메탄, 이산화탄소, 산소, 물 등이었는데, 이들 기체들은 원시 바다에서 파도가 일 때 표면의 물과 혼합되었고, 이로 인해 바다에는 생명 형성에 필요한 대부분의 원소들이 갖추어졌다. 필요조건이 형성된 것이다. 여기에 지속적으로 햇빛이 비춰져 에너지를 받아 이를 분배하도록 메커니즘이 형성되고, 번개가 많은 에너지를 공급하면서 복합탄소

분자들이 형성되어 바다를 가득 채웠다. 이것이 바다 맨 위에 농축되어 여러 종류의 아미노산이 연결되면서 원시 단백질을 형성하거나 바다 아래 지금의 열수분출공과 같은 곳에서 높은 에너지를 방출하면서 화학반응을 일으켜 유기물질을 만들었을 수도 있다. 여기에 지방분자들이 모여 외부와 격리된 (세포)막을 만들고, 수억 년의 시간을 거치면서 무질서하게 혼합되다가 자기복제를 하면서 최초의 생명체가 탄생되었을 것으로 보인다."[19]

약 36억 년 전 최초의 살아 있는 생명체이자 가장 단순한 구조를 가진 원핵세포 생물이 지구상에 출현했을 것이다. 원핵세포가 다시 수억 년에 걸쳐 스트로마톨라이트stromatolite와 같은 시아노 박테리아로 진화하여 광합성을 통해 에너지를 얻고 산소를 배출하게 된다. 그 전까지 무산소 상태에서 살았던 박테리아들은 살아남기 위하여 광합성을 하는 박테리아를 흡수하고, 이것이 세포 내의 미토콘드리아로 변한다. 다세포 생명체로 진화가 이루어진 것이다. 다세포 생명체는 자연선택을 하며 1000만 종 이상의 다양한 종으로 진화를 한다.

모든 생명은 행성이 제공하는 조건에 맞추어 자연선택을 하고, 최적자의 차등적 생존, 곧 자연선택을 가장 잘한 종이 생존하고 번식하며 자신의 유전자를 확대하게 된다. "자연선택은 점진적인 개선을 향한 누적적인 일방 통로이기 때문에 기능한다."[20] "잠자리의 날개나 독수리의 눈처럼 겉으로 보기에 설계된 듯한 것들이 사실은 비무작위적이면서 전적으로 자연적인 원인들의 긴 연쇄사슬의 최종 산물임을 추측할 수 있었겠는가."[21] 인간은 36억 년 전의 원핵세포가 자연선택에 따라 지구의 자연과 상호작용하면서 진핵세포로, 다세포로, 어류로, 양서류로, 파충류로, 포유류로, 원숭이로, 유인원으로 진화한 결과다. 박테리아의 섬모에서 나비의 날개와 인간의 두뇌에 이르기까지, 지금 지구상에 존재하는 1000만 종의 생명체는 36억 년 동안 자연에 적응한 결과이기에 모든 종에서 모든 기관이 제 기능을 잘하고 있다. 그러면서 결함도 있기에 진화를 거듭하고 있다. 우주와 마찬가지로 인간에서 미생물에 이르기까지 진화는 철저히 자연선택과 성선택에 의해 이루어졌으며 여기에 신이 개입한 흔적이 없다. 만약 설계자가 있었다면 처음부터 결함이 없어서 진화가 필요하지 않은 완벽한 생명을 만들었을 것이다.

137억 2천만 년의 우주 형성 시간을 1년으로 환산하면, 인간의 역사 600만 년은 3.83시간에 지나지 않으며, 신을 자각하고 문명을 건설한 역사인 5000년은 11.5초밖에 되지 않는다. 12월 31일 밤 11시 48분에 태어난 이가 그 앞의 1년의 시간을 제대로 통찰하고 감당할 수 있는가. 우주의 역사에서 볼 때 찰나의 순간에 인간에 의해 만들어진 신이 끝도 시작도 없이 무궁한 시간의 우주를 창조하고 주재한다는 것은 유리창이 유리창의 설계자를 만들었다고 말하는 것과 같지 않은가.

그렇다면 신은 어떻게 만들어졌을까. 아인슈타인도, 오바마도, 빌 게이츠도 죽음을 피해갈 수 없다. 인간의 나약함과 한계에 대한 성찰, 죽음에 대한 불안 및 공포와 사후세계에 대한 상상은 천상계나 극락, 천국과 그 주재자인 신을 만들었다. 매일 조금도 오차 없이 뜨고 지는 태양과 달과 별들에 대한 경이는 우주의 창조자 및 주재자를 생각하게 했다. 농경생활을 하면서 오곡백과를 안겨주는 바람과 비와 태양 등의 자연과 그를 관장하는 주재자를 섬기게 되었다. 새를 하늘이 보낸 사자라고 생각하듯, 자연에 대한 은유가 숱한 신들과 신앙을 구성했다. 문자를 쓰면서 기억의 공유와 전승, 집단 학습이 발전함에 따라 급속한 정신적 진화가 일어나고 자의식이 발달하면서 사유의 혁명이 일어났다. 마침내 기원전 800년에서 200년 사이의 기축시대die Achsenzeit, Axial age에 이르러, 붓다, 공자, 예수, 마호메트 등의 성인과 소크라테스, 용수龍樹 등의 현인이 나타나고 이들의 말씀을 따르는 종교가 생겨났다. 사람들은 함께 모여 신을 섬기고 신의 말씀을 배우고 따르고 의례를 행하면서 하나가 되었고, 종교는 현대에까지 이어졌다. 붓다와 예수, 마호메트가 인간적 존재이든 신적 존재이든 그 여부를 떠나, 그 어떤 종교의 경전도 현대과학의 성과로 밝혀진 우주의 기원이나 생명의 창조와 정확히 부합하지 않는다.

부처와 예수의 말씀은 우리에게 가르침과 깨달음을 주고 윤리와 도덕의 지표가 되고 신념의 체계나 행위의 지표로 작용하지만, 수많은 사람이 이를 이데올로기로 이용했다. 부처님도 헛된 기도를 물에 바위를 던지고 떠오르라고 기도하는 것이라 했거늘, 21세기 오늘에도 용하다는 기도처에서는 100억 원에 가까운 돈을 한 해에 벌어들인다. 정치보다, 전쟁보다 더 인간을 많이 죽인 것이 종교다. 어떤 독재자의 고문보다 더 인간을 억압한 것이 종교다. 어떤 포악한 군주의 가렴주구보다 더 선량한 양민을 수탈한 것이 종교인이다. 어떤 사기꾼보다 간악하게 선량한 사람들을 속여 돈과 땅과 몸을 빼앗은 이들이 종교인이다. 중세 유럽에선 면죄부를 팔고 마녀사냥을 했다. 지금도 종교 이름으로 민중을 수탈하고 전쟁과 테러를 행하고 대량학살하는 일이 곳곳에서 다반사로 벌어지고 있다. 우리는 과학과 종교가 맞설 때 과학을 택할 것이라는 달라이 라마Dalai Lama의 말대로,

종교가 신을 팔아 혹세무민한 모든 것을 과학의 잣대로 낱낱이 밝혀야 한다. 그럼 불교와 과학이 만날 수 있는 길은 없는 것인가. 엄정한 과학자인 세이건도 양립의 틈은 보여준다.

과학은 정신성spirituality과 단지 양립 가능할 뿐만 아니라, 바로 정신성의 뿌리 깊은 원천이기도 하다. 우리가 광년으로 측정되는 광대한 우주 공간과 시간의 흐름 속에서 우리의 위치를 인지할 때, 생명의 복잡성과 아름다움, 섬세함을 파악할 때, 그때 솟구치는 감정, 즉 우쭐함과 아울러 자괴감은 확실히 정신적이다. 위대한 예술이나 음악, 문학 작품 또는 우리에게 모범이 되는 모핸다스 간디Mohandas K. Gandhi나 마틴 루터 킹 목사와 같은 사람의 자기를 돌보지 않는 용기 있는 행위를 대할 때 우리에게 일어나는 감정도 그러하다. 과학과 정신성이 어떻게든지 상호 배타적이라는 생각은 양자 모두에게 해가 된다.[22]

육체와 정신은 하나도 아니고 둘도 아니다. 부정적인 믿음이 실제로 신체적인 반응으로 나타나는 노시보 효과nocebo effect, 이와 반대로 가짜 약을 치료약으로 알고 복용했을 때 나타나는 긍정적 효과인 플라시보 효과placebo effect, 코르티솔과 인산화효소인 JNK를 매개로 한 스트레스와 암의 상관관계에서 보듯, 마음의 작용이 뇌를 자극하고 뇌에서 나온 물질이 몸을 변화시킨다. 또 가슴을 펴고 심호흡을 하거나 약물복용을 하여 뇌를 자극하면 마음이 즐거워지듯, 몸의 변화가 마음을 바꾼다. 마음의 작용을 과대평가해서도 안 되지만, 오랫동안 수행을 한 스님들의 전두엽이 발달하고 뇌에 구조 변화가 오는 것에서 보듯, 과소평가를 해서도 안 된다.

잠정적으로, 종교를 '세속의 천박한 삶을 떠나 성스러운 삶을 향한 지향, 자신의 근본적인 본성과 존재에 대한 성찰과 깨달음, 자연 및 광대한 우주의 해명되지 않는 궁극적 질서를 향한 다가감과 그에 대한 경이' 정도로 정의한다면, 초월과 숭고, 높은 도덕과 윤리, 깨달음에 이르는 마음 공부, 궁극적 진리를 향한 정진으로서 불교와 과학이 만나는 일이 가능할 것이다.

화쟁의 과학

인류는 어떻게 1만 년 만에 고도 문명을 이룩했는가

인류가 생명의 역사 36억 년에 비하면 찰나의 시간인 1만 년 만에 어떻게 신석기에서 청동기, 철기, 산업혁명, 디지털 혁명을 달성하고, 컴퓨터, 우주선, 스마트폰, 뇌수술, 생명복제, 관료제, 민주주의 등 혁신적인 문화적 진화를 이룩할 수 있었을까. 에드워드 윌슨Edward Wilson이나 피터 왓슨, 스티븐 미슨Steven Mithen 등 여러 학자를 종합하고 이를 비판적으로 읽으며 필자의 생각을 보태면, 뇌의 극단적인 가소성이나 상대방을 도우면 나도 도움을 받는다는 보상기대에 따른 협력, 인지적 유동성cognitive fluidity, 자연의 변화에 적응하여 이루어낸 성취에 대한 의미와 기억의 공유와 전승, 집단학습, 공감이 작용했기 때문이다.

　인류는 자연과 맞서서 생존하면서 시행착오를 겪었고 이를 통해 다양한 지능을 축적했다. 언제 어디로 가면 어떤 동물을 잡을 수 있는지, 어떤 동물의 어떤 부위가 맛있는지, 어떤 풀은 먹으면 죽거나 병이 생기는데 오히려 어떤 풀은 병을 낫게 하는지 자연에 대한 지능을 축적했다. 다양한 석기를 만들고 사용하면서 어떤 도구를 어떻게 만들어 어떻게 이용할 수 있는지 도구적이고 기술적인 지능을 축적했다. 어떻게 하면 다른 사람과 사냥을 함께 할 수 있는지, 반면에 어떻게 하면 화를 나게 하는지 겪으면서 사회적 지능을 축적했다. "호모하빌리스의 집단은 평균 80명이 넘었다. 이 인지집단의 규모가 커지자 사회적 지능이 촉진되었다. 한 구성원을 다른 구성원과 구별하고 자신의 친족을 더 넓은 집단 내에서 쉽게 식별하려면 언어가 발달해야 했다."[23]

유전자의 폭정에 인간이 저항하면서 비약적인 문명의 진화를 이룩할 수 있는 1차 요인은 언어유전자의 돌연변이와 인간 뇌의 가소성이다. 인지과학에서 보더라도, "비록 뇌의 전체 크기와 형태, 그리고 뇌 부위와 세포들 사이의 대규모 연결패턴은 유전자의 명령을 따르지만, 세포들 사이의 세밀한 관계는 그렇지 않다. 뇌의 정밀한 지정과 배선은 환경의 영향을 포함하여 유전자에 암호화하지 않은 요소(후성유전적 요인)에 의존한다."[24]

인간은 1~2만 년 사이에 정교한 언어적 소통을 하여 많은 정보를 교환하고 협력을 하게 되었다. 대다수 동물이 나름대로 언어적, 비언어적 소통을 하기에 언어적 소통이 인간의 고유 자질이 아니다. 벌이 8자 춤으로 꿀이 있는 꽃의 위치를 동료들에게 알리고, 개미는 페로몬으로 사냥감의 위치를 전달한다. 돌고래나 쥐, 침팬지는 다양한 소리를 내어 정보를 주고받는다. 침팬지나 쥐, 인간은 'FOXP2'

라는 언어 유전자를 공유하고 있다. "모두 715개의 아미노산 분자로 구성된 FOXP2 유전자 가운데 인간의 경우 쥐와는 3개, 침팬지와는 단지 2개만 분자 구조가 다르다. 사람의 경우 언어유전자 FOXP2에서 2개의 아미노산이 돌연변이를 일으켰고, 그 결과 인간은 혀와 성대, 입을 매우 정교하게 움직여 복잡한 발음을 할 수 있는 능력을 얻게 된 것이다. 이 돌연변이는 20만 년 전에 생겨나 500~1천 세대, 즉 1~2만 년 동안에 급속히 퍼졌다."[25] "FOXP2는 다른 동작과정을 필요로 하는 회로와 일치하는 언어관련 회로 구조에 지원을 하면서 언어와 운동동작 조절을 관장하는 두뇌 영역에 영향을 미친다."[26] 이런 미세한 차이는 단백질의 모양을 변화시켜 얼굴과 목, 음성기관의 움직임을 통제하는 뇌의 일부분을 훨씬 복잡하게 형성하고, 이에 따라 인간은 침팬지나 쥐와도 현격히 차이가 나게 정교한 언어를 통해 소통을 하고 이에서 얻은 정보와 기억을 언어의 형식으로 축적하고 타인과 협력을 도모할 수 있게 되었다.

뇌의 가소성이 언어와 결합했을 것으로 보인다. "인간에서 극단적인 가소성이 작동할 때 가소성 안에서 선택하고 결정하는 주체는 유전자가 아니라 개체, 또는 뇌가 된다. 즉, 개체의 능동적이고 창조적인 활동이 허용된 것이 되고 그렇다면 허용된 부분에 대한 작동과 선택은 개체가 능동적으로 수행하는 것으로 보아야 한다."[27] "뇌는 세계를 행동과 상호작용이 모여 있는 집합체로 그려놓는다."[28] 가소성, 정확히 말해, 신경가소성neuro-plasticity이란 인간의 뇌가 학습과 경험, 외부의 자극에 의하여 개개인에 따라 맞춤 설계를 하여 두뇌의 물리적 구조만이 아니라 기능적 조직까지 변화시키면서 재조직되는 것을 뜻한다. 우리가 바둑을 두면 뇌가 활성화하면서 바둑의 정석을 기억하고 이를 바탕으로 새로운 전략과 전술을 짜는 일에 관여하는 뇌의 신경세포들이 재조직된다. 즉, 바둑의 규칙과 전략, 전술의 이해, 기억, 응용에 관여하는 신경세포들이 새로 생성되기도 하고, 새롭게 연결되기도 하고, 제거되기도 하면서 인간의 뇌는 바둑을 잘할 수 있도록 재설계된다. 일생을 통해 끊임없이 변하며, 새로운 언어나 운동기능의 습득이 왕성한 유년기 때 사용되는 새로운 신경경로의 활동성이 최대치를 보인다. 성년기나 노년기에는 그 잠재성은 약간 감소하지만 여전히 새로운 언어나 운동기술을 어느 정도의 수준까지 습득할 수 있는 일정한 수준의 뇌신경 가소성을 일생동안 유지한다.[29] 이렇듯 뇌는 개개인별로 유연하게 시스템을 구성하고 창조하는 능력이 있다. 인류는 뇌의 가소성을 활용하여 자연과 세계의 도전에 맞서서 적응하고, 그 방편의 하나로 도구를 만들고 이를 이용하는 다양한 기술을 개발했다. 후기 구석기시대에서 문명 폭발이 일어난 것도 인간의 뇌 신경세포가 점점 늘어나고 연결되다가 임계점을 넘으면서 뇌가 새로운 차원으로 활성하여 경이적인 창조들을 쏟아낸 데서 기인한다.

"인간 집단의 규모가 점차 커지면서 서로 간의 협력이나 다른 집단 간의 경쟁이 늘어나자 개인의 차이를 인정하게 되었고 그에 따라 자아의 감각이 계발되었다. 또한 미래의 예측—특정한 상황에서 다른 집단들은 어떻게 행동하는가—이 현재의 조직 상태를 위해 중요해졌다. 친족을 식별하게 되고, 자신의 이익을 감추는 기술이 발달한 것도 역시 자아의 감각이 진화하는 데 중요한 역할을 했다."[30] "언어의 첫 용도가 우주의 개념적 모델을 창조하는 것이었다. (……) 그 원대한 통일적 종합과 더불어 개인과 집단의 자의식이 생겨났다."[31]

여기에 더하여 필자는 타자를 인식하고 거울신경체계가 발달하면서 타자를 통해 자신을 인식하면서 본격적으로 자아와 자아의 의식이 싹텄을 것이라고 생각한다.

학습이나 훈련에 의한 것일 수 있다는 논란이 있기는 하지만 거울 실험을 통해 오랑우탄, 보노보, 고릴라 등이 자의식을 가지고 있음이 밝혀졌다. 그렇다면 인간 또한 원숭이였던 때부터 자의식을 형성했을 수도 있다. 하지만 사회를 만들어 서로 정교한 언어로 소통한 이후에서야 본격적으로 타자와 자아를 인식하고 자의식을 형성했을 것이다. 자의식을 형성하면서 인류는 질문을 품기 시작했고 성찰 또한 했을 것이다.

인간은 자연적 지능, 과학기술적 지능, 사회적 지능을 종합하여 의문을 품고 답을 하기 시작했다. 답을 할 수 있는 것에 대해서는 인과관계를 해명하고 그것이 누구의 의지에 의한 것인지 파악했다. 하지만 죽음처럼 도저히 파악이 불가능한 것은 신의 의지로 생각했다. 태풍을 신의 벌이라 생각하는 것처럼, 인식이 불가능한 영역에 대한 의문과 죽음과 사후 세계에 대한 성찰이 엮어져 종교를 만들었을 것으로 보인다.

인간이 자연의 일원으로서 자연과 상호작용하거나 세계의 부조리에 맞서 대응하고, 자기 앞의 세계를 해석하고 차이에 따라 의미를 형성하고 이를 공유하고 모방하고 전승하는 것이 문화다. 인류는 자연에 적응하면서 얻은 정보를 기억하고 집단학습을 통해 공유하면서 문화를 형성했다. 유전자나 후성유전적 규칙epigenetic rule으로 결정할 수도, 설명할 수도 없는 것이 문화다.

인간은 자연, 사물, 세계의 형상이나 현상만이 아니라 본질과 작용, 기능을 인식하고서 유추를 해내기에, 이는 자연, 사물, 세계에 대한 인간의 모든 정보와 기억을 종합하여 인식하고, 이것을 다시 유사하거나 인접한 무엇으로 연결시킬 때 이루어지는 것이기에 이를 자연과학, 특히 사회생물학으로 환원할 수 없다. 그러기에 문화마저 사회생물학으로 환원하려 한 윌슨의 주장은 유전자나 후성규칙에 의해 결정되지 않는 문화의 심층을 이해하지 못한 채 내린 단견이다.[32]

인간은 의미를 형성하고, 이를 집단학습을 통해 토론하고 기억하고 모방하고 전승하면서 폭발적인 진화를 한다. 여기에 촉매제 구실을 한 것이 문자와 기록이다. 기억은 여러 요인으로 왜곡이 심하기 마련인데,[33] 인간은 문자를 발명하고 이를 책이나 문서로 기록하면서 '기억의 정박'을 가능하게 한다. 기억의 정박은 그 전 시대에 이루어진 지혜들의 계승과 발전이 가능하게 했다. 이 지혜들은 엄청난 권력을 형성했다. 이 때문에 세종대왕을 제외하고 대다수의 군주는 문자와 기록을 독점하려 했다. 이후 5000년의 문명은 인류 역사 350만 년은 물론, 36억 년의 생명체의 역사를 통틀어 가장 빠른 속도로 진화하였다.

"유전자에게 생존기계인 몸은 유전자를 불변상태로 유지하기 위해 이용하는 수단에 불과하기에 획득형질을 유전시키지 않는다."[34] "진화는 자연선택을 거쳐서 진행되고 자연선택은 '최적자'의 차등적 생존을 의미한다."[35] "최초의 자연선택은 단순히 안정한 것을 선택하고 불안정한 것을 배제하는 것이었다."[36] "개체군에 있는 대부분의 구성원은 일단 진화적으로 안정한 전략evolutionalrily stable strategy을 채택하면 다른 대체전략이 그 전략을 능가할 수 없다."[37]

시골에서 올라온 할머니들은 대개 하루를 넘기지 못하고 머리가 아프다며 시골로 내려간다. 그만큼 서울 사람들은 오염된 도시에 폐나 뇌가 적응되어 있다. 하지만 폐나 뇌가 중금속으로 오염된 서울에 아무리 잘 적응되었다 하더라도 그가 낳은 자식이 그리 오염에 잘 견디는 폐나 뇌를 가지고 태어나지 않는다. 그 자식은 처음부터 자신의 아버지나 어머니가 한 대로 적응을 거쳐야 한다. 그 자식은 적응을 잘하지 못하여 폐병이나 편두통을 앓을 수도 있다. 그렇듯 라마르크Jean Baptiste Lamarck의 용불용설은 허위로 판명이 났고 획득형질acquired characteristics은 유전되지 않는다는 것이 진화론의 정설이다. 인간의 육체에서는 획득형질은 유전되지 않으며 돌연변이에 의해서만 수천만 년 이상의 세월을 거쳐 진화가 일어나기에 1만 년만의 인류 문명의 진화는 예외적이다.

하지만 후성유전학epigenetics에 의하면 획득형질은 유전되지 않는다는 정설에도 예외가 있다. "우리 몸의 유전체 또한 유전자, 조절 부위, 조절 인자, 전지 인자 바이러스의 DNA로 이루어진 생태계다."[38] 음식 섭취나 독성물질 등 환경적 요인이 DNA에 변화를 일으키고 이것이 대물림되는 후성유전적인 예외가 있다. 전이인자는 질병을 일으키는 해로운 돌연변이, 새로운 유전자나 의사유전자의 도입, 유전자중복을 일으키고 유전체를 재배열한다. "전이인자는 인간 유전체에서 사본이 100만 개 이상 존재하며, 인간 유전체의 약 11퍼센트를 차지한다."[39] "독성물질의 침투 같은 환경적 요인이 DNA의 염기서열에는 아무런 변화도 주지 않은 채 유전자의 발현을 조절하여 유기체의 생리 상태가 변화하고 이것이 유전적으로 대물림되어 후손에게 영향을 미칠 수 있다. 독성물질은 후성유전의 세 가지 경향인 DNA메틸화, 히스톤 변형, 코드화하지 않은 RNA의 발현 등에 관여한다."[40] 이처럼 획득형질이 유전되기도 하지만 이는 DNA 염기서열에 변화를 주지는 않는다.

문화로서 기록과 모방, 학습에 의하여 획득된 지식과 가치는 곧바로 유전된다. 문화유전자 밈meme은 늘 새롭게 만들어지고 문화의 장에서 역동적으로 충돌한다. 문화선택 또한 진화적으로 안정한 전략에 따라 이기적 유전자에 저항하고, 안정한 것을 선택하고 불안정한 것을 배제한다. 문화란 본래 보수적이다. 하지만 급격한 기후변화에 맞서서 새로운 도구를 개발하고 새로운 삶의 방식을 창안하여 자연의 도전에 적응하는 바람에 살아남은 현생인류는 창조가 생존의 길임을 안다. 놀이를 재미있어하고 좋아하는 속성을 가진 인간은 안정을 깨는 새로운 모험에 즐거움을 느끼기도 하기에 불안정하고 더 많은 에너지가 소모되더라도 창의적인 것을 만든다.

'호박'이 어찌 '동자승'의 의미를 갖는가. 이는 '호박'이 폭염의 고통을 견뎌내며 자신의 속(내면)을 익혀 그리 만들어진 몸을 아낌없이 동물에게 주는 것과 스님의 수행, 정진, 보살행을 유사한 것으로 유추한 데서 비롯된 은유다. 이처럼 최초로 은유나 환유를 만드는 것이 창발성이다. 인간은 경제 원리에 따라 에너지가 많이 소비되는 창조보다 모방과 학습을 주로 선택하지만 창조를 좋아하고 이에 이끌리며 환호한다. 여기에 인지적 유동성이 더해지면서 인류의 사고에 혁신을 불러왔다. '보다'라는 신체적 경험을 '이해하다'라는 추상적 사고로 전환하고, 나무에서 생활하며 얻은 신체적 균형을 생활의 균형이나 욕망의 균형으로 확대했다. 각자가 인지한 것을 집단학습을 통해 심화하고 공유하고 계승했다.

체體는 용用을 통해 드러나고 용은 상相을 만든다

이렇게 1만년 만에 경이적인 속도로 발전을 거듭한 과학은 우주의 궁극적 진리와 어떻게 부합할 수 있을까. 화쟁에 그 답이 있을까?

『대승기신론大乘起信論』「입의분立義分」에서 마명馬鳴은 일심을 진여문과 생멸문으로 나누고 진여문에 체대體大, 생멸문에 용대用大와 상대相大를 두어 일심이문삼대一心二門三大의 체계를 정립했다. 원효는 이를 더욱 발전시켜 세계의 실체를 체體, 상相, 용用으로 나누되 일심이 화쟁의 원리에 따라 모든 것을 아우르는 것으로 보았다. 여기서 중요한 것은 체용상體用相 각각이 아니라 삼자의 관계와 원리다.

> 만약 상주常住를 논한다면 다른 것을 따라서 이루어지지 않는 것을 체體라 하고, 무상無常을 논한다면 다른 것을 따라서 생멸하는 것을 상相이라 하니 체는 상常이요 상相은 無常이라고 말할 수 있을 것이다. (……) 일심이 무명無明의 연을 따라 변하여 많은 중생심을 일으키지만 그 일심은 항상 스스로 둘이 없는 것이다. (……) 비록 심체가 생멸하나 늘 심체는 상주하여 이는 심체가 하나도 아니고 다른 것도 아니기 때문이다. 이른바 이는 심체가 둘도 아니고 하나도 아닌 성질이며 움직임과 머묾이 같지도 않으면서 다른 것도 없는 성질인 것이다.[41]

세계는 원래 하나이나 생멸문에서는 상常하여 이루어지지 않고 궁극적인 것과 무상하여 이루어지고 찰나적인 것으로 나누어진다. 전자가 진여眞如의 모습인 체體이며, 후자는 생멸인연生滅因緣하는 상相

과 용用이다. 체는 영원불멸한 것이며 늘지도 줄지도 않으며 시작도 끝도 없는 세계의 실체를 나타낸다. 따라서 체는 상과 달리 사물이 드러내고 있는 것을 넘어서서 사물의 실체로 깨달은 것이다. 반면에 상은 눈에 보이는 것으로서 경험적이고 세속적이다. 경험되고 드러나 나고 멸하는 것을 세계의 상이라 한 것이다. 상은 체가 드러나고 사라지는 바다. 인간이 경험에 의하여 사물을 드러나는 그대로 보는 경지다. 또 세계는 그대로 있는 것이 아니라 작용하고 기능을 한다. 인간으로 보면 실천이, 진정한 깨달음의 측면에서 보면 자비와 덕을 베푸는 것이 용用이다. 따라서 용은 한 사물과 다른 사물과의 관계, 다른 사물에 대해 작용하고 기능을 한 것이며, 사물이 시간과 공간에 따라 운동한 것이다. 원효는 세계를 보이는 것과 보이지 않는 것으로 나누고, 보이는 것을 다시 세계의 현상 그대로 보이는 것과 작용하여 드러내는 것으로 나누었던 것이다. 그럼에도 체용상의 원리는 서양철학처럼 대립적이지 않다. 이것이 세계의 각각의 모습이나, 모두 일심에 의한 것으로 일심의 세 가지 모습과 작용에 불과한 것이다. 원효는 이에 대해, "마음의 나고 사라짐은 무명無明에 의지하여 이루어지고, 나고 사라지는 마음은 본래 깨달음을 따라 이루어진다. 그러니 두 개의 본체가 있는 것이 아니고 서로 버리거나 여의지 않으므로 화합이 된다"[42]라고 말한다.

궁극적 진리와 깨달음이 바로 신이다

그럼 일심의 체용상을 과학기술과 관련지어 어떻게 이해해야 할까?

갈릴레이Galileo Galilei나 아인슈타인이 그랬던 것처럼 기존의 패러다임을 벗어나서 물질의 실체에 좀 더 가까이 다다르는 이들이 있다. 그러나 이것도 기존의 본질에 비하여 조금 더 실체에 이른 것뿐이지 물질의 진정한 실체에 접한 것은 아니다. 연구를 진행할수록 새로운 소립자가 계속 발견되어 원자의 구조 또한 달라지고 이에 따라 물리나 천체의 원리가 달라진다. 그러니 지구의 과학이 앞으로 수만 년 더 발달한다 하더라도 물질의 진정한 실체인 참에는 영원히 도달할 수 없다. 이처럼 진정한 깨달음의 세계에서 보면 누구도 궁극적 진리에 이를 수 없다.

봄날의 산은 나에게 혼돈이다. 그러나 어머니는 이것은 취나물이고, 이것은 얼레지라고, 취 중에서도 요것은 개미취요, 요것은 참취며, 이것은 곰취고, 저것은 미역취라고 가르쳐주신다. 그러나 나의 눈에는 다 비슷한 풀일 뿐이다. 나에게는 온통 혼돈이지만 어머니는 그 풀을 이파리 모양과 빛깔, 줄기의 생김 등에 따라 취, 얼레지, 질경이 등으로 가르고, 다시 이것은 먹는 풀이고 저것은 못 먹는 풀이며, 이것은 날로 먹으며 저것은 푹 익혀서 먹는 것이라고 구분한다. 이렇듯 원래 풀은 하나지만 우리가 허상이나마 인간의 틀로 범주를 만들어 나누어놓아야 세계를 이해할 수 있고 이용할 수 있다.

빛이 원래 하나이나 이를 명明과 암暗으로 가르고 다시 세분하여 빨, 주, 노, 초로 나누듯, 세계는 하나이나 그러면 인간이 이를 이해할 수도 이용할 수도 소통할 수도 없으니 이데아와 그림자, 본질과 현상, 주와 객, 노에시스noesis와 노에마noema 등 둘로 나누어 본다. 이처럼 하나를 둘로 나누는 것은 실제 그런 것이 아니라 인간이 이해하고 이용하고 소통하기 위한 것이니 하나가 둘로 갈라지는 것은 용이다.

아무리 궁극적인 진리에 다가갔다 하더라도 둘로 나눈 것—또는 이에 이름 붙인 언어기호—로는 세계의 실체를 드러내지 못한다. 분별이요 허상이다. 그럼에도 근대 서양의 주류 철학자들은 세계를 둘로 나누고 이를 통해 진리에 이르려 했다. 그러니 셋을 두어 둘의 허상을 해체하여 하나로 돌아가는 것이 바로 체다.

그럼 이들은 어떤 관계를 가질까? 우주의 본질은 영원히 알 수 없다. 우리는 이를 천체와 물질의 작용과 기능, 물질과 물질의 관계를 통해 한 자락 엿볼 뿐이다. 이처럼 체는 용(우리말로 '짓')을 통해 일부 드러난다. 용을 통해 드러난 체가 바로 현대 과학이 추구했던 과학적 진리다(이를 '體2' '몸'이라 명명한다). 용을 통해서 드러나지 않아 도저히 알 수 없고 이를 수도 없는 체가 바로 일심, 도道, 츠이다(이를 '體1' '참'이라 명명한다). 아직 근대과학으로 해명되지 않은 우주와 물질의 진리가 참이다.

크라우스와 도킨스의 주장은 중세 말기에 페스트로 죽어가는 대중에게 신의 벌이라며 면죄부를 살 것을 요구하는 성직자들의 기만에 맞서서 그것이 병균이 옮은 전염병이라 한 계몽주의자들의 행동만큼이나 용기 있는 것이며, 과학적으로 타당한 사실이다. 그들의 주장을 인정하면서도 다른 '틈'은 없는가 추론해보자.

우리의 우주와 다른 우주가 존재하지 않을까. 각각 수천억 개의 태양계를 품은 1700억 개의 은하가 있는 광대한 우주 또한 관측 가능한 우주일 뿐이다. 우리의 우주에 신이 간섭한 증거는 없다. 우리의 우주에 극락이나 천국이 없는 것 또한 분명하다. 하지만 우리의 우주 너머나 다른 차원에 다른 우주가 있는 것은 아닌가. 반우주나

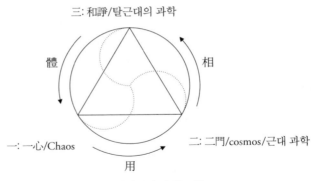

三: 和諍/탈근대의 과학

體   相

一: 一心/Chaos   二: 二門/cosmos/근대 과학

用

〈그림 3〉 일심이문의 화쟁 모형

평행우주가 있을 수도 있고, 빅뱅 뒤에 137억 년에 이른 우주는 대폭발과 대수축Big Crunch을 수조 년에 걸쳐서 되풀이하는 한 단위일 수 있다. 즉, 우주는 시계추처럼 대폭발과 대수축을 반복하는 순환체제일 수 있다. 왜냐하면 입자와 반입자, 물질과 반물질이 있으며, 모든 힘 또한 그 힘에 작용하는 대칭 힘이 작동하고 있기에 입자와 우주 또한 화쟁적 연기 관계에 있다.

이보다 더 가능성이 큰 것은 양자요동에 의한 우주다. 우리 주변에서 원자보다 작은 플랑크 길이의 공간에서 어떤 조건만 주어지면 양자요동에 따라 새로운 우주가 만들어질 수도 있다. 양자요동은 아주 미세한 작용이지만 중력만 결합해도 빅뱅을 만들 수 있다. 태양계가 있는 우리 은하에만 1억 개의 거주 가능한 행성이 있고 이 행성의 지적 생명체가 지구 문명을 능가할 수 있는 시간은 최대 100억 년에 근접한다. 그들은 플랑크 길이의 작은 공간에 양자요동을 시켜서 우주를 새로 창조하는 기술을 가지고 있을 수도 있다. 태초에 물질과 반물질의 비대칭을 10^9분의 1로, 수소핵의 질량비를 0.007로

정하여 물질과 물이 존재하게 한 이가 신이 아닐까. 우리가 죽으면 우리의 영혼은 다른 우주로 가는 것은 아닌가. 양자요동을 통해 우주를 창조하는 이가 우리의 관점에서는 신적 존재가 아닌가.

유한한 우주가 팽창하고 수축하기를 반복한다는 순환우주 모형은 한계가 있다. 팽창을 막고 되돌릴 만한 물질이 우주에 충분하지 않기 때문이다. "평균적인 엔트로피가 열역학 제2법칙에 따라 반드시 증가하고 엔트로피가 커지면 팽창이 지속되는 시간이 길어지므로 각 주기는 전 주기보다 소요시간이 길어질 수밖에 없다. 다시 말해서 과거로 갈수록 팽창-수축의 시간이 짧아지므로 우주의 시작점이 있게 된다."[43]

하지만 투록Neil Turok과 스타인하르트Paul Steinhardt는 3차원 세계가 더 높은 차원을 가진 공간의 표면이거나 막이라면 우주의 모습 대부분을 설명할 수 있다고 한다.[44] 이는 끈 이론과 막 이론을 결합해서 설명이 가능하다. 아직 가설적이기는 하지만 끈 이론의 최대 성과는 저 아득한 우주를 해명하는 상대성원리와 무한으로 작은 원자와 소립자를 설명하는 양자물리학을 하나로 결합하여 설명할 수 있다는 것이다. 끈 이론에 의하면, "10^{-35}미터 정도의 플랑크 길이에 열려 있거나 닫혀 있는 끈들이 10차원의 시공간에서 서로 상호작용을 하며 진동을 하고, 이 진동모드가 전통적인 입자가 가지는 질량, 회전, 전하량을 만들어낸다. 숨겨진 차원에서 끈들이 어떻게 진동하느냐에 따라 끈들은 3차원 공간에서 물질이나 빛, 또는 중력으로 나타난다. 끈들의 크기와 에너지 규모가 실험이나 가속기로 증명할 수 있는 범위를 수조 배나 벗어나기 때문에 이 이론을 검증할 수 있는 방법은 없다".[45]

"끈이론은 2개의 막이 더 높은 차원에서 작은 간격을 두고 서로 떨어져 있다면 입자물리학을 꽤 잘 설명한다. 그 둘 사이의 장력은 암흑에너지와 같은 힘이다. 양자요동은 막들에 주름을 만들어 구조가 형성될 씨앗을 제공한다. 막들은 격렬한 과정으로 충돌하여 많은 복사와 입자들을 만들어낸다. 막들이 서로 가까이 있을 때에는 그 사이의 장력, 즉 암흑에너지가 작다. 하지만 멀어질수록 암흑에너지가 점점 커져서 우주를 지금 보는 것처럼 가속 팽창시킨다. 막들이 가까워지면 계속 팽창하면서 다음 충돌을 향해 나아간다. 이는 우주가 왜 그렇게 편평하고 매끈한지 설명해준다. 그리고 다시 충돌하여 우리 우주에 물질과 복사를 다시 공급한다. 한 번의 순환에는 1조 년이 걸린다."[46] 이 막들이 충돌하면서 양자요동을 일으키는 순간에는 우리 우주와 다른 우주가 형성되기에 그 우주에서는 찰나의 순간이나마 열역학법칙이 통하지 않는 것이 아닌가. 그러나 이 이론은 아직 논란 중에 있다. 비판론자들은 가설에 지나지 않으며 논리적으로나 수학적으로 검증되지 않는다고 비판한다.[47] 반면에 옹호론자들은 이 이론을 적용할 때 많은 난제가 풀리므로 검증 자체를 새로운 차원에서 다루어야 한다고 주장한다. 특히 다위드Richard Dawid는 『끈 이론과 과학적 방법』이란 최근의 저서에서 검증의 문제에 대해 조목조목 설명과 반박을 하면서 "끈 이론을 과학의 종언이라고 선언하는 것으로 다루는 것보다 과학적 진보의 새로운 국면이 도래했다고 표명하는 것이 더 낫다"[48]라고 주장한다.

원자핵과 양성자, 중성자, 전자, 쿼크 등이 모여 원자를 이루고 원자는 서로 결합해 물질의 본질과 특성을 갖는 분자라는 1차 몸(相1)을 형성한다. 분자는 운동用을 하여 현상을 드러내므로 물질의 현상은 2차 몸(相2)이다. 이 현상을 놓고 실험과 관찰을 하여 귀납적 결론에 이르거나 개별적 현상을 통해 그에 내재하는 보편 원리를 연역적으로 추론하여 우리는 물질의 본질(體2)에 다다른다. 그러나 과학자들은 패러다임의 틀 내에서 사고하고 관찰하고 실험한다. 갈릴레이나 아인슈타인이 그랬던 것처럼 기존의 패러다임을 벗어나서 물질의 실체에 좀 더 가까이 다다르는 이들이 있다. 그러나 이것도 기존의 본질에 비하여 조금 더 실체에 이른 것뿐이지 물질의 진정한 실체인 참(體1)에 접한 것은 아니다. 실험과 연구를 진행하고 우주의 천체에 대해 관찰할수록 새로운 소립자와 빛과 우주가 계속 발견되어 원자와 우주의 구조와 원리 또한 달라지는 것처럼 물질의 진정한 실체인 참에는 영원히 도달할 수 없다.

예를 들어, 단 1분 1초 사이에도 인간의 얼굴을 형성하는 세포 가운데 수백 개 이상이 변한다. 그러니 우리가 어느 사람을 볼 때 같은 사람의 같은 얼굴로 보지만 그것은 찰나의 순간에도 유사할 뿐 같지 않다. 그것에 동일성을 부여하는 것은 인간의 착각이다. 공하다. 찰나의 순간에도 얼굴은 변하므로 공하지만 그 얼굴이 미소 짓는 것을 보고 다른 사람이 미소를 짓게 하니, 존재하지 않지만 다른 것에 작용하면서 조건이나 인과관계를 형성하는 것은 부정할 수 없다. 그러나 모든 것이 변하고 서로 조건이 되고 인과관계가 되어 변하지만 여기에 변하지 않는 것이 있으니 그것은 바로 사람의 몸에 내재된 얼굴을 형성하는 원리다. 수억, 수조 개의 세포가 변하여도 이 원리에 따라 세포가 꼴을 짓고 작용을 하기에 수억 개의 세포가 변하지만 그 세포들은 원래 생김의 구조와 형상에 맞게 그 자리에 놓여 그에 부합하는 기능을 한다. 내 얼굴에 있는 모든 세포가 100퍼센트

교체된다 하더라도 내 얼굴의 코와 입, 눈, 그들을 움직이는 근육과 감각을 전달하는 신경세포는 같은 원리에 따라 같은 자리에 같은 형상을 한 채 만들어진다. 들창코를 가진 사람이 뼈와 살을 구성하는 세포가 모두 교체된다 하더라도 매부리코가 되지 않는다. 그러기에 몇 년 뒤에 만나더라도 우리는 그 사람을 알아본다.

이처럼 모든 것이 무상하고 공하지만 허공과 이 원리는 존재한다. 이처럼 단순히 천체나 물질의 작용이 아니라 더 큰 단위에서 물질과 우주의 상호작용을 관장하는 원리가 바로 도遝다. 빅뱅과 팽창이 일어나 힉스 입자가 질량들을 나누어주고, 물질들이 우주 공간에 퍼지고, 그것이 온도 차에 따라 별을 만들고 은하로 뭉쳐져선, 중력과 에너지를 매개로 서로 관계를 맺고 운동하게 하는 것, 상대성원리와 양자역학을 모두 포괄하는 것, 막을 충돌시키고 초끈을 진동시키고 양자를 요동하게 하는 근본원리가 바로 참(體1)이자 도다. 이것이 바로 궁극적 진리이자 진여실제다.

지구의 생명체를 보더라도 이는 마찬가지다. 어떤 한 섬에 단단한 열매가 많아지는 변화가 생기고, 오랜 시간 뒤에 핀치새에 부리가 뭉툭해지는 돌연변이가 일어나고, 부리가 뭉툭해진 핀치새가 단단한 열매를 쉽게 깔 수 있는 장점 덕분에 많이 번식하게 된다. 이것이 자연선택이다. 반면에 장끼 등 새의 수컷이 포식자의 눈에 잘 띔에도 화려한 깃털을 가진 것은 암컷에게 매력적으로 보이기 위함이다. 이것이 성선택이다.

물론 진화에 의도나 설계는 전혀 없다. 진화는 무의도이자 무작위다. 진화란 것이 꼭 발전이 아니라 어느 경우에는 퇴보도 한다. 다만 자연이나 짝들과 상호작용에 의하여 일어난 것이다. 이 과정에서 진화의 시간을 압축하여 생각해보자. DNA메틸화 등 후성유전이 작용하는 특수한 경우를 제외하면, 획득형질은 유전되지 않고 돌연변이에 의하여 아무런 설계 없이 무작위로 자연선택이 일어나지만, 여기엔 자연과 상호작용하며 최적으로 적응하려는 어떤 지향성이 있다는 것이 필자의 생각이다. 한쪽은 완만한 비탈이고 한쪽은 절벽인산에서 완만한 경사를 수천만 년이나 수억 년에 걸쳐 오른 것을 생략한 채 정상에 올라간 것만 바라보고 의도나 목적을 대입하면 창조론자들이나 라마르크처럼 오류를 범하는 것이다. 하지만 비탈이라할지라도 산 정상을 향하여 점진적으로 나아간 그 지향성마저 부정하기는 어렵다.[49] 수천만 종의 생명이 자연선택에 따라 사라지고 진화를 한다 하더라도, 유전자가 철저히 이기적이라 하더라도, 지구상의 생명체에는 자연과 상호작용하면서 이 환경에 최적으로 생존기계가 변하도록 하여 자신의 유전자를 더 많이 확대하려는 지향성이있다.

예를 들어 조슈아 컬렌Joshua A. Cullen, 다카시 마이에Takashi Maie, 헤이코 쇤퍼스Heiko L. Scboenfuss, 리처드 블럽Richard W. Blob 등 크렘슨대학교의공동연구자들은 「진화의 경이 대 굴절적응: 하와이 폭포타기 망둑어의 구강운동기관은 먹이 섭취용인가, 폭포타기용인가」라는 논문에서 재미있는 사실을 알려준다. 망둑어과의 일부 어류는 급류에 쓸려가지 않으며 먹이를 섭취하기 위하여 배지느러미 두 개를 맞붙여 빨판을 만드는 것으로 진화했다. 하와이 폭포타기 망둑어는 100미터에이르는 폭포를 오르며 바위에 붙은 이끼를 먹으려면 배의 빨판만으로는 부족했다. 이들은 입의 아래턱 쪽에도 빨판을 만들었다. 그 후하와이 폭포타기 망둑어는 배의 빨판과 입의 빨판을 교대로 부착하며 100미터에 이르는 폭포를 오르며 먹이를 섭취하게 되었다. 이 물고기는 거센 물살과 중력을 이기려고 배의 빨판만이 아니라 배에서 입에 이르는 모든 살을 동원하여 버텼을 것이다. 그러다가 어느 망둑어의 입 주위의 근육세포에 빨판을 만드는 돌연변이가 나타났고, 입에 빨판이 달린 망둑어가 먹이 섭취에 더 유리하기에 더 많이 번식하게 된다. 컬렌 등은 빨판의 각도와 길이와 먹이를 쓰는 데 사용되는 근육과 절벽을 오르는 데 쓰는 근육에 대한 치밀한 연구를 통해 두 행위가 하나의 적응 행위에서 비롯되었음을 발견했다. 폭포를 오르려는 지향성이 빨판을 만들었는데 폭포에 오르면서 바위에 붙은 이끼를 먹는 데도 사용하고 있거나, 반대로 이끼를 뜯어 먹으려고 턱을 움직이기 위하여 만들어진 빨판을 기어오르는 데 활용하고 있는 것이다.[50] 급류 속에서 바위의 이끼를 먹으려고 지느러미와 배로 버티려는 행위는 수십, 수백 년에 걸쳐서 반복돼도 유전되지 않는 것이고, 돌연변이에 의하여 빨판을 만들어 적응한 행위는 수천수만 년에 걸쳐 일어나고 유전되는 것이다.

돌연변이는 또 어떻게 일어났을까. 다양한 동물과 식물의 발생 과정을 비교하여 공통 조상에서부터 진화한 생물의 공통 요소와 변이를 연구하는 회통의 생물학인 이보디보, 진화발생생물학Evo-devo: Evolutionary Developmental Biology에 의하면, 조절 유전자가 기존의 입과 턱 유전자에게 폭포의 압력을 이겨내며 버틸 수 있는 기교를 부릴 수 있도록 스위치 역할을 하여 세심하게 조정함에 따라 빨판을 형성하는 유전자가 만들어진 것이다. 후자라 하더라도 시간을 압축하면, 100미터에 이르는 폭포를 타고 오르며 바위에 붙은 이끼를 섭취하려는 지향성이 배만이 아니라 입에도 빨판이 쌍으로 달린 하와이 폭포타기 망둑어를 생성시킨 것이다. 잠자리의 날개, 나비의 빨판만이 아니라 현미경으로만 보이는 박테리아 섬모도 얼마나 경이로운가. 이처럼 모든 생명은 자연에 적응하려는 지향성에 따라 그리 아름답고 정교한 생명체와 기관들을 만들어낸 것이다.

이처럼 다른 물질이나 우주, 자연과 상호작용하면서 우주를 생성하고 사라지게 하는 원리와 자연선택의 지향성이 도道가 아닌가. 그 도가 물체와 생명, 인간 사이의 연기에 따라 서로 상호작용을 하고 의지처로 작용하는 것은 아닌가. 또 각 생명체가 자연선택에 따라 종의 분화를 하는 것에는 관여를 하지 않지만, 최초에 자연선택의 원리를 부여하거나 이 지향성을 심은 존재가 신이 아닐까. 다만 축구를 만든 이나 감독이 경기에 관여하지 못하는 것처럼, 최초에 그 원리만 부여하고는 우주와 생명의 진화에는 관여하지 않는 것이 아닐까.

더구나 서양이나 기독교와 달리 동양에서는 무에서 유가 비롯된다고 통찰했다. 불교는 우주의 기원을 무시무종無始無終, 곧 시작도 끝도 없는 시간에 비유한다. 붓다는 모든 물질이나 생명체가 연기에 따라 말미암아 나고 상호작용하고, 그래서 무상하고 공空함을 설파했다. 불교에서 다시 무로 돌아감이 바로 열반이다. 인간은 100년도 채 못살지만, 지극히 짧은 시간에 수백억 년에 걸친 시간의 경과를 사유할 수 있다.

우리는 신이 우리의 기도에 응답하기를 소망한다. 신을 믿고 섬긴만큼 신 또한 우리의 불행을 행복으로 전환하는 데 개입하기를 바란다. 이것이 이루어지지 않으면 신을 원망하기도 한다. 이기적인 소망만이 아니라 선한 자들이 고통을 받고 핍박을 당할 때, 악한 권력에 의해 집단학살을 당할 때, 우리는 신은 과연 어디에 계시느냐고 절규한다. 하지만 자신의 이익을 위하여 신을 이용하는 것은 신을 모독하는 것이며, 아무 때나 신을 부르는 것은 신을 나 개인의 의지처로 전락시키는 것이다. "신은 이 세계 안에서 물리적으로, 화학적으로 또는 생물학적으로 작용하지는 않는다. (······) 신은 진화의 진행과 인간의 자유로운 활동이 이루어지는 곳에는 개입하지 않는다."[51]

"신을 믿거나 부정하는 것은 증명의 문제가 아니다. 그것은 오로지 인간이 자신의 얼굴을 비춰보는 거울로 작용할 뿐이다."[52] 죽어야 할 것은 인간의 실존이나 초월과 별 관련이 없는 실체로서, 최고의 존재자로서, 우주와 생명의 창조자로서 신이다. "신의 존재는 믿음이나 실재의 문제라기보다는 인간이 자신에게 던지는 결단의 문제로 다가온다. 그것은 인간이 전 실존을 걸고 던지는 존재의 결단이다. (······) 신은 인간 존재의 완성과 초월을 가능하게 만드는 존재다."[53] "신은 인간 존재의 유한함과 초월, 의미 체험과 실존적 문제의 근거에 대한 질문에서 의미를 지닌다."[54] 신이 없기에 인간은 실존의 깊은 심층이나 지극한 초월에서 신을 체험한다. "인간의 현재는 신의 '이미 벌써' 주어져 있음과, 그럼에도 불구하고 '아직 아니' 다가온 신 사이의 시간이다. (······) 내 안에 없음에도 초월적으로 신의 존재를 체험하는 것이 인간의 본성인 것이다. (신은 그러기에) 내재하면서 초월한다."[55] 신은 "우리가 느끼는 어떤 존재의 떨림, 초월적 힘에 대한 감수성이며, 존재자로서 인간 존재의 심연에서 우러나는 울림, 존재의 소리를 듣는 영적인 지평에 관계된 개념이다."[56] 경주 남산의 아름다운 불상이 바위에 부처의 형상을 조각한 것이 아니라 장인 마음속의 부처를 드러낸 것이듯, 신은 유한한 존재로서 한계가 많고 불안하고 고독한 인간이 초월하고자 할 때 자신의 내면으로부터 체험하는 무엇이다.

과학과 궁극적 진리의 화쟁

나무의 실체는 영원히 알 수 없다. 하지만 우리는 탄소동화작용이나 광합성 작용을 통해 나무의 실체를 잠시나마 엿본다. 이처럼 체(體2, 몸)는 용用을 통해 드러난다. 그리고 탄소동화작용이나 광합성 작용이 이파리의 형상을 꼴 짓는다. 잎은 햇빛을 충분히 받아들이도록 넓게 벌어지고 바람에 살랑거리며 공기를 내뿜고 열을 발산하도록 부채 모양에서 참새 혀 모양에 이르기까지 가지가지 형태를 갖는다. 이처럼 용(用, 짓)은 상(相, 품)을 만든다. 열대 지역에서 활발하게 광합성과 증산작용을 할 수 있도록 너른 이파리를 가진 고무나무와 사막에서 물을 간직하도록 작고 두꺼운 이파리를 가진 선인장은 다른 특성인 체(體2)를 갖는다. 이처럼 상이 체를 담는다. 이처럼 체는 용을 통해 드러나고 용은 상을 만들며 상은 체를 담으며 이 체는 또다시 용을 낳는다. 체와 용과 상은 영겁순환에 놓인다. 다만 차이가 있을 뿐이다. 일심이 이문으로 나누어지고 이문은 화쟁의 방편을 통해 다시 일심의 체로 돌아가고 이는 다시 이문으로 갈린다. 나무와 그를 이르는 분자와 원자, 소립자들을 아무리 연구해도 나무의 궁극적 실체(體1, 참)엔 다다를 수 없다.

이제까지 논증한 것처럼, 원효의 화쟁사상은 이분법과 분별을 해체하고 일심의 본원으로 돌아가려 한다는 면에서는 신과학과 통한다. 그러나 원효는 당위적으로 이항대립의 사유를 해체하는 데 그치지 않는다. 일심과 이문二門의 회통을 통해 궁극적 진리에 이르는 길을 구체적으로 제시하는 동시에 깨달음에 이르면서도 일상을 영위하고 일상을 영위하면서도 깨달음을 추구하는 삶, 부처와 중생, 깨달음의 세계와 일상의 세계가 둘이 아니라 하나일 수 있는 방편을 제시한다. 다시 말하여 일상의 장에서는 과학적으로 분석하고 해명하면서도 이로 해명되지 않는 참의 부분을 남겨두고 이에 다가가려 한다.

일심의 체용상을 통해 우리는 현대 과학기술이 빚은 위기를 어떻게 극복할 수 있을까? 석굴사(석굴암)의 예는 21세기의 과학기술이 어떻게 이루어져야 하는지 보여주는 좋은 예다. 석굴암엔 가까운 동해변으로부터 습기와 염기를 가득 품은 바람이 불어오고 이는 석조물에 치명적이다. 이를 막기 위하여 일제는 석굴암을 해체하여 콘크리트로 지붕을 둘렀고, 한국 정부는 유리창으로 입구를 막았다. 외부와 내부 온도 차이로 생기는 결로 현상은 더욱 문제였다. 지금도 습기 제거기를 돌리고 있으나 그 진동으로 석굴암의 그 아름다운 불상들은 하나둘 부스러지고 있다. 그러면 천여 년 동안 동해로부터 염분이 많은 해풍이 불어오는 산록에 있으면서도 석굴암은 어떻게 하여 전혀 부식되지 않았을까?

답은 자갈층과 통풍, 그리고 지하 샘이었다. "석굴암은 절묘한 통풍 및 온·습도 조절장치를 몇 가지 지니고 있었다. 한마디로 석굴암이 대자연 속에서 숨을 쉬면서 살 수 있었기 때문에 결국 석굴암이 부패하지 않고 노쇠하지 않으면서 1200여 년을 견뎠다는 이야기다. (……) 감실과 벽석 사이의 틈, (……) 광창光窓이 (……) 동시에 환풍의 기능을 했다. (……) 본실 지붕인 천개석 위를 위시해서 석굴의 외벽에는 직경 십수 센티미터의 돌들이 석 자나 쌓여 있었다고 기록에 나온다. 이 돌들은 얼기설기 얽혀 있어서 다공성多孔性 구조물을 형성하면서 곳곳에 공기를 함유하도록 되어 있는데, 이 자갈층을 통해서 외부공기가 쉽게 안팎으로 드나들 수 있었다. (……) 자갈층 밖에서 들어가는 공기는 (특히 장마철에는) 습기 차고 더운 상태이다. 이것이 차가운 자갈층 내부를 통과하면서 수증기는 응축하여 자갈층에 남고 공기는 차가워진다. 이렇게 차갑고 건조해진 공기만이 석굴암 내부를 향하여 흘러들어간다. 자갈층 내부에서 차가워진 공기는 밀도가 높으니까 자연히 아래쪽으로 흐르는 것으로 달리 송풍기가 없어도 이런 방식으로 차갑고 건조한 공기가 주실 내부를 꾸준히 채우게 되고, 석실 내부는 언제나 뽀송뽀송한 상태가 유지되는 것이다."[57]

또 하나는 지하수다. "석굴암과 같은 석조건축물의 경우, 실내외의 공기 차가 1도만 넘어도 항상 석상 표면에 결로 현상이 일어난다고 한다. 결국 실내와 실외의 온도를 항상 동일하게 하는 것은 아무래도 불가능하다. 문제를 해결하기 위하여 지하수가 석굴암의 본존불 대좌 밑바닥의 암석 기초층을 관통해 흐르게 했다. 이것은 굴 안에서의 위도에 따른 온도 차를 만들어서, 즉 바닥의 온도를 벽면의 온도보다 낮춤으로써 불상 표면의 결로를 방지하는 비책이었다. 결로는 온도가 낮은 바닥에만 생기도록 한 것이다."[58] 일제강점기에 처음 석굴암을 발견했을 때 그 아래로 지하 샘이 있었고 여기서 지하수가 흘렀다고 한다.[59] 일제가 공사를 하면서이 물길을 석굴암 바깥으로 따돌렸다고 한다. 전실이 있든 없든 석굴암의 정면은 개방되었다. 그렇다면 동해에서 염기를 품은 습기 많은 해풍이 불어온다 하더라도 샘물로 냉각된 바닥의 돌을 지나면서 이슬을 맺고, 지상의 공기는 수분을 빼앗겨 건조해지고 이 공기는 천장 바로 아래 감실의 틈과 환기창, 광창을 통해 나간다. 일제강점기 때 보수공사를 하면서 없앴지만, 10개의 감실 가운데 8개의 연기보살 좌상 뒤편에 조그마한 구멍을 내 환기창 구실을 하게 했다고 한다.

팔만대장경 또한 주변의 능선과 바람의 방향, 습도 등을 고려하여 창의 크기를 모두 다르게 하여, 내부로 들어온 공기가 아래위로 돌아 나가도록 하면서 공기 유입량과 유출량을 조절한다. 이 바람에 법보전, 수다라장, 동사간전, 서사간전 등 총 4동의 건물로 구성된 장경판전은 적정 습도를 유지하고 그 안의 대장경 경판들은 750년 동안 원형을 그대로 보존할 수 있었다. 이런 방식은 쓰레기나 오염물질이 배출되지 않는, 엔트로피가 거의 제로의 상태인 방안일 뿐 아니라 완벽한 순환의 체제다.

이처럼 자연을 지배하는 것이 과학이 아니다. 도(道)와 업, 연기의 원리를 알아 자연의 순리를 따르는 것이 진정 새로운 과학의 길일 것이다. 우주 삼라만상을 인간의 잣대로 억지로 질서화할 것이 아니라 짓을 통해 그 연기된 무질서에 가까이 가려 해야 21세기의 과학은 실증적 사실을 넘어 진정한 실체에 다다를 것이며 인간과 전 우주가 하나로 공존하는 길을 열 것이다.

마르크스가 잘 갈파한 대로, 문제는 자본주의다. 자본은 과학의 진리를 도구화하거나 이데올로기로 전락시키고, 과학기술을 상품으로만 변용시키며, 이익을 위해서라면 수백, 수천만 명을 죽음으로 몰아넣는 조작, 오용, 남용도 서슴지 않는다. 골다공증을 예로 들면, 우리는 골다공증을 예방하기 위해서는 우유를 많이 먹어서 일정량 이상의 칼슘을 섭취해야 된다고 생각한다. 하지만 이는 우유를 많이 팔아야 하는 기업과 이에 지원을 받는 연구단체 및 과학자들이 만들어놓은 신화다. "전국낙농위원회는 골다공증은 더 많은 우유를 마시고 더 많은 유제품을 먹으면 예방할 수 있다고 우리가 생각하도록 만드는 데 몇천만 달러를 소비했다. 그러나 유제품의 소비가 골다공증의 예방에 도움이 될 수 있다는 약간의 언질이라도 하고 있는 연구는 전국낙농위원회 자체로부터 연구비를 지원받는 연구들뿐이다."[60] "이에 대한 반증으로 아프리카 반투족 여성들이 하루에 섭취하는 칼슘의 양은 350밀리그램에 불과하다. 그들은 일생 동안 9명의 아이를 배고 태어난 아이마다 2년간 모유를 먹여 기른다. 그런데도 그들은 칼슘 부족을 경험하는 일이 전혀 없어서, 뼈가 부러지거나 이를 잃거나 하는 일이 거의 없다. (전국낙농위원회가) 권장하는 1일 칼슘양이 1,200밀리그램인 상황에서, 그들은 어떻게 하루 350밀리그램의 칼슘만으로 이렇게 할 수 있을까? 그 대답은 의외로 간단하다. 그들은 칼슘을 몸 밖으로 배출해내지 않는 저단백의 식사를 하고 있었던 것이다."[61] "미국에 거주하는 반투족의 골다공증 발생 빈도는 자신들의 이웃인 백인들과 똑같은 수준이니 유전적 요인이 아니라 식생활의 차이다. 반면에 하루에 2,000밀리그램의 칼슘을 섭취하는 에스키모 원주민은 세계에서 가장 고단백의 식사를 하며 세계에서 골다공증 비율이 가장 높은 민족 중 하나다."[62]

일본 핵발전소의 예를 들면, "동일본 대지진으로 심각한 사고를 일으킨 후쿠시마 원전이 소재한 후쿠시마 현의 경우 2009년도까지 교부금 누적금액이 2717억 엔(약 2조 7000억 원)"[63]에 이른다. "정·재계 산업계는 원전을 건설하기 위해 (……) 거액의 자금을 (……) 교부금이라는 명목으로 사방에 퍼붓고 이로 지자체는 그들의 꼭두각시가 된"[64]다. "전력업체들로 구성된 전기사업연합회(전사련)는 돈을 뿌려 정치인, 학자, 언론, 지역 주민을 매수한다. 정치인은 원전 확대와 전기 요금 인상으로 보답하고, 학자는 그럴 수 있는 담론을 조성하며, 언론은 이를 대대적으로 선전하고, 지역주민은 지지를 천명한다. 대신 이를 반대하는 자들은 감시당하고 불이익을 당하며 때로는 구속당한다."[65] 과학적 진리는 보편적이지도 가치중립적이지도 않다. 자본주의의 메커니즘 속에서는 돈의 논리가 과학의 진리를 넘어선다. 이는 자본주의의 해체 없이는 과학적 진리 또한 언제든 이데올로기나 허위로 전락함을 의미한다. 근본적으로 자본주의를 해체해야 하지만 이런 마피아 내지 유착체의 연결 고리를 끊는 운동과 정치적 결단과 이를 제한하는 법의 제정이 필요하다.

아울러 과학자 스스로 인문학적이고 사회학적인 성찰을 해야 함은 물론 이들의 연구 윤리와 책임을 제도화하여야 한다. 노벨Alfred Bernhard Nobel은 작은 충격으로 쉽게 폭발하는 니트로글리세린으로 인하여 많은 사람이 참상을 당하는 것을 보고서 이를 막고자 연구를 거듭한 끝에 니트로글리세린을 모래(규조토)에 흡수시켜서 다이너마이트를 발명했다. 다이너마이트는 단단한 고체로 불을 붙이기 전에는 폭발하지 않아 토목공사와 광산개발에 이용되었지만 전쟁 무기로도 사용되었다. 인류를 구원하기 위한 목적으로 만든 이것이 인류를 대량으로 살상할 수 있는 지평을 열었다. 이 아이러니에서 보듯 아무리 윤리와 도덕성을 철저히 갖춘 과학자라도 인류 평화를 위해 행한 연구가 오히려 인류의 재앙이 될 수 있다. 그러기에 과학자들은 범인 이상의 윤리를 갖춤은 물론 인류의 미래에 대한 인문학적이고 사회학적인 성찰을 할 수 있어야 한다. 황우석처럼 최고의 기술을 가지고 있다고 하더라도, 생명에 대한 존엄성과 철학이 없다면 한갓 줄기세포를 다루는 기술자에 불과하다. 그럴 리 없지만, 설사 황우석 교수가 찰스 다윈Charles Robert Darwin이나 아인슈타인에 버금가는 연구를 행한다 하더라도, 생명에 대한 존엄성과 윤리 수준이 2005년 당시의 황우석 수준에 머문다면 그는 과학사에 프랑켄슈타인으로 기록될 것이다. 이에 생명에 관한 윤리와 철학, 비전을 정립하고 이를 제도화해야 한다.

과학에서 일심과 이문, 일상과 궁극적 진리가 화쟁할 길은 무엇인가. 이문과 일상의 영역에서는 과학기술이 사회의 변화를 이끌 것이다. 무엇보다도 스마트폰과 3D프린터는 생산력에서만 변혁을 야기하지는 않을 것이다. 이를 정점으로 한 새로운 기계들이 생산력의 혁신을 가져오고 이는 (낡은) 생산관계와 모순을 빚으며 운동을 하다가 새로운 생산관계로 전화하며 사회를 혁신적으로 변화시킬 것이다.

일심과 궁극적 진리의 영역에서는 과학이 앞으로 몇만 년 더 발달하더라도 우리는 궁극적 진리에 이를 수 없다. 설혹 힉스 입자를 규명하고 암흑물질에 대해 과학적 분석이 가능하다 하더라도 우주가 만들어지고 생명이 창조된 그 궁극적 원리에는 다다를 수 없을 것이다. 서양의 과학자들은 나뭇잎을 떼어내 현미경 앞에 놓고 분석하여 이를 생물학이라 내놓는다. 그러나 살아서 생동하면서 숲의 다른 나무, 같은 나무의 다른 잎들과 서로 의존하며 인과의 다발로 맺어졌던 관계에서 떨어져 나와 이미 죽은 나뭇잎 하나가 나무 전체에 대해서 무엇을 말해줄까? 자연을 지배하는 것이 과학이 아니다. 석굴암처럼, 업과 연기의 원리를 알아 그 순리를 따르는 것이 진정 새로운 과학의 길이 아니겠는가. 우주 삼라만상을 인간의 잣대로 억지로 질서화할 것이 아니라 용을 통해 그 무질서에 가까이 가려 해야

21세기의 과학은 실증적 사실을 넘어 진정한 실체에 다다를 것이며 인간과 전 우주가 하나로 공존하는 길을 열 것이 아닐까. 우주 삼라만상의 알 수 없는 체體를, 용을 통해 터득하여 그 원리에 부합하는 과학기술을 개발하는 것, 일상의 영역에서도 우주와 자연과 온 생명이 서로 의지하고 작용하며 차이를 만들며 순환하고 생명성을 발현하는 그 원리대로 사고하고 살아가는 것, 그 원리에 부합하게 기술이나 도구를 만들고 활용하는 것이 진정 21세기 과학기술이 지향해야 할 참다운 길이리라.

6장

근대성의 위기

: 포스트모더니즘 비판 대 인언견언因言遣言론

근대성의 모순

근대화가 이루어질수록 이성은 더욱 도구화한다

벌써 여러 해 전이다. 독실한 기독교도였던 한 아이의 부모가 세상 사람들을 안타깝게 한 적이 있다. 그들은 병원에 가서 간단한 수술만 하면 살릴 수 있는 아이를 하나님에 대한 신앙이 부족하여 그런 것이라며 병원을 거부하고 기도만 했다. 한 목사 부부는 병에 걸린 자신의 자식에게 안수기도를 하다가 죽였다. 중세 말기 유럽에서도 그랬다. 두통이 심한 환자가 찾아가면 신부는 악마가 깃들어서 그렇다며 면죄부를 살 것을 요구했고, 그러고도 낫지 않으면 악마를 내쫓는다는 구실로 정으로 머리에 구멍을 뚫기도 했다. "연이은 흉작, 인구감소기, 기근과 전쟁 등의 요인도 있어서 정확히 추산하기 어렵지만",[1] 1347년에서 1351년 사이 유럽에서만 인구의 거의 1/3에서 절반가량인 7500만 명에서 2억 명 사이의 사람이 페스트로 죽었다.[2]

온 유럽에 죽음의 그림자가 드리웠고 시체 썩는 냄새가 마을을 뒤덮었다. 자고 나면 여기저기서 통곡의 소리가 들렸다. 과학적이고 의학적인 진단과 처방이 전혀 없었던 것은 아니지만, 상당수의 성직자는 이를 신의 형벌로 간주하고 기도가 부족하다며 대중을 교회로 내몰아 페스트가 더 빨리 번지게 했다. 채찍질 고행파Confraternities of Flagellant는 신의 벌로 해석하고 채찍질로 자신의 몸을 때리는 고행으로 죄를 씻으라고 강요했다. "이들의 신입회원들은 33일과 3분의 1일 동안 매일 세 번씩 채찍질하겠다고 맹세해야 했으며, 이 도시 저 도시들을 떠돌아다니는 이들은 페스트를 옮기는 매개체가 되었다. 이들은 처음에는 상당히 절제하며 행동했으나 점점 과격해져 인종대학살을 선동하고 유태인을 발견할 때마다 죽였다."[3]

"나는 알파요 오메가다"란 『성경』의 말씀대로 전지전능한 신, 신의 대리자인 교황만이 모든 진리와 허위를 가리는 유일한 준거였다. 아무리 신앙심이 강한 신부라도 교황청에서 파견한 심판관이 이단이라고 결정하면 이단자로 추방당했으며, 하늘을 우러러 한 점 부끄러움 없이 살아온 처녀라도 마녀라고 심판을 내리면 화형에 처해졌다. 그러나 페스트와 마녀재판에서 인류를 구원한 것은 기도가 아니라 이성과 과학이었다. "소빙기로 기온이 내려가고 사람들의 내성이 생긴 것도 기인하지만 영양을 개선하고 환자를 격리하고 검역을 실시하고 방역 등 공중보건 정책을 실시하면서 페스트 시대는 막을 내렸다."[4] 마녀는 애초부터 없었다. 성직자들이 페스트로 정당성을 상실하자 이를 만회하고 권력을 되찾기 위하여 이민족의 여성과 과부를 타자화하여 희생양으로 삼은, 대중의 공포를 이용한 환술幻術일 뿐이었다.

인간은 이성을 가진 존재이며 그 이성으로 허위와 진리를 판단할 수 있고 궁극적 진리, 혹은 이데아에 이를 수 있다. 이런 인식에 이르자 인간은 신의 종속에서 벗어나서 그 스스로 세계를 바라보고 그가 주체가 되어 세계에 대응했고 그의 뜻에 따라 세계를 새로이 구성했다. 중세가 마감하고 근대가 열린 것이다. 수억의 인류가 70억으로 급팽창하여 먹고살 수 있도록 생산의 대혁신이 일어난 것, 소수의 귀족만이 아니라 대다수 대중이 정치에 참여하고 문화를 향유하며 자유를 누리게 한 것, 악마가 부리던 마술이라 여겼던 대다수 질병을 정복하고 평균수명을 두 배로 늘린 것, 그것이 바로 '이성의 힘'이다.

세상이 암흑과 무지몽매함 속에 빠져 있을 때 이성은 계몽의 빛이자 해방의 빛이었다. 과거만이 아니다. 아직도 무지몽매함이 지배하는 장에서 이성은 계몽의 힘을 갖는다. 합격발원기도를 명목으로 수백만 원을 받는 종교인에게 어떤 하나님이나 부처님도 남의 자식을 떨어뜨리고 내 자식을 붙여달라는 기도를 들어주지 않을 것이라고 비판할 때, 더 악랄한 고문을 해야 비밀이 나올 것이라는 고문관에게 그래서 터져 나올 말 몇 마디보다도 더 소중한 것은 인간의 존엄성이며 진실은 뼈와 살 속에 들어 있지 않다고 설득할 때, 국가 안보를 이유로 반대 세력을 탄압하는 위정자에 맞서서 그것은 국가 안보가 아니라 너희만의 안위와 권력 유지를 위한 것이라며 비판할 때 이성은 정녕 빛이다.

그러나 또 다른 한편에서 이성은 도구화하고 있다. 지배자가 국민을 더욱 조작하고 통제하는 제도와 정책을 강요하면서 국가 전체의 효율적 발전이란 이름을 빌려 합리성을 가장할 때, 오로지 가장 빠른 시간 내에 가장 적은 원료와 인력을 투입하여 가장 많은 생산을 이루고자 노동자의 작업리듬, 동선, 심리 등을 정확히 계산한 시스템을 운영하여 노동자들의 자율성과 연대를 깨고 그들을 스스로 복종하는 기계 부속품으로 삼을 때, 소비자들의 욕망과 무의식을 체계적으로 분석하여 그들을 유혹하는 이미지와 상징으로 과잉소비를 이끌어낼 때 이성은 더 이상 계몽의 빛이 아니다. 인간을 통제하고 억압하는 도구에 지나지 않는다. 문제는 근대성이 강화하면 할수록, 과학기술이 발전하면 할수록 이성의 도구화 또한 더 심화한다는 것이다.

이성에 대한 회의는 이것만이 아니다. 이성은 더 이상 궁극적 진리를 밝히는 것이 아니다. 우리는 이성을 통해 유리알처럼 명징하게 진리에 이를 수 있는가? 이성으로 인식했으면 그것은 이미 진리가 아니지 않은가? 진리는 이성과 언어 저 너머에 있는 것이 아닌가? 이것이 진리인지 저것이 진리인지 확정할 수 없다면 우리는 과연 무엇을 할 수 있는가?

중세, 근대, 탈근대에서 토대와 상부구조

근대성이나 탈근대성은 세계관에서 정치, 경제, 사회문화, 예술의 경향, 대중의 일상을 아우르는 총체적이고 복합적인 개념이다. 기후의 장에서는 제비 한 마리만 보고도 봄이 왔다고 말하는 것이 타당하지만 문화나 사회 현실의 장에서는 징후와 현실을 동일화하는 것 자체가 오류다. 그럼에도 대다수 학자가 자본주의의 맹아나 합리성,

근대국가의 출현 등 이 복합체의 한 단면이나 징후만을 근대성으로 추출하고 이것과 유사한 것이 특정 시대에 있는지 없는지 그 여부를 따지는 식으로 논의를 진행했다. 이 경우 다른 부분의 논의가 미제로 남거나 아니면 그것이 그 주장을 부정하는 반증이 될 가능성이 크다. 또 의미는 실체론적으로 동일성을 갖는 것이 아니라 차이의 관계 속에서 드러나는 것이다. 이에 중세성, 근대성, 탈근대성의 개념을 차이의 맥락에서 총체적으로 규정한다.

모더니티는 토대이고 모더니즘은 이에 대한 상부구조다.[5] 근대성에 관한 논의가 관념성을 벗어나려면 토대, 토대의 바탕인 사회적 삶과 연관하여 연구되어야 한다. 근대성의 논의에 물질성을 부여하고 이것이 사회적 삶의 반영이자 표현임을 상기하자. '결정'의 범위와 강도에 대해서는 어느 정도 유연하게 바라보아야 하지만, 토대는 상부구조를 결정한다.

토대는 '경제일반'이 아니다. 토대는 주어진 사회발전단계에서 인간이 물질적 부를 생산하는 과정에서 맺어진 사회의 경제제도—주어진 사회에서 지배적인 경제의 틀, 사회적인 생산관계의 일정한 틀—를 형성하고 있는 생산력과 생산관계의 총체를 의미한다. 생산력은 인간이 자연과 노동과 생산을 매개로 맺고 있는 관계로 재화를 생산하는 인간의 육체적이고 정신적인 능력의 총체로서 노동력, 기계나 원료처럼 재화의 생산에 필요한 물질적 요소인 생산수단(노동수단+노동대상)을 종합한 것이다. 생산관계는 생산이 사회와 맺고 있는 관계를 가리킨다. 이것을 다시 풀어서 설명하면, '생산수단을 개인이 소유하는가, 공동으로 소유하는가. 구성원 각각의 사람들 사이의 관계, 특히 활동의 상호 교환이 어떻게 이루어지느냐, 다시 말

하여 잉여노동력을 착취하느냐, 하지 않느냐. 생산수단의 분배 형태
는 개인적으로 이루어지는가, 집단적으로 이루어지는가. 지배와 종
속 관계인가, 상호 협력의 관계인가?' 등등의 총체를 뜻한다. 이처럼
토대는 주어진 사회 안에서 생산을 매개로 사람과 자연이, 사람과
사람이, 사람과 제도가 맺고 있는 관계의 총체를 뜻한다. 이에 대해
상부구조는 주어진 경제적 토대에 서 있는 정치적, 도덕적, 예술적,
종교적, 철학적 및 기타 견해들과 그에 상응하는 기관인 국가, 학교
와 교회 등등을 의미한다. 마르크스와 엥겔스의 말을 들어보자.

사람들은 자신의 삶을 표현하는 방식대로 존재한다. 그러므로 그들
이 어떻게 존재하는가는 그들의 생산, 즉 '무엇'을 생산하는가 그리고
'어떻게' 생산하는가와 일치한다. 이렇듯 사람들이 어떠한 존재인가
는 그들이 수행하는 생산의 물질적 조건들에 따라 좌우된다.[6]

인간은 그들의 생활의 사회적 생산에서 그들의 의사에 의존하지 않
는 일정한 필연적인 관계, 즉 그들의 물질적 생산력의 일정한 발전 단
계에 상응하는 생산관계에 들어선다. 이 생산관계의 총체는 사회의
경제적 구조, 즉 현실적 토대를 이루는데 그 위에 법률적 및 정치적
상부구조가 서며 일정한 사회적 의식 형태들이 그것에 상응한다. 물
질적 생활의 생산방식은 사회적, 정치적 및 정신적 생활 과정 일반을
제약한다. 인간의 의식이 그들의 존재를 규정하는 것이 아니라 반대
로 그들의 사회적 존재가 그들의 의식을 규정한다.[7]

물질적 조건에 따라 인간이 관계를 맺으며 사고하고 행동하는 양

식이 변한다. 생산도구가 한 단계 발전하면 생산력이 달라지고, 생산수단의 소유와 교환, 분배 등 생산물을 매개로 한 인간과 인간 사이의 관계가 변하며, 이런 모든 관계를 사유하고 상상하는 방식과 인간이 자연, 타자, 사회와 관계를 맺으며 존재하는 양식이 변한다. 토대가 상부구조를 결정하는 것이지 종속변인인 상부구조가 토대를 결정하지 못한다. 상부구조가 토대를 결정하는 것으로 생각하는 것은 과학적 사고가 아니다. 토대 결정론적 관점에서 볼 때, 당시 사회의 생산관계나 생산양식에 대한 분석이 없이 행해지는 모더니즘·포스트모더니즘 연구는 당대 현실의 구체성이나 물질성을 배제한 관념적 논의이자 과학이 아니라 연구자의 해석일 뿐이다.

하지만 토대가 상부구조를 일방적으로 결정한다는 생각 또한 교조적이다. 플레하노프Georgii V. Plekhanov가 행한 식으로 사회경제적 요인이 상부구조인 문학과 예술을 결정한다는 이유로 문학과 예술을 사회경제적 요인의 결과물로 해석하는 방식은 속류 마르크시즘의 반복이다. 마르크스 자신도 『프란츠 폰 지킹겐Franz von Sickingen』을 놓고 라살레Ferdinand G. Lassalle와 주고받은 서한과 생산력이 미약했음에도 위대한 예술을 산출한 그리스 문화를 관찰하고서 상부구조의 변화는 경제적 토대의 변화의 결과로 다소 빠르게 올 수도 있고 다소 늦게 올 수도 있다는, 즉 물질적 생산의 발전과 예술적 생산의 발전 사이에 불평등한 관계가 있을 수 있다는 견해를 피력했다.

마르크시즘을 부정하지 않으면서 교조적 마르크시즘을 지양하면, 토대가 상부구조를 결정하지만 범위만을 결정하며 상부구조 모두에 똑같이 영향을 미치는 것은 아니라는 통찰에 이르게 된다. 문학과 예술은 토대의 영향을 받지만, 상부구조 가운데 가장 덜 결정적이다. 이럴 경우 문학과 예술에 현실의 구체성과 물질성을 부여할 수 있을뿐더러 문학과 예술이 사회경제적 요인으로부터 자율적인 영역을 확보할 수 있다. 더 나아가 헤겔의 타율적 미학과 칸트Immanuel Kant의 자율적 미학을 종합할 수 있다. 문학과 예술이 사회경제적 요인의 영향을 받으므로 사회경제적 요인과 문학과 예술작품을 관련하여 해석하는 것과 문학과 예술을 이들로부터 독립적인 순수한 미적 텍스트로 놓고 해석하는 방식을 결합할 수 있다. 문학과 예술작품의 구성 원리와 목적, 내용과 형식, 맥락과 텍스트, 의미와 구조, 나아가 진정성과 낯설게하기를 종합할 수 있는 길이 열린다.

예술작품은 상부구조의 다른 요소들과 고립된 것이 아니라 서로 침투하고 있다. 상부구조로서의 예술이 토대에 영향을 받긴 하지만 일정한 자율성을 가지며 여타 상부구조(이데올로기, 법, 정치, 헤게모니 등)와 관련을 맺고 있는 것이 사실이라면, 토대-상부구조의 결정론적 축보다 예술이 법, 정치, 이데올로기, 헤게모니 등 여타 상부구조와 어떤 관련을 맺는지가 중요하다. 예술작품의 분석 또한 토대에 영향을 받는 부분과 자율적인 부분을 분절하고 이 두 영역 간의 변증법적 상호관계, 텍스트의 내재적인 것과 텍스트 외적 배경을 '매개'하는 것에 대한 구체적인 분석, 텍스트와 여타 상부구조와의 관련에 대한 변증법적 분석 등이 뒤따라야 총체적인 작업이 될 것이다.

토대를 나누는 것은 생산력과 생산양식의 차이다. 상부구조에서 중세와 근대, 탈근대를 가르는 변수 중 가장 중요한 것은 성스러운 세계(신, 종교)와 비속한 세계(인간, 일상생활)의 관계, 세계에 대한 이해와 해석 양식, 진리 내지 이데아의 개념과 이해 방식, 자아나 주체에 대한 관점, 이 모든 것을 표상하는 방식의 차이다. 이것이 중세와 근대, 탈근대에 따라 어떤 변모 양상을 나타내는지 개괄적으로나마 살피고자 한다.

간단히 말하여, 중세는 장원을 중심으로 농노가 철제 농기구를 이용해 생산을 담당하고 토지 등 거의 모든 생산수단을 소유한 영주와 영주로부터 일정한 봉토를 위임받은 귀족이 농노의 노동과 생산을 수탈하는 봉건적 생산양식을 토대로 한 사회다. 근대는 석탄과 석유를 태워 에너지를 생산하는 증기기관, 전기 및 연소기관을 생산력의 바탕으로 하여 공장 등의 생산수단을 소유한 자본가가 포디즘Fordism의 대량생산체계를 통해 노동자가 생산한 잉여가치를 착취하여 자본축적을 이루는 자본제 사회다. 탈근대사회는 다국적자본이 전기, 핵 등을 연료로 하여 인터넷, 로봇, 인공위성 등 첨단 과학기술을 바탕으로 전 세계에 걸친 공장, 시장과 유통망을 활용하여 노동자가 생산한 잉여가치를 착취하고 금융 및 신용 체제를 이용하여 수탈하여 자본을 축적하는 후기자본제 사회다.

중세가 장원경제와 농업을 기반으로 한 전산업사회라면, 근대는 산업혁명을 기점으로 증기기관, 전기 및 연소기관을 동력으로 하여 산업의 획기적 발전을 이룬 산업사회다. 탈근대는 화석연료, 전기, 연소기관을 중심으로 산업생산을 이루는 데서 벗어나 전자와 컴퓨터와 인터넷과 첨단 과학기술을 바탕으로 정보와 지식을 생산하고 상호 교환하는 탈산업사회다.

산업자본주의는 해묵은 제약과 제도, 속박 관계, 기존의 가치관과 세계관, 낡은 문화와 관습을 해체하면서 기존의 세계와 전혀 다르게 새로운, 이른바 '모던 사회'를 구축했다. 정치적으로는 사회의 전면에 나선 부르주아가 봉건적인 정치질서 및 왕정 체제를 해체하고 왕족과 귀족을 몰아내고 주인으로 군림했으며, 모든 제도와 법, 가치, 생산과 분배 체계를 국가에 통합하는 근대 국민국가를 형성했다. 경제적으로는 장원을 무너뜨리고 공장에서 대량으로 생산이 이루어지는 공장제 생산, 시장에서 모든 재화의 수요와 공급이 이루어지는 시장 체제, 자본의 소통을 통한 이윤축적이 가능한 금융자본 체제를 형성했다. 도시에 대규모의 공장이 세워지고 수많은 농부가 고향을 떠나 이곳에서 일하고 그 대가로 임금을 받고 소비 행위를 하면서 거대한 도시와 시장이 형성되었다. 이로 농촌 공동체는 해체되고 도시화와 핵가족화, 시장화가 급속히 이루어졌다. 종교적 순종, 공동체의 전통 및 규약, 봉건적 주종 관계, 가부장적 질서는 낡은 것으로 치부되고 세속화, 개인화, 자유화, 물화, 탈주술화가 새로운 가치이고 지표였다. 합리적 사고와 가치관, 물질적 풍요, 자유로운 개인, 정당성을 갖는 국가가 근대사회의 밝은 면이었다면, 빈부 격차, 공동체의 해체, 소외와 불안의 심화, 국가와 자본의 유착에 따른 국가의 정당성 위기, 전 지구 차원의 환경 위기 등이 어두운 면이었다.

중세성 · 근대성 · 탈근대성의 개념 차이

유럽에서 중세는 서로마제국이 멸망(476년)하고 게르만 민족의 대이동(4~6세기)이 시작된 5세기부터 시작되었다. "9세기 초에 샤를마뉴Charlemagne 대제는 그리스 로마 문화와 게르만 전통의 봉건적 질서, 기독교 세계관이라는 세 가지 이질적 요소를 융합시켜서 유럽적 중세의 밑그림을 그렸다."[8]

중세는 신 중심의 사회다. "나는 알파요 오메가다"란 『성경』의 말씀처럼 신이 세상을 창조하고 신의 의지와 간계에 따라 우주 삼라만상을 지배하고 통제한다고 생각했다. 중세는 신의 이름 아래 모든 것이 하나로 통합되었고, 시대마다 나라마다 차이는 있지만 신으로부터 권위와 권력을 위임받은 왕이 신민을 복속시킨 신정일치의 시대였다. 자연은 두려움의 대상이었고, 그 자연의 주재자는 신이라 생각했다.

14세기에서 1530년까지 진행된 르네상스를 기점으로 산업혁명

〈표 3〉 중세·근대·탈근대 개괄

		중세	근대	탈근대
상부 구조		신중심주의	인간중심주의	생태론적 패러다임
		신성의 지배	이성과 합리성의 원칙	이성중심주의logo-centrism의 해체, 차이différance
		신이 진리	진리의 절대성과 보편성	진리의 상대성, 불가지성
		미신과 주술	과학, 확실성, cosmos	자연, 불확실성indeterminacy, chaos
		선善, 또는 신神이 미美	예술의 세속화와 자기 목적성 추구	해체deconstruction, 단편화fragmentation, 혼성성hybridity
		신에게 복속된 자아	주체, 동일성	상호주체성, 차이, 타자성alterity
		생의 공간과 타계他界	현실, 재현의 가능성	시뮬라시옹, 재현의 불가능성unrepresentability
		원환적 시간	직선적, 절대적 시간	상대적, 중층적 시간
		천동설의 공간관	지동설의 절대적 공간관	시공간의 압축과 상대적이자 연기적인 공간관
		성경	정전canon	탈정전화decanonization, 대중주의populism
		그리스와 로마 중심주의	유럽중심주의	세계화와 지역화
		봉건제국	국민국가	트랜스내셔널
		중심의 문자	국가의 문자	이미지
토대		봉건 체제 (수력 등 자연과 육체연장 도구에 기초한 생산력과 귀족이 농노를 수탈하는 생산관계)	자본제 (화석연료와 모터 결합의 생산력과 자본이 노동자를 착취하는 생산관계와 포디즘)	후기자본제 (전기, 핵과 시스템 결합의 생산력과 다국적 기업과 자본-국가 카르텔이 노동자를 착취, 수탈하는 생산관계와 포스트포디즘)
		전산업사회	산업사회	탈산업사회

과 자본주의의 발전이 이루어졌고 이로 형성된 근대는 신을 죽이고 그 자리에 대신 인간을 세웠다. 인간은 합리적인 사고를 통해 이데아에 이를 수 있는 존재이자 자기 앞의 세계를 자신의 목적과 의도에 따라 변화시킬 수 있는 주체다. 그는 합리적이고 과학적인 사고를 통해 자연에 내재한 법칙을 이해하여 미신과 주술을 퇴치하고 그의 목적과 의도대로 자연을 이용했다. 자연과 인간을 이원적으로 나누고 정복의 대상으로 삼아 착취하고 개발하여 산업화를 이루었다.

탈근대는 이런 인간중심주의에 따라, 인간의 의도와 이해관계에 따라 자연을 개발하고 착취하여 산업화하는 바람에 '전 지구 차원의 환경 위기'라는 모순을 야기했다고 판단하고, 인간과 자연을 서로 깊이 연관되고 상호작용하는 유기적 관계로 파악하고 자연과 인간이 서로 공존할 수 있는 생태적 패러다임과 삶을 지향한다.

중세는 신성이 지배하는 시대였다. 신이 우주 삼라만상을 창조하고 이를 주재했으며 인간의 삶도 신의 뜻에 따른 것이다. 신은 곧 이데아였으며, 신성에 도전하는 것은 이단이었다. 왕조차도 이에 도전할 수 없었다. 해가 뜨고 지는 천체의 운행에서 한 나라가 흥하고 망하며, 한 개인이 죽고 사는 문제는 모두 신의 섭리에 따라 이루어지는 것이었다. 이성이 없는 것은 아니었지만, 이는 신의 빛을 더하기 위한 방편이었다. 신의 말씀을 합리적으로 분석하고 보편적으로 설득할 수 있도록 해석하는 데 한하여 이성은 동원되었다. 하지만 계몽주의자들의 비판과 연구, 페스트와 면죄부, 마녀재판 등 신성에 회의를 품을 만한 일들이 중세 말기에 연이어 발생하면서 사람들은 이 세계가 신비롭고 불가사의한 초월적 존재에 의해 움직이는 것이 아님을 깨달았다.

근대에 들어서자 사람들은 이성에 의해 자연과 세계를 인식하고 이해할 수 있고 판단할 수 있으며 더 나아가 인간의 목적대로 세계를 만들 수 있다고 생각하기 시작했다. "근대 인간은 개체 인간으로서의 고유한 권리를 지니면서도, 이 개체성을 보증할 어떤 보편성을 추구하게 된다. 근대의 이성은 더 이상 신적 이성, 존재론적 이성이 아니라 인간의 이성으로 이해된다. 그러한 이성은 신神적인 빛이란 중세적인 보편성을 넘어, 주체가 지닌 합리적 이성의 보편성을 가리키게 된다."[9] 근대인은 신이 아니라 이성에 의해 이데아에 이를 수 있음도 확신했다. 헤겔이 『법철학강요』 서문에서 밝힌 대로 "이성적인 것은 현실적이고, 현실적인 것은 이성적이다Was vernünftig ist, das ist wirklich; und was wirklich ist, das ist vernünftig".[10] 특히 합리성이 시장경제와 관료 행정의 영역과 결합하면서, 이는 주어진 목적을 어떻게 효과적으로 달성하는가, 곧 최소의 에너지와 비용을 들여 가장 빠른 시간에 최대의 목적을 달성하는 방법이나 과정을 의미하게 되었다. 근대에 들어 합리성은 진리에 이르는 길일 뿐만 아니라 인간 사회가 나아갈 지표였으며, 인간의 거의 모든 행위와 제도를 규정하는 기준이 되었다.

반면에 인간은 탈근대에 들어 이성이 오히려 도구화하고 있음을 간파하고 이런 합리성을 목적적 합리성이라 비판하고 소통적 합리성을 추구한다. 가장 빠른 시간에 가장 적은 에너지와 비용을 들여 최대의 효과를 얻고자 노동자를 통제하는 포드시스템을 운영할 때 이성은 오히려 인간을 억압하고 통제하는 기제로 작용한다. 궁극적으로 이성으로는 이데아에 이를 수 없음을 간파하고 이성중심주의를 해체하고자 한다. 물리학이 발달할수록 원자 및 물질의 비밀이 밝혀지지만 더 많은 것이 미궁으로 남듯, 이성으로 깨우친 진리란 궁극적 진리의 표층일 뿐이며, 진리란 이성 저 너머에 자리한다. "우리가 지난 세기 동안 영광을 누렸던 이성이 사고의 가장 완전한 적대자란 것을 체험할 수 있을 때, 비로소 사유는 시작된다."[11]

해체를 주장하는 이들에게 세계란 츠이différance가 드러난 것, 츠이의 체계 속에 쓰여 드러난 것, 현전과 부재가 끊임없이 교차하여 일어나는 유희에 불과하다. "츠이는 공간에 따라 차이가 나고 시간에 따라 현전을 연기함을 의미한다. 이러한 차이들은 이 자체가 실체가 아니라 구조 자체가 만들어내는 효과다. 츠이는 존재하지도 않으며, 그럼에도 존재하지 않는 모든 것이 마치 존재하는 양 표상한다. 츠이는 낱말도 아니며 개념도 아니다. 그것은 어떤 개념이나 도식, 확정성의 사유에 포함되지 않는 전략적 부호, 또는 결합을 알려주는 기표일 뿐이다. 츠이는 속이 비어 있고 단순하지 않는 개체로 차이의 기원을 다시 차이 나게 한다."[12]

중세엔 신이 곧 진리였다. 『성경』에 쓰인 신의 말씀만이 오로지 진리였으며, 신의 대리자인 교황이나 성직자들의 말씀이 이를 보증하고 심판했다. 신이나 성직자의 말씀에 어긋나는 것은 이단이고 허위였다.

근대에 들어 계몽주의자들은 이를 성직자들이 세계를 혼란 속에 던져놓아 지배의 권위를 확보하고 이해관계를 관철하기 위한 거짓말이나 이데올로기로 단정하고 이성과 과학을 바탕으로 절대적이며 보편적인 진리를 추구할 수 있다고 주장했다. 인간은 과학적 실험을 통해, 과학적 도구를 이용하여 진리에 다가갈 수 있으며 사상의 공개 시장에 진리와 허위를 던져놓더라도 이성의 분별력에 의해 진리를 판별하고 이성의 자동 조절 작용에 의하여 진리를 고수할 수 있다. 만유인력의 법칙처럼 진리란 것은 언제 어디서나 두루 적용할 수 있는 보편성을 가졌으며 인간의 주관을 떠나 객관적으로 입증과 검증이 가능한 것이었다.

하지만 뉴턴의 역학은 아인슈타인의 상대성원리에 의해 무너지고, 하이젠베르크의 불확정성의 원리는 물리학 분야만이 아니라 진리 자체의 보편타당성에 대해 회의하게 만들었다. 탈근대에 들어 진리는 상대적인 것, 인간의 이성으로 헤아릴 수 없고 무엇이라 확정할 수도 없는 것이 되었다. 니체Friedrich Nietzsche는 진리를 향한 의지는 권력을 향한 의지임을 간파했고, 푸코는 지식이란 타자에 대한 힘, 타자를 지배하는 힘이라 규정한다. 지식 없이 권력이 행사되는 것은 가능하지 않고 권력을 창출하지 않는 지식이란 없다. 푸코가 보았을 때, 권력은 사상事象을 산출한다. 즉, 권력은 쾌락과 인식의 형식을 유발하며 담론을 산출한다. 모든 담론은 단지 여러 입장에 지나지 않으며, 담론 자체가 이미 권력이다. 지식은 권력의 보조수단이 아니라 구성요건이다. 원형감옥의 예에서 보듯, 지식은 이제 해방을 가져오는 수단이 아니라 감시, 제재, 구속의 양식이 되었다. 인간 또한 권력, 권력이 지배하는 지식과 담론과 규율 체계, 제도에 의해 구성된 것에 불과하고, 이들이 엮어내는 사건이나 역사 또한 어떤 목적을 지향하는 것도 이성이나 집단의 자유의지에 의해 창조되는 것도 아니다.

면죄부, 페스트, 마녀사냥, 연금술에서 보듯 중세는 미신과 야만이 지배하던 '주술의 정원'이었다. 두통이 생겼을 때 사탄이 머릿속에 있기 때문이라며 정으로 머리를 쪼는 것이 중세라면, 머리에 산소가 제대로 공급되지 않아서 그러니 산소가 많은 숲이나 바닷가를 산책하거나 두통약을 먹으라고 하는 것이 근대다. 갈릴레이가 망원경을 통해 혹성을 관찰하고 천동설을 고집하는 성직자들에 맞서 "그래도 지구는 돈다"라고 선언했듯,[13] 근대는 주술의 정원에서 벗어나 과학적으로 사고하고 행동하는 사회, 과학적 방법을 통해 진리를 검증하고 규명하는 사회다. 미지의 세계는 과학적 관찰과 실험에 의해 인식과 이해가 가능한 세계로 속속 편입되고 혼돈의 영역은 범주와 체계에 의해 설명과 관리가 가능한 코스모스의 영역으로 전환했다. 과학은 인간과 생명의 기원과 진화, DNA 연구, 우주의 기원과 물질의 구조 등에 대한 연구를 통해 신의 영역에 도전했을 뿐만 아니라 신이 비과학적 사고에 의해 '만들어진 허구'임을 선언했다. 과학과 기술 및 산업 생산이 서로 긴밀한 관계를 맺으면서 과학과 기술이 부가가치를 생성하는 바탕이 되었으며 과학기술의 발전으로 인간은 엄청난 생산의 혁신을 이루게 되고 그동안 신에게 의지했던 빈곤, 질병, 자연의 재해 등의 문제를 거의 해결했다.

하지만 이미 1960년대에 경제학자 갈브레이드John Kenneth Galbraith는 제2차 세계대전 이후의 서구 세계를 '불확실성의 시대'로 규정지었고 프랑크푸르트학파는 과학의 도구화와 이데올로기화를 비판했다. 프랑크푸르트학파의 적자인 하버마스는 과학과 기술의 논리가 하나의 보편적 기준으로 사회의 모든 영역에 깊이 침투하고 과학 및 기술주의가 정치적 문제 해결에 광범위하게 이용되면서 생활 세계마저 식민지화했다고 지적한다. 토마스 쿤Thomas S. Kuhn의 '패러다임 이론', 하이젠베르크의 '불확실성의 원리', 파울 칼 파이어아벤트Paul Karl Feyerabend의 '과학의 다다이즘' 등은 과학적 진리의 절대성과 보편성에 의문을 제기했고 이들의 견해가 수용되면서 상대주의적이고 불확정적인 진리관이 오히려 주류를 이루었다. 대중도 환경 파괴, 유전자조작, 복제인간 등을 접하면서 과학에 대해 회의하기 시작했다. 과학이 눈부시게 발달했음에도 우주와 같은 거대한 영역에서 소립자와 같은 미세한 영역에 이르기까지 미지의 세계는 계속 불가지한 세계로 존재했다. 설명과 관리가 가능한 코스모스란 인간이 만든 객관적 준거에 따라 범주화한 허상일 뿐이고, 우주와 자연은 스스로 그리 존재하고 작용을 하기에 본질적으로 인식할 수 없다. 틀과 체계를 벗어나 그 자체대로, 혹은 코스모스가 아닌 카오스의 눈으로 볼 때 그 미세한 한 자락에나마 스치듯 이를 수 있을 뿐이다.

중세란 예술이 자기 목적성을 가지지 못하고 신에게 복속된 시대다. 예술은 신이나 종교적 이상을 구현하는 수단이었다. 신이 곧 진리였고 이데아였으며, 그를 향한 길만이 옳은 길이었다. 예술이란 것은 그를 드러내거나 빛내는 방편에 지나지 않았다. 이 시대에는 선한 것이 아름다운 것이었으며, 그 선이란 오로지 신을 향한 지고 지순의 마음이다. 그러기에 중세에서 가장 아름다운 여인이란 성모 마리아나 기도하는 여인이었다. 가장 신에 가까이 다가간 여인, 얼굴에 가득 신에 대한 지극한 경건함을 담고 그에게 모든 것을 맡긴 채 경배하는 여인이 바로 가장 아름다운 여인이었다.

반면에 근대는 예술이 신의 복속에서 벗어나 세속화하여 자율성과 자기 목적성을 가지고 예술 그 자체의 아름다움을 추구하는 시대다. 인식론적이고 도구적인 합리성을 가진 근대인이 진리를 추구하고 이것이 근대과학을 낳고 도덕적이고 실용적인 합리성을 추구하는 사람들이 정의를 구현하고 이것이 근대의 도덕을 구성했다면, 심미적이고 표현적인 영역에서도 합리성을 추구하고자 하는 예술가와 대중이 신과 성스러운 세계를 거부하고 예술에서 목적과 이해관계를 배제하고 예술 그 자체의 아름다움과 그 의미를 추구하면서 근대 예술이 태동했다. 근대에서 여인의 아름다움이란 신이나 도덕적 선과 하등 관련이 없다. 화가의 눈으로, 특정 집단의 남성들의 시선으로, 혹은 그 시대의 미적 패러다임이나 코드로 볼 때 아름답다면 그 여인은 아름다운 것이다. 근대 미학의 출발을 칸트로 자리매김하는 것은, 그가 미美란 목적이나 이해관계를 떠나 그 자체로 아름다운 것 art for art itself으로 정의했기 때문이다. 근대 예술은 거룩함의 자리에 비속함을, 신의 자리에 인간을, 제의의 자리에 일상을, 신앙의 자리에 상상을 대체했다. 근대 예술은 실체로서 대상을 묘사하고 재현하고자 했으며 총체성의 세계를 담고자 했다.

탈근대는 이런 근대적 예술의 경향을 해체하고 단편화와 혼성성混成性을 추구한다. 예술이란 장르의 속성 자체가 보편성에서 독창성, 일원성에서 다원성, 동일성에서 차이를 지향하기에 근대의 세계관과 잘 부합하지 않는다. 현실의 본질적인 연관, 균열된 표면 현상을 넘어서서 그 안에 숨겨진 삶의 본질적 연관 관계를 통찰하여 개별적인 현상과 보편적인 본질의 변증법적 종합을 추구하던 총체적인 세계는 더 이상 가능하지도, 타당하지도 않다. 몽타주 수법이나 콜라주 등의 기법에서 보듯, 단편들이 가진 차이를 드러내는 것이 오히려 세계를 올바로 인식하고 재현하는 길이다. 다원적인 현재 속에서 예술은 혼성성의 경향을 띤다. 허구와 사실, 과거와 현재, 저급문화와 고급문화, 제3세계와 서양, 이 장르와 저 장르는 한데 배합되어 새로운 무엇을 만든다. 이 속에서 허구가 사실보다 더 진리를 드러내며, 과거는 현재와 동시성을 가지며, 저급문화가 고급문화의 자리를 가로채고, 제3세계의 예술의 형식이 서양 예술의 형식으로 전환한다.

중세에 인간의 자아는 신에게 복속되어 있었으며 자신을 공동체에 소속된 구성원으로 생각했다. 신의 사랑과 관심 속에서만, 공동체의 일원으로서만 인간은 생의 활력을 찾고 행복할 수 있었으며 삶의 전일全—을 이룰 수 있었다. 이 세계, 우주와 자연, 인간의 운명은 신의 섭리에 따라 운행하는 것이며 이에 인간이 간섭할 수 없다. 공동체의 규약과 제도, 관습과 문화를 유지하는 구성원으로서만 삶과 노동이 가능했으며, 개인적인 행위는 공동체로부터 추방을 의미했고, 추방된 자는 거의 죽음에 이르렀다.

"근대의 정신은 일차적으로 인간의 자기 이해에서 발견된다. 근대의 인간은 중세와는 달리 자신을 타자와 구별된 자아, 나누어질 수 없는 개체individual로 이해했다."[14] 이에 데카르트는 "나는 생각한다. 고로 존재한다"라며 주체를 불러냈고, 니체는 신의 죽음을 선언했다. "'주체'로서의 인간은 인식론적 주체이면서, 합리성의 원리를 소유함으로써 존재의 주인으로 자리할 터전을 확보하게 된다."[15] 근대에 들어 인간은 신의 구속에서 탈출하여 주체를 형성하고 자신의 의지와 비전에 따라 기존의 세계를 무너뜨리고 새로운 세계를 구성했다. 인간 존재는 자신을 타자와 구분한 개체로서 이해하며 이 세계를 신의 소명이나 공동체의 원리가 아니라 자기 나름대로 자율적으로 인식하고 해석하고 판단하여 선택하고 결단하며 행동하는 존재이며 그 결과에 대해서는 스스로 무한책임을 지는 존재다. 그는 본질적으로 무無이기에 무엇이든 될 수 있다. 그는 자신의 목적과 이를 향한 의지에 따라 자기 앞의 세계에 대응하고 이를 재구성할 수 있다. 인간 존재는 세계를 인식하고 판단하고 해석하는 주인만이 아니라 자신이 지향하는 바에 따라 자연과 세계를 자신의 의도대로 변화시키는 실천의 주체다. 인간중심적이며 도덕적이고 실천적인 주체가 형성된 것이다. 이에 인간 주체는 자신의 비전과 이성적인 판단에 따라 새로운 법과 제도를 만들고 민주주의를 건설했으며 이 틀 아래서 엄청난 생산의 혁신을 이루었다. 주체는 프랑스 대혁명과 볼셰비키 혁명을 통해 중세를 해체하고 근대를 건설했다.

하지만 2장에서 논의했듯, 주체의 동일성은 일원성의 원리에 따라 다원성을 부정하고 차이를 포섭하여 이를 없는 것처럼 꾸미고, 주변이나 다른 집단을 만들어 타자화하며 이에 대한 배제와 억압, 폭력을 통해 동일성을 강화한다. 이에 탈근대는 동일성의 영역으로 포섭되지 않은 차이 그 자체를 지향하거나 타자와 공존이 가능한, 주체와 대상의 경계와 구분이 해체된 상호주체성 내지 타자성을 추구한다.

이슬람교도인 아버지가 자기 아들의 허리에 폭탄을 둘러주고 이스라엘군이나 미군이 있는 곳으로 가서 자신의 몸과 함께 폭발시키는 자폭테러를 감행하라고 한다. 어떻게 아버지가 자기 아들을 죽일 수 있는가. 아버지는 아들을 죽인다고 생각하지 않고, 성전聖戰에 참여한 대가로 천국에 간다고 확신하기 때문이다. 이처럼 중세에 삶은 이승, 또는 천국과 대립되는 생의 공간이었다. 삶의 진정한 목적은 생의 공간에 있는 것이 아니라 내세인 천국에 가서 영원한 구원을 받는 것이었다.

반면에 근대에 사는 우리는, 광신도가 아니라면, 내일 당장 천국에 가는 것이 보장된다 하더라도 현세의 삶을 포기하지 않는다. 근대인은 지금 현재 생을 영위하고 있는 이 순간의 구체적 장을 현실이라 인식한다. 근대에선 현실을 세 가지, 곧 '지금 여기에서 사실로 나타나는 일과 사물' '실제 객관적으로 현존하는 존재' '원본에 해당하는 무엇'으로 본다. 사건들은 '지금 여기에서' 인간이 사물들이나 인간들과 서로 관계맺음에 따라 벌어지는 일이기에 구체적으로 현존하는 것이었고 명료하게 인식하는 것이 가능했다. 현실은 실제로 객관적으로 현존하는 존재들이 벌이는 일이며 그것은 늘 원본의 가치를 갖는 것이었다. 현실을 객관적으로 재현하는 것은 항상 가능한 것이었고, 현실의 재현을 통해 현실에 담긴 모순과 부조리를 비판하고 비전을 지향하는 일은 인간과 집단의 의지와 실천 여부에 달린 가능 세계의 영역이었다. 근대에 재현의 가능성과 세계의 변화에 바탕을 둔 리얼리즘이 꽃을 피운 것은 당연한 일이었다.

탈근대에 와서 이는 전복된다. 현실은 구체적으로 현존하기 않거니와 이의 재현은 불가능하다. 현실을 영화나 소설로 재현하는 것이 아니라 그 반대로 대중이 영화나 소설 속의 허구적 이야기를 모방하여 자신의 삶을 구성한다. 군대에서 시뮬레이션을 해보고는 전략과 전술을 수정하고 여론조사를 해보고 국회의원이나 대통령 후보자를 교체한다. 우리가 9시 뉴스에서 보고 있는 영상들은 현실 그 자체가 아니라 미디어가 구성한 현실이다. 이처럼 가짜가 진짜를, 모본이 원본을, 가상이 현실을, 이미지가 실재를 대체한다.

시간 또한 마찬가지다. 중세의 시간은 달의 순환처럼 곡선적이고 원환적이다. 타계에서 속세에 내려와 생의 공간에서 삶을 살다가 다시 타계로 돌아간다고 생각했다. 하지만 근대에서 시간은 과거에서 현재, 다시 미래로 흘러간다. 낡은 가치를 가지고 있던 세계가 과거라면 살아 있는 노동과 사건을 통해 가치를 생산하고 세계에 변형을 가하는 것이 현재이며, 이렇게 하여 새로운 가치가 창출되고 새롭게 변형된 세계가 미래다. 과거에서 미래로 시간은 흘러가지만 살아 있는 노동과 사건을 통해 현재가 형성되고 이 현재에 과거와 미래가 종합적으로 통일되어 있다. 근대의 학문은 과거의 성찰과 지혜를 통해 현재를 분석하고 더 나은 미래를 전망한다. 더 나아가 근대는 이 시간을 분과 초로 분할하여 거기에 인력과 재정을 투입하여 산업 및 국가 발전을 꾀한다. 그러나 탈근대는 위의 재현의 위기에서 말한 대로 과거가 현재에 피드백이 되고 미래가 현재로 앞당겨져 체험이 된다. 과거와 현재와 미래가 중층적으로 결합하여 공존한다. 중력에 따라 시간은 다른 속도로 흘러가거나 왜곡되고, 어느 장에 현존하느냐에 따라, 과거와 현재와 미래는 뒤바뀔 수 있다.

서양의 근대는 그리스와 로마 중심주의에서 국민국가를 핵으로 하는 유럽중심주의로 이전하는 것이다. 고대부터 국가國家라는 개념을 이용한 아시아에서는 차이가 있지만, 서양에서 근대는 봉건제국에서 벗어나 국민을 바탕으로 국민국가를 건설한 것이다. 대중은 국민국가에서 국어를 사용하며 주권을 갖는 국민으로 생을 영위하며 선거권, 단결권, 사상과 표현의 자유 등 헌법에 보장된 권리와 자유를 가지며, 대신 조세, 병역 등의 의무를 국가에 행한다. 반면에 탈근대에서는 세계화로 국가의 경계가 무너지고 상품, 자본, 정보, 사람이 국경을 넘어 이동한다.

중세 시대의 유럽에서 인간의 세계에 대한 대응 양식에서부터 일상생활의 원리를 규정하는 것은 『성경』이었다. 사람들은 『성경』과 그 텍스트의 해석에 따라 사고하고 삶을 영위하고 사랑하고 또 죽었으며 의례를 행했다. 왕들도 신의 이름으로 통치를 하고 전쟁도 했다.

근대는 신의 죽음을 선언하고 세속화한 근대는 성경의 자리를 정전으로 대체했다. 다윈의 『종의 기원』은 신이 인간을 창조한 것이 아니라 원숭이로부터 인간이 진화한 것이 진리임을 밝혔고, 아인슈타인의 상대성이론 관련 논문을 바탕으로 한 연구논문들과 저서들은 신이 아닌 물리적 법칙에 따라 우주가 창조된 원리를 밝혔다. 수많은 좌파가 마르크스의 『헤겔 법철학 비판』이나 『자본』의 가르침을 따라 종교를 인민의 아편으로 규정하고 신이 아닌 자신들의 실천으로 세상을 개혁하고 민중을 구원하기 위하여 기꺼이 목숨을 던졌다. 프로이트의 『꿈의 해석』 이후 인간이 신의 아들도, 악마의 노예도 아닌 본능과 욕망에 충실한 존재라고 생각하게 되었다. 이 예처럼 정전들은 각각 권위를 갖고 마르크시스트, 헤겔리언, 칸티언, 프로이디언, 베버리언 등을 낳았고 이들에게 정전의 글들은 목숨을 바쳐서라도 사수해야 할 진리였다.

탈근대에 들어 정전의 권위는 도전을 받고 비판을 받는다. 진리와 지식 자체가 해체의 대상이며, 정전에 입각한 해석이 바로 권력이자 지배담론이다. 일군의 학자들은 정전을 비판하는 데서 그치지 않고 이를 뒤집어 읽는 데서 의미를 찾고자 한다. 이들은 대중이나 민중, 혹은 서발턴의 입장, 페미니즘, 제3세계적 시각에서 정전에 담겨 있는 엘리트주의와 가부장주의, 서구중심주의나 오리엔탈리즘을 비판하거나 부정한다. 예술에서도 고급문화와 모더니즘에 대해 적대감을 여실히 드러낸다. 앤디 워홀Andy Warhol이 부엌 세제를 넣는 브릴로 상자를 몇 개 쌓아올려 놓은 작품이 수백억 원의 경매가를 기록한 데서 보듯, 탈근대에 들어 고급예술과 저급예술, 예술가와 대중, 예술 세계와 일상의 경계는 무너졌다.

중세는 그리스 로마 문화를 바탕으로 기독교적 세계관이 지배한 사회였다. 반면에 근대는 유럽에서 이루어진 근대화와 산업화가 전 세계로 확대되는 시대다. 헤브라이즘과 헬레니즘을 바탕으로 산업화와 근대화를 달성한 유럽 문화와 자본주의 양식이 전 세계로 퍼져나가면서 다른 세계를 서구화, 근대화, 자본주의화하는 것이 근대였다. 반면에 탈근대는 서양중심주의가 무너지고 세계화와 신자유주의에 대한 반작용으로 탈식민화, 다극화와 지역화가 이루어지는 시대다.

중세 유럽에선 라틴어를 중심으로 사고하고 표현하며 라틴어로 읽고 쓰는 자들이 권력을 갖고 담론을 형성하던 시대였으며, 민족어는 기층 문화의 장에서만 제한적으로 소통되었다. 반면에 근대는 민족과 국가란 개념을 설정하고 각 민족어가 국가를 중심으로 공용어를 이루어 표현과 소통의 수단, 상상력의 기반이 되면서 이를 이용하고 읽고 쓰고 소통하면서 권력을 갖고 담론을 형성하는 시기다. 이와 달리 탈근대는 문자의 우월성이 사라지고 이미지로 사유하고 소통하는 것이 점점 문자를 대체하는 시대다. 유사성, 매개성, 포괄성, 가상성, 원초성의 특성을 갖는 이미지는 이를 만든 자가 디자인한 현실을 만든다. 이미지를 지배하는 자가 세계를 지배하기에 정치에서 사회문화, 의식에서 무의식에 이르기까지 전 영역에 걸쳐 이미지 전쟁이 벌어지고 있다. 백인과 서양 문명의 이미지는 유색인과 제3세계의 이미지를, 지배층이 만든 이미지는 피지배층의 이미지를, 사회적 다수자의 이미지는 사회적 소수자의 이미지를 자기의 것으로 대체하면서 지배를 더욱 공고히 하고 있다.

언어와 진리는 만나지 못하는가

인간은 어떻게 의미를 만드는가

언어가 세계를 결정한다는 사피어와 워프의 가설Sapir-Whorf Hypothesis이 나 언어 없이 사고는 없다고 본 비트겐슈타인Ludwig Wittgenstein이나 퍼 스Charles Sanders Peirce의 견해는 수정되어야 한다. 언어가 어느 정도 사 고에 영향을 주지만 결정적인 것은 아니다. 눈에 대해 22개의 낱말 을 가진 이누이트(에스키모) 사람은 눈에 대해 다른 사고를 갖는가. 눈에 대해 22개의 낱말을 가진 이누이트이건, 함박눈, 싸락눈, 가랑 눈, 진눈깨비 등 네 개를 가진 한국인이건 눈에 대해 사고하는 것은 언어를 떠나 문화와 개인의 차이에 따라 다르다. 핑커Steven Pinker가 잘 분석한 대로 "단어 배열 현상이나 언어적 형식에 만족하지 못하는 공통된 경험 현상이 언어-사고 구분에 바탕을 둔다".16 "언어능력은 세계를 지각하고 그것과 상호작용할 수 있는 우리의 기본적인 능력에 뿌리를 두고 있으며, 이는 '행동의 지각'의 기본적인 기능적 단위가 단어가 아닌 감각운동의 도식임을 암시한다."[17] 사피어와 워프가 생각한 것과 반대로, 이누이트인의 생활이 낱말을 만들었다. 눈 속에서 수렵을 하는 이누이트인은 내리는 눈이나 녹고 있는 눈, 바람에 날리는 눈, 땅 위에 쌓여 있는 눈, 단단하게 굳은 눈 등을 구분하고 전달해야 사냥을 잘할 수 있고 생명이나 몸을 보전할 수 있었기에 눈을 그리 세분할 필요가 있었을 것이다. "사고는 언어에 의해 구성되는 것이 아니라 언어에 의해 유발되고 전달된다."[18]

인류는 언어가 있기 전부터 메타포를 이용하여 세계를 이해하고 이를 체화했다. "상징은 실세계의 경험에 근거하며 그것을 인용하는 원천은 바로 몸이다."[19] 육체와 정신은 이분법적이 아니다. 몸의 기억이 마음에 저장되고, 마음이 몸을 움직인다. 몸으로 감각하고 운동을 하는 것이 뇌의 감각신경세포와 운동신경세포를 활성화하고 이것이 뇌의 신경세포와 시냅스의 연결망을 변환시키고, 이 연결망이 상황에 따라 결합하며 마음을 구성한다. 몸이 마음을 담는 그릇이자 마음이 몸의 기억을 담는 그릇이다. 3장에서 최근의 인지과학 연구를 통해 말한 대로, 기존 정설과 달리 운동신경세포가 인지에 관여하며, 타자의 아픔을 내 아픔처럼 공감하는 거울신경체계 또한 근본적으로 운동신경세포에 속한다. "육체는 우리가 어떻게 행동하는지(육체문화), 그리고 어떤 것을 가지고 행동하는지(물질문화)에 관한 메타포적 관계의 원천이다."[20] 인류는 자신의 몸과 자연, 온갖 사물이 깊은 연관 관계 속에 있다고 생각했다. 인류는 몸에 있는 감각을 통해 자연을 인지하고 몸을 이용하여 걷고 달리고 팔을 뻗어 열매를 따고 사냥을 한다. 팔과 다리를 확장하여 도구를 만들고, 몸통과 유사한 용기와 집을 만든다.

인류는 즉자적인 몸을 비유적 의미로 전환했다. 인간이 고도의 정신적 문명을 형성한 것은 1만여 년에 지나지 않는다. 인간은 6백만 년 동안 몸을 움직여 수렵을 하고 채취를 하며 생존해왔다. 몸의 기억 없이 사고가 이루어지지 않는 것은 당연하다. "우리는 몸을 통해서만 개념을 형성할 수 있다. 따라서 세계, 우리 자신, 타인들에 대한 우리의 모든 이해는 우리의 몸에 의해 형성된 개념들의 관점에서만 틀을 지을 수 있다."[21] 인간은 한 종류의 사물을 다른 사물이나 몸을 통해 이해하고 경험하며 사고를 형성했다. 인류는 그가 서 있는 몸을 통해 시간과 공간을 인식하고, 유사성의 유추인 메타포를 통해 몸을 바탕으로 신체를 확장하여 자기 앞의 세계를 인지했다. 사냥이나 채취의 대상을 인간의 시각을 통해 보기에, 원시시대에서 21세기에 이르기까지 본다는 것은 알거나 이해하는 것이다. 남의 말을 청각을 통해 듣고 받아들이기에, 듣는 것은 복종이나 깨달음을 뜻한다. 인간의 말이라면 복종이고, 신의 말씀이라면 깨달음이다. 사냥감이나 그 자취를 후각을 통해 맡기에, 맡는 것은 추적하거나 조사하는 것을 의미한다. 상한 것인지 아닌지 미각을 통해 맛보기에 맛보는 것은 시험하는 것이다. 입을 통해 말하기에 말한다는 것은 주장하는 것이다. 피부와 접촉을 통해 느낌을 갖기에 느끼는 것은 감동하는 것이다. 사냥감과 천적을 잘 볼 수 있고 이 때문에 무리에게 이를 알릴 수 있었기에, 높은 것은 기분이 좋은 것이고 낮은 것은 기분이 그 반대인 것이며, 높은 데 자리한 사람은 능력이나 힘이 있는 자이며, 낮은 데 있는 사람은 그 반대다. 앞서면 사냥감과 과실을 먼저 획득할 확률이 높았기에, 앞서서 가는 것은 발전이며 뒤처지는 것은 퇴보다. 무리생활을 하였기에, 가까운 것은 친한 것이고 먼 것은 낯선 것이다. 더 확장하면, 저 높은 하늘 위는 신이 계신 곳이고 그곳에서 내려오는 새는 신이 보낸 사자다.[22] 그러기에 "말(언어)이란, 세상을 그저 거울처럼 비추어준다기보다 인공물(유물)과도 같이 몸이 세상 속으로 확장하는 것이라고 생각할 수 있다. (……) 인지라는 것은 본질적으로 어떤 것을 그 어떤 것'으로' 보는 과정이며, 이것이 바로 메타포적인 이해의 핵심이다".[23]

인간의 몸이 자연과 상호작용하면서 몸을 통해 활동을 하고 이 신체적 경험을 반복하면서 영상도식을 만들고 이 영상도식을 메타포의 매개를 통해 구상적인 것이나 추상적인 것에 투사하여 추상적인 것을 이해하고 의미를 부여하며, 이를 더욱 체계화하여 매우 심오한 사고를 형성한다. 예를 들어, 인류는 나무에서 생활하면서 떨어지지 않기 위하여 팔과 다리를 움직여 신체의 균형을 유지하는 행동을 한다. 이런 신체적 경험을 반복하면서 신체의 균형이라는 영상도식을 형성한다. 이를 추상적으로 유사한 무엇에 투사하면, '균형 잡힌 삶' '균형 있는 생활' 등의 개념적 은유가 만들어진다.[24]

이처럼 인류는 메타포를 통해 의미를 만들고, 새로운 의미를 기억하고 습관으로 만든다. 팔을 연장하여 지팡이를 만들어 짚고 여기에 익숙해지면 지팡이가 팔이 되어 직접 재지 않아도 대략 거리와 요철을 파악하듯, "습관의 획득은 진정 의미의 파악인 것이다. 그러나 그것은 운동의 의미의 운동적 파악이다. (……) 습관을 들인다는 것은 거기에 거주한다는 것이거나, 역으로, 이것들로 하여금 고유한 신체의 부피에 가담하게 한다는 것이다. 습관은 우리가 우리의 세계-에로-존재를 확장시킬 수 있는 능력이나 새로운 도구들에 의해 우리를 합병시킴으로써 존재를 변화시킬 수 있는 능력을 표현한다".[25] 집단 안에서 습관은 아비투스가 된다.[26] 사람들은 이렇게 몸을 확장하여 의미를 만들고 이를 습관화하고 아비투스화한 것을 다른 이들에게 전승하여 문화를 만들었다.

필자의 화쟁기호학에 따르면, 인간은 자연과 세계의 모순과 부조리에 집단무의식적으로 대응하면서 삶과 문명을 형성해왔으며, 그 대응의 한 양식이나 몸의 확장을 통해 의미를 형성하고 공유한다. 이때 인간은 자연과 세계의 현상(품, 相), 본질(몸이나 참, 體), 작용(짓, 用)을 인식하고서 이에 유사성의 유추를 하거나 인접성의 유추를 한다. 초승달의 모습을 보고 '눈썹, 쪽배'를 떠올린다. 별의 본질이 어두운 하늘에서 밝게 빛나는 것이라 생각한 이들은 별에서 '이상, 희망' 등의 의미를 유추한다. 새가 하늘과 땅을 오가는 작용을 하는 것을 보고 그처럼 새가 천상과 지상, 신과 인간의 중개자 구실을 할 것으로 의미를 부여한다. 이에 새를 양자의 중개자로 한 노래나 신화를 만들고, 때로는 새를 매개로 신께 자신의 소망을 전달하거나 이를 근거로 섬기는 의례를 만들어 행하고 이를 후손에게 전승한다. 솟대 위에 새를 새겨 신의 영역으로 만들고, 신과 인간의 중개자인 샤먼이나 왕들은 새 깃털이나 이를 형상화한 상징을 머리에 꽂거나 관(冠)에 장식한다. 이것이 유사성의 유추인 은유다.

전이론을 비롯하여 개념체계론에 이르기까지 서양의 은유 이론이 공통으로 갖고 있는 문제는 은유가 창조되고 작동하고 해석되고 소통되는 네 장 가운데 어느 한 면에만 치우쳐 있고, 주로 수사적 차원에서 다룬다는 점이다. 은유는 천재의 징표가 아니라, 인간에게 보편적으로 내재하는, 환유와 더불어 인간이 세계를 유추적으로 인지하는 두 축 가운데 하나이며, 물질적 경험과 몸을 확장하여 개념이나 대상에 대해 유사성과 차이를 바탕으로 비유하여 표현하는 방식이자 이를 바탕으로 세계를 해석하는 방식인 동시에 개념 체계에 따라 소통하고 행동하는 양식이다. 그러기에 은유에 관한 개념은 창조, 또는 (유추적) 인식의 장, 수사의 장, 해석의 장, 소통의 장을 아우르는 개념이어야 한다.

이런 관점에서 필자는 네 장을 종합하여 은유를 정의한다. 은유는, (자신의 몸이 늙고 병드는 체험을 바탕으로 차고 기우는 것이 달의 본질이라 생각하고 이와 유사하게 인간의 삶이나 이 세계 자체가 영고성쇠한다고 생각하듯) 한 개념이나 대상을 물질적 경험을 바탕으로 몸을 확장하여 다른 개념이나 대상과 견주어 양자 사이의 유사성이나 차이를 발견하고, ('엄마 얼굴'을 환하고 둥그렇다는 유사성을 바탕으로 '보름달'로 노래하듯) 이를 바탕으로 세계를 유추하여 한 대상이나 개념을 다른 무엇으로 전이하거나 대치하여 비유하는 것이자, ('촛불'이 자신을 녹여 어두운 방을 밝힌다는 속성으로부터 그와 유사하게 자신이 고통이나 불편을 감수하고 어두운 세상을 밝히는 촛불시위에 나서는 시민처럼) 담론 안에서 작동 시 수용자가 주어진 세계관과 문화 안에서 형성된 개념 체계와 상상력에 따라 원관념과 매체관념 사이의 관계를 유추하여 의미작용을 일으키는 방식이자 소통하고 실천하는 양식이다. 창조의 장에서 보면 은유는 두 개념이나 대상 사이의 유사성을 유추하는 것이다. 수사의 장에서 은유는 전이와 대체다. 해석의 장에서 보면 이는 물질적 경험을 바탕으로 한 원관념과 매체관념 사이의 동일화다. 소통의 장에서 보면 은유는 상호작용을 통해 해석한 의미의 실천이다.

반면에 같은 새임에도 까마귀를 저승사자로 생각한 것은 밤과 저승의 빛인 까만색의 깃털로 뒤덮인 것과 시신의 매장할 때 나타나는 인접성에서 유추한 것이다. 이는 환유다. 환유는, ('축구장'에서 '메시'를 떠올리듯) 신체의 경험에 대한 기억을 바탕으로 한 개념이나 대상을 다른 개념이나 대상과 견주어 양자 사이의 인접성을 발견하고 이를 바탕으로 세계를 유추하여 한 대상이나 개념을 다른 무엇으로 연합적으로 연결하는 것이자, ('히틀러'에서 '철십자, 나치즘, 유태인 대학살'을 떠올리듯) 담론 안에서 작동 시 수용자가 주어진 맥락 안에서 경험을 종합하여 원 단어와 매개 단어 사이의 관계를 유추하여 의미작용을 일으키는 방식이자, (망자가 소지했던 유물을 태워 그 재가 하늘로 올라가는 의식을 통해 망자의 혼이 하늘로 올라갔다고 생각하는 것처럼) 이 의미에 따라 메시지를 전달하고 해석하는 실천 양식이다.

은유가 이상, 동일화, 전통, 보편성을 지향하는 것과 달리, 환유는 그를 허물어뜨리는 물질성이자 현실, 경험, 미래, 특수를 지향한다. 인간은 은유와 환유의 두 축을 통해 유추하고 의미를 생성하고 사유하고 실천했다. 인간은 은유를 통해 추상적인 동일화의 의미를 생성하거나, 이를 현실의 맥락을 바탕으로 깨버리고 환유를 통해 구체적이고 경험적이고 특수한 의미를 생성했다. 이런 의미의 유추와 형성, 복제와 전승에 유전자는 거의 관여하지 못한다.

인지적 유동성이 인류의 사고에 혁신을 불러왔다. "문화적 대폭발을 위한 기폭제는 불투과적이던 인지적 모듈들 사이의 벽을 허물고, '인지적 유동성'이라는 과정에서 개별적인 인지적 모듈들 사이에서 정보를 소통시킨 것이다."[27] 예를 들어, 인류는 인생이란 추상적 개념을 여행이라는 신체적 경험으로 은유화하여 이해한다. "목적은 목적지다"라는 일차적 은유와 "행동은 자체 추진식 이동이다"라는 일차적 은유가 횡단하여 "목적이 있는 인생은 여행이다"라는 혼성의 은유를 생성한다. 이러면 사람들은 "물리적 여행처럼 인생도 목적지에 도달하려면 일정한 계획을 세워야 하며, 도중에 어려움에 직면하고, 곁길로 빠지고 막다른 길에 이르는 것을 피해야 한다라는 것을 무의식적으로 가정하게 된다".[28] 여기서 근본 은유는 "여행＝인생"이며, 이는 "(내 인생이) 험로를 걷고 있다" "탄탄대로를 가고 있다" "교차로에 놓였다" "인생은 나그네길" "인생의 동반자" 등등의 파생은유를 형성한다.[29]

앞에서 예를 든 '신체의 균형'의 은유를 예로 인류가 은유를 통해 사고한 것을 레이코프George Lakoff와 슬링거랜드Edward Slingerland의 이론에 필자의 화쟁기호학을 결합하여 체계적으로 정리해본다. 인류는 농경을 하고 정착생활을 하면서 살림에 대해 인식했고, 신석기혁명 이후 잉여생산물을 교환하면서 부를 축적하고 이를 관리하기 위하여 최소한 메소포타미아 시대에는 회계장부와 부기를 창안하면서 재정의 개념을 형성했을 것이다. '신체 활동의 영역'과 '재정의 영역'을 횡단하면 양자의 혼성공간이 만들어진다. 이 혼성공간에서는 '살림의 균형, 재정의 균형'이란 은유를 형성한다.

이것이 붓다와 공자가 활동한 기축시대 이후 불교의 형이상의 영역과 추상적 은유화를 계속 추구하면 중도中道가 되고, 유교의 영역과 혼성되면 중용中庸으로 더욱 체계화한다. 신체 균형의 은유는 개인의 해탈을 추구하는 불교의 수행 영역과 결합하여 쾌락과 고행 사이에서 균형을 잡으라는 중도로 발전했다. 중도는 다시 공空 사상의 영역과 결합하여 양 극단을 초월하여 일심에 이르는 중도실상中道實相으로 심화했다. 마찬가지로 신체의 균형의 은유는 심성의 도야와 도덕적 실천을 추구하는 유교의 실천 영역과 결합하여 사람 사이에서 균형 있게 처신하라는 중용으로 발전했다. 중용은 다시 도道 사상의 영역과 결합하여 천리天理와 개인의 심성을 분리시키지 않고 하나로 합일을 이루는 것으로 발전했다.

이를 정리하면 다음과 같다.

(유인원 시대: 인간과 자연의 상호작용) → 신체의 균형

→ (전기 구석기시대: 추상적 은유화) → 균형 잡힌 삶

→ (중기 구석기시대: 구상적 은유화) → 예술작품의 균형

→ (후기 구석기시대~메소포타미아 시대: 인지적 유동성) → 살림이나 재정의 균형

→ (기축시대: 인지적 유동성 + 고도의 추상적 은유화) → 중도, 중용

신체의 은유는 문명의 발전에 따라 다른 영역으로 횡단하며 유사성의 유추를 심화했다. 인간이 유인원이던 시대에는 숲에서 열매를 따고 새끼를 양육하면서 신체의 균형을 잡으려고 했다. 도구를 사용하는 전기 구석기시대에는 사바나에서 생활하면서 신체의 균형을 확대하여 너무 많은 사냥감과 채취물을 가져오면 썩어버리는 것을 경험하고 이런 행위도 나무에서 몸의 균형을 잡듯 해야 함을 깨닫고 삶의 균형으로 의미를 확대했다. 후기 구석기시대와 신석기혁명 이후 농경을 하고 부를 축적하면서 사치와 검소, 이로 인한 흥망을 경험하면서 신체 활동의 영역을 재정의 영역으로 횡단하여 신체의 균형을 재정의 균형으로 전환했다. 기축시대에 붓다와 공자에 의하여 형이상학의 혁명이 일어나면서 고도의 추상적 사유를 하고 이를 체

계화하면서 신체의 균형은 형이상의 영역을 횡단하여 중도와 중용의 은유로 전환했고, 중도와 중용은 사상의 발전에 따라 그 뜻이 점점 심화했다.

물론 그 반대의 은유 또한 이루어졌다. 구체적인 신체의 경험을 통해 추상적인 것을 유추하는 것과 반대로, 사물이나 자연의 구체적인 모습이나 작용, 본질에서 유추하여 추상화가 이루어지기도 한다. 예를 들어, 달이 차고 기우는 것을 달의 본성으로 파악한 사람들은 이에서 인생이나 사회가 영고성쇠함을 유추한다. 달이 사라졌는데 다시 나타나는 것을 보고, '부활, 순환, 재생, 영원성' 등의 의미를 떠올리고 이에 대한 사유를 발전시키고, 이를 인간의 재생과 부활을 서술한 서사로 창조하기도 하고, 더 나아가 재생과 부활을 기원하는 집단의례로 만들기도 한다.

환유 또한 유사한 경로를 밟았다. 체니Dorothy Cheney와 세이파스Robert Seyfarth는 "버빗원숭이가 비단뱀의 흔적을 조용히 따라가서 그곳에서 뱀과 마주쳐 충격적인 공포에 질려 쏜살같이 뛰어 달아나는 것도 목격한 것이 있다"[30]고 보고하고 있다. 이 원숭이가 뱀에게 달려들지 않고 무서워하여 도망간 것은 편도체가 기억하고 있기 때문이다. 그럼 사람과 차이는 무엇인가. 사람은 비단뱀이 모래 위를 기어간 흔적과 비단뱀의 존재가 환유관계임을 유추하고 이를 언어를 통해 공유했는데, 원숭이는 그러지 못한 것이다. 환유는 '나무가 긁힌 흔적=곰의 출현 가능성'식으로 수렵과 채취생활에서 비롯된 것에서 출발했겠지만, 사회생활을 하면서 '곰보=이웃집 아저씨'식으로 사람으로 확대되고, 이 또한 은유처럼 사물의 작용用과 모습 및 현상相에서 본질體의 환유로 확장하면서 추상적인 의미화가 이루어졌을 것이다.

은유든 환유든, 이런 방식으로 창출된 새로운 의미들은 가치와 목적과 연결된다. 언제나 변함없이 하늘에 빛나는 별을 보고 유사성의 유추를 하여 영원한 진리를 좇고자 다짐하거나 그처럼 변함없는 사랑을 하겠다고 맹세를 하듯, 인간은 사물, 우주, 자신의 내면을 바라보며 은유나 환유의 원리에 따라 의미를 생성하고, 이에 가치를 부여하고, 더 나아가 의미들에 방향, 곧 지향성을 설정하고 목적에 이르게 한다. 이는 개인적으로는 실존적 성찰로 이어지고, 집단적으로는 의미의 실천이나 협력으로 구체화한다. 그래서 별을 바라며 영원한 사랑을 추구하기도 하고 함께 모여 별이 되고자 목숨을 걸고 민중혁명에 나서기도 하고 별을 섬기는 의례를 행하기도 한다.

이는 진화론자들이 주장하는 보상기대론과 다르다. 뭔가 보상을 바라고 선을 행하는 것이 아니라 의미를 남기기 위하여, 가치 있는 일을 하기 위하여, 자신이 추구하는 목적을 달성하기 위하여 선과 협력을 행한다. 마르크스가 꿀벌과 건축가가 집을 짓는 행위의 차이를 목적의 여부로 단정했지만, 목적, 더 나아가 의미와 가치와 지향성은 노동만이 아니라 정신과 실천의 영역에서도 인간 고유의 자질인 것이다. 비단 영웅만이 아니다. 며칠을 굶주린 신석기인이 애써 사슴을 잡았어도 어린 사슴의 눈망울이 애처로워 풀어주고, 배고픔을 참으면서 동굴에 그림을 그리고, 졸음을 쫓으며 해와 달과 별이 창조된 이야기를 풀어놓는 것은 모두 같다. 인간이 의미에 가치를 부여하고 무엇인가 참된 목적을 따라서 이 의미에 방향을 설정했기 때문이다.

말할 수 없는 것에 대해서는 침묵하라

인간은 대상을 대체하고 타인과 소통하기 위하여 언어를 만들었다. 처음에는 '엄마'나 '아!'와 같은 단순한 언어를 사용했지만 차츰 자연과 세계를 정교하게 표현하기 시작했다. 자기 앞의 세계의 관계와 구조를 인식하고 양자의 공통점과 차이를 발견하고 이를 바탕으로 준거틀을 만들고 이에 따라 범주화를 하고 그에 이름을 주었다.

　오랫동안 인류는 언어기호를 통해 세계, 궁극적 진리를 명확하게 드러낼 수 있다고 생각했다. 비트겐슈타인도 처음에는 자동차와 도로 모형으로 어제 일어난 사건을 그대로 재현하듯 언어기호로 진리를 그대로 드러낼 수 있다고 생각하여 '그림이론'을 폈었다. 그러나 그는 언어로는 그럴 수 없음을 깨닫고 "말할 수 없는 것에 대해서는 침묵하라"[31] 라고 말했다. 칸트든, 마르크스든, 하이데거든 언어기호를 통해 궁극적 진리를 표상할 수 있다고 인식했으나 포스트모더니스트들은 언어의 확정성, 고정성과 동일성에 대해 의심하기 시작했다. 왜 언어기호로는 궁극적 진리를 드러낼 수 없을까?

　다음과 같은 기호의 삼각형을 생각해보자.

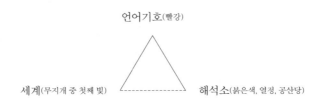

언어기호(빨강)

세계(무지개 중 첫째 빛)　　　　해석소(붉은색, 열정, 공산당)

〈그림 4〉 퍼스의 삼원 모형

세계에 대해 인간은 어떻게 언어기호를 부여하는가? 인간은 세계를 그대로는 이해할 수 없기에 이를 범주화한다. 우주 삼라만상은 무한하다. 무한하기에 그대로는 이해할 수 없다. 그러니 인간은 언어공동체에 따라, 이들의 생활과 문화에 따라 이를 가르고 이에 대해 무엇, 무엇이라 명명한다. 그래야 세계를 구분할 수 있고 그것을 타인에게 전달하며 소통할 수 있기 때문이다.

무지개가 빨, 주, 노, 초, 파, 남, 보 일곱 가지 색인가? 실제의 색은 무한하다. 무지개를 자세히 보면 빨강과 주황 사이에도 무한대의 색이 존재한다. 세계 자체는 무한이고 혼돈이다. 그러나 그리하면 색에 대해 알 수도, 전달할 수도 없으니 이를 구분하여 무엇이라 명명한다. 인간은 명도와 채도 등의 객관적 준거를 설정하여 범주화를 하고, 범주화로 분별하여 코스모스cosmos로 만든 만큼 언어를 부여한다. 그러니 빨강과 주황만의 언어를 갖고 있는 언어공동체는 그 사이의 색을 보지 못한다. 유럽 사람들도 근세 초까지 무지개를 네 가지나 다섯 가지로 보았다. 주황이란 언어가 없으니 빨강과 주황을 같이 본 것이다. 멀쩡한 주황을 빨강이라 하면 이것은 허위다. 그러면 주황을 주황이라 하는 것은 진실일까? 빨강과 주황을 더 자세하게 나누어 보는 자에게 빨강 다음의 색을 주황이라 하는 것은 허위다. 범주를 세분하여 빨강을 '진한 빨강, 아주 진한 빨강, 극도로 진한 빨강' 등으로 만 가지, 억 가지로 나눈다 해도 그것은 실제의 색에 이를 수 없다. 이처럼 세계는 무한이고 혼돈인데 사람이 편의를 따라 나누었을 뿐이다. 아무리 언어기호를 발전시켜 범주를 세분한다 하더라도 그것이 세계 그 자체를 드러내주지 못한다. 그러니 "道可道非常道 名可名非常名(도라고 할 수 있는 도는 늘 도가 아니며 이름 부를 수 있는 이름은 항상 이름이 아니다)"이요, 말로 할 수 있다면 이미 그 것은 궁극적 진리가 아닌 것이다. 분별심으로는 진여실제에 이를 수 없다.

그다음 빨강을 보고 '붉은색, 열정, 공산당'으로 해석하는 면을 살펴보자. 소쉬르Ferdinand de Saussure는 언어기호가 시니피앙signifiant과 시니피에signifié의 결합체임을 밝힌다. '나무'라는 언어기호를 예로 들어보자. '[namu]'라는 소리를 귀를 통해 들을 때 이 소리는 귀를 지나 뇌로 와서는 뇌세포를 건드려 '목질의 줄기를 가진 다년생의 식물'이라는 개념을 떠올린다. 마찬가지로 '사람'이라는 기호가 있을 때 '[saram]'이라는 청각적 이미지는 인간의 머릿속에서 '이성을 가진 만물의 영장'이라는 개념을 떠올린다. 이처럼 언어기호에서 청각영상acoustic image의 면을 기표, 시니피앙이라 하고 언어기호에서 의미나 개념의 면을 기의, 시니피에라고 한다. 그리고 이렇게 기호가 기표와 기의를 발생시키며 작용하는 것, 또는 기표와 기의를 결합하여 의미를 산출하는 것을 의미작용signification이라고 한다.

기표와 기의의 의미는 소쉬르 이후 의미망이 확대된다. 기표는 의미의 전달, 또는 운반체sign vehicle를 뜻하고 기의는 기호 속에 담겨 있는 추상적 개념, 의미의 운반체에 담겨 있는 내용, 메시지를 뜻한다. 예를 들어 철수가 순희에게 장미꽃 한 다발을 전달했을 때 순희가 이 꽃을 보고 '철수가 나를 원수처럼 여기는구나'라고 생각하지 않는다. '철수가 내 생일을 축하해주는구나'라고 생각한다. 장미꽃 한 다발이 기표라면 그 꽃을 받고 '철수가 내 생일을 축하해준다'라고 생각하는 것이 기의다.

그럼 기표와 기의는 어떤 관계를 가지고 있는가? 소쉬르는 이에 대해 자의성과 필연성, 선조성으로 설명하며 데리다 등은 부재성과 산종성을 지적한다. 자의성恣意性이란 기표와 기의 사이에 필연성이 없음을 뜻한다. 소쉬르 이전의 상당수의 서양의 철학, 언어학은 언어 기호와 사물이 서로 필연적인 것으로, 세계가 실체를 가지고 있는 것으로 생각했다. '나무'가 '나무'인 것은 광합성 작용을 한다든지, 탄소 동화작용을 한다든지, 목질의 줄기를 가졌다든지 하는 나무의 본질이나 현상이라 할 만한 것과 관계를 갖는 것으로 생각했다. '차다'라는 말은 우리가 손을 얼음물에 넣어 손이 시린 느낌과 관계있는 것으로 보았다. 그러나 '나무'는 나무 안에 없다. 이는 '풀'과 이항대립적인 관계를 통해 '목질의 줄기를 가진 다년생의 식물'이라는 의미를 지닌다. '차다'라는 말은 '뜨겁다'라는 말과의 차이와 관계를 통해 '뜨겁다'의 반대 의미를 갖는다. 이처럼 사물 자체가 갖고 있는 실체와 사물의 기호 사이에 아무런 연관성이 없다. '나무'를 무엇이라 부르든 같은 사물을 지시하며 언어공동체의 약속에 의한 것일 뿐이다. 실제로 나라마다 사물에 대한 기호가 각기 달라 '나무'를 'tree' 'arbre' '木[mu]' 등 여러 기호로 부르더라도 '목질의 줄기를 가진 다년생의 식물'을 나타내는 것은 동일하다. '불, 뿔, 풀'이 음운의 차이로 의미가 갈리고 다른 낱말이 되듯, "언어에는 차이가 있을 뿐이다."[32] "이러한 차이들은 이 자체가 실체가 아니라 구조 자체가 만들어내는 효과다."[33] 이렇게 언어는 실체를 가지지 않고 다른 것과의 차이, 관계, 구조를 통해 의미를 드러내니 언어 자체가 공空한 것이다.

부재성이란, 기호는 물자체物自體를 지시하지만 동시에 물자체를 대체하여 물자체의 부재를 입증한다는 것이다. 기호는 사물을 대치하여 사물의 자리를 차지하는 속성을 가지고 있다. 내가 학생들에게 강아지를 설명하기 위하여 강아지를 들고 강의실에 들어갈 필요가 없다. 그러나 강아지라는 사물 대신 '강아지'라는 기호를 쓰면 '강아지'는 없다. '강아지'라는 개념만 학생들의 머릿속에 떠오르는 것이다. 기호는 사물을 대체하는 동시에 사물의 부재를 입증하는 것이다.

산종성散種性이란 기표와 기의가 소쉬르가 본 것처럼 일대일로 대응하지 않으며, 의미는 기호에서 직접적으로 현전現前하지 않고 씨를 뿌리듯 흩어져 있음을 뜻한다. '빨강'이 '열정'이나 '공산당'을 의미하듯, '나무'의 의미는 '목질의 줄기를 가진 다년생의 식물'이라고 규정되지 않는다. 이는 자유연상에 의하여 '푸르른 이상, 하늘과 땅의 중개자, 자연, 부드러움' 등으로 의미망을 넓히고 나무를 정의한 글 속의 '목질, 줄기, 가지다, 다년생, 식물'의 의미나 맥락에 따라 기표의 사슬 속으로 끊임없이 미끄러지며 의미를 연기延期한다. '나무'가 '풀'과 대비시키면 '목질의 줄기를 가진 다년생의 식물'이라는 의미를 갖지만 '쇠'와 대비하면 '자연, 목질의 부드러움' 등의 의미를 갖는다. 내가 '강아지'를 들고 강의실에 나타났다면 거기에는 오로지 한 마리의 강아지만 있게 된다. 그러나 내가 '강아지'라고 말로 하면 어떤 학생은 삽사리를, 어떤 학생은 푸들을, 어떤 학생은 진돗개를, 어떤 학생은 치와와를 연상하는 등 다양한 강아지를 연상한다. "너희는 강아지야"라고 말했다면 어떤 학생은 "선생님이 우리가 강아지처럼 귀엽다고 말씀하시는구나", 어떤 학생은 "선생님이 우리가 강아지처럼 망나니라고 말씀하시는구나", 또 어떤 학생은 "선생님이 우리를 아직 철이 들지 않은 어린아이로 생각하시는구나" 하는 식으로 의미를 다양하게 파악할 것이다.

"나는 여배우 가운데 하지원을 가장 좋아한다"라는 문장이 있다고 치자. 왜 하필 하지원일까? 이 문장에서 '하지원'의 가치는 '고소영' '이영애' '김혜수' 등 이 문장에 존재하지 않는 것을 되살려 비교할 때 비로소 드러난다. 고소영과 비교하여 연기를 잘하기에, 이영애라 하지 않은 것은 착하고 참한 여자만이 아니라 거친 밑바닥 여성의 언행도 능청스럽게 표현해내기에, 김혜수 대신 하지원을 선택한 것은 글래머보다 호리호리하고 매초롬한 몸매의 여자를 좋아하기에 그런 것이란 구체적 사실들이 드러난다. 이렇듯 현전한 하지원의 가치는 부재한 고소영, 이영애, 김혜수 등을 되살릴 때 비로소 드러나며 부재한 것은 김희선, 한효주, 전지현 등으로 끊임없이 이어지므로 하지원의 의미와 가치는 확정되지 않는다. 이렇듯 기호에는 그 기호가 그것이 되기 위하여 배척했던 다른 낱말의 흔적이 깃들어 있다. 기호의 구조는 영원히 부재한 타자의 흔적에 의해서 나타나며 의미는 현전과 부재와의 끊임없는 교차를 통해 드러나는 것이다. 의미는 어떤 하나의 기호에 의하여 완전히 현전되는 것이라기보다는 현전과 부재 간의 일종의 끊임없는 교차라고 할 수 있다.

데리다는 언어기호와 진리가 츠이différance라고 말한다. 불어에서 'différer'란 동사의 뜻은 '차이가 나다'와 '연기가 되다'의 뜻을 지니나 그 명사형인 'différence'는 '차이'의 뜻만 가지므로 'e'자를 'a'로 대치해서 'différance'란 낱말을 만들었다. '나무'가 스스로 의미를 지닌 것이 아니라 '풀'과의 차이를 통해 의미를 가지듯 세계는 실체를 가진 것이 아니라 차이의 체계일 뿐이다. 그리고 나무의 의미는 고정된 것이 아니라 '자연, 신과 인간의 중개자' 등으로 의미를 끊임없이 연기한다. 또 '나무'를 '쇠'와 대비시키면 이의 의미는 '자연, 부드러움' 등의 뜻을 드러내는 것처럼 한 기호에는 배척했던 다른 낱말의 의미가 흔적으로 남아 있어 서로 '대리보충'의 관계를 갖는다. 그러니 기호의 의미, 텍스트의 의미, 궁극적 진리는 동일한 것도 결정할 수 있는 것도 아니다. 이렇듯 "언어기호는 공간화에 따라 차이가 나고 시간에 따라 지연되어 무의미를 생성하기에, 세계는 츠이가 드러난 것, 츠이의 체계 속에 쓰여져 드러난 것, 현존과 부재가 끊임없이 교차하여 일어나는 유희에 불과하다".[34] 세계가 츠이이고 언어기호의 진정한 속성 또한 이럴진대 사람들은 언어기호에 고정성과 동일성을 부여하려고 한다. 고정되고 동일하지 않은 세계를 고정되고 동일한 언어기호로 표현하려 하니 그것 자체가 왜곡이 될 수밖에 없다. 이런 면에서 츠이의 개념은 노장사상의 '도道', 불교의 진여眞如, 원효의 일심과 통한다.

붓다와 원효의 언어관

불교의 언어관도 이와 유사하다. 불교에서는 언어로는 진여실제에 이를 수 없거니와 현실과 사물에 대해서 그 실상대로 말할 수도 없다. 첫째, 궁극적 진리는 언어를 넘어선 것이기에 언어로는 진여실제를 드러낼 수 없다.

> 사리불이 사뢰었다. 일체의 만법은 모두 문자와 언어인데, 문자와 언어의 상相은 곧 뜻이 되지 않으므로 여실如實한 뜻은 문자와 언어로 말할 수 없는 것이거늘, 지금 여래께서는 어떻게 법을 말씀하십니까?

(……) 일체 만법이라는 것은 세간의 말로 세운 법이다. 진여의 법은 모두 얻을 수가 없기 때문에 문자와 언어로는 곧 뜻을 나타낼 수 없다. 모든 법의 진실한 뜻은 일체의 언설을 끊은 것이니, 이제 부처님의 설법이 만약 문자와 언어만이라면 곧 진실한 뜻이 없을 것이요, 만약 진실한 뜻이 있다면 마땅히 문자와 언어가 아닐 것이니, 이런 까닭에 '어떻게 설법하십니까?'라고 물은 것이다.[35]

석가모니께서는 왜 수많은 군중 앞에서 말씀을 안 하시고 꽃만 들었다 놓았다 하셨는가? 너무 큰 은혜를 입으면 "고맙다"는 말이 안 나온다. 그 낱말 이상으로 고맙다고 느끼기 때문이다. 너무도 아름다운 자연을 대했을 때 가장 정확한 표현은 "아!"이다. 어떤 낱말을 골라 시적 문구를 써도 그 아름다움에 이를 수 없다. 이처럼 궁극적 진리는 언어기호를 떠난 것이고 인간의 생각을 떠난 것이기에 이는 불가사의하다. 진여실제를 나타내려면 문자와 말을 빌릴 수밖에 없는데, 이는 문자와 말을 넘어선 것이다. 따라서 언어기호로 이를 표현하는 순간 이는 진여실제를 왜곡한다. 그러니 부처님의 말씀과 같은 진리를 언어기호에 의존하여 편다면 진실한 뜻을 왜곡하는 것이요, 만약 진실한 뜻을 알리고자 한다면 마땅히 언어기호를 넘어서서 행하여야 할 것이다.

둘째, 언어는 자성이 없이 가명이기 때문에 진여실제를 드러낼 수 없다.

진여眞如의 평등함이 언설言說을 떠나 있다는 까닭은 모든 언설이 오직 가명일 뿐이어서 진실한 성품이 결여되지 않을 수 없기 때문이다. 또 그 언설이 단지 망념妄念을 따르므로 참된 지혜와 떨어져 있지 않으면 안 되는 것이다. 이러한 도리 때문에 (세계의 본체는) 떠나고 끊어져 있다고 말한 것이다. 그리하여 '파악될 수 없다'라고 한 것은 진여의 본체를 드러내는 글귀이다.[36]

그렇다면 왜 언어는 자성이 없이 가명일 뿐인가. 셋째, 언어의 이름과 뜻이 서로 연기 관계로 서로 손님처럼 작용하기 때문이다.

'얽매인 것도 아니다'라고 한 것은 이름도 아니요 뜻도 아니므로 이름과 뜻이 서로 손님이 되기 때문이다.[37]

언어는 궁극적 실제를 드러내지 못한다. 반면에 '나무'와 '풀'에서 나무를 부정하는 순간 풀이 의미를 갖고 풀을 부정하는 순간 나무는 의미를 드러낸다. '나무'와 '쇠'의 관계에서 쇠를 부정하는 순간, 나무는 '목질성, 자연'의 뜻을 가지며, 이는 쇠와 관계 속에서만 그런 의미를 갖는다. 이때 '나무'라는 낱말이 '목질의 줄기를 가진 다년생의 식물'이라는 지시적 의미를 갖는 것은 분명하며, 이것을 기본으로 하여 '목질성, 자연' 등 다른 의미가 이어진다. 텍스트의 형식과 내용, 기표와 기의가 홀로 의미를 드러내는 것이 아니라 서로가 차이를 통해 서로를 드러내고, 마주 보는 거울 한 쌍처럼 서로가 손님이 되어 서로를 끊임없이 비추어준다. 각각의 기호에는 그 기호가 그것이 되기 위하여 배척했던 다른 낱말의 흔적이 깃들어 있다. 의미는 어떤 하나의 기호에 의하여 완전히 현전되는 것이라기보다는 현전과 부재 간의 일종의 끊임없는 교차라고 할 수 있다. 기의는 그

것이 얽혀 있는 다양한 기표의 연쇄에 의하여 변한다. 이렇게 기표와 기의, 이 낱말과 저 낱말이 서로 상호의존의 관계에 있기에 어떤 낱말 자체가 스스로 의미를 형성하지도, 언어로서 기능을 구사하지도 못한다. 그러니 자성이 없다고 한 것이다. 그럼에도 굴레라고 할 수 없는 것은 언어기호의 형식과 내용, 기표와 기의, 언어기호 자체와 언어기호의 의미가 서로 차이와 상호 교섭을 통해 세계의 숨겨진 의미를 드러내기 때문이다. "이와 같이 이름과 뜻이 있지 않지만 그래도 뜻이 없지도 않은 것이리니, 이 도리로 말미암아 불가사의한 것이다."[38]

넷째 이유는 언어와 세계가 일치하지 않으며 언어는 단지 세계의 실상이 아니라 차이 자체를 재현하기 때문이다.

'이름이 아니다'라고 하는 것은 이름 및 글귀, 문장의 능전상能詮相을 능히 떠났기 때문이며, 상相과 의義가 아니란 것은 이름의 소전상所詮相과 마땅히 이름의 의미 또한 떠났기 때문이다.[39]

교체教體란 부처님 말씀의 본질을 의미한다. 부처님은 불법의 진리를 전달하기 위하여 말씀을 하셨고, 그 말씀엔 진리가 담겨 있다. 흔히 진리를 담고 있는 말을 능전能詮이라 하고, 그 말로써 드러나는 진리를 소전所詮이라 한다. 세계의 궁극적 실제인 진여는 인간의 이성으로 파악할 수도, 인간의 허상이 만든 언어기호로도 표상할 수 없다. 세계 스스로가 나무라 하거나 풀이라 하지 않는다. 인간이 스스로 틀을 만들어 구분하여 만든 것이다. 주황색을 미분하여 극도로 진한 주황, 극도로 흐린 주황으로 나눈다 해도 실제 색에 다다르지 못하는 것에서 보듯, 언어는 분별할 수 없는 세계를 인간이 편의상 분류하여 자의적으로 이름을 부여한 가명일 뿐이다.

마지막으로, 불교에서는 너무나 당연한 것인데, 이 세계 자체가 연기에 따른 것이고 무상하기에 자성自性이 없이 공空하기 때문이다. 다른 것과 서로 조건을 형성하고 상호작용하며 끊임없이 변하는 세계를 동일성이나 실체라는 틀로 가두어 무엇이라 명명할 수 없다. 무자성이고 공空인 세계를 언어로 명명할 수 없으며, 언어 또한 자성이 없이 차이에 따라 연기되므로 더더욱 불가능한 일이다.

이처럼 인간은 언어기호에 의하여 세계를 들여다보고 표상하며 전달할 수밖에 없는데 언어기호란 비어 있는 것이다. 다시 말하여, 원효의 표현대로 자성이 없이 한갓 가명에 지나지 않아 참 지혜와는 떨어져 있다. 진리란 우리가 환상이라는 사실을 망각하고 있는 환상이다. 그러니 진리의 본체란 근본적으로 파악할 수 없다. 오히려 차이에 대한 인식이, 불립문자不立文字를 선언함이 진리의 본체를 드러내는 바다.

어떤 뗏목이 저 언덕에 이르게 할 것인가

'이름과 글자를 떠났다'는 것은 이름이나 구절로 표현되는 것이 아님을 말한다. (……) 모든 훈습薰習을 따라서 차별이 나타나지만, 말로 표현할 수 있는 차별은 떠났다. 이미 말로 하거나 인연으로 하는 차별을 떠났으므로 그것을 평등 진여의 도리라 한다.[40]

이처럼 세계의 궁극적 실체는 말로 할 수 없고不可言說, 훈습에 따른 차별과 말을 떠나고 생각을 끊은 것이며離言絕慮, 인간의 이성으로는 이해할 수 없다不可思議. 그러면 불가사의한 참에 어떻게 이를 것인가. 답은 언어도단言語道斷을 선언하고 '염화시중拈華示衆의 미소'처럼 언어기호를 넘어서서 선정禪定을 행하는 것이다. 달마대사 이후 21세기 오늘에 이르기까지 동아시아의 수많은 선사가 이런 방식으로 언어를 부정하고 부단한 선정을 통해서 부처님의 마음에 다다르려 했다. 그러면 평범한 우리가 선의 통찰이 아니고서 어떻게 깨달음에 이를 수 있을 것인가?

석가모니처럼, 내가 진정 깨달은 것을 말로 하면 왜곡이라는 생각에 강의실에 들어가서 서너 시간 동안 입을 꾹 다물고 하늘만 쳐다보다 나온다면 학생들은 "선생님! 오늘 깨달음이 많았습니다"라고 인사할 것인가? 학생 한두 명은 그럴 수도 있다. 하지만 대다수의 학생은 어리둥절해할 것이다. 나의 의무는 강의실에 모인 모든 학생을 깨우치게 하는 데 있다. 언어 저 너머에 진리가 있음을 알고도 매일 목청이 아프도록 소리를 높이는 이유가 여기에 있다. 이언절려離言絕慮인 줄 알면서도 인간이 진리를 전달하는 보편적인 방법은 언어기호를 이용하는 것이다.

혹자는 원효의 화쟁의 본질을 "진여실상眞如實相이 언어 저 너머에 있는 것인 줄 알면서도 (말로 말을 버리는) 인언견언因言遣言했다는 것"이라고 지적하는데, 이는 화쟁도, 불교도 정확히 인식하지 못한 데서 기인한 소치다. 인언견언은 불교철학에서는 공유된 상식이고 다른 철학에서도 종종 논의되는 바다. 비트겐슈타인도 "지붕(세계의 실체)으로 올라간 뒤에는 사다리(언어)를 던져 버려야 한다"[41]라고 했다. 장자도『장자』「외물外物」편에서 "통발이란 물고기를 잡기 위한 것인데, 물고기를 잡은 뒤에는 통발을 버려야 한다. 말이라는 것은 뜻을 전달하기 위한 것인데, 그 뜻을 얻으면 말은 버려야 한다"[42]라고 했다.『금강경』「정신희유분正信希有分」을 보면 "이런 뜻인 까닭으로 여래는 '너희 비구들아 나의 설법이 뗏목의 비유와 같음을 아는 자들은 법조차 마땅히 버려야 하거늘 어찌 하물며 법이 아닌 것조차 버리지 못하는가?'라고 늘 말씀하셨다"[43] 여러 성인과 현인이 궁극적 진리가 언어 저 너머(지붕, 언덕 저편, 물고기)에 있으면서도 인간이 이를 전달하는 것은 언어(사다리, 뗏목, 통발)밖에 없음을, 대신 언어를 방편으로 이용하여 궁극적 진리에 이른 다음에는 언어를 버리고 세계의 실체를 대할 것을 천명했던 것이다.

『금강경』의 관련 기록에 대해 선사들은 각기 다른 해석을 내놓았다. 규봉 종밀圭峰 宗蜜은 "(……) 뗏목의 비유는 말을 빌려서 뜻을 나타냄이니 응당히 말과 같이 뜻도 집착하지 말지니라(……)"라고 풀이한다. 육조 혜능六祖 慧能은 "법法이란 반야바라밀법이요, 비법非法이란 하늘 따위에 태어나는 법이라. 반야바라밀법은 능히 일체 중생이 생사대해生死大海를 건너가게 하는 것이니, 이미 건너가서는 오히려 응당 머물지 말 것이거든 어찌 하늘 등에 나는 법에 즐거이 집착하겠는가"라고 풀이한다. 예장 종경豫章 宗鏡 또한 "사람도 공空하고 법法도 공空하니 진성眞性이 본래 평등하도다. 설사 명名과 상相이 쌍으로 없어지고 취하고 버림을 둘 다 잊는다 해도 오히려 뗏목으로 남아 있느니라. 손가락을 튕기는 사이에 이미 생사해生死海를 뛰어넘으니 어찌 모름지기 다시 사람 건너는 배를 찾으리오"라고 해석한다. 쌍림 부대사雙林 傅大士는 아상我相에 대한 집착과 유무有無의 두 변邊을 떠난 깨달음을 취하는 것으로 해석했으며, 야부 도천冶父 道川은 "만약 문자에 집착하면 줄기만 보고 근원을 잃어버리게 될 것이요, 문자를 버리면 근원만 보게 되어 줄기를 찾지 못하게 되니 근원과 줄기를 함께 잃지 말아야 바야흐로 법성해法性海에 들어가느니라"라고 해석한다.[44]

선학의 입장에서 해석하면 각 선사의 해석은 그야말로 선의 혜안일 터다. 그러나 언어학의 입장에서 보면 이들의 해석은 옳은 것도 있고 그른 것도 있다. 혜능과 종경은 진여실제와 언어와의 관계를 다룬 이 대목을 생사대해를 건너는 것으로 파악하여 엉뚱한 해석을 했다. 아상의 집착이나 유무의 두 변을 떠나는 것이라는 부대사의 풀이는 이현령비현령耳懸鈴鼻懸鈴식으로 유추 해석이 가능한 것이어서 꼭 틀린다고는 할 수 없으나 핵심을 비켜가 '논점일탈의 오류'를 범했다. 도천만이 정확히 의미를 파악하고 있다.

원효는 "네가 취한 것과 같은 것은 오직 이름의 말뿐이므로 나는 언설에 기대어 말을 끊는 법을 제시한다. 이것은 마치 손가락에 의해 손가락을 떠난 달을 가리키는 것과 같다"[45]라고 지적한다. 이처럼 진여(달)를 그 실상대로 궁극적으로 깨닫는 것은 불가능하지만 손가락(언어)으로 지시하는 것은 가능하다. 존재를 실상으로 착각하는 중생에게 그에 대한 깨달음을 일으키기 위해서 언어기호는 한 방편으로 필요한 것이다. 그렇다면 다음의 의문은 구체적으로 어떻게 손가락을 통해 달에 이르는가에 대한 것이다.

불가사의하다는 것은 부처님 말씀을 모두 이해하고 깊이 찬탄하는 말이다. 이 말 다음의 말들은 따로 이해하는 말로서 여기에는 두 가지

가 있다. 먼저 언어와 문구를 받아들이고 나중에 그 뜻과 이치를 헤아리는 것이다.[46]

부처님의 말씀, 궁극적 진리는 너무도 깊어 우리의 이성이나 언어기호를 통해 헤아릴 수 없기에 불가사의하다. 그러나 언어기호가 가진 지시적 의미를 받아들인 다음 이에서 머물지 않고 그 지시적 의미를 넘어서는 뜻을 헤아린다면 불가사의의 한 자락이라도 드러낼 수 있는 것이다. 원효는 선령언구 후령의리先領言句 後領義理, 곧 먼저 말을 받아들인 다음의 그 뜻과 이치를 헤아리는 방법에 대해 구체적으로 논의하고 있다.

'의어義語이지 글이 아니다'라는 것은 말이 마땅히 진실한 뜻에 맞아 단지 공허하게 문자에 얽매인 말이 아니기 때문이다. '문어文語이지 뜻이 아니다'라는 것은 말이 공허하게 문자에 얽매이기에 진실한 뜻과는 아무런 관련을 맺는 것이 아니기 때문이다. (……) 그러므로 부처님 말씀은 곧 뜻의 말이며, 뜻이 없는 범부의 말과는 같지 않은 것이다.[47]

조사선祖師禪에서 스승이 체험으로 보여준다 하더라도 제자는 일단 그것을 언어로 풀어 언어의 테두리 속에서 고민을 한 다음에서야 언어의 상相을 넘어서서 견성체험을 한다. 간화선看話禪은 언어로 된 텍스트를 바탕으로 한다. 그럼 언어기호가 진여실제의 왜곡인데 언어를 통해 이를 드러내고 전달해야 하는 역설을 어떻게 해결해야 할까? 어떤 뗏목을 써야 우리는 저 언덕 너머에 이를 수 있을까?

방법은 크게 보아 세 가지다. 부처님과 가섭의 관계처럼 이심전심을 통한 것이 하나요, 다른 하나는 인언견언因言遣言이요, 서양의 기호학자들이나 일부 포스트모더니스트들이 행한 것처럼 언어기호의 원리를 파악하여 텍스트를 해체하여 언어가 왜곡하고 있는 의미를 파헤치고 언어기호와 텍스트 너머의 '숨은 진리'를 찾아가는 것이다. 굳이 무리를 범하여 비유하면, 첫째가 남종선祖師禪, 둘째가 북종선, 셋째가 불교 경전을 해체적으로 읽는 것과 통할 터다(여기서 언어와 분별을 넘어선 깨달음으로 화두를 내세우지만 화두 또한 언어기호로 만들어진 텍스트임을 상기하면 조사선 또한 전적으로 첫째에 속하는 것은 아니다). 모든 스님이 단 한 번의 체험으로 단박에 깨달을 수 있다면 굳이 화두話頭를 내세울 필요가 없다. 그러지 못하기에 화두를, 분별심을 타파하는 무기로 삼아 분별과 언어 저 너머의 깨달음에 이르려 한다. 마찬가지로 모든 대중이 선을 행하고 깨달을 수 있다면, 언어기호로 불법을 알릴 까닭이 없다. 그것이 여의치 않기에 이와 같이 말로써 불법의 진리를 알리는 것이다.

들에 홀로 핀 들국화를 외롭다고 노래하는 것은 시가 아니다. 상투적인 예술작품처럼, '문어文語'란, 일상언어의 속성에 집착해 낱말이나 문맥에 얽매이는 세속의 말, 진부한 의미로 언어기호를 이용하는 것을 뜻한다.

반면에 우리는 미당 서정주의 「국화 옆에서」라는 시를 읽고 왜 감동하는가? 그것은 미당이 무서리가 내린 뒤에 다른 식물은 파김치가 되어버리는데 오로지 국화만이 함초롬히 아름답게 피어 있는 모습을 보고 그처럼 인간 또한 좌절과 절망을 이기고 일어설 때 가장 아름답고 위대하다는 생각을 하여 이를 시로 형상화했고, 우리는 이

시를 통해 국화의 숨은 세계—실존—을 들여다볼 수 있기 때문이다. 우리는 미당의 시를 방편으로 삼아 국화의 실상을 잠시나마 들여다본 것이다. 이처럼 '의어義語'란 일상적으로 통용되는 의미와 문맥을 넘어서서 세계의 실체를 파악해 드러내는 말을 이른다. 즉, 문어는 세계를 왜곡하지만 우리는 의어를 통해 세계의 실체에 다가갈 수 있고, 또 이를 전달할 수 있는 것이다.

달의 실체를 완전히 안다는 것은 불가능하지만 달을 '지구의 위성'이라고 하는 데서 떠나 '관음보살'이나 '감추는 것과 드러나는 것이 동시에 나타난다隱密顯了俱成門'라고 할 때 인간은 좀 더 달의 실체에 가까이 다가갈 수 있다. 때문에 언어도단과 불립문자不立文字로 언어기호의 공성空性을 부정만 할 것이 아니다. 언어기호가 세계의 실상 자체를 표현할 수는 없지만 중생이 세계의 실체에 다가갈 수 있도록, 더 정확히 말하여 중생이 존재를 세계 자체로 착각하고 있는 것을 깨우치도록 하는 방편은 될 수 있는 것이다. 굳이 비유하자면 장대가 장애이지만 장대를 통해 땅의 굴레를 넘어 잠시나마 비상할 수 있는 것이나 마찬가지다. 장대높이뛰기에서 장대를 이용하지 않으면 높이 뛰어오를 수 없지만, 장대를 놓아야만 하늘을 비상할 수 있다.

물론 이렇게 하여 세계의 실체가 모두 드러나는 것은 아니다. 세계는 드러내는 만큼 감추는 것 또한 사실이다. 앞에서 논한 대로 아무리 새로운 의미를 밝힌다 하더라도 언어기호로 말하는 순간 이는 세계를 왜곡시키게 되어 있다. 의어는 순간적으로 존재하며 아무리 실체를 밝힌 것이라 하더라도 곧 문어로 전락한다. 미당의 국화도 '실존'이라는 숨은 실체를 드러냈지만 이것도 '외로운 들국화'처럼 곧 상투적 의미가 되어 국화의 다른 숨은 의미를 감춘다. 장대높이

뛰기를 하여 하늘에 오른 비상을 만끽하는 것은 잠시뿐, 설사 세계 신기록을 세웠다 하더라도 우주에 다다를 수는 없다. 한 번 하늘에 올랐다고, 세계신기록을 달성했다고 눌러앉아 있어야 하는가? 기록이 새로운 장애이듯, 깨달음이 곧 집착이 된다. 끊임없이 화두를, 깨달음을 해체해야 하는 이유가 여기에 있다.

포스트모더니즘에 대한
마르크스적 비판과 대안

진리는 역사 안에서 진리다

탈근대 철학자와 비평가들로 인하여 우리는 근대적 사유에서 벗어날 수 있게 되었다. 해체비평은 그동안 현존의 눈으로 바라보던 문학을 해체했다. "해체비평은 고전적 구조주의가 즐겨 사용하던 이원적 대립관계들이 이데올로기의 특수한 사유 방식이라는 것을 파악했다. 구조주의는 텍스트를 대립쌍들로 나누고 그들의 작용논리를 보여주면 (……) 일반적으로 만족한다. 해체비평은 어떻게 그 대립관계들이 자신의 위치를 유지하기 위해 때로 자신을 전도시키거나 무너뜨리며, 되돌아와서 괴롭힐지 모르는 귀찮은 디테일들을 텍스트에서 추방할 필요가 있는지를 보여주려 한다."[48] 해체비평이 그런 것처럼, 탈근대의 철학은 그동안 당연하게 여기던 진리들이 실은 권력임을 밝히고, 그에 담긴 이성중심주의, 말중심주의, 현존의 형이상학, 동일성의 사유, 엘리트주의, 가부장주의, 오리엔탈리즘, 인간 중심주의를 해체했다. 진리, 확실성, 동일성, 현존에 바탕을 둔 해석들이 진리의 상대성 내지 불가지성, 불확실성, 타자성, 끝없이 미끄러지고 퍼지는 산종散種의 해석으로 나아가게 되었다.

진리란 실은 권력이며 궁극적 진리란 알 수도 없고 다다를 수도 없는 츳이 내지 도道라는 탈근대 철학자들의 통찰에 어느 정도 동의한다. 궁극적 진리란 것도 우리가 이해하거나 해명할 수 있는 저 밖에 있다. 우리는 처음에 원자를 하나의 덩이로 생각했다가, 점점 연구를 하면서 복잡한 구조와 상호작용들을 밝히게 되었다. 그 후 수많은 기본입자와 합성입자, 준입자가 밝혀졌다. 기본입자만 하더라도 페르미온fermion과 보손boson, 미관측입자로 나누어지고, 페르미온은 쿼크와 반쿼크, 렙톤lepton으로, 쿼크는 다시 위, 아래, 맵시, 기묘, 꼭대기, 바닥의 6가지 맛깔flavour의 입자로 구성되어 있다. 각각의 입자의 구실과 그것이 어우러진 원자의 구조와 원리에 대해 실로 광대한 사실들이 밝혀졌다. 그럼에도 캐면 캘수록 힉스 입자를 비롯하여 아직 수많은 것이 미지의 영역에 남아 있다. 우주에 대해서도 실로 많은 것을 규명해냈지만, "우주 전체 질량의 25퍼센트를 차지하는 암흑물질과 질량-에너지의 70퍼센트를 차지하는 암흑에너지에 대해 전혀 모른다. 우리가 알고 있는 양성자, 중성자, 전자 등의 물질은 겨우 5퍼센트에 지나지 않는다. 이들을 몽땅 걷어내도 우주는 95퍼센트나 남는다".[49] 생명에 대해서도 마찬가지다. 게놈프로젝트를 진행하여 유전자 지도를 완성하면 생명의 신비가 풀릴 줄 알았다. 그러나 인간과 같은 고등동물과 생쥐와 같은 하등동물 사이에 유전자 차이는 별로 크지 않았다. 그럼 무엇이 그들을 그토록 차이가 나게 만들었을까? 유전자 지도는 유전자의 상相에 지나지 않았다. 유전자 하나가 여러 가지 기능을 하고 있었고 인간은 쥐에 비하여 고도의 복잡한 기능을 하는 유전자를 가졌던 것이다. 유전자공학은 유전자의 용을 밝혀야 하는 새로운 과제를 만난 것이다. 그 용用을 다 밝힌다 해도 유전자의 체體는 완전히 드러나지 않을 것이다. 인류 문명이 5만 년 존속되고 계속 발전이 진행된다면 이들의 비밀이 밝혀질까. 더 많은 것이 밝혀지더라도 미지의 영역은 남을 것이다. 인간은 물질, 우주, 생명의 실체를 비롯하여 진리의 실체에 다다를 수 없으리라.

인간이 진리의 실체에 이를 수 없다면 진리를 구하려는 것이 존재의 이유인 사람들은 무엇 때문에 살까? 허상을 실체로 착각하여 이데아를 추구한 데리다 이전의 근대 철학자들은 모두 일거에 쓸어버려야 할 사상가들인가? 그렇다고 우리가 생을 멈추거나 삶의 의미를 상실할 필요도 없다. 삶의 목적은 완성에 이르는 것이 아니라 그를 향하여 나아가는 과정에 있다. 유한성, 한계, 부족함, 이기적 유전자, 천박함, 폭력성과 무한한 탐욕으로 가득한 인간이 어떻게 살 것인가 성찰하며 더 나은 자로 거듭나는 것이 실존의 참모습이다. 인류가 몇만 년 더 발전을 거듭한다 하더라도 원자의 실체에 이를 수 없지만, '지금 여기에서' 누구인가 힉스 보손을 속속들이 규명한다면 원자의 실체에 한결 더 가깝게 다가가는 것이다. 국화의 실체에 이를 수 없지만, 이를 '누이' '실존' '화엄' 등으로 새로운 메타포를 찾아 노래할 때, 그에 가까이 가는 것이다.

무엇보다도 폭넓게 수용되도록 포스트모더니즘을 설명하는 이론이 아직 존재하지 않는다. 문학과 예술로 국한하면, 사실상 포스트모더니즘으로 불리는 것 대부분이 모더니즘에서 직접 차용한 것이다. "포스트모더니즘의 존재에 대한 대부분의 논의들이 대체로 모더니즘의 특성, 특히 모더니즘의 본성을 2차적 질서개념으로 무시해버린 특성을 약화시켜서 그럴듯하게 시작한 것이다."[50] 더구나 근대성의 위기나 모순에 대한 냉철한 성찰을 바탕으로 하지 않은 채, 관념상에서만 머무르는 경향이 강했고, 객관적 논증을 생략한 채 당위론적 주장을 하거나 과학을 무시한 채 신비주의적인 해석에 의존하기도 했다.

이성을 포기한 곳에 주체의 야만과 신비주의가 싹튼다. 주체 중심적 이성의 폭력성과 이성의 도구화를 비판하지만 우리가 발을 디디고 있는 땅은 멀쩡한 다리와 백화점이 무너질 정도로 비합리적이기에 우리는 이성을 가지고 그를 바라보고 대응을 한다. 대중의 생활 세계는 도구적 이성에 의해 식민지화하는 곳이자 상호이해를 추구하는 주체들의 의사소통적 과정의 바탕이기도 하다. 공공영역을 확보하여 이곳에서 대중이 자유롭게 민주적으로 토의하며 소통적 합리성을 모색한다면 이성의 횡포와 도구화를 최소화할 수 있다.

주체와 이성, 공감의 변증법도 필요하다. "근대성은 모든 형태의 전체성에 저항한다. 자유를 향한 길을 열어주는 것은 단절될 수도 없고 끝날 수도 없는 이성과 주체 사이의 대화이다."[51] 주체가 없는 이성은 권력의 도구로 전락하며, 이성이 없는 주체는 자기동일성에 대한 강박관념 속에 갇힌다. 억압과 부조리, 부당한 폭력, 그리고 권력에 저항할 수 있는 가장 기본적인 진지는 주체다. 이성이 올바르게 지향하도록 방향을 잡아주는 것은 감성, 특히 타자에 대한 공감이다. 이 주체가 타자의 고통에 공감하면서 연대하고 이성으로 권력의 이데올로기와 폭력을 비판하고 이에 저항하는 집단적인 실천을

꾸려내는 것만이 근대성의 위기를 극복할 수 있는 대안이다.[52]

마르크스의 관점에서 볼 때 가장 필요한 것은 맥락화다. 텍스트 상에서 의미는 끊임없이 미끄러지지만, 맥락context은 그에 울타리를 치고 현실의 구체성을 부여한다. 달의 의미는 "눈동자, 조화, 고향, 어머니, 님, 관음보살, 임금님, 중개자, (……)" 등으로 연상에 따라 끝없이 이어지지만, 여기에 맥락을 부여하면 의미는 한정된다. '달을 그렸다'라는 간단한 문장의 의미 또한 미술 시간의 맥락에서는 '지구의 위성을 그림으로 그렸다'이지만, 언덕 위에서 오랫동안 귀가하지 않는 남편을 기다리는 여인의 맥락에서는 '남편을 그리워했다'의 뜻이다. 이처럼, 텍스트에서 의미는 미끄러지지만 맥락은 울타리를 친다. 텍스트는 물질과 현실을 소거하지만, 맥락은 이를 복원한다. 의미와 서사, 해석도 제공한다.

물론 해체주의는 절대와 현존의 이름으로 인간을 지배하려는 모든 특정 세력과 사유 체계, 정치와 사회제도, 이론과 지식을 철저히 파괴한다. 그럼에도 언술, 텍스트 분석에만 관심을 두는 바람에 현실과 유리되며, 반역사적이고 비정치적이다. "포스트모더니즘은 절대 가치, 형이상학적 기초, 자아중심적 주체를 아직도 필요로 하는 체제에 도전하는 한 급진적이다."[53] 그러나 포스트모더니즘은 한마디로 말해 "후기자본주의의 물질적 논리를 떠받들고 이 사회의 정신적 바탕에 대해서는 공격의 화살을 겨누었다."[54] 포스트모더니즘은 구체적 현실을 호도하고 사회경제적 토대를 경시했다. 이성의 변증법적 계몽성까지 부정했으며, 주체의 상호작용을 경시했다. 자아는 해체, 분할된 것이 아니라 능동적이고 실천적이며 변증법적인 주체이기도 하다. 해석의 불확정성은 시장의 다양한 상품성과 결합했다. "포스트모던의 역사종말론적인 사고는 현재와 분명히 다른 우리 앞의 미래를, 그 어느 날 축제의 한 원인으로 제시될 가능성을 직시하지 않는다. 포스트모더니즘은 결국 해결책이라기보다 문제의 한 부분일 뿐이다."[55]

특히 한국에서는 이에 대한 오독과 오역, 자의적 해석이 심했으며, 거의 미국을 거쳐 수용되는 바람에 철학적 바탕이 결여되거나 부정성이나 해체성은 거세되고 외려 진보적 담론을 구태로 몰아버리는 담론이 되었다. 한국의 해체비평은 한국 사회를 지배했던 근원주의적이고 가부장적이며 폭력적이었던 형이상학이나 텍스트에 숨어 있는 이항대립 구조를 해체하는 데로 나아가지 못하고 단지 텍스트를 산산이 분해하여 형식의 잔해만 보여주는 데 그쳤다.

탈근대의 담론은 그 비전은 타당하지만, 한국 사회의 모순을 호도하고 자본가와 문화산업가의 이데올로기를 옹호했다. 데리다의 해체론은 이성중심주의와 함께 서구중심주의, 기존의 지배 블록 중심의 이데올로기, 이를 떠받들고 있는 폭력적인 서열 제도 자체를 해체하고자 한 것이다. 그러나 한국 사회에서 행하여진 해체비평이 대부분 미국 문학이나 예술을 숭앙시하는 보수적이고, 서구 추종적인 비평가들 중심으로 행해지면서 해체의 칼날은 그 힘을 잃고 엉뚱한 것만 베어버리는 아이러니만 범했다.

모더니티에 대한 한국적 수용에서 가장 문제가 되는 것은 한국적 상황이라는 특수성을 무시하고 맹목적으로 서구의 이론을 도그마로 사용하는 것이다. 심지어는 '근대화＝서구화'라는 관점이 오랫동안 한국의 학계를 풍미했다. 이에 따라 한국사에서 근대의 기점을 한국 사회가 서구적으로 개혁하거나 서구를 향하여 문호를 개방한 시기인 개항이나 갑신정변으로 잡기도 했다. 그러나 이 시기는 자생적인 근대화가 일본의 제국주의적 침략에 꺾이고 자본주의 시장에 편입되어 중심국의 수탈 때문에 저발전의 나락에 빠진 기점이다.

연암 박지원 등 조선조의 일부 사상가가 탈근대적 통찰을 했다는 주장은 터무니없다. 탈근대는 근대의 부정이기에 중세성과 얼핏 유사하다. 하지만 유사할 뿐 맥락과 내용, 지향은 전혀 다르다. 탈근대적 사유는 탈산업사회 내지 후기산업사회에서 근대성의 위기에 대한 성찰로 행해진 것이다. 인간의 문명이 덜 발달되어 자연을 파괴할 여지가 없던 중세에는 자연을 올바로 이해하지 못한 채 자연에 인간이 압도되거나 당위적으로 자연과 인간의 공존을 피력했다. 이런 사상을 인간 주체가 자연을 과학적으로 이해하고 정복하면서 야기한 모순을 성찰한 생태론과 조금 유사하다는 점이 있다는 것을 근거로 탈근대 운운하는 것은 어불성설이다. 마치 어린아이가 노인처럼 비합리적으로 생각하는 것을 보고 그 아이가 이미 노인에 이르는 사유를 했다고 말하는 것과 같다.

다음의 문제는 근대적 모순까지도 탈근대적 분석을 감행하는 것이다. 물론 한국 사회에 탈근대적 모순이 나타나기 시작한 것은 사실이다. 그러나 압축적 근대화를 추진한 한국은 중세성과 근대성, 탈근대성이 중층적으로 결합된 '비동시성의 동시성'의 사회다. 더구나 근대성의 상당 부분은 서양과 일본으로부터 이식된 것이다. IT 강국으로 탈근대적 문화가 번성하지만 아직 봉건 잔재가 남아있고 식민지 근대성을 극복하지도, 근대성을 완성하지도 못했고, 근대성의 모순과 부조리가 극심하다. 사상과 표현의 자유를 제한하는 국가보안법이 상존하고, 노동삼권이 보장되지 않을 뿐만 아니라 재벌이

정권과 유착관계를 맺고 노동자를 과도하게 배제하고 탄압하고 있다. 더구나 한국 사회는 멀쩡한 다리가 무너지고 백화점이 붕괴하고 배가 침몰하여 수백 명이 죽는 대형 참사가 연이어 일어날 정도로, 대학교수나 국회의원을 선출할 때도 학연, 지연, 혈연이 더 작용할 정도로 합리성이 사회적 기준으로 자리 잡지 못했다. 상당수의 대중이 점이나 합격발원기도에 적지 않은 돈을 가져다주고 무당이 20만 명에 이르는 직업인으로서 활동할 정도로 봉건성이 잔재한다. 이는 한국 사회에서는 아직 마르크시즘과 같은 근대의 담론이 유효함을 뜻한다. 이성이 없이 한국 사회에 상존하는 중세적 주술과 봉건성, 야만을 극복할 수 없고, 계몽적이고 소통적인 합리성을 갖춘 주체 없이 권력에 대해 저항할 수 없다.

아울러 한국과 같은 제3세계의 경우 서구와 다른, 아시아, 혹은 제3세계에 맞는 근대성을 설정하고, 이에 맞는 근대성과 그 모순을 분석하고 대안을 모색해야 한다. 조선조 후기에 자본주의의 맹아가 나타났든 나타나지 않았든, 식민지 근대화론이든 내재적 근대화론이든, 양자는 모두 한 나라의 사회문화를 정태적으로, 국가와 민족 간의 관계를 동일성의 사유로 바라보고 있다. 보수든 진보든, 제국주의의 입장에 서든 민족주의적 입장에 서든, 그동안 제3세계와 서양 사이의 만남과 충돌을 보는 시각은 문화수용이나 문화변용의 입장에 서 있었다. 식민지 근대화론자들은 서양 문화 및 자본주의의 수용을 야만에서 문명, 미개에서 계몽, 정체에서 발전, 중세에서 근대로 이행한 것으로 해석했고, 내재적 근대화론자들은 이를 제국주의적 수탈, 혹은 제국주의의 문화적 침투와 포섭 과정으로 간주하고 비판하고 저항했다. 전자가 '서양화=근대화, 자본주의화, 합리화'로 동일성을 형성하고 이를 비서양의 타자들에게 확대하는 것을 문명의 발전과 계몽의 과정으로 착각한 오리엔탈리즘 내지 서구 중심적 편견, 제국주의의 합리화 이데올로기라면, 후자는 모든 외부의 영향을 타자로 간주하고 이를 배제하고서 민족과 국가의 동일성을 확보하고자 한 민족주의의 아집이다. 이에 필자는 '차이와 이종의 근대성'이라는 새로운 이론틀로 분석한다.[56]

토대의 변화 없이 해체는 가능하지 않다

상부구조로서 모더니즘은 대중의 등장, 예술의 세속화와 상업주의, 대중문화에 대한 반작용으로 출발했다. 모더니티가 이를 결정하는 토대이지만, 역사적 모더니티와 심미적 모더니티는 구분되어야 한다. 전자가 중산층의 이해관계에 충실하여 그들의 이데올로기를 강화했다면, 후자는 이에 반대되는 지향을 했다.

여기 '노근리 학살 사건'이란 현실이 있다고 치자. 당신이라면 이 현실을 어떻게 그림으로 형상화하겠는가? 그가 리얼리스트이고 반제국주의자라면 제국주의가 제3세계 민중에 대해 얼마나 야만적이었나를 예술로 고발하고 싶을 것이다. 그는 젖먹이 아이를 어떻게든 살려보려고 몸부림을 친 어머니와 그 품에서 자는 듯 죽은 아기를 냉소적인 미소를 지으며 총을 쏘고 있는 미군 병사와 아름답게 피어 있는 들꽃을 대조시키며 그림을 그릴 것이다. 그러나 그가 모더니스트라면, 정확히 말하여 아폴론적 모더니스트라면 어떻게 할까? 대부분은 이런 역사적 현실에 눈을 돌리지 않는다. 그건 예술을 사회적 현실에 종속시켜 예술의 심미적 자율성을 해치는 것이며 '감수성의 혁신'을 가져올 만한 예술 소재가 아니기 때문이다. 대신 그는 차가운 가슴으로 새로운 형식의 추상화를 하나 그릴 것이다.

전자의 그림처럼 리얼리즘의 예술은 세계의 부조리를 고발하고 정치적이고 사회적인 모순을 드러내며 역사를 현재화하며 그 속에 담긴 구체적 삶의 진실을 드러낸다. 그러나 예술을 역사나 사회에 종속시켜 예술의 자율성을 해쳤다는 혐의를 벗어나기 어렵다. 반면에 후자의 추상화처럼 모더니즘의 예술은 '낯설게하기'를 하고 새로운 형식을 창조했다. 그러나 모더니즘은 고답적이었고 엘리트적이었으며 비정치적이고 비역사적이었다.

그럼 당신이 포스트모더니스트라면 어떤 그림을 그릴 것인가? 만약 한 예술가가 집에 있는 텔레비전을 미술관에 전시한 다음 그 아래에 '노근리 학살 사건'이라고 제목을 붙인다면? 텔레비전을 소재로 한 것 자체가 우리의 낡고 고정된 관념을 깬다. 몇몇 관람객이 고개를 갸우뚱거리며 제목과 텔레비전을 연관시켜서 "학살은 1950년의 노근리로 끝난 것이 아니라 지금도 텔레비전 드라마와 광고 등 미국의 대중문화를 통해 자행되고 있으며 미국이 진정으로 학살한 것은 민간인 몇몇이 아니라 한국 고유의 이미지와 상징, 서사, 상상력, 이들에서 비롯된 정신이다"라고 그 작품의 메시지를 읽는다면, 후자의 예술은 새로운 형식의 실험이면서도 강한 정치적 메시지를 담고 있는 것이 아닌가?

예술은 상투성에 반역을 일으키는 것, 곧 낯설게하기를 본령으로 한다. 1917년에 뒤샹Marcel Duchamp이 변기를 하나 구입해 변기 제조자인 'R. Mutt(리처드 무트)'와 연도 '1917'을 작품에 서명하듯이 적고

〈샘〉이라고 명명했다.[57] 이 작품은 우리 주변에서 흔히 볼 수 있는 아주 낯익은 변기를 매우 낯설게 만들고 있다. 이 작품을 대하고서 우리는 우선 변기가 어떻게 미술작품이 될 수 있는가에 대해서 생각한다. 이는 예술이 창조의 작업이고 예술가가 창조자라는 것이 고정관념이라는 생각으로 이어진다. 고정관념을 깨면 우리는 추한 것, 공산품도 예술가의 선택에 따라, 그것이 놓인 위상에 따라 얼마든 예술이 될 수 있음을 깨닫는다. 다음으로 우리는 제목 '샘'과 변기가 무슨 연관이 있는가에 대해서 생각한다. '더러운 변기도 얼마든 아름다운 샘으로 표현될 수 있다는 것인가, 변기에서 소변을 보며 새로운 상상이 샘솟았기 때문일까, 아니면 이제 이 변기로 모든 것이 쓸려나가고 새로운 개념의 예술이 샘솟을 것이란 뜻에서 그런 것인가' 하며 나름대로 작품을 해석할 것이다. 변기를 뒤집어버려 요철이 전환되어 여성의 성기의 은유를 형성하던 변기는 볼록한 남성의 성기의 은유로 바뀐다. 변기를 배수관으로부터 제거함으로써 소변을 모아 정화조로 이동시킨다는 변기의 실용적 기능과 의미 또한 사라지고 이 소재는 새로운 개념을 창출했다.

무엇으로 생각하든 〈샘〉의 낯설게하기가 보여준 반역은 이것으로 끝나지 않았다. 미술에 대한 개념 자체에 혁신을 가져왔다. 예술작품과 일상용품의 경계를 허물었다. 그 작품 자체의 아름다움이 아니라 그 소재가 본래의 기능을 상실하고 어느 장소에 전시되고 있다는 사실이 작품의 내용과 형식을 결정한다. 뒤샹이 한 것처럼, 예술가는 창조자이기도 하지만 선택자일 수도 있다. 더 나아가 이 작품은 공산품, 공장에서 대량으로 생산해낸 것, 추한 것은 예술이 될 수 없다는 기존의 관념과 이 관념을 바탕으로 존재하던 비평과 미학,

그리고 이에 의존하던 집단을 해체했다. 이에 머물지 않고 예술의 개념 자체를 바꾸어버렸다. 이제 근대 예술작품은 더 이상 시각적인 아름다움을 만들어내는 것이 아니라 우리의 생각을 개념적으로 바꾸어놓는 무엇이다. 바로 이런 점 때문에 많은 미술가가 뒤샹의 뒤를 따랐고, 수많은 미술 평론가, 그리고 터너상 시상식에 모인 500여 명의 미술전문가가 피카소와 마티스를 제치고 뒤샹의 〈샘〉을 20세기에 가장 영향력 있는 현대 미술작품으로 선정한 것이다.

〈샘〉과 같은 부류의 포스트모더니즘 작품은 '낯설게하기'와 같은 형식의 실험이 반동의 미학이 아니라 기존 체제에 대한 강한 부정이 될 수 있음을 보여준다. 그러기에 아우슈비츠 대학살을 고발한 문학이 오히려 그를 낳은 문화와 같이 놀아나는 후기산업사회에서 포스트모더니즘이 디오니소스적 모더니즘이 지니고 있는 부정성과 변혁성을 추구하는 한, 열린 텍스트, 대화적 읽기를 향하는 한, 소외, 공동체의 파괴, 불평등 등 근대성이 야기한 모순들을 근본적으로 극복하려는 한, 필자는 이를 지지한다. 소외와 계급갈등의 심화, 환경위기, 불안과 위험의 일상화, 동일성의 폭력 등 근대성이 야기한 모순을 성찰하고 대안을 모색하는 새로운 패러다임으로서 탈근대사상은 필자의 비전이자 지향점이다.

그러나 모든 것이 상대적이고 차이를 통해 드러나기 때문에 확정할 수 없는 것이 아무것도 없다면, 진리란 끝내 알 수 없는 것이라면, '지금 여기에서' 전체주의 등 악으로 규정되고 있는 것을 비판하고 저항할 수 있는 근거와 지표는 어디에서 오는가? 히틀러나 전두환도 상대주의로 보아야 하는가? 그렇다면 우리는 과연 무엇을 할 수 있는가? "우리는 해체의 미궁 속으로 일단 들어가기만 하면 회의

주의적 인식론에 빠지고 만다."[58] 특히 한국의 포스트모더니스트들은 이의 부정성을 의도적으로 제거하거나 제대로 이해하지 못하여, 역사를 관계의 그물망에 던져버리고 사회정치적 실천을 회의론의 미궁 속으로 빠뜨렸으며 계급갈등과 착취, 소외 등 자본주의적 모순에 대한 비판을 구시대의 담론으로 매도하여 기존 체제의 이익에 철저히 봉사했다. 비유하자면, 한국 사회는 폐암—근대적 모순—으로 죽어가는데 신종 부스럼—탈근대성—이 있다고 호들갑을 떤 것이 탈근대주의자들의 실상이었다.

토대의 변화 없이 해체는 가능하지 않다. 말장난, 텍스트 놀이일 뿐이다. 반대로 "언어를 우리가 행하는 것으로서, 우리의 실천적인 삶의 형식들과 뗄 수 없이 얽혀 있는 것으로서 생각한다면, 의미를 '정할 수' 있고 '진리', '현실', '지식', '확실성' 같은 단어들은 그 힘을 상당히 회복하게 된다."[59] '꽃'의 의미는 연상에 의하여 끊임없이 미끄러지지만, 여기에 68혁명의 맥락을 부여하면, 이는 '기존 체제의 무력을 이기는 평화와 연대의 힘'의 의미를 가지며, 전자에 대하여 후자가 진리이고 신자유주의 체제가 인간을 돈과 무력의 노예로 삼는 현 상황에서 다 함께 지향해야 할 가치라는 것을 드러낸다. 모든 진리는 역사 안에서 진리로 규정된다.

원자의 체體에 영원히 다다를 수 없지만 지금의 연구보다 더 실체에 다가간 연구를 21세기 오늘의 시점에서 새로운 과학이라고, 그렇지 않은 것을 허위라 할 수 있는 것이다. 인간이 장대높이뛰기로 우주에 이를 수 없다고 포기할 것이 아니라 세계신기록을 넘어서서 높은 하늘에 이르는 자가, 그 기록을 다시 깨는 자가 나타날 때까지는 가장 우주에 다가간 사람이다.

현실에 발을 디디고 꿈을 꾼다

포스트모더니즘은 이제 세 가지 과제를 수행해야 한다. 이것이 역사와 현실을 소거하고 텍스트의 유희에 그쳤다는 비판에서 벗어나려면 무엇보다도 사람들이 노동하고 고통을 당하고 있는 현실에서 출발한 유토피아를 제시해야 한다. 지금 이 책 전반에서 행하고 있는 것처럼, 소외의 심화, 전 지구 차원의 환경 위기, 공동체의 해체 등 근대성이 야기한 모순을 성찰하고 이를 극복하는 대안을 모색해야 한다.

예술의 장에서 언급하면, 문학과 예술은 현실의 반영과 이를 넘어서서 상상하는 것을 종합해야 한다. 예술은 현실을 반영하기도 하고 굴절하기도 한다. 우리가 아무런 생각이나 선입관과 관념 없이 꽃을 보고 아름답다고 느끼듯 미美는 이념이나 실용성을 떠난 것이란 칸트의 통찰은 타당하다. 그러나 우리는 아름답다고 느낀 그 꽃이 생태계를 파괴하고 심각한 독을 퍼뜨리는 외래종의 꽃임을 알고서는 더 이상 아름답다고 느끼지 않는다. 순수미의 영역이 분명히 존재하며, 미는 또 사회문화적 맥락의 영향을 받는다. 이와 마찬가지로 문학을 현실의 반영으로만 보려 한 관점이나 문학을 현실과 유리된 꿈의 양식으로 보려 한 관점, 문학과 예술을 사회문화적 맥락에 종속시켜 해석하는 방식이나 텍스트 외적 요인을 배제하고 텍스트 그 자체만을 분석과 감상의 대상으로 삼는 방식 모두 절름발이일 수밖에 없다. 한쪽은 텍스트를 현실이나 사회적 맥락에 종속시키고 문학텍스트의 시학적 구성을 회피하여 결국 과학적 객관성과 문학성, 텍스트 자체의 미적 특질을 앗아 간다. 반면에 후자는 문학을 현실과 유리시키고 문학 해석의 지평을 축소하며 "문학에 작용하는 외부 사회적 요인이 문학 자체의 고유 요인, 문학의 내재적 발전 요인이자 미적 자질임을 허용하지 않는다".[60]

이에 화쟁기호학은 텍스트를 반영상反映相과 굴절상屈折相으로 분절하고, 각 텍스트에 담긴 세계를 화엄철학의 사법계를 응용하여 분절한 후 기호학적 분석을 가한다. 박노해의 시가 한국 노동자의 현실과 한국 사회의 모순을 잘 드러내듯, 반영상은 현실을 거울처럼 반영한 텍스트다. 반영상에서 실제 현실과 텍스트의 현실은 환유의 관계를 이룬다. 따라서 반영상에 대해 "작가가 주체로서 세계와 마주쳤을 때 자신의 의식과 경험, 그때까지 접했던 텍스트를 종합하여 자기 앞의 개별적인 현실을 해석하고 세계를 재질서화하는 원리를 따라 현실을 나름대로 압축하기도 하고 또 어떤 부분은 확대시켜 환유화하여 표명하여 구체적이고 생동적인 삶의 보편적 진실과 가능성을 드러내려는 텍스트"라고 정의할 수 있다.

반영상에는 현상계와 원리계가 포개진다. 현상계를 시학에 적용할 때, 현상계는 인간이 마주친 사물이나 현실이다. 땀을 비 오듯이 쏟으며 노동하는 노동자나 눈앞에 날아다니는 하루살이를 다들 아무 관심 없이 스치듯 현상계는 세계가 드러내는 사상事象대로 세계를 바라보는 경지를 뜻한다. 그러나 그 전부터 그 사물을 접했던 이든, 처음으로 마주치는 이든, 이들 가운데 몇몇은 그 사물에 관심을 보여 '새로운 만남'을 이룬다. 만남을 통해 주체는 이를 무엇인가로 해석하고자 한다. 이렇게 인간이 세계와 상관을 하여 자신과 마주친 대상에 대해 '쓰는 주체'로 존재하려 할 경우 그는 이를 사상대로 놓아두지 않고 텍스트로 만들고자 한다. 어떤 쓰는 주체는 노동자의 모습을 보며 '자본주의사회의 모순'을 읽는다. 또 어떤 쓰는 주체는 '하루살이'를 새로이 만나 '하루살이야말로 하루 안에 모든 것을 쏟아 먹이를 쫓고 사랑하고 알을 까고 아무런 미련이나 후회 없이 죽으니 성자다'라는 것을 유추한다. 이렇듯 쓰는 주체는 사물이나 현실을 텍스트로 변형 생성하고자 하면서 현실 속에 내재하는 보편 원리나 본질을 발견한다. 이렇게 주체가 현상계의 경계를 무너뜨리고 사물과 새로운 만남을 이루어 사물에 내재하는 보편 원리라고 직관으로 깨달은 경지는 원리계다.

반영상의 텍스트는 현실을 반영하여 생동하는 구체적 현실을 보여주고 이에 담긴 삶의 진실을 드러내지만 그만큼 '쓰는 주체'를 현실을 반영하는 '모방적 예술가'로 머물게 하며, '읽는 주체'를 텍스트에 담긴 반영상과 현실을 관련시키며 텍스트의 의미를 역사주의 비평식으로 해석하게 하는 '역사적 독자'에 머물게 한다. 형식적인 면에서 보면, 막심 고리키Maxim Gorky의 『어머니』처럼 성공한 리얼리즘에 이른 소설에서조차 전형 등의 닫힌 구조와 형식, 기법이 오히려 읽는 주체의 해독과 상상력의 자유를 억압할 수 있다.

굴절상은 프리즘이 한 줄기 빛을 무지개로 바꾸듯 현실을 굴절시킨 텍스트다. 쓰는 주체로서의 예술가는 현실을 반영하는 데서 그치지 않는다. 그는 현실을 그대로 반영하는 데서, 현상계와 원리계 간의 괴리나 세계의 부조리를 표상하는 데서 결핍을 느끼며 욕망을 지향한다. 이때 쓰는 주체와 현실 사이에 현전하던 의식의 자리를 지향의식, 전의식과 무의식이 대체한다. 지향의식, 전의식과 무의식은 서로 결합하기도 하고 분리되기도 하면서 현실을 다른 무엇으로 전화시키거나 부정한다.

이때 굴절상은 진자계와 승화계를 지향한다. 진자계를 텍스트에 적용할 때, 진자계는 쓰는 주체가 지향의식에 따라 현실과 사물, 그리고 이들에 내재하는 원리를 발견한 후 이 원리를 통해 현실을 바라보며 현실과 욕망, 당위와 존재, 이데올로기와 삶, 개별적 삶과 보편적 삶, 절대와 상대, 현상과 본질, 역사적 존재와 실존적 존재 사이를 시계의 진자처럼 왔다 갔다 하고 있는 경계다. 쓰는 주체는 노동자가 억압당하고 착취당하는 모습에서 자본주의의 모순을 읽으며 이 현실에 내재하는 당위는 노동자를 해방시키는 사회를 여는 것이다. 그러나 당위나 보편이 그대로 행해질 수 있는 것이라면 그것은 예술이 아니라 과학이다. 삶은 예술보다 훨씬 더 풍부하고 생동하며 복잡하다. 결국 예술은 부분으로 전체를 말할 수밖에 없는데 이것이 유비추리의 오류를 덜 범하고 삶의 총체성에 더 가까이 다가가려면 양자 중 한쪽에 머물 것이 아니라 양자 사이를 끊임없이 진동하며 변증법적 종합을 꾀해야 한다. 극단적인 사회주의 리얼리즘에서 보여준 것처럼 예술이 진동을 멈추고 어느 한편에 서고자 할 때 예술은 정치나 이데올로기의 도구로 전락하며 예술이 갖는 부정적인 힘조차 잃는다.[61]

승화계는 모든 대립과 갈등을 승화하여 이룩한 총체성의 세계다. 승화계는 주체와 대상, 이상과 현실, 현상계와 원리계, 세계의 부조리와 자아 등 여러 관계에 있을 수 있는 대립과 갈등을 총융시킨 경계다. 쓰는 주체로서의 예술가가 현실의식의 작동을 완전히 멈추고 지향의식, 전의식과 무의식 속에서 모든 대립과 갈등을 총융시킨 통찰을 하거나 꿈을 꿀 경우 그 경지는 승화계로 나타난다. 승화계는 쓰는 주체가 텍스트상에 직접 제시할 수도 있고 숨겨두어 읽는 주체가 독서하는 과정에서 읽을 수도 있다. 이 경우 읽는 주체는 주체와 대상, 존재와 당위, 개별과 보편, 절대와 상대, 현실과 욕망 등의 대립이 하나로 원융된 세계의 황홀감 속에서 노닐게 된다.[62]

굴절상은 현실을 반영하는 것을 넘어서므로 그 텍스트는 현실과 거리 두기를 한다. 굴절의 강도가 심할수록 현실과의 거리는 크다. 굴절상은, '쓰는 주체'를 '내포적 예술가'로 거듭나게 하여 그가 텍스트를 다양하게 의미화하게 하며, '읽는 주체'를 텍스트에 담긴 현실을 다양하게 해독하도록 안내하는 내포적 독자로 기능을 하게 한다. 따라서 굴절상은 상부구조이기는 하지만 체제 부정적인 기능을 한다. 반면에 고도의 굴절상이라 할지라도 체제 보존적인 기능을 할 수 있다. 굴절상만 있는 텍스트는 '난파된 사람 가운데 거의 누구도 해독하기 어려운 메시지를 담은 병'이다. 학문의 순수성과 고고함을 고집한 독일 지식인이 히틀러의 전체주의를 강화시켜주었듯, 현실을 소거한 텍스트는 정치적 힘을 잃고 지배 체제에 동조적인 기능을 할 수 있다. 현실과 아무런 상관없이 빚어지는 전위예술이나 순수 모더니즘 계열의 예술작품이 현실에 부정적이면서도 현실을 보는 눈을 단절시키고 예술에서 역사와 정치를 제거하는 것은 이 때문이다.

그러므로 가장 바람직한 유형은 향가의 「제망매가」나 김수영의 「풀」처럼 반영상과 굴절상이 화쟁을 이룬 텍스트다. 이 경우 독자는 반영상을 통해 현실을 읽어내면서도 굴절상 때문에 역사주의적 해독을 넘어서서 텍스트의 숨겨진 의미를 다양하게 해독하려 한다. 그러기에 시를 통해 현실의 모순을 읽을 수도 있지만 현실의 굴레를 넘어 다양하게 시의 해독을 하며 꿈을 꿀 수 있다. 반영상은 굴절상이 현실을 버리고 비상하는 것을 붙잡아매고, 굴절상은 반영상이 쳐버린 울타리를 풀어버린다. 좋은 텍스트일수록 반영상과 굴절상의 이런 상호작용이 1차로 끝나지 않고 계속 반복된다. 이렇게 하여 텍스트의 의미는 끊임없이 드러나고 반영상이 야기할 수 있는 닫힌 읽기도, 굴절상이 수반할 수 있는 비정치성과 비역사성도 지양된다.

예술의 장에서는 반영상과 굴절상, 현실에 대한 구체적 해석 및 비판과 부정을 종합하면 되지만, 현실의 장에서 포스트모더니즘은 회의론의 미궁에서부터 벗어나야 한다. 이를 위해선 유토피아의 등불을 명료하게 밝혀야 한다. 유토피아가 환상임은 분명하지만 그것이 있어야 우리는 현재를 바라보고 어둠 속에서 길을 찾을 수 있기에 별을 따라 걷는 나그네처럼 그를 고대한다. 끝난 것은 특정한 시대의 유토피아며 비판되어야 하는 것은 특정한 형태의 합리성이다. 합리성이 있어야 유토피아는 꿈에서 현실로 내려오며, 유토피아가 있어야 이성은 기존 체제를 합리화하는 이데올로기에서 벗어나 현실의 모순을 비판하고 대안을 모색하는 비전이 될 수 있다. 계몽적이면서 소통적인 합리성이 있기에 우리는 유토피아를 실현할 수 있는 방법을 제시할 수 있으며, 유토피아의 비전이 있기에 모순과 불확실성으로 가득한 현실 세계를 올바로 분석하며 대안을 모색할 수 있다. 모든 진리는 역사 안에서 규명되지만, 그 역사는 과거와 현재의 끊임없는 대화가 아니라 과거의 흔적을 담긴 현재와 미래와 상호작용이다. 우리는 어떤 미래를 지향하느냐에 따라 현재를 선택하고 분석하고 평가한다.

근대성의 모순과 위기를 비판하되 그 너머를 사유하고, 근대성을 부정하고 탈근대적 패러다임으로 전환하되 근대성의 성과는 수용해야 한다. 의미의 해석과 판단과 실천의 주재자로서 주체는 살리되, 동일성의 배제와 폭력은 지양하여 타자의 고통에 공감하고 연대하는 눈부처-주체를 추구한다. 이성의 도구화는 부정하되, 계몽성은 계승하여 소통적이고 리좀Rhyzome적인 '가로지르는 이성Transversale Vernunft'을 추구한다. "가로지르는 이성은 만물의 원리arche에 작용하는 이성으로 자신의 원리에 따라 판단하며 모든 것의 시금석이 되는 임무를 포기하는 것이다. 그러한 이성은 존재하는 것이 아니라 되어가는 이성, 즉 역동성으로 이해되는 이성이다."63 제국과 제3세계, 중심과 주변, 나와 타자, 자연과 인간, 주체와 객체 사이를 끊임없이 오고 가며 성찰하는 이성이 필요하다. 전 지구 차원의 환경 위기를 낳은 근대를 성찰하고 자연 및 온 생명과 상생하는 지구촌을 만든다. 진리가 곧 권력이고 이의 절대성이 폭력임을 인식하고 진리의 상대성이나 불가지성을 인정하지만, 지금 여기에서 진리와 허위를 구분하고 허위와 투쟁한다. 과학으로 주술과 미신을 퇴치하되, 과학이 야기한 역기능을 성찰하고 자연과 같은 과학, 무질서와 불확실성을 포용하는 과학을 추구한다. 세계화와 트랜스내셔널의 흐름을 알지만, 제국과 국가의 부조리와 야만, 폭력에 맞서서 진정 민중을 위한 세계 체제와 공화국으로 개조하는 운동을 한다. 지금 여기에서 구체적으로 의미를 해석하고 판단하되 너와 내가 함께 더 참답게 실존하면서 공존할 수 있는 미래를 위하여 결단한다. 무엇보다도 의도하든 의도하지 않았든, 대부분의 포스트모더니즘이 자본주의와 신자유주의의 시장 체제를 옹호하는 데 이용되었음을, 자본주의 체제가 거의 모든 근대성의 위기를 낳은 동인임을 직시하고 근대성을 벗어나는 진정한 포스트모더니즘으로서 자본주의를 해체하는 실천에 나선다.

하늘에 다다를 없는 것을 알지만 장대높이뛰기 선수들은 오늘도 장대를 들고 더 가까이 하늘로 오르려 비상을 한다. 저 언덕 너머에 진리가 있음을 알고도 '지금 여기에서' 물살에 휩쓸리고 있는 중생을 태우기 위하여 뗏목을 돌린다. 욕망은 신기루, 진리가 허상이지만, 어쩌면 우리가 살고 있고 보고 있는 우주가 양자요동이 빚어낸 복사물일지도 모르지만, 그에 이르지 못하기에 그를 향하여 나아간다. 기다리는 것이 정녕 오지 않기에 기다리듯이.

7장

분단모순의 심화와
동아시아의 전쟁 위기

: 변증법적 통일론 대 동아시아 화쟁체제론

한반도와 동아시아의 위기 상황

한반도와 동아시아에 전쟁의 파고가 높다

동아시아에서 전쟁의 파고가 높다. 세계의 국방을 좌지우지하며 패권을 유지하던 초강대국인 미국과 이를 앞서려는 중국 사이에 긴장이 점증하고 있다. "중국은 미국의 유일 패권에 도전하며 최고의 자리로 올라서려 하고, 미국은 패권을 유지하며 중국을 억누르기 위하여 안간힘이다. 항공모함, 잠수함, 항공기, 미사일, 전자방어체제, 외교력을 총동원하며, 미국은 '아시아 재균형rebalancing' 전략으로 중국을 포위하며 압박하고, 중국은 '반접근거부전략A2AD: anti-access area-denial'으로 맞서고 있다. 미국과 중국은 상대방과의 가상 전쟁 시뮬레이션을 돌리는 데 여념이 없다."[1] "상대방을 이기기 위한 군사전략과 전술을 짜고 이에 맞추어 군비를 확충하는 데 매년 수백조 원을 쓰고 있다."[2]

2015년은 대한민국이 일제에서 독립된 지 70년이 되는 해다. 이것이 던지는 의미는 깊다. 환희도 잠시, 우리 민족이 주체가 되지 못한 채 외세에 의해 이루어진 해방은 분단으로 이어졌고, 결국 전쟁으로 확대되었다. "한국전쟁에서 민간인과 군인 510여만 명이 인명 피해를 입었으며, 남한의 경우 일반 공업시설의 40퍼센트, 주택의 16퍼센트가 파괴되었고, 북한은 전력의 74퍼센트, 연료공업의 89퍼센트, 야금업의 90퍼센트, 화학공업의 70퍼센트가 피해를 입었다."[3] 한국전은 한반도의 분단 체제를 고착한 것만이 아니라 세계 차원에서 냉전을 강화하고 자본주의 진영과 사회주의 진영이 첨예하게 대립하는 토대를 형성했다. 이 상황에서 남북한은 서로를 악마화하면서 국민을 통제하고 권위적인 정권을 유지하는 '적대적 공존'을 유지했으며, 이는 일본과 주변국에도 유사한 영향을 미쳤다.

2013년은 남북한이 정전협정을 맺은 지 60주년이었다. 그동안 남북한은 서로 게릴라를 파견하고 국지전을 수시로 감행했다. 기적처럼 전면전은 피했지만, 그간 한반도에는 준전시 체제로 연평해전과 같은 국지전이 끊임없이 발발했다. 미국의 전략에는 언제든 북한을 섬멸해버린다는 작전 계획이 있고, 실제로 미국은 두 차례나 북한을 폭격하려다가 막판에 중지했다. 지금과 같은 상황에서는 어느 한쪽의 오판과 착각, 광기에 의해 언제든 전면전이 일어날 수 있다. 그러면 24시간 안에 230여만 명의 시민이 죽고 경제는 무참하게 파괴될 것이다.[4]

전면전이 일어나지 않더라도, 남북 대치 국면의 대가는 크다. 무엇보다도 분단모순은 남북한 주민의 의식과 무의식에도 강한 트라우마와 강박관념으로 자리한다. 6·25를 겪은 이들 중 상당수는 전후 외상후스트레스장애PTSD나 이와 유사한 트라우마를 겪고 있다. 지배층의 지속적인 교육, 선전 및 이데올로기 공세, 6·25에 대한 왜곡된 기억투쟁 속에서 남북한의 주민은 레드콤플렉스나 반미 이데올로기, 분단 의식을 내면화, 일상화하고 있다. 국지전이 이런 허위의식에 구체성을 부여하기에 이는 대중을 조종하고 통제하는 강력한 힘을 갖는다. 때문에 남북의 지배층은 정당성의 위기를 맞거나 독재를 강화하고 싶을 때마다 국지전, 게릴라전, 분쟁을 일으킨다. 이런 악순환 속에서 남북한의 주민은 집단적인 불안과 공포를 겪으면서 서로 적대감과 증오심을 키우고 있다.

분단모순은 계급모순을 심화할 뿐만 아니라 이를 은폐하여 이의 극복을 사전에 봉쇄한다. 남한에서 계급모순을 극복하는 모든 논리와 담론은 북한을 이롭게 하는 것이 아니냐는 이데올로기 투쟁에서 살아남을 때만 힘을 가지며, 노동자·농민의 생존권과 인권을 위한 실천운동은 안보의 이름으로 가혹하게 통제, 억압당한다. 국민 또한 레드콤플렉스에 속박되어 있다. 시민이 민주주의를 수호하기 위하여 독재에 저항할 때마다 정권과 보수 언론은 국가의 안위에 해악을 끼치거나 사회 혼란을 야기하고 경제를 위축시키는 난동으로 선전하고, 국민은 이에 동조한다. 남한의 국민은 평소에도 진보 정당이나 민주노총, 노동자의 주장과 실천을 이와 유사한 행위로 간주하여 혐오감을 가지고 바라보거나 거리를 둔다. 이에 진보 정당, 노동자의 정치 행위는 극도로 위축되고, 노동자의 의사가 정책이나 법으로 수렴되지 못한다. 국가-자본 연합은 철저히 노동을 배제하고, 이 구조 속에서 노동자·농민은 생존 위기에 처하여 정당한 저항을 했을 때조차 사회 혼란, 경제 위기, 이적 행위를 야기한 것으로 매도당한다. 아직도 사상과 표현의 자유나 집회 및 결사의 자유를 안보의 이름으로 제한하는 국가보안법이 존재하고, 사법부는 실정법을 반공 이데올로기의 입장에서 해석하여 민주 시민으로서 정당한 의사나 행위에 대해 구속이나 사형의 판결을 내리고, 심지어 10만 명 이상이 당원으로 있는 정당을 실체도 규명되지 않은 조직을 근거로 해산하는 반민주적 행위도 서슴지 않는다. 남한의 권력층이 분단모순에서 기인한 반공 이데올로기를 진보운동을 억압하면서 민주주의와 인권을 제한하고 국민을 동원하는 논리로 이용하고 있다면, 북한의 권력층은 미국 침략의 공포를 주민을 탄압하고 동원하면서 전체주의 질서를 유지하는 신화 체계로 활용하고 있다.

경제적으로는 분단모순은 시장이 분리되고 남과 북이 인적·물적 자원을 효율적으로 이용할 수 있는 기회를 사전에 봉쇄한다. 2015년 남한의 예산 375조 4천억 원 가운데 국방비는 37조 5천억 원이다. 북한의 경우 국방비 총량은 1조 원가량이지만, GDP의 16~23퍼센트를 차지하여 부담이 크다. 과도한 국방비 부담은 경제와 복지를 위축시킨다. 남한의 기술과 자본, 북한의 인력과 풍부한 자원을 유기적으로 결합한다면, 남한과 북한 모두 경이적인 경제발전을 이룩할 수 있지만, 그 반대의 방향으로 치닫고 있다.

사회적으로는 분단모순은 좌우 이데올로기 대립을 격화하고 남과 북 주민 사이의 소통을 단절함은 물론, 상호 악마화를 조장한다. 남한의 시민이 오랫동안 북한에 사람이 아니라 뿔 난 도깨비가 살고 있는 것으로 생각했을 만큼 상호 악마화는 깊숙이 내면화했다. 지배층은 부패, 권력 남용, 인권 탄압 등에 대한 정당한 비판조차 국가 혼란 및 이적 행위로 매도하며 타자화하고 억압하면서 권력을 유지했다.

　문화적으로는 분단모순은 민족문화의 분열과 파행을 지속시킨다. 해방 이후부터 통일 이전에 이르기까지 문학사에서 미술사에 이르기까지 남북한의 예술은 반쪽만의 역사일 수밖에 없다. 문화의 경향에서도 북한에서는 모더니즘 계열의 예술이나 비평이, 남한에서는 사회주의 리얼리즘 계열의 예술이나 비평이 탄압이나 제한을 받는다. 남북한의 기억과 유물은 서로 고립된 채 한국의 정체성이 아니라 남한과 북한만의 정체성을 형성하고 있다.

　국제적으로 볼 때 분단모순은 냉전의 마르지 않는 샘으로 작용하며, 분단모순은 민족모순을 은폐하면서 강화한다. 미국과 소련을 포함하여 동아시아 각국은 남북한의 분단과 갈등, 한국전을 빌미로 우경화를 강화하거나 지속시키며, 전쟁 위기를 형성한다. 남한은 미국에 안보와 경제를 의존하게 되고, 북한은 중국에 양자를 더욱 의존하게 된다. 이를 바탕으로 미국은 한국과 일본을 대 중국 전선에 끌어들이고, 중국은 북한과 우호 관계를 강화한다. 남북한의 지배층은 남북한의 갈등이나 미국의 침략 가능성을 빌미로 독재를 강화하고 각각 미국과 중국에 종속적인 체제를 유지한다. 남한의 거의 모든 정책은 미국의 한반도 및 동아시아 정책에 맞추어 조절되며, 전시작전통제권은 아직 미국에 있다. 해마다 수조 원의 국민 혈세를 미국 무기를 구입하는 데 지출한다. 경제는 식민지라 해도 그리 과언이 아닌 정도이며, 한미 FTA로 이는 더욱 악화되었다. 이로 미국은 한국의 공공 및 복지정책, 국회의 입법 권한에 제동을 거는 일이 가능하고, 투자자국가제소제도, 자유화후퇴금지제도를 통해 한국의 정책에 개입, 간섭할 수 있다.[5] 민족자존의 입장에서 이를 비판하거나 반대하면 '종북'으로 매도당한다.

　북한은 중국에 안보와 경제를 과도하게 의존하고 있다. 북한의 지배층은 당과 군, 인민의 지지만으로는 권력을 갖지 못한다. 중국의 지지를 받는 개인과 집단이 권력투쟁에서 유리하다. 북한의 지배층은 중국의 물적, 정치적 지원을 받는 대신 북한의 자원을 개방하고 있다. 북한 당국과 인민은 미국의 침공을 두려워하고 있으며, 지배층은 이에 의존하여 북한 주민의 인권을 탄압하고 자유를 제한하며 3대 세습 체제를 합리화하고 있다.

　이로써 분단모순이 남한에서는 미국-남한의 정권-군수산업체-보수언론-관변 및 친미 학자-대형교회로 이어지는 냉전 수구의 카르텔에 권력과 자본을 지속적으로 공급하고, 북한에서는 김정은-당-군을 중심으로 한 3대 세습 체제가 유지될 수 있는 동력을 부여한다. 때문에 남북한의 지배층은 서로 밀약을 통해서든 아니든, 남북 사이의 긴장을 고조하여 인민을 통제하고 전체주의적인 통치를 강화하는 적대적 공존을 하고 있다.

　오바마 정권은 아시아로의 회귀pivot to Asia 전략에 따라 압도적 우위에 있는 해·공군력을 바탕으로 중국 봉쇄정책을 더욱 강화하고 있다. 북한은 잇따라 무력시위를 하더니 2인자인 장성택을 숙청하고 김정은 유일 체제를 확고히 했으며,[6] 남한엔 보수 강경파가 권력을 잡았다. 아베 정권은 평화헌법의 해석을 바꿔 집단적 자위권의 행사를 용인하여 평화를 지향하던 전후 체제를 사실상 종결했다. 한국과 일본, 중국과 일본은 독도와 센카쿠 열도(尖閣諸島, 중국명: 댜오위다오열서釣魚台列嶼)를 놓고 수시로 부딪히고 있으며, 그럴 때마다 양국의 수구층의 헤게모니가 강화되고 있다. 미국은 한국, 일본과 공동전선을 형성하고, 중국은 미국의 위협에 맞서서 해상 훈련을 강화하면서 한반도 유사시 좌시하지 않겠다는 신호를 보내고 있다.

한반도 · 동아시아 평화 체제를 향한 장애 및 대안

현 상황에서는 언제든 동아시아에서 전쟁이 발발할 수 있는 상황이다. 한편에서는 해방 70주년을 맞아 이제 한반도와 동아시아의 평화를 모색하자는 논의가 고조되고 있다. 이를 위해서는 정전협정의 평화협정으로의 전환, 경제협력과 문화 교류를 통해 안보를 강화하고 이것이 다시 경제협력과 문화 교류를 활성화하는 '평화의 선순환 구조' 복원이 필요하다.

무엇보다도 이 지역을 평화 질서로 전환하는 가장 근본적인 대안은 한반도 평화협정을 체결하고 이를 바탕으로 한반도와 동아시아 평화공동체를 수립하는 것이다. 19세기 후반에 후쿠자와 유키치福澤諭吉가 탈아입구론脫亞入歐論을 발표하고 오카쿠라 덴신岡倉天心이 아시아 연대론을 주장한 이후, 와다 하루키和田春樹의 동북아공동의 집, 왕후이의 새로운 아시아의 상상, 노무현 대통령의 동아시아 네트워크에 이르기까지 여러 대안이 모색되고 있다. 아시아든, 동아시아든,

동북아시아든 평화공동체를 수립하는 데 이견을 제기할 사람은 거의 없을 것이다. 이 대안들은 경제 및 문화 교류를 통한 공존공영을 추구하고 있다. 여기서 중요한 것은 당위적인 주장이나 상상이 아니라 현실적이고 구체적인 대안의 여부다. 이에 동아시아 공동체를 수립하는 데 장애별로 문제점을 분석하고 변증법적 종합을 통해 대안을 모색해본다.

남북 대결과 핵위기
: 정전협정에서 평화협정을 통한 한반도 평화 체제로

남한과 북한은 양쪽에서 500만여 명 이상이 사망할 정도로 치열한 전쟁을 겪었다. 이의 상흔은 지금도 양쪽 갈등의 수원지 구실을 한다. 세계사적으로는 자본주의 진영과 사회주의 진영의 냉전이 격화했다. 동아시아 차원에서 보면, 한국전쟁 이후 남북한과 주변국은 서로를 악마화하면서 이를 통해 보수적이고 권위적인 지배 질서를 강화했다. 이 적대적 공존 체제 속에서 남한과 북한은 수시로 국지전을 단행할 정도로 대립했고, 이는 미국의 개입을 증대하고, 북미, 북일, 미중의 대립으로 확대되고, 이런 구조는 동아시아 시민의 평화에 대한 열망과 실천을 억제하고 갈등을 부추기는 기제로 작용했다. "'포스트정전체제'는 동아시아에 '평화의 선순환구조'를 낳는 것이 아니라, '갈등 확산의 악순환구조'를 낳았다."[7]

미국과 중국은 서로 동아시아의 패권을 놓고 한 치의 양보도 하지 않은 채 맞서고 있다. 북한은 미국이 세계전략 및 동아시아 전략의 차원에서 중국에 대해 패권을 확보하기 위하여, 핵을 선제 타격하기 위하여, 군산복합체의 추동에 의해 재고 무기를 소모하기 위하여, 북한의 자원과 시장을 선점하기 위하여 북침이나 북폭을 감행할 가능성이 크다고 주장한다. 북한의 지배층은 이 위기를 과장하여 선전하면서 권위적 통제 체제를 정당화하고 군사력 강화와 핵 공격 능력 제고에 매진하고 있다. 남한은 북한의 핵과 군사 위협을 강조하며 군비를 확장하면서 국가보안법을 유지하고 대다수 진보적 의제를 '종북'으로 매도하면서 진보·노동진영을 억압하고 있다. 일본은 북한의 위협과 동아시아 갈등을 빌미로 우익의 집권을 공고히 하고 자위대와 군사력을 강화하고 평화헌법의 수정 담론을 확산시키고 있다. 미국은 갈등을 과장하거나 고조시켜 자국의 남한 및 동아시아에 대한 개입과 지배를 정당화하고 이 지역에 군사무기를 수출하고 남한과 일본에 대중국공동전선이나 MD체제를 압박한다. 미국은 한국, 일본 등과 동맹하여 중국을 포위하고 동맹국 보호를 내세우며 동아시아의 육지와 바다에서 위협적인 군사훈련을 실시하고 이들 나라에 첨단 군사장비 체제 도입을 강요하고 있으며, 이는 재차 중국과 북한에 위협을 고조한다. 이런 냉전의 잔재에 바탕을 둔 상호 대결의 악순환 구조 속에서는 남북은 물론, 미중, 북미, 북일 간의 적대 관계는 지속될 수밖에 없다. 바로 이 점과 사회경제적이고 문화적인 요인으로 동아시아는 21세기에도 서로 대립한 채 지역협력체를 결성하지 못하고 있다.

동아시아가 냉전 및 적대적 공존을 유지할 수 있는 동력은 남한과 북한 사이의 대결이다. 2010년대에도 남북한은 치열하게 대립하고 있다. 북한은 2013년에 은하3호 로켓을 발사하고 제3차 핵실험을 강행했으며, 미국은 한미합동군사훈련을 명분으로 핵무기 투하가 가능한 B-2폭격기와 F-22전폭기를 동원해 강경하게 맞대응했다. 그동안 미국은 '전략적 인내strategic patience' 정책을 유지하며 북한과 협상을 기피하고 이명박 정권의 대북 강경책을 방관했다. 이명박 정권은 전 정권의 햇볕정책을 북한 퍼주기라 비판하며 대북 강경책만이 안보를 보장한다며 대화를 거부하고 강경 일변도의 정책으로 일관했다. 이러는 사이에 "북한은 미국에게서 안보를 보장받고 한국에게서 경제 지원을 받는 대외 전략을 수정하고, 안보는 미국과 중국 사이에서, 경제는 한국과 중국 사이에서 병행하다가 상황과 조건에 따라 선택적으로 활용하는 이른바 '선택적 병행' 전략으로 전환했다".[8] "핵전략 또한 수세적 차원의 '자위적' 핵억지력defensive deterrence을 넘어 미국을 직접 위협할 수 있는 '공세적' 핵보유 국가offensive nuclear power의 의도를 숨기지 않는 것으로 전환했다. 북한은 협상에 치중하고 안 되면 도발하는 것이 아니라 핵확산을 우선 최대화하고 핵보유 능력을 극대화한 연후에 협상 여부를 선택하겠다는 매우 공세적인 대미 전략으로 전환한 것이다".[9]

지금 남북 관계에서 가장 핵심 현안인 핵 문제에서도 눈부처의 자세가 필요하다. 지금 남한은 북한이 핵을 포기해야 경제협력을 할 수 있다고 주장한다. 그러나 북한의 입장에서 보면, 인민의 상당수가 굶주리는 상황에서 가장 적은 비용으로 미국의 침략을 억지하면서 북한 인민을 하나로 통합할 수 있는 것이 핵무기를 보유하는 것이다. 핵무기를 무조건 없애라고 하는 것은 북한의 입장에서는 북한을 단번에 초토화할 수 있는 첨단무기체계를 갖추고 있는 미국의 침략에 무방비로 노출되는 것이며, 경제에 투여할 비용을 군사력과 무기 증진에 소모하여 가뜩 위기에 있는 경제를 파국으로 몰아넣는 것이자 북한 주민의 자존심에 상처를 주는 일이다. "현 시점에서 현실적으로 북한 핵 문제를 해결할 수 있는 길은 북한에 대한 체제 안전을 보장하는 내용의 평화협정 체결과 북한 핵을 맞바꾸는 것밖에 없다. 북한 핵을 폐기시키기 위해서는 북한의 안보 딜레마를 해결해주어야 한다. 북한이 미국에 요구하고 있는 것은 미국의 대북 적대시정책과 핵 위협을 없애달라는 것이다."[10] 한반도 비핵화는 김일성의 유훈이기도 하다.

이제 평화협정을 맺고 평화 체제로 전환하는 것이 모두가 상생하는 길이다. "평화협정이 정전협정을 대체하는 한반도 평화를 위한 법적 장치라면, 평화체제는 한반도 평화를 위한 구조적 장치이다. 구체적으로는 ① 남북 관계 발전과 민족 공동의 번영과 통일 위한 기반 마련, ② 북한의 체제 보장을 통한 안보 딜레마 해결, ③ 북한 핵 문제 해결과 한반도 비핵화 확보, ④ 관련 국가들 간의 적대 관계 청산과 북미수교·북일수교를 통한 교차승인의 완성, ⑤ 군사적 신뢰 구축 조치와 군축의 추진, ⑥ 국제적 평화보장체제로서 동북아 다자안보협력체제의 구축 등이 이루어져야 한다. 그런데 이런 과제들은 서로 독립된 것이 아니라 상호 깊은 관련성을 지니고 있기 때문에 포괄적이고 일괄적으로 접근하고 해결되어야 한다."[11]

이의 구체적 대안은 6자회담과 평화협정 체결이다. 여러 면에서 차이가 있고 최종 조정을 남겨두고 있기는 하지만 이란과 미국을 비롯한 주요 6개국(유엔 안보리 5개 상임이사국+독일) 간 핵협상이 2014년 4월 2일에 극적으로 타결된 것이 타산지석이 될 것이다. 이로 남북한에 드리운 전면전 및 핵전쟁의 그림자, 냉전의 잔재를 제거하고 남북한과 동아시아 각국이 공동의 평화와 번영을 도모하는 항구적인 평화 체제 및 지역협력체를 구축해야 한다.

점증하는 민족주의 및 타자에 대한 배제와 폭력
: 동일성에서 화쟁의 공존공영으로

지금 세계화와 탈민족주의가 급속도로 진행되는 가운데서도 동아시아에서 민족주의와 이에 바탕을 둔 상대방에 대한 배타심은 점점 점증하고 있다. 설문조사를 하면 해마다 조금의 차이는 있지만, 중국과 한국 국민은 일본 국민을 가장 싫어하며, 일본 국민은 중국과 남북한의 국민을 가장 싫어한다. 이는 일본이 침략전쟁이나 식민지 시대에 한국과 중국, 대만을 과도하게 수탈하고 고문과 구속, 집단학살을 자행한 역사와 기억에서 일차적으로 기인한다. 일본은 전전에는 탈아입구를 표방하며 동아시아 각국을 저열하고 낙후한 국가로 치부했으며, 전후에는 자민련 보수 체제를 확고히 하면서 식민지 지배에서 행한 학살과 수탈, 위안부 등의 반인간적 범죄에 대해 거의 반성하지 않은 채 오히려 보수의 결집에 이용하고자 이를 부정하거나 왜곡하는 수사와 행위를 끊임없이 자행했다. 전후 각국의 지배층은 민족주의를 국가 발전에 국민을 동원하는 동력 및 이데올로기로 이용하면서 상대 국가와 국민에 대한 적대감을 조장했으며, 보수 정권은 상대국의 위기를 과장하여 정권의 위기를 은폐하고 지배의 정당성을 강화했다. 남한은 북한을 '인민을 가혹하게 탄압하는 수용소군도'로, 북한은 남한을 '미국의 괴뢰'로 선전했다. 미국은 북한을 악의 축이나 테러 국가로 규정했고, 일본은 북한을 납치를 하고 핵 공격을 가할 수 있는 불량 국가로 간주했다. 이런 토대에 일본의 전후 보상과 사과 거부, 독도/다케시마竹島와 센카쿠열도/댜오위다오 열서, 북방열도에서의 영토 분쟁, 북한의 핵 위기, 야스쿠니 신사 참배, 교과서 왜곡, 정치인의 망언, 정당하지 않게 귀결된 스포츠 대결이 추가될 때마다 대중은 상대방에 대한 적개심과 증오를 키웠으며, 정권과 언론은 이를 부추겼다.

신자유주의 체제와 에너지 고갈은 민족주의를 더욱 조장하고 있다. 최근에 들어 한류와 인터넷을 매개로 활발하게 소통하면서 동아시아 시민 사이에 상호 교류와 상대방의 문화에 대한 이해가 증대한 것은 엄연한 사실이다. 하지만 그 반대의 기류가 이를 상쇄하고 있다. 신자유주의 체제 이후 중국에서는 성장이 둔화하고 지역 간, 도시와 농촌, 상층과 하층의 격차가 더욱 심화했으며, 한국과 일본은 경제가 장기 불황에 놓이고 양극화가 심화했으며, 북한은 원조 없이는 기아와 난민을 줄일 수 없을 정도로 경제가 파국을 맞았다. 여기에 산업화의 동력이었던 전 세계의 화석연료가 고갈 위기에 놓이자 (CIA에 의하면, 석유 2052년, 가스 2060년, 석탄 2088년 고갈), 각국은 경제 위기를 극복하고 자원을 확보하기 위하여 민족주의 이데올로기나 정책을 더욱 공고히 하고 있다. 동아시아 각국에서 다른 국가를 좋아하는 사람과 혐오하는 사람은 점점 극단화하고 있다. 이와 같은 상황에서 동아시아 공동체 논의는 몇몇 지식인의 유토피아나 외침으로 끝날 수밖에 없다. 그러기에 무엇보다 먼저 이루어져야 할 것은 민족주의를 뛰어넘는 패러다임의 전환이다. 2장에서 지적했듯, 20세기에 동아시아에서 끊임없이 벌어진 전쟁과 학살, 21세기 오늘에도 치열하게 전개되고 있는 동아시아 시민 사이의 국가적 갈등의 근저에는 바로 동일성이 자리한다. 이는 민족주의, 애국, 애족의 옷을 입고 타자에 대한 대립과 갈등을 격화한다. 그러기에 동아시아가 갈등과 대립을 넘어 평화공동체를 이룩하려면, 무엇보다 먼저 동일성을 해체하는 새로운 패러다임이 필요하다.

이제 동아시아는 이데올로기, 기억, 학습으로 빚어진 동일성의 허상에서 벗어나 서로를 눈부처-차이로 바라보고 대해야 한다. 그동안 동아시아 공동체를 논할 때 많은 이가 EU를 타산지석으로 삼고자 했다. EU가 헬레니즘과 헤브라이즘, 알파벳으로 기록되고 소통되는 문화의 공통점을 기반으로 형성되었듯, 동아시아도 유교문화와 한자문화를 바탕으로 화이부동和而不同의 대통합을 하자는 주장을 했다. 동아시아는 유교문화와 한자문화를 공유하면서도 다양한 사상과 문화를 향유하고 있다. 유교, 불교, 이슬람교, 힌두교, 도교, 기독교, 신토神道, 샤머니즘, 자이나교 등 종교와 사상만이 아니라 인종과 문화도 다양하다. 긍정적인 것이든 부정적인 것이든, 동아시아는 유교와 중국의 고전으로부터 기인한 가치관과 삶의 양식을 공유하고 있다. 인의仁義, 사람 사이의 신뢰와 배려, 검약과 절제, 중용의 추구는 도덕정치와 윤리적 삶의 지표가 되었다. 하지만 충효 이데올로기와 가부장적 서열 체계는 가족에서 국가에 이르기까지 기존의 권위와 질서에 대한 복종을 강요하면서 동양적 전체주의와 권위적인 통치의 바탕이 되었다. 권위, 명분, 공公을 중시하면서 개인의 자유와 개성을 구속하고 실질에 바탕을 둔 경제를 소홀히 했으며, 근대적 주체와 시민의 형성을 억압하고 민주주의의 발전을 억눌렀다. 유교와 한자문화의 공통점을 안고 있지만 헬레니즘과 헤브라이즘이 정치에서 문화에 이르기까지 지배적으로 작용하는 유럽과 달리 주변적이다. 동아시아는 사상과 종교, 지배적 가치관이 너무도 다양하기에 EU와 같은 통합은 어렵다. 그러나 문화적 다양성은 교류와 소통의 장애가 아니라 외려 동력이 된다. 당唐 시대에 신라와 같은 중국 주변국은 물론 이슬람과 서양의 문화가 원융圓融을 이루면서 세계 최고의 문화를 꽃피웠고 평화를 유지했다. 이 예에서 보듯, 동아시아 역사를 보면, 서로 다른 것이 마주치고 뒤섞이고 하나를 이룰 때 교류와 소통은 증대하고 평화공동체를 형성한다.

2장에서 말했듯, 대화란 마음과 뜻, 코드가 비슷한 자들 사이에 오고 가는 것이 아니다. 대화는 대대적對待的이고 화쟁적이다. 대화와 소통은 세계관과 코드가 다른 이와 행하는 것이지, 인종과 국가가 다르더라도 공통의 문화와 사상과 코드를 가진 이들 사이에서 이루어지는 것이 아니다. 나와 전혀 다른 세계에서 다른 세계관과 문화양식을 가지고 살던 이를 만나 그 다름에 귀를 기울여 이해하고 느껴서 나의 것으로 포용하는 것이다. 그처럼 동아시아인들이 서로 다른 종교와 사상, 문화, 코드를 이해하고 느끼고 자신의 것으로 끌어안아 눈부처처럼 서로 경계가 없어질 때 동아시아의 평화와 공존, 문화의 원융은 저절로 이루어진다.

구체적으로 동아시아 공동의 역사와 문학, 철학, 예술과 문화 교과서를 제작하고 학습하며, 문화예술인 사이의 교류를 활성화한다. 환경과 노동, 생명평화운동 단체들은 동아시아 차원의 협력 체제를 구성한다. 언론인이나 지식인, 정치인이 서로 종교적, 문화적, 역사적인 편견, 증오언어가 담긴 기사를 작성하거나 발언하지 않는다는 공동 강령을 마련하고, 그중 지식인은 연대체를 구성하여 공동의 협력과 연구, 실천을 하는 것이 필요하다. 민교협이 주도하여 희망버스와 쌍용자동차 투쟁에 동아시아 지식인이 연대하여 서명하고, 독도/다케시마, 센카쿠열도/댜오위다오열서, 북방열도에서의 영토 분쟁에 관한 평화적 이용에 관한 공동의 제안을 한 것이 한 사례이며, 이와 같은 것을 시발점으로 하여 다양한 방식의 소통과 연대가 이루어져야 한다.

권력의 비대칭 문제와 미국의 개입
: 소극적 평화 체제에서 적극적 평화 체제로

남북한과 동아시아의 문제를 평화적으로 해결하려 할 때 가장 큰 문제 가운데 하나는 권력을 형성하는 요인인 인구, 경제력, 군사력 등에서 동아시아 각국이 압도적인 비대칭 관계라는 점이다. 인구에서는 중국이, 경제력에서는 미국과 중국과 일본이, 군사력에서는 미국과 중국이 압도적으로 우위를 점하고 있다. 남한과 북한을 비교하면, 2013년 기준으로 남한이 북한보다 인구 2.0배(5022만 명/2454만 5천 명), GNIGross National Income 42.6배(1441조 1천억 원/33조 8440억 원), 1인당 GNI 19배(2870만 원/138만 원), 무역 146배(1조 752억 달러/73억 달러),[12] 국방비 지출은 대략 30배에 달하여,[13] 모든 면에서 훨씬 우월하다. 이런 비대칭 관계는 권력의 균형을 통한 평화유지를 늘 방해한다.

사회문화란 동일성을 형성한 자나 집단이 타자로 설정한 이들을 배제하고 물리적, 구조적, 문화적 폭력 및 재현의 폭력을 행하면서 동일성을 강화하는 가운데 동일자와 타자 사이에서 끊임없이 양자의 힘과 담론이 마주치면서 기억투쟁, 인정투쟁, 헤게모니투쟁이 벌어지며 압력과 내구력의 역학관계를 형성하는 역동적인 장이다. 때문에 평화는 당위적이고 윤리적인 주장으로는 달성될 수 없다. 무엇보다 먼저 폭력을 낳는 구조적 모순이 해체되어야 하며, 권력을 가진 자는 권력을 행사하여 얻는 이익보다 양자의 소통이 더 큰 이익을 확보할 수 있음을 인식하고 약자의 고통에 공감하고 자비심을 베푸는 것이 그를 위하고 자신을 위한 길임을 깨달아야 하며, 권력을 가지지 못한 자는 구조적 모순, 권력의 비대칭 관계를 해소하는 다양한 노력을 해야 한다. 국가 관계에서는 이라크전에서 보듯, 권력을 행사하는 것보다 호혜적 교환이 자국의 이익을 더 늘릴 수 있음을 직시하고 호혜적 교환과 교류를 통한 평화를 증진하는 조약과 협정을 맺어야 한다.

무엇보다도 남과 북은 물리적 폭력을 제거한 소극적 평화와 함께 구조적 폭력을 제거한 적극적 평화를 모색해야 한다. 적극적 평화를 모색할 때 가장 중요한 것은 남과 북 사이에 작용하는 권력의 비대칭 관계를 해소하는 데 있다. 많은 당국자나 국민, 보수언론은 남한이 북한보다 월등한 경제력과 군사력, 대외 영향력을 갖고 있고, 북한에 경제적 지원을 하는 입장이기에, 남한이 갑의 관계에 있는 것처럼 생각하고 행동한다. 하지만 이는 늘 을의 반작용을 야기하며, 상대방의 감동에 바탕을 둔 공존공영의 모색을 방해한다. 더구나 지금 북한이 선택적 병행 전략으로 전환했기에 이런 방식은 실효성도 없다. 북한의 지배층이 중국의 힘에 의존하여 권력을 유지하려는 상황에서, 북한의 인민마저 남한의 박대에 실망하여 등을 돌릴 경우

북한은 통일보다 중국의 속국이 되는 것을 선택할 것이다.

동아시아 평화에서 가장 큰 장애는 미국이다. 미국은 한국전에서 수많은 민간인을 살상하고 그 이후에도 정복군처럼 행동하며 한국 국민에게 물리적 폭력을 행사하고 있다. 두 여중생의 사망을 계기로 일어난 촛불시위의 힘을 받아 당선된 노무현 대통령조차 국민의 반대에도 이라크 파병을 강행하고 국군통수권을 미국에 양도하는 상태를 유지하고 불평등협정에 가까운 한미 FTA를 추구할 정도로 구조적 폭력 또한 상존한다. 한국에서 미국의 부당한 압력이나 대미 종속에 대해 비판하면 '종북, 빨갱이'로 매도될 정도로 문화적 폭력도 강하다.

남한은 국방, 정치, 경제, 사회문화의 모든 영역에서 미국의 종속을 극복하는 노력을 해야 한다. 전시작전통제권을 찾아오고 작전계획 5029를 수정하고 주한미군도 단계적으로 철수시켜 국방 주권을 확보하고 자주 국방을 달성해야 하며, SOFA와 한미 FTA는 폐기하거나 개정하여야 한다.

적극적 평화를 이룩하는 초석은 동아시아 국가 사이에 권력의 비대칭 관계를 허물고 각국이 서로 동등한 입장에서 화쟁적 협력 관계를 형성하는 것이다. 남한은 북한을 을로 간주하지 않고 같은 민족으로 이루어진 공동체이자 대등한 동반자로 대우해야 한다. 동아시아 시민사회는 냉전의 잔재를 청산하고서 서로 '다름'을 인정하는 가운데 국민국가의 틀을 넘어서서 이를 '하나이면서도 셋이고 셋이면서도 하나인 동아시아'라는 프레임 속에서 화쟁을 시키는 시민운동을 지속적으로 전개한다. 동아시아 시민은 미국과 중국의 패권을 포기하도록 압박하고, 안으로부터 중국과 러시아와 북한은 물론 일본, 남한에서 인권을 신장하고 참여민주제를 강화하도록 한다. 이의 출발은 남북한을 중심으로 미국, 중국, 러시아, 일본이 평화협정을 맺는 것이다.

신자유주의 모순의 심화
: 빈곤의 세계화에서 자유로운 서발턴의 연대로

동아시아 평화공동체는 동아시아 민중의 자유와 평등, 복지를 전제로 해야 한다. 한마디로 말해, 동아시아 평화공동체 수립 이후 동아시아 민중이 더욱 자유롭고 행복해졌을 때 이는 정당성을 가지며, 지속성 또한 담보할 수 있다. 비록 전쟁과 물리적 폭력이 없이 평화가 유지된다 하더라도 거기에 구조적 폭력과 문화적 폭력이 상존하고 사람들이 더 억압되고 불행해졌다면, 진정한 평화가 이루어진 것이 아니다. 지금 구조적 폭력과 문화적 폭력을 증대하면서 전 세계의 민중을 불행하게 만드는 가장 큰 요인은 자본주의 체제와 신자유주의 체제다.

동아시아에 상품화폐경제가 나타났을 때, 이에 대한 한국인의 태도는 크게 네 가지로, 비합리적 도덕주의자, 합리적 축재자, 비합리적 축재자, 합리적 도덕주의자였다. 이는 중국과 일본의 사회경제적 맥락이 다르기에 차이가 있지만, 큰 흐름에서는 유사했으리라 본다.

비합리적 도덕주의자는 당시 나타나기 시작한 상품화폐경제에 맞서서 인의와 신의, 청렴 등 유가의 윤리와 도덕을 '교조적'으로 수호하며 상품화폐의 가치에 반대했다. 그들은 물욕을 좇아 인의仁義를 배신하는 세태를 비판하고 유가적 윤리를 고수했다. 유가가 추구하는 안빈낙도安貧樂道의 삶을 살려 했기에, 이들은 가난을 장애가 아니라 오히려 자기실현의 방편으로 삼았다. 이들은 인정욕망을 추구하고 타자의 시선이 자신을 규율하는 권력으로 작동했기에 개인의 물욕을 도덕으로 절제했다.

합리적 도덕주의자들은 상품화폐경제를 어느 정도 인식하고 유교 윤리와 도덕이 허용하는 범위에서 축재와 치산治産을 행하지만 유가적 윤리와 돈이 맞설 때 전자를 선택하는 인간 유형이다. 이들은 개인의 욕망과 타자의 시선 사이에서 갈등하기에 타자의 인정을 받는 범위에서 소극적으로 축재와 치산 행위를 했다.

비합리적 축재자는 상품화폐경제에 종속되어 유가적 윤리와 도덕을 저버리고 수단과 방법을 가리지 않고 축재를 하는 인간 유형이다. 그들은 더 많은 축재를 욕망하며, 이를 행하는데 타자의 시선이나 도덕, 규약을 거의 의식하지 않는다. 이들은 온갖 방법을 동원하여 축재를 하고 이로 권력이나 향락을 누리며, 그중 소수는 이런 행위로 인하여 공동체로부터 추방당하기도 했다.

합리적 축재자는 상품화폐 관계를 이해하고 이용하면서 합리적인 방식으로 축재와 치산에 진력하는 인간 유형이다. 이들은 유가적 윤리와 돈이 맞설 때 후자를 선택하는 인간 유형이지만, 합리적인 방식으로 축재를 하는 것은 도덕적으로 정당하다고 생각한다. 이들은 축재를 통해 타자의 인정을 받는 것이 얼마든지 가능하다고 생각하기에 타자의 시선을 그다지 의식하지 않는다.

네 유형 분류보다 중요한 것은 각 유형이 갈등하고 대립하는 양상이다.[14] 한국의 경우, 18~19세기엔 도덕주의자들이 헤게모니를 획득했으나 이후 합리적 축재자들이 서서히 헤게모니를 강화하면서 초기의 자본주의의 발전을 이끌었고, 1910년 이후 일제의 강압과 지원에 의해 (매판적) 비/합리적 축재자들이 헤게모니투쟁에서 승리하여 식민지 자본주의의 발전을 도모했으며, 물신화와 소외, 빈부 격차, 일제의 가혹한 수탈 등 자본주의의 모순과 민족모순이 본격화하자 (매판적) 비/합리적인 축재자에 맞서서 새로운 사상과 이념의 수혈을 받은 (민족적) 합리적 도덕주의자들이 건전한 사회의 길을 놓고 헤게모니투쟁을 벌였지만 역부족이었다. 해방 이후 북한은 사회주의 체제로 전환했지만, 남한은 미국 중심의 세계 자본주의 체제에 편입되었다. 미군정은 남한을 미국의 신식민지 체제로 유지하기 위하여 외려 친일 매판자본의 헤게모니를 강화시켰으며 사회주의 세력만이 아니라 김구 등 민족주의 세력을 거세하고 친미 이승만 정권에 힘을 실어주었다. 이승만의 독재에 학생 세력이 저항하여 정권을 무너뜨렸으나 혁명의 주체로 나서지는 못했다. 이 힘의 공백 상황에서 쿠데타로 집권한 박정희 정권과 군부 엘리트들은 매판자본과 유착관계를 맺고 노동을 철저히 배제하고 시민의 인권과 자유를 극도로 억압하면서 개발독재를 통한 자본주의화와 근대화를 급속도로 추구했다. 이로 남한이 양적인 성장을 이루는 데는 성공했지만 대미 종속, 정경유착, 재벌 집중, 계급갈등의 심화, 노동 배제, 물신화와 소외의 심화, 문화지체, 민주주의와 인권의 탄압 등의 모순이 나타났다. 군사독재정권을 물리치고 남한은 자본주의의 모순을 극복할 기회를 맞았으나 민주화 정권은 신자유주의를 수용하여 이 모순을 외려 심화했다.

동아시아는 유사하지만 차이를 갖는다. 4장에서 말한 대로, 한국은 신자유주의 모순으로 인하여 절반의 노동자 및 자영업자가 생존 위기에 처하여 있으며 경제도 장기 불황이다. 중국과 일본 또한 상황은 다르지만 신자유주의 모순으로 기층 민중이 생존 위기를 겪고 있는 것은 대동소이하다.

"'차이메리카Chimerica'라는 용어에 함축되어 있는 것처럼, 중국은 저가상품을 수출하여 획득한 경상수지 흑자로 미국의 국채를 구입하고, 미국은 이로 적자재정을 보충하면서 중국의 상품을 소비하는 세계 최대의 시장으로서 역할을 수행했다. 그 결과 중국은 수출 증대를 통한 경제성장과 고용을 창출하고, 미국은 적자재정에도 대규모 소비를 유지할 수 있었다. 하지만 중국의 자금 유입으로 미국에서 저금리가 지속되어 소비 수요가 증가하고 부동산 투기가 발생하고 이것이 2008년의 금융위기로 이어졌다. 이로 미국은 급격히 헤게모니를 상실했으며, 중국은 헤게모니를 강화하는 대신 금융위기의 대가를 치러야 했다."[15] 중국은 성장이 둔화하면서 수만 개의 기업이 도산하고 1천여만 명 이상이 실업자로 전락했으며, 빈부 격차와 지역 격차는 극심해지고 사회복지와 민주주의는 후퇴하고 공공영역은 축소되면서 중하층 인민의 삶은 더욱 피폐해졌다.

일본의 경우 신자유주의 이데올로기에 따라 적극적인 구조조정으로 기업의 경쟁력 강화에 치중한 결과 비정규직과 실업자가 대량으로 발생했다. 일본에서 달려와서 '희망뚜벅이'에 참여한 이데쿠보 게이치 나카마 유니온 위원장은 "5,200만 명 노동자 중 40퍼센트인 2,800만 명의 노동자가 비정규직으로 최저생계도 유지 못 하는 200만 엔을 받는다"[16]라고 발언했다. 중산층이 대거 몰락했다. "일본의 사회 통합을 유지시켜온 복지모델은 순식간에 일그러졌다. 대기업 중심의 기업사회, 자민당 이익 유도의 지방 통합, 보완적인 사회복지 등 3대 사회안전망이 급격히 파괴된 결과다. 실제 격차 문제는 '근로 격차 → 소득(자산) 격차 → 소비 격차 → 교육 격차 → 건강 격차 → 미래 격차 → 희망 격차'의 연결고리를 형성하며 미래 세대를 절망으로 몰아넣으면서, 기업·업종의 격차 심화는 물론 성별·세대·지역별 격차의 확대로 이어졌다. 홈리스, 일용파견, 네트카페 난민이 증가하고 자살과 범죄율이 치솟았다. 이는 신자유주의 추진 세력이던 자민당 대신 복지 우선과 격차 해소를 슬로건으로 내건 민주당으로의 '정권 교체(2009년)' 바람으로까지 이어졌다."17 하지만 간나오토普直人 정권이 2010년 6월에 공식 제기한 '제3의 길'식의 개혁이 실패하자 대중은 민주당에 등을 돌렸다. 결국 아베 정권이 집권하여 보수의 극단으로 치닫고 있다.

그럼 동아시아에서 신자유주의 체제에 대한 대안은 무엇인가. 4장에서 이미 말한 여섯 가지 방안을 요약하면, 동아시아는 이제 서발턴이 주체가 되어 동아시아사회포럼과 같은 연대 조직을 결성하여 신자유주의를 해체하는 실천 활동과 대안에 대해 의논하고 실천하고, 소극적 자유에 적극적 자유와 대자적 자유를 종합하며, 지역에 근거를 두면서도 세계화를 지향하는, 협의를 통한 주민자치를 실현한 지역공동체를 동아시아 곳곳에 건설하며, 비정규직 노동자를 비롯한 서발턴이 주체가 되는 급진적 민주주의를 추구하고, 동아시아 시민이 연대하여 자유로운 개인의 합리적인 성찰과 화쟁적 소통을 바탕으로 한 공공영역을 증대하고, 반신자유주의의 담론투쟁을 치열하게 전개해야 한다.

다음으로, 동아시아의 근대를 '차이와 다종多種의 근대성'으로 바라보아야 한다. 자본주의만 하더라도 똑같은 양상으로 발전한 것이 아니며 다종의 자본주의varieties of capitalism가 있다. 다종의 자본주의가 있는 것처럼, "서양의 근대성이라는 개념과 범주로 충분히 이해할 수 없거나 서양의 근대성을 수용한 이후에도 서양의 제도적 형식이나 구조로 수렴되지 않는 '서양 외부의 근대성modernities of outside the West' 이 있다".[18] 근대는 누구에게나, 어디에서나, 똑같이, 같은 방향과 과정으로, 같은 힘의 크기로 전개된 것은 아니다. 근대, 근대성은 근대 프로젝트의 방향에 따라, 근대성의 토대와 사회적 맥락에 따라, 근대를 기획하고 실천한 주체들의 성향과 이들 사이의 권력의 역학관계에 따라 다양한 모습으로 전개되었다. 이제 차이의 관점에서 각 나라나 지역의 사회경제적 토대, 문화, 전통, 제도 등과 아울러 총체적으로 연구하되, 헤게모니와 담론이 투쟁하는 역동적인 과정에 대한 조사와 해석을 병행하여야 한다. 근대화 과정에서 전통과 근대, 내부와 외부, 동양과 서양, 진보와 보수가 서로 섞이기도 하고 이데올로기투쟁과 헤게모니투쟁, 인정투쟁과 기억투쟁을 벌이기 때문이다. 이는 서양의 근대와 다른 근대를 동아시아에서 찾아야 함을 의미하는 동시에 다른 패러다임과 방법론으로 동아시아 근대를 성찰하고 대안을 모색해야 함을 의미한다.

동아시아 사이의 교환과 교류를 획기적으로 증대한다. 인류 문명을 보면 교환이야말로 두 집단 사이의 적대적 관계를 호혜적 관계로 전환하는 토대다. 황해경제교류 체제와 환동해경제교류 체제를 확립하고 러시아와 동아시아를 횡단하는 철도와 국제 파이프라인을 건설하여 동아시아 사이의 경제협력을 활성화한다. 남한과 북한의 철도를 연결하고 이를 시베리아 횡단철도와 연결하면 남한의 물류가 철도를 통해 유럽까지 오고갈 수 있을 뿐만 아니라 시베리아에 있는 엄청나고 다양한 자원을 개발하는 데도 유리하다. 중국과 연결되는 철도도 마찬가지다. 이런 교환과 교류는 남북한의 경제발전을 도모하고 동아시아 평화 체제를 확고히 확립하는 토대가 될 것이다.

일심이문의 화쟁과
동아시아 화쟁공동체

일심이문의 화쟁

한반도 평화 체제는 동아시아 평화 체제로 이어져야 한다. 동아시아 평화 체제를 확고히 구축할 수 있는 동아시아 화쟁공동체를 모색해 보자.

상입相入이라는 것에 대해 원효는 다음과 같이 말했다. 일체 세계가 한 티끌 속에 들어가고 한 티끌이 일체 세계에 들어간다. 삼세 제겁이 한 찰나에 들어가고 한 찰나가 삼세 제겁에 들어간다. 크고 작음, 느리고 빠름이 서로 들어간다. (……) 하나가 곧 일체다.[19]

원효는 이어 "지극히 큰 것과 지극히 작은 것은 똑같이 동일의 양이다至大至少 齊一量故"라고 말한다. 이는 물론 화엄의 상즉상입相即相入을 설명한 것이나 이를 세계 체제에 응용할 수 없을까? 한 나라는 전 세계와 인다라망의 구슬처럼 서로가 거울이고 그림자가 되어 서로 비추는 것이다. 부분이 전체의 일부분이 아니라 전체를 포괄한 한 부분이듯 한 나라는 전 세계를 포괄한 한 나라다.

세계화론자들과 신자유주의자들은 이름도 없는 아프리카, 남미, 동남아시아의 원주민이 사라져버렸다고 해서 세계사에 무슨 영향이 있겠느냐고 반문할 것이다. 우리나라 지식인 가운데 상당수가 영어 공용화론을 펴고 동조한다. 그러나 한 마리의 미생물이 지구 대기의 균형에 관여하듯, 수 명의 원주민의 삶과 언어는 지구 문명 전체에 관여한다. 서구의 정복자들이 마야와 잉카문명을 그토록 철저히 파괴하지 않았다면 21세기 인류를 구원할 지혜를 거기서 얻을 수 있지 않았을까? 한 종족이 사라진다는 것은 단지 사람이 사라지는 것만을 뜻하지 않는다. 그들이 축적한 문명의 지혜와 기억, 문화가 사라지는 것이다. 나아가 그를 통해 우리를 바라볼 수 있는 거울이 깨지는 것이며, 그와 더불어 하나의 시스템을 이루던 인류 문명에 빈틈이 하나 더 생기는 것이다.

세계화는 표준화, 동종화, 획일화를 강요하고 있다. 신자유주의자들과 세계화 집단이 간과하고 있는 문제는 문화가 다양성의 조화이며 다가오는 21세기 문화가 차이를 통한 공존이란 점이다. 다양한 목소리가 모여 합창의 하모니를 이루듯, 문화는 다양성의 조화다. 생명체의 유전자와 종이 다양할수록 전염병이나 천재지변에서 살아남을 확률이 커지듯, 다른 문화가 있을 때 한 문화는 그것과 차이를 통해 정체성을 갖는 것이며 문화는 다양할수록 건전하고 강하다. 문화란 것이 너와 나, 한국 문화와 중국 문화, 동양 문화와 서구 문화의 차이를 통해 각각 우리 문화, 동양 문화, 지구촌 문화를 오롯이 빚어내기 때문이다.

화쟁의 동아시아 평화공동체

원효는 다음과 같이 비동비이非同非異의 철학을 편다.

> 그러므로 동조도 말고 반대도 말고 설법하라는 것이다. 동조하지 않는다는 것은 그 말대로 해석하자면 모두 다 허용하지 않는 것이요, 반대하지 않는다는 것을 뜻을 따라 말한다면 허용하지 않는 바가 없다는 것이다. 반대하지 않기 때문에 그 정情에 어긋나지 않고, 동조하지 않기 때문에 도리에 어긋나지도 않는다. 정에 대해서나 도리에 대해서나 서로 어긋나지 않는 까닭에 진여에 상응하는 설법을 한다는 것이다.[20]

분별이 사라진 진여문眞如門에 있을 경우 삼국은 삼태극을 따라 원융한다. 동아시아 삼국은 셋이면서 하나다. 삼국은 공통의 상상력과 인식, 집단적 무의식을 바탕으로 공통의 신화와 언어, 문화를 공유한다. 그러나 생산 영역과 종족이 갈리고 언어와 지배 체제를 달리하고 신화와 이데올로기를 만들고 동일성의 구조 속에서 타자를 구분하며 역사를 형성하고 문화를 향유하자 삼국이 맞서게 된다. 특히 근대에 들어 언어 및 이에서 비롯된 상상과 이데올로기, 힘과 기억의 공동체로서 국가를 형성하고 국가 안에 국민을 통합하면서 삼국이 전쟁을 치르고 학살까지 행했다. 그러나 이들은 용用, 곧 근대국가와 이데올로기가 만든 것에 삼국의 인민이 재현한 현상일 뿐이다. 하지만 삼국의 국민이 공존공영의 원리에 따라 삼국이 결국 하나임을 깨달아 동아시아 평화공동체를 구성하는 것은 체體로 돌아가는 것이다.

서양의 실체론과 이분법적 사고에서는 극과 극은 반대다. 하지만 동양의 관계론과 퍼지의 사유 체계에서는 극과 극은 통한다. 파란 태극 안에 빨강 태극이 들어 있고, 빨강 태극 안에 파란 태극이 들어있다. 목을 오른쪽으로 기울이는 것을 양, 왼쪽으로 기울이는 것을 음이라 하면, 오른쪽 끝까지 기울이는 순간 왼편으로 기울이는 힘이 작용한다. 그러니 극에 이르면 반드시 되돌아오고物極必反, 궁하면 변하고 변하면 통하는 것이다窮則變 變則通. 중요한 것은 원형이정元亨利貞, 요새 식으로 말하여 올바른 도리를 따랐느냐는 점이다.

삼국의 각 나라와 공동의 언어와 문화와 기억을 바탕으로 정체성을 형성하고 있지만, 민족적 정체성도 이와 마찬가지다. 정체성이란 실은 타자를 자아화한 것에서 비롯된다. 내 안에 타자가 있고 타자 안에 내가 있다. 우리의 진정한 모습은 한국인다움, 중국인다움, 일본인다움이 아니라 중국인다운 한국인다움, 일본인다운 중국인다움, 중국인다운 일본인다움 등이다. 이렇게 삼국의 동아시아 시민이 근대 민족주의 이데올로기와 자기동일성의 정체성을 극복하고 화쟁적 정체성을 추구할 때 삼국은 자문화의 전통과 가치를 지키면서도 다른 나라와 평화 공존할 수 있을 것이다.[21]

화쟁의 불일불이不一不二론을 삼국의 현실에 대입한 대안은 기억과 공감의 공동체를 수립하는 것이다. 중국의 중화주의, 한국의 단일민족론, 일본의 독자발전론은 모두 신화다. 중국의 역사와 문화는, 하은주夏殷周 시대부터 한족만이 아니라 수다한 이민족이 참여하여 이룩한 것이다. 한국 민족은 단일 민족이 아니라 북방의 스키타이족에서 남방의 인도에 이르기까지 여러 민족이 혼성되어 형성되었다. 일본은 독자적으로 역사와 문화를 발전시킨 것이 아니라 한반도와 중국의 도래인渡來人들이 건너와서 원래 일본 땅에 살던 이들과 문명의 지혜를 서로 나누며 상생을 도모했기에 발전한 것이다. 고대 중국인이 한반도로 건너와서 한국인이 되었으며, 가야와 백제와 신라 사람이 일본으로 건너가서 일본인이 되었다. 주로 중국에서 한국과 일본으로 문명이 흘러갔지만, 고구려의 벽화, 신라의 제지술과 비단 제작술, 원효의 저서와 고려대장경, 고려의 청자 기법이나 조선의 백자 기법, 불상과 불화 제작술이 중국이나 일본으로 전해진 것처럼, 삼국은 문명의 지혜를 서로 주고받았다.

공동의 기억과 함께 필요한 것이 공감의 연대를 바탕으로 공동체를 구성하는 것이다. 다른 나라의 인민의 고통을 자신의 고통처럼 아파하고 연대하는 그 자리에 바로 삼국이 하나가 되는 일심이 자리한다. 일본 시민과 관료가 난징대학살기념관이나 서대문형무소를 들러 참회한다면, 대학살이나 위안부가 없었다는 발언을 하지 않을 것이다. 한국과 일본과 중국의 시민이 눈부처-주체가 되어 서로 교류하고 체험하면서 공감하고 연대하는 가운데 동아시아 화쟁공동체는 굳건해질 수 있을 것이다. 이것은 개인의 다양한 체험과 공감의 연대를 바탕으로 하기에 다시 동일성으로 환원되지 않으며, 대동아공영권 논리처럼 동아시아 공동체가 획일화, 전체주의화하는 것을 내부로부터 차단할 것이다.

〈그림 5〉 동아시아 평화공동체의 삼태극 모형

이런 화쟁적 공감과 연대가 어느 정도 무르익으면, 이 또한 단계별로 동아시아평화공동체를 추구한다. 1단계에서는 동아시아 정상이 모여 평화협정을 맺는다. 선결되어야 할 것은 일본의 사과와 보상이다. 무엇보다도 일본 정부는 공식적으로 제2차 세계대전과 일제강점기 동안 아시아 인민을 학살하고 고문하고 수탈한 것에 대해 무라야마 담화 이상으로 진심을 담아 구체적으로 사죄하고 배상한다. 물론 한국 정부 또한 베트남전에서 민간인을 학살한 것에 대해 학살의 피해자들이 납득하고 용서할 때까지 사죄하고 배상해야 한다. 동아시아 각국은 독도, 센카쿠 열도 등 갈등의 과거이자 현재이며 미래인 분쟁지역도서 문제를 일거에 해결한다. 이들 섬에 대해 한국, 중국, 러시아, 일본, 베트남, 필리핀 등은 분쟁지역의 섬에 대한 주권은 현재 점유한 국가의 것으로 인정해주는 대신, 섬의 현재와 미래의 자원은 분쟁 당사국이 공동으로 이용하는 협정을 맺어 분쟁지역이 동아시아 갈등의 요인이 될 수 있는 싹을 제거한다. 6·15 공동선언처럼 동아시아 각국이 서로 공존공영하는 선언을 한다. 먼저 중국이 군사적이고 경제적인 패권을 포기하고, 동아시아의 심오하고도 풍요로운 사상과 가치 가운데 21세기에도 유용한 것을 잘 선별하여 이를 바탕으로 평화와 상생을 도모할 것을 선언한다. 정권과 관계없이 지속적으로 동아시아의 화쟁을 추진할 수 있도록 각국에 동아시아 평화공동체 추진위원회를 두고 헌법재판소와 같은 독립기구의 위상을 부여한다. 위원과 위원장은 국회의원처럼 국민의 선거로 선출한다. 각국 정부는 이 위원회에서 결정된 사항을 집행한다.

2단계에서는 아시아 인프라 투자은행AIIB을 중심으로 화쟁적 경제협력 체제를 구축한다. AIIB의 의사결정 시스템을 민주화하고 이를 바탕으로 각국의 경제장관이 참여하는 아시아공동개발위원회를 구성하고 여기서 아시아의 공존공영을 도모할 수 있는 마스터플랜을 작성하고 각국이 협의를 거쳐 이를 추인한다. 이 위원회와 AIIB를 중심으로 아시아의 낙후지역을 개발하며, 남북한의 도로 및 철도와 연결된 중국횡단철도 등 신실크로드 체제를 구축하며, 황해경제교류 체제와 환동해경제교류 체제를 활성화한다. 동아시아의 역사와 철학, 문학에 대한 공동의 교과서를 제작하여 각국이 필수과목으로 배우도록 하며, 이 교과서와 배치되는 내용을 다른 교과서에서 기술할 수 없도록 협정을 맺는다.

3단계에서는 2단계의 경제협력을 바탕으로 공동의 의회와 화폐, 정부를 구성한다. 동아시아 시민을 주체로 하여 헌법과 같은 가치를 가지는 공동의 규약을 만들고, 이에 따라 동아시아 시민의회, 공동정부, 공동 사법부와 군대를 구성한다.[22]

변증법적 종합과 화쟁에 의한
7단계 통일 방안

화쟁이 아니라면 진정한 통일은 불가능하다

이념에 동일성이 작동할 때 이는 다른 이념에 대한 배제와 폭력, 증오를 양산한다. 남북한의 주민은 이를 6·25를 통해 처절하게 경험했고 이 상처는 아직도 아물지 않고 있으며 그 흔적은 강하다.[23] 화쟁이 아니고서는 진정한 화해와 통일의 길은 가능하지 않다.

무력통일만이 아니라 평화적 공존을 전제로 했다 하더라도 기존의 배타적 통일 방안은 흡수통일이나 사회혁명에 의한 전복의 저의를 감춘 채 서로 자신의 체제를 정당화하고 선전하기 위한 것이었다. 최초의 남북한의 통일론은 맹목적 반공주의이나 남조선인민혁명론, 국가주의적 시각이나 흡수통일의 저의를 깔고 있었다. 이를 지양한 남한의 민족공동체통일방안과 북한의 고려민주연방제 및 이를 재차 수정한 3단계 국가연합통일론과 낮은 단계의 연방제는 체제 선전용 정치 게임에서 벗어나 공존공영에 바탕을 둔 것이자 상대방을 어느 정도 수렴한 것으로 서로 공통점이 있다고 인정하는 수준의 통일 방안이다. 그럼에도 아직 한계가 있기는 마찬가지다. "남한의 3단계의 민족공동체통일방안은 국가우선주의적 시각과 민족우선주의적 시각을 명확하게 구분하지 않아 정책 추진 과정에서 많은 혼선을 빚고 있다. 화해, 협력의 통일 1단계에서 남북연합의 2단계와, 1민족 1국가 1체제의 3단계로 이행시킬 수 있는가에 대한 이론적, 정책적 분석이 없으며 구체적 실천 방법도 제시하지 못하고 있다. 외견상 흡수통일을 배제하고 있지만 사실상 북한의 항복 내지 붕괴를 전제로 하고 있다."[24] "북한의 연방제 안도 비례상의 원칙을 무시하고 권력의 분산 장치가 결여되는 등 국제법상 국가 통합의 한 유형인 연방제의 구성요건을 충족하지 못하고 있다. 북남정치협상회의처럼 남한 쪽에서 볼 때 통일전선전술 차원의 대남 공세 등 선연방제 후 인민민주주의혁명을 목표로 하는 것이 아닌가 경계심을 갖게 할 요소가 잔재한다. 제도의 통일이 어렵기 때문에 우선 연방제를 실시해야 한다고 주장하면서 사실상 제도의 통일과 유사한 민족연합군 창설을 주장하고 있다."[25] 무엇보다 남북한의 통일 방안은 화쟁과 같이 한쪽의 동일성이나 배타성을 완전히 극복할 패러다임이 없으며 세계자본주의 질서와 상호작용 관계를 살피지 못했으며, 글로컬라이제이션, 곧 세계화와 이에 대한 반작용으로서 지역화, 탈민족, 탈국가의 세계적 추세를 제대로 반영하지 못하고 있다.

통일은 미국이나 남북한의 지배층이 아닌 남북한 민중의 공동 이익을 창출할 수 있는 것을 최소 조건으로 하여 한반도의 미래, 곧 동아시아 평화 체제를 바탕으로 한 정의평화 생태복지국가를 지향하는 것이어야 한다. 남북한의 통일은 자주, 평화, 정의와 복지, 인권과 생명 중시, 민주주의의 대원칙 아래 ① 남북의 통일을 위한 최소 합의, ② 평화협정 체결, ③ 남한과 북한의 교류와 협력, ④ 화쟁코리아, ⑤ 남북의 국가연합, ⑥ 낮은 단계의 연방제, ⑦ 완전한 통일국가 등 7단계에 걸쳐 수행한다.

1단계에서는 5·24조치를 해제하고, 6·15공동선언과 10·4선언을 확인한다. 아울러 통일을 위한 최소 요건으로 남한과 북한에 헌법재판소와 같은 위상을 갖는 독립기구로 '국가통일위원회'를 설치하는 것을 합의한다. 어렵게 6·15공동선언과 10·4 선언을 했지만, 정권이 바뀌자 이는 휴지 조각이 되었다. 이를 지양하려면 정권의 성향에 관계없이 지속성을 갖고 민족의 미래의 관점에서 통일 정책을 설계하고 실시하는 기구가 필요하다. 남한의 국가통일위원회는 민주적 구성과 의사결정 시스템을 원칙으로 한다. 위원은 통일 관련 시민단체의 추천에 의하여 국회가 선출하고 대통령이 임명하며, 위원장은 위원들의 호선에 의해 선출한다. 위원회는 모든 결정을 공개적인 토론과 합의를 통해 민주적으로 결정한다. 현재의 통일부는 여기서 결정된 정책의 집행만 수행한다. 북한도 이에 상응하는 국가통일위원회 구성을 하고 위상을 부여한다. 통일위원회에는 이주민과 해외 동포도 참석한다. 남한과 북한의 국가통일위원회가 각자 독자성을 유지하되, 정기적, 혹은 필요시 만나 의견과 정책을 조정한다. 남북 통합통일위원회의 구성과 권력은 5대 5로 대칭 관계를 이루도록 하며 통합위원장은 교대로 한다. 여기서 결정하여 서명한 사항은 FTA나 국가 사이의 조약과 같은 위상을 갖도록 한다. 1단계에서 판문점과 금강산에 남북한 이산가족이 언제든 만나 대화하고 함께 숙식을 할 수 있는 공간을 마련한다.

2단계에서는 앞에서 말한 대로, 6자회담을 통해 북한에 대한 체제 안전보장과 북한 핵을 맞바꾸는 평화협정을 체결한다. 아울러 남한에 배치한 미군의 핵무기 또한 철수시켜 한반도 비핵화를 확보하고 남북 관계 발전과 민족 공동의 번영과 통일을 위한 기반을 마련한다. 이후 북한과 미국, 일본이 정식 수교를 맺고 모든 제재 조치를 해제한다. 남북한은 군축에 나서면서 신뢰를 구축하고 이로 절감된 비용을 북한에서는 경제발전의 인프라 구축에, 남한에서는 복지에 투여한다. 주한 미군의 철수는 남북한 국민의 합의를 거쳐 남북한 통합통일위원회에서 결정한다. 남한에서는 국가보안법을 폐기하며, 북한 또한 사상과 표현의 자유, 집회와 결사의 자유를 제한하거나 인권을 탄압하는 모든 법안을 폐기하거나 개정한다. 남북한 모두 자유에 소극적 자유만이 아니라 적극적 자유나 대자적 자유 개념을 포함시키며 소극적 자유를 제한하는 것은 적극적 자유나 대자적 자유를 구현할 경우로만 한정한다. SOFA, FTA 등 미국이나 중국의 내정 간섭을 용인하거나 불평등한 관계를 유지하고 있는 법률 또한 폐기하거나 수정한다.

3단계에서는 남북한 사이의 경제, 사회문화 교류 및 협력을 활성화하며 이를 동아시아 및 주변국과 연계한다. 남북한의 경제 교류는 신자유주의 체제 및 세계화 등 달라진 상황을 반영하며, 남북한의 공동 이익과 발전을 모색하는 방향으로 전개한다. 남한은 세계 자본주의 시장에 종속적으로 편입된 구조, 특히 대미 종속과 대일 종속을 지양하며, 북한은 세계 자본주의로부터 고립을 탈피하고 대중국 종속을 지양한다. 의도적이든 아니든, 남한은 경제 교류가 북한을 흡수통일 하는 방향으로 전개되지 않도록 제도에서 방법에 이르기까지 세심하게 배려해야 하며, 사전에 북한의 체제를 보장해주고 경제 교류에 의하여 북한이 남한에 종속적인 관계가 되지 않도록 정책적 고려를 해야 한다. 남북한 공동시장이나 경제공동체를 만들되, 이를 동아시아 평화 체제와 연결시켜야 하며, 장기적으로 EU와 같은 동아시아 경제공동체를 지향한다. 이런 토대 위에서 남한과 북한은 국가통일위원회 산하에 북한 경제협력 및 교류 위원회를 두며 이 위원회가 경제협력의 마스터플랜을 마련하고 이에 따라 경제협력의 철학, 범위, 방법, 규제 등에 대해 지침 및 가이드라인을 제시한다. 남한의 기술과 자본, 북한의 인력과 자원을 유기적으로 결합한다면, 남한과 북한 모두 경이적인 경제발전을 이룩할 수 있다. 초기에는 남한의 정부와 기업이 인프라를 구축하는 데 자금과 자원, 인력을 집중하며, 이를 바탕으로 자원의 공동 개발, 남북협력 공단 조성, 첨단기술의 공유, 관광지의 공동 개발 등을 추진한다.

남북교류협력지원협회는 북한 광물자원의 잠재 가치는 7천조 원으로 남한의 21배에 달하며, 민간연구단체인 북한자원연구소는 "지난해(2012년) 현재 북한의 주요 지하자원인 18개 광물의 잠재 가치는 지난해 상반기 시장가격을 기준으로 1경 1026조 원이라고 추정했다".[26] "통일이 되면 7500만 명의 노동력과 소비자를 가진 대규모 내수시장이 열린다. 경제통합을 하면, 2016~2030년 북한 지역의 국내총생산GDP 성장률은 연평균 16퍼센트 오르고, 남한도 연평균 1퍼센트가량 상승하며, 경제성장률은 남한은 0.5퍼센트, 북한은 6퍼센트 높아진다".[27]

구체적 사업으로 개성공단과 두만강 특구를 활성화하고, 속초와 고성 사이에 새로 남북협력공단을 건설한다. 남과 북의 철도를 다시 개통하고 이를 중국 및 시베리아 횡단철도로 연결한다. 2013년 9월에 러시아의 핫산에서 나진항에 이르는 54킬로미터 구간의 철도를 현대화하는 공사가 완공되었다. "남북철도를 시베리아횡단철도TSR, 몽골횡단철도TMGR, 만주횡단철도TMR, 중국횡단철도TCR와 연결하여 한반도는 물론 아시아와 유럽의 물류가 활발하게 교류하는 길을 연다."[28] 물론 운행 성능 및 안전성을 확보하려면, "차량, 전력, 전차선, 토목궤도, 신호통신, 운영 분야에 걸쳐 인터페이스가 선행되어야 하고, 궤간이 달라 환적, 대차교환, 대차의 바퀴 간 거리 조정이 이루어져야 하며, 국내외 기본 환경 조성, 미연결 구간의 복원과 국제철도망과의 연결 고려, 통과 노선의 시설 정비, 물류 시설의 확충, 유럽화물 유치 등의 기술적이고 정책적인 문제가 극복되어야 한다. 이런 기술적 문제들은 10년 안에 약 122조 원이면 해결될 수 있다고 하며, 이는 연간으로 따져서 12.2조 원이므로 우리나라의 예산이나 GDP규모로 볼 때 감당할 수 있는 비용이며, 이의 창출 효과는 수십, 수백 배가 되리라 본다."[29]

"이를 바탕으로 황해경제교류 체제와 환동해경제교류 체제를 설립하고 이를 활성화한다. 황해경제교류 체제를 열려면 먼저 NLL을 남북이 서로 평화적으로 이용하는 평화수역화협정을 맺고, 신의주, 남포, 해주, 서울, 인천, 평택, 군산, 목포, 다롄, 베이징, 톈진, 웨이하이, 칭다오, 상하이 등 황해 연안에 밀집되어 있는 중국의 대도시와 남북한 대도시를 해상과 사물인터넷과 3D프린터로 연결하여 서로 물류와 사람, 정보와 지혜가 활발하게 오고 가도록 한다. 환동해경제교류 체제는 기존의 두만강유역개발계획을 포함하여 두만강 골든 델타에 대해 공동개발을 하고, 두만강 하구, 블라디보스토크, 나홋카, 청진, 원산, 속초, 동해, 울산, 부산, 후쿠오카 등 러시아와 일본, 남북한 사이의 교류와 협력을 활성화한다."[30]

이렇게 하여 한반도를 중심으로 일본, 중국, 러시아는 물론 유럽까지 교역과 교류가 원활히 이루어지도록 하여, 동아시아 각국이 공동으로 투자하고 생산하고 관리하는 화쟁적 경제협력 체제를 구축한다. 이렇게 경제와 문화 교류를 활성화하고 이를 바탕으로 평화 체제를 강화하고 이것이 다시 경제와 문화 교류를 촉진하면서 상호 발전을 야기하는 '평화의 선순환 체제'를 확고히 다지면서 동아시아 공동의 안보 체제, 경제협력체, 환경 대응 시스템을 결성하여 미국 중심의 세계 체제 자체에 균열을 가한다.

많은 이가 통일비용을 이야기한다. 북한 퍼주기를 비판하기도 한다. "현대경제연구원 조사에 따르면, 2000년대 이후 통일비용에 대한 연구는 최소 1570억 달러(약 173조 6000억 원)에서 최대 4657조 원에 이르기까지 25배 이상 편차를 보인다. 통일을 급진적으로 볼수록, 통일 시점을 늦게 잡을수록 통일비용이 큰 것으로 계산되었다."[31] 하지만 군사비, 대북 선전비, 이산가족 관련 비용 등 남북한이 한 국가를 이루지 못해 발생하는 비용과 하나의 국가로 통합되었다면 지불하지 않아도 되는 모든 기회비용을 합한 분단비용 또한 적지 않다. 반대로 "남북경제 시너지 효과, 자원 개발과 공동 이용 등에 따른 통일편익 또한 140억 8300만 달러(2021~2030년)와 494억 5600만 달러(2031~2040년)로 추정하고 있지만",[32] 이는 너무 과소평가된 것이다. 경제적 시너지 효과, 북한 자원의 이차적 활용, 동아시아의 경제협력의 상승효과, 남북한의 첨단 기술의 공유, 아시아-유럽 횡단철도 이용을 통한 물류 증대 등을 감안하면 통일편익은 기하급수적으로 증대할 수 있다. 무엇보다도 통일비용은 한시적이지만, 분단비용은 통일하는 즉시 거의 사라지며, 통일편익은 통일 이후에도 지속적으로 발생한다. 퍼주기일지라도 경제협력은 통일비용을 점차적으로 줄이는 효과적 방안이다. "골드만삭스는 한국이 만약 북한과 통일을 한다면 앞으로 30~40년 뒤인 2050년에는 통합 한국의 실질 GDP는 6조 560억 달러로 프랑스, 독일은 물론 일본마저 추월할 것으로 예측했다."[33] 3단계에서 남한과 북한 주민이 남북한을 자유롭게 이동할 수 있는 권리를 보장한다.

4단계에서는 3단계의 경제협력을 바탕으로 모든 분야에서 남한과 북한 사이의 화쟁을 적극 추진한다. 화쟁의 핵심은 일심의 본원으로 돌아가서 중생을 이롭게 하는 것이다. 이를 남북문제에 대입하면, 화쟁식 통일은 남북한의 다른 가치와 체제, 정치, 경제, 사회문화를 하나로 아울러 남북한의 민중을 자유롭고 정의로우며 행복하게 하는 것이다. 우선 2단계부터 있었던 남북한통합통일위원회를 '화쟁코리아위원회(가칭)'로 이름을 바꾸고 남한 대 북한 5대 5, 원래 위원과 새로 남한과 북한 주민 가운데 추첨으로 뽑은 위원을 5대 5로 하여 구성하고, 위상을 격상시켜 남한과 북한의 국회보다 한 단계위의 결정권을 갖게 한다. 위원장은 위원 사이에서 호선으로 한다. 화쟁코리아위원회는 4단계의 통일 사업을 관장한다. 남북한의 내각은 화쟁코리아에서 결정된 정책 및 사업을 집행한다. 남북한 사이에인권 및 생명 존중, 자주, 정의, 민주주의는 보편적 가치로 추구한다. 이 바탕 위에서 남한과 북한 사회가 어울리면서 하나로 아울러질 수있는 여러 대안을 모색한다. 화쟁코리아위원회는 첫 작업으로 남한과 북한에 체제를 대대적對待的으로 화쟁하는 터전을 만든다. 남북한 당국이 협정을 맺고 남한의 최소한 10개 지역에 북한식 사회주의 마을 공동체를 만들고, 북한의 10개 지역에는 자본주의 도시를 건설한다. 단기든 장기든, 원하는 자에 한하여 남한의 국민은 북한식 사회주의 체제를 체험하고 이해하며, 북한의 인민은 남한의 자본주의 체제를 체험하고 이해할 수 있도록 한다. 아울러 남한에 북한식 공산주의를 추구하는 정당, 북한에 남한식 자본주의를 추구하는 정당 설립을 허가하고 남북한이 공히 독일식 비례대표제를 통해 의원을 선출한다. 남한의 공산당 당원과 의원은 남한에 공산당의 가치와 강령, 정책을 전파하고, 북한의 자본주의 정당 당원과 의원 또한 북한에 자본주의 가치와 강령, 정책을 퍼뜨리는 것이다. 남한에 공산주의 가치를 추구하는 언론과 시민단체 및 학술단체, 북한에 자본주의 가치를 추구하는 언론과 시민단체 및 학술단체를 설립하고 지원한다. 남북한의 교육자들이 공동으로 참여하는 '통일교육위원회(가칭)'를 만들어 분단의식을 극복하고 통일을 지향하는 교육을 실시한다. 초중등 과정에서 '통일'에 관한 교과목을 배우며, 공동의 역사와 문화를 공부한다. 남한과 북한의 교환학습, 공동연구, 공동학습을 활성화한다. 통일에 관련된 교과서는 순이불순의 논리로 제작한다. 곧 남한에서는 자본주의를 전적으로 옳다고 할 것이 아니라 그 허위와 단점, 역기능도 많음을 기술하고, 공산주의를 모두 그르다고 할 것이 아니라 그 타당성과 장점, 순기능도 많음을 기술한다. 북한에서는 그 반대로 한다. 구체적으로는 북한은 사회주의 체제의 한계인 개인의 자유에 대한 억압과 비민주성, 비창발성, 시장 체제의 순기능에 대한 무시 등을 인정한다. 남한은 자본주의 체제의 노동의 소외, 물화物化와 소외 심화, 자본과 국가 연합의 폭력과 착취 및 수탈의 심화와 이로 인한 불평등, 물신화에 따른 비인간화와 범죄 만연 등을 인정한다. 이를 통해 자본주의 체제의 자유와 창발성, 욕망의 해방, 공정한 시장, 사회주의의 평등과 정의, 노동의 자기실현 등을 서로 연인이 사랑하듯 끌어들여 섞이게 한다. 스포츠와 문화에서는 먼저 통일을 한다. IOC 등 국제기구의 동의를 얻어, 개인이든 단체든, 단일 국가인 코리아의 자격으로 올림픽, 월드컵, 세계대회 등에 참여한다. 남한과 북한 선수가 코리아란 이름으로 외국 선수들과 경쟁하여 이길 때마다 남북한의 국민은 적대감과 증오감을 버리며 일체감을 느낄 수 있을 것이다. 공동의 국영방송을 운영하며, 이는 남북한의 시민이 5대 5로 참여하는 방송위원회에서 편성을 하고 관리, 감독한다. '남북한 통일을 위한 언론윤리 규정(가칭)'을 만들어 언론에서 상호 비방하거나 폄하하는 방송을 하지 못하도록 한다. 예술에서도 남한과 북한 사이에 이질적인 부분은 순이불순의 논리로 서로 수용한다. 모든 예술인은 외국에서는 코리아의 이름으로 발표하고 공연한다.

5단계에서는 남북의 국가연합을 추구한다. 남북한이 각각 주권 국가로서 외교와 국방에서 독립을 유지하며, 화쟁평의회에서 합의하여 위임한 것에 한해서만 공동의 권한을 유지하며, 남북한의 국민은 각각의 국가에 소속되어 납세와 병역의 의무를 행한다. 화쟁코리아위원회를 대의기구인 화쟁평의회로 바꾸며, 남한과 북한의 국민이 직능별로 대표할 수 있도록 한다. 평의원을 2,000명으로 한다면, 직능별로 안배하고 추첨으로 뽑는다. 남한과 북한의 정상이 참여하는 남북정상회의와 남북각료회의를 둔다. 행정을 처리하는 공동사무처 또한 둔다.[34] 통일법원을 따로 두며, 통일법원은 3심제로 하되, 이념적이든, 경제적이든, 정치적이든 남한과 북한 사이에서 남북한 사이의 갈등이나 통일 사업으로 이루어진 문제의 판결에 한정하며, 응보적 정의보다 회복적 정의의 관점에서 모든 당사자 사이의 상처를 치유하고 남한과 북한의 공동체를 회복하는 데 초점을 맞춘다.

6단계에서는 5단계로 통일의 조건이 성숙된 바탕 위에서 1국가 2체제의 연방제를 행한다. 외교와 국방에서는 1국가를 표방하며, 연방정부와 연방의회, 연방대법원, 연방헌법재판소를 둔다. 가칭 고려민주연방공화국은 비동맹국가로 자주독립국이자 영세중립국임을 대외적으로 선언한다. 남한은 자본주의 체제, 북한은 사회주의 체제를 유지하지만 남한과 북한의 국민은 누구나 양 체제 중 한 체제를 선택하여 이동할 수 있는 자유를 부여한다. 4단계부터 추진했던 북한의 자본주의 도시, 남한의 사회주의 마을은 그동안의 성과를 바탕으로 남북한 및 국민의 합의를 거쳐 수정하거나 확대한다.

7단계에서는 완전한 1국가 1체제로 통일한다. 여기서 가장 중요한 것은 자본주의와 사회주의 체제에 대한 경험을 바탕으로 한민족에게 가장 이상적인 체제를 오랜 논의를 거쳐 만들고 이에 맞추어 통일헌법을 제정하는 것이다. 이를 위하여 남한과 북한이 대칭적인 권력을 갖고 참여하는 통일헌법제정위원회를 구성하여 통일헌법을 만든다. 인민 주권주의와 평등권, 자유권, 노동삼권을 포함한 사회권, 청구권, 참정권, 저항권의 철저한 보장, 생명과 인권의 중시, 대의민주제와 참여민주제의 종합, 소극적 자유와 적극적 자유 및 대자적 자유의 종합, 경제적 민주화와 복지, 구조적 폭력의 해소 및 소극적 평화와 적극적 평화의 종합, 국제평화주의, 권력의 분립과 법치주의, 문화국가 원리 등을 헌법의 기본 원리 및 최소 요건으로 하여 지역과 직업을 망라하여 민의를 수렴하여 제정한다. 새로운 헌법이 통과되면, 다양한 정당이 참여하는 선거를 통해 하나의 민회와 정부를 구성한다.

지금 한반도와 동아시아는 전쟁과 평화의 기로에 서 있다. 우리는 기억한다. 황해와 현해탄으로 전선戰船이 오고 간 것은 단지 몇 순간에 지나지 않을 뿐, 서로가 서로의 문명의 지혜를 배우기 위하여, 서로가 상대방을 알고 닮기 위하여 무수한 꽃배를 띄웠다. 조속히 6자 회담을 열어 평화협정을 맺고 한반도 평화 체제를 수립하며, 분쟁지역은 공동으로 이용하는 협정을 맺고, 서로 교류와 교역을 활성화하며 이를 바탕으로 동아시아 화쟁공동체를 만들고 가꾸어간다면, 불교와 유교, 도교 등 동아시아 공통의 사상에서 21세기의 맥락에서 현재화할 수 있는 것과 서양의 민주주의와 정의관, 생명평화 사상을 종합하여 동아시아 평화헌법과 규범을 만들어 실천한다면, 21세기는 동아시아의 세기일 것이며, 이는 동아시아 모든 인민에게 평화와 번영과 행복을 가져다줄 뿐만 아니라 서양의 물질문명 위주의 세계화로 야기된 여러 근대성의 위기를 극복하고 세계를 인문적 가치와 공감과 협력이 지배하는 상생의 공동체로 전환하는 기점이 될 것이다.

8장

욕망의 과잉

: 욕망 이론 대 화쟁의 마음론

욕망을 욕망하는 사회의 풍속도

탐욕스런 부패 공화국

세계 도처에 탐욕이 넘쳐난다. 종교적 억압과 봉건사회의 규율 체계와 훈육 체계에서 벗어나서 성은 자유를 획득했다. 중세적 미신과 편견을 극복하고 과학적이고 합리적으로 인간의 몸과 본성을 바라보기 시작했다. 신분질서와 가부장주의에서 탈피하여 성의 평등을 이룩했다. 하지만 성은 자본주의 체제에서 시장에 종속되어 상품화하고 국가와 자본에 의해 새로운 방식으로 조절되고 있다. 어느 나라든 섹스 산업은 급속도로 번창하고 있다. 자본은 생산성을 향상시키고 상품판매를 촉진하기 위하여 성적 쾌락을 적절한 테두리 안에서 자극하고, 국가는 성에서 해방성과 정치성을 제거한 채 가족과 제도의 틀 안에서 적절히 조절하고 있다. 디지털사회에 들어 성은 예기치 못했던 방향으로 나아가고 있다. 인터넷을 매개로 '사랑이 없는 섹스'는 물론, '대상이나 인간이 소거된 섹스'가 성행하고 있으며, '재현되지 않는 섹스'인 사이버섹스 또한 서서히 영역을 확보하고 있다. 수많은 대중이 더 황홀한 섹스를 찾아, 때로는 마약과 약물과 폭력을 빌리면서까지 질주하고 있다. 하지만 욕망은 신기루이기에 늘 돌아오는 것은 충족되지 못한 데서 오는 허탈감과 불만, 자아의 상실이나 해체이기에 탐욕은 더욱 증대한다. 이런 탐욕으로부터 대중을 일깨워야 할 종교인과 지식인마저 그 포로가 되고 있다.

성욕만이 아니다. 신자유주의 체제와 디지털사회를 맞아 탐욕의 고삐는 풀렸다. 모두가 더 많은 연봉, 더 높은 지위, 더 강한 권력, 더 많은 재화와 더 좋은 의식주를 열망한다. 이에 이르려 과도하게 일을 하며 자신의 몸을 혹사하고 타인을 끌어내리는 행위에 가담하고, 그리 필요하지도 않은 재화를 열정적으로 소비하고, 9억 명 가까이 굶주림에서 구제할 수 있는 음식물을 매년 쓰레기로 버린다. 자본은 적당한 구실을 만들어 노동자를 해고하고 그 자리를 항시 해고가 가능하면서도 절반의 임금만 지불하면 되는 비정규직으로 채우고, 이에서 부당하게 과잉 착취된 이윤으로 임원의 연봉과 성과급을 폭발적으로 올린다. "미국에서 직원과 최고경영자의 임금 격차는 295배까지 벌어졌다."[1] 노동자들은 죽겠다고 아우성인데, 자본은 유례없는 흑자를 기록하고 있다. 금융에서는 합법적으로 사기를 행하면서 상위 10퍼센트가 자본소득을 90퍼센트 가까이 독점하고 있다. 월가에서든 다른 나라에서든, 기업이나 금융이 망하는 그 순간에도 임원들은 돈 잔치를 벌인다. 청렴을 신조로 삼아야 하는 언론인, 공무원, 사법부의 검찰과 판사가 뇌물을 받고 공여자에게 유리하게 기사를 쓰고, 나랏돈을 빼돌리고 공정하지 못한 기소와 판결을 한다.

21세기 오늘 이 시간에도 돈 몇 푼에 사람을 팔고 사고 노예로 부리고 심지어 장기를 적출하는 일도 거의 전 세계에 걸쳐서 벌어지고 있다. "167개국에 걸쳐 전 세계 인구의 0.5퍼센트에 달하는 3580만 명이 노예 생활을 하고 있으며",[2] "이들 중 대략 2090만 명이 인신매매된 자들로, 인신매매 조직은 매년 이로 320억 달러(약 33조 6600억 원)를 벌어들인다."[3] 유엔마약범죄국UNODC이 「2014 세계 인신매매 보고서」를 통해 밝힌 바에 따르면, "인신매매는 총 124개국에서 510개의 경로를 통해 일어났으며, 그중 어린이가 33퍼센트였다".[4] "이 중 강제노동을 하는 자가 40퍼센트, 성적 착취를 당하는 자가 53퍼센트, 기타 7퍼센트였고, 장기 적출을 당하는 자 또한 0.3퍼센트에 달했다. 지역마다 차이가 있어서 유럽에서는 66퍼센트가 성적 착취를 당하는 반면에, 아시아와 태평양 지역에서는 64퍼센트가 강제노동을 하고 있었다."[5] 제3세계의 가난한 부모들, 특히 마약중독과 알코올중독에 빠졌거나 병에 걸린 부모는 어린아이를 성노예로 팔고, 서양과 아시아의 부자는 이들을 상품처럼 구매하여 소비하고 있다. 중국, 브라질 등 몇몇 나라에서는 관료, 경찰과 범죄 조직이 공모하여 행인이나 원주민을 납치한 후 장기를 적출해선 선진국의 부자들에게 밀매한다.

탐욕이 응축된 표상은 브라질 아마존 유역의 벨로몬테 댐, 일본의 얀바 댐, 새만금 방조제, 4대강보 등 수십조 원이 들어가는 대규모 토목사업이나 핵발전소의 냉각탑이다. 토건카르텔에 속한 이들이나 핵마피아들은 국가와 국민의 필요가 아니라 자신의 필요에 따라 대형 토목사업이나 핵발전소 건설을 강행하고 안전에는 별로 관심이 없이 떡고물을 챙기기 바쁘다. 나라마다 공사마다 차이는 있지만, 대략 전체 공사비용의 10퍼센트에서 40퍼센트에 이르는 자금이 정치인-건설 관련 관료-건설회사-토호 세력으로 이루어진 토건카르텔의 주머니로 들어간다. 그들은 홍수 예방, 수자원과 에너지 확보, 농지 및 공업용지 조성, 고용 창출 등 국가 발전이나 국민적 필요를 명분으로 내세우지만, 비용 대비 효과를 산출하면 대규모 토목사업은 마이너스인 경우가 대부분이다. 그럼에도 토건카르텔은 효과를 부풀리며 주민과 시민 및 환경단체의 반대를 무릅쓰고 이를 강행한다. 일본 민주당이 집권하자마자 얀바 댐 공사를 중단한 가장 큰 이유도 이 때문이다. "당시 민주당은 댐 건설을 중지하면 외려 730억 엔의 예산을 절감할 수 있다고 파악하고, 자민당의 일본열도 개조론을 복지 패러다임으로 전환하기 위하여, 비용 대비 효과가 마이너스인 토목사업들을 정리하기 위하여, 일본 자민당의 돈줄인 토건사업을 끊기 위하여 공사비 4600억 엔 가운데 3210억 엔이 이미 투입돼 공사가 70퍼센트 이상 진행된 상태에서 공사 중단을 선언한 것이다."[6]

대규모 개발 사업은 환경만 파괴하는 것이 아니다. 대형 댐이든, 간척사업이든, 4대강사업이든 대규모의 개발이 진행된 곳에서는 예외 없이 마을 공동체가 파괴된다. 개발을 찬성하는 이와 반대하는 이로 나뉘어 마을은 양분된다. 찬성이든 반대든 한 의견으로 통일되었던 마을도 마찬가지다. 수억 원의 보상을 받으면 자식부터 친인척까지 '떡고물'을 기대하기 마련이며, 이것은 주는 자와 받는 자 사이에 늘 괴리가 있기에 갈등을 빚는다. 물고기나 조개를 잡거나 농사를 지으면서 자식들 양육하고 가르치며 느끼던 보람과 성취 욕구 또한 사라진다. 노동을 하지 않게 되면서 진정한 자기실현을 할 기회를 상실하고 마을 사람들은 시나브로 타락하게 된다. 그중 상당수는 갑자기 생긴 큰돈을 향락으로 허비하거나 다른 이의 꼬임에 빠져 투자를 했다가 전부 날리거나, 투기나 놀음에 손을 댔다가 빈손이 된다. 나중에라도 정신을 차리고 다시 노동을 하려 하지만 일할 터전은 완전히 사라진 뒤다. 설사 남아 있거나 대체지로 옮겼다 하더라도 오염되거나 형질이 변경되어 예전처럼 물고기가 잡히지도, 생산이 이루어지지도 않는다. 결국 이익을 챙긴 것은 토건카르텔뿐, 공동체는 처절하게 해체되고 마을 사람의 절대 다수가 폐인이 되거나 도시 빈민으로 전락한다.

몇 해 전에 4대강사업 반대운동의 일환으로 필자가 제안하여 몇몇 학자 및 시민활동가와 팀을 이루어 공사 현장 인근의 마을을 조사했다. 마을 공동체의 파괴는 예상보다 심각했다. 그 가운데 한 마을의 상황은 충격적이었다. 기껏해야 500여 호 남짓의 마을이고 대부분 노인이 살고 있었는데, 중심가를 형성하고 있는 도로변의 100미터 안의 공간에 마을 남자를 상대로 여성의 몸을 파는 티켓다방이 자그마치 여섯 개나 있었다. 그 티켓다방을 유지하려면, 하루에 대략 몇 장의 티켓을 팔아야 했고, 거꾸로 그 마을의 노인들은 일주일에 몇 장이나 티켓을 사야 했을까. 4대강사업 이후 이 마을 농민에게 수백만 원에서 수억 원에 이르기는 보상금이 풀렸다고 한다. 물론 모두가 그 후 생긴 것은 아니라지만, 그를 기점으로 지역공동체는 해체 위기에 놓이고, 건전하게 농사를 짓던 농부들의 영혼은 타락으로 물들기 시작한 것이다. 어찌 이명박만을 탓하랴. 저 아름다운 강에 저리 깊이 쇠기둥을 박고 콘크리트 장벽을 쌓은 것은 '우리 안의 이명박'이다. 남보다 더 많이 벌어서 잘 먹고 잘살려는 탐욕

이 '원조 이명박'을 대통령으로 만들고 4대강사업에 내심 환호작약歡
呼雀躍했던 것이다.

한국인은 관계 지향적이다. 이것이 긍정적으로는 물질보다 정을
중시하고 타인과 좋은 관계를 유지하고 인정을 받으려는 욕망으로
작동하여 재물이나 화폐의 욕망에 제한을 가하기도 한다. 하지만 부
정적으로 작용하면 혈연, 지연, 학연에 기초한 비합리성과 불공정성
을 추구하여 뇌물과 부조리의 근간이 되기도 한다. 조선조의 유교
이데올로기와 일제강점기와 군사독재정권의 권위주의적 통치가 서
민의 생활 세계까지 효과적으로 침투하면서 한국인은 서열과 위계
를 중시하고 권위에 자발적으로 복종하는 사회성을 보인다. 일제강
점기와 군사독재정권의 반민주적이고 전체주의적 이데올로기와 문
화의 영향에 극단적인 한국인의 심성이 어우러져 한국인은 다양성
보다 획일화를 지향한다. 그러기에 한국인의 욕망 또한 서열과 위계
를 중시하고 획일화했다. 대학을 서열화하고 모든 이가 0.01퍼센트
도 안 되는 명문 대학에 들어가기 위하여 밤을 새워 공부하고 사교
육에 엄청난 비용을 투여한다. 기업 또한 서열화하여 모든 대학생
이, 더구나 재벌을 비판하는 대학생이나 그 부모마저 자신이나 자
식이 대기업에 취업하기를 열망한다. 군사독재정권 때는 모두가 '잘
살아보세'라는 구호에 선동되어 수출 증진에 매진했고, 이명박 정권
때는 '부자 되세요'라는 광고가 유행할 정도로 더 많은 부와 물질적
축적을 좇아 과로를 했다. 재화의 소비 또한 서열화하고 획일화한
다. 많은 이가 빚을 내거나 술집에서 아르바이트를 해서라도 명품을
소유하고자 하며 이것이 불가능한 이들은 짝퉁이라도 소비한다.

한국에서 과잉욕망이 야기한 참사가 바로 세월호다. 세월호는 한

국 사회가 짐승들이 판치는 불량 사회임을 말해준다. 인간과 짐승을 나누는 차이 가운데 선을 지향하는 것—이성과 감성의 조화, 정교한 소통과 의미의 창조, 사회적 협력, 공감, 도구의 활발한 사용과 노동을 통한 생산, 성찰, 기억의 공유와 집단학습, 죽음에 대한 인식—을 발견하기 어렵다. 이성적 구조나 대책도, 구조대와 승객, 대통령과 국민 사이의 소통도, 선원과 승객, 관과 민의 협력도, 세월호 유가족에 대한 공감도, 첨단도구의 적절한 사용과 자기실현으로서 노동도, 참사에 대한 성찰과 집단학습도 없었다.

　무엇보다도 세월호 참사에서 문제의 핵심은 참사가 침몰이 아니라 침몰 이후에 발생했다는 점이다. 침몰된 후에도 승객 전원을 충분히 살릴 수 있었는데 304명을 국가가 수장시켰다. 감사원이나 검찰의 요식적인 조사에서도 선장이 승객의 탈출을 도왔거나 해경이 즉각 구조만 했어도 전원 살릴 수 있었음이 드러났다. 선장과 선원은 승객들에게 가만히 있으라고 방송을 거듭하고는 자신들은 탈출했고, 해경은 이들만 구출한 채 승객들을 전혀 구조하지 않았고 선장을 자신들의 아파트로 빼돌리고 이를 은폐했다. "탈출 시뮬레이션 전문가 박형주 가천대 건축공학과 교수는 살인 등의 혐의로 기소된 이준석 선장과 선원들에 대한 제18회 공판에서 훈련된 선장과 선원들의 퇴선 명령이 있었다면 최소 5분에서 최대 9분 안에 476명의 승선원 전원이 배를 빠져나올 수 있었을 것이라는 시뮬레이션 결과를 공개했다."[7] "세월호 침몰사고 검경 합동수사본부(합수부) 관계자는 11일 '해경이 처음 도착한 지난달 16일 오전 9시 30분 당시 세월호는 45도가량 기울어져 있었을 뿐'이라며 '해경이 (이때 세월호에) 진입해 구조했으면 (세월호 승객) 전원이 생존할 수 있었을 것'이라고 밝혔다."[8] 그

후 최상환 전 해경 차장 등 해경 관계자들은 구난업체 언딘에 일감 몰아주기 등 특혜를 제공한 혐의로 기소되어 재판을 받고 있다.

취재와 수사가 진행될수록 해경과 세모해운, 청해진해운과 회계 법인, 한국해운조합과 한국선급 등 관련 기관 사이의 유착관계가 속속 드러나고 있다. 공무원과 군의 부패, 퇴직 공무원이 관련 업체에 취업하여 로비스트의 매개 고리 역할을 하는 관행, 컨트롤타워의 부재와 지휘 체계의 혼선 등이 얽히며 국가재난시스템 전반을 무용지물로 만들었다. 선박 안전관리와 검사, 인증 등의 업무를 독점하는 한국해운조합과 한국선급은 해양수산부 출신 공무원이 전관 예우 낙하산을 타고 요직을 차지하고 있었다. "사단법인 한국선급의 회원 83명 가운데 과반수인 48명이 해운, 조선업 대표나 임원, 기술인이다."[9] 해운조합과 한국선급의 이사장이나 주요 임원 자리를 해피아가 거의 독점하면서 사실상 해수부의 관리, 감독 기능까지 무력화했다. 이들은 해운업계와 유착관계를 맺고 이윤을 위해 생명과 안전을 소홀히 한 채 해운업계를 감쌌다. 해경은 언딘에게 특혜를 주고 공을 돌리느라 민간 구조를 외려 차단하고 골든타임을 놓쳤다. 국가재난시스템이 전혀 작동하지 않아 충분히 구할 수 있는 304명이 죽어가는 그 순간에도 박근혜 대통령과 청와대, 국정원은 손을 놓은 채 죽음을 방치했다. "심히 허술한 조사와 수사만으로 광주지법은 세월호와 관련하여 3월 24일 현재 7건 48명에 대한 재판을 진행했다."[10] 어디 해수부와 해피아뿐이겠는가. 핵마피아, 모피아(재무부 출신)를 비롯해 국피아(국토교통부), 교피아(교육부), 산피아(산업통상자원부)가 권력을 이용하여 자신들의 이해관계에 부합하는 정책을 구사하면서 국민의 혈세를 축내고 있다. 잘못된 제도에 일차적으로 기인하는 것이지만, 관료와 정치인, 법조인 등 상층의 비리가 참사를 재생산하고 있는 것이다.

바람난 공화국

지금 대한민국은 비리 공화국만이 아니라 바람난 공화국이기도 하다. 도처에 욕망이 들끓고 있고 그 끝은 보이지 않는다. 대다수 사람이 '아름다운 불륜'을 꿈꾸고, 거리엔 매매춘을 버젓이 행하는 향락 업소들이 넘쳐나고, 인터넷엔 야동을 유통하거나 즉석만남을 중개하는 사이트가 즐비하다. 멀쩡한 기혼자들이 유행처럼, 일상처럼 젊은 애인을 찾아다니며 섹스를 한다. 적지 않은 여대생이 명품을 사거나 등록금을 벌기 위하여 술집 아르바이트를 마다하지 않고 성매매에도 나서며, 솜털이 보송보송한 중고생이 돈 몇 푼 때문에 원조교제에 응한다. 평범한 젊은이들도 인터넷에서 열심히 취향에 맞는 '섹파(섹스파트너)'를 서핑하고, '원 나잇 스탠드'도 즐긴다. 어느 도시를 가든 모텔 간판의 불빛이 불야성을 이루며, 기혼자의 불륜을 조장하는 사이트 또한 호황이다.[11] "동남아시아에 가서 아동 성매매를 하는 외국인 가운데 24퍼센트가 미국인, 26퍼센트가 한국인으로 1위를 점하고 있다."[12]

욕망의 소멸이나 절제를 교리로 삼는 종교인도 예외가 아니다. 헌금액으로 보면 세계 10대 교회에 한국 교회가 늘 다섯 자리 정도는 차지한다. 그 돈의 적지 않은 몫이 목회자의 수중에 들어간다. 목회자 가운데 상당수가 이를 사적으로 운영하거나 사용한다. 영험하다는 소문이 난 기도처는 1년에 수십억 원에서 1백억 원에 달하는 수입을 올린다. 가난한 절도 많지만 본사 사찰은 신도들의 보시, 문화재보호 및 관리 지원금, 입장료, 차나 발효식품 등 상품의 판매 수익으로 자금이 풍성하다. 탐욕의 소멸이 실존의 바탕인 스님도 대다수가 탐욕의 포로가 되어 종단과 큰절엔 구린내가 진동한다. 본사주지나 지도층 스님 가운데 상당수가 수억 원의 돈을 유용한다. 억대 도박을 하고, 향락업소에 출입하고 은처를 두는 스님도 꽤 있다. 성폭행을 하다가 걸린 종교인도 허다하다.

'진리욕의 실천 도량'인 대학조차 시장의 욕망에 포섭되었다. 군부독재에 맞서서 수십만 명의 대학생이 목숨을 걸고 민주화와 사회정의를 외치던 대학은 침묵에 잠겼다. 이제 대학은 기업연수원으로 전락하여 진리 대신 기업이 요구하는 가치와 기술을 전수한다. 상당수 대학이 취업과 돈벌이에 도움이 안 되더라도 학문 발전이나 진리탐구, 인류의 진보를 위하여 반드시 필요한 학과들을 폐과하거나 통합한다. 대학의 최대 목표는 진리의 창달이나 인재의 육성이 아니라 대학 평가의 순위를 올리는 것과 더 많은 대학발전기금을 확보하는 것이다. 학생들은 취업과 욕망과 관련된 강의에 몰리고 이론 강의는 속속 폐강된다. 이명박과 박근혜 정권 동안 용산참사, 4대강, 천안함, FTA 재협상, 선거 부정, 세월호 참사 등 정권의 정당성이 송두리째 무너지는 실정이 거듭되고 있는데도 대학생과 교수는 거의 움직이지 않았다. 정권이나 재단에 비판적인 교수는 잘리거나 불이익을 받는다. 대다수 교수는 지식인이 아니라 직업인으로 전락했다. 그들은 돈이 되는 프로젝트에 매달리고 승진에 관련된, 학문적으로 사회적으로 거의 의미를 갖지 못하는 논문을 양산하는 데 몰두한다. '논문

쓰느라 연구하지 못한다'라는 역설적인 말이 회자될 정도다. 상당수 대학에서는 교수들이 입학생을 모집하고 졸업생의 취업을 구걸하러 다녀야 잘리지 않고 교수직을 유지하거나 월급이라도 받을 수 있다.

욕망이 이리 넘쳐나는 과잉욕망의 한편에는 과잉억압이 공존한다. 욕망을 너무도 발산하여 사회가 해체될 지경인데 내면을 들여다보면 욕망이 과도하게 억압되어 진정 자유로운 주체는 없다. 한 사람으로 국한시켜 보더라도 수많은 이성과 사랑 없는 성행위를 하는 것을 보면 욕망의 과잉발산인데, 그 사람의 내면을 들여다보면 이것이 실은 자본주의 체제, 국가, 이데올로기, 대중문화 상품의 조작에 의해 욕망이 과도하게 억압되거나 조절되어 생긴 일탈행위다. 모두 아무런 장애를 받지 않고 그리 욕망을 향해 달려가지만, 그들은 자유로운 주체가 아니다. 무엇엔가 주눅이 들고 억압된 불행한 자아들이다.

한국 사회의 성은 철저히 이중적이다. 급속히 근대화와 서구화를 추진했지만, 아직 유교 이데올로기는 한국인의 심층의식을 형성한다. 담론과 가치는 세계에서 가장 엄격하게 정절을 강요하지만 그 뒤쪽에서는 세계 상위권의 불륜과 성폭행을 행한다. 불륜을 행하는 부모와 선생, 성직자가 자식과 제자, 신도에게 정절의 윤리와 혼전순결을 강조한다. 세계 10위권의 무역대국이지만, 남근의 폭력과 억압은 압도적이다. 학교에서, 직장에서, 군대에서, 사회에서, 윗사람은 아랫사람에게 으레 권위적인 폭력과 억압을 행한다. 스스로 이것을 카리스마 있는 것으로 착각하고, 노예근성을 버리지 못한 아랫사람도 임계점만 넘지 않는다면 이에 복종하고 침묵한다. 세계경제포럼이 2013년 10월 12일에 발표한 보고서에 따르면, "한국의 남녀평등지수는 조사 대상 136개국 가운데 111위다. 같은 아시아 국가인 중국(69위), 베트남(73위)보다도 많이 처지며, 이슬람 국가인 말레이시아(102위)나 빈곤국인 방글라데시(75위)나 가나(76위)보다도 낮다."[13] 미네르바 사건 이후 네티즌은 금세 주눅이 들어 비판적인 댓글을 삼간다. 박근혜 정권에 와서 사이버사찰까지 감행하자 동성애자와 '종북'은 배제되고 추방되어야 할 이방인이 되었다.

한국 국민은 극단적인 동시에 이중적, 혹은 퍼지적이다. 유럽이 300년에 이룩한 근대화를 30년 만에 압축적으로 달성했다. 전통사회와 윤리, 가치관과 서양의 근대적 가치관과 윤리 사이의 문화 격차가 심하다. 인간의 삶 자체가 그런 속성을 갖지만, 한국인은 거룩함과 비속함, 이상과 현실, 삶과 죽음, 정과 한, 욕망과 초월, 서양과 동양, 전범과 일탈, 전통과 현대, 좌와 우가 극단적으로 공존하는 사회 속에서 어느 한 극단으로 치우치기도 하다가 양 극단 사이에서 오가며 양자가 겹치는 이중적인 태도를 보이기도 한다. 전혀 모르는 사람이라도 외국의 거리에서 마주치면 바로 밥과 술을 같이 먹을 정도로 정이 많으면서도 이것이 끊어지면 한을 품는다. IT강국이지만 수십만 명의 무당과 점쟁이가 호황을 누리고 목사와 스님이 기도로 큰돈을 챙길 정도로 비합리적이다. 강대국의 틈바구니에서 5천여 년 동안 독립국가를 유지하며 외세에 치열하게 항거했지만, 문명을 전수해주던 일본으로부터 식민 지배를 당했고 지금은 미국의 사실상 식민지로 정치, 경제, 사회, 문화, 외교, 국방 등 거의 전 분야에 걸쳐서 종속 관계를 유지하고 있다. 서양에 대한 콤플렉스나 서양중심주의를 내면화하고 있지만, 자신의 문화와 역사에 대한 자부심은 가히 세계 최고다. 세계에서 가장 근면하며 1년에 2124시간이나 일하지만 노동이 가장 철저히 배제당하고 불평등이 가장 심한 사회다.

끊임없이 지배층과 독재에 저항하여 동학농민전쟁, 4월 혁명, 광주 민중항쟁, 87년 민주화를 이룩했지만, 이명박과 박근혜 정권은 권위적인 정부로 퇴행했다. 검약과 나눔을 중시하는 문화이지만, 일말의 도덕성이나 규제 없이 자본의 착취와 수탈이 가장 야만적으로 행해지는 천민자본주의 체제다. 교육열이 세계에서 가장 높지만, 교육수준과 방법은 후진적이며, 비효율적이고 비인간적이고 반생명적이다. 정치에 대한 관심은 높지만, 정치의식은 낮고 정치인들은 대다수가 돈과 권력을 좇는 무능한 양아치들이다. 예禮가 원래 이곳에서 비롯되었고 IMF 때 다투어 장롱 속의 금까지 내놓을 정도로 국민들이 이타적이고 애국심이 강하지만 선한 사람이 십중팔구 손해를 보고 고통을 당할 정도로 국가 제도는 비합리적이다. 나라 전체를 통틀어 감옥에 있는 이가 단 한 명도 없어 온 감옥에 백기가 날린 전통을 계승하여 법 없이도 사는 사람이 넘쳐났건만, 법은 권력과 자본의 시녀로 전락하여 힘없는 자에게는 가혹하고 힘 있는 자에게는 너무도 너그럽다.

한마디로 한국 사람은 욕망과 실제 사이의 괴리가 가장 큰 상황에서 가장 많은 피로를 느끼며 가장 많은 일을 하며 지난하게 삶을 영위하고 있는 것이다. 출생률 최하와 노동시간 및 자살률, 산업재해 사망율 최고는 이런 상황이 반영된 지표다.

모든 생명은 생의 지속과 소멸 본능을 가졌다

나비의 날개는 왜 그리 아름답고 다채로운 문양으로 장식되었는가.

나비에게 사람 눈 모양의 문양이 있는 까닭이 오랫동안 의문이었다. 눈 모양 문양도 차이가 났다. 부전나방의 눈 모양 문양은 날개의 가장자리에 있어 천적인 새가 이 부분을 머리인 줄 착각하고 공격하면, 날개 끝자락만 뜯긴 채 도망갈 수 있다. 일종의 기만이다. 반면에 태극나방의 눈 모양 문양은 중심부에 있다. 날개를 접었다 폈다 하면 이 눈 모양의 문양은 역동성을 갖는다. 이는 포식자에게 나비가 아닌 동물로 착각하게 하거나 위협하기 위함이다. 이렇게 나비는 자연선택을 했고, 이 문양이 있거나 잘 발달된 나비일수록 생존 확률이 높고, 짝에게 호감을 주어 성선택을 하게 했으니, 눈 모양의 문양을 생성하는 '디스탈리스 유전자'가 이들 나비에서 확고하게 자리를 잡은 것이다.[14]

모든 유전자의 목적은 자신의 유전자를 늘리는 것이고 모든 생명체는 이를 담은 생존기계에 지나지 않기에, 지구상의 모든 생명체는 자신의 유전자를 확대하는 방향으로 생존을 유지하고 진화했다. 연어는 자신의 유전자를 남기기 위하여, 온몸을 바쳐서 수천 킬로미터 바다를 헤엄치고 폭포와 급류를 거슬러 올라가서 모천의 얕은 곳에 다다라 남은 에너지를 긁어내서 산란과 방정을 한 후 죽음을 맞는다. 모든 생명체에게 최고의 비극은 자신의 유전자를 남기기 전에 소멸되는 것이다. 손가락 한 마디도 안 되는 송충이도 사람이 다가가면 이파리 뒤로 몸을 숨기거나 수백 배나 되는 사람에 맞서서 피부에 손상을 입히는 털을 날리며 공격을 가한다. 그렇듯 모든 동물은 유전자를 퍼뜨리기 전까지는 생의 지속을 추구하고 소멸을 두려워한다.

생의 지속과 소멸의 두려움은 모든 동물에 내재된 근본적인 본능이다. 이 본능을 관장하는 뇌는 어류와 파충류 때부터 시작하여 진화를 거듭하며 인간에게 유전되었다. 어류나 파충류, 조류도 자신의 새끼를 보호하는 본능을 작동하지만 포유류는 이에 더하여 젖을 먹이며 모성을 생성했다. 눈도 뜨지 않은 채 갓 태어난 새끼는 어미의 젖꼭지를 향하여 힘을 다하여 기어가서 그를 빨아대며, 어미는 때로는 자신의 목숨을 던져서까지 새끼를 지킨다. 포유류는 새끼 양육을 하기 위하여 교미 이후에도 상당한 시간을 생존한다. "인간과 침팬지의 염기는 약 30억 개이며, 조사 결과 그중 약 4퍼센트가 달랐다. 염기서열 가운데 유전자처럼 유전정보를 지닌 부분만 따지면, 약 1.2퍼센트만 차이가 있을 뿐이다."[15] "고릴라나 오랑우탄과도 2~3퍼센트밖에 차이가 나지 않는다."[16] 동물로서 인간 또한 개체를 지속시키려 하고 소멸을 두려워하는 본능이 작동한다.

반면에 1.2퍼센트의 차이는 인간만이 갖는 욕동drive을 형성한다.[17] 인간은 교미 이후에도 새끼의 양육과 문화 활동을 위하여 어떤 동물보다 긴 후반부 인생을 산다. 동물처럼 자신보다 약한 대상을 먹이로 섭취하여 대사를 하며 생을 유지하던 인간은 이타적 공존이 이기적 욕망에도 부합됨을 깨닫고 사회를 형성하기 시작했다. 고도의 이성적 인식을 하고 논리적 사고를 하게 된 인간은 뇌신경세포의 무진장의 연계망, "1000억 개의 신경세포와 각 신경세포당 5,000개의 시냅스, 총 500조 개의 시냅스"[18]를 서로 연결하여 정보를 주고받으면서 뇌의 가소성을 높이면서 많은 경험과 이에서 얻은 정보를 기억하고, 이를 타인과 공유했다. 인간은 자연과 타자의 도전과 세계의 부조리에 맞서 의식적, 무의식적으로 대응하고, 자기 앞의 세계를 해석하고 차이에 따라 의미를 형성하고 이를 공유하고 집단학습을 통해 옥석을 구분한 후 몇 단계 발전시킨 뒤에 모방하고 전승하면서 문화를 형성했다.

　앞에서 예를 든 대로, 한 달에 홀로 사슴 3마리를 잡던 원시인이 10명이 짝을 지어서 사냥을 해서 40마리를 잡은 후에는 이타적 협력을 할 것이다. 하지만 이를 위해서는 전제가 있다. 그 원시인이 동료의 아내를 겁탈하거나 포획한 사냥을 홀로 독점하려 한다면, 다른 이들이 사냥을 함께하려 하지 않을 것이다. 그 원시인이 하늘로 날아 올라가는 새를 보고 그처럼 성스러운 세계를 추구하는 사람이 되겠다고 한다면, 식욕이나 성욕과 무관한 삶을 살려 할 것이다. 이처럼 타자와의 협력과 공존, 소통, 의미는 욕망을 유보시킨다. 성의 본능 또한 종족 번식 행위 이상이 된다. 그것은 사랑으로 발전하며, 사랑은 성욕의 충족과 두 사람 사이의 교환을 넘어서서 소통과 친밀, 우애, 실존, 창조, 합일, 지향, 희생과 헌신을 종합하게 된다.

　모든 생명체는 생의 본능과 함께 소멸 본능도 갖고 있다. 모든 생명체는 유전자를 담은 생존기계에 지나지 않기에 유전자의 확대, 다시 말해 종족 번식이 끝나면 무기물로 돌아간다. 거의 모든 동물은 번식이 끝나면 죽음을 맞고 그 몸을 다른 동물이 먹거나 미생물이 분해하며, 식물은 생명 활동이 종언을 고하면 흙으로 돌아간다. 그렇게 살아남기 위하여 모든 노력을 다하지만 유전자를 남긴 후에는 미물들도 별다른 망설임이나 아쉬움 없이 죽음에 몸을 맡긴다. 연어처럼 알을 낳거나 정자를 방사한 후에 죽거나 사마귀처럼 아예 교미 시에 자신의 몸을 새끼들을 위한 먹이로 바치기도 한다. 자연의 순환 원리는 모든 생명체에 내재하여 본능으로 자리한다. 모든 생명체는 무기물에서 나고 자라고 늘리고 사라지는 유기물로 되었다가 불변의 무기물로 돌아가거나 이를 회피하려는 본능을 가지고 있으며,

이는 파괴성과 공격성으로 나타난다. 인간 또한 삶과 창조의 충동인 에로스와 죽음과 파괴의 충동인 타나토스가 공존한다. "문명은 인류를 무대로, 에로스와 죽음, 삶의 본능과 파괴 본능 사이의 투쟁이라는 형태를 띠고 있는 게 분명하다. 이 투쟁은 모든 생명의 본질적인 요소이며, 따라서 문명 발달은 인류의 생존을 위한 투쟁이라고 요약할 수 있다."[19] 에로스가 사랑하고 살려 하면서 이것과 저것을 엮어 내려 하는 것이라면, 타나토스는 이 고리를 풀어 해체하고 분해하려는 것이다. 인간이 리비도를 동력으로 삼아 노동을 하고 사랑을 하며 생의 의지를 불태우며 쾌락의 충족을 추구하지만 삶은 늘 결여이기에 충족되지 못한 주체는 끝없이 욕망을 하며, 상징에 얽매인 상징계를 떠나 자궁과 같은 곳으로 돌아가려 하고, 나고 자라고 사라지는 인간의 몸은 불변의 무기물로 돌아가려 한다.

삶이 죽음이고 죽음이 곧 삶이다. 산다는 것은 다른 생명을 죽여 그 물질과 에너지로 내 몸을 만들고 유지하는 것이다. 우리는 살기 위하여 밥을 먹고 포만감의 쾌락에 젖지만, 밥을 먹으면 물질대사가 왕성하게 일어나 세포의 수명은 짧아지니, 살고자 먹는 일이란 죽음으로 가는 길을 재촉하는 것이다. 사랑의 절정, 오르가슴에 오르는 순간 동공이 확대되고 몸이 휘는 동시에 뻣뻣해지며 의사 죽음 상태에 이른다. 인간은 언제인가 죽는다는 유한성의 인식을 통해 어떻게 살 것인가에 대해 실존적 성찰을 하고 의미로 충만한 삶을 살려 한다. 에로스와 타나토스, 창조와 파괴, 사랑과 죽음은 역설적으로 공존한다.

자본주의,
욕망의 자유로운 흐름과 억압

까치밥을 남긴 한국인의 마음

> 찬서리
> 나무 끝을 날으는 까치를 위해
> 홍시 하나 남겨 둘 줄 아는
> 조선의 마음이여

김남주 시인의 「옛 마을을 지나며」란 시다. 굶주리는 와중에도 우리 민족은 나무 끝에 열린 열매를 까치와 새를 위해 남겨두었다. 이를 '까치밥'이라 한다. 배를 곯는 살림살이에도 대문과 가장 가까운 벽에 개다리소반을 걸어두었다가 거지가 오면 한 상을 차려주는 풍습을 지키는 집도 많았다.

마음의 평안과 안분지족安分知足은 중요한 덕목이었다. 물욕이나 탐욕이 심한 자들, 사치를 하는 이들, 분수를 모르고 날뛰는 이들은 경멸했고 심한 경우 공동체에서 추방했다. 몇 년 전만 해도 양말은 당연히 몇 겹이라도 기워서 신고 다니는 것이었다. 밥알 한 톨이라도 흘리면 어른들에게 혼났고 껌도 벽에 붙였다가 아침에 벽지째 떼어 먹기도 했는데, 이제 산해진미를 가득 쌓아놓고는 거의 절반을 쓰레기로 버린다. 십 년 이상 써서 수시로 꺼지는 라디오를 손으로 때려가며 청취했었는데, 새로운 모델이 나올 때마다 삼 년도 채 사용하지 않은 가전제품이나 휴대전화를 새것으로 교체하는 이들이 많다.

필자에게 까치밥과 개다리소반이 한국인의 풍속 가운데 가장 아름다운 장면이라면, "여러분! 부자되세요" 광고와 4대강사업, 세월호는 가장 부끄러운 장면이다. 자본주의 체제니 그런 광고가 만들어질 수는 있지만, 어찌 그런 광고가 대성공을 거두고 유행어로까지 되고, 대중의 환호를 받는가. 환경은 차치하고 경제적으로도 전혀 타당성이 없이 22조 원의 국민 혈세가 낭비되는 4대강사업에 찬성한 30퍼센트의 국민이 소망한 것은 과연 무엇인가. 침몰 이후에도 충분히 살릴 수 있는 사람 304명을 전혀 구조를 하지 않은 채 수장시킨 자본-국가의 카르텔이 욕망하는 것은 무엇인가. 무엇이 우리를 탐욕에 몰두하게 했고 그것은 어떻게 생성되고 증폭되는가.

욕망은 신기루다

왜 첫사랑은 실패하는가. 열렬하고 순수하게 사랑을 하는 두 연인이 왜 만나기만 하면 싸우고 떨어져 있으면 왜 그리 괴롭고 안절부

절 노심초사하는가? 인생과 사랑, 타자에 대한 이해 부족, 연애의 기술 부족과 미숙함, 성격과 문화 차이에 대한 관용의 경험이 없는 것도 작용했겠지만 핵심은 다른 데 있다. 이들은 상대방에게 120에서 200을 기대한다. 상대방이 절대적으로 사랑을 해주어도 100이기에 이들은 항상 20에서 100의 괴리를 느낀다. 한 연인이 만난 지 1년 기념으로 10송이의 장미 꽃다발을 받고도 토라져 있는 것은 실은 100송이의 장미꽃을 선물로 받을 것으로 기대하고 있었기 때문이다. 이상과 현실의 괴리가 가장 큰 때가 첫사랑을 할 때이기에, 서로가 서로에게 스토커처럼 대하기에 첫사랑은 열병이자 정신병이다. 그러기에 첫사랑은 대개 실패한다. 상대방에게 상처만 남긴 채.

첫사랑은 삶의 속성을 극단적으로 보여준다. 그보다 정도는 못하지만 사람은 누구나가 첫사랑을 하는 연인처럼 이상과 현실의 괴리를 절감하며 괴로워한다. 명문대에 들어가려 했는데 겨우 2류 대학에 들어갔을 때, 대기업이든 고시든 원하는 직장의 시험에서 떨어졌을 때, 승진을 학수고대했는데 그 명단에 자신이 없을 때, 절친한 친구나 지극히 사랑하는 애인으로부터 결별 통보를 받았을 때, 한몫 잡으려 했는데 주가가 폭락하여 집까지 날리게 되었을 때 사람들은 좌절하고 고통스러워한다. 하지만 명문대에 들어가고 대기업의 부장님이 된다 한들 괴롭기는 마찬가지다. 부장에 오른 사람이 전무나 사장을 꿈꾸듯 꿈을 이루는 순간 또 다른 꿈을 만들어 질주를 하기에, 인생은 늘 바쁘고 항상 괴롭다. 이렇게 끊임없이 꿈과 현실, 이상과 일상 사이에서 시계추처럼 진동하는 것이 인간의 삶이다. 꿈이 이루어지는 것이라면 꿈은 애초에 존재하지 않았다. 인간 삶의 모든 고통의 근원이 바로 불타는 욕망, 갈애渴愛에 있다고 한 것은 인간 삶의 본질을 통찰한 붓다의 말씀이다.

욕망은 어디로부터 기원하는가? 모든 생명체는 자신의 유전자를 더 확대하려는 본능을 따른다. 침팬지와 유전자가 98.8퍼센트 일치하는 인간은 많은 부분에서 동물과 유사한 행태를 보인다. 인간 또한 자신의 유전자를 더 늘리려는 본능이 작동한다. 21세기의 문명을 구가하는 인간에게도 이런 동물의 본능이 남아 있다. 남자의 성기는 갈고리 모양을 형성하고 있다. 대다수 동물 수컷의 성기가 갈고리 모양을 한 것은 다른 수컷의 정자를 끌어내기 위함이다. 성적 매력이 넘치는 미인이 남성을 유혹하면 남성들은 십중팔구 넘어간다. 반면에 잘생긴 남성이 여성을 유혹할 경우 여성들은 그 반대다. "남성은 원칙적으로 무한히 많은 자식을 가질 수 있으므로 여성보다 바람기가 더 다분한 반면, 여성은 평균적으로 한 해에 한 번밖에 자식을 낳을 수 없기 때문에 더 신중하게 짝을 선택한다."[20] 대부분의 남성이 열 여자를 마다하지 않는 것은 남성은 여러 여성에게 정자를 뿌릴수록 자신의 유전자를 더 많이 남길 수 있기 때문이다. 반면에 여성은 여러 남성보다 매력적인 한 남성을 원한다. 여성의 입장에서는 여러 남자보다 강하거나 부유한 한 남성이야말로 자신의 유전자의 절반을 물려받은 자식을 잘 양육할 수 있으며, 자식 또한 좋은 유전자를 가져서 살아남을 확률이 높기 때문이다.

국적과 인종을 떠나 배우자가 외도했을 시 남자는 대개 성행위 여부를 물어보는 반면에 여성은 사랑 여부를 따진다. 미시건대학교의 데이비드 버스David Buss는 이에 대해 실험을 했는데, "남성의 60퍼센트가 성적인 불륜에 더 질투심을 느낀다고 답한 반면, 여성은 17퍼센트만 그쪽을 택했고, 83퍼센트는 연인이 상대에게 감정적으로 집착할 때 더 질투심을 느낀다고 했다".[21] 데이비드 버스와 마티 하셀톤Martie G. Haselton은 여러 실험 끝에 "성적인 불륜을 알리는 신호에는 여성보다 남성이 더 질투심을 느낀다. 자신이 아버지가 맞는지 불확실해지고 여성이라는 번식자원을 빼앗길 가능성이 있기 때문이다. 반면 여성은 감정적인 불륜 신호에 더 질투한다. 남성이 제공하는 자원이 경쟁자를 향할 수 있기 때문이다"[22]라고 말한다. 더 쉽게 말하면, 남자로서는 여자와 달리 자신의 자식 여부를 알 수 없는데 자신의 유전자를 가지지 않은 자식을 양육하는 것은 에너지 및 생의 낭비이며 자신이 유전자를 번식시켜줄 여자를 잃는 것이며, 여성으로서는 남성이 더 사랑하는 여성에게 사냥감을 가져다주면 자신의 자식이 죽을 수도 있기 때문이다. 이처럼 21세기의 인간에게도 동물에서부터 진화해온 본능과 감정이 흔적으로 남아 사고와 행위에 영향을 미치고 있다.

하지만 인간은 동물과 달리 함께 모여 사회를 형성하고 언어로 소통했다. 어떤 이가 함께 사냥을 나가는 동료의 아내를 넘본다면 그는 동행을 거부당할 것이다. 동료의 아내와 관계하고 싶은 욕망을 절제하고 함께 사냥을 나간다면 대신 사냥감을 획득해서 자신 및 자신의 유전자를 가진 자식의 생존을 보장할 수 있다. 그렇듯 사회는 다른 목적과 쾌락을 위하여 본능과 욕망을 유보하는 것을 전제로 한다.

관계없이 존재도, 주체도 없다. 불교에서 보면, 연기가 실상이고 주체는 허상일 뿐이다. 라캉이나 알튀세르Louis Althusser와 같은 서양의 입장에서 보더라도 주체란 관계가 야기한 망상이다. 아기는 거울 속에 비친 모습을 보고 처음으로 자신을 인식하며, 더 나아가 아버지에서 학교와 국가에 이르기까지 큰 타자들을 수용하며 주체를 형성한다. 나와 타자는 불일불이不─不二의 연기적 관계에 있다. 그가 있어서 내가 있고, 내가 있어서 그가 있다. 그가 없으면 내가 없고, 내가 없으면 그가 없다. 그가 있음으로 말미암아 내가 있으며, 내가 있음으로 말미암아 그가 있다. 그가 없음으로 말미암아 내가 없으며, 내가 없음으로 말미암아 그가 없다. 나는 없으며 공空하다. 하지만 나는 없지만 나로서 이 세계와 그에게 무엇인가 작용을 하고 영향을 미치고 있으며, 타자 또한 마찬가지다. 그러니 둘도 아니다. 나라는 주체는 없지만 나로 인하여 그가 있게 되고 그가 영향을 받고 무슨 일인가 하게 되니 내가 아예 없는 것은 아니다.

프로이트에 따르면, 세 체계가 어우러져 인간의 인격을 형성한다. 이드id는 성적인 에너지로서 리비도가 방출되는 저장고다. 쾌락원칙에 따라 어떤 제한도 받지 않고 주이상스jouissance의 충족을 추구한다. 반면에 자아ego는 인간이 사회화하면서, 타인 및 외부 세계와 접촉하면서 형성된 것으로 현실원칙의 지배를 받아 이드와 초자아super ego의 욕동을 조절하고 통제한다. 자아는 욕구를 만족시켜줄 실제 대상이 발견되거나 산출될 때까지 리비도의 방출을 연기하며 이드의 본능적 충동이 파괴적 행동을 유발하지 않도록 조정한다. 초자아는 도덕과 종교, 윤리의 기원으로 부모의 명령이나 도덕적 요구가 내면화하면서 욕동을 억제하고 양심과 도덕을 따르려 한다. 초자아는 현실이나 쾌락보다는 완성을 지향한다. 때로 초자아는 이드에 조정되어 도덕의 이름으로 파괴본능을 표출하기도 한다. 이드가 암말에게 달려가 교미를 하려는 수말이라면, 자아는 이를 절제시키려는 마부이고, 초자아는 절제시키지 못한 말을 반성하는 마주다.

6개월 이전의 아기는 엄마 가슴에 안겨 젖을 빤다. 프로이트는 이를 구순기oral stage라 했고, 라캉은 이를 계승하되 무의식을 구성하는 것이 언어라 보고 상상계imaginary stage라 했다. 아이는 입을 통해 젖을 빨며 생존만 하는 것이 아니다. 엄마 품에 안겨 젖을 빨며 아기는 일체감, 행복감과 충족감, 더 나아가 고통이 동반된 향락인 주이상스를 느낀다. 그러기에 아기는 충분히 배가 부른 상태에서도 젖 빨기를 중단시키면 불만의 표시로 운다. 이 기간에 아이는 입으로 세계를 받아들인다. 아직 말을 하지 못하기 때문에 이미지로 느낀다. 엄마 젖처럼 따스하고 보드라운 것은 쪽쪽 빨고 그와 반대로 차갑고 단단한 것은 뱉어서 배척하거나 삼켜서 없애고자 한다. 엄마 품에서 젖을 빨며 자신이 엄마의 일부분인 줄 알며, 아직 신경계가 발달하지 못하여 몸 전체를 하나의 시스템으로 움직이지 못하며, 이로 팔과 다리가 따로 이루어지거나 작동하는 '조각난 몸의 고뇌' 상태에 있다.

아기마다 조금씩 차이는 있지만, 생후 6개월에서 18개월 사이에 아기는 거울 속의 자기 모습을 본다. 처음에는 다른 대상의 이미지로 알고 만져보거나 거울 뒤를 보지만 차츰 그것이 자신의 모습이란 것을 알게 된다. 아기는 거울을 통해 조각난 몸이 아니라 통합된 전체 모습으로, 독립된 자아로 시나브로 알게 된다. 거울에 비친 모습을 통하여 자기를 인지하고 자의식을 갖게 된다면, 거울단계에서 주체를 형성하도록 이끄는 것은 엄마다. 엄마가 아기를 안고 거울 앞에 서서 아기를 보며 함빡 미소를 지을 때 아기 또한 자신이 엄마로부터 인정을 받는 독립적인 개체인 것에 충족감을 느낀다. 아기는 엄마의 인정을 받기 위하여 대소변을 마음대로 배설하는 쾌락을 유보한 채, 아주 짧은 시간이지만 괄약근을 조여 대소변을 참는 불쾌를 감수하며 이를 엄마에게 울음으로 알린다. 아기는 배고픔, 졸림, 몸이 불편하거나 아픔에 더하여 대소변이 마려움을 엄마에게 울음으로 전달하고 엄마는 이 단계에서 아기의 울음을 구분하고 대응을 한다. 괄약근의 조임과 풀어짐은 많은 의미를 내포한다. 조임은 억압과 불쾌이고, 풀어짐은 해방과 쾌락이다.[23] 아기가 억압과 불쾌임에도 괄약근을 조이며 대소변을 참는 것은 엄마의 인정이라는 보상이 있기 때문이다. 이 과정에서 사회화와 인격의 형성이 진행된다. 아기의 주체를 형성하는 것은 타자, 혹은 대상과의 관계다. 거울 속에 비친 영상, 엄마의 인정이 아기를 엄마로부터 분리시켜 독립된 인격을 가진 자아로 자라게 한다. 아기는 엄마의 인정을 받기 위하여 쾌락을 유보한다. 이렇듯 사회, 혹은 타자와의 관계 속에서 인간은 주체를 형성하며, 주체는 '풀어짐-쾌락-해방'과 '조임-불쾌-억압'이 서로 작용하는 사이에 존재한다.

엄마는 여러 이유로 아기를 떠나기도 한다. 아기는 엄마의 현전presence과 부재absence를 경험하면서 엄마의 부재에 대해 생각한다. 프로이트는 엄마의 부재와 현전에 대해 자신의 손자들이 요요 같은 놀이도구로 재현하는 것을 보았다. 요요가 멀어지는 것에 "멀리fort"라고 말하며 아쉬워하고 요요가 자신 쪽으로 가까이 다가오면 "여기에da"라 하며 좋아했다. 이 놀이는 엄마의 부재와 현전의 은유이자 어머니가 부재하고 현전한 현실을 대체한다. 아기는 엄마의 부재에 대해 의심을 하고 생각한 끝에 그 원인이 아빠, 더 구체적으로 아빠의 남근phallus이라고 상상한다. 엄마에게 결여된 것이 바로 남근이기에 엄마는 자신을 놔둔 채 이를 찾아다닌다고 상상하는 것이다. 이에 아기는 엄마의 남근이 되고자 하는데, 여기에 아빠가 끼어든다.

아기는 아빠가 자신의 남근을 거세할지도 모른다는 위협을 느낀다. 이 과정에서 아기는 딜레마에 빠진다. 엄마로부터 사랑을 받으려면 자신의 남근을 유지해야 하는데, 이를 고집하면 아버지가 그 남근을 거세해버린다. 거세가 되면 엄마의 사랑과 인정만이 아니라 자신도 잃게 된다. 이에 아기는 엄마의 남근이 되고자 하는 상상을 포기하고 아빠, 아빠 뒤에 있는 상징과 그 상징으로 이루어진 사회질서와 규약, 윤리와 법을 수용하게 된다. 아기는 어머니의 남근이 되는 상상에서 떠나 '아버지의 이름the-name-of-the-father'을 받아들여 상징계symbolic stage로 진입하고 주체가 되는 것이다. 이후 주체는 부모가 바라는 바에 맞추어 자아를 형성하고 대타자의 법과 규칙에 복종하면서 사회화하며, 집단 안에서 역할을 부여받는다.

상징계에 이른 아기는 엄마로부터 떨어져 나왔다는 결여를 느낀다. 아기는 엄마와 합일이라는 상상이 사라진 결여도 느낀다. 아기는 이 결여를 채우려 어머니의 자궁과 같은 완전한 곳으로 돌아가려 하지만, 엄마와 합일을 다시 상상하지만 누구도 그에 이를 수 없다. 엄마를 떠나 주체가 될 때 욕망이 발생한다. 이렇듯 욕망은 결여에서 비롯된다. 완전한 충족이 불가능하기에 욕망은 신기루와 같다. 다다를 것으로 상상하지만 그에 이르고서야 허상인 것을 알기에, 쾌락의 충족을 이루려 시도하지만 그럴수록 불만을 느끼기에, 주체는 결여에서 벗어나려 욕망하지만 결여를 느끼고는 다시 욕망한다.

원시인이 '들소'란 언어를 만들어 집단에서 공인이 되어 소통하기 시작한 후에는 들소를 설명하기 위하여 들소의 뿔이나 가죽을 동원할 필요가 없다. 들소라 말할 때 따스한 피가 흐르는 들소는 없으며, 들소와 자신이 관련된 사건과 기억에 따라 들소에 대한 느낌과 의미는 다양하다. 들소의 뿔에게 받쳤던 이는 두려워하는 반면에 들소 고기 덕분에 굶주림을 면한 이는 침부터 흘릴 것이다. 어떤 이는 들소를 신이 보낸 영물이라, 어떤 이는 악마의 화신이라, 또 어떤 이는 그저 고깃덩이라 생각할 것이다. 이처럼 언어는 사물에 대한 욕동을 자신으로 대체하며 사물을 살해한다.

평생 바라던 바가 이루어진 순간의 기쁨이 100이라면, 지구상에 존재하는 모든 낱말을 동원한다 하더라도 80이나 90의 정도밖에 표현하지 못한다. 상가에서 조문객이 상주에게 표하는 조의의 말씀은 "어떤 말로도 ~를 잃으신 슬픔을 표현할 수 없을 것입니다"이다. 언어는 궁극적으로 채워지지 않는 결여다. '백합꽃'이라는 기표는 '귀족부인'으로 그치지 않고 '순결' '기독교' '성모마리아' '종교적 억압' '위선' 등으로 의미가 끊임없이 미끄러지기에 '백합꽃'의 언어에 대한 욕망 또한 완결과 충족을 모른 채 지속된다. "이처럼 언어로 인하여 사물에 대한 욕동은 포기되고, 우리는 상징으로 이루어진 대타자를 욕망하지만 이 또한 충족되지 못한다. 이처럼 상징은 처음에 사물의 살해로 그 자신을 드러내며, 이 죽음은 주체의 욕망을 무한히 영속화하는 것으로 귀결된다."²⁴ 그러기에 우리는 언어기호를 사용하는 한 사물 그 자체에 다다를 수 없으며, 주체의 욕망을 채울 수도 없다. 언어는 우리가 사물 그 자체나 완성에 이르는 것을 방해하는 장벽이다.

여기 두 사례가 있다. 마을의 귀족부인과 성애를 나누려는 욕동에 불타는 청년은 거의 매일 백합꽃을 꺾는 꿈을 꾼다. 양순했던 한 회사원이 어느 날 옆집 진돗개를 야구방망이로 계속 때려서 잔인하게 죽였다. 청년은 마을의 귀족부인과 섹스를 하려는 욕동에 불탔다. 하지만 이러려는 쾌락원리pleasure principle는 신분상의 차이나 윤리에 어긋난다며 이를 제한하는 현실원리reality principle의 검열에 억압되어 '귀족부인'을 그와 유사한 '백합꽃'으로, '성행위'를 '꽃을 꺾는 행위'로 압축하여 꿈으로 재현한다. 유사성의 유추인 은유의 원리에 의해 상징으로 전이되는 것이다. 한 회사원이 진돗개를 잔인하게 살해한 것은 군사독재정권 시절에 자신을 고문한 경관의 별명이 '진돗개'였기 때문이다. 인접성의 유추인 환유의 원리에 의해 상징으로 치환된다. 실재계the real에서 회사원이라는 주체는 고문 경관을 살해하기를 원한다. 그러나 이는 법과 질서로 짜여 있는 현실원리의 검열을 받는다. 고문 경관의 살해 욕동은 억압되고 욕망은 환유를 통해 이를 진돗개 살해로 치환하여 재현하는 것이다. 이처럼 채워지지 않는 실재계의 욕동은 거세와 검열에 의해 은유나 환유로 대체되어 상징계의 욕망으로 재현되면서 리비도의 에너지를 누그러뜨린다. 그러니 "욕망은 방어이다. 주이상스가 일정한 한계를 넘어서서 진행되지 못하게 하는 방어다".25 욕망한다는 것은 리비도, 또는 욕동을 억제하는 것을 뜻한다.

"욕망은 욕망을 위한 욕망, 대타자의 욕망, 다시 말해, 법에 종속된 욕망이다."26 주체는 타인의 인정을 통해 주체의 동일성을 확보한다. 타인의 인정, 칭찬, 존경, 지지, 공감, 응원을 받으면 누구나 자아의 충족감을 느낀다. 자신의 아이가 공부를 잘했을 때 칭찬하는 부모의 예에서 보듯, 어떤 사람에 대한 인정은 내가 그에게 바라던 바를 그가 행했을 때 수행된다. 타인으로부터 인정을 받는다는 것은 내가 타인의 욕망의 대상이 되는 것이다. 아이가 부모의 욕망대로 공부를 잘하는 자아를 구성할 때 부모의 칭찬을 받듯, 타인의 욕망을 자신의 욕망으로 삼을 때 타인의 인정을 받아 주체의 동일성을 확보하는 것이다. 아이는 공부를 잘하여 부모로부터 칭찬과 지지를 받는 대신 놀이, 게임, 야동 보기, 수음 등에서 오는 주이상스를 절제하거나 유보해야 한다. 이렇듯 욕망은 법과 규율, 칭찬 등 상징으로 이루어진 질서로부터 비롯되는 것이며, 기표들로 이루어진 대타자의 욕망이다. 인간은 대타자를 욕망하고, 대타자의 욕망을 욕망하기에, 욕동을 억압한다. 귀족부인과 성애를 나누려다 백합꽃을 꺾는 꿈을 꾸는 청년처럼, 욕망은 의식의 저편, 무의식에 자리하다가 의식에 투사되어 상징으로 재현한다. 그러기에 무의식은 기표, 법, 규약 등 대타자의 담론이다. 주체를 구성하는 것은 거울에 비친 모습, 엄마의 인정, 아버지의 이름, 부모의 바람, 기표, 법과 규약 등 타자들이다.

청년의 욕동은 백합꽃을 꺾는 행위로 충족되지 않는다. 회사원의 욕동 또한 진돗개를 죽이는 행위로 채워지지 않는다. 진리 또한 마찬가지다. 욕망은 도道나 츠이différance처럼 이르려 해도 이를 수 없다. 인간의 욕동은 상징계를 넘어서서 실재계를 지향하지만 실재계에 다다를 수 없기에 욕동은 상징으로 표현되고 욕망의 대상으로 환유된다. 그러기에 상징과 도덕이 있는 곳에 결여가 자리하며, 이에 욕망은 늘 채워지지 못한 채 불만 상태에 있게 된다.

우리는 모두 스토커다. 스토커는 자신이 사랑하는 대상을 심청과 춘향과 양귀비, 베아트리체와 롯데의 모든 장점을 가진 여인으로 생각하여 온몸을 던진다. 그러나 그 욕망이 충족되어 살을 섞는 순간에, 자신이 욕망하던 것이 허상임을 깨닫는다. 그러고는 다른 대상을 만들어 다시 스토킹을 한다. 그처럼 욕망은 신기루다. 모든 대상은 허상이다. 욕망의 대상을 향해 고단한 길을 가지만, 갈 때는 그것이 내가 진정으로 추구할 유일한 대상이라고 생각하지만 도달해보면 그것은 그것이 아니다. 아무도 그에 이른 이는 없다. 그에 이르고 나서야, 때로는 죽는 순간에서나 자신이 그토록 추구한 대상이 한갓 허상에 지나지 않음을 깨닫는 것이 인간 삶의 속성이다.

욕망은 대상을 자기화하는 것인데, 대상은 찰나의 순간에도 변한다. 그러니 모든 대상은 무상하다. 대상은 나라는 주체와 연기적 관계에 있다. 대상과 나 사이에 원인이 결과가 되고 결과가 원인이 되며 서로 의지처로 작용한다. 내가 변하면 대상이 변하고 대상의 변화가 나를 변화시킨다. 대상이 무상하고 연기적 관계이므로 근원적으로 대상의 점유를 통한 자기충족이 불가능하다. 그러니 대상을 향한 욕망 자체가 고통이다.

자본주의 체제에서 욕망의 자유와 억압

인간이 욕망을 욕망하는 존재라면 왜 사회가 욕망이 들끓는 화탕지옥으로 전락하지 않았는가. 중세엔 신이라는 강력한 초자아가 욕망을 억압했다. 기독교든, 불교든 욕망을 절제하거나 소멸시킬 것을 요구했고, 당시 지배층은 민중을 통제하기 위하여 교리 이상으로 욕망을 억압했다. 신, 도덕과 윤리, 이데올로기, 공동체의 규율 체계, 이에 기반으로 두고 만들어진 훈육 체계와 상징들이 모두 나서서 욕망을 제한하고 억압했다.

여기에 혁명이 일어났다. 신의 죽음을 선언하자, 인간은 가장 강력한 초자아인 신에게서 탈출하여 욕망을 발산하기 시작한다. 산업혁명과 이로 인한 테크놀로지의 비약적인 발전으로 인간은 물질적 욕망을 한껏 추구하게 된다. 대신 테크놀로지는 인간의 생체가 알게 모르게 억압을 수용하도록 했다. 마르크스는 19세기에 이를 이미 간파하고 다음과 같이 말한다.

> 기계노동은 신경계를 최대한으로 소모시키는 동시에 근육의 다양한 움직임을 억압하고 육체적·정신적 활동에서 모든 자유적 요소들을 원자 단위까지 몰수해버린다. 노동의 완화도 고문 수단으로 바뀌어버리는데, 기계는 노동자를 노동에서 해방시키지 않으며 노동에서 모든 흥미를 앗아가기 때문이다.[27]

모든 동물은 육체와 정신, 신경계와 면역계의 결합체다. 3장에서 말했듯, 노동은 진정한 자기실현 행위다. 그러나 기계노동은 과로와 스트레스, 대인 관계 등으로 신경계를 피곤하게 한다. 분업 체계에서 특정 근육만 쓰게 하는 기계노동은 면역계인 육체 또한 억압한다. 인간의 정신적인 활동에서나 육체적인 활동에서나 원자 단위에 이르기까지 모든 자유로운 요소와 흥미를 앗아가는 것이 바로 기계노동이다. 우리는 흔히 "나는 오늘 하루 종일 일했다"라고 말한다. 인간이 24시간 쉬지 않고 일할 수 없다. 그럼에도 이런 말을 하는 것은 노동 자체가 현실원리가 되었기 때문이다. 이 사회 자체가 억압에 기반을 둔 노동을 당연한 것으로 받아들이도록 강요하고 조작했기 때문이다. 테크놀로지는 인간을 과도한 노동과 빈곤으로부터 해방시켜주었지만, 대신 인간 스스로 자발적으로 자신을 통제하고 억압하도록 강요하는 메커니즘이 되었다.

산업혁명과 함께 이루어진 자본주의 체제도 이중적이다. 들뢰즈의 지적대로, 자본주의 체제는 중세 전제 왕권에 억압되어 있던 욕망을 혁신적으로 탈영토화, 탈코드화하는 반면에, 탈코드화하고 탈영토화한 욕망의 흐름을 교환가치라는 등가성의 논리에 재코드화하고 국가, 법, 종교, 교육, 특히 오이디푸스화 기능을 수행하는 가족 등을 통해 재영토화했다. 마르크스의 분석대로 기술이 발달하고 생산력이 급증하여 생산관계와 모순을 일으키고 이 모순이 동력이 되어 자본주의를 발전시킨 것만은 아니다. 자본과 자유노동자가 결합하여 전제 왕권의 억압 체제를 무너트리고 화폐를 매개로 사적 욕망을 자유스럽게 추구하였기 때문이다. "자유노동자가 있기 위해서는 사유화를 통한 흙의 탈영토화, 전유를 통한 생산도구들의 탈코드화가 있었다. 자본이 있기 위해서는 화폐 추상을 통한 부의 탈영토화, 시장자본을 통한 생산의 흐름들의 탈코드화, 금융자본과 공공부채들을 통한 국가들의 탈코드화, 산업자본의 형성을 통한 생산수단의 탈코드화 등이 있었다."[28] "자본주의가 잉여가치를 추출하기 위해 흐름들을 탈영토화할수록 관료조직, 경찰기구 같은 자본주의의 부속장치들은 그 잉여가치를 흡수하면서 다시 재영토화한다."[29] 자본은 노동자들이 영토를 벗어나서 욕망의 흐름에 따라 자유롭게 생산을 하여 잉여가치를 창출하게 하지만, 그들의 욕망이 체제를 위협하지 않도록 그들을 다시 가족의 테두리에 가두어 욕망을 통제한다.

자본주의는 프로테스탄티즘과 휴머니즘, 자유주의와 결합했다. 부자가 천국에 가는 것이 낙타가 바늘귀를 지나는 것처럼 어렵다고 말하던 것이 기독교였다. 하지만 자본주의가 나타나자 중세 말기의 성직자들은 연옥이란 공간을 설정하여 부자가 지옥으로 가지 않고 이곳에 머물다가 천국으로 갈 수 있다고 주장하여 유럽의 기독교도가 종교적, 혹은 도덕적 갈등 없이 자본의 축적을 할 수 있는 길을 열어주었다. 장 칼뱅Jean Calvin은 소명으로서 직업론, 곧 직업에 충실하여 부를 축적하는 것이 바로 신의 소명을 잘 받드는 것이란 논리를 펴서 기독교 교리와 자본축적이 병존할 수 있는 길을 열어주었다.

막스 베버Max Weber는 칼뱅의 이론을 줄가리로 삼아 검약과 절제를 통한 부의 축적이 외려 신의 소명을 실천하는 길로 해석되며 이런 프로테스탄티즘의 윤리를 바탕으로 한 자본주의는 정당하며, 자본주의 체제를 이끈 사람들이 바로 '근대적 경제인'이라고 주장했다. 그에 따르면, "빈곤해지려는 것은 (……) 병들려 하는 것과 같으며 (……) (반면에) 직업 의무의 행사로서 부의 추구는 도덕적으로 허용될 뿐만 아니라 명령된 것이기까지 하다".[30] "신이 인간을 위해 있는 것이 아니라 인간이 신을 위해 있는 것이며, 모든 것—따라서 칼뱅이 결코 의심하지 않았던, 오직 소수의 사람만이 부름을 받는다는 것도—은 오직 신의 위엄을 영광케 한다는 목적의 수단으로서만 의미를 가질 수 있다".[31] "칼뱅 교도들의 사회적 노동은 오직 '신의 영광'을 더하기 위한 노동일 뿐이"[32]며, "노동은 오래전부터 인정된 금욕적 수단이다".[33] "이 금욕은 재화 획득을 전통주의적인 윤리의 장애에서 해방시키는 심리적 결과를 낳았으며, 이익 추구를 합법화시켰을 뿐 아니라 직접 신의 뜻이라고 간주함으로써 이익 추구에 대한 질곡을 뚫고 나왔다".[34] "프로테스탄트적 금욕은 (……) 이 노동을 직업(소명)으로, 구원을 확신하기 위해 가장 좋은 그리고 궁극적으로는 유일하기도 한 수단으로 파악함으로써 심리적 동인을 만들어냈다.

그리고 이 금욕은 다른 면에서 기업가의 화폐 취득도 소명으로 해석하여, 위와 같이 특별히 노동의욕을 가진 자들에 대한 착취를 정당화했다. (……) 영리활동을 소명으로 보는 것이 근대기업가의 특징이듯이 노동을 소명으로 보는 것도 근대 노동자의 특징이다."[35] "종교적 금욕의 힘은 현세에서의 불평등한 재화의 분배는 전적으로 신의 섭리의 특수한 작용이라는 흡족한 확신을 제공했다. 이 섭리는 특수한 개별적 은총과 이러한 차별을 통해 우리가 알 수 없는 은밀한 목적을 수행한다."[36] "종교는 필연적으로 근면industry과 절약frugality을 낳을 수밖에 없는데, 이는 바로 부를 수반할 수밖에 없"[37]다. "우리는 모든 기독교인에게 그들이 얻을 수 있는 모든 것을 얻도록 권고하고, 그들이 절약할 수 있는 모든 것을 절약하도록 권해야만 한다."[38]

물론 토대의 발전과 사회변화에 대부분 기인한 것이지만, 기독교가 유일한 세계관이자 삶의 준칙이었던 유럽에서 자본축적이 종교적, 윤리적으로 정당성을 부여받자 자본주의는 아무런 장애 없이 발전을 거듭했다. 자본주의는 휴머니즘을 이데올로기로 포용하여 이 이름으로 봉건 체제와 그 지지축인 신분제를 무너뜨리고 귀족에 예속되었던 농노들을 구원한 반면, 그들을 임금을 받는 노동자로 호명하여 자본의 노예가 되게 했다. 이어서 자유주의를 끌어들여 사상과 표현의 자유를 누리게 하는 대신, 자본이 마음대로 노동자를 착취하고 시장에서 다양한 상품이 팔리고 대중이 소비자가 되어 자신의 기호와 취향대로 상품을 마음껏 소비할 수 있는 자유로운 좌판 또한 열었다.

자본주의의 동력은 이윤을 향한 욕망, 착취와 축적이다. 자본은 노동자가 생산한 잉여가치를 착취하여 이로 자본을 축적하고 확대재생산한다. 자본은 시장에서 상품을 팔아 이윤을 얻고 이를 자본으로 전화한다. 이 체제에서 모든 노동자가 착취를 당하고, 모든 상품이 시장에서 교환되며, 모든 사람의 사고와 실천은 시장에 종속된다. 이 체제에서 사람들의 욕망과 마음을 가장 강하게 지배하는 것은 바로 화폐다. 사물과 인간의 본래적인 가치를 교환가치가 대체하며 모든 사람은 화폐 증식의 욕망에 사로잡힌다. 화폐는 신이다. "화폐는 그 존재가 보편적으로 전지전능한 속성을 갖는다. 그래서 화폐는 전능한 존재로 기능을 한다. 화폐는 욕구와 대상, 인간의 생활과 생활수단 사이의 뚜쟁이다."[39] "화폐는 지존의 선이며, 따라서 그 소유자도 선하다. 화폐의 힘이 크면 클수록 나의 힘도 커진다. 못생긴 사람도 가장 아름다운 여자를 사들이고, 사악하고 비열한 사람도 존경받게 만들고, 절름발이에게도 다리를 만들어준다. 화폐는 모든 인간적이고 자연적인 속성을 그 반대의 것으로 전환시키는 것이며, 사물의 보편적 혼동과 전도이고, 불가능한 것을 형제처럼 친하게 만든다. 화폐는 국가와 인민 사이에서 공동의 창녀이자 뚜쟁이다. 내가 천직으로서 연구할 소명의식에 불타더라도, 돈이 없다면 실제 진정으로 소명의식이 없는 것이다. 그 반대로 소명의식이 없더라도 돈과 의지가 있다면 실제 연구할 소명의식이 있는 것이다. 이처럼 화폐는 외적으로 구현될 때 이미지를 현실로, 현실을 단순한 이미지로 전환하는 공통적인 수단이요, 사회다운 인간사회나 인간다운 인간으로부터 솟아나지 않는 능력이다. 다른 한편으로 화폐는 실제의 결함과 키메라—개인의 상상 속에서만 존재할 뿐 현실적으로는 무력한 개인의 본질적 힘—를 실제 본질적인 힘과 능력으로 전환시키는 것과 꼭 마찬가지로, 인간과 자연의 실제 본질적인 힘을 단순한 추상적 장치로, 결국 결함들로, 괴롭히는 키메라로 전환한다. 화폐는 인간을 삶, 다른 인간, 사회, 자연에 결합시키는 모든 끈 중의 끈이며, 인류의 외화된 능력이다."[40] 한마디로, 더 많은 화폐를 욕망하지만 그럴수록 허기와 갈증을 느끼는 사람들은 기꺼이 화폐의 노예가 되어 화폐를 매개로 사고하고 행동하며, 자연이든 사회든 타자든 화폐적 관계를 형성한다.

이런 상황에서 사람들은 사물들로부터, 노동과 생산으로부터, 타인으로부터, 결국 자기 자신으로부터 소외된다. 그리하여 현대인은 불안과 고독, 소외로 고통스럽다. 자본주의 체제는 확대재생산의 메커니즘을 동력으로 한다. 더 많이 욕망하고 더 많이 소비해야만 이 체제는 존속할 수 있다. 자본은 소비 욕망을 한껏 부추기고 국가는 저항의 욕망을 소비의 욕망으로 유도한다.

여기에 불을 더 지핀 것이 바로 신자유주의다. 자본은 더 많은 잉여가치를 착취하기 위해서는 자본의 유기적 구성을 고도화해야 하며 그럴수록 이윤율은 저하하기에 붕괴하지 않으려면 이윤율 저하로 상실한 것을 다른 곳에서 빼앗아야 한다. 자본은 이윤율의 하락으로 잃은 것을 보전하기 위하여 영토를 제3세계로 확대하여 세계화를 추구하였다. 그러고는 국가가 정당성을 유지하기 위하여 시민 및 노동자 세력과 타협하여 자본의 야만을 규제했었는데 이 장치를 해제했다. 자본의 탐욕을 견제하던 모든 규제를 풀어버리자 자본의 욕망은 고삐가 풀렸다. 자본은 모든 구속에서 벗어나 영토를 가리지 않고 넘나들며 시장으로 만들고 시장에 홀려서 온 사람들을 발가벗기고 있다. 신자유주의는 모든 상품을 욕망의 대상으로 만든다. 국가에서 매스미디어에 이르기까지 이 체제를 지탱하는 모든 것이 자유란 이름으로 법과 윤리, 도덕의 제한을 해제하고 욕망은 한껏 조장한다. 일부 국가에서 철도와 물, 전기와 같은 공공재를 팔아먹는 데 성공한 신자유주의자들은 이제 자본의 마지막 꿈을 달성하는 데 총력을 기울이고 있다. 그 꿈이란 자본이 무의식과 상상의 영역까지 스며들어가 상품화하는 것이다. 벌써 행복, 섹스의 쾌락만이 아니라 병, 고통과 죽음도 상품이 되었다. 우리는 이제 그들이 설정한 대로 상품을 생산하고 임금을 받고 소비하는 데 그치지 않고 그들의 의도대로 꿈을 꾸며 거짓 행복에 도취되었다가 각종 비용을 지불하고서 죽음을 맞는 사회로 진입했다.

이럼에도 이 체제는 별로 저항과 도전을 받지 않는다. 이 체제가 최대의 피해자인 노동자 또한 화폐증식을 강하게 욕망하도록 하는 문화 및 이데올로기 전략에서도 성공하였기 때문이다. 이제 지구촌 자체가 하나의 거대한 마트가 되고, 허기진 대중은 이곳으로 달려가서 게걸스레 소비한다. 그러나 욕망은 신기루이기에 상품 소비는 완성에 이르지 못한다. 욕망과 현실, 대상과 실제 사이에 늘 '틈'이 있고 그 틈은 영원히 메워지지 않기에 대중은 끊임없이 소비를 하면서도 갈증을 느낀다. 대다수가 취업과 출세, 개인의 욕망을 위해 매진하고 한 목표에 다다르면 다음 목표를 향해 또 온몸을 던진다. 모두가 과잉으로 일하고 소비하면서 모두가 피로하고 허기진다.

디지털사회의 가상성과 영상 시대의 이미지, 재현의 위기the crisis of representation도 이를 부추겼다. 대중매체는 현실과 아무런 관계 없이 이미지를 만들어 현실을 조작하며, 대중은 현실을 그대로 바라보는 것이 아니라 대중매체가 만들어주는 이미지에 따라 바라보고 행위를 한다. 고급 외제 자가용, '럭셔리한' 인테리어를 한 아파트, 웰

빙 음식, 아우라가 다른 명품 옷과 가방, 감미로운 음악 등으로 중산층의 이미지를 창출한다. 대중은 광고 텍스트의 이미지를 환상적으로 받아들인다. 그들은 이 이미지에 조작당하여 중산층이 되고자 여건이 허락하는 대로 멀쩡한 냉장고나 자동차를 고급의 것으로 대체한다. 더구나 그들의 삶이 실제로 중산층으로 변한 것이 아니라 소비 양식만 그런 것인데 '럭셔리한' 가전제품을 사용하고 있는 한 그들은 이미 중산층이다. 계급적 현실은 노동자면서도 문화 양식은 중산층이라 착각한다. 이런 '자동인형적 동조' 속에서 그는 노동자라는 자신의 존재를 상실하고 중산층이 되었다는 환상에 젖는다. 이런 '사이비 행복의식'을 갖게 된 이들은 자기 삶의 조건 이상의 과잉소비를 하게 된다.

이처럼 이미지는 현실을 왜곡하고 사람들의 감각을 자극하여 이미지를 만든 자가 의도하는 행동을 이끌어낸다. 그리고 이는 다시 의도된 현실을 형성한다. 이미지는 이미지를 만든 자가 디자인한 현실을 만든다. 그러기에 21세기의 영토는 치열한 이미지 전쟁의 터로 변하고 있고 이 속에서 대중은 과잉억압당하면서도 이를 인식하지 못한 채, 그의 극복이 아니라 일탈의 방편으로 과잉욕망을 배설하고 있다.

유식학과 유물론의 종합, 눈부처 마음

종자가 마음으로 발현하다

정신과 육체, 유심론과 유물론, 더 나아가 불교의 유식학과 마르크시즘, 정신분석학, 인지과학, 진화생물학을 한데 종합할 수 있을까. 우리는 오랫동안 정신과 육체를 이분법적으로 보았다. 관념론과 유물론은 오랫동안 대립했다. 불교는 일체유심조一切唯心造를 주장한다. 세상의 모든 것이 오로지 마음에 따라 빚어진 것이며, 마음을 먹기에 따라 달라진다는 것이다. 유식학은 이런 주장을 더욱 강하게 밀고 간다.

호법이 말했다. 그러므로 마음에 헤아리는 것 바깥, 상분相分과 견분見分으로 변화하는 의식의 전변을 떠나서 실아법實我法은 존재하지 않는다. 의식이 전변하는 것을 일러 실아법이라 하지 않는다. 실아법과 유사할 뿐 실아법이 아니기 때문이다. 의식을 떠난 실아법 바깥에는 아무것도 없다. 파악하는 견분과 파악되는 상분으로 전변하는 의식의 체體를 떠나서는 달리 실재하는 사물이 없기 때문이다. 일체의 존재는 모두 식識이 변전하여 이루어진 것일 따름이다.[41]

인간의 의식은 지각하는 주체인 견분과 지각되는 대상인 상분으로 변하여 실제처럼 드러난다. 우주 삼라만상, 저 산과 돌은 인류가 태어나기도 전에 만들어졌으며, 인간과 별도로 존재하는 것으로 보인다. 하지만 인간이 있기 전에는 저 산과 돌은 광물 덩어리에 지나지 않았다. 인간의 마음이 우주 삼라만상을 자신의 마음에 따라 나누고 그에 산이니 돌이니 이름을 지어주고, 그것에 '평지보다 썩 높이 솟아 있는 땅덩이'와 '바위의 조각으로 모래보다 큰 것'의 의미를 붙여주었기에 산과 돌이 된 것이다. 똑같은 사람이라도 마음에 따라 돌을 '단단한 의지'로, '무심한 친구'로, '묵언수행자'로, '책'으로, '부처'로 인식하며, 이 인식에 따라 사람의 행위 또한 달라진다. 어떤 사람은 돌을 보고 그처럼 단단한 의지를 가지자며 흔들리는 마음을 다잡고 불의에 맞서는 행위를 하며, 어떤 사람은 돌 속의 부처를 꺼내고자 돌을 다듬어 불상을 조각한다. 이처럼 실재한다고 생각하는 대상이 모두 의식이 변하여 생성된 것이므로, 실재하는 개개의 존재와 이에 내재하는 원리인 법法은 의식을 떠나 존재하지 않는다. 존재와 대상을 인식하고 인식되는 것을 떠나서 실재하는 사물은 없기 때문이다. 따라서 일체의 존재는 인간의 의식이 대상의 형상을 띠고 변화하여 나타난 것일 따름이다. 마르크스는 반대로 본다.

유물론은 '객체 자체Objekte an sich' 또는 정신 외부의 객체를 승인하고, 관념 또는 감각들이 객체의 복사 혹은 모사에 불과한 것이라 본다.[42] 유물론은 물질이 제1차적이고, 의식이나 사유, 감각은 제2차적인 것이라고 보는 점에서는 자연과학과 완전히 일치한다. 왜냐하면 감각은 그 뚜렷이 나타난 형태에 있어서는 오직 물질의 최고 형태(유기물질)와만 결합되는 것이지만, "물질이라는 구조물의 토대 위에서는" 감각과 유사한 기능의 현존만을 상정할 수 있기 때문이다.[43]

물질이란 우리의 감각으로부터 독립하여 존재한다. 송곳 없이 송곳에 관한 생각이나 찔리는 감각은 일어나지 않는다. 송곳의 영상이 눈을 매개로 망막에 모사되어 송곳의 모양을 인식하며, 송곳의 뾰족한 끝이 우리의 피부 속의 신경을 자극하고 이것이 아픈 신호를 뇌에 전달하여 아프다고 느끼는 것이다. 대상이 없이 의식도 없다. 대상은 인간의 의식과 독립하여 존재한다. 자연은 인간의 감각을 통해 의식으로 반영된다. 물질을 보고 인간이 이를 다양하게 의식하는 것이므로, 의식은 물질이 반영되지 않고서는 존재하지 못한다. 의식은 자연 없이 존재할 수 없다. 그것은 물질적 존재의 반영으로서만 '존재할' 따름이다. 우리가 산과 돌을 바라보면 시신경이 이 정보를 뇌로 전달하고, 뇌의 감각신경세포가 이를 연합신경세포에 전달하면, 뇌 속의 정보를 모아서 산과 돌에 대해 인식한다. "두뇌의 신경세포에 자극이 전달되면 소포체가 축삭돌기 말단에서 신경전달물질을 시냅스로 방출시킨다. 도파민을 분비하면 행복감을 느끼고, 세로토닌을 방출하면 우울해진다. 좋은 기억이 도파민을 분출하고, 나쁜 기억이 세로토닌을 내뿜지만, 거꾸로 평상 상태에 있는 사람에게 도파민을 주사하면 기분이 좋아지는 반면에 세로토닌을 주입하면 우울해진다. 신경세포들의 활동, 신경세포에서 방출되는 신경전달물질이 없으면 마음도 생기지 않는다.”[44] 6장에서 말한 대로, 대상을 몸으로 감각하고 이에 대하여 몸을 움직여 반응한 것이 뇌의 신경세포와 시냅스의 연결망을 변환시켜 마음을 구성한다. 이처럼 마음은 물질에 따라 생성되고, 머물고, 바뀌고, 사라진다.

거짓의 말로 말미암아 아와 법이 있다고 말하니,

갖가지 형상이 전전하는데

이는 마음의 변화로 일어나는 것이며

이 능동적인 변화는 오직 셋이라.

이는 달리 익는 인식, 헤아리는 인식,

그리고 감각에 따른 인식인데,

처음의 알라야식은

달리 익고 일체 종자니라.[45]

바수반두Vasubandhu, 世親가 지은 「유식삼십송唯識三十頌」 가운데 제1송과 제2송이다. 착각과 망상으로 말미암아 나와 존재가 있다고 하고 진리가 있다고 하는 것이니 모든 것은 마음이 지은 것이며 마음이 변하여 이루어진 것이다. 감각을 통해 수동적으로 보면 산과 돌과 나무라 하지만 다시 말해 지각하는 주체인 견분과 지각되는 대상인 상분으로 변하여 실제처럼 드러나지만, 내 마음으로부터 우러나오는 능동적인 변화로 바라보면 이숙, 사량, 요별경 셋이다.

유식학에서는 인간의 심층에 제8식, 알라야식阿賴耶識이 있다고 본다. 알라야식은 원래 청정한 것인데, 제7식인 마나스식末那識이 아견我見, 아치我癡, 아만我慢 등으로 오염되기에 인간이 진여실제를 보지 못하고 망상에 사로잡힌다. 연기와 업이 작용하여 알라야식과 마나스식에 마음의 종자를 뿌린다.

처음 알라야식이라 함은 『성유식론』에서 "초능변식은 대소승교에서 알라야라고 일컫는데 능장能藏·소장所藏·집장執藏을 갖추고 있기 때문이다"[46]라고 함과 같다. 알라야식이 종자를 능동적으로 보존하고 있고 또 싹을 틔우고 있기에 능장이라 한다. 업에 따라 종자들이 모여서 알라야식을 이루므로 소장이라 한다. 제7식에 따라 종자가 집착되기에 집장이라 한다.

알라야식을 이숙異熟, 달리 익는 인식이라 함은 인因과 과果가 다르게 익는다는 것을 뜻한다. 같은 씨가 햇빛과 양분과 수분, 바람, 미생물에 따라 다르게 싹을 틔우고 열매로 익듯, 알라야식의 종자들이 업에 따라 달리 작용함을 의미한다. 사량思量은 헤아리는 인식, 곧 제7마나스식을 말한다. 요별경식了別境識은 감각으로 대상을 인식하는 경계인 제6식을 뜻한다. 처음에 알라야식이 이숙이라 함은 업의 결과로 종자가 달리 익는 것을 뜻한다.

「유식삼십송」을 풀이한 명욱明昱의 『유식삼십론약의唯識三十論約意』는 이에 대해 "첫째, 옛것을 싫어하고 새것을 좋아하여 달리 바뀌어서 익는다. 둘째, 앞의 원인과 뒤의 결과에 시간이 작용하여 때를 달리하여 익는다. 이런 업과 저런 업이 작용하여 종류를 달리하여 익는다"[47]라고 풀이한다. 일체종이라 함은 이런 업의 결과로 인연에 따라 종자가 싹을 내고 일체의 새로운 종자를 발생시킴을 의미한다.

과거 업의 결과가 종자가 되어 알라야식에 머물고, 이 종자는 알라야식에 머물다가 새로운 업과 인연에 따라 종자들이 싹을 틔우고, 그것이 익어서 그 업과 인연에 따라 다른 열매를 맺고 다른 업을 가진 종자들을 발생시키고 이는 다시 알라야식으로 들어가 저장된다.

그럼 유심론과 유물론을 종합할 수 없는가. 원효와 마르크스를 중심으로 유식학, 정신분석학, 인지과학, 양자물리학, 생물학, 인류학, 사회과학을 회통시켜, 상당한 비약과 유추를 하여 학문적 객관성을 상실하겠지만 아이디어 차원에서, 눈부처-마음을 구한다

첫째 종자는 우주기원종자로 우주가 연기와 업이 어우러져 생성되고 변화하면서 만들어진 것으로 137억 년의 흔적이 기억된 것이다. 빅뱅과 팽창이 일어나고 물질과 물질, 물질과 반물질이 중력과 온도 등 연기에 따라 원자들이 만들어지고 흩어진 원자들이 먼지구름을 만들고 먼지구름이 모여서 응축되면서 별이 만들어졌다. 우리 은하, 그 안의 태양계, 지구가 차례대로 생성되고, 그 지구의 물질들이 우주로부터 어떤 자극과 영향을 받아 생명체가 만들어지고, 그 생명체들이 자연과 연기에 따라 자연선택에 의해 진화하면서 인류가 탄생했다. 인류가 자연과 연기 관계에 의해 진화를 하고, 타인과 연기 속에서 문명을 발전시키며 나에게까지 이어졌다. 내가 죽어 흙에 묻히면 썩어 여러 물질로 분해되어 지구의 일부분을 이루다가 언제인가 태양에 흡수되고 태양마저 폭발하면 성간물질로 흩어졌다가 다시 어느 곳에선가 별이 될 것이다. 우주 또한 별과 별 사이의 중력에 따라 계속 팽창을 하거나 이를 멈추고 대수축을 할 것이다. 5장에서 말했듯, 내 얼굴에 있는 세포가 5년에 걸쳐 모두 바뀐다 하더라도 눈과 코와 입을 내 얼굴 모양대로 구성하는 원리는 그대로여

서 사람들이 나를 알아보는 것처럼, 우주가 수백, 수천억 년에 걸쳐 양자요동을 하고 팽창과 수축을 반복한다 하더라도 별 사이의 연기와 중력에 따라 별이 나고 머물고 변화하고 사라지면서 상호작용하고, 그 별에 생명체들이 나고 진화하며 우주와 조응하는 원리는 변하지 않는다. 내 얼굴에서 다중우주에 이르기까지 찰나의 순간에도 변하지만 변함없이 이 차이가 있는 반복을 만들어내는 원리가 바로 도道이자 진여실제이며, 일심이다. 이것이 형체를 가지고 나툰 것이 부처다. 그러기에 부처는 진리 그 자체이며, 인간이 수행을 통해 궁극적 진리를 깨달으면 그 순간에 바로 자신이 부처임을 자각하게 된다. 반면에 인간이 완전한 깨달음을 얻지 못한 채 죽으면 몸은 흙이 되었다가 별이 되고, 정신은 에너지 덩이인 영혼으로 바뀌며, 이 영혼은 부처가 될 때까지 윤회를 거듭한다.

내 몸과 뇌 또한 이런 우주의 무한한 운동에 의하여 이루어진 원소들의 집합체에 지나지 않는다. 어디선가 초신성이 폭발하며 형성된 철이 우주로 흩어져 지구의 지각을 이루었다가 다시 생명체의 구성요소가 되고 이제 내 몸에 피를 이루어 온몸을 돌아다니고, 지남철 덩어리인 지구에 반응한다. 그렇듯 우주의 시간에서 보면 찰나의 순간에 모인 집합체이지만, 그 몸에는 137억 년 우주 역사가 흔적으로 기록되어 있다. "지구는 자전하면서 태양을 초속 29.8km로 속도로 공전하고 있으며, 태양은 우리 은하계의 별과 암흑물질들과 연관관계에 따라 은하를 중심으로 시속 70만km, 초속 약 200km의 빠른 속도로 돌고 있고, 우리 은하의 별 전체는 처녀자리 은하단의 중력에 이끌려 바다뱀자리 쪽으로 초속 600km로 달리고 있다."[48] 내 몸의 몸무게에서 은하와 암흑물질에 이르기까지 여러 물질의 중력, 우주를 광속보다 빨리 밀어내는 힘dark energy과 그에 제동을 거는 힘dark matter이 서로 연기를 이루면서 상호작용한다. 가까이로는 달에서 멀리로는 다른 은하계의 별들이 지구와 우리의 몸에 영향을 미치고 있다. 달의 인력으로 밀물과 썰물이 일어나고 이에 따라 바다의 생명들이 반응하듯, 지금 이 순간에도 우리 몸과 뇌는 우주의 별과 물질들과 교감하고 있다. 이처럼 우주의 별과 별 사이의 연기에 따라 형성된 뇌의 종자들이 발아하여 이루어지는 의식이 바로 알라야식이다. 이는 우주의 궁극원리인 도道에 따라 작동한다. 그러기에 알라야식은 본래 그지없이 청정하다. 먼지만 사라지면 맑은 하늘이 드러나듯, 알라야식을 오염시키는 아만 등 무명無明을 없애면 절로 청정한 마음, 곧 불성에 이른다. 선승들이 오랜 선정을 통하여 깨달음에 이르는 것은 바로 이 경지에 이름을 의미한다. 한국의 선인들은 이 경지에 이르기 위하여 자연 속으로 들어가 우주와 호흡하고 교감하면서 자연과 우주에 깃든 원리대로 머리와 몸이 작동하는 수행을 했다. 이는 알라야식에 오염된 무명을 지우고 본래 청정한 모습으로 돌아가서 우주 및 자연과 불일불이의 일체, 곧 일심에 이르는 것이다.⁴⁹

신 내림을 받은 무당이 황홀경에 젖어 작두 위에서 춤을 추는 것이나, 평범한 한국인이 함께 술을 마시고 춤을 추면서 신명에 이르는 것은 뇌의 착각으로 일시적으로 이와 유사한 상태에 이르는 것으로 보인다. 예술과 수행 등의 행위와 외부 자극으로 인하여 우주기원종자들을 억누르던 장애가 사라지면 이 종자들이 싹을 틔운다. '신명神明'에서 신神이란 'God'이 아니라 천지신명, 우주와 자연의 본래 질서와 원리, 인간과 마음과 몸의 본성, 자연과 인간의 원리가 하나로 아우름(화쟁)에 이르는 것을 뜻한다. 신명이란 우주기원종자들이 이를 억누르던 모든 장애에서 벗어나 발아하여 내 몸과 마음의 본래 질서와 원리가 우주와 자연의 질서와 어우러지는 경지다. 음악과 춤, 타인과 관계에 의하여 쾌락 중추가 자극되고, 이에 개인이 몰입하면서 여러 장애를 없애고, 내 몸과 우주가 서로 조응하면서, 여러 사람이 집단적으로 서로 공감을 할 때 우주기원종자들이 발아하여 신명이 일어난다. 굿을 행하거나 춤을 출 때, 음악을 듣고 춤을 추면서 집단적으로 공감하고 몰입을 하게 되면 뇌 속의 쾌락 중추가 자극을 받아 흥분 상태에 이르고, 뇌에서 엔도르핀이나 도파민과 같은 신경물질이 배출되고 이것이 우리 몸의 모든 장기에 퍼져 있는 신경펩타이드와 수용체들이 서로 의사소통하며 더욱 기분이 좋은 상태로 끌어올리며, 알라야식에서 오염된 종자들을 몰아내고 우주기원종자들만 발아하게 하여, 자신의 몸이 우주와 조응한다고 느끼면서 너와 나, 정과 한, 인간과 우주 자연, 성聖과 속俗 사이의 모든 대립과 갈등을 해소하고 양자가 하나가 되는 순간, 모든 맺힌 액과 살과 한을 풀면서 지극한 흥분의 상태에 이른다. 이렇게 하여 무엇이라도 할 수 있는 내 몸의 생명성이 솟아나고 미적으로도 지극히 아름답고 멋지게 되는 경지가 '신명이 나는' 것이다. 하지만 깨달음 상태와 신명 상태의 차이에 대한 실험과 연구가 따라야겠지만, 신명은 깨달음이 영속성을 갖는 것과 달리 유사체험이기에 뇌의 흥분이 가라앉으면 다시 원래 상태로 돌아가는 것으로 보인다.

둘째 종자는 생명기원종자로 생명의 생성과 진화에 따른 연기와 업이 어우러져 생성되며 36억 년의 흔적이 기억된 것이다. 지구에 생명들이 탄생하고 지구의 조건에 맞추어 자연선택을 하면서 진화를 했다. 연기, 곧 생명체와 자연환경이 상호작용하면서 원핵세포가 진핵세포로, 다세포 후생동물로, 어류로, 양서류로, 파충류로, 포유류로, 원숭이로, 유인원으로 진화했으며, 지금 여기 현대인의 몸에는 원핵세포에서 유인원과 인간에 이르기까지 다양한 종의 생명체의 흔적이 공존하고 있다. 36억 년 동안 무수한 생명체가 명멸했지만, 모든 생명체는 다른 생명을 먹이로 취하여 생존을 하고 번식을 하여 자기복제self replication를 한다. 생명체의 하나로서 인간 또한 다른 생명체를 먹이로 삼아 물질대사를 하며 생존하고 생식을 하여 자신의 유전자를 더 많이 남기려고 한다. 인간은 문명을 건설하면서 다른 생명체만이 아니라 다른 인간 및 집단과 경쟁하며 생존하고, 자신의 유전자를 가진 자손 및 유사한 유전자를 가진 집단이 더 잘 살아남을 수 있는 길을 위하여 여러 노력과 투쟁을 해왔다.

생명이란 무엇인가. 서양의 관점에서 보면, '생명은 DNA 사슬에 새겨진 유전 정보에 따라 만들어진 몸을 가지고 복잡성과 조직체계를 가진 자율적인 개체로서 외부와 끊임없이 소통하며 물질대사를 하면서 스스로 화학반응을 하면서 살아가고 자기복제를 하고 변화하고 발달하면서 진화하는 유기체'[50]다. 하지만 불교에서는 "식識, viññāṇa을 필수 조건으로 삼아 명색名色이 있다."[51] 정자와 난자가 만나면 수정란이 되고, 이 수정란에 전생의 업業에 따라 식識이 들면서 정신인 명名, nāma과 육체인 색色, rūpa의 복합체인 명색名色, nāmarūpa이 되어 생명은 시작한다. 이처럼 불교는 물질적인 면色과 정신적인 면名의 복합체로 생명을 바라본다.

모든 생명이 이런 과정을 겪어서 등장했다가 사라지는 것이므로 생명들 사이의 본질적 차이는 존재할 수 없다. 그럼에도 왜 생명은 크고 작은 외형에서 오래 살고 적게 사는 것에 이르기까지 차이가 있을까. 이는 업이 깃들기 때문이다. "오온五蘊은 삶業을 통해 나타난 무상한 의식報들이 모여서 덩어리를 이루고 있는 '의식 덩어리'이며 '삶의 그림자'다. (……) 오온은 중생이 삶의 과정에서 생긴 경험을 기억하고 모아서 존재화한 것이다. (……) 우리가 '나'의 존재를 믿고 있는 오온의 실상은 실체로서의 '자아'가 아니라 '업'이다."[52] 의식적이든 무의식적이든 마음으로意業, 말로口業, 몸으로身業 짓는 것에 따라 인因으로서 세력을 가지고 오온에 작용하여 어떤 결과를 낳는 과정이 끊임없이 계속되는 것이 바로 삶이다. "살아가는 모든 존재衆生는 업의 소유자이며, 업의 상속자이며, 업에서 나온 것이다."[53] 그러나 업은 수동적이거나 정해진 숙명이 아니다. 한 생명에는 저 먼 과거의 과거에서 미래의 미래에 이르기까지 구세九世의 업이 어우러져 있고 업력이 십세十世로 작용하고 있다. 한 생명이 다른 생명체와 소통을 하고 상호작용을 하면서 내 스스로 닦은 마음은 문화유전자에 새겨지고, 각자 생명들이 다른 생명을 포함한 자연환경에 대해 선택을 하고 적응하고 대응한 몸은 생물유전자gene에 깃든다. 36억 년의 지구 생명체 역사를 통해 한 생명이 다른 생명체와 상호작용을 한 것은 생물유전자와 문화유전자를 남기며 수십억 년 동안 자기복제를 거듭하면서 오늘 나의 생명체로 이어지고, 지금 내가 다른 생명체와 상호작용을 하며 먹이를 먹고 마음을 닦고 행하는 것은 모두 나의 몸을 형성하다가 미래의 생명으로 계승된다.

이렇게 볼 때, 생명이란 '구세의 업에 따라, 기존의 경험과 기억과 업이 축적되어 DNA 사슬에 유전 정보가 새겨진 몸에 식識이 결합되어 이루어진 것으로 다른 생명체 및 사물과 시간적으로 서로 조건이 되고 공간적으로 서로 깊은 관련을 맺는 에코시스템 속에서 잠시나마 가유假有의 가합태假合態로서 오온을 형성하여 자율적으로 자기결정을 하여, 물질대사를 하고 현재의 삶에서 경험한 기억과 지은 업을 유전자와 알라야식에 담아 종족 보존을 위한 자기복제를 하면서 발달하고 진화하는 복잡한 조직체계로 이루어진 유기체'다.

오늘 인간의 뇌는 36억년 동안 생명의 기억이 축적된 종자로 있다. "뇌는 천재가 백지 위에 한 번에 설계한 것이 아니라, 수백만 년의 진화의 역사가 반영된 특별한 구조물이다."[54] 신이 있어서 슈퍼컴퓨터처럼 정교하게 제작한 것이 아니라 진화를 하면서 그 전의 낡은 체제를 유지한 채 한 층, 또 한 층씩 덕지덕지 올려 쌓은 아주 비효율적인 집과 같다.[55] 원시 생명 때의 뇌세포, 어류 때의 뇌간brain stem이 지금도 그대로 남아 인간이 형성한 대뇌피질과 함께 우리의 몸과 마음을 조정하고 있다. 다세포로 이루어진 후생동물이 움직이면서 표피세포가 외부 자극에 반응하면서 신경세포가 되었다. 신경세포는 외부의 감각을 느끼는 감각신경세포와 이에 대한 몸의 반응을 이끄는 운동신경세포로 진화한다. 감각신경세포와 운동신경세포를 매개하는 신경세포가 발달하면서 감각한 정보를 모아 판단하고 이를 운동신경세포를 통해 근육에 전달하는 구실을 하는 연합신경세포가 만들어졌다. 이는 감각신경세포와 연합신경세포, 운동신경세포로 이루어진 시스템인 신경계로 발달했다. 편형동물은 신경계를 머리 부분에 밀집시켜 신경삭을 만들었다. 환형동물은 이 신경삭에서 체절마다 한 쌍씩 신경절이 각 체절을 담당하도록 사다리 모양의 중추신경계를 형성했다. 어류는 신경삭을 더욱 발달시켜 뇌간을 만들었다. 보거나 냄새를 맡은 정보를 감각신경세포가 연합신경세포에 전달하면 연합신경세포는 정보를 모아 그렇게 감각한 대상이 자신보다 강한지 약한지, 혹은 짝인지 아닌지 판단하고 그에 따라 운동 신경세포가 지느러미와 근육에 도망가거나 잡거나 짝짓기를 하라는 명령을 내린다. "뇌간에는 우리가 의식하지 않는 사이에 극히 기초적인 신체기능을 제어하는 중추가 있어서 뇌간은 심박, 혈압, 호흡의 리듬, 소화의 제어처럼 생명 유지에 필요한 기능을 수행한다."[56] 어류는 뇌간에 더하여 작은 뇌를 갖추게 된다. "소뇌는 신체 동작의 통합에 관여한다. 감각에서 들어오는 피드백을 이용하여 신체가 공간에서 어떻게 움직이는지를 파악하고 근육에 미세한 수정 명령을 내려 동작들을 원활하고 매끄럽고 조화롭게 만든다."[57]

어류에서 파충류로 진화한 동물은 편도체를 만들었다. 편도체는 공포에 대한 기억을 하여 두려움을 느끼고 방어를 취하거나 경계하거나 본능을 억제한다. 굶주린 뱀이 개구리를 앞에 놓고도 주변에 멧돼지가 있으면 피한다. 포유류는 편도체를 더욱 정교하게 구성하면서 해마hippocampus, 시상앞핵anterior thalamic nuclei, 변연엽limbic lobe, 후각신경구olfactory bulbs로 이루어진 대뇌변연계limbic system를 발달시켰다. 밤에 사냥을 많이 하는 포유류는 후각을 발달시키고 공포에 대한 기억과 대응을 더욱 체계적으로 하고, 새끼를 기르면서 모성애가 생기고 집단을 이루면서 감정을 표현하게 되었으며, 이런 기능을 하면서 변연계가 발달했다.

이처럼 지금 우리 몸에는 기생충의 뇌, 지렁이의 뇌, 물고기의 뇌, 악어의 뇌, 원숭이의 뇌, 인간의 뇌가 공존한다. 각각의 뇌가 사라지지 않은 채 그 바깥에 더 진화한 뇌가 형성되었다. 바깥 단계의 뇌가 작동하지 않으면 그 전 단계의 존재로 회귀한다. 이성을 잃으면 원숭이처럼 감정을 표출하고, 굶주린 자 앞에 먹을 것을 주면 아무런 감정도 없이 즉각 악어처럼 달려들며, 몸이 기울면 물고기처럼 평형을 유지하고, 살을 찌르면 지렁이처럼 꿈틀거린다. 이처럼 우리의 뇌에는 36억 년 동안 축적된 다양한 동물군의 기억이 종자로 있다. 생명기원종자는 알라야식에 저장되지만, 아집과 아만에 의하여 마나스식으로 전이하면, 에로스와 타나토스의 두 가지 방향으로 작동한다. 에로스를 향할 때 마나스식은 생명성과 사랑을 추구하며, 타나토스를 향하면 소멸, 죽음, 파괴를 지향한다.

셋째 종자는 인류의 생성과 진화, 문명 및 집단의 역사와 사회문화의 발전, 집단학습에 따른 연기와 업이 어우러진 기억이 축적된 인류기원 및 집단형성종자다. "대부분의 뇌 부위에서 전체적인 배선(적절한 축삭을 적절한 뇌 부위로 보내는 것)과 전체 지도(축삭을 뇌 부위의 올바른 하위 영역으로 보내는 것)는 유전적으로 결정된다는 일반적인 결론을 내릴 수 있다. (……) 이와 대조적으로 미세한 배선(축삭이 특정 뉴런과 특정 시냅스를 형성하는 것)은 경험이 신경 활동으로 결정되는 전체적인 뉴런 배선은 대체로 발생의 이른 시기에 나타나는 반면, 환경에 의해 결정되는 미세한 뇌 배선은 나중 단계에 나타난다. 인간의 경우 뇌 배선이 미세한 뇌 발생에 영향을 미치는 시기는 임신 후반에 시작되어 생후 몇 년간 계속된다."[58] 인간은 사회를 형성하고 언어를 만들어 정보를 소통하고 이를 집단학습을 통해 진리를 추출하고 이를 기억하면서 경이적인 문명의 발전을 이루게 된다. 이런 작업을 하며 변연계 바깥에 대뇌피질이 형성되었고, 이는 언어적 인식, 이성적 사고, 추상적 사고, 학습, 기억 등의 기능을 수행한다. 6장에서 말한 대로 최근의 인지과학은 몸의 기억이 마음을 구성한다고 밝힌다. 인간의 감각과 동작이 뇌의 신경세포를 활성화하고 이런 몸의 기억이 인류기원 및 집단형성종자를 만들어 뇌에 남아 있다가 상황에 따라 발아하며 인간의 마음을 작동한다. 인류기원 및 집단형성종자 또한 알라야식에 저장되지만, 아집과 아만에 의하여 마나스식을 형성할 수 있다.

넷째 종자는 조상의 삶에 따른 연기와 업이 어우러진 기억이 축적된 조상기억종자다. 세계의 모순과 부조리에 집단적으로 대응하고 이를 상징으로 재현하고 반복하면서 집단무의식이 형성되고 이는 원형原型을 형성한다. 자연과 연관 속에서 제대로 대응을 하지 못한 업보로 특정 질병에 약한 유전자가 만들어지고 이는 후손에 전해진다. 한 집단의 원형과 상징, 세계에 대한 집단 무의식적 대응양식은 조상기억종자를 구성한다. 이 종자도 알라야식에 저장되어 있지만, 아집과 아만에 의하여 마나스식으로 전이할 수 있다.

다섯째 종자는 한 인간이 현세의 삶에 따른 연기와 업이 어우러진 무의식적 기억이 축적된 무의식기억종자다. 예를 들어 한 젊은 여성이 매일 다섯 차례 이상씩 목욕을 한다. 왜 이 여성은 몸을 닦고 또 닦는 것일까. 단순히 결벽증이 아니었다. 정신분석을 했더니 어릴 때 의붓아버지로부터 성폭행을 당한 상태에서 의식을 잃은 적이 있었다. 의식에서는 사라졌지만, 성폭행의 기억은 무의식에 종자로 있으면서 자신의 몸이 더럽혀졌다는 생각을 하여 하루에도 수차례 목욕하는 행위로 재현된 것이다. 무의식을 형성하는 것은 타자와 상징이기에 무의식기억종자는 주체의 의식과 깊은 연관 관계를 갖는다. 이 종자도 알라야식에 저장되어 있지만, 아집과 아만에 의하여 마나스식을 형성한다.

여섯째 인자는 한 인간이 현세의 삶에 따른 연기와 업이 어우러진 의식적 기억이 축적된 의식기억인자다. 타인에게 죄를 지은 자가 남에게 발각이 되지 않았다 하더라도 그 기억이 남아 늘 괴롭고 죄책감에 시달린다. 젊었을 때 담배를 많이 피운 자가 그 업이 쌓여 면역력이 떨어진 노년기에 그 종자들이 폐암으로 발전하면 후회하거나 의지가 약해진다. 이는 전6식에 존재한다.

일곱째 인자는 한 인간이 현재 오감을 통해 느낀 것을 감각신경세포가 전달하면 연합신경세포에서 해석하고 판단하여 운동신경세포로 전달하는 데 작용하는 연합신경세포의 인자다.

각 종자와 종자, 종자와 인자들도 연기적 관계에 있다. 일곱째 연합신경세포 인자를 심층에서 좌우하는 것이 여섯째 의식기억인자다. 이 인자를 무의식기억종자가, 무의식기억종자를 조상기억종자가, 조상기억종자를 인류기원 및 집단형성종자가, 인류기원 및 집단형성종자를 생명기원종자가, 생명기원종자를 우주기원종자가 좌우한다. 하지만 여기서 진정으로 마음의 왕 노릇을 하는 것은 여섯째 의식기억인자다. 설사 내가 폐암 유전자를 조상으로부터 타고났다고 하더라도, 마음을 평안히 하고 흡연 등 폐암에 해로운 짓을 하지 않으면 이것이 폐암세포로 발전하지 못하는 것에서 보듯, 이 의식을 어떻게 하느냐에 따라 모든 종자는 물론이거니와 우주기원종자조차 아마라식이 되기도 하고 아집과 아만에 휘둘려 마나스식을 형성하기도 한다.

연습을 반복하면 어떤 것을 잘하게 되는 것은 뇌의 신경세포들의 연결이 단순화하여 일종의 지름길을 만들고 근육들도 그 동작을 잘할 수 있도록 발달되고 그에 맞추어 동작도 가장 단순하게 변하기 때문이다. 종자들은 인간에 앞서서 내재하지만 이 종자나 인자들의 발아를 결정하는 것은 인간이다. 발아할 종자들을 선택하고 발아를 결정하는 주체는 유전자가 아니라 뇌를 바탕으로 형성된 인간이다. 뇌는 신경가소성neuroplasticity이 있어서 학습과 경험, 외부의 자극에 따라 물리적 구조만이 아니라 기능까지 새롭게 조직한다. 어떤 사고나 행위를 할 때, 그 행위와 관련된 연기와 업에 따라 필요 없는 뇌 신경세포와 종자나 인자를 연결하지 않고 필요한 것끼리 연결하고 새롭게 신경세포나 인자, 종자를 만들기도 하고 제거하기도 하면서 새로운 연결망을 만든다. 이 연결망의 조건에 제한을 받지만 자유의지를 가지고 이 연결망을 활용하여 마음을 내고 행동을 하는 것은 인간이다.[59]

이처럼 개인이건, 집단이건, 자연이건, 우주건 업을 행한 결과대로 종자가 만들어지고 그 종자가 알라야식에 있다가 연緣, 곧 새로운 조건 및 인과관계를 만나서 새로운 싹을 내고 의식을 형성하고 사건을 만들었다가, 마치 꽃이 열매를 맺고 씨를 뿌리듯 새로운 종자를 만든다.

우주기원종자, 생명기원종자와 인류기원 및 집단형성종자, 조상기억종자, 무의식기억종자는 알라야식에 머물고, 의식기억인자와 신경세포인자들은 전6식에 머문다. 종자는 종자일 뿐이다. 흙과 양분, 햇빛, 온도, 물과 공기, 미생물이라는 조건이 성숙해야 씨가 싹을 내는 것처럼, 종자는 조건과 인과관계, 업에 따라 종자로 머물 수도 있고 마음과 행위의 싹을 낼 수도 있다. 종자가 새로운 조건과 인과관계 속에서 일단 싹을 틔우면 새로운 종자와 업을 만든다.

이처럼 신경계는 종자와 인자들이 뿌려져 있는 밭이며, 뇌는 마음의 몸이요, 이들을 나고 자라고 사라지게 하는 것은 업과 연기다.

또한 대상 없이 정신은 작용하지 않으며, 대상 또한 마음에 따라 의미를 갖고 존재한다. 우리의 감각이 대상을 인식하여 감각신경세포를 통해 전하면, 대뇌피질에서 뇌간에 이르기까지 모든 두뇌 부위, 연합신경세포체제 속의 인자와 알라야식의 모든 종자가 관여하여 마음을 형성하고 해석하고 판단하여 운동신경세포를 통해 육체에 움직이라는 명령을 내린다. 그러니 마음이란 우주의 탄생과 생명의 탄생에서 나에 이르기까지 업과 연기에 따라 축적된 종자들이 현재의 내가 우주와 자연, 타자들과 찰나의 순간에도 서로 연기를 맺으며 구세九世가 일념인 시간 속에서 상호주관적으로 감각을 매개로 형성하는 것이다.

스님이라 할지라도 어여쁜 여인의 유혹이라는 조건을 맞아 생명기원종자 가운데 성적 욕동에 관계된 종자들이 발아하고 무의식기억종자 가운데 성적 욕망에 관련된 종자들이 발아하면, 본래 청정했던 알라야식이 오염되어 나라는 주체가 있다는 망상을 하여 이 주체의 주이상스를 추구하면서 여인과 성행위를 하려는 욕동과 욕망이 마음에 가득하게 된다. 이 순간에 정신을 차리라는 큰스님의 말씀을 듣고 스님이 제6식을 통해 경전의 문구에서 계율에 이르기까지 텍스트를 기억하고 이로 계율의 담론을 형성하여 욕동을 억제하고, 수행을 하면서 마나스식과 알라야식에서 욕동과 욕망의 싹들과 종자와 인자들을 씻어내면 다시 본래 청정한 알라야식으로 돌아가게 된다. "알라야식 전체의 완전한 통제를 해탈이라 부르며, 무의식적 의식의 총체적인 내용의 성취를 깨달음이라고 부른다."[60] 알라야식에 있는 종자들을 마음대로 부려 언제든 청정한 불성으로 돌아가는 것을 해탈이라 하고, 인간의 의식 저편의 마나스식과 알라야식이 작동하는 원리를 터득하여 이를 진여실제와 일치시키는 것이 깨달음이다.

　자신의 유전자를 더 늘리려는 이기적 유전자의 본능은 더 많은 좋은 짝에게 유전자를 퍼뜨리고 자신의 유전자를 가진 자손들이 잘 먹고 잘살 수 있도록 권력과 물질을 늘리려는 욕동으로 확대되어 생명기원종자와 인류기원 및 집단형성종자로 깃들어 알라야식에 있다. 이 성욕동, 권력욕동, 물질욕동은 거세 위협과 상징의 검열에 의하여 성욕망, 권력욕망, 물질욕망으로 전환된다. 욕동들은 조건과 업에 따라 상징과 타자와 관계에 따라 드러내기와 숨기를 되풀이하면서 꿈, 상징텍스트, 행위 등으로 재현된다.

　앞에서 말한 대로 욕망은 대타자의 욕망이며, 주체는 타자로부터 온다. 그러기에 욕망에 가장 많은 영향을 미치는 것은 타자와 연기적 관계다. 나는 타자의 기대와 소망과 욕망에 따라 주체를 설정하고, 이 주체는 타자의 욕망을 욕망한다. 주체의 욕망이 에로스와 결합할 때 주체는 성과 권력, 물질을 점유하여 주이상스에 이르려 한다. 주체의 욕망이 타나토스와 결합할 때 주체는 소멸의 순환에 몸을 맡기는 데서 오는 자유의 주이상스를 추구한다. 하지만 주체가 동일성의 패러다임에 갇힌 채로 타나토스를 지향하고자 할 때 이는 타자에 대한 배제와 폭력, 파괴로 재현된다. 조건과 업에 따라 주체는 생명기원종자와 인류기원 및 집단형성종자 가운데 전자를 싹 틔우기도 하고, 후자를 싹 트게도 하는 것이다.

　주체는 타자의 인정 없이 존재하지 못한다. 이에 주체는 타자로부터 칭찬, 지지, 응원, 공감 등의 인정을 받기 위하여 이기적 욕망을 자발적으로 절제하고 주체와 상생을 모색한다. 환상이지만, 상징에 의해 소외된 주체는 역설적으로 상징의 보상에 의해 주체를 세우고

자 한다. 인류기원 및 집단형성종자 가운데 거울신경체계에 자리하는 종자들은 타자의 고통을 감각으로 느꼈을 때 이를 자신의 아픔처럼 공감하고 타자와 협력이나 연대를 도모한다.

앞에서 말한 대로, 모든 생명체는 삶의 지속과 소멸의 두려움을 가지며, 인간은 유전자 복제 및 번식 이상의 성의 욕망, 권력의 욕망, 화폐 증식의 욕망 등을 갖는다. 진여문의 깨달음의 세계에서 보면, 모든 번뇌와 고통의 뿌리인 욕망을 제거하는 것이 진정한 자유, 해탈의 길에 이르는 것이다. 욕망은 그 대상에 대한 집착을 낳고 고통을 야기한다. 연기와 무아를 알고 나면 그 대상과 그를 추구하는 주체가 모두 공이란 지혜를 깨우친다. 하지만 욕망은 감각적인 즐거움을 추구하는 것이며, 이는 이성과 이해의 통제를 벗어난다. 때문에 지혜만으로는 깨달음에 이를 수 없다. 감각적 즐거움에 대한 욕망을 소멸시키려면, 이를 억누를 수 있는 마음가짐이 필요하다. 금욕에 부단한 선정이 따라야 하는 이유다.

그러나 욕망은 사랑과 예술을 생산하고 영원한 것과 완성을 생산하려는 역동적인 힘이기도 하다. 일상의 차원에서는 욕망이 없으면 창조도 진보도 없다. 욕망은 모든 창조와 진보의 원동력이다. 현대사회에서 억압의 탈승화는 경계해야 하지만 에로스의 욕망을 버릴 필요는 없다. 에로스의 욕망이 사라지면 그만큼 타나토스의 욕망이 증대한다. 우리 인간은 타인과 관계하여 공존하고 합일하려는 욕망, 소유에서 존재로 다시 생성과 차이로, 일상에서 영원, 불완전에서 완전을 지향하려는 욕망 또한 지니고 있다. 그리고 이들 욕망이 바로 실존과 자비행의 바탕이다. 극도의 고행과 극단의 쾌락을 모두 지양하고 중도에 서려 한 것이 붓다의 태도다.

욕망의 절제와 깨달음의 길

욕망의 소멸과 깨달음

우리 주변의 거의 모든 것이 우리의 욕망을 억압한다. 신화와 이데
올로기, 윤리와 도덕, 국가, 자본, 규율 체계, 훈육 체계, 상징과 이미
지, 타인의 시선 등이 쉴 새 없이 욕망을 억누르고 있으므로 우리는
이를 인식하고 저항한다. 우리는 욕망의 해방을 지향하는 삶을 살아
야 하지만 이는 타인과의 공존을 전제로 한다.

종자론과 연관시켜서 깨달음에 대해 정의하면, 마치 임계치 이상
의 물리적 충격을 받은 물질이 배열 구조가 바뀌어 화학변화를 일으
키는 것처럼, 소승의 깨달음이란 원래 깨달을 수 있는 바탕을 지니
고 있는 인간이 어떤 계기를 통해 연기緣起와 무아無我, 공空에 대해 새
롭게 인식하고 탐욕과 어리석음과 성냄을 완전히 소멸시키고 자신
의 정신과 몸 안에 간직된 온갖 경험과 기억과 의식, 마나스식과 알

라야식에 있는 모든 종자와 인자를 찰나적으로 재배열하여 자신의 존재를 전혀 다른 존재로 거듭나게 하고, 악의 종자種子를 모두 거두어내고 선의 종자만이 의식과 실천으로 작용하게 하면서 업에서 벗어나고, 이 존재가 새로운 지평에서 진여실제에 다가가는 것으로,[61] 말로는 표현할 수 없는 자유롭고 평안한 상태에 이른 경지다. 이때 일상에서는 욕망을 억압하는 것에 대해 인식하는 것이, 종교적 삶에서는 금욕이 깨달음의 지붕에 이르는 사다리다.

대승의 깨달음이란 소승의 깨달음을 바탕으로 타자와의 관계 속에서 연기와 무아, 공에 대해 전혀 다른 차원으로 새롭게 깨달아 거듭난 존재가 고통 속에 있는 타자들의 마음속에 있는 악의 종자를 없애고 선의 종자가 꽃으로 피어나게 하는 것이다.

3장에서 말한 대로, 보살행은 윤리적 당위일 뿐 아니라 연기의 지혜에서 비롯된다. 연기를 소승적으로 깨달으면 욕망을 철저히 버려야 깨달음에 이르지만, 대승적으로 깨달으면 보살행을 낳는다. 나는 타자, 뭇 생명체와 깊은 관련을 맺고 있다. 지혜란 우주 삼라만상이 모두 원인과 결과로 맺어지고, 서로 의지하며 조건으로 작용하고 있어 아我란 없으며 공空임을 깨닫는 것이다. 타자의 고통이 내 몸의 것처럼 아픈 것이 자비심의 출발이다.

우리는 홀로 존재하는 존재자가 아니다. 인연의 사슬이 깊어 137억 년 가운데 찰나의 순간이라 할 한 평생에, 수조 개의 별 가운데 하나인 지구에서 살아가고 있는 것이다. 조상이 물려준 유전자와 나와 그들의 업, 어머니와 아버지를 비롯한 수많은 사람의 사랑과 보살핌이 원인이 되어 나는 태어나고 길러졌다. 타인이 없었다면 나는 없다. 우주 삼라만상이 모두 나와 관계를 맺는다. 가까이 주변에 있는 사람, 내 얼굴에 비치는 햇살, 코를 드나드는 맑은 공기와 볼을 스치는 바람에서 멀리 한 점으로 빛나는 별들과 그 사이로 떠다니는 우주먼지에 이르기까지 전 우주가 오늘 나라는 존재를 나로 존재하게 하는 데 관여한다.

연기를 깨닫고 나면 내가 사랑하는 가족이나 친구뿐만 아니라 모든 타자, 지구의 모든 생명체, 우주의 구성 성분 모두가 '우리'의 범주에 들어온다. 연기는 각 존재자를 우리로 이해하고 느끼도록 이끈다. 이때 우리는 각 존재자들이 서로 소통하고 상호작용을 하면서 하나를 이루는 것이다. 어머니가 자식을 위해, 독립투사가 나라와 백성을 위해 기꺼이 목숨까지 희생하는 것에서 보듯, 각 존재자는 우리의 범주에 들어온 타자를 위해 자신의 욕망을 자발적으로 절제하거나 포기한다. 이처럼 연기에 대한 대승적 깨달음은 '욕망의 자발적 절제'를 낳는다.

많은 것을 소유한다는 것은 행복이 아니라 불만이고 불안이다. 기름진 배에는 명석한 진리가 깃들지 않고, 좋은 옷을 입으면 거추장스러워 해야 할 일을 할 수 없다. 큰 집에 있으면 내가 집에 사는 것이 아니라 내가 집에 갇혀 나의 정신과 몸 모두 나태해지고 타락의 유혹을 쉽게 받으며 인간끼리 거리가 너무도 멀어 인간의 향기가 상대방에게 스며들지 않는다. 기름진 음식을 자주 먹으면 육신은 물질대사로 피곤해지고 피가 탁해져 머리마저 흐려지며 가난한 이를 그의 눈높이에서 바라볼 수 없다. 소유하면 할수록 더 많은 소유를 원하기에 불만은 커지고, 가진 것을 잃지 않으려고 늘 노심초사하며 불안에 떤다.

헤겔이 주인과 노예의 변증법에서 잘 통찰한 대로, 인간은 타자

로부터 인정을 받을 때 자기의식을 하면서 주체를 형성한다. 주체
와 타자는 불일불이의 관계에 있다. 거울에 비친 모습과 자신의 몸,
자아와 엄마의 인정 사이에서 아기는 자아에 도취되거나 불안을 겪
는다. 주체는 타자의 욕망을 욕망하기에 타자에 종속적이면서 이에
서 벗어나 자유로운 주체를 형성하기를 욕망한다. 주체는 대타자의
담론을 수용하고 이에 따르면서도 이에서 탈출하려는 상징을 만들
고 실천을 한다. 이 모순과 괴리 때문에 주체는 불안하고 자아도취
에 젖어 자신의 정체성을 무엇이라 규정을 짓고 그에 빠져들면서도
그것이 아닌 듯하여 불안하다. 때문에 불안한 자아는 타인으로부터
끊임없이 인정받기를 욕망한다. 이 인정은 두 가지 경향으로 나타난
다. 동일성의 패러다임에서 벗어나지 못할 때 인정 욕망은 타인에
대한 폭력으로 나타나며, 타자에 대한 배려를 통해 인정을 받으려
할 때 타자와 공존으로 나타난다. 한 남자가 자신을 유혹하는 미인
을 거부하는 것은 그럼으로써 얻을 수 있는 보상, 곧 타인으로부터
도덕적인 사람이라는 인정을 받기 위해서다. 이처럼 인간은 타인의
인정을 받으려는 욕망 또한 강하다. 사르트르Jean Paul Sartre가 설명한
대로, 인간은 타자의 시선을 의식하는 존재이기에 나의 실존은 타자
의 실존과 조화를 이룰 수 있다. "타자의 시선은 이 세계 속의 나의 존
재의 저 너머에 나를 존재시킨다. '이 세계'이며 동시에 이 세계의 저
너머인 하나의 세계 한복판에 나를 존재시킨다."[62] "타자는 내가 그
리로 향하여 나의 주의를 돌리지 않는 존재다. 타자는 나를 쳐다보
는 자이며, 내가 그를 아직 쳐다보고 있지 않는 자이며, 나를 열어 보
여지지-않은 것으로서 나 자신에게 내맡기지만, 그 자신 자기를 열
어 보이지 않는 자이며, 그가 노려져 있는 한도에서가 아니라 그가

나를 노리고 있는 한도에서 나에게 현전적으로 있는 자다."⁶³

물론 진정 깨달은 자는 욕망을 완전히 소멸시키고 해탈을 이룬 자다. 하지만 아직 이 경지에까지 이르지 못하는 속인이 취할 바는 나의 욕망이 타인의 욕망을 점함을 인식하고 타인을 위하여, 혹은 나라는 주체가 타인으로부터 인정을 받기 위하여 나의 욕망을 유보하고 절제하는 삶의 자세다. 그러기에 욕망의 이론은 연기론과 만나면서 자비행이라는 실천으로 이어질 수 있는 지평을 펼친다. 그리하여 저 아름다운 연꽃이 높은 언덕에 피지 않는 것과 같이 내가 부처가 되었어도 열반의 성에 머무르지 않으며, 진흙 속에서 연꽃이 피는 것과 같이 세간의 중생을 구제한 뒤에 열반을 얻는다.

3장에서 언급한 원효의 진속불이론에 따르면, 깨달음이란 어떤 계기를 통해 온갖 경험과 기억과 의식을 찰나적으로 재배열하는 것이자 존재의 거듭남만이 아니다. 이것으로 깨달음이 완성되는 것이 아니다. 나를 둘러싸고 있는 우주 삼라만상의 모든 존재가 나와 깊은 연관을 맺고 있다는 것을 깨닫는 것이 지혜이고 그를 위하여 그리로 가 그들과 함께하며 그들의 고통을 없애주는 것이 바로 자비행이다. 깨달음이란, 연기와 공空에 대해 전혀 다른 차원으로 새롭게 인식하여 거듭난 존재가 다른 사람과 생명의 고통을 덜기 위하여 자신의 욕망을 자발적으로 절제하고 선한 욕망과 자유의지, 지향성 등을 억압하거나 왜곡하는 것과 자신 앞의 모든 장애를 극복하면서 알라야식의 종자들을 마음대로 부려 청정한 불성으로 돌아가서 선한 종자들이 타자의 몸과 마음속에서도 싹을 틔우게 하여 그들을 부처로 만들고 그로 인해 내가 부처가 되는 것이다. 3장에서 말한 대로, 타자를 구원하거나 계몽하는 것이 아니라 타자 속에 숨어 있는 불성을 드러내며, 이 순간 나 또한 부처에 이르는 것이다. 그러기에 참된 깨달음이란 내가 그리로 가 그를 완성시키고 그를 통해 다시 나를 완성하는 행위다.

이때 이 행위가 윤리적인 당위를 넘어서려면 중생의 삶에 참여해야 한다. 그들과 뒹굴며 그들과 함께 슬퍼하고 기뻐해야 한다. 그러려면 오로지 너를 위해 자기를 버리고 비울 줄 아는 자기비하의 비움과 타인의 삶에 전적으로 동화하고 상호 교감하는 사귐이 필요하다. 이 비움과 사귐을 제대로 수행하려면 아직 욕망의 추구를 행복으로 알고 있는 중생의 욕망 추구 행위에 동참해야 한다.[64] 욕망 속에 있으면서 탐진치에 물들지 않고 이에서 벗어나 깨달음에 이르려면 욕망을 버린다기보다 이를 질적으로 전환해야 한다. 질적 전환이란 성의 본능을 억압하지 않고 타자를 억압하지 않는 범위에서 이를 자유롭게 발현하거나 예술로 승화시킨다. 나는 우선 지혜로써 모든 경계를 파악하여 온갖 사념과 망상을 떨쳐버리고 나쁜 욕망을 멈추는 지행止行, 세계와 타자와 나 사이의 관계를 통찰하는 관행觀行을 쌍으로 부려 깨달음에 이른다. 중생이 고통 속에 있는 한, 설령 깨달았더라도 나는 아직 부처가 아니니, 먼저 깨달은 자는 항상 큰 자비로써 고통의 바다에서 허우적거리고 있는 중생의 의혹을 제거하고 삿된 집착을 버리게 하여 그들을 깨달음에 이르도록 한다. 그럴 때 나 또한 진정한 깨달음의 세계에 이를 수 있다. 이럴 때 욕망은 깨달음으로 가는 길이니, 번뇌가 곧 열반이다.

욕망이란 나를 채우려는 것인데 욕망할수록 나에게서 멀어지며 욕망은 만족인데 만족을 느끼는 순간 사라져버리는 역설을 자각하는 것, 나의 삶이 다른 타자들, 나아가 모든 생명과 긴밀하게 연관되어 있음을 깨닫고 그를 위하여 나의 욕망을 자발적으로 절제하는 것, 욕망을 과잉억압하는 것에 저항하여 서로가 선한 욕망이 샘솟도록 하는 것, 이것은 선이 아니라 지혜다.

인간의 선을 증장하는 여덟 가지 방법

동양이든 서양이든 오랫동안 인간이 선한 존재인가, 악한 존재에 대해 논쟁해왔다. 하지만 성선설이든 성악설이든 윤리적 당위에 지나지 않는다. 생물학과 인류학을 결합해서 보면, 인간은 자신의 유전자를 확대하려는 본능을 지향하는 '생존기계survival machine'이자 사회를 형성하여 타자와 협력하면서 공존을 모색하는 유전적 키메라다. 지극히 선한 자에게도 타인을 해하면서까지 자신의 이익을 확대하려는 악이 있고, 악마와 같다는 말을 듣는 자에게도 자신을 희생하여 타자를 구원하려는 선이 있다.

그럼 선의 종자만 발아하여 선의 꽃밭을 만들고 악의 종자는 발아하지 않게 하는 방법이 있는가. 필자의 앎의 범위에서는, 선과 악이 공존하는 복합적인 인간이 나쁜 욕망을 없애고 타자와 상생하면서 선을 지향할 수 있도록 이끄는 것은 크게 ① 노동과 생산의 분배를 관장하는 체제, ② 타자에 대한 공감, ③ 의미의 창조, ④ 사회 시스템과 제도, 문화, ⑤ 문화, 타자의 시선 및 행위, ⑥ 수행, ⑦ 집단학습, ⑧ 법과 규약 등 여덟 가지다.

앞에서 말한 대로, 짐승과 별다른 것이 없이 살던 인간은 사회를 형성하고 농경을 시작하면서 이타적 협력이 이기적 목적에도 부합

함을 깨닫고, 혈연 이타성, 호혜적 이타성, 집단 이타성, 윤리적 이
타성 또한 추구한다. 인간은 타자를 모방하고 공감하는 거울신경체
계를 발달시켰고, 이를 통해 타자의 고통에 공감하고 연대하려 한
다. 인간은 대뇌피질을 발달시켜 이성을 형성했고, 언어를 정교하게
구사하며 소통하며 의미를 창조하고, 진리나 정의의 가치를 위하여
목숨을 던지는 성직자나 지식인, 혁명가에서 보듯, 의미를 실존의
전제 조건으로 삼는다. 선한 자가 복을 받고 악한 자가 벌을 받는 시
스템과 제도가 발달한 사회일수록 서로 선함을 증장한다. 선한 자
에게 보상하는 시스템이 잘 발달한 사회일수록, 호혜적 이타주의가
활발히 오고 가는 집단일수록 선행은 증대한다. 지리적인 격리, 적
개심 등 집단선택의 요인도 있지만, 상과 벌 등 문화적 요인이 집단
이타성을 강화했다. "문화의 영향은 집단의 이익보다 자신의 이익을
지나치게 앞세우는 자들을 처벌하거나 집단을 위해 희생한 자들에게
상을 주는 방법 등을 통해 집단 이타성으로 나아가는 경향을 더욱 조
장했을 가능성이 크다."[65] 구성원의 유대가 긴밀한 공동체일수록 타
자의 시선과 행위를 의식하여 악을 억제하고 서로 선을 행한다. 수
행을 통해 깨달음에 이르거나 비속함에서 벗어나 거룩한 세계를 지
향한다. 집단학습을 통해 선과 이타적 협력을 통해 이기적 목적을
달성할 수 있는 길을 배우고 악을 행한 것에 대한 벌, 윤리적 행위에
대한 보상에 대해 배운다. 법이 공정하게 선악을 심판하고 징벌을
하는 곳에서는 범죄가 줄어든다. 이렇게 정리하고 보면 대안은 명
확해진다.

빈틈이 사라진 시대의 윤리와 대안

무엇보다 탐욕을 확대재생산하면서 개인의 탐욕을 부추기는 핵심에는 자본주의 체제가 자리한다. 대중을 돈과 권력, 탐욕을 좇는 괴물로 만드는 자본주의 체제와 신자유주의 체제를 해체하지 않고서는 어떤 대안도 미봉책일 것이다. 설혹 한 개인이 고도의 수행을 통해서 탐욕을 모두 없앴다 하더라도, 자본주의 체제는 그를 섬으로 고립시키며, 그 고립에서 벗어나고자 한다면 탐욕을 받아들일 것을 조건으로 제시한다. 자본주의 체제는 탐욕을 없애려는 사람들을 주변화한다. 그러기에 모든 것에 앞서서 선행되어야 하는 것은 인간의 탐욕을 증대하는 자본주의와 신자유주의 체제란 조건 자체를 없애는 것이다. 당연히 이를 해체하는 투쟁을 전개하고 동참하되, 해체될 때까지 기다릴 것이 아니라 곳곳의 지역에 공동체를 건설하는 운동을 수행해야 한다.

개인의 차원에서도 내 주변에 반자본적 세계를 구성하고 그 안에서 사람들과 인간적인 유대를 맺고 소통한다. 내 주변의 모든 인간을 인간 그 자체로 바라보고 차이를 인정하면서 존중한다. 물질의 가치와 인간애와 생명의 가치가 마주쳤을 때 늘 후자를 택한다. 돈 1000만 원보다 이를 물리치고 얻는 마음의 평안함이 그 가치 이상이라는 가치관을 유지한다. 타자를 섬기며 그를 위하여 욕망을 자발적으로 절제하고 나에게 즐거움을 주는 이기적 행위라 생각하며 나눔과 이타행을 행한다.

타자의 선한 시선과 행위가 서로를 선하게 한다. 타자의 시선은 권력을 형성하며, 행위는 교감이 된다. 그동안 한국 사회는 타자의 악한 시선과 행위가 서로 악마성을 증장시켰다. 대다수가 뇌물을 받는 집단에서는 청렴한 사람이 오히려 너만 깨끗한 척하지 말라는 동료들의 눈총을 받기 마련이다. 선한 사람이 늘 더 고통을 당하고 손해를 보는 시스템 속에서 많은 사람이 선의 종자를 억누르고 악의 종자의 싹을 틔웠다. 아랫사람이든 윗사람이든 타자를 배려하여 나의 욕망을 자발적으로 절제하고 두 사람 사이에 내재하는 권력을 포기하는 것이야말로 내가 행복해지고 타인도 그렇게 하는 길이라는 패러다임의 대전환을 하고 시선과 행위 또한 바꾸어야 한다.

공감·협력 교육을 수행한다. 정도의 차이일 뿐, 자본주의와 신자유주의 체제를 겪으면서 대다수가 돈이나 권력을 차지하기 위하여 타인을 해치거나 점유하는 괴물이 되었다. 모든 인간에게 내재하는 선의 종자, 곧 이타성과 공감 능력을 향상시키는 교육이 필요하다. 대중이 타인과 나 사이의 연기적 관계, 타자의 고통에 공감하여 타자와 연대하고 협력하는 눈부처-주체로 거듭나도록 해야 한다. 공감·협력 교육이란 "어떤 사안이나 세계에 대해 덜 인지하고 있는 자와 더 인지하고 있는 자 사이에서 부단한 상호작용, 수행, 체험, 소통, 타인의 삶에 대한 공감, 텍스트의 공감적이고 전복적인 읽기, 의미의 획득 등을 통해 주체적으로 삶의 의미를 구성하고 타자성을 증대하면서 서로 깨달음과 발달을 촉진하고, 타자를 배려하고 소통하면서 타자의 희로애락을 함께 느끼며, 이를 바탕으로 한 개인이 타자와 경쟁하기보다 서로 도와 공동의 이익과 발전을 도모하도록 이끄는 것"을 뜻한다.

의미의 존재로 거듭난다. 인간은 세계를 인식하고 그에서 의미를 해석하고 그 의미를 지향하면서 결단하여 미래를 구성하는 존재다. 인간은 사물과 자연을 바라보며 유사성이나 인접성의 유추를 하거나 텍스트를 읽거나, 혹은 체험을 하면서 무한한 의미를 생산한다. 식민지의 청년은 어두운 하늘에 빛나는 별을 바라보며 조국 광복을 염원하며 구속과 고문, 죽음을 각오하면서 일제에 저항하는 삶을 산다. 사람들에게 읽기와 쓰기 교육, 수행, 체험, 방송이나 영화 시청, 예술창작 등 다양한 통로를 통해 나름대로 의미를 해석할 수 있도록 학습하고, 좋은 의미를 지향하는 실존적 삶의 체험을 늘린다.

수행을 일상화한다. 이른바 선의 종자들에 물 주기 수행이다. 참선도 좋지만, 일상에서 먹고 배설하고 걷고 일하는 모든 행위를 수행으로 삼는다. 먹으면서 쌀을 여물게 하고 밥상에 가져다준 모든 것, 곧 햇빛과 바람과 물과 농부, 운전기사, 상인, 아내에게 감사하고, 그 밥을 먹고 배가 부르고 소화를 시켜서 내 몸에 세포들이 만들어지는 것을 상상한다. 배설하며 내 몸을 만들고 사라진 것들에 감사한다. 걸으며 자연과 지나는 사람들에 감사한다. 눈부신 햇살을 받고 얼굴을 스치는 바람결을 느끼면서 감사하고 행복해하면 내 몸의 모든 근육이 풀리며 뇌에서는 엔도르핀이 돈다. 지나가는 사람들마다 미소를 지으며 인사를 하면 긴장했던 그 사람의 얼굴근육도 풀리며 그도 미소를 지을 것이다. 일하며 일자리와 일거리를 만들어준 이들에 감사하며 새로운 가치를 창조하고 자연을 내 의도대로 변화시키면서 진정한 자기실현을 느끼고 그로 생산된 것이 여러 사람에게 도움이 될 것을 생각한다. 타인의 목소리에 귀를 기울이고 그를 자유롭고 행복하게 하여 나를 자유롭고 환희심으로 가득하게 한다. 그러면 선의 종자들이 발아하여 선의 꽃밭을 일굴 것이고 악의 종자들은 싹을 틔우지 못할 것이다.[66]

제도와 시스템 또한 근본적으로 개혁한다. 이제 효율과 이윤, 결과, 속도를 앞세워 인간과 생명, 과정, 안전을 희생한 것을 절절하게 성찰하고 후자를 중시하는 가치관과 삶, 노동으로 대전환을 해야 한다. 제도와 법 또한 탐욕을 절제한 이들이 상을 받고 그러지 못한 이들이 벌을 받는 것이 철저히 지켜지도록 개혁을 한다. 6장에서 말한 대로, 법이 정의에 부합하여 집행될 수 있도록 검찰을 민주적으로 개혁하며, 응보적 정의에 회복적 정의를 종합한다.

20세기는 한마디로 말하여 서로 지나치게 욕망을 확대하는 바람에 갈등과 전쟁을 낳은 시대였다. 지금 인류는 여러 가지로 위기에 있다. 이 위기의 근저에는 욕망의 확대재생산 메커니즘이 도사리고 있다. 자연을 비롯하여 정치, 경제, 사회, 문화 전 영역에서 욕망이 극단으로 확대재생산되는 바람에 '빈틈'은 사라지고 서로가 첨예하게 맞서고 있다.

절제 없는 욕망의 끝은 파멸이다. 이제 인류가 사는 길은 단 한 가지 선택밖에 남지 않았다. 더 이상 욕망을 확대한다면 지구 사회는 멸망을 맞는다. 욕망을 수용할 여분이 지구에는 더 이상 없다. 이제 욕망을 확대하는 것보다 절제하는 데서 행복을 더 느끼는 것으로 삶의 방식을, 패러다임을, 사회체제와 제도를 전적으로 전환하여야 한다. 결혼기념일이라고 고운 이와 샹들리에가 번쩍이는 특급 레스토랑에서 감미로운 음악을 들으며 바닷가재를 뜯어야 두 사람은 황홀할까? 그보다 갈잎이 살랑거리며 바람이 지나는 소리를 들려주는 동네 약수터에서 싸 간 김밥을 사람들과 나누며 이파리 새로 보이는 눈이 부시게 푸르른 하늘처럼 청정한 마음을 서로 소통하는 것에서 더 행복을 느낄 수 있지 않을까.

9장

정보화사회의 모순

: 디지털정치경제학 대
순이불순順而不順의 공유경제론

디지털사회의 빛과 그늘

산사에도 인터넷이 들어왔다

깊은 골짝 산사에도 인터넷이 들어왔다. 스님은 선방에 앉아 CNN
을 통해 미국 군인들이 아프가니스탄에서 전쟁을 수행하는 장면을
생생히 본다. 한 미국인은 인터넷을 통해 한국의 산사를 관람한 후
미지의 스님에게 이메일을 보낸다. 인터넷으로 설법을 하고 들으며
시주도 한다. 바야흐로 정보화의 물결은 산사까지 찾아들었다.

필자는 클래식 음반 몇 장을 애장품으로 가지고 있었다. 모두 중
고품 가게를 뒤져서 산 것이었다. 싸구려 전축이었지만, 그 음반을
전축의 회전판에 올려놓고 바늘을 올려놓으면 바늘이 음반에 파진
홈을 따라 진동하고 그 진동이 확성기를 통해 증폭되어 아름다운 소
리를 냈다. 하지만 이사를 가면서 이제 버리고 가자는 가족의 말에
망설이다가 결국 쓰레기통에 버렸다. CD라는 대체물이 있었고, 오

래된 탓에 홈이 마모되어 잡음도 심했기에 이 또한 집착이란 생각이 들었기 때문이다. 지금은 스마트폰의 앱이나 유투브를 통해 듣는다. LP판의 홈처럼 아날로그가 연속적이라면 디지털은 불연속적이다. 아날로그가 연속적으로 변화하는 물리량을 사인곡선처럼 전환하거나 재현한다면, 디지털은 모든 정보를 0과 1로 분할하고 전환하여 저장하고, 생성하고 처리한다. 디지털 시대에 와서 아날로그로 저장되었던 정보들은 속속 디지털로 전환되고 있다.

『디지털이다』의 저자 네그로폰테Nicholas Negroponte는 아톰에서 비트로 대전환하는 것의 위력을 설명하기 위하여 재미있는 비유를 들며 이야기를 시작한다.[1] "일당 1원짜리 일을 하는 사람의 급여를 매일 두 배로 올려주면 한 달 뒤엔 급여가 얼마일까? 처음엔 1원에 시작했지만 그의 월급은 28일인 2월이라면 1억 3천여만 원, 31일인 달에는 10억 7천여만 원에 달한다. 디지털 시대의 우리는 28일에서 31일에 이르는 이 마지막 3일에 살고 있다."[2] 그만큼 디지털 시대의 변화는 급진적이다. 그 진폭과 깊이는 아날로그적 감각으로는 감히 상상할 수도 없다.

우리는 지금 문명의 교차기에 있다. 근대사회에서 탈근대사회, 산업사회에서 탈산업사회, 자본주의사회에서 후기자본주의사회, 아날로그사회에서 디지털사회로 급속도로 전환하고 있다. 올드미디어는 뉴미디어로 속속 대체되고 있다. 현실이 아닌 사이버공간에서 쇼핑이 이루어지고 투자 상담이 오가며 섹스도 한다. 도서관이 아니라 인터넷에서 정보를 얻고 교환한다. 아날로그로 저장되었거나 운영되었던 것들, 심지어 야자수 잎에서 시작하여, 대나무, 동물 가죽, 비단, 돌, 종이 등에 기록되던 불경조차 속속 디지털화한다. 그리스 시대 이래 모든 것을 진리와 허위, 옳음과 그름으로 나누던 이분법적 패러다임이 해체의 위협을 받고 카오스와 퍼지의 패러다임이 자리를 잡고 있다. 정보화사회, 뉴일렉트로닉사회, 하이테크놀로지 시대, 뉴미디어 시대, 사이버 시대, 인터넷 시대, 디지털 시대, 이 모든 것을 포괄하는 용어로 마땅한 것이 없으니 잠정적으로 정보화사회로 명명하고서 논의를 시작하자. 지금의 정보화사회는 어떻게 흘러갈 것인가? 그것은 우리의 삶과 의식을 어떻게 변화시킬 것인가? 이에 따른 모순은 무엇이며 여기에 마르크스와 원효는 무엇이라 할 것인가.

정치 영역: 텔레데모크라시인가, 새로운 전체주의인가

한 할아버지가 서울시가 만든 홈페이지에 손자의 도움을 받아 정책 하나를 이메일로 보냈다. 시장은 그것을 보고 좋은 생각이라 판단하여 그다음 날 회의에서 채택했고 그런 사실을 다시 이메일로 할아버지에게 보냈다. 그날 그 할아버지는 얼마나 마음 뿌듯했을까? 몇 날 며칠을 걸려 한 자 한 자 입력하다가 그 불경 원문이 어느 사이트에 올라가 있다는 소식을 듣고 전문을 고스란히 내려받을 때 스님의 심정은 어떨까? 산업사회에서는 희귀본 하나만 가지고 있어도 원로학자 구실을 할 정도로 정보를 많이 가지고 있는 자가 위세를 부릴 수 있었다. 그러나 이제 누구라도 인터넷이나 스마트폰을 몇 번 클릭만 하면 백과사전 수천 권 분량의 정보를 안방에 앉아서 접할 수 있다. 정보화사회는 지식과 권력의 원천인 정보를 공유하고 분점한다. 자연히 권력의 위계질서가 파괴되고 탈중심화한다. 누구든 스마트폰을 통해 자기 의사를 표현하고 정책을 제안하고 자신이 원하는 후보와 정책에 투표를 하고 곧바로 답을 확인하며 되먹임feedback을 할 수 있다. 디지털상에 가상의 아고라를 만들어 어떤 정책마다 이에 대한 대중의 의견을 묻고 이를 계량화하는 것이 가능하다. 직접 민주정치의 길이 다시 열린 것이다. 그러니 이 사회는 텔레데모크라시를 실현하여 대중의 정치 참여를 고양하고 다양한 의사와 견해를 수렴할 수 있다.

반면에 몇몇 빅 브라더가 정보를 독점하고 통제한다면 이 사회는 산업사회보다 훨씬 더 억압이 내재화한 전체주의로 전락할 수 있다. 파워엘리트층은 정보와 채널을 독점하고 몰래카메라가 개인의 사생활을 엿보듯 개인을 통제하고 있다. 아날로그 시대처럼 굳이 미행을 하지 않아도 된다. 스마트폰을 꺼놓는다 하더라도 유심을 분리하지 않는 한, 우리의 모든 행적은 감시되고 기록된다. 애플은 간단한 어플을 이용하여 전 세계 스마트폰 사용자의 문자, 음성, 일정, 메모 등을 동시에 엿볼 수 있다. 카드를 사용하는 한, 우리의 화폐 사용 내역 또한 마찬가지다. 국가는 물론 기업과 사설업체 또한 아주 쉬운 기술로 내 컴퓨터를 해킹할 수 있고 내 컴퓨터를 켜는 순간 그의 컴퓨터도 똑같이 켜지면서 내가 하는 모든 작업을 관찰하고 더 나아가 원격 조정하여 내 컴퓨터나 스마트폰의 중요한 정보를 모두 빼 갈 수 있다. 1980년대처럼 형사와 국정원 요원이 직접 미행하거나 도청 장치를 설치할 필요가 없다. 인터넷 회로를 중간에 가로채서 당사자가 모르게 실시간으로 엿보는 패킷packet 감청을 하면 된다. 최근에 국정원이 이태리의 해킹 프로그램을 구입하여 실시간으로 개인의 휴대폰이나 컴퓨터를 도청한 것으로 밝혀졌다. 현관을 나서자마자 엘리베이터, 아파트 주차장, 동네 골목, 거리, 지하철이나 버스 정거장, 직장의 복도와 화장실, 공공장소에 이르기까지 몰래카메라가 우리의 일거수일투족을 감시하고 촬영한다. 우리의 비밀스러운 잠자리까지도 몰래카메라로 감시되고 빅 브라더의 뜻에 어긋날 경우 몇몇 여배우의 성행위 비디오처럼 공개된다고 상상해보라. 텔레데모크라시는 꿈일 뿐, 우리는 개인의 사생활마저도 철저히 감시되고 통제되는 사회로 가고 있다. 컴퓨터와 인터넷, 인공위성, 다양한 해킹 시스템을 결합한 이 메커니즘의 통제력과 조정력, 수용 능력은 가히 상상을 불허한다. 실제로 대선 때 국정원을 비롯한 국가기관이 나서서 박근혜 후보를 지지하고 야당의 후보를 비방하는 댓글을 2천만 건이 넘게 올려 여론을 조작하고 선거 부정을 행했다. 미국 국가안보국NSA은 이미 오래전부터 전 세계 시민과 지도자들을 도, 감청했다. 최근에 이 요원이었던 에드워드 스노든Edward Snowden은 "2007년부터 미국 국가안보국이 국가 보안 전자감시체계인 프리즘PRISM을 통해 일반 대중까지 감청했으며, 매일 50억 개에 이르는 개인 휴대전화의 위치를 추적했다"[3]고 밝혔다. 이에 전 세계인이 충격을 받았지만, 이미 NSA는 1990년대부터 전 세계 시민이 주고받는 팩스, 문자, 이메일을 도, 감청하고 있었다.

하지만 견제의 길이 전혀 없는 것이 아니다. 스티브 만Steve Mann이 말하는 '수베일런스sousveilance'의 길도 열려 있다. "서베일런스surveilance는 당국이 위에서(프랑스어로 sur) 대중을 감시하는 것이지만, 수베일런스는 대중이 권력자에게 카메라를 들이대고 아래로부터(프랑스어로 sous) 감시한다."[4] 우리는 다양한 SNS를 통하여 공권력을 감시하고 스마트폰을 통하여 공권력의 범법이나 월권행위를 실시간으로 중계할 수 있다. 국가 기관을 해킹하여 정권의 비리를 고발할 수 있다. 이집트의 봄과 튀니지의 봄은 수베일런스의 힘을 보여준 대표적 사례다.

디지털 격차는 계층별, 소득별, 직업별, 연령별, 장애별로 나타나고 있다. 이를 분석한 보고서의 중요 부분을 발췌하면 다음과 같다.

2012년 4대 소외계층(장애인, 저소득층, 장노년층, 농어민)의 PC기반 정보접근 수준은 일반 국민의 93.4퍼센트인 반면, 역량 및 활용 수준은 일반 국민의 56.1퍼센트, 59.9퍼센트로 나타나, 정보접근 격차보다 정보 활용능력·활용량·활용유형(사용의 질)과 연관된 정보활용 격차가 더 큰 것으로 분석되었다. [4] (······) 이들의 PC 보유율(68.7퍼센트) 및 인터넷 이용률(46.8퍼센트)은 전체 국민에 비해 각각 13.4퍼센트, 31.7퍼센트 낮은 수준이었다. [9] (······) 인터넷 이용자 기준, 소외계층의 '정보생산 활동률'은 23.4퍼센트로 일반 국민(43.9퍼센트)보다 20.5퍼센트 낮게 나타났으며, 인터넷 이용자 기준, 소외계층의 '정보공유 활동률'은 23.6퍼센트로 일반 국민(43.0퍼센트)보다 19.4퍼센트 낮게 나타났다. [16] (······) 인터넷 이용자 기준, 디지털 참여 및 관계형성의 핵심 용도인 '소셜네트워크서비스 이용률(최근 1년 이내 이용한 비율)'은 소외계층이 28.8퍼센트로, 일반 국민(57.2퍼센트)에 비해 28.4퍼센트 낮게 나타났다. [18] (······) 소외계층 스마트폰 보유율은 21.7퍼센트로 전체 국민(61.5퍼센트)에 비해 39.8퍼센트 낮은 수준으로 나타났다. [26][5]

이런 격차는 당연히 사회참여에도 영향을 미쳤다. "인터넷 이용자 기준, 소외계층의 '온라인 사회참여 활동률'은 14.4퍼센트로 일반국민(27.5퍼센트)보다 13.1퍼센트 낮게 나타나, 소외계층은 일반국민과 똑같이 인터넷을 이용할지라도 일반국민에 비해 사회적 이슈나 정부정책 관련 의견개진 등을 위한 온라인 사회참여 활동이 저조했다."[6]

디지털사회에서 가장 중요한 것은 많은 정보를 모으는 것이 아니라 그 정보를 어떻게 선별하고 활용하느냐에 있다. 스마트폰을 능숙하게 구사하고 인터넷을 제아무리 잘한다 하더라도 거기엔 중요한 차이가 있다. 문제는 정보의 양이 아니라 질, 확보가 아니라 창조에 있다. 양적인 정보를 모으는 데 급급한 집단과 정보를 모아 새로운 지식과 지혜를 창출하는 집단 사이의 격차는 새로운 지배 관계를 설정하고 있다. 디지털 리터러시는 스마트폰과 같은 정보기기를 잘 이용할 수 있는 능력과 기술만을 말하는 것이 아니다. 이들 기기를 활용하여 획득한 콘텐츠나 정보를 선별하고, 그 가운데 허위나 문제점, 조작의 가능성, 모순 등을 비판적으로 분석하고, 그런 과정을 거쳐 정선된 정보와 콘텐츠에 자신의 생각과 상상을 보태어 새로운 콘텐츠를 주체적으로 생산하고, 이를 소셜미디어를 매개로 사회로 확장하여 의미를 전달하고 담론투쟁에 참여하며, 이런 사회참여를 통해 다양한 가치를 창출하고 문화를 창조하는 정보 역량을 의미한다. "스마트 사회는 정보사회·연결사회·문화적 혁신사회·모바일 경제사회라는 중층적이고 복합적인 사회 특성을 가지며, 이러한 스마트 사회에 편입된 집단과 배제된 집단 간에는 지식·관계·참여·창의·소득 격차라는 다면적 격차가 발생한다."[7] 때문에 정보 격차를 줄이고 디지털 리터러시를 평등하게 강화하는 교육과 정책이 행해지지 않는다면, 정보화사회가 진행될수록 현재의 불평등과 독점, 억압 구조가 산업사회보다 더 굳건하고 깊게 뿌리를 내릴 가능성 또한 크다.

경제 영역: 빛의 속도로 거래하고 착취한다

경제와 사회 영역도 마찬가지다. 정보화사회에서는 말 그대로 빛의 속도로 거래하고 소비한다. 한국의 사무실에서 나스닥에 상장된 증권에 투자할 수 있다. 아마존에서 책이나 옷을 신청하면 며칠 안에 주문자의 집에 당도한다. 정보혁명으로 산업 구조가 유통과 전자, 통신 위주로 재편되고 공장자동화, 사무자동화, 가정자동화가 단행되었다. 세탁기 사용하는 것 하나만으로도 매일매일 엄청난 양의 가사노동에서 벗어났는데 스마트폰으로 밥을 짓고 빨래를 하고 청소를 하는 집의 주부는 얼마나 자유롭겠는가. 노동자들은 중금속으로 가득한 작업실에 로봇을 대신 보내고 남는 시간을 여가로 활용할 수 있다.

어둠은 경제의 장에서도 마찬가지다. 발전론자들은 전자매체의 확산으로 근대화와 산업화가 미진했던 영역에도 이의 혜택이 고루 퍼지리라고 주장한다. 그러나 케이블, 위성통신, 컴퓨터를 매개로 선진 중심국가에 의한 주변의 제3세계에 대한 잉여 착취와 저발전과 억압과 통제는 오히려 강화되고 있다. 빛의 속도로 거래한다는 것은 빛의 속도로 착취하고 수탈할 수 있음을 뜻한다. 헤지펀드는 한국이 IMF 사태 때 당했듯 단 하루 만에 수백억 달러를 빼내 가난한 나라를 언제든 국가 부도의 위기에 놓이게 할 수 있다. 미국의 금융기관들은 제3세계의 경제를 빛의 속도로 관리하고 통제하고 조작한다. 금융은 정보화기술을 이용하여 전 세계의 대중을 대상으로 정보를 얻고 이를 바탕으로 다양한 금융상품을 빛의 속도로 판매하며 이자의 형식으로 대중을 수탈하고 있다. 자본은 전 세계를 대상으로 정보를 수집하고 전 세계 대중을 고객으로 삼고 지역과 국가의 경계를 넘어 원격조정을 하게 되면서 해외 이전 등의 방식으로 노동을 배제하고 있다.

자동화는 노동의 억압에서 노동자를 구출할까? 정보화사회는 계획 수립으로부터 작업의 감시, 평가에 이르기까지 전 노동의 공정을 기술적으로 통제하여 노동의 강도를 높인다. 자동화는 자본의 유기적 구성을 높여 실업자를 양산한다. 자동화가 지금의 추세로 진행될 경우 20퍼센트만이 노동을 하고 80퍼센트가 실업의 소외와 좌절감에서 하루하루를 연명할 '2대 8의 사회'를 형성할 수 있다. 게다가 정보화사회는 아주 사소한 실수로도 핵전쟁과 같은 대형 사고가 날 수 있는 위험 사회다. 보도가 되지 않을 뿐 지금도 병원이나 공장의 컴퓨터의 미세한 오류로 수많은 생명이 목숨을 잃고 있다. 정도의 차이는 있지만, 컴퓨터를 사용한 이들 가운데 대부분은 바이러스나 운영체제의 오류 하나로 오랜 세월의 연구나 노력을 한숨에 날려본 경험이 있다.

디지털 시대의 자본은 노동의 저항에 대해 다양하게 대응하고 있다. "자본은 개별적인 노동 거부에 대한 대응으로 공장에 자동화를 도입했으며, 연합적 노동의 협업적 관계를 깨뜨리는 집단적 거부에 대한 대응으로 생산적인 사회적 관계를 컴퓨터화했고, 임금이라는 사회적 기율의 일반적 거부에 대한 대응으로 법인체들을 특권화하는 통화적 흐름에 의해 통제되는 소비의 체제를 도입했다."[8]

디지털사회는 불평등을 심화할 수 있다. 인류 역사에서 사회변동을 추진한 가장 큰 동력은 과학기술의 혁신이다. 기계의 발명으로 우리는 산업혁명을 이룩했지만, 이 기계의 시대도 아날로그 시대와 디지털 시대로 다시 나누어지며 그 차이가 확연하다. 기계는 노동을 대체한다. "증기기관은 큰 공장과 대량생산, 철도와 대중교통을 탄생시켰다. (……) 산업혁명을 통해 인류는 제1의 기계시대—기술혁신이 인류 발전의 주된 원동력이 된 첫 번째 시대—에 들어섰고, (……) 우리는 제2의 기계시대에 들어서고 있다. 증기기관과 그 후속 기술들로 근력이 대폭 강화된 것처럼, 컴퓨터를 비롯한 디지털 기술로 우리의 정신적 능력—뇌를 써서 환경을 이해하고 변모시키는 능력—이 대폭 강화되는 시대다. 디지털 기술의 발전에 힘입어 우리는 이전의 지적 한계를 뛰어넘어 신세계로 들어서고 있다."[9] "빅데이터와 분석학, 초고속통신, 쾌속조형rapid proto-typing 같은 기술들은 더 추상적이고 자료 중심적 추론의 산물들을 증가시켰고, 공학적이거나 창의적이거나 설계 능력을 갖춘 사람들의 가치를 증대시켜왔다. 그것은 숙련된 노동력의 수요를 증가시키는 반면, 덜 숙련된 노동의 수요는 감소시키는 순 효과를 낳았다. (……) 그들은 이것을 '숙련 편향적 기술 변화skil-biased technical change'라고 부른다."[10] 즉, 디지털 시대의 하이테크놀로지는 노동의 자리를 컴퓨터, 로봇, 사물인터넷, 3D프린터 등으로 대체하고 숙련된 사람들에게만 편향적으로 부를 안겨줄 수 있다.

사회문화 영역
: 다중은 쌍방향 소통을 하는 능동적 주체인가, 고독한 조난자인가

산업사회의 대중문화 속에서 부품화하고 원자화하던 대중의 위상이 바뀌고 있다. 대중은 영화든 텔레비전이든 작가의 의도대로 감상하고 해독하도록 강요당했다. 그들은 감독의 의도대로 웃고 울고 흥분하는, 욕망의 대상, 조작의 대상, 상품 소비의 대상에 지나지 않았다. 그러나 정보화사회에서 그들은 하이퍼텍스트를 만들면서, 쌍방향의 미디어를 활용하고 스스로 미디어를 선택하면서 미디어 텍스트를 창조하는 주체로 거듭나고 있다.

인터넷은 말 그대로 정보의 바다이다. 여기서 네티즌은 항해를 하며 정보를 취합하여 단순히 양적 확대를 가져오는 것이 아니라 새로운 지식을 창조한다. 인터넷을 통해 무한한 정보를 서로 나눌 수 있고 이로 새로운 정보를 무진장하게 창출할 수 있다. 이것은 인류가 창조한 어떤 매체보다 효과적이고 기하급수적이다. "인터넷은 네트워크 사회의 모든 사람이 다른 모든 사람과 중개 없이 직접적으로 연결되는 사회적 조건이다."[11] 사람들은 인터넷을 통해 소통하고 지식과 정보를 공유하고, 〈위키피디아〉에서 보듯 협력을 통해 업그레이드하며 무료로, 공개적으로 상호 발전을 도모한다.

사이버공간은 익명성과 쌍방향 소통으로 인하여 현실 공간에서 작용하던 가부장적 권력이 무너지는 장이기도 하다. 내 이름을 드러내지 않으니 명예훼손이나 불이익을 고려하지 않고 마음껏 포르노사이트에 들어가 열람할 수 있고 특정인과 특정 기관을 비판하는 글을 올릴 수 있다. 어떤 사이트에선 순진하고 고독한 청년으로 행세

할 수 있고 어떤 사이트에선 지적이고 예리함을 갖춘 지식인처럼 글을 쓸 수 있다. 이처럼 익명성과 다중정체성이 보장되기에 현실 공간의 권력과 권위를 마음껏 조롱하고 풍자하고 공격할 수 있다. 현실에서는 국가, 자본, 남성이 권력을 행사한다면, 디지털이 빚어낸 가상 영역에서는 이런 권력이 약화하며 외려 권력의 중심을 해체하려는 경향이 강하다. 따라서 현실 세계에서 차별적이고 제한적인 영역에서 활동할 수밖에 없었던 여성과 사회적 약자는 여성성의 글쓰기, 저항의 담론 생성 등을 할 수 있다.

아날로그와 달리 사이버공간에서는 다중정체성과 익명성의 글쓰기가 난무한다. 이 가운데 여성성의 글쓰기는 남근중심주의적 체계를 지배하는 담론에서 벗어남은 물론 생물학적 구분과 억압으로부터 해방을 추구할 수 있다. 여성은 "계산하지 않는 증여로 특징지워지는 타자와 관계"[12]를 추구하는 모성을 가졌고, "어떤 의미에서 양성적이"[13]기 때문이다. "이것은 (……) 여성이 타자의 존재를 인정한다는 의미이다."[14] "그녀에게 의탁하는 타자, 즉 방문자를 살아 있는 채로 간직할 수 있는 여성성이다. 그녀는 그것을 타자로서 사랑할 수 있다. 타자가 되기를, 다른 사람이 되기를 사랑하는 것이다."[15]

"디지털 툴은 정보를 이해하고 처리하는 데 새롭고도 효과적인 방법을 제공한다. (……) 컴퓨터는 새로운 문해력을 만들어낸다."[16] 지금 젊은이들은 책을 읽지 않고 문자에서 비롯된 개념적 사유를 하지 않아 멍청해진 면이 있는 반면에 다양한 소프트웨어나 앱을 활용하여 새로운 방식으로 사고하고 아날로그 세대는 상상도 하지 못하였던 작업을 아주 짧은 시간에 수행한다.

반면에 정보 홍수는 개인을 무력화하고 소외를 더욱 강화할 수 있다. 인터넷 중독증은 식음을 전폐하고 인터넷 게임을 하다가 많은 사람이 죽을 정도로 새로운 문명병으로 부상하고 있다. 인터넷으로 원조교제가 확산되고 음란물이 아무런 제재 없이 전 세계적으로 동시에 유통되면서 도덕은 황폐화하고 있다. 진지한 비판이 사라지고 인신공격성 비판과 장난으로 올리는 글들이 정보의 바다에서 쓰레기로 떠다닌다. "디지털 시대는 청소년을 소셜그룹과 경쟁의 소용돌이 속에 휩싸이게 했고, 이는 젊은이의 지적 발달에 심각한 위협이 되고 있다. 이것은 오래된 미디어에서 새로운 미디어로, 전통적인 독해·작문 능력에서 새로운 독해·작문 능력으로의 진화가 아니다. 이탈이다."[17] "그들은 자기 자신에게 몰입할수록 과거는 잊어버리고 미래에 대한 비전도 잃어버린다. (……) 청소년은 사막에 모여 앉아 이야기, 사진, 텍스트만을 주고받으며 또래의 주목을 받는 기쁨에 산다. 그동안 그들의 지성은 지금의 우리를 만들어온 문화적·시민적 유산을 거부한다."[18]

인터넷은 개인의 사고와 삶을 단순화하고 있으며 개인을 더욱 고립시키고 있다. 자유로운 주체인 것 같지만, 제국이 만든 틀과 구조 안에서 글쓰기를 한다. 미네르바 사건에서 보듯, 자유는 이름일 뿐, 실제로는 권력이 언제나 감시하고 통제하고 있으며 네티즌은 이를 내면화하여 스스로 자신을 검열하고 통제한다. 인터넷을 떠도는 네티즌은 전 세계를 향하여 무한대로 열린 대화를 하는 어엿한 주체가 아니다. 그는 대화를 시도하지만 항상 혼자인, 인터넷 바다의 고독한 조난자일 뿐이다. 마음대로 지껄이는 것 같지만, 그 정해진 틀과 울타리 안에서 위험하지 않을 정도로 불만과 갈등을 해소하는 잔뜩 주눅이 든 소시민일 뿐이다.

세계 체제: 정보고속도로는 바리케이드 없는 식민고속도로

정보화사회는 지구촌을 단번에 만들었다. 우리는 SNS를 통해 전 세계의 사람들과 실시간으로 소통할 수 있다. 필자가 민주화를위한전국교수협의회 의장으로 있을 때 조희연 현 서울시 교육감과 함께 희망버스와 쌍용자동차 운동을 지지하는 세계 지식인 지지선언을 조직했었다. 필자가 쓴 성명서 초안을 민교협 교수들이 영어와 일어, 중국어, 프랑스어 등으로 재능기부 형식으로 번역하여 이메일과 SNS를 통해 뿌렸다. 수십, 수백여 명의 해외 지식인이 서명에 동참했고, 촘스키 교수 등은 지지와 격려의 글까지 보냈다. 디지털사회가 아니라면, SNS가 없었다면 불가능한 일이었다. 우리는 안방에 앉아서 지구 반대편에서 행해지는 국제 회의나 이를 반대하는 집회를 볼 수 있고 아마존에 책을 주문할 수도 있다. 하루에도 수억 건의 지식과 정보를 교환하면서 사람들은 인류 역사상 가장 빠른 속도로 진화하고 있다. 지금 이 순간에도 〈위키피디아〉는 업그레이드되고 있으며 수억 명의 지구촌 사람들이 이로 궁금증을 풀고 얻은 정보를 바탕으로 더 좋은 정보를 생산하고 있다. 영어 소통이 가능하다면 정치, 경제, 사회문화, 인문학과 예술에서 공학과 생물학에 이르기까지 모든 영역에서 수많은 정보를 인터넷에서 검색하여 얻을 수 있고 활용할 수 있다.

하지만 정보화사회는 세계 체제와 관련해서도 역기능을 행한다. 정보화사회의 최대 적은 제국이다. 미국의 소프트웨어와 하드웨어의 점유율은 전 세계에 걸쳐 거의 80퍼센트에 이르러 컴퓨터를 사용을 하든 사용을 하지 않든 그럴 때마다 엄청난 로열티를 미국에 지불한다. 인터넷은 기본통신규약, 즉 TCP/IP Transmission Control Protocol/ Internet Protocol에 따라 정보를 검색하고 그 정보를 내려받거나 혹은 이를 통해 상업적 거래를 할 수 있는 세계컴퓨터조직망이다. 원래 인터넷은 1969년 미국 국방성과 미국 과학재단의 자금 지원으로 미국 국방성 연구계획처에서 만들어진 최첨단 정보통신매체다. 당초 국방 및 연구 목적으로 개발되었으나 최근에는 파일 전송, 다른 컴퓨터 네트워크 및 컴퓨터 게시판에 대한 접속, 검색서비스를 지원하고 있다. 그리고 인터넷은 이에 필요한 월드와이드웹 World Wide Web을 제공하고 있다. 인터넷의 정보를 관장하는 호스트 또한 거의 80퍼센트 가까이 미국이 점하고 있다. 서부 개척시대에 인디언 땅에 깃발을 먼저 꽂은 백인이 그 땅을 소유했듯, 미국은 도메인 닷컴을 독점적으로 통제하고 관리한다. 스마트폰에 담긴 수많은 소프트웨어와 앱도 대부분 미국에서 만든 것이며, 우리가 SNS를 통해 반미와 반제국을 외친다 하더라도, 페이스북이든, 트위터든, 인스타그램이든 그들이 구성한 틀에서 이 작업을 수행하는 것이며, 그들은 언제든 이를 활용하거나 통제할 수 있다.

비단 이것만이 아니다. 마이크로 소프트, IBM, 엑슨 등 미국의 초국적기업들은 컴퓨터, 옥상의 위성통신 수신기, 케이블 등을 통해 제3세계의 기업과 정부를 자기네가 마음대로 통제하고 조작할 수 있는 네트워크 속으로 몰아넣고 있다. 또 이 네트워크는, 포스트모더니즘 비평이나 신자유주의에서 보듯, 관료와 지식인, 문화산업가와 비평가, 예술인 등 소위 '지배받는 지배자'인 지식인들을 포섭하여 첨병으로 활용하고 있다. 첨병들은 제3세계에서 지배층을 형성하며 강단에서, 언론에서 미국식 가치, 양식, 상징, 이미지, 이데올로기, 제도와 체제를 전파하는 전도사 역할을 한다. 이 네트워크에 들어온 자들의 결속은 점점 더 강화되고 이의 대외적 영향력은 점점 더 증가했다. 이로 이제 제3세계에서는 국가조차 이 네트워크에 대한 통제력을 상실했으며, 오히려 거꾸로 이 네트워크가 제3세계의 국가를 감시하고 통제하는 지경에까지 이르렀다.

이를 더욱 강화하고 유지하기 위하여 미국은 케이블, 인공위성, 컴퓨터를 연계시켜 미국의 군사력과 정보력을 증강시켜왔다. 한때 전 세계적으로 광범위하게 사용되었던 COBOL을 개발한 주된 추진 세력도 미국 국방성이다. "미국 국가안보국의 경우 요원만 2013년 현재 4만 명에 달한다. 안보국의 주된 업무는 전 세계에 걸쳐 거의 모든 통신망을 도, 감청하여 국가 간, 기업 간, 그리고 표적 대상이 되는 사람들의 커뮤니케이션을 감시하고 분석하는 작업을 수행하고 이를 미국의 이익을 위하여 사용하고 다른 한편으로는 판독이 불가능한 암호를 개발하는 것이다."[19] NSA는 위성통신 감청망인 에셜론ECHELON과 프리즘Prism을 이용하여 전 세계를 대상으로 전화통화, 팩스, 이메일을 시간당 수십억 건씩 도청했다.

에셜론은 어떻게 전 세계 전 지역을 샅샅이 뒤져 그 많은 정보를 도, 감청하며 그 정보들을 정리하여 활용할까? "우선 안보국은 영국, 캐나다, 호주, 뉴질랜드 정보기관과 협력하여 지역을 할당했다. 워싱턴의 슈거그로브 기지와 시애틀 근교 야키마 기지를 둔 NSA는 중남미, 러시아, 한국과 아시아, 중국 지역을 담당하고, 영국 요크셔 멘위드힐 기지를 중심으로 한 정보통신본부GCHQ는 유럽과 아프리카와 러시아 우랄 산맥 서쪽 지역을 맡는 식이다. 그다음 그 지역 안에서 카테고리를 설정한다. 여기서 교황청, 그린피스, 톰슨사, 요한 바오로 2세, 다이애나 황태자비, 미국의 반전 가수 존 바이어즈 등 도청 목표를 정하여 행하지만 에셜론의 위력은 모든 대중에 대해서 무작위로 도청할 수 있다는 데 있다. 이는 전 세계에서 오고 가는 팩스, 이메일, 텔렉스 등 모든 '쓰인 통신'과 전화 통화와 무선통신에 이르기까지 무작위로 도청할 수 있는 시스템이다. 인공위성과 케이블로 이루어진 망과 연결된 딕셔너리 컴퓨터의 특수한 운영체제를 이용하여 10개 내지 50개의 키워드로 도청한다. 고도의 능력을 지닌 키워드 매니저는 카테고리 안에 엠네스티, 요한 바오로 2세 등 도청 목표의 이름, 조직, 이메일 주소, 전화번호 등의 키워드를 정하여 컴퓨터에 입력한다. 그리고 이를 효율적으로 운영하기 위하여 이 키워드를 '반미, 폭탄, 테러' 등의 낱말이나 특정한 인물의 이름과 조합한다. 목표로 한 대상의 전화나 이메일, 팩스 등에서 이들 키워드가 나오면 이 시스템은 자동으로 작동하여 도청을 하고 그 자료를 분석한다. 그 자료마다 '카우보이' 등 각 기지의 코드네임과 도청 시간과 장소를 병기했기에 각 자료는 해당 기지와 NSA 사령부에 전해지고, 분석가들이 이들 정보를 분석하고 분류한다. 이 모든 것을 원활하게 하기 위하여 빅버드Big Bird란 인공위성과 지상과 해저 케이블, 각 기지에 있는 딕셔너리 컴퓨터가 아주 긴밀하고 정밀한 네트워크를 형성하고 있다. 이들 요원은 실리콘 밸리에 가서 컴퓨터 교육을 받으며 멘위드힐 기지에만 1만 5천 명의 요원이 도청과 정보 분석을 위해서 활동하고 있다."[20]

스노든에 의하면, "미국은 2007년부터 프리즘 프로그램을 운영하고 있다. 이는 정보 수집 도구가 아니라 분석 도구다. 업스트림 프로그램은 해저 케이블에 접속하여 정보를 수집한 것과 기존에 축적된 정보를 분석한다. 프리즘 프로그램은 야후, 구글, 페이스북 등 미국 국내의 정보 공급자의 서버에 접속하여 정보를 모아, 빛이 프리즘을 통과한 후 무지개로 바뀌듯, 이를 분석하여 미국의 안보에 유용한 정보로 변용시키는 프로그램이다. 문제는 이것이 테러나 안보를 위해서만 사용되는 것이 아니라 영장 없이 우방국의 지도자 및 시민을 대상으로 이메일 해킹, 전화 도청 등을 감행한다는 점이다".[21] 오늘 당신의 애인에게 보낸 이 메일에 혹시 주요 인사의 이름이나 '특별한' 낱말이 있지 않았던가? 그랬다면 에셜론의 도청이나 프리즘의 분석을 의심해야 한다.

우리는 문화제국주의나 미디어 제국주의의 입장에서 제국의 제3세계 문화 침투와 조작, 통제, 경제적 활용에 대해 비판했었다. 디지털사회에서 이는 빛의 속도로 스마트폰과 인터넷을 사용하는 모든 제3세계 대중에게 무차별적으로 자행되고 있다.

사실 1960년대 전자기술 혁명의 총아로 일컬어졌던 컬러 TV가 세계 각국의 대통령 선출 방식을 바꾸고 그 선거 결과에 커다란 영향을 미친 것처럼 1990년대 정보통신기술 혁명이 세계 모든 기업의 경영 패턴을 변경시키고 기업 경영의 세계화를 몰고 왔다. 이처럼 미국은 정보화사회의 모든 매체를 동원하여 중심에 의한 주변의 문화 침투를 빠른 속도로 확대하고 잉여 착취, 억압과 통제를 강화하고 있다. 그렇다면 정보화가 진행될수록 "문화적 동시화" "미국 문화의 동시화"가 더욱 강화될 것이며 현재의 불평등은 더욱 심화할 것이다. 대신 제3세계의 독창적 문화와 사회적 창의성은 혼란을 겪으면서 차츰차츰 파괴될 것이다. 한마디로 말하여 정보고속도로는 '식민고속도로'로 변질되고 있는 것이다. 이 식민고속도로의 속도는 거의 무한대다. 무역보호정책, 관세정책 등 제한속도가 있던 산업사회에서는 그 속도조차 가늠하기 어렵다. 이런 상황에서 고속도로를 거부하면 그 국가는, 산업사회에서 포장도로가 깔리지 않은 곳이 오지로 남은 것처럼, 낙후 지역으로 남을 것이다. 문제는 브레이크를 걸거나 적절한 곳에 바리케이드를 설치하는 것인데 거의 무한대의 속도가 용인되는 곳에서 이것은 아주 위험한 일이며 불가능하기까지 하다.

아날로그 시대와
디지털 시대의 차이

지사형 인간이 리좀적 인간을 만난다면

지금 우리가 살고 있는 사회는 산업사회와 탈산업사회, 아날로그 사회와 디지털사회와 중층적으로 겹쳐 있다. 대통령 후보자는 이 지역, 저 지역을 다니면서 유세를 하는 동시에 사이버상에 댓글을 올리거나 조작한다. 시민들은 SNS를 통해 정권을 비판하면서도 광장에 사람을 모아 집회를 한다. 아날로그 사회문화와 디지털사회문화 및 인간상의 차이를 분석하고 양자의 소통을 모색할 때 좀 더 나은 삶을 기대할 수 있다.

기호와 문자에 의해 사고하고 실천하는 시대와 이미지를 바탕으로 느끼고 행동한 시대는 상당한 차이를 갖는다. 월터 옹Walter J. Ong의 논의에 필자의 의견을 첨가해 구술 시대와 활자 시대, 영상 시대의 차이를 일별하면 다음과 같다.[22]

〈표 4〉구술 시대와 활자 시대, 영상 시대의 차이

구술 시대	활자 시대	영상 시대
신화, 시	산문과 소설	하이퍼텍스트
청중	개인	다중
소리와 음악	문자	문자, 소리, 이미지 통합
정형구 있음	정형구 없음	정형구 있음
참여	소외	참여
비위계적	위계적	비위계적
言靈 존재함	言靈 사라짐	言靈의 부활

구술 시대에는 구술자가 신화를 풀어내고 시인이 음률에 맞추어 시를 읊었다. 청중은 그 자리에 모여 함께 울고 웃었으며 "향가가 천지귀신도 감동시켰다"라고 할 정도로 진리는 물론, 말의 생명력이 있었고 그에 영까지 깃들어 있다고 생각했다. 기억을 위해, 음률에 맞추기 위해 정형구가 활용되었고 소리 사이에 위계는 존재하지 않았다.

활자 시대가 되면서 개인이 창작을 하고 그가 쓴 글은 그로부터도 소외되었고 독자들 또한 홀로 소설을 읽으며 감동했고 거기서 메시지를 받기는 했지만 활자 사이의 꽃은 시들어버렸다. 텍스트에서 음악은 사라졌고 문자로 시간을 붙들어 맺기에 정형구 또한 필요하지 않았으며 글과 글 사이에 위계가 있어 독자들은 처음부터, 1장부터, 1쪽부터 작가가 정해준 위계에 지배되었다.

영상 시대에 접어들자 구술성이 여러 차원에서 회복되었다. 산문과 소설은 컴퓨터와 인터넷을 타고 무수한 하이퍼텍스트를 만들고 다중이나 네티즌이 프로슈머prosumer로서 동시에 참여한다. 네티즌은 하이퍼텍스트에 음악과 소리와 이미지를 담는다. 정형구도 부활한다. 검색 기능에서 보듯 위계질서는 무너졌다. 네티즌 각자가 자신의 의도와 취향대로 순서와 차례, 중요도나 서열을 무시하고 텍스트를 읽고 퍼서 나르고 변형을 가한다. 언령言靈이 다시 부활하여 네티즌은 글의 생명력과 힘을 믿고 댓글을 올리고 접속 빈도에 환호한다.

전 시대에 가장 이상적인 인간형은 지사형의 인물이었다. 안중근 의사처럼 그는 신념에 따라 행동하고 이 신념이 자신의 정체성을 형성하는 바탕이기에 자신의 정체성을 유지하기 위해서라도 신념이나 집단의 가치를 위해 자신을 기꺼이 희생한다. 그처럼 아날로그형 인간이 집단과 조직의 구성원으로서 충실하고자 한다면, 디지털형 인간은 개인과 자아의 즐거움과 충족감에 몰두한다. 아날로그형 인간이 명령과 위계질서를 따르고 복종하려 한다면, 디지털형 인간은 이를 깨고 게릴라처럼 활동하기를 좋아한다. 아날로그형 인간이 동일성에 포획되어 자신의 정체성을 확고히 하고 이에 부합하게 행동하려 한다면, 디지털형 인간은 다중인격을 형성하거나 타자에 맞추어 그때그때 아바타를 형성한다. 아날로그형 인간이 여닫이문처럼, 안과 밖, 나와 남, 우리와 타자, 문화와 야만을 구분한다면, 디지털형 인간은 회전문처럼 그 경계를 해체하고자 한다. 아날로그형 인간이 본능이 요구하는 욕구를 충족하려 한다면, 디지털형 인간은 욕망을 꿈꾼다. 아날로그형 인간이 욕구를 충족하면 만족감을 얻어 중지하지만 디지털형 인간은 충족되지 않는 욕망을 끊임없이 추구한다. 아날로그형 인간이 '~하지 마라'라는 부정적 언명을 따르거나 사용하고 그에 대한 죄와 벌, 두려움, 책임으로 인하여 이에 복종한다면, 디지털형 인간은 긍정적 언명을 좋아하고 자신이 내켜서 이를 수행한다. 아날로그형 인간이 다양한 범주로 영토를 만들고 이에 얽매여

<표 5> 아날로그형 인간과 디지털형 인간의 비교

아날로그형 인간	디지털형 인간
집단과 조직	개인과 자아
명령과 위계질서	게릴라
자기 지키기	다중인격성, 타자 지향성
여닫이문	회전문
욕구 추구	욕망 추구
부정의 언명	긍정적 언명
붙박이형	장돌뱅이형/리좀형

이 울타리 안에서 생을 영위하고자 한다면, 디지털형 인간은 이에서
벗어나 유목민으로 떠돌고자 한다.

　그래서 미국 미네소타대학교 심리학과 마크 스나이더Mark Snyder
교수는 현실과 가상세계를 넘나드는 사이버 시대의 인간형을 다양
한 블록으로 자유자재로 모양을 만들 수 있는 레고와 비유해 '레고
적 인간형'이라고 규정한다. 이들은 일정한 공간에 머물지 않고, 현
실이든 가상의 공간이든 끊임없이 유랑하는 노마드다. 이들은 리좀
적이다. 이들은 '땅속줄기'처럼 역동적이며, 이종성異種性을 지향하고,
무한한 연결망을 가지며, 위계가 없고, 절대 파열되지도 소멸되지도
않으며, 안과 밖이 없이, 거의 무한대의 출구를 갖는다.[23]

　아날로그형 인간의 입장에서 보았을 때 디지털형 인간은 "건방지
고 무례하며 도저히 종잡을 수 없이 제멋대로인 문제아"다. 디지털
형 인간의 입장에서 보았을 때 아날로그 형 인간은 "언제나 시대나
유행에 뒤떨어지고 고리타분하며 권위적인 꼰대'들이다. 물론 21세
기사회가 아날로그와 디지털이 뒤섞여 있듯, 대중 또한 아날로그형
인간과 디지털형 인간이 혼합되어 있다. 상대적으로 40~50대는 전

자가 더 많고 20~30대는 후자가 많다. 디지털 시대는 상황과 맥락이 다양하기에 어떤 인간형이 좋은 인간형이라 규정할 수 없다. 리좀적 인간이 되어 언제나 자유롭고 역동적이고 파열되지 않으면서도 때로는 상황에 따라 부조리에 맞서서 저항하는 주체성을 확고하게 구현하는 것이 바람직할 것이다. 중요한 것은 양자의 소통이다. 아날로그형 인간은 SNS를 활용하며 이미지로 느끼면서 디지털형 인간의 리좀적이고 노마드적인 삶을 닮으려 할 필요가 있다. 디지털형 인간은 문자 텍스트를 좀 더 많이 읽으며 개념적 사유를 자주 하면서 아날로그형 인간의 줏대 있는 주체적 삶을 가슴에 담아야 하리라.

디지털사회경제학
: 정보화사회에 대한 마르크스적 분석

비트와 네트워크의 결합이 정보혁명의 원동력

인터넷이 국가와 문명 간의 대화를 늘리고 정보 격차와 불평등을 해소할 것이라고 말한다. 그러나 이메일을 통해 상대방의 얼굴에서 떨어지는 눈물을 닦아줄 수도 그의 눈물이 마르도록 따뜻하게 포옹해줄 수도 없다. 광장이 사라진 시대에 노동자들은, 정의를 외치려는 자들은 어디에서 모여 외침을 전할까? "말이 권력이다"라는 마르코스Subcomandante Marcos의 말처럼, 혹자는 그가 성공한 예를 들어 인터넷 시대엔 게시판이 광장이라고 말할 것이다. 인터넷을 통해서 전 세계를 향하여 투쟁하고 연대할 수 있다는 장점이 있다. 그러나 그 공간에서 싸늘한 정보를 볼 뿐이지 뜨거운 피와 불거진 목젖을 보지 못하지 않겠는가? 다가오는 미래에 인류는 인터넷과 컴퓨터를 이용하여 무엇이든 만들 수 있다. 그러나 이것은 의족처럼 따스한 피가 흐르지 않는 창조일 뿐이다. 정보화사회에서도 물질성을 확보하고 구체적인 현실에 발을 디디고 생각하고 상상해야 하는 이유가 여기에 있다. 정보화사회에 대해 마르크스적 사유가 필요한 이유다.

마르크스주의에서 보면 산업사회와 디지털사회는 여러 면에서 대립적이다. "산업사회에서 상품의 소유권은 특정 계급의 특권인 반면에 디지털사회에서 개인컴퓨터와 인터넷의 접근이 증대함에 따라 생산수단의 소유권 구조는 점점 민주화하고 있다. 산업사회에서 과학기술적 지식은 고정자본에 물화(객관화)한 반면에, 디지털사회에서 인터넷을 통해 서로 연결된 개인들의 '집단지성'은, 무료공개 소프트웨어FOSS 프로젝트나 〈위키피디아〉의 작성자들의 협력적 작업에서 볼 수 있는 바와 같이, 어떤 형태의 독점적 통제에 대해서든 저항한다. 산업사회에서는 소유자가 상품을 독점적으로 소비한다는 특성을 갖지만, 디지털사회에서 다양한 디지털 양식들은 비경쟁적이며, 때로는 반경쟁적이기도 하다. 산업사회에서 생산과 상품의 요소들이 시장 메커니즘 속에 배치되는 반면에 디지털사회에서 점점 더 많은 개인이 자발적으로 디지털 사용가치를 생산하는 노동에 기여하며, 사람들은 공유의 문화 속에서 무료로 이에 접근한다."[24]

정보화혁명 자체는 중립적이다. 정보혁명은 자본의 편도, 노동자의 편도 아니다. 자본가는 정보혁명을 노동을 통제하고 자본의 축적을 강화하기 위하여 이용하려 하고 노동자는 정보혁명을 광장으로 끌어내려 이런 자본의 의도를 해체하려 한다. 자본은 정보혁명을 이용하여 착취와 수탈, 배제를 강화하고, 시민들은 이에 맞서서 정보재의 상품화와 독점에 저항한다. 인터넷은 소통과 참여, 다양성, 개방성, 투명성, 자유와 공유를 지향한다. "인터넷은 광장으로 규정할 수 있으며, 시장에서 사적 소유물을 등가교환의 원칙에 따라서 자유롭게 교환하지만 광장에서는 무소유물 내지 공유물을 선물교환의 원칙에 따라서 자유롭게 교환한다.”[25] “인터넷은 TCP/IP규약에 의하여 연결된 컴퓨터들의 지구적 네트워크로 정의된다. 정의에서 핵심인 통신규약은 통신에 관한 약속을 의미한다. 이 통신규약에서는 인터넷이 링크의 길이가 길어지더라도 하나의 (메인)컴퓨터가 두 개 이상의 링크를 가지는 중심이 없는 구조를 가지도록 만들었고, 자료를 패킷 단위로 나누어서 각기 다른 경로로 전달되는 패킷 스위칭 packet switching 방법이 선택되었다. 그런데 이러한 개방적이고 분산적인 구조로 말미암아, 자본에 의하여 자본축적의 수단으로 활용되기 쉽지 않게 되었다. 중심이 없고 분산된 네트워크일수록 초과이윤을 획득하기 어려워지기 때문이다.”[26] “버너스-리 Tim Berners-Lee가 월드와이드웹을 사적 소유물로 삼지 않고 인류 공통의 재산으로 기부”[27]한 것처럼 “인터넷의 발명자들은 인터넷을 공공의 영역에 기부했고 공유 상태로 유지하기 위해 노력하고 있다”.[28]

“정보재를 상품화하는 경향도 강하지만 이에 맞선 저항도 강하게 전개되고 있다. 사용자들은 유료상품과 무료상품이 있을 때 무료상품을 사용한다. 월드와이드웹이나 리눅스처럼, 인터넷, 운영체제, 응용프로그램의 설계자들은 자기의 발명품이나 작품을 아무 대가를 받지 않고 공공의 영역으로 귀속시켜버렸다. 인간게놈프로젝트의 염기서열을 상품화하는 것을 금지한 것처럼, 국가는 지식과 정보의 상품화를 장려하기도 하지만 제한하기도 한다. 넷스케이프사가 브라우저로 크게 성공하자 MS가 인터넷 익스플로러를 공짜로 제공하여 브라우저 상품화를 좌절시킨 것처럼, 다른 자본이 지식과 정보의 상품화를 방해한다."[29]

먼저 정보재information goods의 생산이나 재생산은 마르크스의 노동 개념에 부합하는지 알아보자. 3장에서 말한 대로, "마르크스가 볼 때, ① 노동은 도구를 이용하여 자연을 변화시켜 생산물로 만들며, ② 낡은 가치를 보존하면서 새로운 가치를 창조하고, ③ 살아 있는 시간을 만들면서 ④ 개인이 진정한 자기실현을 하고 ⑤ 타인과 더불어 유적 존재로서 실존하게 하고, ⑥ 나아가 대자적 실천 행위를 구현하게 하는 것"이다. 이를 정보화사회에 적용해보자.

정보재는 모든 정보를 약속과 알고리즘에 따라 디지털, 다시 말해 0과 1의 묶음인 비트로 전환하여 네트워크로 연결한 것이다. 컴퓨터 등의 도구를 이용하여 자연 상태의 정보를 변화시키는 디지털화를 통해 소프트웨어, SNS상의 텍스트 등을 만든다. 이는 숫자나 기호에서 인간의 유전자나 감정, 별의 움직임까지 인간이 파악할 수 있는 모든 정보를 무게도 색깔도 없는 비트로 바꾸어 빛의 속도로 전달할 수 있도록 전환하는 노동이다. 1, 2, 3, 4, 5를 1, 10, 11, 100, 101로 바꾸는 식으로 소리, 색깔 등 연속적인 것을 단속적인 것으로 미분화하고 이를 0과 1로 전환하여 표현한다. 이렇게 할 경우 압축과 수정이 쉬워지고, 손쉽게 비트를 혼합하여 멀티미디어화할 수 있으며, 아주 적은 비트만으로 음향과 영상을 디지털화하고 재생할 수 있기에 에너지가 절약되며, 모든 정보를 공통의 약속에 따라 처리할 수 있으며, 모든 정보를 거의 모든 물질에 저장하고 전달할 수 있는 이점이 있다.[30]

소프트웨어를 만들거나 SNS에 글을 올릴 때 그것은 기존에 가졌던 낡은 가치를 보존하면서 새롭게 하고, 더 나아가 새로운 가치를 창조한다. 즉, '살아 있는 노동'이 된다. "디지털화는 비트의 발생 원들을 완전히 새롭게 조립함으로써 새로운 내용의 창작물이 만들어질 수 있는 가능성을 창조하는 것이다."³¹ '아래아 한글' 소프트웨어는 한글의 가치, 곧 발음과 문자가 일치하는 표음문자인 것, 자음 14개와 모음 10개로 모든 글자를 표현할 수 있는 것, 누구나 쉽게 배워 읽고 쓸 수 있는 것 등의 가치는 그대로 보존된다. 이를 노동을 통해 '아래아 한글' 소프트웨어로 만들 경우 26개의 컴퓨터 자판의 입력을 통해 한글로 이루어진 모든 문자를 입력하여 문서로 만들고 정보를 디지털 상태로 저장하고 네트워크를 통해 소통하고 책 등 다른 형식으로 쉽게 전환할 수 있는 가치가 새롭게 증식된다. 기존에 있었던 한글이 가졌던 낡은 가치와 디지털화하고 네트워킹을 할 수 있는 새로운 가치가 변증법적 종합을 이룬다.

디지털화는 살아 있는 시간을 만든다. 한글이 과거이고, 그를 디지털화하여 '아래아 한글' 소프트웨어를 만드는 것이 현재이며, 이로 많은 사람이 문서를 작성하고 이를 네트워킹하는 것이 미래다. 기존의 페이스북이 과거고, 거기에 새로운 문건을 올리는 것이 현재이며, 이를 다른 사람이 읽고 '좋아요'를 누르고 공유하는 것이 미래다.

아울러 소프트웨어를 만들어 다른 사람들이 그를 활용하며 새로운 정보를 창조하는 것을 보고, 페이스북에 올린 글을 보고 다른 이들이 '좋아요'를 누르고 좋은 댓글을 달고 공유를 하면 개인은 진정한 자기실현을 느낀다. 소프트웨어를 만들어 시장이나 인터넷상에 내놓든, 게임을 하든, SNS를 하든, 집회의 참여를 독려하면서 다른 네티즌과 더불어 유대를 맺으며 유적 존재로서 실존하는 길을 연다. 나아가 인류의 진보에 도움이 되는 소프트웨어를 만들거나 희망버스 때처럼 시민의 공감과 자발적 참여를 이끌면서 타자를 자유롭게 하는 대자적 실천 행위를 구현할 수도 있다. 이처럼 정보재를 생산하는 노동 또한 산업사회의 노동처럼 노동의 여섯 가지 목적을 모두 구현할 수 있다.

정보재의 가치 문제

그럼 그다음 과제는 마르크스의 경제학에 따라 정보재의 가치를 어떻게 규정할 것인가 하는 문제다. 겉으로 보더라도 정보재는 산업사회의 생산물이나 상품과 같은 가치를 갖지 않는다. 윈도우 시스템의 빌 게이츠, 스마트폰의 스티브 잡스, 페이스북의 마크 주커버그는 모두 세계 최고 갑부의 반열에 올랐다. "페이스북은 2012년 1000억 달러로 상장IPO에 성공하였고 2015년 현재 시가총액 2250억 달러에 달하며, 차량공유서비스업체 우버Uber는 5년 만에 기업 가치가 500억 달러를 돌파했다."[32] 실로 엄청난 가격에 시장에서 판매되고 있지만, 이들 가치는 다른 분야에서 생산한 가치가 광고비의 형태로 이전한 것뿐이다. 물질적인 생산 부분은 극히 미약하며, 새로운 가치를 생산한 것도, 따라서 잉여가치를 착취한 것도 명료하지 않다. 무엇보다 정보재는 복사하면 비용이 전혀 들지 않는다. 다시 말해, 한계비용이 0원이기에 지적재산권으로 독점을 보장하지 않는다면 가격은 0원으로 떨어진다.

정보재의 가치를 따질 때 많은 시사를 주는 것은 마르크스의 차액지대론이다. 마르크스는 리카도David Ricardo를 인용하며 지대에 대해 다음과 같이 규정한다.

리카도의 다음과 같은 관찰은 전적으로 옳은 것이다. "지대란 항상 동일한 양의 자본 및 노동을 고용하여 얻어지는 두 생산물 간의 차이다"(『원리』59쪽). (그는 차액지대 이외의 지대는 존재하지 않는다고 가정한다.) 그가 여기에서 얘기하는 것이 초과이윤 일반이 아니라 지대인한, 그는 이 문장에 "동일한 크기의 토지에서"라는 구절을 추가해야만 했을 것이다.[33]

그렇다면 지대란 항상 동일한 크기의 토지에서 동일한 양의 자본 및 노동을 고용하여 얻어지는 두 생산물 간의 차이다. 지대와 차액지대에 대해 압축적으로 설명하면 〈표 6〉과 같다.[34]

여기 넓이가 500평으로 동등하지만 비옥도가 차이가 나는 1등급, 2등급, 3등급의 논이 있다. 똑같이 80만 원의 불변자본을 종자값, 비료값, 거름값, 농약값 등으로 투여하고, 농민의 임금으로 20만 원을 투여했다. 평균이윤은 20퍼센트로 모두 20만 원어치의 농민의 노동이 생산한 잉여가치를 착취하여 이를 이윤으로 얻었다. 그런데 비

〈표 6〉 차액지대

토지구분 \ 범주	자본 투하액 (만원)	평균 이윤 (만원)	생산량 (가마)	개별적 생산가격		일반적 생산가격		차액 지대 (만원)
				총 생산물 (만원)	가마당 (만원)	가마당 (만원)	총 생산물 (만원)	
3등급 논	100	20	10	120	12	12	120	0
2등급 논	100	20	12	120	10	12	144	24
1등급 논	100	20	15	120	8	12	180	60
합계	300	60	37	360	30	36	444	84

옥도가 높은 1등급 논에서는 쌀 15가마를 생산한 데 비하여, 2등급의 논에서는 12가마, 3등급의 논에서는 10가마를 생산했다.[35] 개별적 생산가격을 따지면 3등급의 논은 가마당 12만 원, 2등급의 논은 10만 원, 3등급의 논은 가마당 8만 원이 소요되었다. 하지만 최열등급의 땅도 평균이윤을 획득하기에 그에 맞추어 가격이 형성되므로 여기서는 3등급의 논에서 생산한 가격에 맞추어 일반적 생산가격을 결정해야 한다. 이에 일반적 생산가격은 똑같이 가마당 12만 원에 책정된다. 이를 생산한 가마 수에 곱하면, 3등급의 논은 120만 원, 2등급의 논은 144만 원, 1등급의 논은 180만 원을 생산한 것이 된다. 만약 1, 2, 3등급의 논을 공유하여 쌀을 생산했다면 37가마의 가격은 360만 원일 것이다. 그러나 1, 2, 3등급 논의 소유자가 사유화하여 각각 다르다면 37가마의 가격은 444만 원이 된다. 84만 원의 격차가 발생하며 이는 지대로 이전한다. 3등급을 기준으로 하여 2등급은 24만 원, 1등급은 60만 원의 지대가 발생한다. 이 차이가 바로 차액지대다.

〈표 7〉 정보재의 차액지대

범주 포털구분	디지털화의 장 (비트+알고리즘)		네트워크의 장						차액 지대 (억 원)
	자본 투하액 (억 원)	평균 이윤 (억 원)	생산량 (억)		개별적 생산가격		일반적 생산가격		
			접속자 수 (억 명)	광고 수익 (만 건)	총 생산물 (억 원)	광고 1만 건당 생산가	광고 수익당 (억 원)	총 생산물 (억 원)	
3등급 포털	100	20	1	10	120	12	12	120	0
2등급 포털	100	20	1.2	12	120	10	12	144	24
1등급 포털	100	20	1.5	15	120	8	12	180	60
합계	300	60	3.7	37	360	30	36	444	84

이 차액지대론을 정보재에 적용해보자(〈표7〉 참조).

토지에서 등급을 결정하는 변인은 비옥도와 위치다. 포털에서 비옥도는 프로그램의 질, 접속자의 수, 좋은 콘텐츠의 양과 질에 대응되고 위치는 접속의 용이함과 호환성에 대응된다. 무기물과 이를 분해하여 식물의 섭취가 가능한 양분으로 분해하는 좋은 미생물과 나쁜 미생물 사이의 양과 질, 연기적 관계가 토지의 비옥도에 영향을 미친다. 포털의 경우 정보를 디지털화하여 좋은 콘텐츠로 전환하는 네티즌의 양과 질, 좋은 네티즌과 나쁜 네티즌 사이의 연기적 관계가 포털 비옥도에 영향을 미친다. 토지에서 위치가 좋아 운송비가 적게 들고 사람이 많이 모이면 값이 올라가는 것처럼, 접속의 용이함과 호환성에 비례하여 포털의 등급이 달라진다. 물론 사용언어, 특히 영어냐 아니냐에 따라 비옥도가 달라지지만, 이는 앞으로 동시번역프로그램의 번역 완성도가 높아지면 변수가 되지 않을 것이다.

여기 같은 언어로 구글을 통해 접속하는 것은 동등하지만 포털에 올려 있는 프로그램의 질, 좋은 콘텐츠의 양과 질, 접속자의 수, 접속의 용이함과 호환성이 차이가 나는 1등급, 2등급, 3등급의 포털이 있다. 똑같이 80억 원의 불변자본을 컴퓨터, 서버 구축, 소프트웨어 제작, 프로그램 구성, 애플리케이션 제작 등의 비용으로 투여하고, 회사 직원의 임금으로 20억 원을 투여했다. 각 포털사는 비트의 장에서 평균이윤은 20퍼센트로 모두 20억 원 어치의 회사 직원의 노동이 생산한 잉여가치를 착취하여 이를 이윤으로 얻었다. 기간은 한 달로 한정하고, 광고의 건당 단위의 가치는 같은 것으로 전제한다. 이 경우 포털 비옥도가 높은 1등급 포털은 1억 5천만 명의 네티즌이 접속하고 그 기간 동안 15만 건 단위의 광고를 수주한 데 비하여, 2등급의 포털은 1억 2천만 명의 네티즌이 접속했고 12만 건 단위의 광고를 수주했고, 3등급의 포털에서는 1억 명이 접속해서 10만 건 단위의 광고를 수주했다. 개별적 생산가격을 따지면 3등급의 포털은 1만 건 단위의 광고당 12억 원, 2등급의 포털은 10억 원, 3등급의 포털은 8억 원이 소요되었다. 포털의 일반적 생산가격은 3등급의 포털에 맞추어야 하므로 똑같이 1만 건 단위당 12억 원에 책정된다. 이를 수주한 광고 건 단위에 곱하면, 3등급의 포털은 120억 원, 2등급의 포털은 144억 원, 1등급의 포털은 180억 원을 생산한 것이 된다. 만약 1, 2, 3등급의 포털을 공유하여 광고를 생산했다면 37만 건 단위의 가격은 360억 원일 것이다. 하지만 1, 2, 3등급 포털의 소유자가 사유화하여 각각 다르다면 37만 건 단위의 가격은 444억 원이 된다. 84억 원의 격차가 발생하며 이는 지대로 이전한다. 지대는 3등급 포털을 기준으로 하여 2등급은 24억 원, 1등급은 60억 원의 디지털 지대가 발생한다. 이 차이가 바로 디지털 차액지대다.

정보재의 가치 문제가 산업사회의 상품의 가치와 확연히 다른 것은 비트의 장과 네트워크의 장에서 가치가 확연히 달라진다는 점이다. 새로운 소프트웨어, 혹은 기존 소프트웨어의 새로운 버전을 만들거나 포털을 새로 만들었을 경우, 이는 산업사회의 상품처럼 $M-C(CP+MP)-M'$의 공식을 충실히 따른다. 자본가가 자본을 투여해 컴퓨터 등의 생산수단과 노동력을 구매하고 노동자를 고용하여 부가가치를 창조하며, 이 과정에서 자본가는 노동자가 생산한 잉여가치를 착취한다. 이것은 새로운 기술에 의한 것이기에 특별잉여가치를 갖는다. 이 경우 이 가치는 가치법칙에 따라 가치가 형성되는 것이기에 등가교환이며, 너무 많이 지불되지만 기술혁신의 대가 이기에 불평등교환이다. 하지만 정보재는 이것으로 그치지 않는다. 정보재는 복사하는 것이 가능하며 이 비용이 거의 들지 않는다. 다시 말하여 한계비용이 0원이다. 이 때문에 국가가 지적재산권의 이름으로 법으로 독점을 보장하여 준다. 그러기에 디지털의 장에서 발생한 정보재의 가치는 독점이윤으로 전환한다. 초기에는 노동이나 자본에 의한 것이지만, 독점 과정에서는 법과 국가란 제도에 의한 것이다. 이는 가치의 법칙을 따르지 않기에 부등가교환이며, 기술혁신에 의한 것이 아니라 법의 강제에 의하여 너무 많이 지불되기에 불평등교환이다.

　네트워크의 장에서 정보재는 지대의 성격을 띤다. 정보재를 지대로 본 것은 강남훈 교수의 탁월한 인식이다. 강남훈 교수는 "지대의 경우에는 초과이윤이 발생하는 원인이 자본이나 자본이 고용한 노동에 있는 것이 아니기 때문에 불평등한 교환이라고 할 수 있는 것이다"[36]라고 『정보혁명의 정치경제학』에서[37] 기술했던 것을 약간 수정하고 있다. 얼핏 보면 정보재는 자본과 노동과 관계없이 현실 공간이나 가상공간에서 사람들이 모이게 됨에 따라 초과이윤이 발생하는 것처럼 보인다. 그러나 단순히 사람들이 모이는 것이 아니라 그들이 잉여가치를 창출한다. 구글처럼 검색만 할 경우와 포털의 경우 미세한 차이가 있다. 일차적으로 보면, 구글에서 잉여가치가 발생하지 않으며, 수백억 달러에 이르는 구글의 이윤은 구글에서 검색되는 『뉴욕 타임스』의 기사처럼 다른 분야에서 노동자가 생산한 잉여가치가 이전된 것이다. 그러기에 구글이 더 많은 광고료를 벌어들일수록 언론사 등 구글에 정보를 무상으로 제공한 자본의 이윤은 줄어든다. 하지만 구글의 막대한 광고료는 다른 자본이 착취한 잉여가치가 이전된 것뿐 아니라 네티즌이 구글에 접속하여 검색하는 노동을 하며 생산한 잉여가치도 있다. 구글은 하루에도 수억 명이 접속하여 검색하는 것을 빅데이터로 만들어 광고사에 팔아먹으며, 정부에 제공하기도 한다. 네티즌은 무료로 구글을 사용하는 것이 아니라 개인의 정보와 취향, 가치관과 지향성, 심지어 무의식까지도 구글에 제공하는 것이고, 구글은 무료로 얻은 이것을 상품이나 뒷거래 자료로 전환하는 것이다.

포털의 경우에는 더 직접적으로 잉여가치가 발생한다. 수많은 네티즌이 포털에 접속하여 남의 글을 읽고 자신이 글을 쓰고 댓글을 달고 콘텐츠를 만들고 이를 끊임없이 네트워킹을 하는 과정에서 잉여가치를 발생시킨다. 네티즌은 소비자인 동시에 생산자다. 외형적으로 보면 글을 읽는 것은 소비이고 글을 쓰는 것은 생산이다. 하지만 검색하고 읽는 행위도 생산이다. 검색하고 읽고, '좋아요'를 누르는 행위 등 모든 것이 빅데이터를 생산하는 과정이고, 포털사가 빅데이터를 활용하여 많은 이윤을 확보할 수 있기 때문이다. 이는 낡은 가치를 보존하는 동시에 새로운 가치를 생산한다. 새로 자본이 투여되는 것도 아니지만, 네티즌이 노동을 하는 것이고 이 노동이 미세하지만 잉여가치를 창출한다. 다만 산업사회와 다른 것은 네티즌이 혼자가 아니라 서로 상호생성자의 관계로서 네트워킹의 과정을 통해 잉여가치를 창출한다는 것과 자본가가 네티즌을 고용하여 노동을 강요하는 것, 곧 자본-임노동의 관계가 아니라는 점이다. 소프트웨어는 호환성이 증대하고, 포털의 경우에는 더 좋은 글과 콘텐츠가 올라와 더 많은 정보를 알려주며, 소통하는 정보의 양과 질이 모두 증대한다.

네티즌이 전혀 임금을 받지 않고 자발적으로 소프트웨어를 사용하고 포털에 접속하면서 서로 소통한다. 이 때문에 올린 글이나 콘텐츠는 사적 소유물이 아니라 공유물이며, 상품교환의 법칙을 따르지 않고 선물교환의 법칙을 따르므로 잉여가치를 생산하지는 않는다는 강남훈 교수의 주장은 어느 정도 타당성이 있다. 네티즌이 자발적으로 자기 기쁨을 위해서, 혹은 남을 위해서 콘텐츠를 생산하고 접속자들이 능력에 따라 콘텐츠를 생산하고 필요에 따라 소비하는 것 또한 상당 부분 공감이 간다.[38] 하지만 접속자들이 자기 기쁨을 위해서나 남을 위해서 능력에 따라 생산하고 필요에 따라 소비하는 것 같지만, 이는 표층적인 면일 뿐이다. 접속자들은 인터넷과 스마트폰에 중독이 되어 과잉으로 콘텐츠를 생산하고 소비한다. 그들은 컴퓨터와 스마트폰이라는 기계, 그 기계 안에 담긴 프로그램들에 포섭되어 과잉으로 콘텐츠를 소비하고 생산하는 노동자들이다. 양상은 차이가 있지만, 산업사회에서 노동자들이 기계에 포섭되어 과잉노동을 하여 잉여가치를 생산하는 것과 다르지 않다. 잉여가치란 기계에 포섭된 노동자가 노동을 통해 새로운 가치를 창출하여 기존의 가치보다 더 증가된 가치를 뜻한다. 포털사는 자본을 투여하여 포털을 만들고 네티즌은 이 기계와 프로그램에 포섭되어 기존의 것보다 가치가 증대된 콘텐츠나 빅데이터를 생산하고 이 가치는 고스란히 광고비로 전환되어 포털사가 차지한다. 네티즌이 자발적으로 창조한 잉여가치를 생산과정에서 고스란히 자본가가 착취한 것이며, 이에 대해 단 한 푼도 지불하지 않는다. 곧 네티즌의 참여와 소통은 무불노동이다. 이에 마르크스의 다음 지적을 고려하지 않을 수 없다.

자본과 나란히 토지가, 무기적 자연 자체가, 완전히 야생 그대로의 조잡한 혼돈된 덩어리가 있다. 가치는 노동이다. 그러므로 토지에는 잉여가치가 있을 수 없다. 토지의 절대적인 비옥도는 일정량의 노동이 토지의 자연적인 비옥도에 따라 일정량의 생산물을 산출한다는 것을 제외하고는 어떠한 작용도 일으키지 않는다. 토지의 비옥도의 차이는 동일한 양의 노동과 자본, 따라서, 동일한 가치가 다른 양의 토지생산물로 나타나게 된다는 것, 요컨대 이들 생산물이 상이한 개별적 가치를 갖도록 하는 것이다. 이들 개별적 가치가 시장가치로 평균화함으로써 "열등지에 비해서 우등지가 가져다주는 이익이 (……) 경작자 또는 소비자에게서 지주로 이전된다".[39] (리카도, 『원리』, 62쪽)

지대의 정의에서도 언급하고 있지만, 지대는 동일한 크기의 토지에 동일한 양의 노동과 자본, 동일한 가치가 다른 양의 토지생산물로 나타나는 것이다. 대표적인 예가 싸이월드와 페이스북이다. 1999년에 SNS 효시로 출범한 싸이월드는 선풍적인 인기를 끌다가 쇠락했다. 싸이월드와 페이스북에 동일한 자본과 노동을 투여했다고 가정하면, 싸이월드가 영어로 소통이 이루어졌고(비옥도), 미국에서 스마트폰으로 활용되었다면(위치), 페이스북에 필적하는 기업 가치를 가졌을지도 모른다.[40] 이런 면에서 포털은 지대의 성격을 갖는다. 하지만 자본과 노동의 투여 없이 초과이윤이 발생하는 것이 아니다. 디지털의 장에서는 당연히 산업사회에서 기술혁신에 의해 독창적으로 개발된 상품처럼 특별잉여가치를 갖는다. 네트워크의 장에서도 자본과 노동의 투여 없이 사람들의 접속만으로 초과이윤이 발생하는 것이 아니라 네티즌이 서로 소통하고 노동하면서 창출한

<표 8> 독점이윤·특별잉여가치·지대·디지털 지대의 비교

	독점이윤	특별잉여가치	지대	디지털 지대
초과이윤의 원천	경쟁의 부재	노동이나 자본	노동과 자본 이외의 요인	노동과 소통
등가교환 여부	부등가교환	등가교환	등가교환	등가교환 → 부등가교환
평등교환 여부	불평등교환	평등교환	불평등교환	평등교환 → 불평등교환

잉여가치에 의하여 초과이윤이 발생한다. 이는 가치의 법칙에 의해 형성되는 것이기에 등가교환이다. 하지만 페이스북이나 트위터처럼 네티즌의 쏠림에 의하여 독점이 되어 부등가교환으로 전환한다. 정보재는 초기에는 기술혁신에 의하여 초과이윤이 발생한 것이기에 평등교환이지만, 점차 이 부분은 희미해지고 네티즌의 접속에 의해 초과이윤이 발생하기에 불평등교환으로 전환한다. 이에 <표 8>과 같은 비교표를 만들 수 있다.[41]

이 표로 볼 수 있듯, 디지털 지대는 초과이윤의 원천이 네티즌의 노동과 소통에 의한 것이라는 점에서는 특별잉여가치와 유사하다. 그러나 노동이 차지하는 비중이 점점 미약해지고 자본과 노동의 투여 없이 네티즌의 접속 수와 빈도에 의하여 초과이윤이 증대된다는 점에서는 지대와 유사하다. 디지털 지대는 가치법칙에 따른 것이기에 등가교환이다. 하지만 소프트웨어의 경우 지적 재산권으로 독점을 보장받고 포털의 경우 페이스북이나 트위터처럼 네티즌의 쏠림에 의하여 독점적 성격을 갖기에 부등가교환으로 전환한다. 디지털 지대는 초기에는 기술혁신에 의하여 초과이윤이 발생한 것이기에 평등교환이지만, 점차 이 부분은 희미해지고 네티즌의 접속에 의해 초과이윤이 발생하기에 불평등교환으로 전환한다. 디지털 지대에서 가장 큰 문제는 네티즌이 접속하여 생산한 잉여가치를 자발적으로 행한 것이란 이유로 100퍼센트 포털사의 자본이 착취한다는 것이다. 디지털 지대에서도 차액지대가 발생하지만 이는 지대와 달리 '허위에 의한 사회적 가치'가 아니다. 때문에, 다음이든, 네이버든, 페이스북이든, 트위터든 네티즌이 생산한 잉여가치를 수탈하여 얻어진 초과이윤을 일정 정도 이상 사회에 환원하는 것이 필요하다.

아울러 정보재의 공유에 대해서도 생각해야 한다. 만약 1, 2, 3등급의 논을 공유하여 쌀을 생산했다면 37가마의 가격은 360만 원인데 사유화 때문에 444만 원이 되었다. 방송의 공영화처럼 포털과 소프트웨어에서도 공공화를 하여 차액지대를 없애는 제도적 개혁이 필요하다.

따르기도 하고 따르지 않기도 하는
화쟁의 디지털사회

정보화사회의 역기능과 모순에 대해 우선 미시적 대안을 모색하자. 윈도우 체제에 맞선 리눅스의 작은 성공은 '연대'와 '공유'에 있다. 연대와 공유의 원칙 아래 우선 우리는, 미디어 제국주의의 본질, 제국주의와 종속국가와의 관계, 자본의 유입 형태, 문화산업의 구조, 제도, 기술 도입 과정, 생산과정과 분배 과정, 이데올로기의 침투 과정, 문화생산물의 수입 현황, 중심국가로부터 편입된 문화생산물의 내용과 형태, 다양한 계급과 계층에 의한 문화표현과 상징, 소비 양식에 대해 파헤쳐야 한다. 개인의 디지털 리터러시를 강화할 수 있도록 교육하여 다중이 언제든 주체로서 정보를 분석하고 생산하도록 이끌어야 한다. 대안의 플랫폼의 진지를 곳곳에 세우고 해커들은 정보게릴라가 되어 지배층이 독점하는 정보를 끊임없이 해킹하여 공공의 장에서 공유하도록 하면서 제국과 지배층에 저항해야 한다. 그리고 할리우드의 전쟁이나 공상과학영화에 남성 백인만이 정의를 구현하고 인류를 구원한다는 백인우월주의가 내재되어 있다는 것을 밝히듯, 미국의 대중문화와 롤플레잉 게임, 인터넷상의 다양한 텍스트 속에 담긴 여러 신화와 이데올로기를 분석하고 이에 대해 대항 신화를 형성해야 한다.

사이버공간을 오가는 텍스트에 대해 정치 해석을 우선하되 다양한 의미를 찾는 열린 읽기를 하여야 하며, 이를 바탕으로 '다시 쓰기'를 감행하여 세계를 다시 구성해야 한다. 초등학교 3, 4학년을 데리고 실험을 했다. 「토끼와 거북이」 우화를 읽고 거기에 담긴 뜻이 무엇인지 모르는 어린이는 단 한 명도 없었다. 그들을 향하여 말했다. "애들아, 토끼와 거북이 우화를 잘 읽으면 거기에서 잘못을 찾을 수 있을 게다. 그것을 한번 찾아보아라." 아이들은 처음엔 어리둥절하더니 이내 "산에 사는 토끼가 물에 사는 거북이와 느닷없이 만나는 것은 이상하다"에서부터 "토끼가 잠을 자는 새 거북이가 달려가 일등을 한 것은 비겁하다"에 이르기까지 여러 지적이 나왔다. 그것을 발표하게 한 다음 다시 아이들을 향하여 말했다. "자, 발표 잘 들었지? 어느 것은 여러분이 옳다고 생각할 것이고 어느 것은 그르다고 생각할 것이다. 자, 이번엔 너희가 이솝이라고 생각하고 잘못을 고쳐 토끼와 거북이를 다시 쓰지 않겠니?" 아이들은 금세 눈을 반짝이며 신이 나서 썼고 그 이상으로 신명나게 발표를 했다. 이 중 가장 많이 거론된 이야기가 거북이가 토끼를 깨우고 토끼는 이에 감동을 하여 같이 어깨동무를 하고 들어가는 것으로 고친 것이었다. 그 전의 「토끼와 거북이」가 경쟁심을 부추기고 더 나아가 자본주의를 정당화하는 이데올로기를 품고 있는 담론이었다면, 후자는 이와는 정반대로 그런 이데올로기를 비판하고 부정하는 담론을 형성한다. 「토끼와 거북이」를 그대로 읽은 어린이와 어깨동무하고 가는 것으로 결말을 바꾼 어린이가 세상을 보는 눈은 엄청 다르리라고 본다. 이 처럼 제국주의적 종속을 강화하고 있는 모든 제도적 틀, 제국주의적 신화를 전파하는 대중매체를 끊임없이 비판하고 감시하며 「토끼와 거북이」처럼 패러디하고 결국에는 해체해야 한다. 하지만 이것으로 부족하다. 패러다임 자체가 바뀌어야 한다.

뉴미디어 시대, 퍼지식으로 사고하며 쌍방향 소통을 한다

라디오, 텔레비전 등 올드미디어는 감독이든 연출가든 시인이든 텍 스트를 만든 자의 메시지를 수용자가 일방적으로 해독하도록 강요 하는 시대의 것이었다. 라디오의 청자나 텔레비전의 시청자는 자동 차 안이나 거실에서 방송을 듣고 보며 텍스트에 담긴 제작자의 메시 지를 일방적으로 전달받아야 했다. 대중문화만이 아니다. 대통령 후 보의 연설도, 석학의 강의도, 전 세계에서 일어나는 소식도 올드미 디어를 통해서 전달받기에 이들에 대해서 일방적 해독을 하기는 마 찬가지였다.

물론 올드미디어에서 수용자가 나름대로 해독할 자유가 없는 것 은 아니다. 그러나 올드미디어의 일방통행 구조는 일상 영역에까지 침투하여 수용자의 해독의 자율성이나 자유를 크게 위축시켰다. 일 방통행으로 전달되는 방식이 일상화하면서 대중의 일상생활의 영 역마저 일방통행의 메커니즘이 지배하게 되었다. 진리를 창달하고 정부와 맞서서 제4부로 기능을 하리라던 언론은 국가를 선전하고 지배층과 자본의 이데올로기와 환상을 합리화하고 그들의 상징을 확대재생산하는 '이데올로기 국가기구'로 전락했다. 귀족만이 누리던 문화를 대중에게 누리게 하여준 프로메테우스라 여겼던 대중문화는 문화를 상품화하고 물신화했다. 그리고 중산층의 일상과 사람을 다룬 드라마에 몰입한 노동자가 자신을 중산층으로 동일화하여 사회변화를 바라지 않듯, 대중문화는 '반역을 향한 동경'마저 길들여 노동자를 보수화했다.

그러나 뉴미디어의 가장 큰 특징은 쌍방소통의 매체라는 점이다. 뉴미디어 시대에서 수용자는 제작자의 의도와 메시지를 전달받는 수동적 대중이 아니라 자율적으로 해독하며, 이에서 더 나아가 발송자 또는 제작자를 향하여 메시지를 전하고 스스로 제작자가 될 수도 있다. 그는 컴퓨터 채팅을 하듯이 상대방이 보낸 텍스트에 대해서 자신의 해독과 가치평가, 다시쓰기를 곁들여 새로운 텍스트를 만들어 상대방에게 다시 보낼 수 있다. 인터넷에 오른 텍스트에 손질을 하여 다시 하이퍼텍스트를 만들 수 있으며 디지털 텔레비전으로 송출된 수천 개의 채널 가운데 몇몇 프로그램을 내려받은 다음 이를 조합하여 자신이 새로운 프로그램을 만들 수 있다.

올드미디어 시대에는 패러다임도 이분법과 동일성이 지배했다. 하지만 사이버공간은 동일성을 해체한다. 이곳에서는 나와 남, 동일자와 타자, 현실과 환상의 경계가 무너진다. 무수한 네트워킹 속에서 모든 것을 둘로 가르던 이분법은 자연스럽게 사라진다. 내가 타인 속의 나와 대화를 하고 타인이 내 속의 그와 이메일을 주고받는 곳이다. 내가 합성하여 만든 비서가 내 문서를 작성해주고 하루의 일과를 알려주듯 현실이 바로 환상으로 변하고 환상인가 하면 그것은 곧 현실이 된다. 언어기호를 넘어서서 이미지를 통해 느끼고 생각하기에 상징계를 깨고 상상계를 지향한다. 누구든 마음대로 들어가고 자유로이 나가기에 모든 경계, 영토, 권위, 제도는 무너진다. 익명의 네티즌끼리 소통하면서 누구든 인종, 계급, 성, 사회적 위상, 학력을 묻지 않는다. 현실, 또는 아날로그식으로는 권력을 형성하던 요인들이 작용을 하지 않으니, 권력과 권력의 담론들은 이곳에서 기능을 하지 못한다. 사이버공간은 해방의 장이자 평등의 장이다.

사이버 세계는 이분법을 비롯한 모든 경계를 넘어서려 한다. 여기서 나온 논리가 퍼지식 논리다. 원래 디지털과 대립되는 것이 퍼지인데 이진법에 기초한 디지털이 이분법적 패러다임이 지배하는 아날로그식 사고이고 퍼지의 논리가 사이버 시대의 논리인 것은 아이러니하다. 사이버 세계는 A or not-A의 이분법이 아니라 'A and not-A'의 퍼지로 사고하고 실천한다. 디지털 시대는 네티즌이 생산자인 동시에 소비자, 주체인 동시에 객체인 프로슈머로서 끊임없이 쌍방향의 되먹임을 하는 사회다.

따르기도 하고 따르지 않기도 해라

화쟁의 논리는 퍼지식의 논리로 이분법적 모순율을 거부한다. 'A and not-A'의 논리, 곧 둘이 아니면서도 하나를 고수하지도 않으며無二而不守一, 따르는 동시에 따르지 않는順而不順 논리가 화쟁의 논리다.

따라서 하거나 따라서 하지 않는다고 말하는 것은, 만일 마음에 직접 따라서 설법하면 삿된 집착을 움직일 수 없으며, 또 만일 마음에 따르지 않고 오직 설법만 하면 바른 믿음을 일으키지 못한다. 그러므로 사람들에게 바른 믿음을 얻어 본래의 삿된 집착을 버리게 하려면, 혹은 따라서 설하고 혹은 따르지 않고 설법하라는 것이다. 또 만일 직접 이치만 따라서 설법하면 바른 믿음을 일으키지 못할 것이니, 그것은 그 사람의 뜻에 어긋나기 때문이다. 그렇다고 이치에 따르지 않고 설법한다면 어찌 올바른 이해를 낳으리요. 그것은 이치에 어긋나는 까닭이다. 올바른 믿음과 이해를 낳으려면 혹은 따라서 하고 혹은 따르지 않으면서 설법해야 하는 것이다.[42]

진리를 그 진리대로 전하면 그 세계는 중생의 이해 세계와는 너무도 멀리 떨어진 것이라 중생이 미처 이를 깨닫지 못하여 미혹한 마음 또한 버릴 수 없다. 그렇다고 마음대로 그 뜻을 전하면 그것은 진리에서 벗어나는 것이므로 진리를 왜곡하여 바른 믿음을 일으키지 못한다.

진리에 철저히 입각하여 말하면 그것을 올바로 전달하여 참다운 이해와 믿음은 가져오되, 사람들마다 근기가 각기 다른데 천편일률이 되어 몰이해를 낳을 수 있다. 너무 근본에만 치우쳐 교조로 흐를 가능성도 있다. 소통의 관점에서 보아도 수신자와 발신자가 놓인 상황의 맥락을 무시한 발화는 곡해되기 쉽다. 반면에 전달자가 어떤 진리의 실체를 제대로 이해하지 못한 채 자기 나름대로 상황의 맥락이나 수신자의 근기에 맞게 해석하여 전달하면 쉽게 이해시켜 수신자가 가지고 있던 선입관이나 편견을 깰 수 있되, 진리의 실체를 왜곡할 수 있다. 그러므로 진리의 실상을 직시하되 상황의 맥락이나 수신자의 근기에 맞게 순이불순順而不順의 논법을 통해 전하면 참에 이를 수 있는 것이다.

　모든 사람이 허위라 하는 것에도 일말의 진리가 담겨 있고 모두가 진리라고 하는 것에도 한 자락의 허위를 담고 있다. 그런데 각기 다른 견해로 맞설 때, 한 의견이 진리라는 이유로 이에 전적으로 동조하면 반대되는 의견에 담겨 있는 진리를 잃게 된다. 또 한 의견이 허위라는 이유로 이에 전적으로 반대하면 반대되는 의견에 담겨 있는 허위를 보지 못하게 된다. 또 두 견해를 모두 옳다고 하면 두 견해가 스스로 모순을 일으켜 다투며 두 견해에 있는 허위를 들여다보지 못하게 된다. 반대로 두 견해가 모두 그르다고 하면 그 두 견해와 다투게 됨은 물론 두 견해에 담겨 있는 진리를 보지 못하게 된다.

　그러니 올바로 진리를 전달하는 방법은 A and not-A, 즉 동조도 하지 않는 동시에 반대도 하지 않는 것이다. 전적으로 동조하지 않으므로 그 견해에 담겨 있는 허위를 받아들이지 않게 되고 반대하지 않으므로 그 견해에 담겨 있는 진리를 잃지도 않는다. 반대하지 않으므로 그 견해에 담긴 근본 취지와 목적을 어기는 것이 아니고 동조하지 않으므로 그 견해의 허위를 솎아내고 그에 담긴 도리를 제대로 받아들여 견해의 근본 뜻에 어긋나지 않는 것이다. 그러니 순이불순의 논법은 진정한 진리에 이르는 길인 것이다.

　이렇듯 어떤 대립이든 이런 대립과 다툼諍을 아우르고和 궁극적 진리의 바다에 이르는 방편은 순이불순인 것이다. 그러니 화쟁은 서로 다른 것을 차이와 관계로 바라보고 뜻이 서로 통하는 것에 맞추는 회통會通의 논법이다. 즉, 부처를 만나면 부처를 죽이되 부처의 진정한 뜻을 버리지 않는 것처럼, 여러 견해나 말씀의 핵심 의미를 파악하여 하나, 한맛의 바다로 돌아가는 것이다.

화쟁은 주와 객, 주체와 타자를 대립시키지도 분별시키지도 않는다. 양자를 융합하되 하나로 만들지도 않는다. 어느 한편에 치우치지 않으면서 중간도 아니다. 주와 객, 주체와 타자가 서로를 비춰주어 서로를 드러내므로 스스로의 본질은 없고 다른 것을 통해 자신을 드러낸다. 진리란 것은 진리가 아닌 것과 차이를 통해 진리를 드러내고 진리가 아닌 것은 진리와 차이를 통해 진리가 아니라고 할 수 있는 것이다.

아날로그 시대는 동일성에 바탕을 둔 배제의 담론이 지배한 역사였다. 2장에서 논한 대로 동일성, 우열의 철학은 갈등과 대립을 낳으며 우열을 설정하는 순간 타자에 대한 폭력을 부른다. 순이불순은 인터넷을 통해 네티즌이 타자를 배제하고 폭력을 가하는 동일성의 사유를 깨고 서로를 존중하고 배려하여 평화스러운 공존을 모색하는 것인 동시에, 이것과 저것, 서로 대립되는 것을 가르지 않고 모두를 부정하면서 긍정하고 긍정하면서도 부정하는 퍼지의 논리를 통해 궁극적 진리에 이르는 사유 구조다. 마르크스가 잘 통찰한 대로, 상부구조가 변한다고 해서 토대가 변한다고 생각하는 것은 비과학적 인식이다. 인류의 문명에 대전환을 가한 것은 생산력을 결정하는 핵심 요인인 과학기술과 커뮤니케이션의 혁신이었다. 그럼 정보화사회의 토대에 변화가 있는가.

사물인터넷을 매개로 한 한계비용 제로 사회와 공유경제

사물인터넷The Internet of Things, IoT은 이미 여러 다양한 재화와 서비스의 생산성을 증대해 한계비용을 제로에 가깝게, 해당 재화와 서비스를 사실상 무료로 만들고 있다. 결과적으로 기업의 이윤은 고갈되기 시작했으며 재산권은 약화되어가고 희소성에 기초한 경제는 서서히 풍요의 경제에 자리를 내주고 있다. (……) 사물인터넷은 통합글로벌 네트워크를 통해 모든 사물을 모든 사람과 연결할 것이다. 사람과 기계, 천연자원, 물류 네트워크, 소비 습관, 재활용 흐름 등 경제생활과 사회생활의 사실상 거의 모든 측면이 센서와 소프트웨어를 통해 사물인터넷에 연결돼, 기업체와 가정, 운송 수단 등 모든 노드node에 시시각각 실시간으로 빅데이터를 공급할 것이다. 이후 고급분석을 거쳐 예측 알고리즘으로 전환된 빅데이터는 다시 프로그램을 통해 자동화 시스템에 입력되어 열역학 효율성을 증진하고 극적으로 생산성을 향상하는 동시에 경제 전반에 걸친 재화와 서비스의 생산 및 유통 모든 영역에서 한계비용을 제로에 가깝게 떨어뜨릴 것이다.[43]

필자는 미숙하지만 야외로 가면 사진을 찍어 같이 간 사람들에게 보내주는 것을 좋아한다. 예전에 아날로그 사진기를 가지고 다닐 때에는 사진값이 꽤 부담이 되었지만, 디지털 사진기를 사용하는 요즘은 수백 장을 찍어 수백 명에 주어도 전혀 부담이 없다. 아날로그 사진기로 찍을 때는 잘못 찍으면 지우고 다시 찍는 것도, 나중에 보정하는 것도 불가능했고 필름값이나 인화하는 비용이 만만치 않았다. 하지만 디지털 사진기를 가지고 다니는 지금은 잘못 찍으면 그 자리에서 바로 지우고 다시 찍어도 필름값이 전혀 들지 않으며, 집에 와서 보정하는 것이 가능하고 사진을 선별한 후 디지털 파일로 전환하여 메일로 보내면 추가로 지불하는 비용이 거의 없다. 굳이 계산하면 사진기와 메모리카드의 감가상각과 컴퓨터 사용하는 동안의 전기 비용 정도다. 다 합쳐보았자 천 원 정도에 그칠 것이다. 재화와 서비스를 추가로 생산하는 데 드는 비용인 한계비용이 거의 0원이기 때문이다. 한마디로 말해, 정보화사회는 무한한 욕망과 유한한 자원에 바탕을 둔 희소성의 원칙을 근본에서부터 해체한다.

사물인터넷도 마찬가지다. 이는 커뮤니케이션 인터넷과 에너지 인터넷, 물류 인터넷으로 구성된다. 독일의 한 가정에서 지붕에 태양열 발전기를 설치하고 전기를 생산해서 온수와 난방, 취사 등으로 사용하고 남은 전기를 인터넷을 이용하여 협동조합 방식으로 운영되는 가칭 유럽재생에너지센터로 보내면, 거기서는 지능형 네트워크 체계를 결합한다. 이 네트워크에 연결된 모든 가정과 회사의 빌딩엔 스마트 계량기가 설치되고, 그 안의 컴퓨터, 냉장고 등에는 센서가 부착되어 스마트 계량기와 사물인터넷 플랫폼에 연결이 된다. 이 연결망을 통해 지능형 네트워크 체계는 실시간으로 빅데이터를 수집한다. 이 지능형 네트워크 체계는 자동으로 필요와 만족, 수요와 공급을 조절한다. 이 체계에 따라 독일의 한 가정의 태양열 발전기에 설치된 센서가 남는 전기를 중앙의 유럽재생에너지센터로 보내고 영국의 한 디자인 회사의 컴퓨터에 설치된 센서가 일정량의 전기를 요구했다면, 독일의 한 가정의 전기가 인터넷을 따라 지능형 네트워크의 매개를 거쳐서 영국의 한 디자인 회사로 전송될 것이다. 영국의 디자인 회사는 이 재생에너지를 사용하여 자동차를 설계하고 이 파일과 소프트웨어를 그 자동차를 원하는 가정에 인터넷으로 보내거나 오픈소스로 올려놓으면, 각 가정의 3D프린터는 그 파일과 소프트웨어의 명령대로 용해된 금속과 플라스틱을 원료로 하여 3D 프린터로 자동차를 만든다. 이 가정은 지역의 재생에너지협동조합 으로부터 전기를 공급받는다.

"3D프린팅 프로세스가 사물인터넷 인프라에 내재된다는 것은 사실상 전 세계 사람 누구나 오픈소스 소프트웨어를 이용해 자기 나름대로 제품을 생산하고 공유하는 프로슈머가 될 수 있다는 의미이다. 생산과정 자체가 전통적인 제조 방식에서 사용하는 재료의 10분의 1밖에 사용하지 않으며 인간의 노동도 거의 필요로 하지 않는다. 생산에 사용되는 에너지도 제로 수준의 한계비용으로 현장이나 지역에서 수확한 재생에너지다. 마케팅 역시 제로 수준의 한계비용으로 글로벌 마케팅 웹사이트에서 실행한다. 마지막으로 다시 제로 수준의 한계비용으로 지역에서 생산한 재생에너지로 전자 이동성 차량을 구동해 제품을 사용자에게 배송한다."[44]

에너지 또한 마찬가지다. 2030년, "이때가 오면, 석유, 천연가스, 석탄, 우라늄은 발전 및 차량 연료로서의 위치를 상실할 것이다".[45] "돌을 다 소모했기 때문에 석기시대의 종말이 온 것은 아니다. 상위기술인 청동에 의해 석기시대가 붕괴한 것이다."[46] 태양에너지는 "태양광 시장이 더욱 확대되는 2020년이 되면 원유와 비교해 1만 2,000배의 원가 개선이 이루어질 것이다."[47] 지구상의 그 어떤 에너지도 가격에서 태양광과 경쟁할 수 없다. "2030년의 에너지 인프라는 태양광으로 100% 충족될 것이다."[48] "전 세계 10억 대의 자동차 가운데 대부분은 90%시간 동안 집 앞이나 주차장에 멈춰 서 있다."[49]

앞으로 무인주행이 가능해지며, 우버식의 공유경제가 더욱 활성화할 것이다. 그러면, "자율주행자동차는 휘발유 자동차를 약 80% 정도까지 급격하게 감소시킨다".⁵⁰

모든 대중이 거의 무료에 가까운 재생에너지를 서로 주고받고 한계비용이 제로에 가깝게 자동차를 생산하고 소비하고 공유한다면 기존의 자동차 시장은 무너진다. 나아가 상품 판매도, 그로 인한 이윤 획득도 할 수 없는 자동차회사 또한 파산선고를 할 것이다. 이렇게 디지털화와 생산성의 극대화와 커뮤니케이션의 혁신으로 한계비용이 거의 0원에 근접하여 거의 모든 재화와 서비스의 추가 생산비용이 무료가 되면, 이윤은 사라지고 상품을 교환하는 시장은 해체되고 자본주의 시스템은 작동하지 않게 될 것이다. 이처럼 "수평적으로 규모를 확대한 대륙 및 글로벌 네트워크에서 대중들이 제로 수준의 한계비용으로 협업에 나서면 어떤 독점 체제든 무너질 수밖에 없다".⁵¹ "하지만 이들 분산된 재생에너지를 사회의 모든 구성원이 제로 수준 한계비용으로 충분히 이용할 만한 규모의 경제를 갖추려면, 그것이 공동체와 지역 전반에 걸쳐 협력적으로 조직되어야 하고 피어투피어peer-to-peer 방식으로 공유되어야 한다. 결국 분산형이자 협력형이며 피어투피어 기술 플랫폼인 사물인터넷이 (유사하게 구성되고 조직되는) 재생에너지를 충분히 민첩하게 관리할 수 있는 유일한 메커니즘인 셈이다."⁵² 이것으로 그치지 않는다. "협력적 소비는 제품과 서비스에 대한 접근권의 (소유권을 능가하는) 막대한 혜택을 일깨우는 동시에 돈, 공간, 시간을 절약하게 해준다. (……) 이런 시스템은 사용 효율성을 증진하고, 폐기물을 감소하며, 보다 나은 제품을 개발하려는 동기를 부여하고, 과잉생산 및 과잉소비에 따른 잉여물을 추방하는 등 의미심장한 환경적 혜택을 제공한다."[53]

아직 미약하지만 서서히 공감과 협력에 바탕을 둔 공유경제가 부상하고 있는 것은 사실이다. 소유에서 접근으로, 독점에서 공유로 전환이 일어나고 있다.[54] 디지털 사진을 이메일로 보내고 인터넷에서 무료 파일이나 프로그램을 서로 올려놓고 내려받는 것에서 보듯, 네티즌은 이를 선호한다. 이에 "시장의 공유가치는 갈수록 협력적 공유사회의 '공유가치'로 대체되고 있다. 비영리 공유사회의 운영비용이 2조 2000억 달러에 이르며, 미국, 캐나다, 프랑스, 일본, 호주, 체코, 벨기에, 뉴질랜드 등 여덟 개국만 놓고 보면 비영리 부문이 평균적으로 국내총생산의 5퍼센트를 차지한다."[55]

한계비용이 제로가 되어 필요로 하는 물건들이 거의 공짜가 되면, "상품과 서비스는 사용가치와 공유가치를 가지지만 교환가치를 갖지 못한다".[56] 교환가치를 갖지 못하는 물건은 시장에서 가격을 형성하지 못한다. 그러면 상품 판매를 통한 이윤 획득과 이를 통한 자본축적이 불가능하기에 자본주의는 해체될 수밖에 없다. 그럼에도 아직까지는 물질주의와 소유욕, 희소성과 확대재생산을 바탕으로 한 자본주의가 압도적이다. 리프킨Jeremy Rifkin은 "독일의 녹색에너지 생산 비율이 단지 23퍼센트인데도, 벌써부터 전력 및 공익사업 회사들로 하여금 '예비용' 가스 및 석탄 연료 화력발전소에 투자하는 일을 엄두도 못 내게 만들고 있음"[57]을 예로 들면서 "협력적 공유사회가 그 어떤 영역에서든 경제활동의 10~30퍼센트만 점유하게 되면 2차 산업혁명의 수직 통합형 글로벌 기업들은 급격히 소멸할 것으로 봐도 무리가 아니다. 적어도 앞으로 제로 수준 한계비용이 경제활동의 보다 많은 부분을 협력적 공유사회로 옮겨 놓음에 따라 기

존의 자본주의 시장은 글로벌 상거래 및 교역에 대한 지배적 지위를
점점 더 상실할 것"[58]이라고 예측한다. 아울러 그 근거로 새로운 에
너지 체제와 새로운 커뮤니케이션 매개체를 창출했을 때 대변혁이
발생한 점, 공유경제는 지속가능한 발전과도 결합할 수 있다는 점,
인간은 근본적으로 사회적 협력을 하고 타자의 고통에 공감하는 존
재라는 점, 밀레니엄 세대는 소유권보다 접근권을 선호하고 공감력
이 뛰어나다는 점을 제시하고 있다.

리프킨의 공유경제는 가능성이 농후하다. 무엇보다도 상부구조
의 이야기가 아니라 토대에 관한 것이다. 토대의 변화는 상부구조의
변동을 야기한다. 리프킨의 주장대로, 인류 문명이 기술혁신과 새로
운 에너지 체계의 발견과 이와 결합한 새로운 커뮤니케이션의 창출
에 의해 대전환을 해온 것 또한 사실이다. 디지털의 맥락과 환경, 메
커니즘 자체가 소유권보다 접근권을 우선하도록 이끌고 수직적 중
앙집권형의 사회를 무너뜨리고 수평적 분산형의 사회로 전환을 유
도할 것이다. 자본주의의 존립 근거인 이윤 자체를 소멸시키고 희소
성을 풍요, 다시 말해 필요에 따른 소비로 전환하는 것이기에 자본
주의 체제에 근본적으로 파괴적이다.

하지만 냉정하게 분석할 지점도 많다. 우선 인간의 본성에 관한
것이다. 신자유주의 체제가 인간을 타자와 경쟁하여 소유욕을 충족
하는 이기적 존재로 규정했다면, 리프킨은 타자와 공감하고 공존을
모색하는 이타적 존재로 간주하고 있다. 인간은 선과 악, 이기심과
이타심, 배제와 공감이 공존하는 복합적 존재다.

자본주의 체제에서 변혁의 주체가 노동자 민중이 아니고 기술혁
신이라면 그렇게 하여 이루어진 변화가 과연 노동자와 인간을 위한

것일지 의문이다. 4장에서 노동자를 생산수단을 소유하지 않고 노동력을 착취당하고 노동과정을 통제당하는 자로 정의했다. 공유경제에서는 3D 컴퓨터만 가지고 있어도 생산수단을 소유한 자본가가 된다. 3D 컴퓨터를 가진 자든, 이를 소유하여 자본가 입장에 있는 이든 구글이나 페이스북에 접속하여 노동력을 착취당하는 것은 마찬가지다. 그들은 검색을 하며, 접속하여 글을 쓰며, 새로운 콘텐츠를 생산하고 빅데이터 생산에 기여하면서 잉여가치를 창출하지만 이에 대한 임금을 전혀 받지 못한 채 고스란히 착취당한다. 기계와 메커니즘과 프로그램에 포섭되어 잠을 자지 않고 밥 먹기를 미루면서까지 대다수가 과잉으로 자신의 노동을 헌신한다. 그럼에도 더욱 위험한 것은 자발적으로 노동을 하는 것이고, 빅데이터 등 이차적인 생산과정에서 착취를 당하는 것이기에 착취당하는 데 대한 불만과 갈등, 노동자로서 계급의식을 갖지 못한다.

자본주의 체제는 배제하는 한편에서는 꾸준히 저항 세력을 포섭해왔다. 자본주의 체제에서 노동자들은 무지한 대중으로, 자본가화한 노동자로, 이데올로기나 환상에 조작된 우중으로, 신자유주의적 탐욕을 내면화한 다중으로, 투항한 노동조합원으로 자신들을 착취하고 억압한 체제를 옹호하고 정당성 강화에 이바지했다. 그럼에도 이에 포섭되지 않는 자들인 국외자, 사회적 소수자, 철저히 배제된 비정규직 노동자에게 이 체제의 변혁의 희망을 기대했다. 하지만 공유경제는 이들 소수자들의 욕망과 취향마저 빅데이터로 파악하여 조작하고, 그 욕망과 취향에 부합하는 상품을 소비시켜 체제로 포섭시킨다.

현금의 자본주의 체제에서 가장 큰 문제는 자본-국가의 카르텔이 너무도 공고해졌다는 점이다. 학교와 같은 이데올로기 국가기구든, 경찰과 군대처럼 억압적 국가기구든 철저히 자본의 편에서 노동자들을 조작하고 억압하는 메커니즘으로 작동한다. 이를 견제할 수 있는 언론과 시민단체, 노동조합 또한 이들에게 포섭되었다. 이런 상황에서 정보와 에너지를 중앙의 지능시스템에 집중하는 것은 자본-국가 카르텔을 빅브라더로 만들고, 센서-사물인터넷-중앙의 지능시스템으로 이루어진 시스템 자체가 원형감옥이 될 것이다.

예술 정신의 핵심은 '부정'이다. 좌파든 우파든, 모더니즘이든 리얼리즘이든, 현실에서 불가능한 것을 꿈꾸고 기존 체제에서 허용하지 않는 것을 상상하고, 이미 낯익고 상투적이어서 아무런 감흥도 주지 못하는 형식과 스타일과 내용에 반기를 들고, 의식적이든 무의식적이든 모든 억압과 검열에 대해 해방을 지향한다. 혁명보다 더 급진적으로 낯설고 다른 세계를 꿈꾸는 것이 예술이다. 부정을 뒷받침하는 것은 독창성과 창조다. 하지만 공유경제에서 원본과 가짜, 창조와 표절, 패러디와 표절의 경계는 빠른 속도로 해체되고 있다. 이에 따라 독창성과 창조는 모방과 표절에 비하여 에너지 소비가 많이 들기에 비효율적인 것으로 취급받는다. 더구나 디지털 시대의 자본은 상품의 부가가치를 높이기 위하여 예술의 독창성마저 상품화하고 있다. 결국 예술에서 부정이 사라지면, 대중은 체제가 요구하는 상투적인 상상과 사고를 할 수밖에 없다.

앞에서 말했듯, 소극적, 적극적, 대자적 자유, 이 세 가지 자유를 공히 누릴 수 있을 때 인간은 진정으로 자유롭다. 공유경제는 적극적 자유를 중시하는 대신 소극적 자유를 소홀히 한다. 개인의 성적이고 정치적인 취향에서 의료 정보와 유전 정보까지 공유되는 사회에서는 사적 영역이란 없다. 사적 영역을 확보하지 못한 개인이 주체성을 유지하기는 어렵다.

따르기도 하고 따르지 않기도 하는 화쟁의 공유경제

그럼 활자 시대와 영상 시대, 근대적 인간과 탈근대적 인간, 아날로 그형 인간과 디지털형 인간이 서로 화쟁을 이룰 수 있는 길은 무엇인가. 순이불순은 양비론이나 양시론이 아니다. 일심으로 향하는 지향점은 분명히 하되, 그 방편에서는 동일성의 패러다임을 벗어나서 진리라고 하는 것에 허위도 있으니 무조건 따르지 말고, 허위라고 하는 것에도 일말의 진리가 있으니 무조건 배척하지 말라는 것이다. 대립하는 것이 실은 서로 깊은 관련을 맺고 상호작용하고 있음을 깨달아서 하나로 회통시키는 것이다. 여기서 지향점은 자본주의 해체와 노동해방이고, 방편은 양자의 회통이다.

  그럴 때 중요한 것은 디지털 시대라 하더라도 아날로그와 디지털이 공존하고 있음을 직시해야 한다. 스마트폰만 하더라도 테크놀로지의 층위에서 보았을 때, 배터리를 연결하여 기계식으로 작동하는 방식은 아날로그다. 하지만 스마트폰에 내장한 애플리케이션과 소프트웨어를 이용하여 인터넷 서핑을 하고 길을 찾고 그림 등 다양한 작업을 하는 것은 디지털적이다. 인간의 층위에서 보면, 스마트폰의 게임과 가상성에 매료되며 노마드로 떠도는 것은 디지털적이지만, '악플'에 상처받거나 분노하며 자신의 자긍심을 지키려 인정투쟁의 하나로 반박의 글을 올리는 것은 아날로그적이다. 사회문화의 층위에서 볼 때, 스마트폰을 이용하여 페이스북 등을 하며 SNS로 소통하고 인터넷과 애플리케이션을 이용하며 가상성의 세계에 사는 것은 디지털적이지만, 게임과 애플리케이션 사용이 끝나면 현실의 장으로 돌아와 일상을 유지하는 것은 아날로그적이다.

무엇보다 중요한 것은 패러다임의 전환이다. 다음으로 현대와 탈근대, 아날로그와 디지털 또한 화쟁의 아우름을 이루어야 한다. 계급갈등이나 빈부 격차 등 현대적 모순을 극복하기 위해서는 지사적 인간 주체의 실천이 필요하다. 가상성 등 탈근대적 상황에서도 인간의 자유와 평등을 추구하려면 리좀적 인간의 노마드적 삶이 바탕이 되어야 할 것이다. 지사가 노마드를 변절자처럼 생각하거나 노마드가 지사를 벽창우로 여기는 것은 아날로그적 발상이다. 지사는 노마드가 미치지 못하는 영토에 들어가 탈영토화의 깃발을 꽂을 수 있다. 노마드는 지사가 탈영토화한다면서 재영토화한 곳에 침투해 땅속줄기를 뻗을 수 있다.

더불어 순이불순의 패러다임 안에서 근대의 개념인 주체와 이성 또한 탈근대의 맥락에서 종합해야 한다. 이성이 도구화했음에도 진리와 허위, 가상과 실상을 구분할 수 있는 것, 주체가 자기동일성의 강박관념에서 헤어나지 못하여 타자에게 폭력을 가하는 것을 비판하는 계몽의 빛으로서 이성은 정당성을 갖는다. 주체가 동일성에 구속되어 타자에게 폭력을 가하는 것은 지양해야 하지만, 아바타를 다양하게 만드는 장에서는 주체는 자기와 세계를 명료하게 인식하고 해석하는 중심이다. 매트릭스적 실존 속에서 환상과 현실을 구분하고, 현실의 모순과 세계의 부조리를 인식하고 타자와 공감하고 연대하며 유토피아를 모색하는 것이 타자적 주체로서 눈부처-주체가 수행할 바다.

매트릭스는 이미 우리의 존재의 양상이다. 우리는 기호와 이미지, 현실과 판타지, 실상과 가상을 넘나들며 산다. 문자 세대는 이미지가 기호와 상징 뒤에 도사리고 있는 권력의 폭력과 억압에서 일탈해 코라chora로 회귀하게 하는 방편임을 인정하고 이미지의 소통을 수용해야 한다. 영상 세대는 기호에 바탕을 둔 이성을 통해서 이미지의 허위성과 가상성을 비판하고 추상에 맥락과 구체성을 부여한다는 점을 알아야 한다.

지금 우리 사회는 중층적이다. 봉건과 근대와 탈근대가 비빔밥처럼 뒤섞여 있다. 민주적이고 합리적으로 후보를 선출하는 가운데 공천을 위해 뇌물이 오가고 정당 대표의 보스 정치가 작용하는가 하면 매스미디어를 통해 후보의 이미지를 조작한다. 봉건 모순이 잔존한 상황에서 계급갈등이나 빈부 격차와 양극화 등 현대적 모순이 주요모순인데 가상성에 의한 왜곡과 구체성의 상실 등 탈근대적 모순도 심화하고 있는 상황이다. '지금 여기에서' 현대적 모순을 극복할 수 있는 지사적 인간의 주체적 실천과 지사가 탈영토화한다면서 재영토화한 곳에 침투해 땅속줄기를 뻗을 수 있는 노마드의 유랑 모두 조금 더 건전한 사회를 펼치는 두 길이다. 지사가 노마드가 되어 유랑을 해보고, 노마드가 지사처럼 대의를 위해 자신을 던지고자 할 때 양자는 진정 소통하는 것이고, 그 소통이 인류의 미래를 밝힐 수 있을 것이다.

아날로그와 디지털, 지사적 인간과 노마드적 인간은 하나가 아니다. 스마트폰처럼 아날로그와 디지털이 한데 어우러져 작업을 하고 콘텐츠를 만든다. 지사적 인간이 있어서 노마드는 유랑을 할 수 있고, 노마드적 인간이 있어서 지사적 인간은 저항을 할 수 있다. 인터넷을 유랑하다가 정권의 비리를 접하고 카톡과 텔레그램으로 소통하면서 한 장소에 집결하여 시위를 하고 현장에서 스마트폰으로 중계도 하고 정보를 주고받으면서, 서로 카톡이나 텔레그램에 올린 글과 투쟁 장면 사진을 통해 용기를 북돋기도 하고 사기도 올리면서 경찰의 저지선을 돌파한다. 그러니 둘도 아니다. 아날로그가 있어서 더욱 디지털적인 것이 드러나고, 디지털적인 것이 있어서 더욱 아날로그적인 것이 드러난다. 노마드로 말미암아 지사는 세계의 부조리에 강하게 저항하고 지사로 말미암아 노마드는 땅속줄기처럼 출구도, 입구도, 목적도 없이, 부분이 부서지더라도 파열이 없이 향하던 방향대로 여기저기 유랑한다.

이제 한 국가나 사회 단위만이 아니라 개인의 층위에서도 산업사회와 정보화사회는 결합되어 있다. 현대자동차 노동자는 낮에는 기계를 움직여 기어나 축을 조립하는 일을 하고, 휴식할 때는 스마트폰으로 DVD를 보고, 집에 와서는 구글 검색을 하고 페이스북에 들어가서 남의 글을 읽고 자신의 글도 올린다. 현대자동차 노동자로서 그는 지사적 운동가로서 노동조합 활동과 투쟁을 열심히 하고 자본주의 체제에 대항하는 노동자의 연대에 헌신하는 것이 올바른 주체가 되는 길이다. 네티즌으로서 그는 자유로운 노마드가 되어 구글과 페이스북에 자유롭게 접속하여 타자들에 공감하며 자본주의 체제를 비판하는 콘텐츠를 생산하고, 지역과 사이버공간에 이 체제를 무너뜨리는 공유경제의 진지를 건설할 수 있다. 이렇게 아날로그와 디지털, 아날로그적 인간과 디지털적 인간, 자본주의에 저항하는 투쟁과 사물인터넷에 기반을 둔 공유경제가 서로 대립하지 않고 따르기도 하고 따르지 않기도 하면서 자본주의 해체와 노동해방을 지향할 때 우리가 바라는 사회는 좀 더 가까이 다가올 것이다.

이런 패러다임을 바탕으로 노동해방의 관점에서 두 가지의 화쟁을 모색할 수 있다. 하나는 자본주의 바깥에서 이를 해체하는 것이고, 하나는 그 안에서부터 이를 수행하는 것이다.

> 고정자본의 발전이 일정 정도 수준에 이르면 '총사회지식general social knowledge'이 직접적인 생산력이 되며, 그에 따라, 일정 정도 수준을 넘어서면 총지성the general intellect이 사회적 그 자체의 조건을 통제하게 되며, 총지성에 따라 사회적 생활 과정이 변화하게 된다. 어느 수준에 이르면, 사회적 생산력은, 실제 생활 과정에서, 지식의 형식 안에서 생산될 뿐만 아니라 사회적 실천의 즉각적인 기관으로서 생산된다.[59]

앞의 인용문에서 마르크스가 총지성을 고정자본으로 한정한 것은 비판의 소지가 있지만,[60] 마르크스는 기계 등 고정자본이 일정 수준 이상으로 발전하면 총지성이 사회적 생활 과정 그 자체의 조건을 통제하게 되고, 더 나아가 사회적 생활 과정이 변화한다고 올바로 예측했다. 여기서 총지성이 사회적 생활 과정 자체를 통제한다는 것은 더 이상 자본의 간섭, 지도, 통제, 관리 등을 벗어나 총지성이 스스로 사회적 생활 과정 자체의 조건을 만들고 규정함을 의미한다. 여기서 총지성을 집단지성으로 대체해도 그리 큰 차이를 보이지 않는다.

〈위키피디아〉는 전 세계의 네티즌이 자발적으로 아무런 보상이나 대가 없이 공동으로 협력하여 만들어진 것이다. 여기서 보듯이 집단지성은 자본으로부터 독립하여 자발적으로 협력하고 스스로를 조직하기에, 자본은 집단지성이 수행하는 가치의 생산과정에 개입할 수도, 간섭할 수도 없을 뿐만 아니라 통제나 관리는 더욱 어렵다. "산업자본주의 체제에서는 자본이 생산수단을 소유함으로써 사회의 총지식general knowledge을 직접 통제할 수 있었다. 다시 말해, 자본주의적 소유관계에서 사회의 총지성은 자본에, 자본에만 유용하게 된다. 이는 디지털 경제의 사회과학기술적 조건과 면밀한 대조를 형성한다. 디지털 경제에서 인터넷과 개인컴퓨터의 접속의 증가로 (소프트웨어, 하드웨어 등) 생산수단의 사회화가 촉진되며, 이는 고정자본에 객관화한 총사회지식에 대한 자본의 독점을 해체한다."61

컴퓨터와 인터넷을 사용하는 네티즌은 점점 증대하고, 이에 따라 집단지성을 형성하는 대중도 더욱 증가할 것이기에, 자본은 점점 더 소유권, 지식과 정보에 대한 통제력을 상실할 것이다. 그럼에도 자본은 지식과 정보에 대한 착취 전략을 다양하게 구사하고 있다. "디지털 경제에서 착취는 사회적으로 필요한 추상노동이 아니라 사회적으로 생산된 추상적 지식에 기초한다."62 페이스북이나 유튜브, 네이버나 다음 등은 플랫폼을 소유하고 여기에 네티즌이 자발적으로 들어와서 디지털 사용가치를 무료로 생산하게 하고 이를 착취하고 광고비로 이전하여 이윤을 축적한다. 마이크로사나 안랩 등은 몇몇 소프트웨어를 무료로 공유하도록 제공하지만 이로 네티즌을 끌어들여 그들을 소비자로 삼아 고가의 소프트웨어를 독점적으로 판매한다. "IBM이나 오라클 같은 기업은 무료 공개 소프트웨어 플랫폼에서 작동하는 사적 소유 소프트웨어를 팔기 위하여 무료공개 소프트웨어 발전 프로젝트에 투자한다. 레드햇Red Hat이나 데비안Debian 같은 새로운 기업들은 무료 공개 소프트웨어 사용자들에게 서비스를 제공하거나 주문된 무료 소프트웨어 꾸러미를 판매하여 수익을 올리고 있다."[63] 어떤 유형의 수익이든 이는 일종의 지대이기에 집단지성에 대해 통제력을 갖지는 못한다. 그럼에도 포털사의 잉여가치 착취는 계속되고 있다. 단기적으로는 페이스북이든 트위터든 집단지성이 자발적으로 생산한 잉여가치를 수탈하여 얻어진 초과이윤을 사회에 환원해야 하고, 장기적으로는 집단지성이 이들을 넘어서는 포털 자체를 만들어야 한다.

이제 국가 공유를 넘어 세계 공유를 지향해야 한다. 구글의 자동번역 시스템은 각 나라 언어의 문법과 언어 구조를 비교하여 번역하는 것이 아니다. 이미 상호 번역되어 구글에 스캐닝이 된 모든 문건을 검색, 대조하여 이루어지는 것이다. 그러기에 자동번역은 인류 공동의 자산이어야 하며, 이에서 얻어지는 수익은 사회로 환원되어야 한다. 다른 분야도 마찬가지다. 토지와 자연, 모든 지식과 정보, 육아와 교육, 원전 해체와 태양광 발전 등 생태에너지에 관한 기술, 병과 유전자 정보 등은 현재의 인류만이 아니라 미래의 인류까지 공동으로 사용하고 관리하고 처분해야 한다. 이제 자본의 다양한 전략에 맞서서 각 네티즌이 눈부처-주체가 되어 인류의 모든 자산을 함께 공유하면서 협력하여 생산하고 공동으로 분배하는 시스템이 곳곳에 활성화할 것이고 이것이 점점 더 자본주의 체제를 주변화하고 결국에는 해체할 것이다.

자본주의를 해체하는 공유경제의 길

다음으로 우버택시형의 공유경제의 길을 모색해보자. 우버택시는 자본주의 체제 안에서 이를 해체하는 새로운 양식으로 거듭날 수 있는가? 2015년 현재 한국 서울에서 스마트폰의 앱을 활용하여 소비자와 승용차를 연결하는 우버택시Uber Taxi는 망하고 콜택시의 스마트버전인 카카오택시가 흥하고 있다. 우버택시는 안전하고 친절하고 깨끗하며, 비용까지 저렴하다는 장점이 있음에도 실패했다. 이는 우버로 일자리를 잃거나 소득이 줄게 된 택시 노동자의 반발 때문이었다. 택시 노동자들이 반발하자 박원순 시장은 개인의 차량으로 영업행위를 할 수 없다는 법규를 들어 우버택시를 불법으로 규정하고 이를 신고하는 사람에게 포상금까지 걸었다. 서울의 우버택시는 수수료를 받았기에 실제로는 공유경제가 아니라 인력관리회사의 구실을 한 것이다.

반면에 카카오택시는 스마트폰의 앱을 이용하되, 기존의 영업용 택시와 소비자를 바로 연결시켜주었다. 이는 소비자와 택시 노동자 모두의 지지를 받으며 급속하게 사업을 확장하고 있다. 카카오택시는 노동자와 공존하고 스마트폰의 앱을 활용하기는 하지만 공유경제라 볼 수 없다. 기존의 콜택시를 모바일 환경으로 옮겨놓은 것뿐이다. 철저하게 자본주의 체제를 용인하고 있다. 개인택시를 운전하는 이는 자영업자와 같지만, 카카오택시에서 택시 노동자가 차를 운전하는 노동을 통해 창출한 잉여가치는 택시회사의 자본가가 가져간다.

우버택시와 카카오택시는 공유경제가 오히려 노동자와 대립할 수 있음을, 아직까지는 카카오택시처럼 자본주의 체제의 원리를 수용하면서 스마트폰을 활용하는 모델이 성공할 수 있음을 보여주는 전형적인 사례다.

그렇다면 대안의 시스템이란 무엇인가. 마르크스의 원칙에 충실하되 디지털 시대의 공유경제를 그 안에 화쟁시키는 것이 필요하다. 자본주의 해체와 노동해방을 지향하는 진정한 공유경제가 되려면 네 가지가 전제되어야 한다. 첫째 잉여가치의 착취가 없어야 하고, 둘째로 노동은 소외가 없이 자기실현으로서 협력적으로 수행되어야 하며, 셋째로 생산수단을 공동으로 소유하고 그 분배 또한 지배-종속 관계가 없이 상호협력적으로 이루어져야 하며, 넷째로 이렇게 구성한 시스템이 자본주의적 관계를 해체하는 실천을 이루어내야 한다.

방법은 협동조합 방식으로 우버프로그램과 택시 노동자, 소비자를 결합하는 것이다. 이를 화쟁택시시스템이라 부르자. 조합원은 생산자 조합원과 소비자 조합원으로 선택할 수 있도록 하되, 생산자 조합원은 택시 노동자, 곧 영업용 택시를 운전하는 사람만이 가입할 수 있도록 한다. 수수료를 받는다는 것은 수수료란 우회로를 통해 택시 노동자가 생산한 잉여가치를 착취하는 것이기에 서울의 우버택시는 스스로 자본이 되었다. 이에 협동조합식 화쟁택시는 프로그램만 제공하고 아무 수수료도 받지 않는다. 대신 구글처럼 조합원과 이용자가 그 프로그램을 사용하면서 생산한 빅데이터를 광고사에 팔아 수익으로 챙긴다. 개인택시 기사는 생산수단인 택시를 자신이 소유한 상태에서 협동조합에 가입하고, 회사 택시를 운전하던 기사는 협동조합에서 임차한 택시를 활용한다. 이렇게 할 경우 잉여가치 착취는 조합원과 이용자가 생산한 빅데이터를 광고사에 판 부분만으로 한정된다. 택시 노동자가 생산한 잉여가치는 100퍼센트 가까이 노동자의 손으로 들어가며, 극히 일부의 잉여가치는 조합비나 출자금으로 이전하는데 이는 조합원이 공유하게 된다. 택시 노동자는 필요에 따라 필요한 만큼 노동을 한다. 자신이 주인인 자동차를 운전하면서 손님을 모시고 손님과 즐겁게 대화하면서 목적지에 모셔다 준다. 택시 노동자는 주체가 되어 자신의 육체를 자동차 기계에 확장하며 밀폐된 세계에서 자신과 손님의 운명의 지배자가 되어 자신의 의지대로 목적지를 향하여 기계를 이동시킨다. 눈으로 손님, 길과 장애물, 내비게이션을 보고 귀로 손님의 목소리, 내비게이션 음성서비스, 자신의 자동차와 다른 차들, 그리고 자연이 내는 소리를 듣고, 자신의 팔을 움직여 장애물을 피하며 목적지로 전진하고 발을 움직여 목적지에 도달하는 시간을 압축하기도 하고 늘리기도 하고, 잠시 정지하여 풍경을 감상하기도 한다. 이윽고 목적지에 도착하면, 손님은 화쟁시스템에 결제를 하고, 택시 노동자는 손님에게 감사를 표하며 문을 열고 손님이 내리도록 돕고, 화쟁시스템의 안내에 따라 다음 목적지로 향하며 밀폐된 나만의 세계에서 음악을 듣고 지나치는 풍경을 감상하며 자유를 만끽한다.

이렇게 택시 노동자가 생산한 잉여가치는 100퍼센트 가까이 자신의 것이 된다. 다른 이로부터 억압이나 구속을 받지 않으며 자기실현의 기쁨을 누리는 동시에 공간에 구속된 손님을 자유롭게 하는 행위다. 그러기에 이 시스템 안에서 택시 기사의 노동은 소외되지 않은, 자유롭고 정의로운 노동이다. 이렇게 할 경우 소비자는 기존의 회사 택시에 비하여 저렴하고 친절하고 안전하기에 이 시스템을 더 이용할 것이고, 택시 노동자 또한 잉여가치를 착취당하지 않기에 더 많은 소득을 올릴 수 있을 것이다. 시간이 갈수록 회사 택시에 소속된 택시 기사들은 택시회사와 계약을 해지하고 이 조합에 가입할 것이다. 자연스레 택시 노동자를 고용하며 그가 생산한 잉여가치를 착취하는 것으로 자본을 축적하던 택시회사는 붕괴할 것이다.

이처럼 화쟁의 공유경제를 택시, 숙박, 교육, 재생에너지와 같은 분야에서 시작하여 제조업으로 확대한다면 자본주의는 서서히 해체될 것이다. 자본주의 해체와 노동해방을 지향한다는 원칙과 잉여가치와 노동소외가 없고 생산수단을 공유한다는 전제를 충족시키는 조건 아래 아날로그와 디지털, 지사와 노마드, 근대와 탈근대가 순이불순으로 어우러지는 화쟁의 공유경제의 진지를 곳곳에 세우고 실천하는 부단한 담론투쟁과 조직화, 운동이 필요하다.

10장

가상성과 재현의
위기

: 재현의 위기론 대 화엄의 현실론

재현의 위기론의 타당성과 한계

가상과 현실이 뒤바뀌고 있다

영화 〈매트릭스〉는 21세기 오늘 이미 벌어지고 있다. 몇 년 전에 한
소년이 자신의 동생을 칼로 무참하게 난자하여 죽였다. 이 아이가
충분히 이성을 찾았을 만한 시간인 사건 몇 주 뒤에 기자가 찾아가
서 물었다. 하지만 그 소년은 그때까지도 동생을 죽인 것에 대해 아
무런 죄책감이 없었다. 롤플레잉 게임 마니아였던 그는 게임 속의
악마를 죽인 것으로 생각하고 있었다. 가상과 현실의 구분이 무너진
것이다.

사랑하는 두 남녀가 있고 이 현실을 소설과 영화로 재현한다. 독
자들은 픽션과 논픽션을 구분하기에 소설과 영화를 실제라고 생각
하지 않는다. 하지만 21세기에 와서 그 반대의 경우도 다반사로 벌
어진다. 요새 청년들은 소설, 영화, 심지어 30초짜리 광고 텍스트 속

의 허구적 이야기로 펼쳐지는 사랑을 모방하여 사랑을 한다. 단지 1퍼센트만이 역사적 사실에 부합하고 99퍼센트가 허구인 사극 드라마를 보고 모든 것이 역사적 사실이라고 생각한다. 이처럼 현실이 작품으로 재현되는 것이 아니라 거꾸로 작품이 현실을 구성한다.

우리는 큰 사건을 소문으로 들었을 때 텔레비전 뉴스의 영상을 보고서 그를 현실이라 긍정하지만 이는 '실제 현실'이 아니라 '미디어가 구성한 현실'일 뿐이다. 언론사의 입장, 그 사진이나 동영상을 찍은 기자의 관점, 더 나아가 자본과 국가, 제국의 이데올로기와 이해관계가 투영된다. 이라크전 때 서방 언론들은 미군의 검열을 통과한 사진과 동영상만 전송할 수 있었다. 그 영상 가운데 적지 않은 부분이 컴퓨터그래픽이었거나 연출된 것이었다. 조작을 전혀 하지 않았다 하더라도 사진기의 각도만으로도 사진의 메시지는 달라진다.

21세기처럼 말이 넘치는 세상은 없었다. 1980년대까지만 하더라도 소수의 사람만이 정전에 접할 수 있었으며, 원하는 지식과 정보를 알기 위해서는 도서관에 가서 오랜 시간을 뒤져야 했지만, 이제 누구나 책상 앞에서 인터넷을 통해 무진장의 정보를 접할 수 있다. 수많은 텍스트와 콘텐츠가 인터넷과 세상에 떠돌지만 그것들은 대상을 지시하지 않는다. 수많은 담론과 말이 범람하지만 형식과 내용, 기표와 기의가 분리되어 있다. 모든 언어는 기표로만 떠다닌다.

이런 모든 것을 설명하는 이론이 바로 재현의 위기론이다. 21세기 들어 재현의 위기 담론이 부상하고 있다.[1] 『세미오티카Semiotica』는 2003년 143호에서 'The Crisis of Representation'이라는 제목으로 기호학은 물론 미디어 이론과 정치학을 망라하여 특집으로 다루었으며, 독일 카셀대학교에서는 같은 제목의 콜로키움이 연이어 열린 바 있다. 구글에서 'The Crisis of Representation'으로 검색을 하면 2015년 8월 27일 기준으로 4570만여 개의 목록이 뜬다. 포스트모던 철학자들, 문화비평가들, 미디어 이론가들, 탈구조주의 기호학자들이 공히 재현의 위기론을 21세기의 핵심 쟁점으로 꼽고 있다. 판타지, 환상, 해체, 시뮬라시옹Simulation, 가상현실이라는 낱말들이 대중적으로 사용될 정도로 재현의 위기 문제는 이 시대의 문화적 현상마저 되었다.

물론 재현의 위기, 또는 재현의 불가능성이 생소한 것은 아니다. 이미 프랑스 혁명 이후 18세기에 이에 대한 논의가 있었고 마르크스도 상품과 재현의 문제에 대해 언급했으며, 루카치György Lukács가 제시 불가능성에 대해 말한 이후 포스트모더니즘의 문예이론에서도 중요 쟁점 가운데 하나였다. 그럼에도 이것이 21세기에 다시 화두로 부상하는 것은 무엇보다 현 사회가 가상현실이 삶의 영역으로 들어오고 가짜가 진짜, 모본模本이 원본原本을 대체하고 있는 시뮬라시옹의 사회이기 때문이다. "낱말은 지시대상을 상실했고 이미지는 현실에 전혀 닻을 내리지 않으며 미디어는 점점 더 자기지시적이 되었으며 그 결과는 하이퍼리얼리티와 가상의 세계이다."[2] 그럼 '재현의 위기론'은 타당성을 갖는가, 또 그 한계는 무엇인가? 이에 대해 문화, 기호학, 철학, 예술의 차원에서 분석해본다.

문화적 차원에서 본 재현의 위기론의 타당성과 한계

먼저 문화적 차원에서 보자. 디지털사회에서 매트릭스는 이미 현실이다. 우리는 현실이 아닌 사이버공간에서 쇼핑을 하고 주식투자를 하고 성행위까지 행하는 시대에 살고 있다. 지구촌 사회는 컴퓨터, 생명공학, 정보산업, 나노공학, 환경공학 등 첨단기술의 발전과 세계화를 바탕으로 산업사회에서 탈산업사회로 급속히 이행하고 있다. 세계가 인터넷으로 연결되고 가상이 현실을 대체하면서 인류 사회는 획기적인 전환점을 맞고 있다.

컴퓨터가 만들어주는 가상 세계는 이미 우리 현실의 한 장을 차지하고 있다. 얼굴은 누구, 가슴은 누구, 다리는 누구 식으로 미인을 합성하여 사이버섹스를 하고 실제 섹스와 유사한 황홀감을 느낄 수 있는 시대에 우리는 살고 있다. 행위보다, 노동보다 앞서는 것은 가상이다. 여러 경우의 수를 대입한 시뮬레이션에 따라 집이나 도시를 설계한다. 우리는 자동차나 비행기를 컴퓨터상에서 만들어보고 이를 포기하기도 하고 추진하기도 한다. 대통령 선거도, 월드컵 축구도, 전쟁도 시뮬레이션을 통해 먼저 치른다. 가상과 현실의 경계는 여기저기서 무너지고 있다. CNN을 통해 중계된 전투 장면이나 참사 현장을 보고 대중은 어느 것이 컴퓨터그래픽이고 어느 것이 현실인지 구분을 하지 못한다. 경계는 이미 무너졌다.

리오타르Jean François Lyotard는 "자본주의는 소위 리얼리즘적 재현이 향수나 조소이거나, 만족이라기보다 고통스러운 행위가 아닌 경우엔 더 이상 현실을 환기시킬 수 없을 정도로까지 낯익은 사물과 사회적 역할 및 제도들을 탈현실화하는 힘을 내부에 가지고 있다"[3]라고 주장한다. 무언가가 재현되어야 할 담론이 단지 캐치프레이즈로 구성됨으로써 재현은 재현할 능력을 잃어버린다는 것이다. 리오타르의 해석에 따르면 재현의 위기는 지식과 담론이 지녀왔던 정통성의 위기와 같다. "과학적 작업의 정당성은 외부 현실의 정확한 모델이나 복사본을 만들어내는 데 있는 것이 아니라 단지 더 많은 작품을 만들고, 새롭고 참신한 과학적 발화와 진술을 생산하며, '새로운 사상'을 산출하며 그리고 무엇보다 (다소 익숙한 본격 모더니즘 미학으로 돌아가) 또다시 '새롭게 하는' 데에 있다."⁴ 그리하여 "우리는 세계(실재하는 것의 총체)에 대한 이데아를 가질 수는 있으나 그 사례를 보여줄 수 있는 능력은 없다. 우리는 단순선(붕괴되거나 와해될 수 없는 것)의 이데아를 갖고 있지만 그것의 '사건'이 될 지각 가능한 대상으로 예증할 수는 없다. 우리는 무한히 큰 것, 무한히 강력한 것을 생각할 수 있지만 이런 절대적 크기와 힘이 '눈에 보이도록' 대상을 표현하는 것은 고통스럽게도 우리에게 주어져 있지 않다. 이런 것들은 표현 불가능한 이데아들이다. (……) 즉 그것들은 표현될 수 없는 것이라 말할 수 있겠다."⁵

현실은 시뮬라시옹으로 존재하고 가짜가 진짜를 대체한다. 보드리야르Jean Baudrillard는 "디즈니랜드는 '실제의' 나라, '실제의' 미국 전체가 디즈니랜드라는 사실을 감추기 위하여 거기에 있다"⁶라고 말한다. 할리우드 영화가 미국의 현실을 재현하는 것이 아니라 미국 사회가 영화로 꾸며진 '미국'을 모방하고 소비하고 실천한다. 미디어와 하이퍼미디어의 세계에서 현실은 시뮬라시옹으로서 존재한다. 이는 원본과 현실을 추방하고 자신이 그 자리를 대신 차지한다. '텅 빈 기호' '지시대상이 없는 코드'가 지배하는 사회다. 가상 세계는 가상으로 끝나지 않는다. 시뮬레이션을 해보고는 전략과 전술을 수정하고 선수나 대통령 후보자를 교체한다. 이처럼 가짜가 진짜를, 복사본이 원본을, 가상이 현실을, 이미지가 실재를 대체한다.

무인항공기(드론)의 사례는 재현의 위기 시대에서 폭력의 실상을 소름이 끼치도록 드러낸다. 미국 국방성에 몇몇 사람이 출근을 한다. 그들은 대형 모니터를 본다. 거기엔 이라크 현장이 게임 화면처럼 나타난다. 그를 보며 그들은 버튼을 누른다. 게임하듯 버튼을 누른 것이지만, 이라크의 현장에서는 드론 프레데터가 총을 쏘고 미사일을 투하하여 지상 기지를 폭파하고 이라크인을 죽인다. 심지어 결혼식장에 모인 아무런 죄 없는 민간인인 신랑과 신부, 하객을 죽이기도 했다. 목표로 한 적에 비하여 거의 10배의 민간인을 죽였다. 버튼을 누른 국방성의 직원은 어느 정도 죄책감을 느낄 것이다. 그러나 직접 총을 쏘고 폭탄을 누른 자의 그것에는 이르지 못하리라. 디지털 시대에 와서 폭력 또한 시뮬라시옹으로 변하고 있는 것이다.

재현의 위기를 더 부추기는 것은 이미지다. 대중매체는 현실과 아무런 관계 없이 이미지를 만들어 현실을 조작하고, 대중은 현실을 그대로 바라보는 것이 아니라 대중매체가 만들어주는 이미지에 따라 바라보고 행위를 한다. 우리는 지금 세르비아 하면 인종청소나 강제수용소를 떠올린다. 그러나 세르비아엔 인종청소도, 강제수용소도 없었다. 이는 보스니아와 미국이 짜고 광고대행사인 루더핀을 통해 비쩍 마른 백인 남자가 더워서 상반신을 벗고 우연히도 철조망을 배경으로 자세를 취한 사진에 "죽음의 수용소, 강제수용소" 등의 제목을 붙여 미디어를 통해 확산시킨 데서 비롯되었다. "보스니아−헤르체고비나에 세르비아인들이 강제수용소를 만들어 이슬람교인을 수용하고 있다는 기사가 8월 2일 뉴욕의 타블로이드지인 『뉴스데이』에 처음으로 올라왔다. 그러자 다른 미디어도 이에 뒤질세라 같은 기사를 다룸으로써 이 뉴스의 충격도가 극적으로 증폭되었다."[7] "이 뉴스가 전 세계로 퍼져 나가고 정치인들이 선동하자 유태인의 대학살에 원죄 의식을 갖고 있던 미국과 유럽의 정치인과 대중은 세르비아를 나치와 동일시하여 전쟁을 선포하고 세르비아 전역을 초토화한다."[8]

이미지는 가상이다. 이미지나 가상이 현실성을 갖는다 생각하면 할수록 이미지는 현실을 왜곡하고 사람들의 감각을 자극하여 이미지를 만든 자가 의도하는 행동을 이끌어낸다. 그리고 이는 다시 의도된 현실을 형성한다. 이미지는 이미지 제작자가 디자인한 현실을 만든다. 그러기에 21세기의 영토는 치열한 이미지 전쟁의 터로 변하고 있다. 이미지를 지배하는 자가 세계를 지배하기에 정치에서 사회 문화의 전 영역에 걸쳐 치열한 이미지 전쟁이 벌어지고 있다. 백인과 서양 문명의 이미지는 유색인과 제3세계의 이미지를, 지배층이 만든 이미지는 피지배층의 이미지를, 사회적 다수자의 이미지는 사회적 소수자의 이미지를 압도하거나 자기의 것으로 대체하면서 지배를 더욱 공고히 한다.

21세기의 문화적 현상—가상현실과 하이퍼리얼리티, 시뮬라시옹, 이미지와 미디어의 대중 조작—을 생각하면 재현의 위기는 타당성을 갖는다. 하지만 이미지가 허상인 것만도 아니다. 마들렌 빵 냄새를 통해 어릴 적 추억을 떠올리듯 이미지는 근원으로 다가가는 열쇠다. 시와 예술이 아름다운 것은 거기 이미지가 있기 때문이며, 시와 예술을 감상하며 황홀해할 수 있는 것은 시어들이 엮어내는 이미지의 세계에서 노닐 수 있기 때문이다. 언어가 의식의 층위에서 논리적 순서에 따라 의미를 담고자 한다면, 이미지는 무의식 속에서 머물던 것을 의식의 표면으로 떠올린다. 이 이미지의 창출 속에서 의식을 넘어선 인간의 창조성이 움튼다. 그러기에 이미지는 언어의 구속을 넘어 세계의 실체로 다가가는 매개체이자 상징, 상징 뒤에 도사리고 있는 권력의 폭력과 억압에서 일탈해 코라chora로 회귀하게 하는 방편이다. 이미지는 언어기호나 이성으로 다다를 수 없는 실체로 우리를 다가가게 한다. 머리가 아닌 온몸으로 세계를 느끼고자 하면서 상징과 코스모스가 가려버린 카오스를 향한다. 그러기에 재현의 위기만을 논할 것이 아니다. 이미지를 넘어서서 실체로 다가가고 이미지가 구성한 것을 넘어서서 구체적 현실을 재구하는 것이 필요하다.

기호학에서 본 재현의 위기론의 타당성과 한계

재현의 위기 담론을 주도한 빈프리트 뇌트Winfried Nöth의 말을 들어보자.

> 재현의 위기란 기호가 무엇인가를 재현할 힘을 상실한 세계에 대해 이해하는 것이다.[9]

> '재현의 위기'라는 말은 20세기 후반에 들어 문화나 철학 그리고 기호학의 이론 속에서 매우 흔한 종류의 것이 되었다. (……) '재현의 위기'가 과연 무엇을 의미하는가를 세심하게 살펴보려면 무엇보다도 각기다른 영역에서 지금까지 확인되어왔던 위기의 징후들에 대한 철저한 진단이 있어야 한다. 이러한 진단이 내려주는 결과를 통해 재현의 여러 개념을 구획 짓고 있는 차이점들을 알게 될 것이다.[10]

구조주의 전통을 지닌 기호학자들에게 자기지시성의 개념은 생각만큼 역설적이지 않다. 소쉬르적인 전통을 지닌 구조주의 기호학은 기호를, 오로지 다른 종류의 기호에 의해 구성되지만 결코 기호적이지 않은 어떤 것을 실제로 재현하지 않는 구조로 인식했다. 소쉬르에 따르면 기호 뒤편에 세계가 있다. 세계는 단지 뭉게뭉게 모여 있는 성운일 뿐이다. 기호는 다른 기호와의 차이에 의해 존재하며 재현은 세계를 재현하는 것이 아니라 기호들 사이에 존재하는 차이를 재현할 따름이다. 더 나아가, 구조주의자들이 전제하는 기표와 기의 사이에 존재하는 틈이야말로 자기지시성이 지닌 여러 다른 양상을 시험에 들게 한다. 기표로부터 기의까지 가는 이러한 길이 없다면 이 소쉬르적 기호의 양면은 아직까지도 그들만의 좁은 영역에 머물러 있을 것이다.[11]

뇌르트의 지적대로, 기호학에서 재현의 위기란 기호가 무엇인가를 재현할 힘을 상실했음을 의미한다. 바꾸어 말하면, 기호가 대신할 지시대상을 상실하고 자기지시적self-referential이 되었음을 뜻한다.

기호는 간단히 말해, 무엇을 대신하는 무엇aliquid pro aliquo이다. 장미꽃을 설명하기 위하여 장미꽃을 가져갈 필요는 없다. '장미꽃'이라는 낱말로 족하다. 그럼 낱말은 어떻게 의미를 생성하는가. '하늘'은 '땅'과 이항대립 구조 속에서 땅과 차이를 통해 '아득히 넓고 높은 시계視界의 공간, 이상, 신의 공간, 만물의 주재자, 천국' 등의 의미를 드러내듯, 낱말들은 어떤 체계나 구조에 놓일 때, 어떤 체계 속에서 다른 낱말과 차이를 가질 때만 의미를 갖는다. 의미를 만드는 것은 차이, 혹은 관계나 구조다. 땅이 없었다면 하늘 또한 아무런 의미를 갖지 못한다. 의미는 기호 안에 내재하지 않는다. 의미는 사물의 본질이 드러난 것도, 주체의 경험이나 이해에 바탕을 둔 것도 아니다. 의미는 차이나 관계에 따라 드러난, 공유된 의미작용 체계의 산물이다. 뇌트의 지적대로, 기호는 다른 기호와의 차이에 의해 존재하며 재현은 세계 그 자체를 재현하는 것이 아니라 기호들 사이에 존재하는 차이를 재현할 따름이다.

기호, 표상체sign, representamen : 태양

☼ 실제 대상   해석소interpretant, reference
[object, referent]   : 태양계의 중심을 이루는 항성

〈그림 6〉 퍼스의 삼원 모형

퍼스가 보았을 때 "애오라지 기호로 구성된 것만은 아니지만, 온 우주는 기호로 충만하다".[12] 퍼스의 삼원 모형에서 세계인 대상이 있고 이 대상에 대해 인간이 기호를 명명하고 이 기호를 놓고 인간이 해석한 해석체가 자리한다. 예를 들어 실제 '태양'이 있다면 인간은 이것을 '태양'으로 기호화하고 이 기호를 보고 인간은 마음속으로 '태양계의 중심을 이루는 항성'을 떠올린다. 여기서 모든 기호는 차례차례 둘째 기호의 표상체가 되는 해석체, 연속적인 해석체의 계열로 귀결되는 세미오시스Semiosis를 창출한다.[13]

퍼스는 인간의 사고와 언어와의 관계를 논리적으로 분석하고 추론하여 1차성, 2차성, 3차성의 세 범주로 기호학을 펼쳐나간다. "1차성이란 실재하지만 다른 어떤 것과 아무런 관련이 없이, 그 자체 그

대로 존재하는 양식이다."[14] "2차성이란 첫째의 관계를 둘째에 연루시키는 것이다."[15] 3차성은 둘째가 셋째 관계를 야기하는 것이다."[16] 1차성은 꽃향기처럼 경험과 지각을 통하지 않고 다른 것과 아무런 연관이 없이 그 자질 그대로 있음 직하다고 느끼는 무엇이다. 2차성은 꽃향기를 시궁창 냄새를 맡아본 경험과 비교하여 향기롭게 느끼는 것처럼 목적과 유리되어 시공간에서 일어나는 경험, 또는 행위다. 3차성은 꽃향기를 기억해내고 이에 대해 어떤 사유를 하고 표현하는 것처럼 2차성에 담긴 법칙이나 개념을 종합하고 매개하고 지속하는 것을 의미한다. 1차성과 2차성의 차원에서 보면 기호는 세계 그 자체를 재현하거나(1차성) 기호들 사이에 존재하는 차이(2차성)를 재현한다. 그러나 3차성으로 가면 기호는 지시대상으로부터 분리된다. 기표는 기의의 사슬 속으로 끊임없이 미끄러지며 의미를 연기延期하며, 의미는 어떤 하나의 기호에 의하여 완전히 현전되는 것이라기보다는 현전과 부재 간의 일종의 끊임없는 교차다. 그러기에 기호는 무엇인가를 재현할 힘과 지시대상을 상실하고 자기지시적이 된다. 이 면에서 재현의 위기론은 타당성을 갖는다.

그러나 퍼스의 모형에서 '태양계의 중심을 이루는 항성'은 다시 대상의 자리에 놓이고 이에 대해 인간은 '온 생명의 양육자'라는 해석을 하며, 이는 또다시 대상의 자리에 놓이고 이에 대해 '모든 존재의 주재자'라는 해석을, 이는 또다시 대상의 자리에 놓여 '신'의 해석을 낳으며 이 순환은 영원히 이어진다. 이렇게 기호가 그 자체로 새로운 해석체를 만들어내는 역동적 과정이 세미오시스다. 무한히 반복되는 세미오시스의 과정 속에서 첫 기호라든가 마지막 기호라든가 하는 것은 없다. 무한한 세미오시스로부터 일어나는 사고는 당연히 이 악순환을 수반한다. 대신에 이로부터 "사유는 늘 대화의 형식—자아의 다른 국면 사이의 대화—으로 진행된다. 즉, 대화적이 된다는 것, 바로 그것이 본질적으로 기호를 구성하는 것이다"[17]라는 매우 현대적인 사고에 다다르게 된다.

이처럼 해석체는 기호에 대한 해석인 동시에 그 자체로 기호이니, 퍼스에게 세미오시스는 무한대의 순환 과정이다. "이미 존재하는 것이 기호든 대상이든 재현은 앞선 것과 언제나 무언가 다른 차이를 지닌다. 이러한 재현이 바로 차이의 효과가 지니는 역동성 그 자체다."[18] 따라서 재현의 위기는 '기호의 성장'일 수도 있는 것이다.

철학적 차원에서 본 재현의 위기론의 타당성과 한계

현실이 변한다면 개인과 실존 또한 달라질 수밖에 없다. 우리는 흔히 현실을 세 가지, 곧 '지금 여기에서 사실로 나타나는 일과 사물' '실제 객관적으로 존재하는 현존' '원본에 해당하는 무엇'으로 보지만, 이것이 모두 부정된다.

현실은 '지금 여기에서' 벌어지는 사건이 아니다. 과거와 미래가 현실의 구성에 관여한다. 우리가 지금 생존하고 있는 현실 자체가 실은 재현이 되먹임하는 장이다. "물질적으로 생존하는 바로 그 순간에 재현이 작용하고 있다."[19] 농사를 짓는 집단은 작년, 또는 그 전에 농사를 지었던 일을 재현하면서 오늘 씨를 뿌리고 모를 내고 거둔다. 지금 행해지는 학회, 결혼식, 시험, 장례식, 선거, 전쟁 등의 사건 또한 과거의 사건과 의례에 대한 재현을 통해 기획되고 실천된다. 과거의 현실에 대한 기억과 이미지의 재현 없이 현실은 없다.

　미래 또한 현재를 구성한다. 미래를 어떻게 설정하느냐에 따라 개인은 다양한 현재를 선택한다. 여기 참신한 여성 A, 섹시한 여성 B, 활동가 여성 C를 한꺼번에 사귀는 남자가 있다고 치자. 어느 날 그의 아버지가 주말에 열리는 환갑잔치에는 며느릿감의 절을 받고 싶다고 했다. 그는 자신이 어떤 미래를 지향하느냐에 따라 세 여성 가운데 한 명을 선택할 것이고, 그에 따라 버전 A, 버전 B, 버전 C의 현실이 펼쳐질 것이다. 그렇듯 자신이 그리는 인류의 미래상에 따라 오늘 반전 시위에 참여하거나 불참하며, 이에 따라 오늘 이 순간에 여러 이본異本의 현실이 펼쳐진다. 정치인은 그가 구상하는 미래에 따라 정책을 제안하고 예산을 배정하고 개발을 하여 현재를 만든다. 대중은 그가 그리는 미래에 따라 현재를 구성하는 정책과 정치인을 선택한다. 역사 또한 과거와 현재의 대화인 점도 있지만, "과거의 여러 사건과 차차 나타나는 미래의 여러 목적 사이의 대화"[20]이기도 하다. 역사가는 자신이나 그 사회가 지향하는 미래에 따라 과거를 선택하고 해석하며 그 지혜를 빌려 현재를 분석하고 평가한다. 이처럼 현실을 형성하는, 현재의 선택과 행위, 실천에 미래가 겹쳐 있다. 미래를 어떻게 바라보느냐에 따라 현실은 다양한 이본을 갖는다. 그리고 이 이본들의 차이가 주체들의 다양한 삶을 형성한다. 나아가 이 이본들에 따라 미래는 다양한 현재를 펼친다.

　지금 내가 어느 대학의 강의실에서 강의를 하고 있다면 그것은 현재, 지금 여기에서 벌어지는 사건이고, 내가 직접 몸을 움직이고 말을 토해내며 하는 원본인 것이고, 눈과 귀를 통해 구체적으로 경험하고 있으니 현실이라 할 것이다. 하지만 이는 과거의 스승과 선배들이 강의한 것을 바탕으로 하여 재현한 복사판이며, 구체적인 것은 순식간에 흘러가버리고 강의를 잘했느니 못했느니 하는 해석만 남는다. 현실이란 있는 듯 없다. 근대성의 사유로 보면, 가상과 환상은 추상적인 것이고 존재하지 않는 허상이며, 반면에 현실은 구체적이고 존재하는 실체다. 그러나 수많은 사람이 공유한 경험이라 하더라도, 현실은 '스쳐 지나가버린 사건'에 불과하다. 현실을 '구체적으로' 경험한 주체조차도 텍스트를 통해 현실을 반추할 수 있을 뿐이다. 현실은 텍스트를 통해 재현되고 우리는 텍스트를 통해 현실을 '해석'할 수 있을 뿐이다. 현실은 사라지고 해석만이 남는다. 가상은 허상이 아니며 현실의 일부가 된다.

'실제 객관적으로 존재하는 현존' 또한 인식틀이 만든 가상이거나 존재 중심의 사유, 곧 근대성의 환상이다. 우리는 사물을 그대로 보는 것이 아니라 어떤 인식틀, 범주, 또는 참조 체계에 따라 인식한다. 기억 또한 마찬가지다. 그리고 인식틀, 범주, 참조 체계는 철학자가 만들어놓은 '흐르는 물 위에 선 굳건한 개념의 건축물', 또는 권력이 만들어놓은 허상이다. 현실은 인간이 자신의 형식으로 질서를 부여하고 주관적으로 해석한 가상에 지나지 않는다.

데리다에 따르면, 재현은 결코 미리 존재하는 현전의 반복이 아니다. 6장에서 말했듯, 세계란 츠이différance가 드러난 것, 츠이의 체계 속에 쓰여 드러난 것, 현전과 부재가 끊임없이 교차하여 일어나는 유희에 불과하다. 하나의 기호에는 다른 기호의 흔적이 남겨져 있다. 기호의 재현은 결코 미리 존재하는 현존의 반복이 아니다. 따라서 그 어떤 것도 즉자적으로 현존하지 못한다. 다른 기호의 흔적을 지닌 채 현존을 거듭할 뿐이다. 츠이는 존재하는 것도 어떤 형상으로 나타나는 것도 아니다.

철학적으로 볼 때 재현의 위기는 한마디로 말하여 현실, 현존, 실체에 대한 사고의 위기다. 현실은 지금 여기에서 객관적, 구체적으로 존재하는 현존이 아니라 해석에 지나지 않는다. 현존이라 생각한 것이 실은 차이거나 가상이다. 실체란 모든 사물의 근본이 되는 요소로 자립적으로 존재하는 것이 아니라 차이에 따라 드러나고 끊임없이 연기되는 것으로 현전과 부재가 끊임없이 교차하여 일어나는 유희에 불과하다. 이처럼 철학에서도 재현의 위기는 타당성을 갖는다.

그러나 이원론을 벗어나 시뮬라크르Simulacre의 사유로 보면, 침대를 복사하여 그린 그림과 침대 자체는 유사하지만 다르다. "오직 유사한 것만이 다르다." 실재하는 침대와 그것을 복사하여 그린 침대는 분명 차이가 있으며 우리는 이를 통해 양자의 유사함을 발견한다. "오직 차이들만이 서로 유사하다."[21] 이처럼 동일자와 유사자를 가르는 실체론적 사고, 원본과 복사물을 분별하는 이원론적 사고는 시뮬라크르 아래 무너진다. 시뮬라크르는 퇴락한 복사물이 아니다. 그것은 원본과 복사본, 모델과 재생산을 동시에 부정하는 긍정적 잠재력을 숨기고 있다. 적어도 시뮬라크르 속에 내면화된 발산하는 두 계열 중, 그 어느 것도 원본이 될 수 없으며 그 어느 것도 복사본이 될 수 없다. "시뮬라크르는 표면으로 기어올라와 동일자와 유사자, 모델과 복사물들을 그릇됨(시뮬라크르)의 잠재력 아래 복속시킨다."[22] 이렇듯 시뮬라크르의 입장에서 보면 원본과 모본, 동일자와 유사자 사이에 경계를 설정하는 것 자체가 무의미하다.

가상의 반대편에는 실제가 아니라 현실이 있다. "가상적인 것the virtual은 실제the real가 아니라 현실적인 것the actual에 대립할 뿐이다. 가상적인 것은 가상적인 한 충분히 실제적이다."23 "이 모든 것에서 피해야 할 유일한 위험이란 가상적인 것과 가능한 것을 혼동하는 것이다. 가능한 것은 실제에 대립하기에, 가능한 것에 의해 수행되는 과정은 실제화realization이기 때문이다. 반면에 가상적인 것과 실제적인 것은 서로 대립하지 않는다. 가상적인 것은 그 자체로 충만한 실제성을 소유한다. 가상적인 것에 의해 수행되는 과정은 현실화actualiza-tion이다."24 가상은 실재와 대립하지 않는다. 다시 말해서 가상성과 현실성은 존재의 두 가지 다른 방식일 뿐이다.

실체를 상정할 때 그에 대한 모사와 정합성으로 이해된 세계관, 플라톤의 모방 이론mimesis에서는 재현의 위기를 거론할 수 있을 것이다. 그러나 재해석의 기능으로서 재현은 언제나 의미에 따라 재구성되는 것, 미래의 사건으로 주어진다. 상호영향사적 지평에서 새롭게 이루어지는 것이기에 근본적으로 "재현의 위기"란 무의미한 담론이 될 뿐이다. "매트릭스적 실존은 우리의 본래적 실존이다."25

예술의 차원에서 본 재현의 위기론의 타당성

예술의 영역에서 재현의 위기는 예술이 지시대상 자체를 잃어버린데서 연유한다. 다다이즘, 큐비즘 그리고 추상미술과 같은 현대예술은 시지각과 언어의 재현에서 지시대상을 상실했다. 일부 현대예술은 일부러 대상을 거부하고 대상으로부터 기호로 급격하게 옮겨 가려 했다.

루카치는 이런 경향을 통찰하여 20세기 예술에서는 더 이상 재현이 가능하지 않다고 주장한다. 그는 『소설의 이론』에서 예술의 제시 불가능성Undarstellbarkeit에 대해 말한다. 표상의 완전성이란 존재하지 않는다. 이전의 세계가 지닌 실체성은 자아 안으로 설정되고 반성 속에서 해소되기에 이른다. "예술은 더 이상 모사가 아니라—왜냐하면 전범적 모델은 모두 사라져버리고 말았기 때문이다.—창조된 총체성인데 왜냐하면 형이상학적 제 영역의 자연스러운 통일은 영원히 파괴되고 말았기 때문이다."[26] "통일성이 붕괴된 이후로 다시는 자연발생적인 존재의 총체성은 찾아볼 수 없게 되었다."[27] 총체성과 응집성의 형상을 발견할 수 있는 세계가 더 이상 가능하지 않다는 것은 표상불가능성, 표상된 세계의 무능력함을 드러낼 뿐이다. 형상Gestalt과 정신의 생산성을 창출하는 것이 폐쇄됨으로써 존재의 전체성에 근거한 진정한 재현의 가능성은 사라진다.

로만 잉가르덴Roman Ingarden은 예술적 진리 개념을 분석하면서 "① 표현된 대상과 현실의 일치, ② 예술가의 관념의 적절한 표현, ③ 성실성, ④ 내면적 정합성"으로 이를 간주했다.[28] 우리는 이에 몇 가지 의심을 품는다.

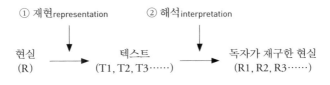

〈그림 7〉 현실·재현·해석의 관계 모형

실재 현실이 있고 작가는 기호 과정의 매개를 통해 이를 텍스트로 재현한다. 독자는 텍스트의 해석 과정을 통해 현실을 재구한다.

여기서 현실은 그대로 재현되지 않으며 실재 현실과 독자가 재구성한 현실은 같지 않다. 의미 또한 현실에 실재하지 않고 해석을 통해 드러난다. 현실이 그대로 재현되지 않는 것은 언어기호의 지시대상 상실, 형식의 매개, 권력과 이데올로기의 왜곡 때문이다.

9장에서 논했듯, 기호 자체의 한계 때문에 현실을 재현할 수 없다. 기호는 현실의 일부분만을 재현할 수 있을 뿐이다. 더불어 하나의 기호에는 다른 기호의 흔적이 남겨져 있다. 따라서 어떤 것도 즉자적으로 현존하지 못한다. 다른 기호의 흔적을 지닌 채 현존을 거듭한다.

1980년대 전두환 군사독재정권 때 보도지침이 있었다. 이에 따르면, 학생시위 장면을 신문이나 방송에 보도할 때 경찰의 뒤편에서 찍은 사진이나 영상만 게재해야 한다. 같은 시위 현장이라도 경찰의 뒤편에서 찍으면 경찰의 시점에서 찍게 된다. 학생들이 경찰을 향하여 화염병을 던지고 각목을 휘두르는 장면이 신문이나 텔레비전에 보도되면, 독자나 시청자 또한 그 시각으로 그 사진과 영상을 보게 된다. 반면에 학생 뒤편에서 찍으면 경찰이 학생을 향해 최루탄을 쏘고 곤봉으로 가격하는 장면을 학생의 시점에서 바라보게 된다. 같은 사건을 같은 시간에 같은 공간에서 찍은 것이지만, 이 사진은 정반대의 메시지를 담고 있다. 이것이 신문이나 방송을 통해 대중에게 전파되면, 한쪽은 '학생들이 박봉에 시달리며 공무를 집행하는 경찰을 향하여 폭력을 휘둘러 사회질서를 혼란시키고 있다'라는 식의 메시지를 발한다. 반면에 후자는 '경찰들이 순진하고 어린 학생들을 향하여 과도한 폭력을 행사하고 있다'라는 식의 메시지를 드러낸다.

이렇듯 형식의 매개 없이 현실은 존재하지 않는다. 형식이란 합리적인 개념인 동시에 유물론적인 개념이다. 그것은 물질성과 관념성 사이에, 즉 사물들의 객관세계와 사고 및 관념이라는 정신세계 사이에 있다. 형식은 정신적 실체에 경험적 형상을 부여한다. 다시 말해, 말, 행위, 재현 등이 그렇듯이, 형식은 사고를 물질적으로 구체화한다. 같은 현실도 표현 양식에 따라 다양하게 재현되며, 이 형식에 힘force들이 상호관계를 하고 있다. 권력은 형식을 지배하여 현실을 자신들에게 유리한 방향으로 재현하려 한다.

북한 사람이건 남한 사람이건 이념적 차이는 있을지언정 인간의 본성은 똑같다. 어느 한쪽이 덜 착하지도, 더 착하지도 않다. 하지만 남한은 오랫동안 북한 주민을 도깨비로 묘사했고, 이후에는 호전적이고 폭력적인 싸움꾼으로, 최근에는 독재로부터 구제해야 할 불쌍한 사람으로 재현했다. 이처럼 텍스트는 현실을 투명하게 재현하지 않는다. 작가는 자신이 가진 이데올로기의 프리즘을 통해 현실을 바라보고 현실을 선택한다. 그는 말 그대로 현실을 다시 존재re-presense하게 한다. 재현은 단순히 의미 생산에서 그치지 않고 당대 권력과 유착해 지식을 생산하고 그 지식은 당대 진실로서 이데올로기적 속성을 띤다. "재현은 본질적으로 정치성을 지닌다."[29]

루카치는 예술의 제시 불가능성에 대해 말하면서 오직 소설만이 아이러니 속에서 형식적인 전체성을 창출할 수 있을 뿐이라고 주장하는데 기호 자체의 한계, 형식의 매개, 권력과 이데올로기의 왜곡에 의해 소설에서조차 이는 불가능하다. 이런 면에서 볼 때 예술에서도 재현의 위기론은 타당성을 갖는다. 하지만 예술 장르 자체가 부정성을 지향하기에 예술가는 권력과 이데올로기를 떠나 형상화하려 하며, 예술은 현실의 극히 일부분만 재현하더라도 현실의 모순을 극명하게 드러낸다.

기호에 물질성을,
텍스트에 맥락을 부여하라

땅에서 하늘로 올라가자

그럼 마르크스의 입장에 서면 재현의 위기를 어떻게 바라보고 비판하고 대안을 모색할 것인가.

이념, 개념, 의식의 생산은 무엇보다도 직접적으로 인간의 물질 활동 및 물질적 교류―현실 생활의 언어―와 밀접한 관련을 갖고 있다. 이 단계에서는, 인간의 개념, 사고, 정신적 교류 등은 아직 사람들의 물질 활동의 직접적인 발현으로서 나타난다. 한 국민의 정치, 법, 도덕, 종교, 형이상학 등의 언어에 표현된 정신적 생산물에 관해서도 마찬가지로 이야기할 수 있다. 인간은 그들의 개념, 관념 그 밖의 것들의 생산자이다. 하지만 현실의 활동하는 인간은 그 발전의 최고 형태에서조차도 그들의 생산력 발전 수준과 그에 조응하는 교류의 일정한 발전 수준에 의해 제약된다. 의식이란 의식되어진 존재 이외에 다른 아무것도 아니며, 인간이 존재한다는 것은 곧 실제의 생활을 영위한다는 뜻이다. (······) 하늘에서 땅으로 내려오는 독일 철학과 정반대로 우리는 땅에서 하늘로 올라간다. 즉, 우리는 사람이 말하고 상상하고 생각한 바로부터, 또는 서술되고 생각되고 상상되고 개념화된 인간으로부터 출발하여 육체를 가진 인간에 도달하려 하지 않는다. 오히려 우리는 현실의 활동하는 인간으로부터, 그리고 인간의 현실적 생활 과정이라는 토대 위에서 출발하여, 그 생활 과정의 이데올로기적 반영과 반사들을 설명하려 한다. 인간의 두뇌 속에서 만들어지는 환상들 역시 항상 생활 과정, 즉 경험적으로 확인 가능하고, 물질적 조건들에 연결되어 있는 인간의 생활 과정의 필연적인 승화물이다. 이리하여 도덕, 종교, 형이상학과 그 밖의 이데올로기 그리고 그것들에 대응하는 여러 가지 의식 형태들은 더 이상 자립적인 모습을 가질 수가 없다. 이런 것들은 아무런 역사도 없고 아무런 발전도 없다. 오히려 자신들의 물질적 생산과 물질적 교류를 발전시키는 인간만이 자신들의 현실과 함께, 자신들의 사고와 그 생산물들을 변화시킨다. 의식이 생활을 규정하는 것이 아니라, 생활이 의식을 규정한다.[30]

인간은 그들 생활의 사회적 생산과정에서 일정한, 필연적인, 자신의 의지로부터 독립된 관계, 즉 그들의 물질적 생산력인 일정한 발전단계에 조응하는 생산관계 속으로 들어간다. 이 생산관계의 전체는 사회의 경제적 구조, 실제적인 토대를 구성하며, 이 토대 위에 법적·정치적 상부구조가 구축되고 이 토대에 사회적 의식의 일정한 형태들이 조응한다. 물질적 생활의 생산양식은 사회적, 정치적, 정신적 생활

과정 일반을 조건 짓는다. 인간의 의식이 그들의 존재를 규정하는 것이 아니라, 역으로 그들의 사회적 존재가 그들의 의식을 규정하는 것이다.[31]

사이버 세계에서 남북통일을 수만 번 이룬다 해도 실제 통일은 이루어지지 않는다. 시뮬라시옹이 현실을 대체하는 한, 현실의 모순을 인식하고 이를 변혁할 가능성은 사라진다. 현실과 가상, 원본과 복사본을 구분하고 거기에 현실의 구체성을 회복하는 것, 기표에 물질성을, 텍스트에 맥락을 부여하는 작업이 재현의 위기를 줄일 수 있는 방안일 것이다.

마르크시즘이나 사회기호학의 관점에서 보면, 재현의 위기는 현실에서 구체성을, 기호에서 물질성을 제거하기 때문에 빚어진다. 기호에 맥락을 부여하거나 환유로 읽으면 기호는 물질성을 회복한다. '나무'가 공시적으로 풀과의 관계를 통해 '목질의 줄기를 가진 다년생의 식물'이란 의미를 갖는 것이 사실이지만, 저 나무가 나에게 진정으로 의미가 있는 것은 그 나무 아래에서 독재정권을 향하여 돌을 던졌다는 '역사'가 스며 있기 때문이다. "모든 기호적 구조는 필연적으로 시공간에 존재하며 모든 기호학적 과정은 시공간의 차원에서 일어난다. 기호 과정 속에 있는 시간은 항상 역사이다."[32] 언어기호는 분명히 인간 주체와 그의 의도, 해석한 의미, 이데올로기를 포함하고 있다.

'국화'라는 간단한 낱말에도 맥락을 부여하면, 이는 물질성과 구체성을 갖는다. 쌍용자동차 노동자가 자살한 맥락이라면 국화의 의미는 '억압받는 노동자 및 그런 현실에 대한 조문'이며, 지식인이 권력으로부터 협박받는 맥락이라면 '굴복하지 않는 저항'이며, 여인과 사랑하는 맥락에서는 '변함없는 사랑'이다.

이처럼 텍스트를 중점으로 볼 때 그 기초인 언술이란 '창조된 것'이기도 하지만 '주어진 것'이기도 하다. 형식주의자들이나 초기 기호학자들이 생각하는 것처럼, 인간이 아무런 가치와 의미 없이 언술에 쓰일 낱말을 고른다는 자체가 모순이다. 그렇다고 또, 마르크스주의자들의 주장처럼, 언술은 결코 주어지고 형성된 것을 벗어나서 이미 그 이전에 존재했던 어떤 것의 단순한 반영이나 표현만도 아니다. "언술은 늘 그 전에 결코 존재하지 않았던 것, 절대적으로 새롭고 반복 불가능하며, 게다가 가치들(진, 선, 미 등)과 늘 관계가 있는 무언가를 창조한다. 그러나 이것은 이미 주어진 것들(랑그, 현실의 관찰된 현상, 느낀 감정, 말하는 주체 자신, 이미 그의 세계관 속에 형성되어 있었던 것 등)로부터 창조될 뿐이다. 주어진 것은 창조된 것으로 철저히 변형된다."[33] 따라서 언술은 단순히 대상을 반영하는 데 그치지 않고 주체를 표현한다. 개인은 경험된 맥락을 바탕으로 타인과의 관련(친밀도, 타인과 나와의 서열, 이해관계 등)에 따라 언술을 발화한다. "시인 또한 낱말을 사전에서 선택하는 것이 아니라 낱말들이 형성되었고 가치평가가 배어든 경험된 맥락 속에서 선택한다. 즉, 시인은 언어 형식을 선택하는 것이 아니라 그 형식 속에 놓여 있는 가치평가를 선택하는 것이다."[34] 결국 "언어는 구체적 언술을 통해 삶으로 진입하며 삶 또한 구체적 언술을 통해 언어로 진입한다".[35]

은유에도 물질성을 부여할 수 있다. 마이클 라이언Michael Ryan이 볼 때, "은유는 역사 외부의 변화되지 않는 동일성의 세계를 함축하는 정적인 구조이다".[36] "그는 환유가 외부의 실재, 현실, 역사와 밀접한 연관을 갖는 데 반하여 은유는 이와 동떨어진 관념의 유희이며, 환유가 경험, 특수, 문맥, 물질에 바탕을 두는 반면에 은유는 보편, 이상, 전통을 지향한다고 본다. 이에 대한 대안은 은유를 환유로 대체하여 해석하는 것이다. 예를 들어, '독수리'를 은유로 읽으면 미국에서는 '자유'를 뜻하지만 미국의 파괴되는 자연환경과 결합시켜 환유로 읽으면 '위협받는 야생동물'을 의미하게 된다."[37]

이 주장을 따르면 환유는 재현의 위기에서 벗어나지만 은유는 재현의 위기 상태에 있다. 하지만 은유는 역사 외부의 변화되지 않는 동일성의 세계를 함축하는 정적인 구조인 동시에 담론 속에서 적극적으로 자신의 기능을 수행하고 인간에게 실천을 이끄는 역동적 행위 구조이기도 하다. 은유는 창조의 장, 수사의 장, 해석의 장, 소통의 장에서 작동하면서 억압과 검열의 회피의 기능, 존재개시의 기능, 인언견언의 기능, 유희의 기능, 시적 기능, 의미의 공유 및 연대의 기능, 동일화의 기능을 수행한다. 예를 들어, "자신을 희생시켜 어두운 세상을 밝힌다"라는 촛불의 은유는 언명이 되고 이는 곧바로 대중이 발을 디디고 있는 현실과 연결되며 환유를 형성하면서 촛불집회의 참여라는 실천을 낳는다. 실제로 신라 민중은 헌안왕이 의인이라고 생각하여 왕위를 물려준 경문왕이 실은 권력욕과 색욕의 화신임을 직시하고 '당나귀 귀-경문왕의 허위'와 '복두-그 허위를 감추는 거짓과 이데올로기' '복두장이-그 허위를 비판하는 자'의 은유로 이루어진 「임금님 귀는 당나귀 귀」 설화를 만들어 저항했다.

기표가 끊임없이 미끄러지고 텍스트는 의미를 결정할 수 없다는 면에서 보면, 기호는 무엇인가를 재현할 힘과 지시대상을 상실하고 자기지시적이 된다. 하지만 재현의 위기는 '기호의 성장'일 수도 있다. 재현의 위기는 기호에서 물질성을 제거했기 때문에 빚어진 것이기에, 기호에 맥락을 부여하고 환유로 해석하거나 우리의 실천적인 삶의 형식들과 관련시키면, 은유조차 적극적으로 자신의 기능을 수행하고 인간에게 실천을 이끄는 역동적 행위 구조가 된다.

권력의 해석 지배와 대중의 저항

권력은 해석을 독점하기 위하여 여러 장치를 지배하고 해석 양식을 독점하려 한다. 우선 권력은 미디어와 학교를 지배하여 이를 통해 권력에 유리하도록 현실을 재현하고 권력에 유리한 해석 양식과 코드code를 확대재생산한다.

　권력이 해석을 지배하는 방식은 다양하다. 우선 권력은 국정교과서처럼 해석 자체를 노골적으로 독점하기도 하지만 이는 독재국가에서나 가능한 것이고, 이보다는 독자의 자유롭고 비판적인 해석을 봉쇄하기 위하여 의미에 '울타리 치기'를 한다. '별'의 뜻이 다양하지만 이를 일제강점기라는 맥락에 놓으면 '조국 광복의 희망이나 이상'의 의미를 갖듯, 텍스트의 열린 의미는 맥락에 따라 닫힌다. 노동운동이나 학생시위에 대해 신문이나 방송에 표제를 달 때 '대치' '기습' '투석전' '전략과 전술' '공격과 후퇴' '퇴로 차단' 등의 낱말을 선택한다. 이는 독자나 시청자에게 학생시위나 노동운동을 전쟁 상황의 맥락에서 읽게 한다. 한편으로는 '마비' '확산' '번짐' '휩쓺' '악화' 등의 낱말을 선택한다. 이는 학생시위나 노동운동이 '병의 전염'이나 '자연재해'의 전파와 같이 '나쁜 것'이 빠르게 옮겨지는 것으로 인식하도록 조작한다.

또 하나는 영상 이미지에 서사를 곁들이는 것이다. 영상 이미지의 의미는 거의 무한대다. 가령 미군이 이라크인에게 총격을 가하고 있는 사진에 '미국의 침략을 반대하는 이라크 민간인에게 발포하는 미군'으로 하느냐, 아니면 '이라크 국립박물관을 약탈하려는 자를 향해 공포를 쏘고 있는 미군'으로 설명을 붙이느냐에 따라 미군의 성격은 판이하게 달라진다. 전자는 민간인에게 폭력을 가하는 점령군 미군이요, 후자는 약탈자로부터 이슬람 문명을 수호하는 미군의 의미를 갖는다.

독자들은 자유롭게 텍스트를 해석하는 것이 아니다. 그들은 권력이 점유하고 배포한 해석 양식에 따라 해석한다. 사진에 담겨 있는 제1의 해석 양식은 사진은 현실을 그대로 반영한다는 것이다. 다시 말해, 그림은 속여도 사진은 속일 수 없다고 생각한다. 때문에 그들은 사진에 그려진 현실을 실제 현실과 동일시한다. 가사만 읽으며 의심을 하던 이들도 현장 사진을 보고는 그것을 믿어버린다. 하지만 앞에서 말한 대로 같은 시위 현장도 학생 쪽의 시점이냐, 경찰 쪽의 시점이냐에 따라 독자는 두 개의 대립되는 현실을 목격하게 된다.

둘째의 방식은 문화적 관습이나 아비투스에 의해 형성된 코드를 이용하는 것이다. 정복을 입은 경찰은 (공공) 질서를 수호하는 자이며 격식이 없이 옷을 입은 시위 학생은 질서를 파괴하는 자라는 관습과 교육에 의해 형성된 코드다. 지금의 질서가 지켜지기를 바라는 자, 사회의 안정을 바라는 자, 현존 질서가 지켜져야 자신의 이익이 증대된다고 생각하는 사람은 경찰의 진압을 질서를 파괴하려는 자에 대한 당연한 응징으로 해석한다.

이데올로기도 작용한다. 그들은 다른 텍스트들로부터 형성된 이데올로기의 프리즘을 통해 텍스트를 바라본다. 반공교육을 받은 한국의 대중은 반공주의의 눈, 정확히 말해 권력자의 눈으로 사진 속의 시위 장면을 읽는다. 설사 그들이 경찰이 학생에게 폭력을 휘두르는 사진을 보았다 하더라도 경찰의 과잉진압을 탓하기보다 학생들이 맞을 짓—화염병을 던지는 등 먼저 과격한 시위를 하여 북한을 이롭게 함—을 했기에 그런 것이라고 해석한다.

신화도 형성된다. 시위 보도는 이항대립구조를 형성한다. 이것은 시위 학생과 경찰 사이에 질서: 무질서, 수적 다수: 수적 열세, 난폭성: 온건성, 가해자: 피해자, 폭도: 폭도 진압자, 교통 혼잡자: 교통 정리자, 경제적 여유층: 박봉에 허덕이는 자 등의 이항대립구조를 만든다. 그리고 이 이항대립구조는 '국가나 공권력에 도전하는 것은 폭력이다' '폭력은 어느 경우에도 정당화할 수 없다' '국가가 안정되고 경제발전을 이루려면 사회가 안정되어야 한다' '학생들이 데모를 하면 한국 경제가 위기에 놓인다' '배부른 학생들이 공부는 하지 않고 박봉을 받고 성실하게 공무에 임하는 사람들에게 난봉을 부리고 있다' 등의 파생 신화를 형성한다.

텍스트상호관계성intertextuality도 현실을 조작할 수 있다. 5공화국 때 공영방송들은 9시 뉴스에서 시위 현장 보도를 한 후 이어서 부산항을 보여주었다. 수많은 컨테이너가 수출되지 못하고 항구에 대기하고 있는 장면이나 몇몇 공장이 수출 부진으로 가동되지 못하고 있는 장면을 내보냈다. 이 경우 시청자들은 두 텍스트를 서로 연관 관계가 있는 것으로 파악하여 시위 때문에 경제가 위기에 놓였다고 본다. 만약 민중의 방송이 있어 시위 장면 뒤에 정권의 비리를 보도한다면 시위가 정권의 비리 때문에 행해진 것으로 생각할 것이다.

하지만 같은 시위 보도 사진을 놓고도 주체로 서려는 독자들은 '미친놈이 총을 난사하여 거리에서 무고한 시민을 죽이는 것으로부터 시민을 구하는 유일한 방법은 기도를 하는 것이 아니라 미친놈에게 폭력을 가해야 하는 것처럼 폭력은 경우에 따라 정당성을 갖는다: 국가나 공권력이 국가테러리즘을 행사할 경우 이에 도전하는 것은 난동이나 반란이 아니라 최소한의 인간적 존엄성을 지키는 길이자 민주 시민의 저항권의 행사일 뿐이다' 등의 대항 신화를 형성할 수 있다.

이처럼 대중은 대중매체에 쉽게 현혹되고 조작당하는 우중이자 자기 나름의 주체성을 가지고 자기 앞의 세계에 대응하고 문화와 예술 텍스트를 주체적으로 읽는 독자이기도 하다. 대중은 지배이데올로기에 휘둘리는 대상이자 지배층에 맞서서 저항의 헤게모니를 강화하는 실천 집단이다. 대중은 대중미디어에 의해 호명당해 형성된 거짓 주체이자 스스로 텍스트를 읽고 해석해 얻은 의미를 실천하는 참주체이기도 하다.

그러기에 텍스트 해석의 장은 권력이 대중을 조작하고 억압하고 이에 맞서서 민중이 자유로운 주체로 서고자 저항하는, 양자의 헤게모니투쟁이 치열하게 일어나는 장이다. 권력이 아무리 강하고 정보, 자본, 매체 등을 독점하고 있다 하더라도 권력이 포섭하지 못하는 장이 있으며 이 틈을 따라 대중은 권력에 저항하는 해석과 실천을 행한다. 더구나 예술은 권력이 요구하는 재현의 방식에서 일탈해 창조적 텍스트를 생산하며 지배층의 해석양식과 다른 해석을 새롭게 만들고 공유한다.

한 예로 4·3항쟁에서 기억투쟁과 인정투쟁, 헤게모니투쟁이 어떻게 전개되었는지 보자. 해방 이후 미군정과 한국 정부는 제주도민을 대다수가 빨갱이인 것으로 타자화하여 4·3항쟁을 빨갱이의 무장폭동으로 재현했고, 국가는 발설자를 죽이거나 고문하는 물리적 폭력, 구속하는 구조적 폭력, 빨갱이는 죽여도 된다는 문화적 폭력을 가하여 철저히 4·3의 진실을 은폐했다. 하지만 이는 구체적 체험이자 '연루된 사건'이었기에, 제주도민은 이에 맞서서 국가 폭력에 의한 선량한 양민을 학살한 것으로, 자신들이 빨갱이가 아니라 선량한 시민이었다는 인정투쟁과 4·3의 진실을 알리는 기억투쟁을 했다. 그럼에도 공식 기억official memory의 장에는 오르지 못하고 희생자의 제사를 치른 자리를 중심으로 사회기억social memory으로만 떠돌다가 김석범의 『화산도』, 현기영의 『순이 삼촌』을 계기로 공식 담론으로 부상했고, 민주화 이후 이는 역전된다. 2003년 10월 15일 조사위원회에서 보고서를 확정했고, 조사위원회의 의견에 따라 2003년 10월 31일 노무현 대통령이 대한민국을 대표하여 국가권력에 의해 대규모 희생이 이뤄졌음을 인정하고 제주도민에게 공식적으로 사과했다. 4·3의 기억투쟁에서 승리한 민중항쟁론과 양민학살론이 헤게모니를 획득하게 되자 우익 진영은 공산 폭동론을 더욱 거세게 주장하거나 주민이 많이 죽은 객관적 사실 자체는 포용하여 '공산폭동 및 과잉진압론'으로 수정 담론을 전개하고 있다.

역사·현실과 허구·환상 사이의 화쟁

현실과 환상 사이의 화쟁

현실이란 무엇인가. 현실에는 과거의 흔적이 되먹임하면서 미래의
지향성에 따라 퍼즐처럼 재구성되고, 실제 구체적이고 객관적으로
현존하는 것 같지만 그 자체가 환상이며, 원본이라 착각하지만 실은
복사본이다. 현실을 가장 객관적이거나 구체적으로 설명할 수 있는
것이 과학과 몸의 경험일 터인데 이에서 보더라도 재현의 위기는 발
생한다. 우리의 삶, 더 나아가 인류의 역사와 생명의 탄생과 지구의
형성 자체가 복사본인지도 모른다. 양자물리학자들은 별이나 물체
가 사건의 지평을 넘어서 블랙홀의 중심으로 빨려 들어가면 해체가
되는 동시에 사건의 지평에 정보가 기록되고 그 정보에 따라 복제가
일어나 화이트홀로 빠져나올 수 있다고 말한다. 지구와 그 위에 살
고 있는 모든 생명체와 73억 인류가 모두 블랙홀에서 복제된 것인지

도 모른다. 그렇지 않다 하더라도 블랙홀을 빠져 나온 물질들이 지구와 인간의 많은 부분을 구성했을 것이다. 우리의 몸 또한 마찬가지다. 정자와 난자와 결합한 수정란이 자궁에서 착상한 다음 엄마와 아빠의 유전자를 복사하여 우리 몸을 만든다. 그렇게 탄생한 우리 몸 또한 끊임없이 복제를 되풀이한다. "약 2만 3,000개의 유전자가 세포핵 속에 23염색체 쌍으로 이루어진 DNA 위에 배열되어 있다. (……) 몸의 모든 세포에는 유전체에 암호화된 모든 단백질을 만들 수 있는 정보가 DNA 암호로 존재한다. 그러나 어느 한 시점에서 하나의 세포는 그 유전자들의 일부로부터 단백질을 만든다."[38]

라캉과 알튀세르를 종합하여 볼 때, 현실이란 실재계의 지평 위에 상상계, 상징계가 중층적으로 결합된 무엇이다. 다음 두 이야기를 비교해보자.

〈가〉 트루먼 버뱅크Truman Burbank는 시헤이븐이라는 섬에 30년 가까이 살고 있는 평범한 샐러리맨이다. 그는 메릴Meryl Burbank과 결혼했고 보험회사에서 근무한다. 아침이면 보험회사로 출근하여 일하고 저녁이면 퇴근한다. 그는 섬을 벗어나려는 마음이 있지만, 어린 시절에 아버지가 익사하는 것을 목격했기에 물에 대한 공포증이 있어 엄두를 내지 못한다.

〈나〉 현대자동차에서 정규직으로 일하는 노동자 김철수가 있다. 그는 아침에 일어나서 출근하여 자동차를 만들고 저녁에는 퇴근하여 저녁을 먹고 텔레비전을 시청하고 쉬다가 잠을 잔다. 주말에는 동료들과 술을 한잔하기도 하고, 일요일에는 가족과 교회에 가서 예배를 하고 시간이 나면 가까운 산이나 바다로 여행을 떠나기도 한다. 때로 파업이 벌어지면 적극 참여하고, 경찰이나 구사대가 동원되면 선두에 나서서 투쟁한다.

〈가〉는 피터 위어Peter Weir 감독이 연출한 〈트루먼 쇼〉라는 영화의 일부분을 기술한 것이다. 〈나〉는 이름은 가명이지만 울산의 현대자동차 정규직 노동자로 노동조합에서 일하는 아무개 씨의 증언을 요약하여 기술한 것이다. 〈가〉에서 시헤이븐과 주변 바다는 지상에서 가장 큰 스튜디오며, 트루먼은 이 스튜디오에서 살면서 약 5,000대의 몰래카메라에 의해 일거수일투족이 전 세계로 24시간 생방송되는 TV쇼의 스타다. 아내를 포함하여 그의 주변 인물은 모두 배우다. 기존의 틀에서 볼 때 〈가〉는 픽션이고, 〈나〉는 논픽션, 즉 현실이다. 하지만 〈나〉에서 김철수의 행위들, 그가 현존하며 주체가 되어 벌이는 사건들 또한 〈가〉만큼 허구적이다.

"모든 이데올로기는 주체의 범주의 기능에 의해 구체적인 개인을 구체적인 주체로 부르거나 호명interpellation 한다."[39] 김철수 또한 아기일 때는 아버지와 아버지 뒤에 있는 법과 제도와 윤리를 받아들이면서 주체를 형성했고, 아이가 되어서는 학교라는 이데올로기 국가기구를 통해 자본주의 체제를 시나브로 수용하고 더 나아가 이에 길들여졌다. 청년이 되어서는 대한민국 정부로부터 5천만 년의 유구한 역사를 가진 국가의 국민으로 호명되어 남다른 애국심과 자긍심을 가지고 국방, 납세 등의 의무를 다하고자 노력했다. 어른이 되어 현대자동차사가 불렀을 때, 그 큰 대기업의 자본이 부른 사람이 진정으로 자기 자신임에 뿌듯한 마음으로 고용계약을 맺고 열심히 잉여가치를 생산하는 노동자가 되었다.

"모든 이데올로기는 그것의 필연적인 상상적 왜곡 속에 생산의 실존하는 관계(그리고 그로부터 유래한 다른 관계들)가 아니라, 특히 생산 단계에 대한 개인들의 (상상적) 관계와 그로부터 유래한 다른 관계들을 재현한다. 그러므로 이데올로기 속에 재현된 것은 개인들의 존재를 지배하는 실제 관계의 조직이 아니라 그들이 살고 있는 실제 관계에 대한 개인들의 상상적 관계이다."[40] 그는 노동자가 되어 오랫동안 꿈꾸어오던 것들을 실현한다. 새벽에 출근하여 묵묵히 일하며 평생을 가족을 위해 헌신한 아버지를 닮고자 하고, 30년 동안 지각한 번 하지 않은 채 정년퇴임한 성실 그 자체인 박 씨 아저씨를 따라 잡고자 하고, 가난한 살림에도 IMF 때 국가가 위기라고 하니 장롱 속의 금반지를 내놓던 텔레비전 속의 애국 시민이 되고자 한다.

상상계는 헌신한 아버지, 성실한 박 씨 아저씨, 텔레비전 속의 애국 시민을 자신과 동일화하여 그를 닮고자 하는 세계다. 상징계는 자신의 능력이나 노력 부족, 제도와 법, 다른 노동자와 관계로 말미암아 노력은 하지만 늘 차이와 괴리를 느끼는 세계다. 실재계는 상상계와 상징계가 어우러져, 욕망하지만 욕망의 대상이 허상임을 알고 매번 달성하지 못한 채 포기했다가, 무언가 잔여물이 남아 다시 신기루를 좇는 나그네처럼 욕망을 욕망하는 세계다. 그는 노동자로서 사는 것이 아니라 노동자가 어떨 것이라는 상상을 재현한다. 아버지나 박 씨 아저씨를 모방하며 망치질을 하기도 하고, 애국 시민이 되어 국기에 대한 경례를 소홀히 하는 자식을 훈계하기도 한다. 상징계 안에서 기표들은 끊임없이 미끄러지지만 맥락과 지배적 기표가 의미들을 조종한다. 자본주의 체제의 맥락에서 '자유'는 '이윤 추구의 자유'로 국한되고, 권위적인 정부의 맥락에서 '애국'은 '국가'가 아닌 '정권 수호'로, '정권에 대한 비판'은 '반역'으로 의미가 한정되고, 신자유주의 체제의 맥락에서 '자본주의 야만에 대한 규제'는 '경제발전의 장애'로 규정된다. '종북'이란 지배 기표가 뜨면, 우파적 관점의 비판, 예를 들어 자본주의를 더 잘 작동시키기 위하여 정경유착을 비판하든, 민주주의를 더 잘 구현하기 위하여 독재를 비판하든, 인권과 환경 등 인류의 보편 가치를 주장하든, 심지어 봉건적 관점에서 봐도 부조리이기에 정권의 부패와 비리를 비판하든, 이런 모든 주장은 모두 종북의 그물망에서 벗어나지 못한 채 체제를 흔드는 빨갱이들의 반역적 언술로 매도된다.

　김철수는 이런 기표들의 그물망으로 이루어진 상징질서 안에서 그 상징들에 복종하며 그를 주체적 실천이라 착각하며 산다. 하지만 그리 살다가 자신이 발을 디디고 노동하고 있는 세계의 부조리와 모순이 자신의 상상을 불가능하게 한다고 생각할 때, 혹은 노동조합이나 좌파 이념의 상징들로 상징계를 구성할 때, 때로는 자신이 이제까지 주체라고 생각한 것이 실은 허상이고 복종적인 삶을 살아왔다고 생각할 때, 저항적 주체가 되어 노동조합이 추구하는 운동에 나선다. 하지만 이미 형성한 상상계가 무의식까지 지배하고 상징계의 언명으로 삶을 구성하고 있기에 노동운동을 하더라도, 곧 축제를 끝내고 일상으로 돌아오듯, 상징계로 귀환하여 소시민적 행복에 안주한다.

　이처럼 사람들은 실제의 삶이 아니라 상상을 재현하여 삶을 구성한다. 그 과정에서 과거를 되먹임하기도 하고 미래를 끌어오기도 하고, 타자를 자아화하기도 하고, 세계의 부조리와 모순과 적대 관계를 인식하기도 하고 이를 가리는 온갖 이데올로기와 환상에 조작당하여 길들여지기도 하고, 임계점이나 울타리 안에서 적당히 욕망을 조절하다가 때로는 욕동을 폭발시키기도 한다.

공정함과 성실함, 능력을 모두 갖춘 조사위원들이 치밀하게 자료를 수집하고 증언을 청취하고 예리하게 분석하여 세월호 참사에 관한 보고서를 수백 편 펴낸다 하더라도 그것이 세월호 참사에 관한 현실에 다다를 수 없다. 실재는 재현 불가능한 역사, 언어로는 이를 수 없는 공허空虛다. 불교적 사유로 보면 삼라만상 일체가 허상이다. 남는 것은 연기緣起일 뿐이다.

> 진성은 참으로 깊고 지극히 미묘해
> 자성을 지키지 않고 연緣을 따라 이루더라.
> 하나 안에 일체 있고 일체 안에 하나 있으니
> 하나가 곧 일체요 일체가 곧 하나일세.
> 한 티끌 그 가운데 시방세계 머금었고
> 일체의 티끌 속도 또한 역시 그러해라.
> 끝이 없는 무량겁이 곧 한 생각이요
> 한 생각이 곧 무량겁이어라.
> 구세, 십세가 서로서로 부합하지만
> 뒤섞이는 일 없이 따로따로 이루었어라.[41]

의상은 화엄의 세계를 몇 마디 글로 압축하고 있다. 이에 대해선 의상 스스로 십전의 비유를 통해 쉽게 설명하고 있다.

만약 연기실상緣起實相의 다라니법을 관觀하고자 하면 먼저 마땅히 수를 깨달아야 할 것이다. 십전법이란 일전에서 십전에 이르는 것이다. 십을 말하는 까닭은 무량無量을 드러내기 위해서다. 이에 두 가지가 있는데, 하나는 일중십一中十, 십중일十中一이며, 다른 하나는 일즉십一卽十, 십즉일十卽一이다.

첫째 문 중에 두 가지가 있으니, 하나는 향상래向上來요, 다른 하나는 향하거向下去다. 향상래에는 각각 다른 십문이 있다. 첫째는 일이다. 어째서인가? 연緣에 따라 이루어지기 때문이니, 이는 곧 본수本數다. 이에 십에 이른 것이 일중십一中十이다. 어째서인가? 만약 일이 없다면 십이 이루어지지 않을 것이요, 십은 일이 아니기 때문이다. 다른 문도 이와 같다. 예에 따라 알 수 있을 것이다.

향하거 중에도 십문이 있다. 첫째는 십이다. 어째서인가? 연에 따라 이루어지기 때문이다. 이에 십에 이른 것이 십중일十中一이다. 어째서인가? 만약 십이 없다면 일은 이루어지지 않으며, 일은 십이 아니기 때문이다. 나머지도 역시 그러하다. 생기고 변화하는 것이 이와 같으니 감당해보면 일을 곧 아는 것이다. 일전, 일전 속에 십문이 빠짐없이 갖추어져 있고, 본말本末 양전兩錢 중에 십문이 모두 갖추어져 있다. 나머지 팔전八錢에 대해서도 예를 따르면 이해할 수 있을 것이다.[42]

일一이라 하는 것은 일정한 상相으로서 스스로 실재하는 것이 아니다. 결과의 관계 속에서 열의 1/10의 크기를 갖는, 10보다 아홉째 아래에 있는 수인 일一은 비로소 십十이 아닌 일一이 된다. 십 또한 마찬가지다. 하나와 관계 속에서, 하나의 열 배의 크기를 갖는, 하나보다 아홉째 위에 있는 수인 십은 비로소 일이 아닌 십이 된다. 다른 숫자들도 마찬가지다. 하나로 드러나 자성이 있는 것처럼 보이지만, 하나가 열과의 관련하에서 이전에는 없었던 무엇인가를 드러낸 것일 뿐이다. 무엇이 새로이 생성되었기에 자성이 있는 것으로 가정하지만 자성이 있다고 가정하게 된 것은 십과 관계 속에서 그렇게 드러난 것이지 하나 자체에 자성이 있기에 그런 것은 아니다.

화엄에 따르면 이 세계는 상즉상입相卽相入한다. 상입에 대해 먼저 말하자. 상입은 동시돈기同時頓起, 동시호입同時互入, 동시호섭同時互攝을 뜻한다.

내 앞에서 깜박이고 있는 촛불은 어둠을 밝혀주는 등불인 동시에 공기의 흐름에 따라 춤을 추는 아름다운 무희이자, 색色과 공空이 하나도 아니고 둘도 아니라는 것을 말해주는 대상이다. 촛불이 등불인 것과 무희인 것과 깨달음인 것이 전후가 없이 동시에 일어난다. 이처럼 서로 다른 계界에서 서로 다른 실재들이 모두 서로를 방해하지 않고 동시에 일어난다. 상상계와 상징계, 실재는 동시에 나와 타자, 사회와 관계 속에서 일어난다.

촛불을 하나 더 켜놓자. 방 안은 훨씬 더 환해진다. 한 살의 빛이라도 서로 부딪히지 않기 때문이다. 촛불에서 나온 수많은 빛이 서로 부딪히지만 이쪽의 촛불과 저쪽의 촛불에서 나온 빛이 서로를 조금도 방해하지 않고 서로를 넘나들고 비춰주면서 방 안을 환하게 밝힌다. 서로의 빛이 서로에게 영향을 미치며 서로를 관통하고 서로를 끌어들이고 있다. 상상계와 상징계, 실재는 서로 침투하고 영향을 미치면서 서로 끌어들이고 있다.

사면이 거울인 방에 촛불을 가져다 놓으면 무한대의 촛불이 만들어진다. 모든 거울이 거울 속의 촛불들을 무한히 반사하고 있다. 그것은 만물을 반사하기에 거울이고 동시에 다른 무엇에 의해 반사되기에 상像이다. 우주에 있는 일체는 서로 의존하고 서로 포섭하고 있기에 서로 반사경인 동시에 영상이다. 모든 사물과 사람은 서로 영향을 미치며 조건이 되면서 상대방을 만들어주는 상호생성자, 눈부처의 관계에 있기에 모든 존재는 서로 거울인 동시에 그에 비친 영상이다.[43]

시간 또한 상즉상입한다. 오늘 이 순간도 인연에 따라 구세九世가 한순간에 겹쳐진 것이다.[44] 마음의 시간은 기억에 따라 길이를 달리하며, 과거의 과거에서 미래의 미래에 이르기까지 모든 시간이 찰나의 순간에 겹쳐서 내 마음속에서 작용하고 사건을 만든다. 내가 팽목항에 있을 때 과거의 과거는 그 항구가 만들어지고 어부들이 고기를 잡던 일이며, 과거의 현재는 세월호가 침몰하여 304명이 수장당하는 그 순간이며, 과거의 미래는 유가족과 국민에서 대한민국에 이르기까지 그로 달라질 미래다. 현재의 과거는 팽목항에서 세월호 참사와 그를 낳은 원인과 고인들에 대해 반추하는 것이며, 현재의 현재는 참사 현장을 보며 눈물지으며 미래의 정의로운 대한민국을 그리며 세월호 참사를 낳은 과거의 원인을 종합하여 성찰하며 무엇인가 실천하는 이 순간이며, 현재의 미래는 성찰을 통해 달라질 나와 국민과 대한민국의 내일이다. 미래의 현재는 언제인가 다시 와서 세월호 참사에 대해 기억하는 그 순간이며, 미래의 과거는 미래의 현재에서 기억을 통해 성찰하는 것이며, 미래의 미래는 여덟 순간이 하나로 아우러져 다시 달라질 내일이다. 과거의 과거, 과거의 현재, 과거의 미래, 현재의 과거, 현재의 현재, 현재의 미래, 미래의 과거, 미래의 현재, 미래의 미래—구세를 세월호 참사에 담겨 있는 기억과 성찰과 진리가 인연에 따라 회통하고 있으니 이것이 십세+世다. 이렇듯 과거의 과거는 과거의 기억이고, 과거의 현재는 과거의 업에 따라 이루어진 현실이며, 과거의 미래는 과거의 과거와 과거의 현재가 원인이 되어 인과응보로 구성되는 시간이다. 현재의 과거는 현재의 기억이며, 현재의 현재는 과거의 과거, 과거의 현재, 과거의 미래가 업과 원인이 되어 지금 여기에서 체험하는 원본의 사건이자 이에서 인지하는 의미와 생각이며, 현재의 미래는 현재의 모순 속에서 새롭게 지향하고 결단하는 것이다. 미래의 과거는 미래의 기억이며, 미래의 현재는 과거의 과거에서 현재의 현재에 이르기까지 원인이 되어 형성되는 사건과 해석이며, 미래의 미래는 미래의 현재까지 원인을 바탕으로 빚어질 기대다. 한 사건마다 기억과 성찰과 진리가 인연에 따라 회통하고 있으니 이것이 십세다.

이처럼 찰나의 순간은 다른 순간들과 독립해 존재하는 것이 아니다. 찰나의 순간에도 과거의 과거에서 미래의 미래에 이르기까지 무한한 시간이 겹쳐져 찰나를 만들고 이 찰나에 따라 과거와 미래가 달라진다. 그리고 내일 같은 장소에 가서 다시 세월호를 떠올린다 해도 그것은 차이를 갖는다. 차이를 갖지만 세월호 참사의 성찰을 통해 발견할 수 있는 진리로 인하여 하나로 통한다. 구세들은 서로 어울리면서도 뒤섞이지 않는다. 그러니 끝이 없는 무량겁이 곧 한 생각이요, 한 생각이 곧 무량겁이며, 구세, 십세가 서로서로 부합하되 아무런 뒤섞임 없이 따로따로 이루진 것이다.

상즉은 이것과 저것, 현상과 본질, 사事와 리理, 존재와 비존재, 부처와 중생, 깨달음과 깨닫지 못함, 생사와 열반, 삶과 죽음, 무위無爲와 유위有爲, 언어와 진리가 서로 불일불이不一不二의 연기 관계에 있어서, 서로 둘로 대립하면서도 실은 서로 의지하고 인과관계를 맺고 작용하면서 서로 방해하지 않고 하나로 융섭함을 뜻한다.

라캉의 상상계, 상징계, 실재계는 욕망과 상상, 언술행위를 하지 않는 사물에 대해 현실과 환상을 설명하는 틀로는 적당하지 않다. 이에 합당한 틀은 화엄의 사법계四法界다. "사리무애법계事理無碍法界는 현상과 원리가 완전 스스로 존재하고 서로를 포섭하여 하나로 융합하는 경계, 구체적 사물의 구체적 현상事의 원리와 법이 드러나고 원리理는 현현하는 현상의 증거가 되는 세계다. 바다가 물결을 포용하고 물결이 바다를 포용하듯이 리理와 사事가 서로 방해함이 없이 서로 안과 밖에 존재한다. 사리무애법계로부터 사법계와 이법계를 유추할 수 있다. 사법계事法界는 현상의 경계를 뜻한다. 물과 산이 있고 산이 물이 아니고 물이 산이 아닌 것처럼, 현상, 개별적 사상事象, 구체적 현실의 경계를 가리키는 것으로 모든 사물이 서로 다른 분명한 대상이나 형상으로 드러나는 현상의 세계다. 이법계理法界는, 본체, 혹은 원리의 경계를 뜻하며 현상과 현실의 기초를 이루는 추상적 원리 및 여러 법法을 떠받치는 실재實在가 드러나는 세계이다. 사사무애법계事事無碍法界는 현상과 현상이 완전 자재하고 융섭하는 경계로 사事가 리理의 도움 없이 다른 모든 사事 속으로 자유롭게 들어가고 융섭하는, 사事와 사事가 무애할 뿐만 아니라 만유萬有 그 자체가 서로를 비추어주고 서로를 침투하여 하나가 곧 세계이고 세계가 곧 하나인 경지이다. 즉, 세계는 서로 방해를 하지 않고 서로를 비춰주고 포섭하여 하나로 융합하여 총체성總體性을 지향하는 것이다."[45]

지금 여기에서 각각의 존재들이 서로 연기적 관계에서 사건들을 벌이는 것이 사법계다. 푹 익은 사과가 과수원 밭으로 낙하하고 절벽에서 발을 헛디딘 사람이 떨어지고 우주의 별들이 서로 이끌리면서 운행하는 것이 서로 다른 사건이지만 모두 중력의 법칙에 따라 빚어지는 것이다. 이처럼 개별적인 사물과 실재에 보편적으로 내재하는 원리가 이법계다. 지구의 온갖 생명체에서 우주의 무진장의 별들에 이르기까지 중력의 법칙에 따라 형상을 갖고 작용을 하고 본성을 갖는다. 빅뱅과 팽창 이후 중력의 차이가 온도의 차이를 만들고 그에 따라 물질들이 모여 별을 만들었다. 별들은 중력에 따라 모여 은하를 만들고 은하를 결집시켜 은하단을 만든다. 우리 은하 전체가 다른 은하계의 중력에 끌려 이동하고, 태양계도 우리 은하계의 다른 별들과 중력에 따라 은하 중심을 축으로 공전하고, 지구 또한 태양과 다른 행성과 중력에 의해 공전한다. 별들은 중력에 따라 큰 별이 되기도 하고, 작은 별이 되기도 하고, 압력과 온도를 높여 뜨거운 별이 되기도 하고 차가운 별이 되기도 한다. 지구상의 생명체 또한 36억 년 동안 무수한 생명체로 진화하면서 중력의 영향을 받아 형상을 만들고, 작용을 하고 그에 맞는 본성을 갖는다. 중력의 원리가 각 존재들의 형상을 만들고 작용에 영향을 미치고 이에 따라 존재들은 본성을 갖는다. 그러니 작은 생물에서 거대한 은하에 이르기까지 중력과 사건들은 서로 침투한다. 중력의 법칙이 곧 그들 존재의 형상이자 작용이고 본성이며, 그들의 형상이나 작용이고 본성인가 생각하면 실은 중력의 법칙이 작용한 바다.

촛불이 무한대로 비추는 방 안에 수정 공을 가져다 놓으면 그 수정 공 안에 모든 것이 다 들어가 비춰진다. 시작도 끝도 없는 우주가 한 티끌 속에 있는 한 원자에 압축되어 있고 우주의 구조와 원자의 구조가 상동성을 갖기에, 천체물리학자들은 원자의 구조를 연구하여 우주의 비밀을 해명하려 한다. 전자가속기 등을 통해 원자 안의 작은 미립자에 대해 새로운 사실이 추가되면 우주의 비밀이 한 꺼풀 벗겨지고 허블 망원경 등을 통해 우주의 비밀이 밝혀지면 원자의 실체를 밝히는 연구도 한 걸음 진전된다. 망망한 우주가 곧 하나의 원자이고, 하나의 원자가 곧 망망한 우주다. 하나의 세포를 채취해 배양하면 한 사람의 복제인간이 만들어지듯, 체세포가 인간 몸 안의 수백조 개의 세포 가운데 한 부분이 아니라 한 인간의 모든 유전자 정보를 담고 있는 하나의 완전한 구조다. 의상의 말대로 하나 중에 일체 있고 일체 중에 하나 있다—中一切多中—. 이렇게 조그만 원자와 세포에서 소우주인 각 생명체와 우주에 이르기까지 서로 작용하고 영향을 미치고 인과관계를 만들면서 대상과 주체의 구분이 허물어진 경계가 사사무애법계다.

465억 광년에 이르는 광대한 우주 전체總相는 각각의 원자와 별들 別相이 모여서 이루어진 것이며, 각각의 원자와 별들과 우주는 서로 연기적 관계에 있다. 각 원자와 별은 각각의 작용異相을 하지만 중력의 법칙처럼 모든 물질과 우주에 공통적인 원리同相를 공유한다. 우주가 별들의 조합으로 전체 모습成相을 이루고 있지만, 각각의 별과 원자가 각각의 위상에서 에너지를 갖고 중력에 따라 자신의 모습壞相을 갖는다. 이 여섯 가지의 상이 서로 상즉상입한다. 연기적 관계 속에서 차이를 반복하면서 우주를 이루고 있다.

사회도 마찬가지다. 사회總相는 각 주체別相들이 모여서 이루어진 것이며, 각 주체와 사회 전체는 서로 연기적 관계에 있다. 각 주체들은 각자의 삶異相을 행하지만 모든 사회의 공통적인 원리를 공유한다. 사회가 구성원들의 조합으로 전체 모습을 이루고 있지만, 각 주체들은 나름대로 자신의 형상을 갖는다. 이 여섯 가지 상이 상즉상입한다. 연기적 관계 속에서 차이를 반복하며 현실을 구성하면서 사회를 형성하고 있다.

그렇듯 주체는 실은 거울, 아버지, 타자들의 반영이다. 모든 존재는 상호생성자로서 서로 작용하고 인과관계를 미치면서 실재한다. 텍스트가 현실을 구성하고 현실이 텍스트로 재현된다. 과거가 현재에 되먹임되고 현재에 따라 과거가 새롭게 해석되어 존재하고, 미래를 지향하여 현재가 만들어지고 현재에 따라 미래가 달라진다. 상상계의 결핍이 상징계를 만들고 상징계의 괴리가 상상계를 구성한다. 이데올로기가 현실을 재현하고 현실을 은폐하려 이데올로기가 만들어진다. 세계가 완전하고 조화롭지 못하여 환상이 만들어지고, 환상이 세계가 완전하지 못하고 조화롭지 못하도록 한다.

그러니 현실이란 근원적으로 허상이고 집착이다. 현실은 허상이지만 연기를 드러내는 것은 실상實相이다. 현실을 완벽히 재현한다는 것은 불가능하지만 연기를 드러내면 그 텍스트는 현실에 담긴 진리를 비춰준다. '지금 여기에서 현실'은 '내가 무한한 연관 속에 있음을 깨닫는 바로 그 순간'이다.

현실과 해석, 진리의 관계를 화쟁으로 정리할 수 있다. 현실(참, 體1)은 알 수 없고 다다를 수도 없지만, 인간의 사건과 상징적 상호작용 행위用를 통해 일부 드러난다. 이는 텍스트相를 만든다. 이 텍스트가 몸을 품고 있기에 읽는 주체들은 텍스트를 해석하면서 텍스트에 담긴 현실(몸, 體2)을 읽는다. '몸의 현실'이 일상의 차원에서 감지하는 현실이라 할 것이다. 물론 실재 현실인 참의 현실(體1)과 텍스트를 통해 재구성한 몸의 현실(體2)은 동일하지 않다. 인간은 영원히 실재

현실에 이를 수 없다. 현실은 있지만 다다를 수 없다. 하지만 몸의 현실에서 연기와 일심을 발견하고 그로 돌아가려는 순간 우리는 실재 현실의 한 자락을 엿볼 수는 있다.

진정한 텍스트를 통하면 우리는 현실에 점점 접근해간다. 모더니즘은 현실을 애써 회피하고 텍스트의 혁신에만 주력했고 리얼리즘은 텍스트를 통해 현실을 투명하고 올바르게 재현할 수 있다고 착각했다면, 포스트모더니즘은 현실을 알 수도 다다를 수도 없는 것으로 해체해버렸다. 이제 '지금 여기에서' 몸의 현실의 재현을 통해 구체적 현실 속에서 연기되지 않고 갈등하고 있는 것들에 대해 비판하고 부정하고, 이에 그치지 않고 그 현실 너머에 있는, 언어로는 드러낼 수 없는 일심으로 돌아가야 한다. 그럴 때 우리는 현실과 재현 사이의 거리를 인식하고 그를 지배하는 신화와 권력에 맞설 수 있으며, 연기의 구조를 갈등의 구조로 바꾸려는 세력에 저항하면서 역사의 진보를 이룩할 수 있으며, 현실을 구체적으로 인식하면서도 그 현실 너머의 실재 현실을 향해 다가갈 수 있다.

역사와 현실 사이의 화쟁

인간은 시간성에 구속되는 동시에 이를 초월하고, 이에 따라 의미를 만들고 실천하는 존재다. 우리는 어떻게 현실을 기억하고 이를 텍스트로 재현하며 이를 어떤 방법으로 해석하여 의미와 메시지를 찾는가. 역사 현실은 시간이 지남에 따라 어떻게 기억되고 텍스트로 기록되며 훗날의 역사가와 대중은 이를 어떻게 해석하여 기억하는가.

다시 말해, 기억의 차이, 기억의 갈등과 투쟁, 기억의 공유는 어떻게, 어떤 양상으로 일어나는가. 여기에 법칙이 존재한다면 그것은 무엇인가. 재현의 위기론과 화쟁기호학을 이용하여 이 문제에 대해 해명하고자 한다.[46] 재현의 장에서만 왜곡이 일어나는 것이 아니다. 해석의 장에서도 현실은 투명하게, 객관적이거나 보편적으로 재구되지 않는다. 읽는 주체, 혹은 역사가로부터 분리된 객관적 사실은 존재하지 않는다. 일체의 주관을 제거하고 역사나 사실의 객관성을 추구할 수 있다는 실증주의 역사학의 전제 자체가 텍스트와 해석의 관계에 대해 잘못 인식한 데서 발생한다. 『조선왕조실록』처럼 양적·질적으로 지극히 충실한 텍스트도 조선 사회 전반의 현실을 재현하지 못한다. 그 또한 특정 계층의 이해관계에 따라 기록된, 조선조의 과거 현실을 알려주고 재현하는 흔적 가운데 하나일 뿐이다. 불가능한 것이지만, 설혹 이것이 세계관, 이데올로기, 형식 등에 의해 전혀 왜곡되지 않은 채 조선조 현실을 순수하게 재현했다 하더라도, 해석자는 자신이 놓인 맥락, 자신의 세계관과 역사관, 미래에 대한 지향성에 따라 해석하며 해석 당시의 권력과 이데올로기, 텍스트의 형식과 해석자를 둘러싼 구조 등이 이에 영향을 미친다.

의미는 현실, 실상, 텍스트 그 자체에 존재하지 않는다. 앞에서 말한 대로, 재현은 세계를 재현하는 것이 아니라 기호들 사이에 존재하는 차이를 재현할 따름이기에, 해석 또한 차이의 체계에서 발생한다. 읽는 주체는 텍스트의 구조, 수사, 기호를 분석하고 이를 다른 구조, 수사, 기호와의 차이들 속에서 의미를 산출한다. 요컨대 의미는 하나의 구조, 수사, 기호 속에 있는 것이 아니라 다른 것들과의 관계 속에 있다.

맥락 또한 마찬가지다. 읽는 주체/역사가가 텍스트를 공시적으로 만나는 것은 아니다. 철저한 모더니스트조차 현실의 맥락 속에서 텍스트를 만나 이 맥락 속에서 텍스트를 해석한다. 그리고 읽는 주체/역사가는 이 해석 과정에서 텍스트에 재현된 현실을 그 자체로 해석하는 것이 아니라 자신이 놓인 맥락 속에서 해석한다.[47] 때문에 읽는 주체/역사가가 텍스트로부터 재구성한 현실엔 읽는 주체/역사가가 발을 디디고 있는 현실의 맥락이 겹쳐 있다.

여기서 중요한 것은 세계관이다. 필자는 자기 앞의 세계를 품, 몸, 짓, 은유와 환유의 축으로 인식하고 이에 따라 의미를 만들고 실천하는 원리, 그리고 천재지변에서부터 사랑하는 이의 죽음에 이르기까지 세계의 도전과 위기에 대해 집단무의식적으로 대응하는 양식을 '세계관'으로 정의한다. 그러기에 세계관을 알면 그 시대 사람들의 마음으로 그 시대의 문화와 텍스트를 해석할 수 있다.

착하게만 살아온 아기가 죽을 위기에 놓인 것은 세계의 부조리다. 이에 대해 샤머니즘의 세계관을 가진 이들은 샤먼에게 달려가서 굿을 하며, 불교적 세계관을 가진 이들은 부처님 앞으로 가서 의례를 한다. 반면에 현대의 과학적 세계관을 가진 이들은 병원으로 달려가서 수술을 한다. 이처럼 삶의 도전과 위기, 세계의 분열을 맞아 다시 삶의 평형을 이루기 위하여 집단무의식적으로 대응하는 구조적 양식이 세계관이다.

세계관은 또 세계를 인식하고 의미를 만드는 바탕 원리다. 달이 '높이 떠서 산이든 들이든 가리지 않고 두루 비추는' 짓(기능)을 하는 것을 보고 불교적 세계관을 지닌 신라인들은 그처럼 '자비의 빛을 귀족이건 양인良人이건 가리지 않고 두루 뿌린다'는 인식을 하여 달을 '관음보살'로 노래하고 해독했다. 반면에 똑같은 달의 짓을 두고 성리학적 세계관을 지향하는 조선조의 양반층은 이를 '양반과 서민을 가리지 않고 은총을 베푼다'는 인식을 하여 '임금님'으로 노래하고 해독했다. 그래서 정철은 '임금님의 은총' 운운하면 시가 되지 않으니 이를 달로 바꾸어 '달이 높이 떠서 사해를 다 비추는구나'라고 노래했고 조선조 사대부 또한 성리학적 세계관 속에 있으니 자동적으로 '달'이 '지구의 위성'이 아니라 '임금님'이라 파악하고 이 구절을 "임금님의 은총이 양반과 서민을 가리지 않고 온 세상에 충만하구나"라고 해독했던 것이다.

이처럼 인간이 의식하지 못하는 곳에서 인간이 의미를 만들고 실천하는 원리 중의 원리, 세계의 분열에 집단무의식적으로 대응하여 다시 삶의 평형을 이루려는 양식으로 작용하는 것이 세계관이다. 그러니 세계관을 알면 그 세계관을 가진 구성원들이 어떤 의미를 가지고 삶을 살았으며 이 의미를 어떻게 조합하여 텍스트로 만들었는지, 그 의미를 해석하고 실천하여 어떤 행동과 문화를 만들었는지, 세계의 분열에 대해 왜 그런 대응을 했는지 미루어 짐작할 수 있다.

읽는 주체는 자기 나름의 세계관의 구조 아래 텍스트를 해독하며 이것은 쓰는 주체의 세계관과 일치하지 않을 수 있다. 세계관은 세계에 대한 대응 양식이자 의미 체계의 바탕 체계이기에, 읽는 주체는 세계관과 주어진 문화 체계 안에서 약호를 해독하여 의미작용을 일으킨다. 세계관이 다를 경우 원칙적으로 해석이 불가능하다. 따라서 텍스트를 제대로 해석하려면 읽는 주체는 쓰는 주체의 세계관으로 들어가야 한다. 그렇지 않을 경우 불교적 세계관으로 쓴 텍스트인 『삼국유사』를 유교적 세계관을 가진 사대부가 읽는 경우처럼, 텍트의 겉으로 드러난 외연의미denotation와 숨어 있는 내포의미connotation 사이에 심각한 괴리가 발생하고 이는 오독을 낳는다.

권력이 아무리 강하고 집요하더라도 포섭하지 못하는 장場이 있으며 이 틈을 따라 읽는 주체들은 권력에 저항하는 해석과 실천을 행한다. 그러기에 텍스트 해석의 장은 권력과 피지배층이 마주치는 헤게모니투쟁의 장이다. 읽는 주체가 역사가일 경우 그를 지배하는 가치의 준거는 역사관이다. 그는 사관에 따라 사실을 해석한다. 같은 사실을 놓고도 영웅사관과 민중사관, 모던의 사관과 포스트모던의 사관의 해석이 충돌한다.

형식과 구조는 해석에도 영향을 미친다. 형식은 해석에 경험적 형상을 부여한다. 작게는 텍스트의 문체에서 양식, 크게는 텍스트가 수용되는 사회체제나 국가 체제에 이르기까지 형식은 해석을 관장한다. 읽는 주체는 사회구조 속에서 각 집단이 행해온 해석의 형식에 따라 텍스트를 해석한다. 같은 현실도 형식과 해석 양식에 따라 다양하게 해석된다.

지향성도 해석에 관여한다. 개인은 어떤 미래를 지향하느냐에 따라 다양한 현재를 선택한다. 현실을 형성하는, 현재의 선택과 행위, 실천에 미래가 겹쳐 있다. 주체가 미래를 어떻게 바라보고 의미를 만들고 실천하느냐에 따라 현실은 다양한 이본異本을 갖는다. 역사 해석 또한 마찬가지다. "역사가는 과거를 상상하고 미래를 기억한다."[48] 사실과 텍스트, 흔적을 놓고 취사선택하여 해석하는 기준은 현재나 과거가 아니라 미래에 있다. 어떤 미래를 지향하느냐에 따라 읽는 주체/역사가는 텍스트를 해석하여 하나의 역사적 사실에 대해서도 여러 이본을 만든다. 물론, 과거를 기억하고 미래를 상상하기도 한다. 한마디로 말하여, 현재는 여러 과거를 새롭게 해석하는 맥락인 동시에 과거를 통해 새롭게 해석되는 텍스트이며, 미래를 지향하는 상상이 구체화하는 장이다.

청일전쟁을 예로 들어보자.

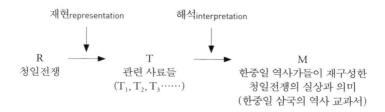

〈그림 8〉 청일전쟁·재현 해석의 관계 모형

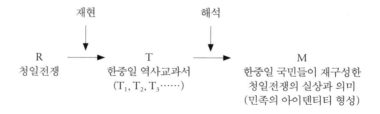

〈그림 9〉 청일전쟁·한중일 교과서·해석의 관계 모형

실재 청일전쟁이란 현실이 있다. 이 현실을 몇몇 읽는 주체는 신문의 기사, 사진, 보고서 등으로 텍스트화한다. 현실을 재현할 때 기호 자체의 한계로 인하여 현실은 굴절되며, 실재 현실을 재현하기보다 기호들 사이에 존재하는 차이를 재현하게 된다. 여기서 쓰는 주체들은 자신의 세계관에 의해 현실을 인식하며 이데올로기의 프리즘을 통해 현실을 바라보고 자신이 놓인 맥락에 따라 청일전쟁에 담긴 정보를 취사선택하여 기억하며 이를 텍스트에 기록한다. 여기서 쓰는 주체가 속한 국가, 동아시아 삼국의 역학관계와 같은 커다란 구조로부터 신문, 보고서 등 텍스트의 형식과 스타일에 이르기까지 재현의 형식들이 현실을 재현하는 데 관여한다.

청일전쟁에 관련된 사료를 놓고 한, 중, 일 삼국의 역사가들은 다른 해석을 한다. 우선 삼국의 언어기호의 차이가 해석의 차이를 만든다. 삼국의 역사가들은 사료의 구조, 수사, 기호로 이루어진 내용들을 분석하고 이를 다른 구조, 수사, 기호와의 차이들 속에서 의미를 산출한다. 한, 중, 일 삼국의 역사가들은 각 국가, 자신이 속한 집단 및 계급, 학계의 맥락을 바탕으로 사료를 해석하기에 자국의 국가 이익, 권력, 이데올로기, 자신의 사관, 자신이 소속된 집단 및 계급의 이해관계 등이 해석에 작용한다. 이때 몇몇 역사가는 맥락을 떠나 자신이 가진 사관에 따라 충실히 해석하고자 하는데 이 경우에도 맥락이 전혀 작용하지 않는 것은 아니다. 삼국의 역사가들이 민족주의 등의 이데올로기나 이해관계를 초월하여 지극히 객관적으로 사료를 읽는다 하더라도 자신이 속한 사회집단의 아비투스, 해석방식 등에 지배받기 때문이다. 게다가 역사가가 동아시아의 미래를 어떻게 그리느냐에 따라 사료의 해석 또한 달라진다. 이렇게 하여 청일전쟁이란 현실에 대한 여러 이본이 만들어진다.

삼국의 역사가는 해석에 머물지 않고 스스로 쓰는 주체가 되어 청일전쟁에 대한 해석을 텍스트로 재현한다. 그중 대표적인 것이 삼국의 교과서다. 역사가는 세계관에 따라 사실을 분석하고 근대적 국가관, 애국주의, 국수주의, 민족주의 등의 이데올로기 및 각 국가의 입장 및 이해관계에 따라 청일전쟁에 관련된 사실을 취사선택하고

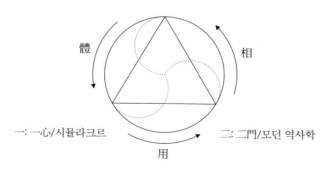

三: 和諍/포스트모던 역사학

體　　　相

一: 一心/시뮬라크르　　　二: 二門/모던 역사학

用

〈그림 10〉 역사학의 삼태극 모형

자신의 사관과 이데올로기 및 미래의 지향성에 따른 해석을 교과서에 적는다. 이때 교과서라는 형식과 문체, 교과서를 관장하는 정부 부서와 역사가의 관계 등의 구조와 형식 또한 사실의 기록에 양적, 질적으로 관여하게 된다. 때로는 국가가 검정 기준을 강요하거나 국정교과서를 만들어 역사해석을 독점하거나 왜곡에 개입하기도 한다.

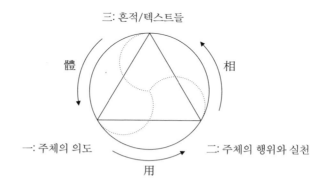

三: 흔적/텍스트들

體　　　相

一: 주체의 의도　　　二: 주체의 행위와 실천

用

〈그림 11〉 주체·사건·텍스트의 삼태극 모형

그렇기에 삼국의 교과서에 나타난 청일전쟁의 상相들을 보면 기억의 차이가 뚜렷하게 드러난다. "일본의 교과서는 일본이 먼저 개전한 사실 자체를 부정하고 있지는 않다. 그러나 청일전쟁의 배경에 대해서는 일본의 침략 의도를 은폐하고 있다. 국제 정세에 대한 대응으로서 조선 출병을 한 것이지 대륙 침략의 발판을 마련하기 위하여 능동적으로 침략한 것은 아닌 것으로 기술하고 있다. 반면에 중국의 교과서는 일본이 계획적으로 침략한 행위를 한껏 부각시키는 한편, 자국에 대해선 조선과 일본에 대한 평화적인 태도를 언급함으로써 전쟁에서 중국의 수동성과 불가피성을 시사하는 서술 양식을 취하고 있다. 남한의 교과서는 개화와 자주화 운동 속에서 청일전쟁을 간단히 언급하는 데 그치고 있으며 이에 대해 역사적 성찰을 제기하는 내용은 없다. 북한의 교과서도 남한과 대동소이하나 청일전쟁을 미 제국주의와 연관시켜 서술하려는 기계적 반미주의를 보이고 있다."[49]

한, 중, 일 삼국의 교과서에 대한 1차 해석자는 역사 교사이며 2차

〈그림 12〉 역사적 진실과 텍스트·해석의 삼태극 모형

해석자는 학생이다. 학생들은 교사의 해석과 자신의 해석을 종합하여 의미작용을 일으키고 이렇게 형성된 의미들의 총체들은 기억을 형성한다. 삼국의 국민들이 각기 다른 교과서를 통해 형성한 '기억의 차이'들은 다른 나라에 대한 (배타적) 인식과 자기 민족의 아이덴티티를 형성하는 바탕이 되며, 이는 이데올로기가 되었다가 다른 민족을 타자화하는 사고와 실천을 낳는다.

지금까지의 논의를 바탕으로 현실과 역사, 모던 역사관과 포스트모던 역사관을 종합할 수 있다.

현실과 텍스트와 해석의 관계를 화쟁으로 정리할 수 있다.[50] 현실(참, 體1)은 인간의 상징적 상호작용 행위用를 통해 드러난다. 이는 텍스트相를 만든다. 이 텍스트가 몸을 품고 있기에 읽는 주체들은 텍스트를 해석하면서 텍스트에 담긴 현실(몸, 體2)을 읽는다. 물론 실제 현실인 참의 현실 내지 역사적 진실(體1)과 텍스트를 통해 재구성한 몸의 현실(體2)은 동일하지 않다. 읽는 주체는 영원히 역사적 실체에 이를 수 없다. 현실은 분명 있지만 다다를 수 없다. 하지만 텍스트를 통해 실제 현실의 한 자락을 엿볼 수는 있다. 진정한 텍스트를 통하면 우리는 현실에 점점 접근해간다.

역사와 관련지을 때 재현의 장에선, 몸은 현실을 형성한 주체들의 의도다. 짓은 주체의 행위와 실천이다. 짓이 사건을 만들고 이 현실은 기억에 의해 흔적/텍스트를 남긴다. 이것이 품이다. 이 텍스트에는 의미와 함께 주체의 의도를 넘어선 진정한 실체가 담겨 있다.

해석의 장에서 보면, 짓은 역사가의 사관과 방법론이다. 역사가는 사관과 방법론을 통해 역사적 현실에 담긴 의미, 곧 몸을 드러낸다. 품은 사관과 방법론에 따라 역사적 현실의 흔적인 텍스트를 분석한

2차 텍스트다. 2차 텍스트는 다시 역사적 진실을 품는다. 이것을 다시 새로운 사관과 방법론에 따라 분석하면 3차 텍스트가 생성되고 이것은 새로운 의미, 혹은 역사적 진실을 드러낸다. 이처럼 역사적 현실과 텍스트, 역사가의 사관과 방법론, 역사적 진실 사이에 영겁 순환이 이루어진다.

"역사학은 근본적으로 사실의 비결정성, 텍스트의 다의성, 해석의 무한성에 기초한 열린 우주이다"[51]라는 말에 어느 정도 동의한다. 그러나 모든 것이 상대적이고 차이를 통해 드러난다면, '지금 여기에서, 과거를 끌어와서 현재를 분석하고 미래를 전망할 수는 없다.

탈근대주의자들의 주장처럼 궁극적 진리를 알 수 없고 의미를 확정할 수 없지만, '지금 여기에서' 우리의 실천적인 삶의 형식들과 관련하여 파악한다면, 의미들은 구체성과 실천성을 가지며 이를 통해 현실을 파악하고 변혁하여 더 나은 미래를 여는 힘을 가질 수 있다. 한 사람의 사고와 행동에 상상계, 상징계, 실재가 겹쳐 있는데, 이들이 모여서 만들고 시간이 개입한 역사야 더욱 복잡성을 갖는다. 실재 현실이 있고 그 현실의 기억과 흔적이 있고, 이에 대한 역사가의 해석이 있고 이를 바탕으로 대중은 현재를 해석하고 미래를 지향한다. 역사적 진실이란 실재 현실과 부합하는 것이다. 결국, 역사적 진리란 '지금 여기에서' 지향하는 미래가 무엇인가에 따라 모색할 수밖에 없다. 예를 들어, 21세기 대한민국이 인권과 자유를 지향한다면, '4월 혁명'이란 역사의 진리, 이 진리에 따른 현재의 분석도 이 지향점에서 행해지는 것이다. 원효의 말대로 하면 생멸문生滅門에서는 이문二門으로 갈리지만, 진여문眞如門에서는 일심에 다다를 수 있다. 세계가 실은 차이라고 인식하는 것도 마음이요, 마음이 자리하는 것은 특정한 몸이요, 이 몸은 또 특정한 맥락에 자리한다. 진리란 오로지 이 순간에만, 바로 이곳, 특정한 맥락에 있는 내 몸속에서 실현된다.

영화와 역사 사이의 화쟁

재현은 영영 실체를 드러낼 수 없는 것일까? 현실을 객관적으로 기술한 역사서/신문과 이를 민중의 입과 작가를 통해 재현한 소설과 영화 가운데 어느 것이 더 진실을 드러내는가.[52]

영화 〈실미도〉가 천만 관객을 돌파했다. 남한 인구의 1/5이 이 영화를 관람한 것이니 가히 엄청난 파괴력이다. 영화 〈실미도〉와 함께 부상한 것은 공군 제7069부대 2325전대 209파견대, 소위 684부대와 북파 공작원에 대한 진실이다. 실미도가 대중의 인기를 얻기 전에 정부는 684부대의 존재 자체를 부정했다. 이를 중심으로 현실과 재현, 그리고 진실의 관계를 규명해보자.

〈그림 13〉 684부대의 현실·재현·역사적 진실의 관계 모형

1971년 8월 23일 대방동 유한양행 앞에서 김일성의 목을 따려는 의도로 만들어진 684부대원 20여 명이 버스를 탈취하여 청와대로

가려다 자폭한다. 당시 언론 보도를 보면 684부대의 존재 자체를 부정한다. 언론은 정부의 발표대로 '무장공비의 침투'로 보도했다가 그 다음 날 '군 특수범의 난동 사건'으로 수정한다. 이것은 현실과 분명 다르다. 이렇게 현실은 30여 년간 왜곡되었다. 그러다가 현실의 실체에 어느 정도 접근한 것이 허구의 재현인 영화 〈실미도〉다. 대다수 한국 대중은 영화를 보고 나서야 정부가 김일성을 암살하기 위해 특수부대를 만들어 낙오자와 항명한 자, 일탈한 자를 즉결처분하는 등 비인간적이고 야만적인 지옥 훈련을 행했음을, 남북 화해 무드가 조성되어 이들의 쓸모가 없어지자 모두 죽이려 했음을, 이에 분노한 684부대원들이 기간병을 죽이고 버스를 탈취하여 저항하다가 자폭했다는 진실을 대했다. 이 영화를 통해 대중은 국가가 개인을 얼마나 무자비하게 통제하고 억압하고 폭력을 행사했는가, 국가가 파워엘리트들의 권력 유지와 이해관계를 위해 얼마나 진실을 은폐하고 조작할 수 있는가에 대해 새삼 깨달았다. 감추어진 역사적 진실은 신문이나 정부 발표가 아니라 영화라는 허구의 재현을 통해 오히려 더 생생하게 드러났다. 이렇듯 허구의 재현이라 하더라도 재현이 실체에 도달할 수는 없지만, 재현이 실체, 현실의 일부나마 드러낸다.

그러면 ㉠을 ㉡으로 재현하는 ⓐ의 과정에서 왜 왜곡이 일어났는가? 물론 근원적으로는 언어기호와 영상기표의 한계에 있지만, 텍스트 외적 맥락에서 보면, 하나는 이데올로기이고 하나는 형식이다. 당시 군사독재정권의 지배층은 국가주의와 반공주의의 화신이라고 할 정도로 이 이데올로기에 마취된 자들이었다. 이들의 관점으로 보았을 때, 김일성의 목을 따는 것은 한반도의 적화 야욕으로 불타는 괴수들의 수령을 처치하고 남한 사회의 행복과 안정을 보장하는 가장 거룩한 행위다. 국가는 박정희 대통령으로 표상되는 것으로 그에 대한 충성이 바로 국가를 위한 충성과 동일한 것이다. 국가라는 전체를 위해서 몇몇 개인의 생명이란 터럭과 같은 것이며 개인은 언제든 국가를 위해서 희생하려는 각오와 준비를 해야 한다. 이 이데올로기에 의할 때, 그들을 인간 병기로 만들기 위해서 살인적인 훈련을 시키는 것, 그들을 통제하기 위하여 사소한 항명에도 즉결 처분을 하는 것, 그들이 반발했을 때 모두를 없애버리고 진실을 영원히 은폐하는 것은 모두 국가의 안녕을 도모하는 길이다. 차이는 있지만 이를 추진한 김형욱 중앙정보부장, 이철희 대북공작책 제1국장과 공군사령부의 지휘관뿐만 아니라 당시 언론인과 대중의 대다수가 이 이데올로기를 수용했다. 당시에 정부의 발표에 의문을 제기하는 자가 있다면 그는 간첩으로 몰려 고문당한 후 감옥에 갈 각오를 해야 했다.

또 하나는 형식이다. 거대 형식은 당시 사회와 국가의 구조다. 만약 지금처럼 SNS가 있었어도 모든 진실이 은폐되지는 않았을 것이다. 실미도는 육지뿐만 아니라 국민 대다수로부터, 그리고 진실로부터 철저히 고립된 공간이다. 684부대원은 인간이라기보다 국가를 유지하는 60만 군대에서 30여 명에 지나지 않는 지극히 작은 소부대에 불과하다. 그 집단의 의지와 에너지가 아무리 강하다 하더라도 군대라는 울타리를 넘어서지 못한다. 각자가 북한에 넘어가 김일성의 목을 딸 수 있는 인간 병기가 되어 그 울타리를 넘어선다. 지옥훈련에 의해 엄청난 능력을 가진 그들은 버스를 탈취하고 시민을 인질로 삼고 20여 명이 자폭하는 사건을 일으켰다. 하지만 마치 바다가 몇 방울의 핏방울을 삼키듯 국가는 이 모든 것을 무마하고 다시 안정으로 돌아간다. 이것을 알기에 박정희 정권에 저항하는 재야인사조차 의문을 제기하지 않는다. 당시의 국가, 군대의 구조 속에서 그들의 자폭이 아무런 효과를 나타내지 못하고 오히려 국가의 안녕을 견고하게 함은 이미 구조 속에 입력되어 있는 프로그램이다.

다음의 형식은 표현 양식이다. 여기서 국가는 표현 양식을 독점한다. 당시 국가가 허용한 표현 양식은 국가가 미리 현실을 재현한 것을 미디어가 그대로 따라서 행하라는 것이다. 당시 권력이 추구한 재현 양식은 권력층의 이데올로기가 현실의 재현에 앞선다는 것이다. 현실은 권력의 이데올로기가 지향하는 의미에 따라 재현되어야 하는 것이 그들의 표현 양식이다. 그래서 그들은 국가의 안녕, 더 정확하게는 자신들의 지배 유지를 위해 대중이 자신들의 지배의 정당성을 의심받지 않는 범위에서 사실 자체를 왜곡하여 보도자료를 만든다. 그들은 이를 무장폭도의 난동으로 재현하고 684부대는 물론 군 특수부대에 관한 모든 사실을 철저히 은폐한다.

이처럼 국가주의와 반공주의의 이데올로기와 당시 사회와 국가 구조, 표현 양식이 ㉠의 현실을 ㉡의 텍스트로 재현하게 했다. 그런데 양 이데올로기는 군부독재정권의 해체와 민주화를 맞아 비판을 받는다. 이런 구조는 사상과 표현의 자유가 보장된 사회와 디지털사회를 맞아 해체된다. 그것이 ㉠을 ㉢ 영화 〈실미도〉로 재현하는 '틈'과 새로운 형식을 제공했다.

영화에선 당연히 양 이데올로기와 기존 구조의 해체가 일부 보인다. 양 이데올로기의 희생자이면서 이제 이를 희미하게나마 비판할 줄도 알게 된 관객들은 이 영화를 보면서 진실에 접하는 충격과 감동을 동시에 맞는다. 이 영화가 영화와 담을 쌓은 40, 50대까지 불러 모았던 이유다.

이 영화 텍스트를 좀 더 심층적으로 분석해보자. 이의 서사구조를 놓고 행위소 모형을 분석하면 아래와 같다.[53]

〈그림 14〉 영화 〈실미도〉의 행위소 모형

이 영화 텍스트에서 주체는 물론 모든 684부대원이나 편의상 강인찬(설경구 분)으로 잡자. 주체는 가혹한 훈련을 견디고 김일성의 목을 따 연좌제에서 벗어나 부와 명예를 얻고 어머니에게 효도하려는 강인찬이다. 적대자는 처음엔 가혹한 훈련을 강요하는 조 중사(허준호 분)다. 그러나 조 중사는 이를 달성하도록 도와주는 조력자로 위상이 바뀐다.[54] 제2차 적대자는 국가의 이해관계에 따라 훈련을 중지시키고 강인찬을 비인간적으로 대하고 나중엔 진실을 은폐하기 위하여 죽이려는 중앙정보부의 오 국장(이효정 분)이다. 오 국장은 국가를 대표하기에 국가의 환유다. 김재현 준위(안성기 분)는 살인범인 강인찬을 대상을 추구하도록 684부대원으로 전환시켜준 사람이니 발신자다. 여기서 강인찬의 대상이 바뀐다. 처음엔 부와 명예를 얻어 어머니를 행복하게 하는 것이었지만 684부대의 목적이 수정되면서 강인찬의 대상 또한 전환한다. 국가에 철저히 이용당하다가 짐승과 같은 취급을 받고 마침내 주민등록에서도 지워져 살해당할 위기에 놓이는 순간 대상은 인간적 존엄성과 자신의 정체성을 회복하는 것으로 바뀐다. 그러나 주체의 행위는 국가의 거대한 폭력 앞에 실패로 끝난다.

강인찬은 질서 파괴자의 은유를 형성한다. 그는 당시 한국 사회가 용인할 수 없는 빨갱이의 자식으로 사회질서와 법을 어기고 살인을 한 범죄자이며 실미도에 와서도 규율을 어기고 김재현 준위와 조중사는 물론 동료들과도 불화를 거듭하는 질서 파괴자다. 반면에 그의 집안 내력, 가혹한 훈련, 684부대원에 대한 국가의 폭력과 연결하면 그는 국가에 희생당하는 자의 환유를 형성한다. 김재현 준위도 은유로 읽으면 부하를 사랑하고 지배층의 비합리성에 맞서서 합리적인 대안을 추구하는 새로운 유형의 지도자다. 반면에 환유로 읽으면 그는 명령에 복종하는 장교와 부하를 보호해야 하는 지휘자 어느 편에도 서지 못한 채 국가와 부하 양쪽으로부터 버림을 받는 경계인이다. 이처럼 은유가 수직적으로 국가의 이데올로기를 재현하고 있다면, 환유는 수평적으로 이를 허물어뜨리는 물질성을 재현한다.[55]

이 영화의 서사 구조의 심층을 지배하는 것은 국가다. 영화를 보면, 실제 주인공은 강인찬이나 김재현 준위가 아니라 모든 인물의 사고와 행위를 지배하고 있는, 무형의 원형감옥, 국가다. 김재현 준위가 확고한 국가관과 반공의식으로 똘똘 뭉쳐서 훈련병을 가혹하게 훈육하게 하는 것, 훈련병들이 자신의 정체성이나 최소한의 인간적인 대우를 요구하지 못하고 순응하게 하는 것, 그들의 억눌린 주체를 강간 등의 일탈로 드러나게 하는 것, 한순간의 욕망의 해소에 대한 처벌로 행해진 즉결 처형을 당연한 것으로 받아들이게 하는 것은 '국가'다. 이 국가를 정당화하기 위해 국가주의와 반공주의가 이데올로기로 동원되고, 국가를 유지하기 위해 중앙정보부, 국방부와 군사령부 등 억압적 국가기구가 이들을 통제하며, 언론 등 이데올로기적 국가기구는 진실을 은폐하고 조작한다. 훈련병들은 이 구조 안에서 반공투사가 될 때만 주체로 호명된다.

반공주의와 국가주의의 이데올로기를 벗어나고 억압적 국가구조를 일부 해체하고 ㉠의 현실을 재현하면서 이 영화는 양자에 의해 가려졌던 진실을 드러낸다. 그러나 ㉡이 ㉢으로 재현되는 과정 ⓑ에선 진실만 드러날까? 왜곡이 있다면 어떤 왜곡이 있을까? 물론 요즘 신문에 보도되는 것처럼 교육대장이 자살한 것이 아니라 훈련병의 장도리에 맞아 죽었다든가, 여교사를 강간한 훈련병이 자살한 것이 아니라 즉결 처분되었다든가, 모두 자폭한 것이 아니라 생존자가 있었는데 나중에 처형당했든가 하는 객관적 사실의 왜곡도 있다. 그러나 영화 〈실미도〉 또한 한국 사회, 또는 감독과 작가를 비롯한 제작진이 극복하지 못한 이데올로기와 구조, 표현형식 속에서 현실을 왜곡하고 있다.

우선 국가주의를 거부하는 듯하지만 이 영화는 더 교묘하고 더 합리적인 국가주의를 전파하고 있다. 강인찬과 김재현 준위를 은유—질서 파괴자와 새로운 지도자—로 읽으면, 이 영화에서 비판하고자 하는 것은 중앙정보부와 군대의 권위적이고 비합리적인 권력층에 의해서 좌지우지되는 국가일 뿐이다. 영화 속에서 교육대장과 훈련병의 관계는 아버지와 자식의 관계로 은유화한다. 교육대장은 강하고 올바른 자식을 만들기 위해 질서 파괴자인 훈련병들을 엄격한 훈련을 통해 개조한다. 훈련병들은 자신을 언제든 즉결 처분하고 사지로 내모는데도 교육대장에게 존경심을 갖게 되고 그의 명령을 철저히 따르는 부하가 된다. 그래서 작전이 취소되었을 때 대다수가 죽을 것이 분명한 작전에 오히려 보내달라고 항의를 하는 희극을 연출한다. 관객도 그들의 편에 서서 작전이 어서 떨어지기를 바란다. 마지막 자막에서까지 조국 운운하며 이 영화는 넌지시 말한다. '교육대장과 같은 이가 다스리는 국가는 건전한 것이고 그런 국가가 부른다면 당신은 언제든 목숨을 바쳐야 한다'라고. 새 시대에 맞는, 새 얼굴을 한 국가주의다. 여기서 비판한 것은, 일개 시민에게 뺨을 맞은 전두환처럼, 영락한 자들이 이끌던, 희미한 옛사랑조차 되지 못하는 추억 속의 국가일 뿐이다. 1970년대에 이 영화가 개봉되었다면 군사독재정권의 근간을 뒤흔드는 진보 영화였겠지만, 21세기인 지금 이 영화는 복고의 추억담, 지난 시대의 이데올로기의 복기물에 지나지 않는다. '지금 여기에서' 비판하거나 부정하는 것은 거의 없다.

폭력의 근원이 가부장주의에 있다고 할 때 이 영화처럼 가부장주의를 미화한 영화도 없다. 영화가 끝난 뒤 가장 늦게 일어나는 관객층은 중년 여성들이다. 눈물을 닦아야 하기 때문이다. 신파조의 의리와 감상이 죽음과 어우러진 마지막 장면, 죽음까지도 같이할 수 있는 사나이들의 우정이 설핏 감동으로 다가온다. 그들을 적으로 만드는 것이나 동지로 변환시키는 것 모두 남성성의 신화다. 남성성의 신화를 믿기에 교육대장은 가혹한 훈련을 통해 그를 극대화하여야만 김일성을 암살하고 반공통일국가를 세울 수 있다며 훈련병들을 사지로 내몬다. 훈련병들 또한 남성성의 신화를 받아들이기에 이를 극대화하여 인간 병기가 되어 작전을 성공시키고 살아 돌아와야 영웅이 될 수 있다며 살인적인 훈련을 감내한다. 가혹한 훈련으로 인하여 기간병과 훈련병 사이에 적대감이 형성되지만 양자가 공히 남성성의 신화를 수용하면서 동지로 변한다. 대중 또한 처음엔 가혹한 훈련에 대해 치를 떨고 인간 이하의 폭력을 휘두른 조 중사와 교육대장에 대해 살인적인 적대감을 갖지만 서서히 이를 수용한다. 교육대장은 아버지로서 자식-훈련병이 죽을 위기에 놓이자 그들을 구하기 위하여 일개 준위의 신분으로 중앙정보부 국장과 공군의 장군과 맞선다. 그리고 이것이 성공하지 못하자 자신이 죽을 것임을 알면서도 강인찬에게 정보를 흘리고 나중에는 자식과 국가를 모두 지키기 위해 자살을 선택한다. 대중은 이 과정을 통해 사나이들의 우정과 의리가 자아내는 멋에 박수를 보내면서 이를 어긴 자에 대한 폭력을 당연시한다. 부대원들이 뭍으로 떠나는 조 중사에게 존경의 표시로 경례를 할 때 관중 또한 경례를 한다. 이 경례는 가부장주의의 폭력, 남근_{phallus}에 대한, 이들의 신화로 무장한 국가에 대한 숭배의 재현이다. 작가와 감독의 가부장주의적 이데올로기를 통해 684부대의 현실은 그 현실의 한 요소인 가부장주의를 남성성의 신화로 미화하여 재현한다. 이렇게 재현된 영화는 남성성과 폭력의 과잉을 드러내고 가부장주의 이데올로기를 전파한다.

영화 〈실미도〉는 국가는 선한 자에게는 언제나 선하다는 신화 또한 충실히 전달하고 있다. 김재현 준위는 살인범인 강인찬에게 "이 칼, 나라를 위해 다시 한 번 잡을 수 있나?"라고 말한다. 강우석 감독은 〈실미도〉를 영화화하는 것을 거의 포기하려다 김희재 작가가 쓴 시나리오의 이 대사를 읽고 메가폰을 다시 잡기로 했다. 영화에선 훈련병들이 무기수거나 사형수로 나온다. 이래 죽으나 저래 죽으나 마찬가지기에 이들은 목숨을 거는 훈련과 작전을 선택할 수 있었고 국가는 이들의 구성 성분 때문에 이들을 없애버리려 했다는 것이다. 그러나 이 또한 김종필을 비롯한 당시 지배층이 조작한 것임이 밝혀졌다. 훈련병은 충북 옥천에서 농사를 짓던 사람들을 포함하여 평범한 사람들이었고 단지 돈 많이 준다는 보상 하나로 가혹한 훈련과 목숨을 거는 작전을 받아들인 것이다. 광인과 범죄자를 자신으로부터 분리시키면서 자신을 정당화하고 자신의 행복을 유지하려 하는 대중의 심리를 잘 아는 당시 지배층은 '생사를 거는 특수부대원＝살인범이나 무기수'의 신화를 만들었는데 이를 감독과 작가, 대중 모두가 수용한 것이다. 결국 국가는 때로 개인에게 폭력을 행사하는 실수를 범하지만 그 폭력은 폭력을 받아도 싼 범죄자들에게나 행해진다는, 그래서 선한 나는 국가로부터 안전하다는 신화를 더욱 강화했다.

표현 양식도 현실을 왜곡했다. 할리우드형 블록버스터를 추구하면서 줄거리와 맞지 않는 훈련 장면이나 폭파 장면을 삽입한 것이나 스필버그 아류의 상업적 휴머니즘을 마초 콤플렉스, 복고담과 적절히 결합하여 눈물샘을 자극하는 감상성을 추구하여 신파극으로 만든 것 또한 재현을 거치면서 왜곡된 부분이다. 여기선 감독의 스타일, 기존 영화의 코드와 기법의 답습이나 차용 또한 현실을 왜곡하는 형식으로 작용했다.

〈실미도〉 텍스트의 품은 대중이 문법적 읽기만으로도 이해할 수 있는 영상과 대사로 이루어진 부분이다. 텍스트의 몸은 대중이 문법적 읽기를 넘어서서 강우석 감독의 의도와 자신의 해석을 종합하여 살인적인 훈련을 강요하고 자신의 지배를 유지하기 위해 모두를 죽음으로 몰아넣고 모든 진실을 은폐한 국가가 폭력에 대해 분노하고 이에 저항하여 인간적 존엄성을 회복하자는 것이다. 텍스트의 짓은 독자가 텍스트와 어우러져 각자 주체로서 해석한 것이다. 자유주의적 휴머니스트들은 국가의 폭력을 비판한 이 영화에 찬사를 보내겠지만, 페미니스트들은 국가 폭력의 기원인 가부장적 폭력에는 눈을 돌리지 않고 오히려 남근주의를 강화한 이 영화를 비판한다. 자유주의적 휴머니스트보다 진보적인 입장에 서는 이들은 이 영화가 권위주의 시대의 국가주의를 비판하는 가운데 새로운 시대의 국가주의를 강요하고 있음을 갈파하고 이에 부정적인 태도를 취한다. 존재론적인 가치를 지향하는 이들은 집단과 개인의 관계에 대해 사고하겠지만, 사회적인 가치를 지향하는 이들은 이를 21세기의 맥락에서 해석하고 지금 국가가 억압하고 있는 것은 무엇인가에 대해 성찰할 것이다. 텍스트의 참은 "진실은 결국 알 수 없으며 현실이란 실제로는 권력이 만들어놓은 재현의 가상에 지나지 않는다"는 메시지를 전한다.

그럼 진정한 진실은 어디에 존재하는가. 설사 죽은 자를 불러내어 증언을 듣는다 하더라도 진실에 다가갈 뿐, 진실의 실체에 이르는 것은 아니다. 이는 현실과 텍스트, 당시 언론의 보도와 지금 언론의 보도, 언론의 객관적인 사실 보도와 영화 〈실미도〉, 은유와 환유 '사이에' 존재한다.

대안의 모색

예술적 대안: 반영상과 굴절상의 화쟁 + 차이와 틈의 리얼리즘

동일성을 벗어난 예술이 장난이라면 차이를 드러내지 못하는 예술은 이념이다. 예술은 인류문명이 형성해 온 보편적인 지식과 미학, 테크닉을 바탕으로 하되, 예술가가 각기 다른 현실의 맥락에서 새롭게 대상을 바라보고 숨겨진 아름다움과 의미를 표현하는 것이다. 동일성은 관념에 깃들어 있지만 몸에도 스며 있다가 몸을 통해 표현된다. 차이는 구체적인 현실과 장에서 비롯된다.

　표현 양식을 통한 왜곡에 대해선 창조적인 부정의 예술을 활성화하는 것이 가장 심층적인 대안이다. 예술은 권력이 만들어놓은 체계를 넘어서서 사유를 하고 권력이 점유한 표현 양식을 넘어서서 새로운 형식을 창조한다. 그리하여 권력이 안정된 현실을 재현하기 위하여 지배하고 있는 상징과 수사, 표현 양식을 해체하고 예술이 갖는 부정성을 동원하여 안정적으로 유지되고 있는 체제에 틈을 내고 불안하고 요동치게 만든다. 기존의 권위를 갖는 코드와 은유, 상징에 새로운 의미를 부여하여 뒤흔든다.

은유로 나타난 것을 환유로 바꾸어 해석하고 텍스트에 맥락을 부여하는 것 또한 미시적이지만 중요한 대안이다. 그리하여 기호와 사물의 전도를 다시 뒤엎어 사유와 해석의 중심을 기호에서 사물로 옮기고 해석에 현실의 구체성과 물질성을 부여한다.

이런 면에서 기계론적 마르크스주의적 해석이 빚은 독단과 결정론, '해석의 전체주의'는 물론 포스트모더니스트들의 해체적 해석이나 미국 기호학자들의 탈맥락적 해석은 다 같이 지양되어야 한다. 텍스트에 대한 다양하고 열린 해석이 독자를, 제국주의나 지배층의 신화나 이데올로기에 조작되지 않는 자유로운 주체로 만든다. 그러나 미국의 대다수 포스트모더니스트나 기호학자처럼 정치적 해석이 전제가 되지 않은 열린 해석이나 독자 위주의 분석은 텍스트에서 현실과 역사를 제거하고 '해석의 자유'라는 또 하나의 신화를 생산할 뿐이다. 제3세계 대중문화 텍스트에 담긴 신화와 이데올로기들이 정치적, 경제적 목적에서 수행되었고 결국 물질적이기 때문에 이런 기호학적 해석은 필연적으로 지배이데올로기에 봉사한다. 열린 읽기를 하되 맥락으로 울타리 치고, 제임슨Fredric Jameson의 지적대로 "모든 읽기를 할 때 절대 지평으로서 정치적 해석에 우선권을 주어야 한다".[56]

비판적 읽기와 다시 쓰기도 대안이다. 비판적 읽기는 담론에 담긴 신화와 이데올로기를 비판적으로 인식하는 것이다. 다시 쓰기는 텍스트에 담긴 이데올로기를 전적으로 부정하는 대항이데올로기를 담는 것으로 텍스트를 다시 구성하는 것이다. 9장에서 「토끼와 거북이」의 예로 든 대로, 우화의 결말을 서로 어깨동무를 하고 가는 것으로 바꾸면, 더 나아가 두 동물이 자기 마을로 돌아가서 이적죄로 처형당했다고 마무리하면 기존의 이데올로기를 부정하는 대항이데올로기를 만들거나 공감과 협력을 지향하는 전혀 다른 세계관을 갖게 되듯, 텍스트를 단순히 패러디하는 데 그치지 않고 담론이 가지고 있는 이데올로기를 비틀어 텍스트의 신화에 조작되던 대상이 주체로 서서 세계를 다시 구성하는 것이다.

더불어 6장에서 제시한 반영상과 굴절상의 화쟁, 이미지와 기호의 변증법 또한 필요하다. 이미지가 실체를 왜곡하는 것에 대해서는 이성의 눈으로 이것을 분석하고 비판해야 한다. 하지만 이미지의 모든 것을 부정할 것이 아니다. 이미지는 상징과 기호의 억압을 넘어 실체에 다가가는 문이기도 하다. 이미지는 언어의 구속을 넘어 세계의 실체로 다가가는 매개체이자 상징의 폭력과 억압에서 일탈해 코라로 회귀하게 하는 운반체다. 이미지는 초월과 환상과 경이의 세계로 우리를 이끈다. 머리가 아닌 온몸으로 세계를 느끼고자 하면서 상징과 코스모스가 가려버린 카오스를 향한다. 이는 상징과 기호, 반영상와 로고스에 기반을 한 미학이 이미지와 판타지, 미토스$_{mythos}$를 아우른 미학으로 전이해야 함을 의미한다.

이런 모든 것은 새로운 형식의 문예이론과 미학을 제기한다. 재현의 위기, 시뮬라시옹을 좌파의 입장에서 당위적으로 비판만 할 것이 아니다. 현재 우리가 삶을 영위하고 있는 현실 자체가 산업사회와 전혀 다른 맥락을 펼치고 있다. 새로운 유목민들은 이성에 대해 의심하면서 이성에 의해 짓눌려온 감성을 되살리고 있고 이미지의 사유와 실천을 행하고 있다. 로고스에 억압당한 미토스를 복원시키고 있다. 합리성의 잣대 아래 주눅이 들었던 몸을 한껏 해방시키고 있다. 근대적 합리성이 만든 도덕과 윤리, 이데올로기 아래 통제되어온 욕망은 곳곳에서 분출하고 있다. 이런 상황은 포스트모더니즘에서 제시된 근대성의 위기, 탈산업사회적 문화의 속성에 대해 이해하고 인정하는 가운데 현실을 올바르게 재현하고 이에서 진실을 최대한으로 끌어낼 수 있는, 포스트모더니즘으로 포스트모더니즘을 극복한 새로운 리얼리즘의 모색을 요구한다.

필자는 이를 차이의 리얼리즘으로 명명한다. 이는 '틈과 참의 읽기'를 요구한다. 우리말에서 '틈'은 공간적으로 벌어진 사이, 간격인 'space'와 일을 하다가 쉬게 되는 시간적인 겨를을 뜻하는 'spare'의 의미를 모두 포함하고 있다. 우리말에서 '참'은 진리truth를 가리키는 동시에 일을 하거나 길을 걷다가 쉬는 곳break을 뜻한다. 독자는 읽기의 틈을 통해 세계의 참을 형성하고 참에 머물며 생각을 하고 상상을 하면서 참, 곧 진리에 다다른다. 작가의 의도를 찾지만 이에 머물지 않고 독자가 놓인 다양한 맥락에서 의미의 파노라마를 형성한다. 이성을 넘어 명료하게 해석하지만 이성의 한계를 넘어 이미지를 통해 참에 다가간다. 텍스트의 내적 구조 분석을 통해 역사주의 비평이나 마르크시즘 비평으로 보이지 않는 숨은 의미—의어義語—에 다가가지만 자신이 놓인 맥락에서 울타리를 쳐선 그 의미에 현실의 구체성을 부여하고 진리를 찾는다. '지금 여기에서' 현실을 반영하여 삶의 구체성을 구현하고 현실의 모순을 비판하는 한편 이를 굴절하고 텍스트의 혁신을 추구하여 당대의 코드와 미적 양식을 부정하고 창조적인 세계를 구현한다. 예술의 감상이란 인간 존재가 작품을 매개로 세계를 만나서 동일성에서 벗어나 작가와 독자, 형식과 내용, 텍스트와 맥락, 이상과 현실, 해석과 미적 체험 사이의 틈에서 끝없이 진동하는 가운데 '세계의 틈'을 창출하고 그 속에서 그것이 지닌 아름다움과 의미들을 새롭게 해석하면서 자신의 실존과 초월을 체험하며 참을 향하여 다가가는 것이다.

정치적 대안: 재현의 왜곡에 대한 저항

예술적 대안만으로는 구체성을 확보할 수 없다. 재현의 위기에 궁극적인 답은 없다. 텍스트는 현실과 절대 일치하지 못하고 실재계는 언어 너머에 존재하며 어머니의 자궁에서 떨어져 나온 인간 주체는 절대 그곳, 코라에 이를 수 없기 때문이다. 하지만 앞에서 살펴보았듯, 현실은 투명하게 재현되는 것이 아니라 권력의 공모에 따라 다시 만들어진다. 이는 권력의 공모를 분쇄하면 현실에 이르지는 못해도 가까이 다가갈 수는 있음을 의미한다. 권력의 공모로 재현의 위기가 만들어졌다면 답은 분명하다. 이를 극복하는 길은 권력에 저항하는 것이다.

재현이 이데올로기를 통해 왜곡된다면 그 이데올로기를 비판하고 극복해야 한다. 촘스키가 부시 정권에 맞서고 사이드Edward Said가 오리엔탈리즘을 고발한 것처럼, 왜곡된 재현에 대해선 이를 비판적으로 인식하고 그 이면에 숨어 있는 권력의 음모를 철저히 해부해야 한다. 이데올로기 차원에서는 소극적으로는 이데올로기에 비판적인 태도를 취하고 적극적으로는 대항이데올로기를 개발한다. 서양의 오리엔탈리즘에 대해선 차이의 문명관을, 지배 문화에 대해선 언더독under dog들의 하위문화를, 지배이데올로기에 대해선 피지배이데올로기를, 엘리트주의에 대해선 민중주의를 전개한다.

이것만으로 가능한 것은 아니다. 체제에서 분리된 순수하고 낭만적인 생활 세계는 가능하지 않다. 생활 세계는 체제와 미세하게 얽혀 있으며 체제 자체의 해체 없이 생활 세계의 해방은 불가능하다. 아버지를 중심으로 한 가족 체제를 수평의 체제로 전환해야 가부장적 억압과 폭력이 근절되는 것처럼, 재현의 위기에서 진실을 회복하는 궁극적인 작업은 체제의 재구성과 해체다. 세계 차원에서는 세계화에 맞서서 대안의 세계 체제를 건설하며, 알자지라를 통해 미국에 편향된 이라크전 보도를 수정한 것처럼, AP, UPI, REUTER, AFP 등 서방 중심의 통신사에 대항해 제3세계의 통신사와 매스미디어를 활성화하여야 한다. 일국의 차원에서는 프랑스의 『리베라시옹』처럼 민중적 세계관을 가지고 민중적 이미지와 상징, 민중이 쓰는 담론과 스타일을 따르는 대안의 신문과 방송을 세워야 한다. 그러나 이보다 더 중요한 것은 대안의 매체가 권력과 제국주의에 맞설 수 있는 구체적인 헤게모니를 형성할 수 있도록 제3세계 국가 간, 비정부기구 간 수평적이고 수직적인 연대를 활성화하는 것이다. 아울러 재현을 무의식적으로 왜곡하는 제도 또한 개혁되어야 한다. 사회적, 정치적 재현의 장에선 그를 왜곡하는 제도를 해체하고 새로운 체제를 건설하는 작업을 행해야 한다.

우리는 장자의 호접몽胡蝶夢처럼, 영화 〈매트릭스〉처럼 어느 것이 가상이고 어느 것이 실재인지 구분하기 어려운 시대에 살고 있다. 가장 허구에서 벗어난 것이 과학인데, 과학은 지구 45억 년 역사 전체가 블랙홀을 빠져나온 복사본들이 만든 것일 수도 있다고 말한다. 인간은 결코 순수하게 객관적인 세계에서 살 수 없다. 그 반대도 마찬가지다. 이미지와 환상은 현실과 실상을 보게 하는 거울이기도 하다. 현실의 모순이 환상을 만들고 환상의 부정성이 현실을 구성한다. 현실의 권태로움이 환상을 구성하고 환상의 허탈함이 현실을 호명한다. 결국 인간은 가상과 실상, 원본과 복사본, 현실과 비현실 사이에서 진동하면서, 그 때문에 끊임없이 고뇌하고 방황하지만 죽을 듯한 그 순간에 간신히, 그러나 절실하게 의미를 찾아 생을 이어가는 존재다.

자본주의를 넘어
새로운 세계를 향하여

자본주의 해체의 정당성

문제는 자본주의다. 총 10장에 걸쳐서 분석한 대로 전 지구 차원의 환경 위기 등 현재 인류가 맞고 있는 모든 문제의 근본 원인이 자본주의 체제에서 기인한다. 우리는 모두 이 위기에서 벗어나 행복하기를 바라지만, 이 체제가 존속하는 한 위기는 지속된다. 이는 자본주의를 해체하지 않는 한 그 어떤 대안도 미봉책임을 의미한다.

　지금 대중이 돈을 신으로 섬기며 자연과 타자를 개발하고 착취하고 폭력을 행하는 것을 당연한 것으로 여기지만, 자본주의는 역사적 체제일 뿐이다. 수렵채취 시대에, "사냥감을 포획한 자는 우쭐대지 않고 침묵했으며, 분배를 받은 자는 거의 아무런 감사 표시조차 하지 않았다. 분배로 빚어지는 권력관계나 인격적 증여관계를 철저히 해체하여야 더 잘 공존할 수 있었기 때문이다".[1] 그렇듯 사람들은 사냥하고 채취한 것들을 골고루 나누어 가졌으며 소유를 부정하고 공유했다. 농경시대에 와서 인간이 소유와 영토에 대한 갈등과 다툼을 행하지만 그럼에도 공동 생산하고 분배하는 영역이 대부분이었으며, 돈과 물질을 밝히는 이들을 경멸했고 지나치다 싶으면 공동체에서 추방했다. 자본주의가 출현하면서 돈이 사람을 지배하며 지나치게 일하고 야만적으로 경쟁하며 타인에게 폭력을 일삼고 게걸스레 소비하는 것이 일상이 되었다. 하지만 이 시기는 인류 역사 600만 년 가운데 겨우 0.000067퍼센트, 400년에 지나지 않는다.

자본주의는 인간을 부정한다. 자본주의는 인간들이 정당성을 가장하여 끊임없이 타인의 것을 착취하고 수탈하여 자본을 축적하면서 욕망을 무한하게 확대재생산하는 체제다. 이에 자본주의는 인간의 본성이 경쟁적이고 이기적임을 전제로 하지만 인간은 선과 악, 이기와 이타를 공유한 복합적 존재다. 인간은 이기적 유전자를 가진 동물이면서도 사회를 형성하면서 타인과 잘 소통하고 타인의 고통에 공감하고 연대할 때 뇌가 보상하도록 사회적으로 진화한 존재다. 더불어 선과 악은 내 마음속이 아니라 나와 타자, 세계 사이에 있다. 선과 악은 본성이 아니라 상황과 제도에 의해 구현되는 것이다. 예수, 공자, 석가, 마호메트를 비롯해 모든 성인이 타인의 고통에 공감하고 연대하는 이타적이고 윤리적인 삶을 살라 말씀하셨다. 그러나 자본주의 체제는 성인의 가르침과 달리 선한 개인들이 타자 및 세계와 관계 속에서 점점 악마로 변하도록 이끈다. 자본은 인간이 더 많은 돈, 이를 보장하는 권력을 위하여 사랑과 우애, 자유와 평등, 정의와 같은 가치를 포기하라고 강요하고 모두가 돈의 노예가 되도록 강제한다.

이 세계를 움직이는 원리는 포섭과 배제다. 개인이 아무리 착하게 살려고, 다시 말해 돈보다 사람을 더 섬기고 이기적 욕심을 절제하고 이타적 협력을 하려고 몸부림을 쳐도 세계 체제, 국가, 구조, 이데올로기, 문화, 이미 자본주의적 인간으로 변한 타인과 그들이 만든 제도와 법, 상징과 이미지가 이를 방해한다. 수많은 상품의 소비와 화폐 증식의 욕망, 향락을 매개로 악의 제국으로 포섭하고 그래도 유혹에 넘어가지 않으면 철저히 배제한다. 대다수는 악의 제국에서 돈을 섬기며 인간과 생명과 자연을 경시하고, 치열하게 경쟁하며 과도하게 일하면서 그들이 닭 모이처럼 던져준 돈과 향락과 휴식에 만족하면서 노예면서도 주인으로 착각하며 산다. 배제된 자들이 생존 위기에 허덕이다가 이에 저항하면 철저히 폭력으로 응징하고 감옥과 정신병원 등 더욱 고립된 곳으로 배척한다. 국가와 제국은 자본의 편에 서서 너무도 당연하게 폭력과 학살과 억압을 행하고 개인은 너무도 쉽게 자유와 생명을 유린당한다. 빈자든 부자든 모두가 소외와 고독과 불안 속에서 산다. 모두가 구조적 폭력의 피해자이자 가해자다. 이런 상황에서 착하게, 윤리적으로 살라는 것은 사회적인 성찰이 결여된 데서 비롯된 당위적인 언명일 뿐이다.

이처럼 자본주의 체제는 인간의 본성과 부합하지 않으며 인류가 발전시켜온 사회와도 어울리지 않는다. 이의 전복이나 해체 없이 인간적이고 생태적이며 이타적인 사회는 불가능하다. 그러기에 자본주의 체제를 해체하자는 주장은 좌파의 과격한 구호가 아니다. 인간이 서로 인간답게 살자는 지극히 인간적인 외침이다.

자본주의 해체의 가능성

그럼 자본주의의 해체가 가능한가. 전 세계의 99퍼센트는 돈과 권력과 정보를 독점하고 있는 1퍼센트에 제대로 맞서서 신자유주의 체제를 해체할 수 있는가. 천박한 자본과 부패한 국가가 견고하게 결합한 한국 자본주의 또한 극복할 수 있는가. 야만적인 자본과 무능한 대통령과 부패한 관료들이 세월호에서 모두 살릴 수 있는 304명을 죽였다. 그 통곡의 바다에서 길어 올릴 것은 무엇인가. 그럼에도 전혀 변화가 없는 대한민국에 과연 미래는 있는가. 화쟁이 새로운 세계의 패러다임이 될 수 있을까. 또 이 패러다임을 인류가 받아들인다고 세상이 변할까.

지금 세상은 온통 어둡다 못하여 깜깜하다. 그럼에도 구름이 지나가면 별은 반짝이고 길은 열린다. 현 조건에서 자본주의를 해체하는 길은 크게 다섯 가지다. 노동자 민중이 연대하여 세계혁명을 성공시키는 것, 진정한 좌파정당이 집권하여 민중이 주체가 되어 권력을 갖고 함께 생산하고 정의롭게 분배하는 공화국을 건설하는 것, 이윤율이 극도로 저하하여 스스로 붕괴되는 것, 노나메기의 눈부처-공동체를 곳곳에 건설하여 자본주의 체제를 안으로부터 내파하는 것, 공유경제를 더욱 활성화하여 자본의 잉여가치 착취와 이를 통한 자본축적과 확대재생산이 불가능하게 하는 것이다. 이 다섯 가지가 각각 진행되든 결합하든, 중요한 것은 자본주의 모순이 극점에 달하였기에 다섯 가지 모두 가능성이 농후하다는 점이다. 공유경제는 거역할 수 없는 도도한 한내(큰 강이자 역사 및 우주)다. 하지만 이윤이 거의 발생하지 않고 한계비용이 0에 가까운 공유경제가 자본주의 시장을 넘어서고 공유가 가능한 태양광이 화석연료를 완전히 대체한다 하더라도, 분명한 것은 우리의 투쟁 없이 자본주의는 무너지지 않는다는 점이다.

이 책의 주제들을 담은 강의를 한겨레문화센터에서 했을 때 한 수강생이 원효와 마르크스를 결합한 것들이 대안의 길이라는 것은 알겠는데 현실성이 없이 꿈같은 이야기가 아니냐고 반문했다. 질문을 받자마자 필자는 두세 명의 수강생의 이름을 부른 다음 "너희는 상놈의 자식이니 내 강의를 들을 자격이 없다. 미안하지만 조용히 나가달라"라고 말했다. 수강생들은 의아한 표정을 짓고 당사자들은 어쩔 줄 몰라 했다. 교실은 '썰렁' 그 자체다. 썰렁함이 어느 정도 강의실을 휩쓸고 지나갔을 때 미소를 지으며 이야기했다. "여러분, 놀랐죠? 제가 잠깐 미쳤는가 생각한 사람들도 있을 게고. 중세의 야만을 조금이라도 맛보라고 그런 것입니다. 바로 100여 년 전만 해도 이런 무지막지한 말이 타당한 것으로 받아들여졌습니다. 아니, 상놈은 아예 교육받을 엄두도 내지 못했습니다. 당시에 신분을 초월한 인간의 존엄성과 평등을 외치는 이들은 극히 소수에 지나지 않았습니다. 하지만 이제 보통교육은, 만인이 자신의 지위나 신분에 관계없이 평등하다는 것은 그 누구도 어길 수 없는 대원칙이 되었습니다. 그것이 바로 '근대성의 힘'입니다."

봉건제 생산양식에서 자본제 생산양식으로 토대가 변한 것이 주요인이고 이를 쟁취하기까지 수많은 사람이 피를 흘렸지만, 어찌 그것만이라고 하겠는가? 화쟁도 마찬가지다. 현실적 가능성도 중요하지만 더욱 중요한 것은 정당성이다. 인간이 의미의 존재이기에, 정당성이 있으면 힘을 가지며 가능성도 따라간다. 하늘이 어둡다 어둠지 않다는 것은 큰 변수는 아니다. 거기 별만 반짝인다면 나그네는 그 별을 따라 힘들지만, 더욱 자유롭고 정의롭고 아름다운 세상을 향하여 그리움과 사랑이 가득한 길을 걷는다. 그리고 그 걸음에 따라 하늘이 새로 열리고 풍경과 세상이 바뀐다. 그것이 인생이요, 혁명이고 역사이며, 예술이다.

모든 것은 궁극에 이르면 바뀐다. 제국이든 자본과 국가든, 기득권층이든 중심의 권력과 독점이 극점에 달해 있기에 변화가 나타나고 있다. 그 주체는 빼앗겨서 저항적이고 가지지 못해서 자유롭고 누리지 못해서 창조적인 변방일 수밖에 없다. 지금은 중심과 주변의 다름과 차이를 놓고 벌어지는 헤게모니투쟁에서 주변이 압도적인 열세에 있지만, 결국 주변은 중심의 낡음과 쓸모없음을 드러내 중심의 힘과 정당성을 빼앗고 그 자리를 차지할 것이다.

어쩌면 자본주의는 50년 안에 붕괴될 수도 있다. 이윤율 저하, 기술혁신에 따른 재생에너지 사용, 공유경제의 확대 때문이다. 지금 자본주의는 정점에서 내리막길을 걷고 있다. 무엇보다도 자본주의 체제는 거의 모든 동력을 소진했다. 사람들이 밤을 새워 신기술을 개발하고 자본이 갖은 노력을 다하여 경영을 하고 투자를 하고 국가가 경제발전에 재정과 인력, 정책을 집중하는 것은 오로지 '이윤' 때문이다. 자본은 더 많은 이윤을 얻기 위하여 기계와 기술에 투자하여 유기적 구성을 높이려 하는데, 그럴수록 총량은 늘어나지만 이윤율이 저하한다. 이윤이 없는 곳에는 생산도, 생산과 축적을 향한 열정도, 동력도 사라진다. 마르크스가 자본주의가 망할 것이라고 확신한 것도 바로 이 지점이다. 자본은 이 내적 모순을 극복하기 위하여 이윤율 저하를 보전하고자 주변부로, 제3세계로, 금융으로, 더 나아가 대중의 일상생활과 인간의 무의식의 영역까지 착취할 수 있는 영토를 넓혔다. 하지만, 세계화를 명분으로 아프리카와 남미의 오지까지 시장을 확대했지만 이제 더 이상 뻗어나갈 영토는 없다. 신자유주의로 노동자의 남은 고혈을 짜냈지만 더 이상 여분이 없다. 석탄과 석유, 가스는 거의 고갈되고, 태양광으로 대체되고 있다. 많은 이윤을 가져다주던 값싼 노동과 자원은 한계에 이르렀다. 상당수 초국적기업들의 이익은 이미 내리막길로 접어들고 있다. 자본주의 체제는 끊임없이 확대재생산을 해야 하는데, 동력이 남았더라도 이 체제가 더 확대될 '빈틈'이 없다. 이는 자본주의의 확대재생산 원리가 더 진전되기 어려움을 의미한다. 물질대사를 하지 못하면 생명이 죽는 것처럼, 확대재생산을 하지 못하는 자본주의는 종언을 고할 수밖에 없다. 그나마 아주 조금 남은 빈틈 때문에 아직 자본주의가 유지되고 있지만 이마저 완전히 사라지게 될 때, 인류는 문명의 종언이냐 자본주의 체제의 전복이냐를 선택하는 수밖에 달리 대안이 없을 것이다.

아직 중심에 가려서 잘 보이지 않지만, 지금 지구촌은 양적 발전보다 삶의 질, GDP보다 국민의 행복지수, 경쟁보다 협력, 개발보다 공존을 지향하고 있다. 이제 무역량보다 이 땅의 강과 숲에 얼마나 다양한 생명이 살고 있는지, GDP보다 거리를 지나는 시민들이 얼마나 미소를 짓고 있는지, 국부를 늘리기보다 얼마나 가난한 이들에게 공평하게 분배되고 있는지, 기업 이윤을 늘리기보다 얼마나 노동자들이 행복하게 자기실현으로서 노동을 하는지, 뛰어난 인재를 길러내기보다 못난 놈들이 얼마나 자신의 숨은 능력을 드러내는지, 내기하고 겨루기보다 얼마나 모두 함께 모여 신나게 마당에서 노는지에 초점을 맞추어 나라를 경영하고 정책을 구사하려는 사람들이 곳 곳에서 목소리를 내고 있다. 아날로그 미디어가 일방향 소통을 했다 면 디지털 미디어는 쌍방향 소통을 한다. 자연 일방향의 원리나 패 러다임은 무너지고 상생과 화쟁의 패러다임이 이들 토대에 대한 상 부구조로 서고 있다.

상부구조만이 아니다. 토대도 변하고 있다. 신석기혁명, 산업혁 명처럼 인류의 가치관과 사회에 근본적인 혁명을 가져온 것은 과학 기술에 의한 기술혁신이다. 아날로그에서 디지털로 분명 토대는 변 하고 있다. 이제 태양광 등 공유가 가능하고 거의 공짜에 가까운 에 너지가 화석연료를 빠르게 대체할 것이다. 집단지성은 공유를 추구 하고 경쟁을 지양하고 협력을 도모함으로써 사적 소유를 그 근본으 로부터 해체하고 반자본적 생산관계를 만들고 있다. 인터넷, 스마트 폰, 사물인터넷을 중심으로 한 기술혁신은 한계비용을 제로로 만들 며 협력적 공유사회의 진지를 자본주의 체제 곳곳에 구축하고 있다.

이제 인류가 살아남을 수 있는 다른 길이 없다. 지금까지와 전혀 다른, 불일불이不一不二나 변동어이辨同於異 등 새로운 패러다임으로 혁 신하고, 이 패러다임에 따라 자본주의 체제를 전복함은 물론 모든 사회 시스템과 제도를 엔트로피가 거의 제로에 가까운 순환의 시스 템으로 개혁하고, 개인 또한 눈부처-주체가 되어 나의 삶이 다른 타 자들, 나아가 모든 생명과 긴밀하게 연관되어 있음을 깨닫고 그를 위하여 나의 욕망을 자발적으로 절제하고 그들을 더 자유롭게 하는 실천 속에서 실존의 의미를 찾고 자신의 주체성을 확인하며, 이런 순간 희열을 느끼는 존재로 거듭나야 한다.

새로운 세계의 모습과 길

일꾼들의 몸에서부터 배어나오는 땀방울이 저 홀로 애만 쓰면 세균 덩이가 되고 동지와 함께 하면 소금꽃으로 피어나고, 벗나래를 잘 만나면 한내가 되어 흐른다.

거대 이윤의 원천은 시장이 아니라 시장의 작동을 억제하는 독점, 이를 뒷받침하는 권력, 합법을 가장했지만 사기에 가까운 금융기술이다. 때문에 윤리적 자본주의나 공정한 시장이란 불가능한 유토피아다. 극단적인 노동 배제는 남은 빈틈을 마저 착취하려는 자본의 마지막 발악이며, 금융 사기를 통한 자본의 축적은 산업자본의 축적이 한계를 맞은 데서 나온 미봉책일 뿐이다. 자본으로부터 철저히 배제된 만국의 노동자, 금융 사기로 아무런 잘못도 없이 신용불량자 내지 빚쟁이로 전락한 전 세계의 시민, 제국과 이와 결탁한 자본과 국가로부터 삼중의 착취를 당한 제3세계 인민이 연대하여 빈틈이 사라진 이 시대에, 더 늦기 전에 자본주의와 이의 극단적 양식인 신자유주의 체제를 해체하고 다른 세계를 모색해야 한다. 그러지 않으면 인류에게 미래는 없다.

오늘 세상은 타락의 극이다. 도덕을 지키는 자가 오히려 조롱의 대상이 되고 정의를 지킨 자가 핍박을 받고 성실한 자가 퇴출당하는 죽음의 시대다. 한국 사회는 청년들이 '헬조선'이라 비아냥거릴 정도로 거의 지옥과 같은 세상으로 변했다. 그럼에도 필자는 새 시대에 대해 희망을 가진다. 아직 무엇을 모르던 청년 때처럼 세상과 인간에 대해 낭만적으로 바라보아서가 아니다. 지금은 정녕 서로가 서로의 악마스러움을 드러내는 시대지만, 곧 서로가 서로의 불성佛性을 드러내는 시대로 전환이 되리란 것을 확신하기 때문이다.

국가든 자본이든 지옥과 같은 상황에 있는 인간으로부터 모든 것을 빼앗을 수는 있지만, 단 한 가지 빼앗을 수 없는 것이 있다. 인간은 자기 나름대로 의미를 해석하고 그 의미를 따라 자신의 세계를 구성할 수 있다. 인간은 부족하고 천박하며 모순으로 가득하지만, 부족함을 성찰하여 완성을 지향하고 천박함에서 거룩함을 향하여 나아가고 모순을 극복하고 새롭게 거듭나는 존재다. 아직 세계는 무궁하고 자연과 생명은 그지없이 아름다우며, 지극한 절망의 상황에서도 삶은 의미로 반짝인다. 의미를 따라서 실천하면서 더 나은 미래를 구성하는 행위는 숭고하다. 신이 없어서 어디에나 계시지 않은 곳이 없으며, 사회는 악해서 정의는 늘 불타오르고, 너무도 아파서 연대하고 기억하여 고통을 없애려 하면서 세상은 조금씩 더 나은 곳으로 나아간다.

우리 모두 불성을 지니고 있다. 다만 잘못된 정치와 제도, 문화와 교육으로 인하여 서로 불성을 드러내기보다 악마스러움만 조장했다. 타락이 개인의 문제가 아니라 그들을 타락하게 하는 구조의 문제라면, 그 구조를 화쟁의 구조로 바꾸어야 한다. 세상을 탓하기보다 내가 먼저 부처가 되려 한다면, 시나브로 주변 사람들 또한 하나둘씩 자기 안의 부처를 드러내리라. 보수든 진보든, 사상과 종교가 무엇이든, 우리는 자유롭고 행복하기를 바란다. 이제 타인의 자유와 행복을 빼앗아 이를 달성하는 제로섬 게임은 멈추어야 한다. 타인이 자유로울 때 나의 자유는 비로소 완성되며 타인이 행복할 때 나 또한 진정으로 행복해진다. 우리는 너무도 나약하게 상황의 지배를 받고 권위에 복종하지만 3명만 연대해도 상황을 바꾸는 작지만 큰 결음을 내디딜 수 있다.

가난하고 억압과 착취를 당하고 배제되고 쫓겨난 자들의 고통에 공감하고 연대를 하는 그곳에, 이를 바탕으로 정의로운 실천을 행하는 그곳에 인류의 희망은 있다. 신이 왜 없는가. 나보다 약하고 가난한 이들의 고통을 내 고통처럼 공감하고 연대하는 그 자리에 부처님과 예수님이 자리하신다. 이제 평화적으로 모든 것을 아우르되, 더 큰 아우름을 향하여 이를 방해하고 억압하는 세력에 대해서는 굳세고 담대하게 끝까지 저항해야 한다.

"우리 민중들은 생명과 공동체에 기초한 혁명사상을 설화에 담아 표현하였다. 다른 생명을 잡아먹는 것을 거부하고 노래를 하며 살던 이심이는 자신을 잡아먹겠다는 놈들과 목숨을 걸고 싸워 이기자 다른 생명을 죽여서 자신의 배를 채우는 것을 법으로 삼던 용궁으로 쳐들어가서 재를 만들었다. 찌룽소는 커다란 바랄(생명의 존엄에 바탕을 두고 함께 꾸는 희망)을 품자 자신을 얽매던 코뚜레를 끊고 모든 쇠(무기)와 불(파괴적인 문명)을 먹어버리는 뿔로사리가 되었다. 노동자 민중은 혁명의 진지이고 그들이 발을 디디고 있는 현실은 혁명의 터전이며, 동지애와 약자에 대한 공감, 1퍼센트에 대한 서더리(저항심)는 혁명의 동력이다. 진보는 꽉 막힌 곳에서 새로 길을 내는 자다. 우리 모두 우리의 된깔(본성)을 되찾아 작지만 세상을 바꾼 '이심이'가 되자. 살티(생명)들이 가진 타인의 아픔에 대한 공감과 서더리를 끌어모아 함께 연대하여 우리의 코뮌으로서 눈부처-공동체를 지역 곳곳에 건설하고 자본주의를 전면적으로 해체하는 싸움을 하여 이 벗나래(세상) 전체를 너도 일하고 나도 일하며 함께 생산하고 나누는 노나메기로 만들자."[2] 그곳에서 눈부처-주체로 거듭난 민중이 서로 공감하고 연대하며 끊임없이 정치투쟁을 하고 대항언어와 문화를 만들면서 세계혁명을 준비하자. 기동전과 진지전을 종합하고, 다양한 전선에서 다양한 투쟁을 전개하자. 그리하여 세계혁명을 완수하자.

우리가 꿈꾸는 벗나래는 눈부처공동체란 노나메기를 기본 단위로 한다. 개인은 자기 앞의 세계를 올바로 인식하고 자율적으로 해석하며 타자와 자연과 연기 관계를 파악하며 이기적 욕망을 자발적으로 절제하며 온생명과 타자의 고통에 공감하고 연대하면서 더 나은 미래 세계를 만드는 눈부처-주체로 거듭난다. 눈부처주체들이 자유로운 개인들의 연합으로서 공동으로 생산하고 공동으로 분배하며, 필요한 것은 호혜적으로 보답하는 방식으로 교환한다. 개인의 자유와 행복이 타인의 자유와 행복을 위한 조건이 되고, 개인의 권리와 존엄이 동등하게 인정되고 작용하면서, 모든 이들의 합의에 의하여 개인의 자유를 침해하지 않는 범위에서 상호성의 정의와 평등을 구현한다. 4장에서 구체적으로 서술했듯, 화쟁의 사회경제적 체제를 수립하고 마을화폐를 활용하며 행정과 입법을 모두가 평등한 권력을 갖는 자치위원회에서 합의하여 행하고 회복적 정의를 구현한다.

멀리 보면, 세계를 마을 단위의 눈부처공동체로 만들면 국가와 자본주의적 생산양식, 상품교환 체제는 저절로 해체된다. 하지만 "국가는 원래 다른 나라를 상정하지 않고서는 생각할 수 없기에",[3] 국가를 내부로부터 지양하는 일은 쉽지 않다. "다른 나라로부터 혁명을 지키거나 코뮌을 계속 존속하려면 그 자신이 국가가 되거나 위로부터 국가를 억압해야 한다."[4] 가라타니 고진柄谷行人은 이의 가능한 방법으로 "각국에서 군사적 주권을 서서히 국제연합에게 양도하여, '아래로부터'와 '위로부터'의 운동의 연계에 의해 새로운 교환양식에 기초한 글로벌 커뮤니티(어소시에이션)를 서서히 실현[15]할 수 있다고 본다.

국제연합이 모든 국가의 권력을 넘어서는 권위와 권력을 갖거나 세계혁명으로 세계공화국이 수립될 때까지는 이 대안은 요원하다. 국가 없이 외부의 침략으로부터 공동체를 유지하기 어려우며, 자본을 통제하거나 해체하고 분배의 정의를 구현하기 위해서는 국가의 권력이 필요하다. 약탈-재분배의 교환양식을 모든 이가 함께 생산하고 고르게 나누는 노나메기로 전환하기 위해서는 국가의 권력을 해체해야 한다. 이 딜레마를 해결하는 방법은 국가가 공공선을 추구하고 공공성을 확립하며 민중의 통제가 가능하도록 국가를 시민의 힘으로 개조하는 것이다. 국가가 공공선을 추구하고 공공성을 확립하는 것을 시민의 합의에 의하여 제도화하고, 국가를 형성하는 토대인 군대 및 권력기관, 관료기구, 조세제도를 민중의 지배 아래 둔다.

문화권이나 조건과 상황에 따라 차이가 있지만, 대한민국을 비롯하여 모든 나라가 생명평화사상을 바탕으로 생태복지국가로 전환한다. 모든 생명 및 자연과 조화를 이룰 수 있도록 에너지 체계 및 산업 체계를 혁신한다. 핵발전소는 폐기하고 재생에너지와 지역 중심으로 에너지 체계를 전환한다. 재생에너지센터와 사물인터넷을 기반으로 한 지능형네트워크 체계를 결합하여 전세계 단위에서 에너지를 분배한다. 굴뚝산업은 단계적으로 축소하고 농업생산과 정보산업 중심 체제로 서서히 전환한다. 나만의 빵과 행복이 아니라 모두를 위한 빵과 행복을 추구한다. 거의 모든 생산수단은 공공화하며, 의료와 주택, 교육은 단계적으로 무상화하고 이를 위해 조세혁명을 단행한다. 소득세와 법인세율을 최고세율로 인상하고, 부동산과 금융소득 등 불로소득은 중과세하며, 사회복지세를 도입하고 사유재산은 최소한으로 인정하되 이의 상속은 불허한다. 금융과 교통, 정보통신은 공공화한다.

각 눈부처공동체의 풀뿌리경제를 기반으로 사회적 경제를 활성화하고 모든 약탈적이고 불평등한 경제협정은 폐기하고 모든 당사자들의 합의에 의하여 상호호혜적인 새로운 협정을 만든다. 한계비용이 제로인 공유경제를 매개로 자본주의적 시장을 해체하고 호혜적으로 보답하는 교환양식으로 대체하며, 4장에서 제시한 코피티션의 원리로 기업을 경영한다.

소극적 자유, 적극적 자유, 대자적 자유를 종합한다. 사상과 표현의 자유, 언론, 양심, 집회와 결사의 자유, 선거의 자유는 최대한으로 보장하며 사회적 책임성을 강조하되 어떤 이유로든 침해하지 않는다. 무엇보다도 언론에 대한 자본과 정부로부터 독립과 시민의 참여를 제도화한다. 테러와 유괴를 제외하고서는 도, 감청 및 사찰을 철저히 금지한다. 소유물의 상속과 증여, 공공재의 사용에 대해선 사회적 합의를 따른다.

노동이 진정한 자기실현이 되도록 존중한다. 인권과 노동3권은 모든 권리에 우선하여 보장한다. 특수분야를 제하고는 비정규직을 철폐하고 정리해고도 실질적으로 노동자의 승인 없이 불가능하도록 제도화한다. 노동시간을 1일 6시간 이내로 단축하고, 모든 야간노동이나 정도가 심한 산업재해를 야기하는 노동은 금지하거나 기계나 로봇으로 대체한다. 산업별, 지역별 노사협약을 보장하고 노동자가 협동조합 방식으로 경영에 참여하고 자본을 통제한다. 거의 모든 노동자의 연봉이 직종과 직위에 관계없이 행복을 유지할 수 있는 급여인 연 7천만 원대에 이르도록 단계적으로 임금 체계와 조세 체제를 개혁하며 이에서 제외된 이들에게는 기본소득제를 실시한다.

모든 분야에서 엘리트 및 1퍼센트의 독점을 깨는 참여민주제, 숙의민주제에 몫 없는 자의 민주제를 결합하여 권력기관과 조세기관을 시민이 위원회 형식으로 통제하고 그 수장을 시민이 직접 선출한다. 군대는 최소화하여 UN과 시민의 통제 아래 둔다. 핵무기를 포함하여 모든 대량살상무기의 생산을 중단하고 폐기한다. 상원은 독일식 비례대표제로 선출하고 하원의 의원은 직능별로 할당하여 추첨으로 뽑는다. '정치 바깥의 정치'를 수행하기 위하여, 거버넌스 체제를 갖춘 주민자치를 구현하는 두레 마을의 위원회를 기본 토대로 하여 리와 군, 도의 시민자치위원회를 조직화하여 민중의 자치와 참여민주제를 공고히 한다. 마을위원회는 두레 공동체에 민중의 집과 협동조합을 결합한다. 두레마을 단위로 청규를 정하고 주민자치를 행하고 회복적 정의를 제도화하며, 모든 입법 및 사법, 행정기관은 최소화한다.

교육부를 해체하고 교육 주체 및 당사자를 위원으로 한 교육위원회로 대체하며, 특성화와 재정지원을 매개로 단계적으로 대학서열화를 해체하고 경쟁입시를 자격시험으로 대체한다. 모든 학교에서 공감·협력교육을 실시하며, 모든 학생이 인종과 계급, 장애에 관계없이 한 가지 재능을 가지고 있고 각자 세계를 이해하고 대응하는 방식이 다양하다는 관점에서 잠재능력을 계발하고 자발적으로 의미를 해석하고 살림살이를 행할 수 있도록 평등교육을 행한다.

모든 분야에서 차별과 배제가 사라진 평등 사회를 구현한다. 차별금지를 헌법에 명시하고 차별금지기본법을 제정한다. 장애인과 이주노동자, 성소수자의 인권과 노동권, 다양한 가족 구성권을 보장한다. 온 국민이 신바람 나는 문화를 창조한다. 온 국민의 문화권을 보장하고 예술문화의 검열제도는 폐지하며 문화예술인의 창작권·생존권·노동권을 보장한다. 부르주아 문화에 맞서서 생명성·민중성·변혁성·계급성을 바탕으로 한 민중문화를 창조하고 향유한다.

자본주의의 정점에 이른 지금 세상은 모순과 부조리로 가득하다. 길은 늘 막다른 곳에서 열린다. 길은 험하고 어둡지만, 가야 할 길이 있다면 그 또한 행복이다. 고통이 클수록 깨달음은 깊어지고 연대는 단단해진다. 세계가 신자유주의와 전체주의의 망령으로 뒤덮여 정녕 어둡지만, 거기 하늘 위로 별은 빛난다. 별빛 따라 새 길을 내고 그 길에 모여, 따로따로 또 같이 걷자. 한 사람의 열 걸음보다 열 사람의 한 걸음을 걷자. 나는 '지금 여기에서' 노숙자, 이주노동자, 장애인 등 가장 가난하고 억압받는 이들이 눈부처-주체가 되어 서로 어깨동무를 하고 눈부처-공동체에서 신나게 일하고 놀고 사랑하고 노래하고 춤을 추는 꿈을 꾼다. 그 노나메기가 마을 곳곳에 세워져 진지가 되었다가 인드라망처럼 연결되어 전선을 만들고 마침내 자본제와 국가와 제국을 무너뜨리고 세계공화국을 건설하는 웅대한 꿈을 꾼다. 이 사회가 모순의 극점에 와 있기에, 이는 불가능한 꿈이 아니다. 기적을 믿지 않지만, 딱 한 번 기적을 경험했다. 몇 년 전에 국회에서 열린 토론회에 참석하고서 학교로 가기 위하여 지하철을 탔다. 누가 다급하게 119를 불러달라고 소리쳐서 그리로 가니 한 노인이 쓰러져 있었다. 심장도 멈추었고 호흡도 끊어졌고 몸도 차가웠고 나무토막처럼 딱딱했다. 이미 사망한 듯하였다. 여러 생각이 스치고 지나갔다. 그래도 심폐소생술을 한 번 해보자는 생각이 들어

반듯하게 눕히고 심장에 두 손을 맞대고 압박하였다. 그리 5분쯤인가 했더니, 죽은 줄 알았던 노인이 컥 하고 숨을 토해내시는 것이 아닌가. 심장이 다시 뛰면서 온기도 돌아왔다. 학교 인근 지하철 역에서 119로 인도할 때는 부축을 받아 걷기까지 하셨다. 지금 대한민국이 그 노인과 같은 상황이다. 안드레이 타르코프스키Andrei Tarkovsky의 영화 〈희생〉에서 3년 동안 죽은 나무에 물을 주어 꽃을 피운 수도승처럼, 우리가 포기하지 않고 헌신한다면 기적은 오리라. 아직은, 좀 더 밤이 깊어지겠지만. 곧 동살이 희붐하리라. 질라라비, 훨-훨!

미주

서문

1 민중론이 처음 부상한 때부터 지금까지도 한국 학계의 민중에 대한 개념 규정은 대체로 사회과학적이 아니고 관습적이다. 그동안 한국 학계는 고대사회에서부터 피지배 계층을 뜻하는 인민, 평민, 서민, 양인 등과 유사한 개념을 20세기 한국 사회에 맞게 적용하였다. 어떤 것이든 범주를 나누려면 그를 구분하는 준거틀frame of reference이 객관적 보편성을 획득해야 한다. 이런 준거틀을 없이 관습적으로 규정하였기에 민중을 노동자로 한정하느냐, 서민, 지식인, 혹은 중산층을 포함하느냐 여부로 소모적 논쟁을 했다고 본다. 준거틀은 생산수단의 소유 여부, 노동력의 착취 유무, 노동과정의 통제 유무, 소득의 수탈 여부다. 필자는 민중을 "생산수단을 소유하지 못하고 노동력을 착취당하고 소득을 수탈당하고 노동과정을 통제당하는 자로 착취와 억압, 무지와 탐욕과 분노로 고통 속에 있지만 타자 및 세계와 관계 속에서 스스로 각성하여 고통에서 벗어나 진정한 자유와 해방, 깨달음에 이르기 위하여 자신과 세계의 변화를 모색하는 자"로 정의한다. 계급적으로 볼 때 민중은 생산수단을 소유하지 못하고 노동력을 착취당하고 소득을 수탈당하며 노동과정을 통제당하는 자다. 이는 에릭 올린 라이트와 루카 페론이 *American Sociological Review* 142호(1978)에 게재한 논문, "Marxist Class Categories and Income Inequality"(33~34쪽)에서 많은 시사를 받았으며, 필자는 미국문화원에서 이 논문을 본 1980년부터 이에 입각하여 민중을 정의하고 있다. 아울러 계급론적 정의에 존재론적 정의와 목적론적 정의를 종합했다. 존재론적으로 볼 때 민중은 착취와 억압, 무지와 탐욕과 분노로 고통 속에 있지만 타자 및 세계와 관계 속에서 스스로 각성하는 자다. 이는 인간이 관계 속에서 주체를 형성한다는 구조주의적 입장과 불교의 연기론 및 인간관을 종합한 것이다. 무지와 탐욕과 분노, 고통은 개인적인 것과 사회적인 것이 모두 포함된다. 무지란 나와 세계에 대한 알지 못함, 계급의식, 정치적, 사회적 의식의 부족, 자기 자신과 지혜와 진리에 대해 깨닫지 못함을 뜻한다. 탐욕이란 성욕, 권력욕, 소유욕만이 아니라 화폐 증식과 소비의 욕망을 포함한다. 분노는 자신, 타자, 세계에 대한 성냄의 상태를 뜻한다. 목적론으로 볼 때 민중은 개인적이건

사회적이건 모든 고통에서 벗어나 행복하려는 자, 진정한 해방과 자유, 깨달음에 이르기 위해 자신의 변화와 사회 및 세계의 변화를 모색하고 실천하자는 자다. 여기서 자유는 구속과 억압에서 벗어나는 소극적 자유from freedom, 노동이나 실천, 수행을 통해 진정한 자기실현에 이르는 적극적 자유to freedom, 타자의 고통에 공감하고 연대하여 그를 자유롭게 하여 내가 자유로워지는 대자적 자유for freedom를 종합한 것이다. 이에 대해서는 3장에서 더욱 상세히 설명하겠다.

2   Benjamin N. Cardozo, *Palko v. Connecticut*, 302 U.S. 319, 327(1937), https://en.wikiquote.org/wiki/Benjamin_N._Cardozo(2015년 8월 27일).

3   장 지글러Jean Ziegler, 『탐욕의 시대』, 양영란 옮김, 갈라파고스, 2008, 50쪽. 원문에는 850억 달러라고 했지만, 지글러가 인용한 『UNDP Annual Report 2006』은 물론 2004년과 2005년의 보고서도 읽었지만 이런 내용이 없었다. 이에 영양실조 및 기아 퇴치 190억 달러, 식수공급 90억 달러, 예방주사보급 190억 달러, 문맹 퇴치 50억 달러, 빈민촌 퇴치 200억 달러, 토양방지 240억 달러, 대체에너지 개발 500억 달러 등을 바탕으로 대략 1500억 달러로 추정하여 수정하였다.

4   http://www.wrap.org.uk/content/benefits-reducing-global-food-waste(2015년 8월 27일). '폐기물·자원 행동 프로그램Wrap'에 의하면, 인류는 1년에 1/3이나 되는 음식물을 쓰레기로 버리며, 이의 가치는 4천억 달러(439조 원)에 달하며, 이는 기아에 허덕이는 전 세계 8억 5백만 명을 먹여 살릴 수 있는 막대한 규모다.

5   www.cdc.gov/nccdphp/dnpa/obesity/economic_consequences.htm(2015년 8월 27일).

6   Stockholm International Peace Research Institute, *SIPRI Year Book 2015*, Oxford University Press, 2015, 14쪽.

7   이 책에서 자본이란 "물적 존재가 아니라 일정한 역사적 사회구성체에 속하는 특정의 사회적 생산관계이며, 이 생산관계는 어떤 물적 존재를 통해서 표현되고 이 물적 존재에 하나의 독자적인 사회적 성격을 부여한다. 자본은 생산된 물적 생산수단의 총합이 아니다. 자본이란 자본으로 전화된 생산수단을 뜻한다. 금과 은 그 자체가 화폐가 아닌 것과 마찬가지로 생산수단 그 자체가 자본이 아니다. 자본은 사회의 일정 부류에 의해 독점된 생산수단이고, 살아 있는 노동력에 대해 독립적인 것으로서, 바로 이 노동력의 생산물이자 활동 조건이며, 이것들이 이러한 대립을 통하여 자본으로 인격화한 것이다"(카를 마르크스, 『자본Ⅲ-2』, 강신준 옮김, 길, 2010, 1088쪽, [MⅢ], 814-815쪽.). 『자본』의 경우 필자는 이론과실천사 판으로 읽었다. 하지만 이 판본이 오역이 많아 강신준 교수가 이를 새로 번역하여 '도서출판 길'에서 출간한 새로운 판본과 MEGA판(Karl Marx, *Capital*, Moscow: progress publishers, 1954, 1956, 1958)과 대조하였으며, 강신준 판도 필자의 기준에서는 오역이나 미진한 부분이 있어서 일부 수정·번역하여 인용하였다. 이후 『자본』의 인용문의 미주는 강신준 판과 MEGA판을 병기하되, 강신준 판은 『자본』으로, MEGA판은 [M]으로 약하여 표기한다.

8 삽살개를 포함하여 50만여 마리의 우리나라 토종견을 죽여 견피까지 수탈하고 대신 일본의 전통 견인 아키타견과 비슷한 진돗개를 보호한 것에서 잘 드러나듯, 일제는 고유의 사상과 문화, 예술, 역사를 철저히 말살하고 일본화하는 한편으로 조선과 일본은 하나로 통한다는 내선일체內鮮一體를 합리화하기 위하여 일본과 유사한 몇몇은 남겨 '전통'으로 치장하였다. 이 '만들어진 전통'은 일본에 의해 조선의 것 가운데 내선일체를 합리화할 수 있는 일본적인 조선다움으로, 또는 식민지 근대를 추구하는 지식인에 의하여 근대로 동일화한 것을 중심에 놓고 주변화하고 타자화한 것이다.

방법

1 김상현, 「원효 화쟁사상의 연구사적 검토」, 『불교연구』 제11·12집, 한국불교연구원, 1995, 349쪽.
2 석길암, 「원효의 화쟁을 둘러싼 현대의 논의에 대한 시론적 고찰」, 『불교연구』 제 28집, 한국불교연구원, 2008, 206쪽.
3 같은 글, 209쪽.
4 "시청 앞에 있는 인도식당에 갔는데 음식이 형편없었어. 인도식당은 모두 그래"처럼, 성급한 일반화의 오류란 귀납적 논증에서 표본이나 특수 사례가 전체를 대표하지 않는데도 이 표본이나 특수한 사례를 전체로 일반화하여 유추하는 오류를 뜻한다. "카밀은 게을러. 그러니 네팔 사람들은 모두 게으를 거야"처럼, 결합의 오류란 어떤 것을 이루는 부분의 특성을 그 부분들이 결합해 이루어낸 전체의 속성으로 잘못 유추하는 오류를 뜻한다. 성급한 일반화는 전체를 대표하지 못하는 특별한 사례를 전체로 일반화하는 것이지만, 결합의 오류는 어떤 부분이나 구성원의 속성을 전체의 속성으로 일반화하는 것이다. "00여교는 창립 정신에 맞게 학생들을 예의가 바르고 여성답게 잘 교육시켜. 그러니 00여교 출신인 저 아가씨도 며느릿감으로 최상이야"처럼, 분할의 오류는 전체가 참이라는 것을 보고 부분들에 대해서도 참이어야 한다고 믿거나 집단이 참이라는 것을 들어 개개의 구성원들 각각도 참이어야 한다고 유추하는 오류를 뜻한다.
5 박재현, 「원효의 화쟁사상에 대한 재고再考」, 『불교평론』 제8호, 2001년 가을호.
6 元曉, 『涅槃宗要』, 東國大學校 佛典刊行委員會 編, 『韓國佛敎全書』, 동국대학교출판부, 1979, 제1책, 524-상: "統衆典之部分 歸萬流之一味 開佛意之至公 和百家之異諍" (이하 『韓國佛敎全書』는 『한불전』으로 약하여 표시한다).
7 『長阿含經』 「龍鳥品」, 『大正藏』, Vol. 1, No. 19, 0128c11~0129a23쪽. 장님과 코끼리의 비유는 다른 경전에도 나타나는데, 비유나 활용하는 의미에 조금씩 차이가 있다. 여기서는 『장아함경』에서 이 비유 부분을 옮기며 요약한 것이다.
8 元曉, 『涅槃宗要』, 『한불전』, 제1책, 539-상: "如彼盲人各各說象 雖不得實非不說象 說

佛性者亦復如是 不卽六法不離六法 當知此中六說亦爾."

9 조성택,「경계와 차이를 넘어 함께 사는 지혜」, 고은 외,『어떻게 살 것인가: 세상
   이 묻고 인문학이 답하다』, 21세기북스, 2015, 85~87쪽; 조성택,「화쟁, 평화롭게
   싸우기」,『화쟁시민칼럼』제1호, 2015년 2월 17일(http://blog.naver.com/hwajaeng-
   ca/220292237573, 2015년 8월 27일).

10 박경준,「초기불교의 연기상의설 재검토」,『한국불교학』14집, 1989, 138~139쪽.

11 이는 원효가『金剛三昧經論』에서 이 경전의 대의를 압축하고 요약해서 서문처럼 실
   은 부분을 필자가 나름대로 풀어서 해석한 것이다. 원문은 "夫一心之源 離有無而獨淨
   三空之海 融眞俗而湛然 湛然融二而不一 獨淨 離邊而非中 非中而離邊 故不有之法 不
   卽住無 不無之相 不卽住有 不一而融二 故非眞之事 未始爲俗 非俗之理 未始爲眞也 融
   二而不一 故眞俗之性 無所不立 染淨之相 莫不備焉 離邊而非中 故有無之法 無所不作
   是非之義 莫不周焉 爾乃無破而無不破 無立而無不立 可謂無理之至理 不然之大然矣
   是謂斯經之大意也"이다.

12 화엄연기론의 상즉상입에 대해서는 1장과 10장에서 상세하게 설명하고 여기서는 이
   정도로 간략하게 진술한다.

13 元曉,『金剛三昧經論』,『한불전』, 제1책, 658-하: "眞俗無二而不守一 由無二故 卽是一
   心 不守一故 擧體爲二 如是名爲一心二門 大意如是"(이하『金剛三昧經論』은『금강』으로
   표기한다).

1장 전 지구 차원의 환경 위기

1 앨 고어Al Gore,『위기의 지구』, 이창주 옮김, 삶과꿈, 1993, 128쪽.

2 같은 책, 40쪽.

3 Jean-Christophe Vié, Crig Hilton-Taylor, Simon N. Stusart, eds., *Wildlife in a Chang-
   ing World: an analysis of the 2008 IUCN Red List of Threatened Species*, Gland, Switzer-
   land: The International Union for Conservation of Nature, 2008, 16쪽.

4 제러미 리프킨Jeremy Rifkin,『한계비용 제로 사회: 사물인터넷과 공유경제의 부상』, 안
   진환 옮김, 민음사, 2014, 466쪽.

5 UNDP, *Human Development Report 2007/2008-Fighting climate change: Human soli-
   darity in a divided world*, New York: United Nations Development Programme, 2007,
   31~32쪽.

6 같은 책, 9~10쪽.

7 농약이 우리 몸에 들어오면 체내의 지방 성분과 결합하여 여성호르몬처럼 작용하며
   내분비계를 교란시킨다. 잉어와 소라의 수컷에 알집이 만들어지는 것도 이 때문이다.

8 http://www.lakepowell.net/impact2001.htm(2015년 8월 27일).

9 http://www.biologycorner.com/worksheets/kaibab.html(2015년 8월 27일).

10 Fritjof Capra, *The Tao of Physics: An Exploration of the Parallels Between Modern Physics and Eastern Mysticism*, Berkeley: Shambhala, 1975, 81쪽.

11 Arne Naess, "The Shallow and Deep, Long-Range Ecology Movement", *Inquiry*, Vol. 16, Spring, 1973, 95~96쪽 참고함.

12 Arne Naess, "The Deep Ecological Movement: Some Philosophical Aspects", Michael E. Zimmerman, eds., *Environmental Philosophy*, New Jersey: Prentice Hall, 1998, 196~197쪽.

13 머레이 북친Murray Bookchin, 『사회생태론의 철학』, 문순홍 옮김, 솔, 1997, 163쪽.

14 사회생태론도 마르크스주의 생태론, 생태무정부주의 등 여러 유파가 있으나 그것이 북친이 제시한 틀에서 크게 벗어나는 것은 아니기에 여기서는 북친의 사회생태론을 중심으로 살펴본다.

15 앞의 책, 182쪽.

16 같은 책, 173쪽.

17 같은 책, 185~186쪽.

18 가라타니 고진, 『세계공화국으로』, 조영일 옮김, 도서출판 b, 2014, 40쪽.

19 Robin Eckersley, *Environmentalism and Political Theory an Ecocentric Approach*, New York: State University of New York Press, 1992/ 최병두, 「자연의 지배, 탈소외, 승인-맑스주의적 생태학에서 인간과 자연 간 관계의 재고찰」, 『도시연구』 제3호, 1997, 186쪽 재인용.

20 첫째는 Elmar Altvater(1991), 둘째는 René Passet(1996), 셋째는 David Pearce(1974)의 주장이다. Jean-Marie Harribey, "Ecological Marxism or Marxian Politcal Ecology?", Jacques Bidet and Stathis Kouvelakis, eds., *Critical Companion to Contemporary Marxism*, Leiden/Boston: Brill, 2008, 201쪽에서 재인용하여 재구성함.

21 최병두, 「생태정치와 정치생태학」, 『환경사회연구ECO』 통권1호, 2001년 9월, 140쪽.

22 Harribey, 앞의 글, 194쪽.

23 Jacques Derrida, tr., Alan Bass, *Positions*, Chicago: University of Chicago Press, 1982, 56~57쪽.

24 http://www.americanrivers.org/initiative/dams/projects/2014-dam-removals/(2015년 8월 27일).

25 『경남도민일보』, 2014년 8월 8일. 『한국일보』, 2015년 8월 18일.

26 김석권, 「산림과 지구환경」, 광릉숲을 사랑하는 시민의 모임, 『광릉숲속대학자료집』, 2005, 72쪽.

27 http://archive.bio.ed.ac.uk/jdeacon/biosphere/biosph.htm(2015년 8월 27일).

28 『雜阿含經』, 『大正藏』, Vol. 2, No. 99, 0067a05쪽: "此有故彼有 此生故彼生"

29 元曉, 『금강』, 『한불전』, 제1책, 625-중-하: "菓種不一 其相不同故 而亦不異 離種無菓 故 又種菓不斷 菓續種生故 而亦不常 菓生種減故 種不入菓 菓時無種故 菓不出種 種時 無菓故 不入不出故不生 不常不斷故不減 不滅故不可說無 不生故不可說有 遠離二邊 故 不可說爲亦有亦無 不當一中故 不可說非有非無."

30 리처드 니스벳Richard E. Nisbett, 『생각의 지도』, 최인철 옮김, 김영사, 2004, 91~92쪽 요약.

31 여기서 '씨'와 '열매' 대신 '자궁'과 '아기', '자연'과 '인간'으로 대체해도 된다.

32 법인, 「불교의 생명사상과 생명윤리」, 『2014월정사 워크숍: 생물다양성을 바라보는 불교의 생명가치』, 월정사 등 주최, 2014년 10월 9일, 9쪽.

33 『梵網經』, 「盧舍那佛說菩薩心地戒品第十」(『大正藏』, Vol. 24, No. 1484, 1006b09쪽): "一 切地水是我先身 一切火風是我本體 故常行放生生生受生常住之法 教人放生."

34 까르마 C. C. 츠앙Garma C. C. Chang, 『華嚴哲學』, 이찬수 옮김, 경서원, 1990, 195~196쪽.

35 『한겨레신문』, 2010년 3월 30일.

36 머레이 북친, 앞의 책, 140쪽.

37 같은 책, 144쪽.

38 유승무, 「불교와 맑시즘의 동몽이상同夢異床」, 『불교평론』 40권, 2009년 9월 1일, 121쪽 참고함.

39 앞의 세 가지는 트레버 링이 『붓다, 마르크스 그리고 하나님』(민족사, 1993), 162~165쪽 에서 지적한 것이고, '인간 해방 및 이상 사회의 추구'는 유승무 교수가 「불교와 맑시 즘의 동몽이상」에서 밝힌 것이고, 관계의 사유로 바라보는 것, 이타적이고 대자적인 실천과 해체적 입장은 필자가 추가한 것이다.

40 유승무, 같은 글, 124~126쪽.

41 K. Marx and Friedrich Engels, *Economic and Philosophic Manuscripts of 1844 and the Manifesto of the Communist Party*, tr., Martin Milligan, Blacksburg: Wilder Publication (이하 이 저서는 [EPM]으로 약함), 2011, 51쪽.

42 『자본 I -1』, 672~673쪽. [M I], 474~475쪽.

43 [EPM], 110~111쪽.

44 같은 책, 54쪽.

45 [EPM], 112쪽.

46 『자본 III -2』, 1095쪽. [M III], 820쪽.

47 여기서 텍스트는 "언어기호가 어떤 원리에 따라 짜여 의미나 메시지를 캘 수 있는 체 계적인 기호다발"을 뜻한다. 텍스트의 최소 요건은 '짜여 있다는 것'과 '의미나 메시지 를 내포하고 있다는 것'이다.

48 인간의 자연화와 자연의 인간화를 종합하는 것은 최병두 교수가 Suroja Sundarajan 이 "From Marxian ecology to ecological Marxism"(*Science and Society*, Vol, 60(3), 1996,

365쪽)에서 '구성적 자연natura naturans'과 '구성된 자연natura naturata'으로 구분한 것을 바탕으로 자연과 인간 사이의 '상호 승인'의 논리를 편 것에서 시사를 받았다. 필자가 이를 물적 자연과 텍스트로 범주를 따로 설정하되, 마르크스가 앞의 글(1997) 214~215쪽에서 제시한 '자연의 인간화'와 '인간의 자연화' 사이의 변증법적 종합을 모색했다.

49 Harribey, 앞의 글, 202쪽에서 시사를 받음.

50 沖止, 『園監錄』: "檐短先邀月 牆低不礙山 雨餘溪水急 風定嶺雲閑."

51 Harribey, 같은 책, 195쪽.

52 20세기의 현실 사회주의 체제 또한 욕망 증식을 제어하지 못하고 국가와 당이 주도하는 개발과 확대재생산을 추구했다는 점에서만 보면 자본주의 체제와 유사한 모순을 지닌다.

53 조셉 스티글리츠Joseph E. Stiglitz · 아마르티아 센Amartya Sen · 장 폴 피투시Jean Paul Fitoussi, 『GDP는 틀렸다』, 박형준 옮김, 동녘, 2011, 122~124쪽.

54 눈부처 주체에 대해서는 3장에서 자세히 기술한다.

55 유정길, 「불교의 생명사상과 지속가능한 사회」, 『2014월정사 워크숍: 생물다양성을 바라보는 불교의 생명가치』, 월정사 등 주최, 2014년 10월 9일, 52~53쪽.

2장 타자에 대한 배제와 폭력, 학살

1 야마기와 주이치, 『폭력은 어디서 왔나: 인간성의 기원을 탐구하다』, 한승동 옮김, 곰, 2015, 13쪽.

2 같은 책, 192쪽.

3 Johan Galtung, "Violence, Peace, and Peace Research", *Journal of Peace Research*, Vol. 6, No. 3, 1969, 168쪽.

4 Johan Galtung, "Cultural Violence", *Journal of Peace Research*, Vol. 27, No. 3, 1990, 291~295쪽.

5 재현의 폭력은 너른 범위의 문화적 폭력에 해당되는 것처럼 보인다. 하지만 문화적 폭력이 직접적인 폭력이나 구조적 폭력을 정당화하는 문화적 맥락에 초점을 맞춘다면, 재현의 폭력은 현실과 매체에 의해 재현된 현실 사이의 괴리와 왜곡에 초점을 맞추어 분석하는 것이 다르다. 무엇보다 가상과 실재가 공존하고 '매트릭스적 실존'을 하는 디지털사회의 폭력 양상에 대해 분석하려면 문화적 폭력을 넘어서서 새로운 개념 범주, 곧 재현의 폭력이 필요하다.

6 칼 마르크스 · 프리드리히 엥겔스, 『공산주의 선언』, 김태호 옮김, 박종철출판사, 1998, 37쪽.

7 정진주, 「정리해고와 사회적 배제」, 민교협 · 전국금속노동조합 · 정의평화불교연대 외,

『쌍용자동차 해법 모색을 위한 학계·종교계·노동계 공동 토론회: 쌍용자동차 처리
방식의 문제점과 대안』, 2012년 4월 16일, 82쪽.

8 마르크스, 『헤겔 법철학 비판』, 홍영두 옮김, 아침, 1989, 196쪽.

9 마르크스·엥겔스, 『공산주의 선언』, 김태호 옮김, 박종철출판사, 1998, 14~15쪽.

10 폴 애얼릭Paul R. Ehrlich·로버트 온스타인Robert Ornstein, 『공감의 진화』, 고기탁 옮김, 에
  이도스, 2012, 85쪽.

11 리처드 도킨스, 『이기적 유전자』, 홍영남·이상임 옮김, 을유문화사, 2010, 68~69쪽.

12 같은 책, 166쪽.

13 한나 아렌트, 『예루살렘의 아이히만』, 김선욱 옮김, 한길사, 2006, 380~382쪽.

14 스탠리 밀그램, 『권위에 대한 복종』, 정태연 옮김, 에코리브르, 2009, 62쪽.

15 같은 책, 64쪽.

16 같은 책, 30쪽.

17 같은 책, 32쪽.

18 필립 짐바르도, 『루시퍼 이펙트: 무엇이 선량한 사람을 악하게 만드는가』, 이충호·임
  지원 옮김, 웅진씽크빅, 2010, 63~292쪽. 중간중간 발췌하여 요약하면서 문장 흐름상
  어미나 조사 수준에서 가필함.

19 藤野裕子, 「戰前日本の土木建築業と朝鮮人勞働者」, The 3rd East-Asia Humanities
  Forum, 北京 淸華大學, 2012년 3월 16~17일, 141~142쪽.

20 「위키백과」, '간토대지진'(https://ko.wikipedia.org/wiki/%EA%B0%84%ED%86%A0_%E
  B%8C%80%EC%A7%80%EC%A7%84, 2015년 8월 27일).

21 양정심, 「제주 4·3항쟁과 레드콤플렉스」, 『史叢』 63집, 2006년 9월 30일, 37~46쪽 요
  약함.

22 신승환, 『포스트모더니즘에 대한 성찰』, 살림, 2003, 30쪽.

23 야마기와 주이치, 앞의 책, 235쪽.

24 같은 책, 255쪽.

25 야마기와 주이치는 영장류에 대한 연구와 피그미족과 부시맨에 관한 연구를 통하여,
  수렵채취 시대에 인간이 폭력적일 것이라는 레이몬드 다트Raymond Dart, 아드레이Robert
  Ardrey 등 기존의 학설을 비판하고 오히려 공존을 도모하였다고 밝히고 있다. 같은 책,
  44~51, 281~307쪽.

26 야마기와 주이치, 앞의 책, 302쪽 참고하여 재구성함.

27 피터 왓슨, 『생각의 역사 1: 불에서 프로이트까지』, 남경태 옮김, 들녘, 2009, 120쪽.

28 같은 책, 149쪽.

29 같은 책, 124쪽.

30 같은 책, 123쪽.

31 J. Diamond, *Guns, germs, and steel: the fates of human societies*, New York: W. W. Nor-

ton, 1998; 전중환, 「인간 문화의 진화적 이해」, 『2009 사회생물학 심포지엄-부분과
전체: 다윈, 사회생물학, 그리고 한국』, 서울대 사회과학연구원·이화여대 통섭원·한
국과학기술학회, 2009년 11월 7일, 84쪽 재인용.

32 M. Schaller & L. A. Duncan, "The behavioral immune system: its evolution and social
psychological implication", In J. P. Forgas, M. G. Haselton & W. von Hippel, eds., *Evolution and the Social Mind*, New York: Psychology Press, 2007, 293~307쪽; 전중환, 같
은 글, 84쪽 재인용.

33 J. Faulkner, M. Schaller, J. H. Park & L. A. Duncan, "Evolved disease-avoidance
mechanisms and contemporary xenophobic attitude", *Group processes and intergroup
behavior*, 7, 2004, 333~353쪽; 전중환, 같은 글, 84쪽 재인용.

34 C. L. Fincher, R. Thornhill, D. R. Murray & M. Schaller, "Pathogen prevalence predicts
human cross-cultural variability in individualism/collectivism", *Proceedings of the Royal
Society of London*, series B, 275, 2008, 279~1285쪽; 전중환, 같은 글, 85쪽 재인용.

35 폴 애얼릭·로버트 온스타인, 『공감의 진화』, 고기탁 옮김, 에이도스, 2012, 80쪽.

36 같은 책, 88~89쪽 요약함.

37 J. Lacan, Écrits, tr., Bruce Fink, New York: W. W. Norton & Company, 2006, 430쪽.

38 Jacques Derrida, *Speech and Phenomena and Other Essays on Husserl's Theory of Sign*, tr.,
David B. Allison, Evanston: Northwestern University Press, 1973, 139쪽.

39 Jacques Derrida, *Writing and Difference*, tr., Alan Bass, Chicago: University of Chicago
Press, 1978, 126~127쪽.

40 같은 책, 127쪽.

41 Michael Ryan, *Marxism and Deconstruction: A Critical Articulation*, Baltimore: Johns
Hopkins University Press, 1982, 12쪽.

42 Gilles Deleuze, *Difference and Repetition*, tr., Paul Patton, New York: Columbia University Press, 1994, 34쪽.

43 같은 책, 33쪽.

44 같은 책, 34~35쪽.

45 E. Levinas, *On Thinking-of-the-Other*, tr., Michael B. Smith and Barbara Harshay, New
York: Columbia University Press, 1998, 7쪽.

46 같은 책, 110쪽.

47 僧肇, 「不眞空論」, 『肇論』, 『大正藏』, Vol. 45, No. 1858, 0152a28쪽. "萬物果有其所以
不有 有其所以不無 有其所以不有 故雖有而非有 有其所以不無 故雖無而非無 雖無而
非無 無者不絶虛 雖有而非有 有者非眞有."

48 같은 책, 「不眞空論」, 0152a28쪽. "中觀云 物從因緣故不有 緣起故不無 尋理卽其然矣."

49 같은 책, 「不眞空論」, 0152a28쪽. "何則 欲言其有 有非眞生 欲言其無 事象旣形 象形不

旣無 非眞非實有 然則不眞空義 顯於玆矣."

50 원효,『금강』,『한불전』, 제1책, 626-상: "同者辨同於異 異者明異於同 明異於同者 非
分同爲異也 辨同於異者 非銷異爲同也 良由同非銷異故 不可說是同 異非分同故 不可
說是異 但以不可說異故 可得說是同 不可說同故 可得說是異耳 說與不說 無二無別
矣."

51 서로 존재inter-being에 대해서는, 틱낫한Thich Nhat Hanh,『엄마』, 이도흠 옮김, 아름다운
인연, 2009, 30~32쪽 참고함.

52 야마기와 주이치, 앞의 책, 305쪽 참고함.

53 필자가 아픈 곳이 몸의 중심이라는 내용으로 쌍용차 문제를 다룬 칼럼을 쓰고, 집회에
서 발언을 했는데, 실제 이 말을 가장 먼저 한 사람은 엘리 위젤이다. 그는 유태인 포
로수용소에서 부모와 동생을 모두 잃고 홀로 살아남았으며 그 끔찍한 기억을『나이
트』란 책으로 펴냈다. 그는 인종차별 철폐와 인권 신장을 위해 노력한 공로로 1986년
노벨평화상을 수상하며 그 연설에서 "인간이 인종과 종교, 정치적 견해로 인해 박해
받는다면 그곳은 어디든지, 그 순간에 세계의 중심이 되어야 합니다"라고 말했다. 이
시우 사진작가가 2007년 6월 20일에 쓴 옥중편지에서 이를 패러디하여 "아픈 곳이 몸
이 중심이자 세계의 중심"이라고 말한 이래 한국에서도 자주 인용되고 있다.

54 이한음,『호모 엑스페르투스: 실험, 인류의 미래를 열다』, 효형출판, 2008, 15쪽.

55 한국교육방송공사,『인간의 두 얼굴: 내면의 진실』, 시공사, 2010, 106~107쪽 요약.

56 같은 책, 111~118쪽 요약.

57 같은 책, 116쪽.

58 폴 애얼릭·로버트 온스타인, 앞의 책, 173~174쪽 요약함.

3장 인간성의 상실과 소외의 심화

1 칼 마르크스·프리드리히 엥겔스,『독일이데올로기 I』, 박재희 옮김, 청년사, 2009,
42~43쪽.

2 [EPM], 21쪽.

3 『자본 I-1』, 265~267쪽. [M I], 173~174쪽.

4 [EPM], 54~55쪽 요약함.

5 Karl Marx, *Grundrisse-Foundations of the Critique of Political Economy*, tr., Martin Nico-
laus, New York: Vintage Books, 1973, 362쪽.

6 같은 책, 361쪽.

7 [EPM], 54~55쪽.

8 같은 책, 52쪽.

9 『자본 I-1』, 135쪽. [M I], 77~78쪽.

10 헤르베르트 마르쿠제,『에로스와 문명』, 김종호 옮김, 양영각, 1982, 48~55쪽.

11 에리히 프롬Erich Fromm,『건전한 사회』, 김병익 옮김, 범우사, 1977, 114쪽.

12 헤르베르트 마르쿠제, 앞의 책, 20쪽.

13 같은 책, 21쪽.

14 한국사회과학연구소 엮음,『현대의 사회사상가』, 민음사, 1979, 228쪽.

15 Max Horkheimer, Briefwechsel, S.646f., 오성균·김누리,「아버지를 살해한 혁명: 프랑크푸르트학파와 68혁명」,『뷔히너와 현대문학』37집, 2011, 337쪽 재인용.

16 심광현,「68혁명의 문화정치적 모순과 이행의 문제: 19세기 혁명이념의 장기지속과 68혁명의 역사적 의의」,『맑스와 마음의 정치학』, 문화과학사, 2014, 179쪽.

17 정병기,「21세기 자본주의 사회의 혁명과 반혁명: 68혁명운동의 의미와 교훈」,『21세기 자본주의와 대안적 세계화』, 맑스코뮤날레 조직위원회 편, 문화과학사, 2007, 501~502쪽.

18 지금까지 68혁명에 관한 기술은 정병기, 앞의 글; 잉그리트 길혀홀타이,『68혁명, 세계를 뒤흔든 상상력: 1968 시간여행』(정대성 옮김, 창비, 2009); 강내희,「근대세계체계에 대한 68혁명의 도전과 그 현재적 의미」(『문화과학』67호, 2011년 가을호); 이재원,「프랑스 68년 5월: 40주년 기념과 평가」(『서양사론』100집, 2009)를 참고했다.

19 『雜阿含經』4, 11 耕田; 增谷文雄,『아함경이야기』, 이원섭 옮김, 현암사, 1990, 163~164쪽 재인용.

20 박경준,『불교사회경제사상』, 동국대출판부, 2010, 234~238쪽; 종명,「왜 일하며 수행해야 하는가」,『불교평론』19호, 2004년 가을호, 261~268쪽.

21 「普請」,『勅修百丈淸規』제6권,『大正藏』, Vol. 48, No. 1144상; 정성본,「선불교의 노동문제」,『대각사상』2집, 대각사상연구원, 1999, 120쪽 재인용.

22 박경준, 같은 책, 245쪽.

23 유승무,「한국 불교 노동관의 탈현대적 함의」,『한국학논집』38집, 2009, 121쪽.

24 박경준, 앞의 책, 239쪽.

25 원효,『금강』,『한불전』, 제1책, 639하-640상: "平等之相亦空卽是融眞爲俗 空空之義 如銷眞金作莊嚴具 (……) 差別亦空還是融俗爲眞也 如銷嚴具還爲金鉼 (……) 又初門 內 遣俗所顯之眞 第二空中 融俗所顯之眞 此二門眞 唯一無二 眞唯一種圓成實性 所以 遣融所顯唯一."

26 원효,『금강』,『한불전』, 제1책, 641-상: "중생의 마음에는 실로 다른 경계가 없다. 왜냐하면 마음이 본래 청정하고 도리에 더러움이 없기 때문이다. 티끌에 오염됨으로 말미암아 3계라 이름하는 것이고 그 3계의 마음을 일컬어 다른 경계라 이름하는 것이다. 이 경계는 허망한 것이며 마음의 변화로 인하여 생긴 것이니 만일 마음에 허망됨이 없으면 곧 다른 경계가 없어질 것이다(衆生之心 實無別境 何以故 心本淨故 理無穢故 以 染塵故 名爲三界 三界之心 名爲別境 是境虛妄 從心化生 心若無妄 卽無別境)."

27 원효,『大乘起信論疏記會本』(이하『기회본』으로 약칭함), 卷1,『한불전』, 제1책, 741-
상: "以一切法無生無滅 本來寂靜 唯是一心 如是名爲心眞如門 故言寂滅者名爲一心
又此一心體是本覺 而隨無明動作生滅 故於此門如來之性隱而不顯 名如來藏"을 인용
하며 약간 가필함.
28 리처드 도킨스, 앞의 책, 335쪽.
29 Michel Brunet, Frank Guy, David Pilbeam, et. al., "A new hominid from the Upper
Miocene of Chad, Central Africa", *Nature*, Vol. 418, No. 6894, 2002, 151쪽.
30 Edward-George Emonet, Likius Andossa, Hassane Tasso Mackaye and Michel Brunet,
"Subocclusal dental morphology of sahelanthropus tchadensis and the evolution of
teeth in hominins", *American journal of physical anthropology*, Vol. 153, No. 1, 2014,
116~123쪽.
31 http://www.becominghuman.org/node/orrorin-tugenensis-essay (2015년 8월 27일).
32 Chen F-C and Li W-H, Genomic divergence between humans and other hominoids
and the effective population size of the Common ancester of humans and chimpanzees,
American Journal of Human Genetics 68, 444~456쪽; 존 H. 릴리스포드John H. Relethford,
『유전자 인류학』, 이경식 옮김, Human & Books, 2003, 69쪽 재인용.
33 박선주,『인류진화의 발자취』, 충북대출판부, 2011, 42쪽.
34 C. B. Stanford, "Chimpanzees and the Behavior of Ardipithecus ramidus", *Annual re-
view of anthropology*, Vol. 41, 2012, 146쪽.
35 W. H. Kimbel, G. Suwa, B. Asfaw, Y. Rak, White, "Ardipithecus ramidus and the
evolution of the human cranial base", *Proceedings of the National Academy of Sciences*,
Vol. 111, No. 3, 2014, 948쪽, http://www.becominghuman.org/node/ardipithecus-
ramidus-essay(2015년 8월 27일) 참고함.
36 http://www.becominghuman.org/node/australopithecus-afarensis-essay
(2015년 8월 27일).
37 피터 왓슨,『생각의 역사 1: 불에서 프로이트까지』, 남경태 옮김, 들녘, 2009, 49쪽.
38 야마기와 주이치, 앞의 책, 270쪽.
39 같은 책, 271쪽.
40 피터 왓슨, 앞의 책, 48쪽 요약함.
41 같은 책, 50쪽.
42 『한겨레신문』2013년 12월 6일자에 조홍섭 기자가 쓴「악어도 도구 이용해 사냥, 나
뭇가지로 백로 유인」기사와 〈내쇼널지오그래픽〉에서 2015년 7월 13일 저녁에 방영
한 "The Ultimate Animal"을 참고함. 이 프로그램을 보면, 심지어 오랑우탄은 미래를
대비하여 현재를 속이기도 했다. 인간의 등가방에 호기심을 가진 후 인간이 가위로 자
신의 털을 깎는 데 집중하도록 유도한 뒤에 등가방을 훔쳐 달아났다.

43 Sonia Harmand, Jason E. Lewis, Craig S. Feibel, Christopher J. Lepre, Sandrine Prat, et al., "3.3-million-year-old stone tools from Lomekwi 3, West Turkana, Kenya", *Nature*, Vol. 521, No. 7552, 21 May 2015, 310~315쪽: 미국의 소니아 하먼드 교수 등 국제연구팀은 케냐 북부 투르카나Turkana 호수 인근 로메크위Lomekwi 3 유적지에서 149개의 석기를 발견했으며, 이들 석기가 출토된 지역의 화산재 퇴적층이 330만 년에서 311만 년 전 사이에 형성된 것으로 연대 측정 결과가 나타난다고 밝혔다. 사냥한 동물의 고기를 자르는 석기, 단단한 열매를 깨는 석기만이 아니라 돌을 깨는 데 사용한 15킬로그램에 달하는 큰 석기나 이를 받친 모루도 있었다. '로메퀴안Lomekwian'으로 명명된 이들은 260만 년 전에 최초의 석기인으로 활동했다고 알려진 올도완Oldowan보다 70만 년이나 앞서서 여러 종의 다양한 석기를 사용한 것이다.

44 이케가야 유지池谷 裕二, 『뇌과학』, 이규원 옮김, 은행나무, 2005, 163쪽.

45 피터 왓슨, 앞의 책, 53쪽.

46 같은 책, 54쪽.

47 그레고리 코크란Gregory Cochran · 헨리 하펜딩Henry Harpending, 『1만 년의 폭발』, 김명주 옮김, 글항아리, 2010, 50~52쪽 참고하여 필자가 재구성함.

48 피터 왓슨, 앞의 책, 59~60쪽.

49 http://en.wikipedia.org/wiki/Venus_of_Berekhat_Ram(2015년 8월 27일).

50 피터 왓슨, 같은 책, 60~62쪽 참고함.

51 같은 책, 87~88쪽.

52 1997년과 1998년에 충북 청원군(현 통합청주시) 옥산면 소로리의 구석기 유적의 제4지층 토탄층에서 찍개, 긁개 등의 구석기 유물과 고대 벼와 유사벼 등 소위 '소로리볍씨'가 출토되었다. 서울대학교 AMS(방사성탄소연대측정) 연구실과 미국의 지오크론 연구실Geochron Laboratory에 이어서 미국 애리조나 대학의 '미국과학재단NSF 애리조나 가속기질량분석AMS 연구소'에 따르면, 출토된 볍씨와 토탄의 절대연대값은 각각 1만 2520년(±150년)과 1만 2552년(±90년) 전의 것으로 조사됐다. 이는 중국 후난성에서 출토된 약 1만 년 전의 볍씨보다 3천~5천 년이나 앞선 것이다. 그렇다면 쌀농사의 기원과 이동로에 대한 수정이 필요하다. 박태식과 이융조는 「소로리小魯里 볍씨 발굴發掘로 살펴본 한국韓國 벼의 기원起源」이란 논문(『농업사연구』, Vol. 3, No. 2, 2004, 119~132쪽)에서 한반도에 야생 벼는 없기에 이는 반재배에서 농경으로 넘어가는 과도기인 순화馴化, domestication 과정의 벼로 한국 재배 벼의 조상 벼인 것으로, 소로리는 재배 벼의 기원지인 것으로 추정하고 있다. 이것이 세계 학계에서 공식적으로 인정받을 경우 한반도도 쌀농사의 기원지 목록에 오르며, 쌀농사가 이미 구석기에 행해진 것으로 소급될 수 있다. 이는 농경이 신석기 시대에 시작되었다는 세계 고고학계의 정설과 마주치며, 쌀의 인도 기원설이나 중국 기원설과도 맞선다.

53 피터 싱어Peter Singer, 『사회생물학과 윤리』, 김성한 옮김, 연암서가, 2012, 22~49쪽 참

고함.

54 같은 책, 280쪽 참고함.

55 마이클 가자니가Michael S. Gazzaniga, 『윤리적 뇌』, 김효은 옮김, 바다출판사, 2009, 224쪽.

56 같은 책, 222쪽.

57 P. F. Ferrari, A. Tramacere, A. Simpson, E. A. Iriki, "Mirror neurons development through the lens of epigenetics", *Trends Cognitive Science*, Vol. 17, No. 9, 2013, 450~457쪽.

58 Giacomo Rizzolatti, Luciano Fadiga, Vittorio Gallese, Leonardo Fogassi, "Premotor cortex and the recognition of motor actions", *Cognitive brain research* Vol. 3, No. 2, 1996. 131~141쪽.

59 Cecilia Heyes, "Tinbergen on mirror neurons", *Biological sciences*, Vol. 369, No. 1644, 2014, 180쪽.

60 G. Rizzolatti & C. Sinigaglia, "The Function role of the patrieto-frontal mirror circuit: Interpretations and misinterpretations", *Nature Review Neuroscience*, Vol. 11, 2010, 264~274쪽; M. Fabbri-Destro, "Motor Cognition-Motor Semantics: Action Perception Theory of Cognition and Communication", F. Pulvermuller F.; Moseley R. L.; Egorova N.; *Neuropsychologia*, Vol. 55, 2014, 72쪽 재인용.

61 G. Coude, R. E. Vanderwert, S. Thorpe, F. Festante, M. Bimbi, N. A. Fox and P. F. Ferrari, "Frequency and topography in monkey electroencephalogram during action observation: possible neural correlates of the mirror neuron system", *Biological sciences*, No. 1644, 2014, 6쪽.

62 P. F. Ferrari, G. Rizzolatti, "Mirror neuron research: the past and the future", *Philosophical Transactions of the Royal Society*, 2014, B369:20130169, 2쪽.

63 요아힘 바우어Joachim Bauer, 앞의 책, 167쪽.

64 같은 책, 114쪽.

65 같은 책, 118쪽.

66 노래하는 새의 경우에도, 청각 운동 거울신경세포가 노래의 학습과 소통에 관여하며 (R. Mooney, "Auditory-vocal mirroring in songbird", *Biological sciences*, Vol. 369, No. 1644, 2014, 179쪽), 새의 노래를 관장하는 뇌의 영역인 HVC와 인간의 언어 생산과 지각을 관장하는 브로카Broca 영역은 상당히 유사한 기능적 역할을 수행한다(A. D'Ausilio, L. Maffongelli, E. Bartoli, M. Campanella, E. Ferrari, J. Berry, L. Fadiga, "Listening to speech recruits specific tongue motor synergies as revealed by transcranial magnetic stimulation and tissue-Doppler ultrasound imaging", *Biological sciences*, Vol. 369, No. 1644, 2014, 418쪽).

67 Giacomo Rizzolatti, Leonardo Fogassi, and Vittorio Gallese, "The Mirror Neuron System: A motor-Based Mechanism for Action and Intention Understanding", *The*

Coginitive Neurosciences, Michael S. Gazzaniga eds., Cambridge, Mass.: MIT press, 2009, 625~640쪽); 마이클 가자니가, 『윤리적 뇌』(김효은 옮김, 바다출판사, 2005); 요아힘 바우어, 『공감의 심리학』(이미옥 옮김, 에코리브르, 2006)을 참고함.

68 마이클 가자니가, 앞의 책, 227쪽.

69 요아힘 바우어, 앞의 책, 123쪽.

70 Giacomo Rizzolatti, Leonardo Fogassi, and Vittorio Gallese, 앞의 글, 636쪽.

71 같은 글, 638쪽.

72 P. F. Ferrari, G. Rizzolatti, 앞의 글, 1~3쪽.

73 신승환, 『철학, 인간을 답하다』, 21세기북스, 2014, 114~130쪽 요약함.

74 一然, 『三國遺事』, 「義解」, '元曉不羈.'

75 칼 마르크스·프리드리히 엥겔스, 『공산주의 선언』, 김태호 옮김, 박종철출판사, 1998, 37쪽.

76 Carol C. Gould, *Marx's Social Ontology-Individuality and Community in Marx's Theory of Social Reality*, Cambridge: The MIT Press, 1980, 178쪽.

77 메리 고든, 『공감의 뿌리』, 문희경 옮김, 샨티, 2010, 262쪽.

78 같은 책, 262쪽.

79 킴벌리 스코너트 레이철Kimberly Schonert-Reichl, 「'공감의 뿌리'가 아동의 감성 능력과 사회 능력 향상에 미치는 효과」, 같은 책, 283쪽.

80 같은 책, 29~30쪽.

81 메리 고든이 거울신경체계에 대해서 알았더라면 이와 연관한 작업을 수행했으리라 본다. 신경과학이나 인지과학과 연결하여, 공감의 뿌리 교육을 수행한 학생을 전후로 비교하면 학습을 받은 이후 학생들의 거울신경세포가 훨씬 더 활성화했으리라 본다.

82 요아힘 바우어, 47쪽.

83 같은 책, 190쪽.

84 카를 마르크스·프리드리히 엥겔스, 『프롤레타리아당 강령』, 소나무 편집부 엮음, 소나무, 1989, 97쪽.

85 카를 마르크스, 『철학의 빈곤』, 강민철·김진영 옮김, 아침, 1989, 172쪽.

86 심광현, 앞의 글, 198쪽.

87 같은 글, 208쪽.

4장 제국의 수탈 및 신자유주의 세계화의 모순

1 글로벌 유동성global liquidity의 개념은 입장마다 다양하다. 글로벌 유동성이란 원래 '세계 차원에서 상품이나 자산을 구매하는 데 사용된 자금의 유효성'을 뜻했는데, 신용으로 그 기준이 바뀌면서 세계 차원에서 국경을 넘어 오고 간 신용의 총량을 뜻한

다(Sandra Eickmeier, Leonardo Gambacorta, Boris Hofmann, "BIS Working Papers No. 402-Understanding Global Liquidity", *Bank for international Settlements*, Feb. 2013, 1~2쪽). 보통 G3국가의 통화인 달러화, 유로화, 엔화의 통화표시 신용총량으로 사용하기도 한다.

2 『뉴시스』, 2012년 9월 26일.

3 『한국경제』, 2013년 11월 21일.

4 편주현·김수빈, 『KEP 지역경제 포커스: 글로벌 유동성 확대에 따른 동아 채권시장의 외국인 자본 유출입 현황』, Vol. 13, No. 47, 2013년 8월 22일, 2쪽.

5 http://www.aboutmcdonalds.com/mcd/our_company.html(2015년 8월 27일).

6 헬레나 노르베리-호지Helena Norberg-Hodge, 『행복의 경제학』, 김영욱 옮김, 중앙북스, 2012, 18~34쪽 요약함.

7 "이윤율의 하락은 노동자가 적게 착취되기 때문이 아니라 사용되는 자본에 비해 사용되는 노동량이 줄어들기 때문에 일어난다"(『자본 III-1』, 325쪽), [M III], 246쪽.

8 이제까지의 논의는 카를 마르크스, 같은 책, 13장, 14장, 15장을 참고함.

9 이경천, 「자본, 사이비 인권 그리고 신자유주의적 세계화」[『문학과 경계』 제3권 4호(통권11호)], 2003년 12월, 189쪽 참고함.

10 칼 폴라니, 『거대한 전환』, 홍기빈 옮김, 길, 2013, 238~244쪽 참고하여 필자가 재구성함.

11 조원희, 「신자유주의 이후의 경제」, 『진보평론』 제42호, 2009년 겨울호, 257쪽.

12 『한겨레』, 2014년 10월 6일.

13 2014년 3월 현재 한국 비정규직의 임금은 정규직의 49.4%로 절반을 넘지 못하고 있다(『한겨레』, 2014년 10월 6일).

14 착취exploitation는 자본이 노동자가 생산한 잉여가치를 생산과정에서 빼앗는 것을 의미한다. 수탈expropriation은 생산과정 밖의 시공간에서 노동자와 사회 전체 성원의 생활수단 및 생산수단을 빼앗는 것을 총괄하는 개념이다. 식민화, 민영화, 사유화로 물이나 전기, 교통 등 공공영역을 가로채는 행위, 금융상품이나 투기로 노동자의 소득을 가로채는 행위, 부당한 독점가격을 설정하여 노동자가 다른 생산과정에서 생산한 잉여가치를 가로채는 행위 등이 수탈이다[곽노완, 「착취 및 수탈의 시공간과 기본소득: 맑스의 착취 및 수탈 개념의 재구성」(『시대와 철학』 21권 3호, 2010, 149~179쪽)을 참고함].

15 홍석만, 「소비신용과 이자 그리고 신자유주의 축적체제」, 『참세상』, 2013년 10월 20일. 이를 이용해 수탈률을 계산했지만, 수탈이라는 개념 설정 자체가 마르크스의 가치론과 맞설 수 있고, 수탈을 계산하는 자체가 비약일 수 있다. 그럼에도 신자유주의 체제의 '강탈에 의한 축적'을 구체화하기 위하여 따져보았다. 앞으로 가치론과 관련하여 더 숙고하고자 한다.

16 수탈률에 관한 공식과 논의는 홍석만, 같은 글 참고함.

17 『레디앙』, 2013년 7월 3일.

18 레스 레오폴드Les Leopold, 『싹쓸이 경제학』, 조성숙 옮김, 미디어윌, 2014, 57쪽.

19 같은 책, 58쪽.

20 같은 책, 41쪽.

21 같은 책, 28쪽.

22 『한겨레신문』, 2015년 7월 27일.

23 『경향신문』, 2015년 7월 12일.

24 『한겨레신문』, 2013년 10월 27일.

25 『경향신문』, 2015년 7월 13일.

26 『연합뉴스』, 2015년 3월 23일.

27 송기균, 『고환율의 음모』, 21세기북스, 2012, 175쪽.

28 같은 책, 178쪽.

29 강수돌, 「신자유주의 세계화의 근본 문제와 삶의 대안」, 『신자유주의와 이주노동』(제 2회 이주노동자운동 정책심포지움 자료집), 2004년 11월, 5쪽.

30 『한겨레신문』, 1997년 6월 13일.

31 『한겨레신문』, 2013년 9월 11일 참고함.

32 Alyssa Davis and Lawrence Mishel, "CEO pay continues to rise as typical workers are paid less", *Economic Policy Institute*, June 12, 2014. 3쪽.

33 『한겨레신문』, 2014년 10월 8일.

34 김낙년, 「한국의 소득집중도 추이와 국제비교, 1976~2010: 소득세 자료에 의한 접 근」, 『경제분석』 제18권 3호, 2012년 9월, 94쪽.

35 『한겨레신문』, 2014년 10월 8일.

36 『한겨레신문』, 2014년 10월 8일, 『주간조선』, 2014년 9월 29일, 참고함.

37 『아주경제』, 2013년 11월 19일.

38 신광영, 「중산층 위기」, 『불평등 한국, 복지국가를 꿈꾸다』, 후마니타스, 2015, 59~60쪽.

39 토마 피케티, 『21세기자본』, 장경덕 외 옮김, 글항아리, 2014, 32쪽.

40 같은 책, 39~40쪽 요약함. 여기서 r은 연평균 자본수익률을 뜻하며, 자본에서 얻는 이 윤, 배당금, 이자, 임대료, 기타 소득을 자본 총액에 대한 비율로 나타낸 것이다. 그리 고 g는 경제성장률, 즉 소득이나 생산의 연간 증가율을 의미한다.

41 『주간조선』, 2014년 9월 29일.

42 정부는 비정규직을 2014년 9월 현재 591만 명(32.1%)으로 집계하고 있지만, 이 또한 무기계약직과 사내하청이 빠져 있다. 비정규직 노동자를 대략 1000만 명으로 보는 것 이 학계와 노동계의 정설이다. 2015년 8월 현재 비정규직 노동자가 850만 명이며 특 수고용과 불법파견 노동자가 최소한 200만 명에 이른다. 실업자 또한 110만 명 내외 로 발표하고 있지만, 이에는 하루에 1시간 노동하는 이들도 포함시키고, 구직을 포기

한 자들을 전체 숫자에서 제외하는 등 허수가 많다. 실업자 또한 대략 200만 명 정도로 파악함이 상식이다.

43 정부는 2014년 11월 현재 자영업자가 567만 6,000명에 이르는 것으로 발표하고 있으나 현대경제연구원은 720만 명으로 추산한다. 후자가 더 신뢰를 갖는 것으로 판단했다. 2012년에 소상공인진흥원은 100만 원도 벌지 못하는 자영업자가 57%로, 민주당 이낙연 의원은 2013년 10월에 국세청 자료를 바탕으로 56%로 추산했다. 국세청이 새누리당 심재철 의원에게 제출한 개인사업자 폐업 현황을 보면 2003년부터 2012년까지 10년간 폐업한 자영업체는 793만 8683곳에 달했다. 창업 후 생존율도 창업 1년 후 83.8%지만 창업 3년 후 40.5%, 창업 5년 후 29.6%다(『아시아경제』, 2015년 1월 1일).

44 공정거래위원회가 2014년 7월 8일에 발표한 「다단계 판매업자의 정보공개에 관한 고시」에 의한 통계다(『데이타 뉴스』, 2014년 7월 9일).

45 『한겨레신문』, 2015년 3월 23일.

46 『국민일보』, 2015년 6월 23일. 여기에 금융기관의 금융부채가 5179조 원이어서 대한민국 총부채는 자그마치 1경 원이 넘는다.

47 키움증권은 2012년 8월 29일 「가계부채에 대한 오해와 진실」 보고서를 통해 "일부 부동산정보업체에서 추정한 아파트 전세 시가 총액(907조 8000억 원)을 감안하면 전체 가계부채는 2000조 원, 가처분소득 대비 가계부채비율은 296%에 달하며, 보수적으로 평가하더라도 각각 1600조 원, 230% 수준"이라고 추정했다(『한국일보』, 2012년 8월 30일). 이후 총가계부채가 1000조 원에서 1200조 원으로 증가했으므로 실질적으로 2000조 원이 넘는다. 2014년 3월 가계금융 복지조사 결과에 따르면 가구당 평균 부채는 5993만원이다.

48 『한겨레신문』, 2014년 10월 4일.

49 『뉴스토마토』, 2015년 5월 26일.

50 조돈문, 「신자유주의 구조조정의 경험과 노동계급의 계급의식」, 『경제와 사회』, 2008년 가을호, 통권 79호, 188쪽 참고함.

51 같은 글, 208쪽.

52 박재규, 「신자유주의 경제정책과 노동자의 삶의 질 변화: 한국의 사례」, 『한국사회학』, 제35집 6호, 2001년, 100~101쪽.

53 니치niche란 성모 마리아상 등을 두기 위하여 벽에 오목하게 홈을 판 벽감壁龕을 뜻한다. 현실에서 도피하여 정치와 계급의식, 사회의식 등을 소거하고 일상의 행복과 안락을 추구하는 문화적 경향을 의미한다.

54 이득재, 「신자유주의 국가의 주체화 양식: 교육과 문화를 중심으로」, 『문화과학』, 2008년 여름호, 2008년 6월, 69쪽.

55 강수돌, 앞의 글, 6~7쪽 참고하여 필자가 재구성함.

56 『민중언론』, 2007년 1월 17일.

57 지그문트 바우만Zigmunt Bauman, 카를로 보르도니Carlo Bordoni, 『위기의 국가』, 안규남 옮김, 동녘, 2014, 47쪽.

58 셸던 월린Sheldon S. Wolin, 『이것을 민주주의라고 말할 수 있을까: 관리되는 민주주의와 전도된 전체주의의 유령』, 우석영 옮김, 후마니타스, 2013, 81~117쪽 요약함. 물론 전도된 전체주의는 미국 사회, 특히 조지 부시 대통령 정권하의 미국 사회에 적용한 것이다. 이를 모든 나라에 적용하는 것은 성급한 일반화의 오류를 범할 것이다. 하지만 기업의 국가 지배, 탈동원화한 대중, 관리되는 민주주의, 효율성의 이름으로 국가의 강제와 폭력의 합리화, 노동자에 대한 신자유주의의 공포 확산과 이를 통한 지배, 지식인에 대한 체제 내 통합 등은 한국 사회와 유사하다.

59 조셉 스티글리츠Joseph E. Stiglitz, 『불평등의 대가: 분열된 사회는 왜 위험한가』, 이순희 옮김, 열린책들, 2013, 431~462쪽 요약함.

60 1970년대까지만 해도 모든 선진국(미국, 스웨덴, 독일, 일본 등 모두 포함)에서 소득세 최고 세율은 75~90퍼센트였다. 우리나라에서도 박정희에서 노태우에 이르는 군부독재 시기에 부자들이 내야 할 소득세 최고세율은 75~90퍼센트에 달했다. 이러한 고율 소득 과세의 논거는 '불로소득=착취론'이다. 국민모임 주최의 토론회에서 정승일, 「사회민주주의 경제 모델과 경제사회정책 과제」와 정동영 전 의원의 제안을 참조함.

61 2011년의 조사의 경우 한국의 30대 기업에서 모든 비정규직을 정규직으로 전환하는 데 드는 비용은 그해 30대 기업이 올린 당기순이익 49조 7천억 원의 1.5%인 7천9백억 원에 지나지 않았다. 『시사저널』, 2012년 10월 31일.

62 IMF Strategy, Policy, and Review Department, "Cause and Consequences of Income Inequality: A Global Perspective", IMF, 15 June 2015, 7쪽.

63 같은 책, 18~22쪽 요약함.

64 『뉴스원』, 2014년 9월 9일.

65 『뉴스원』, 2014년 9월 9일.

66 『한국교육신문』, 2014년 9월 22일.

67 동북아시아개발은행에 대해서는 이미 와다 하루키和田春樹 교수가 『동북아시아 공동의 집』(이원덕 옮김, 창작과비평사, 2004, 259쪽)에서 제시한 바 있다.

68 이매뉴얼 월러스틴, 『사회과학으로부터의 탈피: 19세기 패러다임의 한계』, 창작과비평사, 1994, 264~283쪽.

69 汪暉·柯凱軍, 「關於現代性問題答問」, 李世濤 主編, 『知識分子立場: 自由主義之爭與中國思想界的分化』, 時代文藝出版社, 2000, 134쪽; 백승욱, 「신자유주의와 중국 지식인의 길찾기」, 『역사비평』 55호, 2001년 5월, 286쪽 재인용.

70 박희, 「세계경제의 위기와 동아시아의 부상」, 『담론 201』, 한국사회역사학회, 2011, 34쪽.

71 카를 마르크스, 『철학의 빈곤』, 강민철·김진영 옮김, 아침, 1989, 173쪽.

72 Robert C. Tucker, *The Marx-Engels Reader*, New York: Norton, 1978, 522~524쪽.

73 강내희, 「신자유주의 위기 시대 코뮌 운동의 주체 형성」, 『문화과학』 통권 60호, 2009년 겨울호, 69쪽.

74 2014년 10월 29일 고용노동부가 집계한 '2013년 전국 노동조합 조직 현황'을 보면, 노동조합 가입 자격이 있는 노동자 1798만 1,000명 가운데 노조원이 184만 8,000명으로 노조 조직률은 10.3%다(『한겨레』 2014년 10월 29일).

75 이는 에릭 올린 라이트와 루카 페론이 "Marxist Class Categories and Income Inequality", *American Sociological Review*, Vol. 142, Feb. 1978, 33~34쪽에서 마르크스의 계급 범주를 보완하여 설정한 모형을 수용한 것이다.

76 데이비드 하비, 『신자유주의: 간략한 역사』, 최병두 옮김, 한울, 2007, 194~201쪽. 하비에 의하면, 민영화, 상품화, 금융화, 위기의 관리와 조작, 국가의 재분배라는 네 가지 양상을 포함하여 특허 및 지적소유권으로부터의 지대 추출, 한 세대 이상의 계급투쟁으로 획득한 다양한 형태의 공적 소유권의 완화 또는 제거, 국가의 모든 연금 수급권의 민영화 등 신자유주의 메커니즘에서 일반화된 축적 상품화, 사유화, 식민지 자원의 수탈, 노예화, 신용을 통한 수탈 등이 탈취에 의한 축적이다.

77 조돈문, 앞의 글, 188~189쪽.

78 같은 글, 194쪽.

79 조돈문, 「한국 노동계급의 계급의식과 보수화」, 『경제와 사회』 제72호, 11~41쪽 요약함.

80 조돈문 교수의 조사에서 증권 등 재테크 투자 유무, 아파트 소유 유무라는 변수를 넣어 조사하면 상당히 유의미한 결과가 나올 것이다.

81 이는 필자가 2015년 9월 16일에 프란치스코 교육관에서 국민모임, 노동정치연대. 정의당, 노동당의 후신인 진보결집+. 노동정치연대의 각 대표 및 실무자들이 '진보통합을 위한 진보혁신회의 합동워크숍'을 가진 자리에서 발표했던 문건, 「진보의 성찰과 혁신과제」를 요약한 것임.

82 클라이브 톰슨Clive Thompson, 『생각은 죽지 않는다』 이경남 옮김, 알키, 2015, 359~360쪽.

83 조돈문, 앞의 글, 192쪽.

84 왕후이汪暉, 『새로운 아시아를 상상한다』, 이욱연 옮김, 창작과비평사, 2003, 243쪽.

85 신승환, 『철학, 인간을 답하다』, 21세기북스, 2014, 225쪽.

86 『연합뉴스』, 2010년 5월 13일자 참조함.

87 조돈문, 『비정규직 주체형성과 전략적 선택』, 매일노동뉴스, 2012, 358쪽.

88 같은 책, 358쪽.

89 카를 마르크스·프리드리히 엥겔스, 「독일 사회주의노동자당 강령(고타강령)」, 『프롤레타리아당 강령』, 앞의 책, 104~105쪽.

90 김세균, 「한국진보정치의 회생을 위한 제언」, 『사상이 필요하다』, 글항아리, 2013,

223~224쪽을 참고하여 재구성함.

91 『會三經』, 「三神」: "夫始而生者 天之道也 資而育者 地之道也."

92 『天符經』: "人中天地一."

93 주강현, 「두레의 조직적 성격과 운영방식」, 『역사민속학』 제5권, 1996, 136쪽.

94 이해준, 「한국의 마을문화와 자치·자율의 전통」, 『한국학논집』 제32집, 2005, 216~217쪽.

95 같은 글, 229쪽.

96 정약용, 『與猶堂全書』, 「第一詩文集」, 第十一卷, '田論' 3: "每役一日 閭長注於冊簿 秋旣成 凡五穀之物 悉輸之閭長之堂[閭中之都堂也] 分其糧 先輸之公家之稅 次輸之閭長之祿 以其餘 配於日役之簿 (……) 人莫不盡其力而地無不盡其利 地利興則民產富 民產富則風俗惇而孝悌立 此制田之上術也."

97 최상천, 「정약용의 여전제의 기본원리」, 『한국전통문화연구』 제10집, 1995, 25~26쪽 참고함.

98 『論語』, 「季氏」, "有國有家者 不患寡而患不均 不患貧而患不安."

99 『삼국사기』, 「신라본기」, 성덕왕 21년조: "始給百姓丁田."

100 이정철, 「대동법을 통해서 본 조선시대 공공성 관념과 현실」, 『역사비평』 94호, 2011, 124쪽.

101 "몬드라곤은 노동자생산협동조합이라는 독특한 지배구조를 갖고 있는 기업집단이다. 2011년 기준으로 260개 협동조합에 8만 4천 명이 일하고 있는데 이 가운데 3만 5천 명이 출자금을 낸 조합원이다. 매출은 우리 돈으로 22조 3820억 원, 당기순이익은 2840억 원, 스페인에서 9번째로 큰 기업집단이다. (……) 몬드라곤에서는 모든 노동자(조합원)가 동등한 1인 1표의 권리를 행사한다. 조합원들은 1인당 평균 1억 9천만 원 정도의 지분을 보유하고 있는데 이는 퇴직할 때 돌려받게 된다. 몬드라곤의 노동자들은 모두 동일노동 동일임금 원칙을 적용받는데 평균 연봉은 5300만 원 정도. 조합원들은 추가로 출자금에 대한 이자와 배당을 받게 된다. 조합원은 전체 노동자의 40% 수준, 3만 5천 명 정도다. 연말 배당은 평균 1400만 원 정도다"(『미디어 오늘』, 2012년 3월 3일).

102 하워드 제어Howard Zehr, 『회복적 정의란 무엇인가』, 손진 옮김, KAP, 2011, 59쪽.

103 같은 책, 57~58쪽.

104 같은 책, 59쪽.

105 같은 책, 207쪽.

106 같은 책, 268쪽.

107 Adam M. Brandenburger and Barry J. Nalebuff, *Co-opetition*, New York: A Currency Book Publish, 1996, 92~93쪽.

108 『세계일보』, 2013년 3월 18일.

109 장 지글러, 『탐욕의 시대』, 양영란 옮김, 갈라파고스, 2008, 79쪽 참고함.
110 같은 책, 92쪽.
111 같은 책, 36쪽.
112 같은 책, 36쪽.

5장 과학기술의 도구화와 상품화

1 『동아일보』, 2000년 6월 26일.
2 『자본 I-1』, 594쪽. [M I], 416쪽.
3 헤르베르트 마르쿠제, 『일차원적 인간』, 차인석 옮김, 진영사, 1974, 19~24쪽.
4 프리초프 카프라, 『현대 물리학과 동양 사상』, 범양사, 1994, 356쪽.
5 같은 책, 96쪽.
6 A. N. Whitehead, *The Function of Reason*, Boston: Beacon Press, 1958, 89쪽.
7 A. N. Whitehead, *Process and Reality, An Essay in Cosmology*, New York: The Free Press, 1991, 29쪽.
8 칼 세이건, 『악령이 출몰하는 세상』, 김영사, 2001, 40쪽.
9 같은 책, 33쪽.
10 프리초프 카프라, 앞의 책, 96쪽.
11 칼 세이건, 앞의 책, 310쪽.
12 〈위키피디아〉, 'One Million Dollar Paranormal Challenge'http://en.wikipedia.org/wiki/One_Million_Dollar_Paranormal_Challenge(2015년 8월 27일).
13 칼 세이건, 앞의 책, 318~319쪽.
14 『한겨레신문』, 2015년 3월 13일.
15 데이비드 크리스천David Christian · 밥 베인Bob Bain, 『빅 히스토리』, 조지형 옮김, 해나무, 2014, 84쪽.
16 같은 책, 85쪽.
17 지금까지 우주의 기원에 대해서는 로렌스 크라우스, 『무로부터의 우주』(박병철 옮김, 승산, 2013)와 크리스 임피Chris Impey, 『세상은 어떻게 시작되었는가』(이강환 옮김, 시공사, 2013), 브라이언 그린Brian Greene, 『우주의 구조』(박병철 옮김, 승산, 2005)를 참고하여 재구성함.
18 데이비드 크리스천 · 밥 베인, 앞의 책, 121~130쪽 참조함.
18 이 단락은 피터 워드Peter D. Ward, 조 커슈빙크Joe Kirschvink, 『새로운 생명의 역사』, 이한음 옮김, 까치, 2015, 24~106쪽을 참고하여 재구성함.
20 리처드 도킨스, 『만들어진 신』, 이한음 옮김, 김영사, 2007, 219쪽.
21 같은 책, 180쪽.

22 칼 세이건, 앞의 책, 43쪽.

23 피터 왓슨, 앞의 책, 72쪽.

24 데이비드 J. 린든David J. Linden, 『우연한 마음』, 김한영 옮김, 시스테마, 2009, 59쪽.

25 피터 왓슨, 앞의 책, 65쪽 참고하여 필자가 재구성함.

26 Vargha-Khadem F, Gadian DG, Copp A, Mishkin M: "FOXP2 and the neuroanatomy of speech and language", *Nat Rev Neurosci*, 6, 2005: 131~138쪽, French C. A.; Fisher S.E., "What can mice tell us about Foxp2 function?", *Current opinion in neurobiology* Vol. 28, 2014, 72~79쪽.; Han T. U.; Park J.; Domingues C. F., "A study of the role of the FOXP2 and CNTNAP2 genes in persistent developmental stuttering", *Neurobiology of disease*, Vol. 69, 2014, 73쪽에서 재인용함.

27 이정덕, 「사회생물학에 의한 지식 대통합이라는 허망한 주장에 대하여: 문화를 중심으로」, 『2009 사회생물학 심포지엄─부분과 전체: 다윈, 사회생물학, 그리고 한국』, 서울대 사회과학연구원 · 이화여대 통섭원 · 한국과학기술학회, 2009년 11월 7일, 103쪽.

28 요아힘 바우어, 『공감의 심리학』, 이미옥 옮김, 에코라이브, 2006, 181쪽.

29 지금까지 뇌의 신경가소성에 대해서는 Azari NP & Seitz RJ, "Brain Plasticity and Recovery from Stroke", *American Scientist* 88, 2000, 426~431쪽을 참고함.

30 같은 책, 86쪽.

31 같은 책, 86쪽.

32 윌슨의 'consilence'는 이런 면에서 타당하지 않지만, 인문학과 제3세계의 학문을 정복과 계몽 대상으로 간주한 데서 빚어진 신종 오리엔탈리즘이기도 하다. 최재천 교수는 윌슨의 'consilence'를 '통섭統攝'으로 번역했다. 다양한 학문, 인문학과 문화마저 윌슨류의 사회생물학으로 환원하여 해석한다는 뜻으로 사용할 때는 그 용어가 타당할지도 모르겠다. 하지만 전체주의적 발상을 벗어나서 지식대통합, 학문 간 융복합, 학제 간 소통과 대화로 사용할 때 이는 타당하지 않다. 회통會通이 이에 정확히 부합하는 용어이며, 이미 많이 사용한 점을 고려하면, 최소한 '통섭通攝'으로 수정하여 사용해야 한다.

33 대니얼 샥터Daniel L. Schacter에 따르면, 기억의 왜곡에 관여하는 요인은 일곱 가지다. 시간에 따라 정신이 흐려지는 소멸transience, 주의를 기울이지 않아서 잊어버리는 정신없음absent mindness, 혀끝에 맴돌면서 기억이 나지 않는 것인 막힘blocking, 강간당한 여성이 텔레비전에서 본 얼굴을 강간범으로 착각하는 것처럼 잘못 귀속시키는 오귀속misattribution, 최면술의 암시처럼 암시에 의하여 기억이 왜곡되는 암시성suggestibility, 살인 현장의 목격자가 평소 폭력적이었던 사람이 칼을 휘두른 것으로 착각하는 것처럼 편향된 생각에 따라 왜곡되는 편견bias, 원치 않는 기억을 계속적으로 회상하는 지속성persistence 등이 있다(가자니가, 앞의 책, 169쪽).

34 리처드 도킨스, 『이기적 유전자』, 72쪽.

35 같은 책, 47쪽.

36 같은 책, 56쪽.

37 같은 책, 139쪽.

38 이한음, 『호모 엑스페르투스: 실험, 인류의 미래를 열다』, 효형출판, 2008, 94쪽.

39 이한음, 앞의 책, 91쪽.

40 Hyun-Wook Ryu, Dong Hoon Lee, et. al., "Influence of Toxicologically Relevant Metals on Human Epigenetic Regulation", *Toxicological Research*, Vol. 31, No. 1, 2015, 1쪽.

41 元曉, 『기회본』, 卷2, 『한불전』, 제1책, 746-하-747-중: "若論其常住 不隨他成 曰體 論其無常 隨他生滅 曰相 得言體相 相是無常 (……) 如是一心隨無明緣變作多衆生心 而其一心常自無二 (……) 又雖心體生滅 而恒心體常住 以不一不異故 所謂心體不二而無一性 動靜非一而無異性."

42 元曉, 『大乘起信論別記』(이하 『별기』로 약칭함), 卷2, 『한불전』, 제1책, 681-중. "心之生滅 依無明成 生滅之心 從本覺成 而無二體 不相捨離 故爲和合."

43 브라이언 그린, 『우주의 구조』, 박병철 옮김 , 승산, 2005, 549쪽 요약함.

44 크리스 임피, 앞의 책, 448쪽.

45 같은 책, 430~431쪽.

46 같은 책, 448~449쪽 요약함.

47 홍주유 교수에 따르면, 투톡과 스타인하드의 모형은 입자물리학과 우주론에서 일반적으로 받아들여지는 이론이 아니다. 수학적으로 완결적인 유일무이의 이론을 찾겠다는 본래의 의도와는 달리 너무나 많은 수의 가능한 이론이 있다는 결론에 도달해 다중우주multiverse나 인류학적 원리anthropic principle 같은 논란의 소지가 많은 쪽으로 연구의 방향이 바뀌어 여러 비판에 직면해 있다.

48 Richard Dawid, *String Theory and the Scientific Method*, Cambridge: Cambridge University Press, 2013, 156쪽.

49 진화와 등산의 비유는 리처드 도킨스, 『만들어진 신』, 189~190쪽.

50 Joshua A. Cullen, Takashi Maie, Heiko L. Schoenfuss, Richard W. Blob, "Evolutionary Novelty versus Exaptation: Oral Kinematics in Feeding versus Climbing in the Waterfall-Climbing Hawaiian Goby Sicyopterus stimpsoni", *PLOS ONE*, 8(1), 4 Jan. 2013 (http://journals.plos.org/plosone/article?id=10.1371/journal.pone.0053274. 8월 27일).

51 신승환, 『철학, 인간을 답하다』, 339쪽.

52 같은 책, 364쪽.

53 같은 책, 352~353쪽.

54 같은 책, 363쪽.

55 같은 책, 379쪽.

56 같은 책, 351쪽.

57 이성규,「석굴암의 과학」, 국립문화재연구소 엮음,『문화유산에 숨겨진 과학의 비밀』, 고래실, 2007, 242쪽.

58 같은 책, 243쪽.

59 이러기 위해서는 "바닥의 돌을 마치 구들을 놓듯 질서정연하게 시공해야 했을 텐데 60년대의 보수 공사 때 이러한 효과를 고려한 바닥구조가 확인되지 않았다"라는 반박도 있다(이종호,『세계 최고의 우리 문화유산: 과학자의 눈으로 본 동시대 최고 수준의 한국 문화유산』, 컬처라인, 2001, 297쪽).

60 존 로빈스John Robbins,『육식, 건강을 망치고 세상을 망친다』1권, 이무열 옮김, 아름드리미디어, 2000, 318쪽.

61 같은 책, 319쪽.

62 같은 책, 321쪽.

63 〈신문 아카하타〉 편집국 지음,『원전마피아, 이권과 종속의 구조』, 홍상현 옮김, 나름북스, 2014, 53쪽.

64 같은 책, 70쪽.

65 같은 책, 1장, 3장, 5장 요약.

6장 근대성의 위기

1 박흥식,「흑사병과 중세 말기 유럽의 인구 문제」,『서양사론』93권, 2007년, 5~32쪽 참고함.

2 〈위키피디아〉, 'black death'(https://en.wikipedia.org/wiki/Black_Death, 2015년 8월 27일).

3 존 켈리John Kelly,『흑사병시대의 재구성』, 이종인 옮김, 소소, 2006, 401~402쪽.

4 수잔 스콧Susan Scott, 크리스토퍼 던컨Christopher Duncan,『흑사병의 귀환』, 황정연 옮김, 황소자리, 2005, 280~284쪽.

5 '모더니즘'에 대해 "모더니티의 논리 및 사유 체계", 곧 "자본제와 산업화 이후 중세의 전통에 대립하여 제기된 새로운 논리 및 사유 체계, 기계 문명적이고 주관주의적인 것, 감수성의 혁신을 주장하는 여러 새로운 경향의 총칭"으로 정의한다. 여기엔 두 흐름이 있다. 아폴론을 지향하는 전기의 모더니즘은 고전적 전통을 지향하며 형식의 새로운 창조와 감수성의 혁신에 관심을 가지며 이성을 강조하고 주지적主知的인 경향을 띤다. 디오니소스를 지향하는 후기의 모더니즘은 낭만적 전통을 지향하며 형식과 인습을 거부하고 감성을 강조하고 반주지적反主知的인 경향을 띤다. 전자가 머리에 바탕을 둔 차가운 모더니즘으로 파시즘에 동조했다면, 후자는 가슴에 바탕을 둔 뜨거운 모더니즘으로 기존 체제에 대해 부정적이었다.

6 카를 마르크스·프리드리히 엥겔스, 『독일이데올로기 I』, 앞의 책, 42~43쪽.

7 카를 마르크스, 「정치경제학 비판 서문」, 마르크스·레닌주의 연구소, 『맑스엥겔스선집 I』, 백의, 1989, 382~383쪽.

8 김성기 편, 『모더니티란 무엇인가』, 민음사, 1994, 19쪽 일부 참고하여 재구성함.

9 신승환, 『포스트모더니즘에 대한 성찰』, 살림, 2003, 23쪽.

10 백훈승, 「이성적인 것은 현실적이고 현실적인 것은 이성적인가」, 『범한철학』 제33집, 2004년 여름호, 154쪽 재인용.

11 M. Heidegger, Nietzsches Wort "Gott ist tot" in *Hozwege*, Frankfurt M., 1950, s.247; 신승환, 같은 책, 86쪽 재인용.

12 Jacques Derrida, *Speech and Phenomena and Other Essays on Husserl's Theory of Sign*, tr., David B. Allison, Evanston: Northwestern University Press, 1973, 129~133쪽. 츠이difference에 대해서는 464~465쪽에서 자세히 설명할 것이다.

13 이는 만들어진 허구라는 설이 있다. 사실이든 아니든, 이런 이야기가 폭넓게 퍼진 것은 성직자들의 주장이 미신적이고 갈릴레이의 주장이 과학적임을 대중이 보편적으로 수용했기 때문이다.

14 신승환, 『포스트모더니즘에 대한 성찰』, 살림, 2003, 22쪽.

15 같은 책, 57쪽.

16 Steven Pinker, *The Blank Slate: The Modern denial of human Nature*, New york: Viking, 2002, 212쪽; 에드워드 슬링거랜드, 『과학과 인문학: 몸과 문화의 통합』, 김동환·최영호 옮김, 지호, 2015, 205쪽 재인용.

17 같은 책, 207쪽.

18 같은 책, 348쪽.

19 클라이브 갬블Clive Gamble, 『기원과 혁명: 휴머니티 형성의 고고학』, 성춘택 옮김, 사회평론, 2013, 131쪽.

20 같은 책, 132쪽.

21 G. 레이코프·M. 존슨Mark Johnson, 『몸의 철학: 신체화된 마음의 서구 사상에 대한 도전』, 임지룡 외 옮김, 박이정, 2005, 801쪽.

22 감각에 관한 은유는 G. 레이코프·M. 존슨, 『삶으로서의 은유』, 노양진·나익주 옮김, 박이정, 2006, 37~52쪽 참고하여 필자가 재구성함.

23 C. Tilley, *Metaphor and Material Culture*, Oxford: Blackwell, 1999, 34쪽; 클라이브 갬블, 앞의 책, 100쪽 재인용.

24 에드워드 슬링거랜드, 앞의 책, 278~279쪽 참고하되 필자의 생각을 추가함.

25 모리스 메를로-퐁티Maurice Merleau-Ponty, 『지각의 현상학』, 류의근 옮김, 문학과지성사, 2002, 227~229쪽.

26 피에르 부르디외Pierre Bourdieu에 의하면, 아비투스habitus란 "특정 계층이 특정한 사회

문화 환경에서 그 문화를 지속적으로 습관화하고 육화하여 현재의 사회문화의 장에
서 객관적인 사회구조와 주관적인 개인의 행위를 통합적으로 파악하는 무의식적 인
식의 틀이자 개인적으로 체화하고 내면화한 취향 및 성향체계 및 실천들의 발생원리
이자 이를 구조화하고 의미화하는 체계"를 뜻한다. 이는 구조적인 동시에 주관적이
며, 계급의 이데올로기가 투영된 것이자 개인적 지각이 결합한 것이다. 예를 들어, 모
임에서 상층의 사람들이 서양 고전음악을 들으며 와인을 마시고 반면에 서민이 뽕짝
을 들으며 소주잔을 부딪치는 것은 개인이 이 실천에 의미를 부여하며 지각하면서 실
천하는 취향인 동시에 부모와 주변사람들로부터 전승되어 습관화, 구조화한 것이다.
피에르 부르디외, 『구별짓기: 문화와 취향의 사회학 上』, 최종철 옮김, 새물결, 1995,
279, 281, 282쪽 참고함.

27 Steven Mithen, *The prehistory of the Mind: The cognitive origins of art and science*, Lon-
don: Thames & Hudson, 1996; 에드워드 슬링거랜드, 앞의 책, 263쪽 재인용.

28 슬링거랜드, 앞의 책, 284쪽.

29 G. 레이코프·M. 존슨, 『삶으로서의 은유』, 91~94쪽 참고하여 필자가 재구성함.

30 Dorothy Cheney & Robert Seyfarth, *How monkeys see the world: Inside the mind of an-
other species*, Chicago: University of Chicago Press, 1990, 286쪽; 슬링거랜드, 앞의 책,
261쪽 재인용.

31 Ludwig Wittgenstein, *Tractatus Logico-Philosophicus*, tr., D.F. Pears & B.F. McGuin-
ness, London: Routeledge & Kegan Paul, 1961, 151쪽.

32 Ferdinand de Saussure, *Course in General Linguistics*, tr., Wade Baskin, New York:
Philosophical Library, 1959, 118쪽.

33 자크 데리다, 『해체』, 김보현 편역, 문예출판사, 1996, 132쪽.

34 Jacques Derrida, *Writing and Difference*, tr., Alan Bass, Chicago: University of Chicago
Press, 1978, xvi-xvii 참조하여 필자 재구성함.

35 원효, 『금강』, 『한불전』, 제1책, 653上: "舍利佛言 一切萬法 皆悉文言 文言之相 卽非爲
義 如實之義 不可言說 今者如來 云何說法 (……) 一切萬法者 世間言說 所安立法 如言
之法 皆無所得故 唯文言 卽非爲義 諸法實義 絶諸言說 今佛說法 若是文言 卽無實義
若有實義 應非文言 是故問言 云何說法."

36 원효, 『기회본』, 권2, 『한불전』, 제1책, 744상: "(……) 所以眞如平等離言者 以諸言說唯
是假名 故於實性不得不絶 又彼言說相但隨妄念 故於眞智不可不離 由是道理故說離絶
故言乃至不可得故 顯體文竟."

37 원효, 『금강』, 『한불전』, 제1책, 643-중: "不羈者 非名非義故 名義互爲客故."

38 같은 책, 640-중: "故言不無於義也 如是不有名義而亦不無名義 由是道理 不可思議也."

39 같은 책, 643상: "非名者 離名句文能詮相故 非相義者 離名所詮相 當名之義故."

40 원효, 『기회본』, 권2, 『한불전』, 제1책, 744-상: "離名字相者 非如名句所詮故 (……) 隨

諸熏習差別顯現 而爾可言之性差別 旣離可言可緣差別 卽是平等眞如道理."

41 Ludwig Wittgenstein, *Tractatus Logico-Philosophicus*, tr., D.F. Pears & B.F. McGuinness, London: Routeledge & Kegan Paul, 1961, 151쪽.

42 "筌者所以在魚 得魚而忘筌 言者所以在意 得意而忘言."

43 "以是義故 如來常說 汝等比丘 知我說法 如筏喩者 法尙應捨 何況非法."

44 무비無比 譯解,『금강경오가해金剛經五家解』, 불광출판부, 1992, 185~189쪽.

45 원효,『십문화쟁론十門和諍論』,『한불전』, 제1책, 838-중: "但是名言 故我寄言說 以示絶言之法 如寄手指 以示離指之月."

46 元曉,『금강』,『한불전』, 제1책, 636-하-637-상: "不可思議者 摠領歎深 下別領解 於中有二 先領言句 後領義理."

47 元曉,『금강』,『한불전』, 제1책, 653-중-하: "義語非文者 語當實義故 非直空文故 文語非義者 語止空文故 不關實義故 (……) 所以佛說 乃是義語 不同凡語之非義也."

48 테리 이글턴Terry Eagleton,『문학이론입문』, 창작과비평사, 1986, 165쪽.

49 브라이언 그린, 앞의 책, 417쪽.

50 C. Barry Chabot, "The Problem of the Postmodern", *New literary history*, Vol. 20, No. 1, 1988, 18쪽.

51 알랭 투렌Alain Touraine,『현대성 비판』, 정수복·이기현 옮김, 문예출판사, 1995, 469쪽.

52 알랭 투렌이 같은 책에서 제시한 주체와 이성의 종합에 공감을 결합한 것이다.

53 Terry Eagleton, *The Illusion of Postmodernism*, Oxford: Basil Blackwell, 1996, 132쪽.

54 같은 책, 133쪽.

55 같은 책, 134~135쪽.

56 지면관계상 서술을 생략한다. 이에 대한 상세한 논의는 졸고「근대성 논의에서 패러다임과 방법론의 혁신 문제: 식민지근대화론과 내재적 근대화론을 넘어 차이와 이종의 근대성으로」(『국어국문학』153호, 2009년 12월 30일)를 참고하기 바람.

57 이 작품을 포스트모더니즘 예술작품이라 규정할 수 없지만, 기법이나 속성에서는 상통하는 것이 많다. '낯설게하기' 혹은 '부정'의 좋은 예로 제시한다.

58 테리 이글턴, 같은 책, 181쪽.

59 같은 책, 132쪽.

60 M. M. Bakhtin, P. N. Medvedev, *The Formal Method in Literary Scholarship-A Critical Introduction to Sociological Poetics*, tr., Albert J. Wehrle, Cambridge: Havard Univ. Press, 1985, 67쪽.

61 쓰는 주체는 노동자가 억압당하고 착취당하는 현실에서 노동자가 해방되는 세상을 당위로서 생각한다. 그러나 어떤 노동자는 투쟁해서 없애야 할 대상이 자기가 사랑하는 연인의 아버지일 경우도 있고, 계급의식이 강한 이도 그렇지 못한 이도 있을 것이며 계급의식과 투쟁성이 강하더라도 휴머니즘적 소양이 강하여 상대자들의 처단에

대해 머뭇거릴 사람도 있을 것이며 반면에 계급의식이나 투쟁성이 약하더라도 인간에 대한 증오심이 강하여 상대자들의 처단에 단호한 이도 있을 것이다. 또 노동자가 전경에 맞서서 돌을 던질 경우 아무런 동요도 없이 던지는 것으로 묘사한다면 계급의식과 투쟁성이 강하다고 할 수 있지만 인간적인 면모를 발견할 수 없으며 전경의 고통을 고려하여 머뭇거린다면 인간적인 면모는 있으나 계급의식과 투쟁성이 약하다고 할 것이다. 작가는 이 양자 사이를 진동하며 현실을 넘어선 무엇을 제시해야 한다. 그럴 때 예술은 정치나 과학을 넘어선다.

62 예를 들면, 국화꽃이 바로 실존의 의미를 드러내고 실존의 의미가 바로 국화꽃임을 깨달은 데서 더 나아가 국화꽃이 젊은 날의 시련과 방황을 이기고 거울 앞에 선 아름다운 누이이자 나라고 깨닫는 경지다. 그리하여 쓰는 주체는 고통과 시련이란 더 높은 삶의 단계에 이르는 길이란 깨달음을 얻어 "노오란 네 꽃잎이 피려고/ 간밤엔 무서리가 저리 내리고/ 내게는 잠도 오지 않았나 보다"라고 노래한다. 이 순간 무서리와 국화, 국화와 나의 경계는 무너진다. 이 속에서 읽는 주체는 주체와 대상, 당위와 존재의 대립이 무너지고 하나로 아울러지는 황홀감을 맛본다.

63 신승환, 앞의 책, 79쪽.

7장 분단모순의 심화와 동아시아의 전쟁 위기

1 김종대, "김종대의 군사/G2 전쟁 시나리오와 한국", 『한겨레신문』, 2015년 5월 2일 참고함.

2 영국 국제전략문제연구소IISS가 2015년 2월 11일 정례보고서에서 밝힌 것에 따르면, 2014년에 미국은 5810억 달러(약 643조 원), 중국은 1294억 달러를 국방비로 지출했다. 한국은 344억 달러(약 38조 700억 원)로 세계 10위를 차지했다(『동아일보』, "한국 국방비 세계 10위", 2015년 2월 13일).

3 『한겨레신문』, 2012년 6월 22일.

4 "1994년 '1차 북한 핵위기' 당시 클린턴 행정부가 만든 시뮬레이션 결과 개전 24시간 안에 군인 20만 명을 포함해 수도권 중심으로 약 150만 명, 개전 1주일을 넘어서면 약 500만 명의 사상자가 나올 것으로 예측되었다. 경제적 손실도 엄청나서 1000억 달러의 손실과 3000억 달러의 피해 복구 비용이 예상된다고 나왔다"(『시사 in』, 2010년 11월 29일). 이후 "한·미 양국 군이 2004년 실시한 '위게임' 시뮬레이션에 따르면 한반도에서 전쟁 발발 이후 24시간 이내에 수도권 시민과 국군, 주한미군을 포함한 사상자가 230여만 명에 달하는 것으로 추산되었다"(『세계일보』, 2013년 3월 11일).

5 체약국의 어느 일방만 준수해야 할 법적 의무를 뜻하는 일방의무조항의 경우 우리와 함께 이행법안이 미 의회에 제출된 파나마의 경우 1.5:1, 콜롬비아의 경우 3.5:1이고, 이미 발효 중인 호주의 경우 오히려 미국이 더 많은 0.8:1인데, 한미 간 비율은 8:1이

다. 미국 법은 한미 FTA 협정문보다 우선하고, 한국 법은 FTA 협정문에 종속된다. 실제로 한미 FTA가 통과되면, 미국 법은 하나도 바뀌지 않는데 우리는 23개의 법률을 개폐하여야 하고, 지방조례는 어느 정도인지 파악도 되지 않았다. 한미 FTA 협정문은 독소 조항의 보고다. 투자자-정부 제소제만이 아니라 역진방지조항(래칫), 네거티브 리스트, 허가-특허연계조항, 미래의 최혜국대우MFN, 자동차 부문에 스냅백 조항, 인터넷 사이트 폐쇄, 금융세이프가드조항, 개성공단조항, 투자부문 입증책임조항 등은 궁극적으로 우리 정부의 이른바 '정책공간policy space'을 제약, 위축시켜 공공성의 구현에 장애를 발생시킬 것이다. 역진방지rachet 조항만 하더라도, 쌀 개방으로 쌀농사가 전폐하고, 식량이 무기화하는 상황이 와도 예전 수준으로 환원이 불가하고 전기, 가스, 수도가 민영화한 후에 독점 등으로 가격이 폭등하여 혼란이 발생해도, 교육 및 문화 분야가 사유화하여도, 예전 수준으로 환원이 불가하다.

6 이는 2인자를 인정하지 않는 유일 체제의 속성, 김정은의 과단성에서도 비롯되지만, 식량 사정의 개선, 경제정책의 성공, 자원 개발에 따른 성장 기대와 자금 확보, 핵무기와 발사체 기술 확보를 통한 억지 전략의 수립 등의 요인에 의하여 북한 주민으로부터 지지를 받고 미국을 견제할 수 있는 대내외적 자신감에서 기인한 것으로 보인다.

7 조희연, 「한반도 평화체제의 구축, 정전 60주년이 그 전환점 되어야」, 『한국전쟁 정전 60주년 특별세미나: 동아시아 질서와 한반도 평화체제 구축』, 불교생명윤리협회, 2013년 5월 24일, 7~8쪽 참고함.

8 김근식, "김정은 시대 북한의 대외전략 변화와 대남정책: '선택적 병행' 전략을 중심으로", 『한국과 국제정치』 29권 1호, 2013년 봄호, 193~224쪽.

9 김근식, 「김정은 체제의 대외전략 변화와 동아시아 질서: 평화의 출구전략」, 『한국전쟁 정전 60주년 특별세미나: 동아시아 질서와 한반도 평화체제 구축』, 불교생명윤리협회, 2013년 5월 24일, 33쪽 참고함.

10 이철기, 「평화협정의 필요성과 가능성, 그리고 쟁점들」, 『한국전쟁 정전 60주년 특별세미나: 동아시아 질서와 한반도 평화체제 구축』, 불교생명윤리협회, 2013년 5월 24일, 20쪽.

11 같은 글, 18쪽.

12 통계청, 『2014년 북한의 주요통계지표』, 2014년 12월 16일.

13 『노컷뉴스』는 통일부 발표를 빌려 북한의 2012년 예산 가운데 국방비는 9억 1천만 달러로 추정했으며(2013년 4월 3일자), 정세현 전 통일부 장관은 "2010년 기준 북한의 국방비 예산이 8억 1000만 달러, 같은 해 남한의 국방비 예산은 225억 7000만 달러다"라고 보았으며(『프레시안』 2014년 10월 26일), 정청래 의원은 "1년 국방비가 북한은 1조 원, 남한은 34조 원으로 남한이 북한의 34배나 된다"고 보았다(『프레시안』, 2013년 11월 15일).

14 당시 소설을 통해 이 유형의 전형화가 이루어진 것을 훨씬 더 구체적으로 인식할 수

있다. 비합리적 도덕주의자는 「삼한습유」의 향랑, 합리적 축재자는 「허생전」의 허생, 비합리적 축재자는 「흥부전」의 놀부, 합리적 도덕주의자는 「광문자전」의 광문에서 전형을 발견할 수 있다.

15 박희, 「세계 경제의 위기와 동아시아의 부상」, 『담론 201』, 한국사회역사학회, 2011년, 46~49쪽을 참고함.

16 『민중의 소리』, 2012년 2월 3일. 일본의 공식적인 통계에 의하면, 2012년 기준으로 일본 전체 비정규직 노동자는 1813만 명이며, 이 가운데 시간제 노동자의 비중은 절반 (49%)인 888만 명에 이른다.

17 전영수, 「일본의 신자유주의 도입과정과 그 특징: 경제적 관점을 중심으로」, 『일본연구논총』, 2010년, 20~23쪽 요약함.

18 Volker H. Schmidt, "Multiple Modernities or Varieties of Modernity?", *Current Sociology*, Vol. 54, No. 1, 77~97(2006), 81~82쪽.

19 表員, 『華嚴經文義要決問答』, 卷2, 『한불전』, 366-상: "言相入者 曉云 謂一切世界入 一微塵 一微塵入一切世界 三世諸劫入一刹那 一刹那入三世諸劫 如諸大小促奢相入 (……) 一是一切."

20 원효, 『금강』, 『한불전』, 제1책, 638-상: "是故非同非異而說 非同者 如言而取 皆不許 故 非異者 得意而言 無不許故 由非異故 不違彼情 由非同故 不違道理 於情於理 相望 不違 故言相應如說 如者而也."

21 화쟁적 정체성을 확립하려면 실천책으로 타자의 시선으로 그려진 드라마와 영화, 삼국 공통의 역사 교과서의 범국가적 채택, 역할 바꾸기 교육의 실시, 삼국 시민단체의 연대 등이 필요하다.

22 동아시아 시민의회는 국가나 지역에 관계없이 직능대표제로 구성한다. 국가별, 민족별 안배를 하지 않고, 몫 없는 이들의 민주주의를 위하여 18세 이상의 동아시아 시민 전체를 대상으로 무작위로 추첨하여 의원을 뽑는다.

23 남원과 함양의 경우, 전쟁이 지난 지 60년이 지났지만, 자본주의 체제가 60년 동안 주민들의 의식과 무의식을 지배하고 있다. 도법 스님이 10년이 넘는 세월 동안 '생명평화 민족화해 지리산위령제'를 지내고, '생명평화 민족화해 평화통일 지리산 천일기도' 를 수행하고 '지리산 생명평화결사'를 창설하며 다양한 방식으로 좌우의 화해마당을 열었지만, 아직도 경찰 편에 섰던 이들과 빨치산 편에 섰던 이들 사이의 골이 깊다.

24 최완규, 「남북한 통일방안의 수렴가능성연구: 연합제와 낮은 단계의 연방제」, 『북한연구학회보』제6권 1호, 2002년, 12~14쪽 참고함.

25 같은 글, 17쪽 참고함.

26 『연합뉴스』 2013년 12월 18일. 좀 더 확인이 필요하지만 『Voice of America』에 따르면, 오스트레일리아의 국제 사모펀드 'SRE 미네랄스'와 합작 개발하기로 한 정주시의 희토류의 가치만 약 65조 달러(약 6경 8,799조 원)에 이른다고 한다(『Voice of America』,

2013년 12월 7일 보도).

27 『경향신문』, 2014년 11월 5일 요약함.

28 정윤선, "남북철도 연결의 정책적·기술적 과제", 『남북철도 연결과 한반도 평화'를 위한 토론회』, 한반도평화실천기획단 준비위원회, 2014년 1월 8일, 57~58쪽 참고함.

29 같은 글, 58쪽 참고함.

30 이종석, "한반도 평화 번영과 남북철도 연결", 『남북철도 연결과 한반도 평화를 위한 토론회』, 한반도평화실천기획단 준비위원회, 2014년 1월 8일, 29~30쪽; 와다 하루키, 『동북아시아 공동의 집』, 이원덕 옮김, 창작과비평사, 2004, 259쪽; 최완규, 앞의 글, 20~21쪽 참고함.

31 『머니투데이』, 2014년 11월 27일.

32 같은 신문.

33 『매일경제』, 2009년 9월 21일.

34 최완규, 앞의 글, 24쪽 참고함.

8장 욕망의 과잉

1 Joseph E. Stiglitz, "Inequality is not Inevitable", The New York Times, 27 June 2014. 참고로 미 경제정책연구소에 따르면, 주요국의 최고경영자와 일반 직원 간의 보수 격차는 2012년 기준으로 독일 147배, 스페인 127배, 프랑스 104배, 영국 84배, 일본 64배, 한국 36배이며, 삼성은 142배다.

2 호주의 워크프리재단Walk Free Foundation이 2014년 11월 17일에 보고서를 통해 발표한 수치임(『국민일보』, 2014년 11월 19일).

3 http://www.havocscope.com/tag/human-trafficking(2015년 8월 27일).

4 UNDOCUnited Nations Office on Drug and Crime, Global Report on Trafficking in Persons 2014, New York: United Nations Publication, 2014, 5쪽.

5 같은 책, 9쪽.

6 『동아일보』, 2009년 10월 12일자 참고함.

7 『뉴스1』, 2014년 9월 24일 참고함.

8 『경향신문』, 2014년 5월 11일.

9 『한겨레신문』, 5월 11일.

10 구체적으로는 승무원 15명, 선사인 청해진해운, 고박업체 우련통운, 한국해운조합 등 침몰 원인과 관련해 기소된 11명, 구명장비 점검업체인 한국 해양안전설비 전·현 임직원 4명, 선박검사를 맡은 한국선급 검사원, 진도 해상교통관제센터VTS 소속 해경 13명, 목포해경 123정 정장, 언딘에 특혜를 준 의혹을 받은 해경 간부 3명 등이다(『연합뉴스』, 2015년 3월 24일).

11 해킹사태로 중단 상태지만, 해킹 이전만 하더라도 "캐나다의 기혼자 불륜 사이트인 애슐리 매디슨이 국내 서비스를 재개하자마자 2주 만에 10만 명 이상의 신규 회원이 가입했으며, 회사 측은 2016년까지 한국에서 160만 명 이상의 회원 확보를 예상하고 있으며, 2020년까지 한국이 전 세계에서 톱3 지역이 될 것으로 내다보고 있다. 올해 예상 수익은 83억 원이며, 현재 국내 회원은 약 19만 4천 900명이다"(『파이낸셜뉴스』, 2015년 4월 15일).

12 성노예 아동을 구하여 돌보는 재단인 '리벰버 누' 창설자인 칼 랜스턴 목사의 증언이다(『한겨레신문』, 2014년 9월 26일).

13 World Economic Forum, *The Global Gender Gap Report 2013*, Geneva: WEF, 2013, 9쪽.

14 http://cafe.naver.com/aimoc/28569(2015년 8월 27일) 참고함.

15 이한음, 『호모 엑스페르투스: 실험, 인류의 미래를 열다』, 효형출판, 2008, 16쪽.

16 야마기와 주이치, 앞의 책, 17쪽.

17 욕동drive은 동물적 본능처럼 실재계에 있는 이드id가 법과 질서를 무시하고 리비도를 발산하려 하는 것이며, 욕망desire은 오이디푸스 콤플렉스를 거쳐 주체를 형성한 인간이 아버지의 이름을 받아들여 상징계로 진입한 후에 상징으로 이루어진 법과 질서를 의식하며 에고ego가 고통이 동반된 향락인 주이상스jouissance를 이루기 위하여 열망하는 것을 의미한다. 욕동이 본능에 기원을 둔다면, 욕망은 결여에서 비롯된다. 한마디로 말하여 욕망이란 결여에 대한 집착 내지 망상이다. 'desire'란 낱말 자체가 'desiderare'에서 왔으며, 'de'는 라틴어로 '~에 관하여', 'siderio'는 '별'을 뜻한다. 'desiderare'는 '별똥별 등 사라진 별에 대한 향수나 집착'을 의미한다.

18 데이비드 J. 린든, 『우연한 마음』, 김한영 옮김, 시스테마, 2009, 40쪽.

19 지그문트 프로이트, 『문명 속의 불만』, 김석희 옮김, 열린책들, 1997, 313쪽.

20 이한음, 『호모 엑스페르투스: 실험, 인류의 미래를 열다』, 효형출판, 2008, 37쪽.

21 같은 책, 32쪽.

22 같은 책, 35쪽.

23 프로이트는 이 과정을 항문기anal stage로 본다. 프로이트는 괄약근의 조임을 통해 쾌락을 유보하면서 사회화하는 인격발달 단계로 해석하고 있다. 라캉은 여기에 거울 인식과 인정의 개념을 추가해 주체가 실은 타자로부터 기인함에 초점을 맞추고 있다.

24 Jacques Lacan, *Écrits*, tr., Bruce Fink, New York: W. W. Norton & Company, 2006, 262쪽.

25 같은 책, 699쪽.

26 같은 책, 723쪽.

27 『자본 I-1』, 570쪽. [M I], 398쪽.

28 질 들뢰즈, 펠릭스 가타리 지음, 『안티 오이디푸스: 자본주의와 분열증』, 김재인 옮김, 민음사, 2014, 384쪽.

29 같은 책, 71쪽

30 막스 베버, 『프로테스탄티즘의 윤리와 자본주의 정신』, 박성수 옮김, 문예출판사, 2013, 145쪽.

31 같은 책, 90쪽.

32 같은 책, 95쪽.

33 같은 책, 141쪽.

34 같은 책, 152쪽.

35 같은 책, 159쪽.

36 같은 책, 158쪽.

37 같은 책, 156쪽.

38 같은 책, 157쪽.

39 [EPM], 97쪽.

40 같은 책, 99~101쪽. 발췌하면서 이해를 위하여 문장의 순서는 조금 바꿈.

41 窺基, 『成唯識論述記』, 『大正藏』, Vol. 43, No. 1830, 0487a27쪽. "護法云 故彼所計心外實我法 離識所變依他二分皆定非有 非謂識變是實我法 似我法故 其外我法離識皆無 以離識體所變能取見分所取相分外無別物故 一切有情所變皆爾."

42 V. I. 레닌Vladimir Ilich Lenin, 『유물론과 경험비판론』, 정광희 옮김, 아침, 1988, 26쪽.

43 같은 책, 47쪽.

44 데이비드 J. 린든, 『고삐 풀린 뇌』, 김한영 옮김, 작가정신, 2014, 19~39쪽 참고함.

45 世親, 『唯識三十頌』, 『大正藏』, Vol. 31, No. 1586, 60a20~60b01쪽. "1.由假說我法 有種種相轉 彼依識所變 此能變唯三, 2. 謂異熟思量 及了別境識 初阿賴耶識 異熟一切種."

46 유식론약의 한글번역문(http://sockin.com.ne.kr/ilban.ja/30yu.htm, 2015년 8월 27일) 참조함.

47 유식삼십론약의 한글풀이(http://sockin.com.ne.kr/ilban.ja/30yu.htm, 2015년 8월 27일) 참조함.

48 『서울신문』, 2015년 3월 10일 참고함.

49 제9식인 아마라식을 설정할 경우, 알라야식에서 업과 윤회를 벗어나 일심에 이른 경지가 아마라식이다.

50 피터 워드, 조 커슈빙크, 앞의 책, 45~46쪽 요약함.

51 Maha-nidana Sutta, Digha Nikaya, tr., Thanissaro Bhikkhu(www.accesstoinsight.org/tipitaka/dn/dn.15.o.than.html).

52 이중표, 「불교의 생명관」, 『범한철학』 20집, 1999, 240쪽.

53 Majihima-Nykaya中部, Vol. 3, ed., Robert Chaimers, PTS, 203쪽. 같은 글, 242쪽 재인용.

54 데이비드 J. 린든, 『우연한 마음』, 김한영 옮김, 시스테마, 2009, 16쪽.

55 인간 뇌의 무게는 1.36킬로그램으로 이는 몸무게의 2% 정도에 불과하지만(데이비드 J. 린든, 『우연한 마음』, 41쪽) 신체 에너지의 20%를 소비하며, 데스크톱 컴퓨터의 중앙처리장치인 CPU는 초당 100억 개의 연산을 하지만(2006년 기준), 인간 뇌의 전형적인 뉴런은 초당 약 400스파이크를 넘지 못한다(같은 책, 50쪽).

56 데이비드 J. 린든, 『우연한 마음』, 18쪽.

57 같은 책, 19쪽.

58 데이비드 J. 린든, 『우연한 마음』, 76~77쪽.

59 자유의지free will와 결정론이 맞서고 있는데, 자유의지는 자아에서 의미를 지향하려는 지향성이 첫째 종자에 내재하는 우주의 궁극적인 원리인 진여나 도를 바탕으로 무수한 뇌 신경세포의 연결망과 결합할 때 발현하는 것으로 보인다. 상세한 논증은 추후에 두뇌 실험을 통해 밝히고자 한다.

60 까르마 C. C. 츠앙, 앞의 책, 274쪽.

61 이것은 이찬수가 "깨달음이란 본래 깨달을 수 있도록 되어 있는 바탕 위에서 기존 경험적 재료들이 적절한 순간에 재배열되면서 일어나는 일이다"라고 정의한 것에서 시사를 받았다(이찬수, 『생각나야 생각하지』, 다산글방, 2002, 80쪽).

62 사르트르Jean Paul Sartre, 『존재와 무』, 손우성 옮김, 삼성출판사, 1995, 439쪽.

63 같은 책, 449쪽.

64 이를 실천하려는 보살의 경우 자신만을 생각한다면 욕망을 완전히 소멸시켜야 하지만 중생과 동참하여 그들의 고통을 없애주려면 그들의 욕망을 수용해야 하는 딜레마에 매 순간 빠질 수밖에 없다. 이 지점에서 필요한 것이 중도中道의 지혜와 실천, 차이의 사유다.

65 피터 싱어, 앞의 책, 90쪽.

66 이는 틱낫한, 『엄마』, 이도흠 옮김, 아름다운 인연, 2009, 79~92쪽을 참고함.

9장 정보화사회의 모순

1 디지털 기술로 저장, 전송, 처리되는 정보는 0과 1로 이루어진 조합으로 이루어진다. 이러한 각각의 상태부호로서 최소의 정보저장단위를 비트bit, binary digit라고 한다. 비트가 모여 컴퓨터가 개별적으로 지정할 수 있을 정도의 그룹, 즉 8개의 비트가 모이면 이것을 바이트라고 한다.

2 니콜라스 네그로폰테Nicholas Negroponte, 『디지털이다』, 백욱인 옮김, 커뮤니케이션북스, 2000, 6~7쪽.

3 『Washington Post』, 2013년 12월 5일.

4 클라이브 톰슨, 『생각은 죽지 않는다』, 이경남 옮김, 알키, 2015, 381쪽.

5 이상 한국정보화진흥원, 『2012 신新 디지털 격차 현황 분석 및 제언: 2012 정보격차지

수 및 실태조사 요약보고서』(2013년 4월)에서 발췌했다. 말줄임표 앞에 괄호 안의 숫
자는 인용한 쪽수다.

6   같은 책, 19쪽.

7   같은 책, 40쪽.

8   안토니오 네그리Antonio Negri · 마이클 하트Michael Hardt, 『디오니소스의 노동 2: 국가형
    태비판』, 이원영 옮김, 갈무리, 1997, 158쪽.

9   에릭 브린욜프슨Erik Brynjolfsson · 앤드루 맥아피Andrew McAfee, 『제2의 기계 시대: 인간과
    기계의 공생이 시작된다』, 이한음 옮김, 청림출판, 2014, 13쪽.

10 같은 책, 173쪽.

11 Serhat Koloğlugil, "Digitizing Karl Marx: The New Political Economy of General Intel-
    lect and Immaterial Labor", *Rethinking Marxism*, Vol. 27, No. 1, 2015, 125쪽.

12 엘렌 식수Hélène Cixous · 카트린 클레망Catherine Clement, 『새로 태어난 여성』, 이봉지 옮
    김, 나남, 2008, 165~166쪽.

13 같은 책, 154쪽.

14 같은 책, 154쪽.

15 같은 책, 155쪽.

16 클라이브 톰슨, 앞의 책, 130~131쪽.

17 마크 바우어라인Mark Bauerlein 지음, 『가장 멍청한 세대』, 김선아 옮김, 인물과사상사,
    2014, 10쪽.

18 같은 책, 281쪽.

19 〈위키피디아〉, National Security Agency(https://en.wikipedia.org/wiki/National_Secu-
    rity_Agency)를 참조함.

20 Duncan Campbell, "They've got it taped: Somebody's listening", New Statesman, 12
    August 1988, 『The Telegraph』, 16 December 1997을 요약함.

21 『The Guardian』, 8 June 2013 참고함.

22 월터 J. 옹Walter J. Ong, 『구술문화와 문자문화』, 이기우 · 임명진 옮김, 문예출판사,
    1995.

23 리좀Rhyzome은 원래 찔레의 줄기처럼 땅속줄기를 말한다. 들뢰즈와 가타리는 이것과
    수목의 은유를 이용하여 탈근대적인 사유를 펼친다. 수목 모델이 근대사회처럼 수직
    으로 뿌리를 내리고 가지를 뻗어 위계와 질서를 세운다면, 땅속줄기는 옆으로 뻗으면
    서 이를 해체하고 무한한 연계망을 형성한다. 수목 모델이 둥치를 중심으로 가지를 뻗
    고 뿌리가 모여들듯 중심을 지향하고 영토화한다면, 땅속줄기는 중심이 없이 밖으로
    방향 없이 뻗어나가 탈영토화하다가 아무 데서든 둥치나 가지를 뻗어 재영토화를 한
    다. 수목 모델이 동질성에 포섭되고 하나를 지향한다면 땅속줄기는 출구도 입구도 없
    이 이를 깨고 이질성과 다양성을 지향한다. 수목이 둥치를 잘라내면 죽지만, 땅속줄기

는 아무리 뿌리를 잘라내도 죽지 않는다. 리좀은 불파열적이다.

24 Serhat Koloğlugil, 같은 글, 124~125쪽.

25 강남훈, 「정보혁명과 자본주의」, 『마르크스주의연구』 제7권 제2호(통권 18호), 2010년 5월, 42쪽.

26 같은 글, 41쪽.

27 같은 글, 42쪽.

28 같은 글, 42쪽.

29 같은 글, 45~47쪽 요약함.

30 네그레폰테, 앞의 책, 17~19쪽과 강남훈, 「정보혁명과 노동가치론」, 『사회경제평론』 제14호, 사회경제학회, 2000년, 19쪽을 참고함.

31 같은 책, 20쪽.

32 『전자신문』, 2015년 6월 2일.

33 『자본 III-2』, 883쪽. [M III], 649쪽.

34 『자본 III-2』, 883-912쪽. [M III], 649~673쪽 참고함.

35 『한국농정신문』 2013년 11월 1일자: 전국농민총연맹의 발표에 의하면, 1필지(1200평)에서 평균 25가마를 생산하고 이에 드는 생산비용이 5,827,650원이다. 이 가운데 노동비용 2,100,000원, 토지임대료가 2,040,000원이다. 노동비용과 임대료를 제하면 한 가마당 6만 7500원이 생산비로 든다. 반면에 한 가마당 가격은 17만 원가량이다.

36 강남훈, 「정보혁명과 지대에 대한 소고」, 『마르크스주의연구』 제3호, 2005년, 23쪽. 카를로 베르셀로네C. Vercellone도 "The new articulation of wages, rent and profit in cognitive capitalism"(The Art of Rent Seminar Series, London, 2008)에서 "자본의 수익은 대체로 노동과정을 조직하는 능동적 힘에서 나오는 것이 아니라 물질적, 비물질적 원천자료의 소유권으로부터 추출되는 것이기에 본질적으로 지대다"라고 결론을 내리고 있다.

37 강남훈, 『정보혁명의 정치경제학』, 문화과학사, 2002.

38 강남훈, 「착취와 수탈: 김창근에 대한 답변」, 『마르크스주의연구』 제5권 4호(통권 12호), 2008년 11월, 246쪽: "콘텐츠생산자들은 노동을 하지만 그것은 자본주의적 노동이 아니다. 콘텐츠 생산자들은 자본 임노동 관계에 놓여 있지 않다. 그들은 아무런 잉여노동도 하지 않는다. 그들은 자기 기쁨을 위해서 혹은 남을 위해서 콘텐츠를 생산한다. 생산된 콘텐츠는 선물교환의 코드에 따라 전달된다. 접속자들은 능력에 따라 콘텐츠를 생산하고 필요에 따라 콘텐츠를 소비한다. 그들이 생산한 사용가치는 선물이고, 공유재(혹은 무소유재)이다. 네트워크자본에게 이러한 콘텐츠는 마치 비옥한 토지처럼 무상으로 주어지는 혜택이다."

39 『자본 III-2』, 1088~1089쪽. [M III], 815쪽.

40 물론 싸이월드가 후발 주자인 페이스북과 트위터에 밀려 쇠락한 주요 원인은 변화된 모바일 환경에 적응하지 못했기 때문이다. 새로운 미디어인 스마트폰과 연동되지 못

했고, 글이나 사진을 간단하고 빠르게 올릴 수 있는 페이스북이나 트위터와 달리 게시물을 올리기 위해 미니홈피에 접속해 번거로운 과정을 거쳐야 했다.

41 강남훈, 「정보혁명과 지대에 대한 소고」, 23~24쪽에서 아이디어를 얻어 필자가 비판적으로 보완했다.

42 원효, 『금강』, 『한불전』, 제1책, 638-상: "順不順說者 若直順彼心說則不動邪執 設唯不順說者則不起正信 爲欲令彼得正信心 除本邪執故 須或順或不順說 又復直順理說 不起正信 乖彼意故 不順理說 豈生正解 違道理故 爲得信解故 順不順說也."

43 제러미 리프킨, 『한계비용 제로 사회: 사물인터넷과 공유경제의 부상』, 안진환 옮김, 민음사, 2014, 24~25쪽.

44 같은 책, 150쪽.

45 토니 세바Tony Seba, 『에너지 혁명 2030』, 박영숙 옮김, 교보문고, 2015, 21쪽.

46 같은 책, 290쪽.

47 같은 책, 38쪽.

48 같은 책, 75쪽.

49 같은 책, 223쪽.

50 같은 책, 251쪽.

51 리프킨, 앞의 책, 46쪽.

52 같은 책, 46쪽.

53 같은 책, 380쪽.

54 강남훈은 공유가 비배제성과 균등배당의 두 가지 특징을 갖는 것으로 본다. "비배제성은 관련된 사람들에게 사용과 접근을 개방하는 것이며, 균등배당이란 발생하는 수익을 관련된 사람들에게 균등하게 배당하는 것을 의미한다. 양자의 조합과 정도에 따라 다양한 종류의 공유가 가능하다. 차베스 정부는 소유를 공적 소유propiedad pública, 사회적 소유propiedad social, 집단적 소유propiedad colectiva, 혼합적 소유propiedad mixta 및 사적 소유propiedad privada의 다섯 가지로 구분했다. 공적 소유는 국가기관에 속한 소유이다. 사회적 소유는 전체로서의 민중과 후속세대에 속한 소유이며, 두 가지 형태가 있을 수 있다: 국가가 공동체를 대신해서 운영하는 간접적 사회적 소유와, 국가가 구분된 형태에 기초해서 확정된 영토 영역 안에서 하나 혹은 여러 개의 공동체, 하나 혹은 여러 개의 꼬뮨,—이 경우에는 꼬뮨적 소유가 된다—또는 하나 혹은 여러 개의 도시에 배정한—이 경우에는 도시적 소유가 된다—직접적 사회적 소유·집단적 소유는 공동으로 활용, 사용 또는 향유하기 위하여 사회적 또는 개인적 집단에 속한 소유이며, 사회적 기원을 가질 수도 있고 사적 기원을 가질 수도 있다. 혼합적 소유는 자원의 활용 또는 행위의 제공을 위하여, 공적 부문, 사회적 부문, 집단적 부문, 사적 부문이 다양한 비율로 혼합된 것이다. 혼합적 소유는 항상 국가의 경제적 사회적 주권을 절대적으로 존중하여야 한다. 사적 소유는 자연인이나 법인에 속한 소유이며, 사용과 소비를 위한 재

화, 합법적으로 획득된 생산수단 등이 그 대상이 될 수 있다"(2007년 베네수엘라 헌법 개정안 제115조, 강남훈, 「섀플리 가치와 공유경제에서의 기본소득」, 『마르크스주의 연구』 제12권 제2호, 2015, 140~141쪽 재인용).

55 리프킨, 앞의 책, 36쪽.

56 같은 책, 442쪽.

57 같은 책, 412쪽.

58 같은 책, 413쪽.

59 Karl Marx, *Grundrisse-Foundations of the Critique of Political Economy*, 706쪽.

60 비르노Virno는 마르크스가 총지성을 기계에 객관화한 사회이 총지식으로서만, 고정자본으로 생각하여 총지성이 그 자체로 낡은 가치를 보존하면서 새로운 가치를 생산하는 살아 있는 노동으로서 나타나는 점을 간과했다고 지적한다(P. Virno, "General intellect", *Historical Materialism*, Vol. 15, No. 3, 2007, 5쪽).

61 Serhat Koloğlugil, 앞의 글, 132쪽.

62 같은 글, 135쪽.

63 같은 글, 126쪽.

10장 가상성과 재현의 위기

1 'representare'에서 파생된 재현의 의미는, ① 무엇을 우리 앞에 내세우는 행위를 의미하는 표상Vorstellug, ② 자연과 역사, 현실을 인간의 매개를 통해 표상된 현상, ③ 표상 행위를 넘어 무엇을 그 자체로 생동하는 것으로 나타내 보이는 제시Darstellung, ④ 대변하고 대리하는 것, ⑤ 재기억, 이전에 경험한 무엇을 다시금 상기시키는 것, ⑥ 그 무엇을 우리의 마음속에 다시 한 번 현전現前시키는 것, ⑦이전에 존재하는 현존現存을 기호과정을 개입시켜 복사하거나, 재생산 혹은 발전시킨 것 등의 의미를 갖는다. 여기서는 ⑥과 ⑦을 결합하여 "그 무엇이나 이전에 존재하는 현존을 기호과정을 개입시켜 복사, 재기억, 재생산, 혹은 발전시키면서 다시 현전現前시키는 것"으로 개념을 한정하여 논의를 발전시키고자 한다. ①부터 ④까지에 대한 상세한 논의는 신승환, 「매트릭스 상황에서 인간의 실존」(『문학과 경계』 12호, 2004년 봄호), ⑤부터 ⑦까지의 논의는 빈프리트 뇌트, "Crisis of Representation?"(*Semiotica*, Vol. 143, No. 1~4, 2003)을 참고 바람.

2 Winfried Nöth and Christina Ljungberg, "Introduction", *Semiotica*, Vol. 143, No. 1/4(2003), 3쪽.

3 장 프랑수아 리오타르, 『포스트모던의 조건』, 유정완 외 옮김, 민음사, 1999, 169쪽.

4 같은 책, 13~14쪽.

5 같은 책, 175쪽.

6　장 보드리야르Jean Baudrillard, 『시뮬라시옹』, 하태환 옮김, 민음사, 1992, 40쪽.

7　다카기 도루, 『전쟁 광고대행사: 정보 조작과 보스니아 분쟁』 정대형 옮김, 수희재, 2003, 196쪽.

8　앞의 책 요약함. 보스니아 헤르체고비나의 하리스 실라이지치 외무장관은 미국의 제임스 베이커 국무부 장관의 조언대로 미국 광고대행사 루더핀과 비밀계약을 체결한다. 카메라맨 제러미 어빈이 찍은 사진에 "죽음의 수용소, 강제수용소" 등의 제목을 달아 신문에 실었다. 부시 대통령은 세르비아에 대한 전쟁을 선포하며 "세르비아인들에게 끌려간 죄수의 영상은 이 문제를 더 이상 방치해두어서는 안 된다는 사실을 보여주는 명백한 증거다. 세계는 두 번 다시 나치의 강제수용소라는 천인공노할 만행을 용납해서는 안 된다"라고 말했다.

9　Winfried Nöth, "Crisis of Representation.", *Semiotica*, Vol. 143, No. 114(2003), 3쪽.

10　같은 글, 9쪽.

11　같은 글, 12쪽.

12　Charles Sanders Peirce, *Collected Paper*, Cambridge, Mass: Harvard University Press, 1982, § 5.448.

13　같은 책, §2.203.

14　같은 책, §8.328.

15　같은 책, §1.356.

16　같은 책, §1.337.

17　같은 책, §§4.6. 지금까지 미주 12에서 17까지 퍼스의 인용은 Winfried Nöth, *Handbook of Semiotics*, Bloomington and Indianapolis: Indiana University Press, 1995, 39~47쪽 재인용함.

18　Winfried Nöth, 앞의 글, 14쪽.

19　마이클 라이언Michael Ryan, 『포스트모더니즘 이후의 정치와 문화』, 나병철 · 이경훈 옮김, 갈무리, 1996, 49쪽.

20　E. H. 카Carr, 『역사란 무엇인가』, 이상두 옮김, 동서문화사, 1997, 188쪽.

21　질 들뢰즈, 『의미의 논리』, 이정우 옮김, 한길사, 1999, 416쪽.

22　같은 책, 418쪽.

23　Gilles Deleuze, *Difference and Repetition*, 208쪽.

24　같은 책, 211쪽.

25　신승환, 「매트릭스적 상황에서 인간의 실존」, 『문학과 경계』 12호, 2004년 봄호, 87쪽 참고함.

26　죄르지 루카치, 『소설의 이론』, 반성완 옮김, 심설당, 1985, 42쪽.

27　같은 책, 44쪽.

28　블라디슬로프 타타르키비츠Wladyslaw Tatarkiewicz, 『여섯 가지 개념의 역사』, 이론과실천,

1990, 349쪽.

29 김상률, 「탈식민시대의 재현의 정치」, 인문학연구소 엮음, 『탈근대의 담론과 권력 비
     판』, 한양대출판부, 2002, 92쪽.

30 카를 마르크스 · 프리드리히 엥겔스, 『독일이데올로기 Ⅰ』, 박재희 옮김, 청년사,
     2009, 48~49쪽.

31 카를 마르크스, 「정치경제학 비판 서문」, 마르크스 · 레닌주의 연구소, 『맑스엥겔스선
     집 Ⅰ』, 백의, 1989, 382~383쪽.

32 Robert Hodge and Gunther Kress, *Social Semiotics*, Cambridge: Polity Press, 1988,
     163쪽.

33 M. M. Bakhtin, "The Problem of the Text in Linguistics, Philology, and the Human
     Sciences: an Experiment in Philosophical Analysis", ed., Caryl Emerson and Michael
     Holquist, *Speech Genres and Other Late Essays*, tr., Vern W. McGee, Austin: University
     of Texas Press, 1986, 119~120쪽.

34 M. M. Bakhtin, P. N. Medvedev, *The Formal Method in Literary Scholarship: A Critical
     Introduction to Sociological Poetics*, tr., Albert J. Wehrle, Cambridge: Havard Univ. Press,
     1985, 122쪽.

35 M. M. Bakhtin, "The Problem of Speech Genre", 같은 책, 63쪽.

36 마이클 라이언, 『포스트모더니즘 이후의 정치와 문화』, 앞의 책, 199쪽.

37 같은 책, 199~205쪽 요약.

38 데이비드 J. 린든, 『우연한 마음』, 62~63쪽.

39 Louis Althusser, *Lenin and Philosophy and Other Essays*, tr., Ben Brewster, London:
     Monthly Review Press, 1971, 173쪽.

40 같은 책, 165쪽.

41 義湘, 『華嚴一乘法界圖』, 『한불전』, 제2권, 1-상: "眞性甚深極微妙/不守自性隨緣成/
     一中一切多中一/一卽一切多卽一/一微塵中含十方/一切塵中亦如是/無量遠劫卽一念/
     一念卽是無量劫/九世十世互相卽/仍不雜亂隔別成."

42 같은 책, 6-상-중: "若欲觀緣起實相陀羅尼法者 先應覺數 十錢法 所謂一錢乃至十錢
     所以說十者 欲顯無量故 此中有二 一者 一中十 十中一 二者 一卽十 十卽一 初門中有
     二 一者向上來 二者 向下去 言向上來中 有十門不同 一者一 何以故 緣成故 卽是本數
     乃至十者 一中十 何以故 若無一 十卽不成 仍十非一故 餘門亦如是 准例可知 言向下去
     中 亦有十門 一者十 何以故 緣成故 乃至十者十中一 何以故 若無十 一卽不成 仍一非
     十故 餘亦如是 生變如是 勘當卽知 一一錢中 具足十門 如本末兩錢中具足十門 餘八錢
     中 准例可解."

43 지금까지 상입에 대한 촛불의 비유를 통한 설명은 까르마 C. C. 츠앙, 『華嚴哲學』, 이
     찬수 옮김, 경서원, 1990, 195~196쪽의 내용을 요약하며 덧붙인 것임.

44 義湘,『華嚴一乘法界圖』,『한불전』, 제2권, 3-중: "소위 구세라는 것은 과거의 과거, 과거의 현재, 과거의의 미래, 현재의 과거, 현재의 현재, 현재의 미래, 미래의 과거, 미래의 현재, 미래의 미래를 말한다四所謂九世者 過去過去 過去現在 過去未來 現在過去 現在現在 現在未來 未來過去 未來現在 未來未來世。"

45 까르마 C. C. 츠앙, 앞의 책, 218~237쪽. 두순杜順의『법계관문法界觀門』, 같은 책, 304~326쪽 참고함.

46 조지형은 「포스트모던 시대의 기호학적 역사: 和諍記號學을 중심으로」(『歷史學報』, 제165집, 2000년 3월)에서 화쟁기호학을 이용하여 기호학적 역사학의 지평을 열면서 중요한 시사점을 던진 바 있다. 이 작업에 지지를 보내면서도, 화쟁기호학을 창안한 사람으로서 오독을 하거나 미진한 바가 있다고 판단하여 재현의 위기론으로 보충하고 화쟁기호학을 제대로 원용하여 의견을 개진하고자 한다.

47 낱말이나 문장이 맥락에 따라 의미가 달라지듯, 역사 해석도 마찬가지다. 1980년에 한국에서 일어난 한 사건을 놓고 군사독재정권 시대의 역사 교과서는 이를 '폭동'으로 규정하고 그것이 갖는 긍정적 가치와 민주화에 대한 영향력을 은폐했으나 민주화 시대의 교과서는 '광주민주화운동'으로 규정하고 그것이 갖는 긍정적 가치와 민주주의 발전에 대한 영향력을 기술한다.

48 루이스 네이미어Lewis Namier, 김현식,『포스트모던 시대의 역사란 무엇인가』, 휴머니스트, 2006, 39쪽에서 재인용.

49 신주백,「동아시아 근현대사에 나타나는 전쟁과 평화에 대한 기억의 차이, 그리고 역사교육: 동아시아 5개국의 중고교용 자국사 및 세계사 교과서를 중심으로」, 일본교과서바로잡기운동본부·역사문제연구소 엮음,『화해와 반성을 위한 동아시아 역사인식』, 1988, 57~70쪽 참고함.

50 조지형은 앞의 글, 164~173쪽에서 필자가 화쟁기호학에서 꼴, 몸, 짓으로 체계화한 것을 원용하여 꼴을 특징화담론, 몸을 합리화담론, 짓을 설명담론에 대응시키고 있다.

51 김현식, 앞의 책, 219쪽.

52 진실이란 것도 상대적이고 맥락적이며 도달할 수 없는 실체다. 여기서 진실의 개념은 "해석자가 텍스트를 읽으면서 실증을 통해 사실과 부합한다고 결론을 내린 것이나 그 집단이 나아가야 할 방향과 가치와 일치한다고 그 시대의 맥락에서 잠정적으로 동의한 것"으로 정의하고자 한다. 이렇게 보면 〈실미도〉에서 진실은 "권력의 조작으로 은폐된 사실, 또는 권력의 억압에 맞서서 인간의 존엄성과 자유를 지향한 당시 한국민 대다수의 가치관에 부합하는 것"으로 한정하기로 한다.

53 여기서 세로축은 주체가 대상을 추구하는 욕망의 축이다. 상부의 가로의 축은 발신자가 수신자에게 대상을 전달하는 전달의 축이다. 하부의 가로 축은 주체를 방해하거나 도와주는 능력의 축이다. 주체subject는 대상을 추구하거나 원하는 존재, 인간의 욕망과 관련시킬 때는 그 욕망을 실현하는 자다. 대상object은 주체가 추구하는 객체, 주

체가 욕망하는 대상이다. 발신자sender는 대상을 주체와 만나도록 이끄는 자, 욕망을 일으켜 발하는 곳이다. 수신자receiver는 주체가 대상을 구현함으로써 그 혜택을 받는 자, 실현된 욕망을 누리는 자다. 조력자helper는 주체가 대상을 추구하는 것을 도와주는 자, 욕구를 강화하는 자다. 적대자opponent는 주체가 목적을 구현하려는 행위를 방해하고 주체에게 해악을 끼치는 기능을 수행하는 자, 욕망에 대한 억압, 꿈에 대한 현실을 구체적으로 표상한 자다(A. J. Greimas, *Structural Semantics*, tr., Daniele McDowell, Ronald Schleifer and Alan Velie, Lincoln: Univ. of Nebraska Press, 1966, 197~221쪽).

54 서양의 텍스트에선 조력자와 적대자가 철저히 대립되지만, 우리나라 텍스트에선 신궁을 지으려던 것을 방해하던 독룡이 황룡사를 지키는 호법룡이 되듯 조력자와 적대자의 구분이 없다. 강우석 감독이 의식하고 했든 그러지 않았든, 허준호가 적대자에서 조력자로 바뀌는 것은 이 영화가 한국적 서사구조를 형성하고 있음을 의미한다.

55 마이클 라이언, 앞의 책, 199~205쪽 참조.

56 F. Jameson, *The Political Unconscious*, London: Methuen, 1981, 61쪽.

맺음말

1 야마기와 주이치, 앞의 책, 281~291쪽 요약함. 야마기와 주이치는 단노 다다시와 다케우치 기요시의 학설을 받아들여 타자로부터 먹을 것을 얻으면 상대에게 심리적 부채감을 느끼게 되어 이를 갚으려 하면서 교환이 성립한다는 마르셀 모스의 부채이데올로기를 비판하고 공존의 이데올로기를 주장하고 있다.

2 이 단락의 글은 백기완 선생의 민중사상특강을 참조하여 기술한 것임.

3 가라타니 고진, 앞의 책, 63쪽.

4 같은 책, 198~199쪽을 참고함.

5 같은 책, 225쪽.

이 책은 필자의 아래 글을 종합하여 작성한 것입니다. 다른 사람의 글의 경우 인용한 부분을 따옴표로 표시하고 쪽수까지 확실하게 미주를 달았지만, 제 글의 경우 너무 자주 미주가 반복되는 바람에 독자의 편리를 위하여 생략하고 이 지면에 모아서 정리합니다.『화쟁기호학, 이론과 실제』(한양대출판부, 1999)는 책의 전편에 걸쳐 인용했습니다. 이 졸저 외에 각 장별로 참고한 글은 다음과 같습니다.

방법

「고려대장경, 현재의 의미와 미래의 가치: 문화론적 해석을 중심으로」,『불교학연구』
    30호, 불교학연구회, 2011년 12월 31일.
"화쟁의 핵심은 개시개비가 아니다,"『한겨레신문』, 2015년 8월 17일.

1장 전 지구 차원의 환경 위기

「현대사회의 위기와 대안의 패러다임으로서 화쟁사상 1: 전 지구 차원의 환경 위기, 자연
    과 인간의 공존은 가능한가: 생태이론 對 不一不二」,『법회와 설법』, 2001년 5월호.
「생명이론과 화쟁사상의 종합」,『생명에 관한 아홉 가지 에세이』(공저), 민음사, 2002.
「사회문화적 관점에서 본 개발과 4대강 사업」,『4대강 개발 다른 대안은 없는가』, 불교환
    경연대/에코붓다, 2010년 3월 4일.
"4대강사업은 무엇을 죽이는가",『한겨레신문』, 2010년 4월 14일.
「생명 위기의 대안으로서 불교의 생명론과 생태론」, 동국대학교 생태환경연구센터 편,
    『생명의 이해: 생명의 위기와 길찾기』, 동국대출판부, 2011.
"The Life Advocacy, Ecological Doctrine, and Movement Towards a Practical Application of
    Korean Buddhism(한국 불교의 생명·생태론과 그 실천운동)", *The Buddhist Ecological
    Movement in Contemporary Korea and Monastic Activism*, International Association of

Buddhist Studies, 24 June 2011.

2장 타자에 대한 배제와 폭력, 학살

「현대사회의 위기와 대안의 패러다임으로서 화쟁사상 4: 인간 주체의 죽음과 폭력의 일상
   화와 구조화: 나와 타자는 어떤 관계인가: 차이의 철학 對 辨同於異」, 『법회와 설법』,
   2001년 8월호.
"The Buddhist Concept of the Other and the Way of Coexistence for Self and Other(불교
   에서 타자의 개념과 自他相生의 길)", *The International Conference to Commemorate
   the 100th Birth Anniversary of the Great Patriarch Sangwol Wongak-Buddhism and the
   Future World*, 대한불교천태종, 2011.
「쌍용자동차 노동자에 대한 지배권력의 폭력양상과 저항의 역학관계」, 쌍용자동차 희생
   자 추모 및 해고자 원직복직 범국민대책위원회, 『쌍용자동차 노동자 22명에 대한 사
   회적 살인, 그 원인과 해결방안을 말한다』, 2012년 6월 11일.
「『나마스테』에 나타난 타자성의 두 양상」, 『기호학연구』 34집, 2013년.

3장 인간성의 상실과 소외의 심화

「현대사회의 위기와 대안의 패러다임으로서 화쟁사상 3: 인간성의 상실과 소외의 심화:
   우리는 어떻게 소외와 불안, 고독에서 벗어날 수 있는가: 프랑크푸르트 철학 對 三空
   과 緣起」, 『법회와 설법』, 2001년 7월호.
「자생적 변혁이론의 모색: 원효와 마르크스의 종합」, 『문학과 경계』 제3호, 2003년 2월
   25일.
「相生哲学としての風流道と和諍哲学(相生哲學으로서 風流道와 和諍哲學)」, Kyoto Forum,
   2010年 4月 24日.
「인간의 본성은 선한가, 악한가에 대한 융복합적 사색」, 『푸른사상』 19호, 푸른사상사,
   2014년 7월 10일.
「자본주의 체제의 비판과 대안의 모색」, 『불교평론』 59호, 2014년 9월 1일.

4장 제국의 수탈 및 신자유주의 세계화의 모순

「현대사회의 위기와 대안의 패러다임으로서 화쟁사상 7: 미국 시장과 문화의 세계화: 신
   자유주의와 세계화 공세 속에서 제3세계는 독자성을 유지할 수 있는가: 세계화론 對
   화쟁의 세계체제」, 『법회와 설법』, 2000년 11월호.
「현대사회의 위기와 대안의 패러다임으로서 화쟁사상 5: 도시화, 산업화와 공동체의 파괴:

진정한 제3의 길, 혹은 새로운 공동체는 가능한가: 마르크시즘 對 饒益衆生」, 『법회
와 설법』, 2001년 9월호.
「빈곤의 세계화를 넘어 화쟁의 세계체제로」, 『문학과 경계』 제6호, 2002년 가을호.
「신자유주의의 내면화와 저항의 연대, 그리고 눈부처-공동체」, 『미래와 희망』 4집, 2009년
겨울호.
「하늘天, 天神, 하늘님, 한얼님, 天君」, 한국철학사전편찬위원회, 『한국철학대사전』, 동방
의 빛, 2011.
「지배권력의 폭력과 시민 저항의 역학관계」, 민주화를위한전국교수협의회·민주화를 위
한변호사모임, 『희망버스의 사회적 의미와 쟁점 토론회』, 2012년 3월 12일.
「신자유주의 체제의 대안으로서 화쟁의 사회경제학」, 『불교학연구』, 불교학연구회,
2012년 12월 30일.
「이 지독한 노동 배제를 끝장내자」, 『프레시안』, 2013년 2월 11일.
「전통사회의 공공성과 지역공동체의 대안」, 『지방자치시대의 공공성』, 충남발전연구원/
민주화를위한전국교수협의회, 2013년 6월 28일.
「입시 철폐와 대학평준화의 방안」, 민주화를위한전국교수협의회 엮음, 『입시·사교육 없
는 대학체제: 대학 개혁의 방향과 쟁점』, 한울, 2015.

5장 과학기술의 도구화와 상품화

『신라인의 마음으로 삼국유사를 읽는다』, 푸른역사, 2000.
「현대사회의 위기와 대안의 패러다임으로서 화쟁사상 2: 과학기술의 도구화, 게놈프로
젝트, 과학기술은 구세주인가, 악마인가: 신과학운동 對 一心의 體相用」, 『법회와 설
법』, 2001년 6월호.
「신은 존재하는가 만들어진 허구인가 ①: 생명창조에 신이 개입하지 않았다」, 『인사이트』,
2014년 3월 24일.
「신은 존재하는가 만들어진 허구인가 ②: 우주형성에 설계자는 없다」, 『인사이트』, 2014년
5월 26일.

6장 근대성의 위기

「현대사회의 위기와 대안의 패러다임으로서 화쟁사상 6: 이성의 도구화와 언어와 진리의
불확정성: 이성은 해방의 빛인가, 굴레인가: 포스트모더니즘 對 因言遣言」, 『법회와
설법』, 2001년 10월호.
「원효의 화쟁사상과 탈현대철학의 비교연구」, 『원효학연구』 제6집, 2002년 2월.
"A Comparative Study on the Hwajaeng Buddhism and Postmodern Philosophy(화쟁철학

과 탈현대 철학의 비교 연구)", *Conference on Process and Han*, Claremont University, The Center for Process, Feb. 2007.

"The Comparative Study on the Linguistic Views among Saussure, Heidegger, and Wonhyo(소쉬르, 하이데거, 원효 언어관의 비교연구)", *Semiotic Inquiry: F. de Saussure: Post-Modernity and his Significance in Our Times*, Korean Association for Semiotic Studies, April, 2007.

「중세성, 근대성, 탈현대성의 개념과 차이」, 『한국언어문화』 제40호, 2009년 12월.

「근대성 논의에서 패러다임과 방법론의 혁신 문제: 식민지근대화론과 내재적 근대화론을 넘어 差異와 異種의 근대성으로」, 『국어국문학』 153호, 2009년 12월 30일.

「교체설, 체용론과 원효의 언어관」, 『한국불교사연구』 2집, 2013년.

7장 분단모순의 심화와 동아시아의 전쟁 위기

「18~19세기 가사에서 상품화폐경제에 대한 태도 유형 분석」, 『고전문학연구』 제34집, 한국고전문학회, 2008년 12월.

"Obstacles and Alternatives to the East Asian Peace System of Hwajaeng(화쟁의 동아시아 평화체제 수립의 장애와 대안)", *Locating The Korean War in the Context of East Asia: From the Cease-fire to Regional Peace System*, Jogye Order of Korean Buddhism, 28 Aug. 2013.

「한반도 평화를 향한 불교적 지혜와 실천의 길」, 『대한불교조계종 민족공동체추진본부: 창립13주년 기념법회』, 대한불교조계종 민족공동체추진본부, 2013년 6월 13일.

「종북프레임의 원인과 진보진영의 극복 방안」, 『종북담론의 실체를 밝힌다』, 민주주의법학연구회/민주화를위한전국교수협의회/인권단체연석회의, 2013년 8월 27일.

8장 욕망의 과잉

「불교철학 심화의 방편으로서 서양 인문학의 탐색」, 『釋林論叢』 제34집, 2001년 11월.

「한국 불교설화에 나타난 욕망과 깨달음」, 『불교평론』 통권 33호, 2007년 12월 14일.

「한국 사회 자살 문제의 현황과 특성」, 『탈핵과 자살: 우리 시대 불교생명윤리의 두 쟁점』, 불교생명윤리협회, 2013.

「세월호 참사의 근본 원인과 성찰적 대안」, 『세월호 대참사 교수단체 긴급공동토론회: 생명의 위기, 생활의 위기: 불안정사회, 무책임사회, 대한민국을 다시 생각한다』, 민교협·교수노조·비정규교수노조 주최, 2014년 5월 15일.

"제5장 공감·협력 교육", 『혁신미래교육의 방향과 내용에 관한 연구』, 서울시교육청, 2015년 6월.

9장 정보화사회의 모순

「이도흠의 한국대중문화와 미디어읽기 6: 에셜론, 미디어제국주의, 그리고 지식사기꾼들」, 『인물과 사상』, 2000년 4월호.

「정보화사회의 특성과 화쟁사상의 가능성」, 『한민족문화연구』 6집, 2000년 6월.

「현대사회의 위기와 대안의 패러다임으로서 화쟁사상 8: 정보화사회의 빛과 그늘: 정보화사회는 유토피아인가, 디스토피아인가: 퍼지이론 對 無二而不守一」, 『법회와 설법』, 2001년 12월호.

「현대사회 문화론: 기호와 이미지, 문자세대와 영상세대의 소통」, 『인간연구』 11호, 2005년.

「디지털사회에서 불교교리의 재해석과 과제」, 『불교평론』 52호, 2012년 12월 26일.

10장 가상성과 재현의 위기

「의상 사상의 현대적 함의」, 『의상만해연구』 제1집, 의상만해연구원, 2002년.

「왜, 어떻게 대중문화를 낯설게 읽을 것인가」, 기호학연대 편, 『대중문화 낯설게읽기』, 문학과경계, 2003년.

「포스트모더니즘 문예이론과 원효 화쟁의 비교 연구」, 『Comparative Korean Studies』, 국제비교한국학회, 2004년 5월 30일.

「현실의 재현과 진실 사이의 차이에 대하여」, 『한국언어문화』 제25집, 2004년 6월 1일.

「현실 개념의 변화와 예술 텍스트에서 재현의 문제」, 『미학·예술학연구』, 2004년 12월 29일.

「역사담론에서 은유의 기능과 진실성에 관한 연구」, 『기호학연구』, 2004년 12월 29일.

「역사 현실의 기억과 흔적의 텍스트화 및 해석: 화쟁기호학을 중심으로」, 『기호학 연구』 제19집, 2006년 6월 30일.

「제주에 대한 재현의 폭력과 저항의 역학관계」, 『기호학 연구』, 2012년 8월 31일.

인명 색인

용어 색인

뉴아카이브 총서 13
원효와 마르크스의 대화

© 이도흠, 2015

초판 1쇄 인쇄일 2015년 12월 22일
초판 1쇄 발행일 2015년 12월 27일

지은이   이도흠
펴낸이   정은영
책임 편집   임채혁

펴낸곳   (주)자음과모음
출판등록   2001년 11월 28일 제313-2001-259호
주소   121-897 서울시 마포구 성지길 54
전화   편집부 02) 324-2347 경영지원부 02) 325-6047
팩스   편집부 02) 324-2348 경영지원부 02) 2648-1311
이메일   inmun@jamobook.com
커뮤니티   cafe.naver.com/cafejamo

ISBN 978-89-544-3197-2 (93300)

잘못된 책은 구입처에서 교환해드립니다.

이 도서의 국립중앙도서관 출판예정도서목록(CIP)은 서지정보유통지원시스템 홈페이지
(http://seoji.nl.go.kr)와 국가자료공동목록시스템(http://www.nl.go.kr/kolisnet)에서
이용하실 수 있습니다.(CIP제어번호: CIP2015030624)

* 저작권을 허락받지 못한 사진, 〈Flower Power〉에 대해서는 추후 저작권이 확인되는 대로
  절차에 따라 계약을 맺고 그에 따른 저작권료를 지불하겠습니다.

* 이 책을 읽고 지적이나 비판이 있거나 눈부처공동체 건설에 함께 하고 싶으시면
  ahurum@hanmail.net으로 연락바랍니다.